DIVERGÊNCIA JURISPRUDENCIAL E SÚMULA VINCULANTE

RODOLFO DE CAMARGO MANCUSO

DIVERGÊNCIA JURISPRUDENCIAL E SÚMULA VINCULANTE

6.ª edição

revista, atualizada
e ampliada

2018

EDITORA
JusPODIVM
www.editorajuspodivm.com.br

EDITORA *Jus*PODIVM
www.editorajuspodivm.com.br

Rua Mato Grosso, 164, Ed. Marfina, 1º Andar – Pituba, CEP: 41830-151 – Salvador – Bahia
Tel: (71) 3045.9051
• Contato: https://www.editorajuspodivm.com.br/sac

Diagramação: Isabella Giordano (giordano.bella@gmail.com)

Capa: Marcelo S. Brandão *(santibrando@gmail.com)*

• A Editora *JusPODIVM* passou a publicar esta obra a partir da 6.ª edição.

M383c Mancuso, Rodolfo de Camargo
Divergência jurisprudencial e súmula vinculante / Rodolfo de Camargo Mancuso. – 6. ed., rev., atual. e ampl. – Salvador : Juspodivm, 2018.
640 p.

Bibliografia.
ISBN 978-85-442-2367-3.

1. Divergência jurisprudencial: Direito 2. Jurisprudência: Uniformização 3. Súmula vinculante : Jurisprudência I. Mancuso, Rodolfo de Camargo. II. Título.

CDD 340.142

NOTA À 6ª EDIÇÃO

A precedente edição desta obra (2013) veio a lume num momento de absoluta expectativa, senão já de tensão para a comunidade jurídica, tendo em vista o que então se prenunciava nos trabalhos legislativos (PLS 166/2010; PLC 8.046/2010), reportados ao novo CPC, registrando-se intensos debates parlamentares e na mídia, mormente por conta do anunciado empenho contra a dispersão jurisprudencial excessiva, permitindo antever uma nova era para o regime jurídico do país, tradicionalmente legicêntrico, e que se preparava para recepcionar um novo ambiente, claramente precedentalista, com o reconhecimento e a potencialização de certos padrões decisórios impositivos, notadamente o direito sumular.

Ao tempo da vigência do CPC/73, registraram-se resistências à eficácia panprocessual da jurisprudência dominante ou sumulada, chegando-se a questionar a constitucionalidade do poder atribuído aos órgãos fracionários, nos Tribunais, para dirimir o incidente de constitucionalidade, per saltum, dispensando a prévia oitiva do Pleno ou do Órgão Especial (CPC/73, parágrafo único do art. 481, cf. Lei 9.756/98), ao argumento de que o art. 97 da CF impunha, nesses casos, a chamada reserva de Plenário.[1] De outra parte, ainda se opunham reservas ao crescimento do poder monocrático do Relator, nos Tribunais, no juízo de admissibilidade dos recursos (CPC/73, art. 557 e § 1.º-A, cf. Lei 9.756/98; art. 544, § 4.º, cf. Lei 12.322/2010), sustentando-se que tal atribuição atritava o princípio da colegialidade, imanente à judicatura de segundo grau.

Vale observar que tais bolsões de insatisfação para com o empenho do legislador em assegurar o tratamento isonômico devido aos jurisdicionados e agilizar os trâmites processuais, não lograram impactar negativamente o texto do vigente CPC (Lei 13.105/2015) que, dentre outras disposições, dispõe que "os órgãos fracionários dos tribunais não submeterão ao plenário ou ao órgão especial a arguição de inconstitucionalidade quando já houver pronunciamento destes ou do plenário do Supremo Tribunal Federal sobre a questão" (parágrafo único do art. 949); de outra parte, ampliou-se o plexo

1. Sobre o tema o STF emitiu a súmula vinculante n. 10, colacionada, com as demais, no apêndice desta obra.

das decisões monocráticas do relator, nos tribunais, como se colhe de vários dispositivos: art. 932, incisos e parágrafo único; parágrafo único e incisos do art. 955; 1.038, incisos e §§. Já a previsão constante do § 1º do art. 518 do CPC/73 (cf. Lei 11.276/2006) autorizando o juiz a não receber apelação contra sentença confortada por súmula do STF ou do STJ teve seu endereçamento alterado, a teor do inciso IV do art. 932, incumbindo o relator de "negar provimento a recurso que for contrário a: a) súmula do Supremo Tribunal Federal, do Superior Tribunal de Justiça ou do próprio tribunal".

Na trajetória ascendente da jurisprudência dominante ou sumulada, registram-se projeções extraprocessuais, assim ao interno da Administração Pública como nas relações desta com as pessoas físicas e jurídicas, nos setores privado e público. Por conta disso, "(...) o Advogado Geral da União poderá dispensar a propositura de ações ou a interposição de recursos judiciais quando a controvérsia jurídica estiver sendo iterativamente decidida pelo Supremo Tribunal Federal ou pelos Tribunais Superiores" (art. 4.º da Lei 9.469/97), certo ainda que, no âmbito do processo administrativo federal, se o recorrente "alegar violação de enunciado da súmula vinculante, o órgão competente para decidir o recurso explicitará as razões da aplicabilidade ou inaplicabilidade da súmula conforme o caso" (art. 64-A da Lei 9.784/99, incluído pela Lei 11.417/2006). Registre-se que o Município de São Paulo houve por bem instituir a súmula de caráter vinculante (sic) "para todos os órgãos da Administração Tributária, decorrente de decisões definitivas de mérito, proferidas pelo Supremo Tribunal Federal em matéria constitucional ou pelo Superior Tribunal de Justiça em matéria infraconstitucional, em consonância com a sistemática prevista nos arts. 543-B e C do Código de Processo Civil (...)" (§ 2.º do art. 44-A da Lei 14.107/2005, cf. Lei 15.690/2013). No âmbito do vigente CPC, ressalte-se que a remessa necessária da sentença proferida contra os entes políticos e sua administração indireta, bem como da sentença que acolhe os embargos à execução fiscal fica dispensada quando tais julgados de primeiro grau estiverem fundados em certos padrões decisórios impositivos (§ 4º e incisos I, II e III do art. 496), e, inclusive, quando tenham encampado "entendimento coincidente com orientação vinculante firmada no âmbito administrativo do próprio ente público, consolidada em manifestação, parecer ou súmula administrativa" (inciso IV do § 4º do art. 496).

Confirmando a caminhada de valorização da jurisprudência, prognosticada há tempos por Cândido Rangel Dinamarco (Fundamentos do Processo Civil Moderno, t. II, 3. ed., São Paulo: Malheiros, 2000, p. 1.131), o direito sumular e outros produtos judiciários otimizados hoje exibem eficácia endo e panprocessual, como se colhe de sua expressiva recepção no vigente CPC: (i) a tutela da evidência pode ser outorgada quando, dentre outros motivos, "as alegações de fato puderem ser comprovadas apenas documentalmente e houver tese firmada em julgamento de casos repetitivos [art. 928 e incisos] ou em súmula vinculante" (art. 311, II); (ii) o juiz está autorizado a dar pela improcedência liminar do pedido que contrariar os padrões decisórios impositivos listados no art. 332 e incisos, especialmente o direito sumular do STF, do STJ e mesmo dos tribunais locais; (iii) considera-se não fundamentada (e, pois, nula: CF, art. 93, IX) a sentença que "deixar de seguir enunciado de súmula, jurisprudência ou precedente invocado pela parte, sem demonstrar a existência de distinção no caso em julgamento ou a superação do entendimento" (art. 489, § 1º, VI), sendo que, a depender da intensidade dessa omissão, poderá ainda haver ensejo para ação rescisória (§§ 5º e 6º do art. 966, inseridos pela Lei 13.256/2016); (iv) o acórdão proferido em incidente de assunção de competência "vinculará todos os juízes e órgãos fracionários, exceto se houver revisão de tese" (§ 3º do art. 947); (v) a tese jurídica alcançada ao final do incidente de resolução de demandas repetitivas projeta eficácia panprocessual, inclusive com relação a casos futuros, nos termos do art. 985 e incisos, e ainda, eficácia extraprocessual, já que, se "tiver por objeto questão relativa a prestação de serviço concedido, permitido ou autorizado" ela será transmitida "ao órgão, ao ente ou à agência reguladora competente para fiscalização da efetiva aplicação, por parte dos entes sujeitos a regulação, da tese adotada" (§ 2º do art. 985), o mesmo se passando quanto à decisão-quadro emitida no rito dos recursos extraordinário e especial repetitivos (inciso IV do art. 1.040);[2] (vi) cabe reclamação ao tribunal quando o direito sumular e outros padrões decisórios impositivos não venham observados pelos demais órgãos judiciais (incisos III e IV do art. 988, redação do incisos cf. Lei 13.256/2016); (vii) o presidente ou vice-presidente do tribunal recorrido está autorizado a negar seguimento ao recurso extraordinário quando a questão constitucional nele discutida não tenha sido reconhecida com repercussão geral pelo STF (CF, § 3º do art. 102; CPC, art. 1.035 e § 1º) ou quando tal recurso ou ainda o especial ao STJ tenham sido interpostos "contra acórdão que esteja em conformidade com entendimento do Supremo Tribunal Federal ou do Superior Tribunal de Justiça, respectivamente, exarado no regime de julgamento de recursos repetitivos" (CPC, art. 1.030, I, a e b, inciso e alíneas acrescidos

---

2. Ao propósito, v. nossas considerações in *Incidente de resolução de demandas repetitivas – a luta contra a dispersão jurisprudencial excessiva*, São Paulo: Thomson Reuters – Revista dos Tribunais, 2016, p. 268 e s.

pela Lei 13.256/2016); (viii) emitida a decisão-quadro, no rito dos recursos extraordinário ou especial repetitivos, ela irá parametrizar a admissão dos recursos que estavam sobrestados nos tribunais de origem e, bem assim, dos que estavam com seu trâmite suspenso (art. 1.040, I e III).

De observar-se que o direito sumular serve, igualmente, a parametrizar o deslinde do recurso de revista ao TST, dispondo o art. 896 da CLT que ele é cabível dos acórdãos dos TRT's que: "a) derem ao mesmo dispositivo de lei federal interpretação diversa da que lhe houver dado outro Tribunal Regional do Trabalho, no seu Pleno ou Turma, ou a Seção de Dissídios Individuais do Tribunal Superior do Trabalho, ou contrariarem súmula de jurisprudência uniforme dessa Corte ou súmula vinculante do Supremo Tribunal Federal (redação da Lei 13.015/2014).

À época em que tramitava no Congresso Nacional a PEC 29/2000, em cujo bojo se aninhava a proposta da súmula vinculante para o STF, a classe jurídica se dividia a respeito, agrupando acirrados segmentos pró e contra, por vezes animados mais pela paixão do argumento e pela novidade do tema, do que pela serena análise técnica da matéria.

Em fim de contas, a súmula vinculante do STF veio positivada no texto constitucional (art. 103-A e parágrafos: EC 45/2004, e ulterior regulamentação pela Lei 11.417/2006; Res. STF 388/2008; ER (STF) 46/2011), tornando seus enunciados obrigatórios para todos os órgãos judiciais e para a administração pública em geral, por modo que a contrariedade ou descumprimento (a saber: recusa imotivada / inconsistente; aplicação indevida/equivocada) do enunciado obrigatório desafiam reclamação ao STF, a qual, resultando acolhida, levará, ou à cassação do julgado recalcitrante, determinando-se que outro seja proferido, "com ou sem a aplicação da súmula, conforme o caso" ou, então, à anulação do ato administrativo (CF, § 3º do art. 103-A), dispondo ainda sobre o tema o art. 992 do CPC. De ressaltar-se que se a violação de súmula vinculante do STF for praticada por administrador público, o STF, acolhendo a reclamação, ainda o cientificará para que proceda a devida adequação das futuras decisões ao enunciado da súmula vinculante incidente na espécie (art. 64-B da Lei 9.784/99, inserido pela Lei 11.417/2016).

Já a súmula impeditiva de recurso, antes cogitada para o STJ no bojo da PEC 358/2005, acabou por não se positivar, embora já conte o STJ com poderoso filtro ou elemento de contenção dos REsp's massivos e repetitivos, qual seja a técnica de julgamento por amostragem, do qual resultará uma decisão-quadro idônea a parametrizar a resolução dos demais REsp's envolvendo a mesma questão jurídica (CPC, arts. 927, III; 928, II; 1.030, I, b, inciso e alínea acrescidos pela Lei 13.256/2016), podendo, até mesmo em primeiro grau, fundamentar a improcedência liminar do pedido (art. 332, II).

Confirmando o perfil precedentalista, o vigente CPC atribuiu aos tribunais o poder-dever de "uniformizar sua jurisprudência e mantê-la estável, íntegra e coerente", estabelecendo, outrossim, o dever de sumular (art. 926 e §§), a que se agregam as precisões e cautelas a serem observadas pelos tribunais na hipótese de alteração dos padrões decisórios estabelecidos (§§ 2º e 4º do art. 927).

A *efetiva* implementação desse novo regime precedentalista (que ao nosso ver coloca o Brasil a meio-caminho entre as famílias *common law*, dos *binding precedents*, e *civil law*, dos direitos codicísticos), clamava, ainda, por duas providências sequenciais, nos termos dos arts. 7.º e 8.º da EC 45/2004: (i) a regulamentação da matéria (que depois adviria com a Lei 11.417, de 19.12.2006, complementada, ao interno do STF, pela Res. 388/2008 e ER 46/2011); (ii) *a confirmação* (sic) pelo STF de quais súmulas se revestem de efeito vinculante, contando-se até o presente (dezembro/2017) cinquenta e seis verbetes vinculativos, sendo que o de n. 30 permanece pendente de publicação, como informado no Vademecum Saraiva, São Paulo, 2017, p. 2.294. As demais súmulas, *contrario sensu*, seguem não vinculantes, ou, conforme a nomenclatura preferida, súmulas simples, persuasivas, vale dizer: não obrigatórias.

Tantas ocorrências, de diversa extração, advindas após a precedente edição deste livro, animaram-nos, e à Editora, a lançar esta sexta edição, que vem ao lume revista, ampliada e atualizada, com destaque para o questionário sobre as súmulas vinculantes (item 3.4.1), cujas respostas foram relidas e contextualizadas, sempre no objetivo de atender às prementes necessidades dos operadores do Direito e dos estudantes, ante essa nova realidade que se descortina no cenário jurídico e que se preordena a operar como um divisor de águas na praxis judiciária nacional.

Assim, esperamos que a obra tenha preservada sua atualidade e aplicabilidade, por modo a continuar merecendo o beneplácito da comunidade jurídica, o que muito nos tem desvanecido e recompensado.

São Paulo, julho de 2018.
Rodolfo de Camargo Mancuso

LISTA DE ABREVIATURAS

AASP	Associação dos Advogados de São Paulo
ACP	Ação Civil Pública
ADCT	Ato das Disposições Constitucionais Transitórias
ADIn	Ação Direta de Inconstitucionalidade
ADCon	Ação Direta de Constitucionalidade
ADPF	Arguição de descumprimento de preceito fundamental
ADR's	*alternative dispute resolutions*
AgRg	agravo regimental (agravo interno)
A.I.	Agravo de Instrumento
Ap.	Apelação
AP	Ação Popular
Bol. AASP	Boletim da Associação dos Advogados de São Paulo
CCi	Código Civil
cit.	citado
CCo	Código Comercial
CDC	Código de Defesa do Consumidor
CESP	Constituição do Estado de São Paulo
CF	Constituição Federal
cf.	conforme
cit.	citado
CPC	Código de Processo Civil
CPP	Código de Processo Penal
CNJ	Conselho Nacional de Justiça

Dec.	Decreto
Des.	Desembargador
DJU	Diário da Justiça da União
DJe	Diário da Justiça eletrônico
DOE	Diário Oficial do Estado
DOU	Diário Oficial da União
EC	Emenda Constitucional
ED	embargos de declaração
ed.	edição
EDiv.	embargos de divergência
EOAB	Estatuto da Ordem dos Advogados do Brasil
ER	emenda regimental
FADUSP	Faculdade de Direito da Universidade de São Paulo
HC	*habeas corpus*
HD	*habeas data*
IC	inquérito civil
j.	julgado, julgamento
JSTF	Jurisprudência do Supremo Tribunal Federal *(Lex)*
JTJ	Jurisprudência do Tribunal de Justiça de São Paulo
LACP	Lei da ação civil pública (7.347/85)
LAP	Lei da Ação Popular (4.717/65)
LICC	Lei de Introdução ao Código Civil (redenominada *Lei de Introdução às normas do Direito Brasileiro* – Lei 12.376/2010)
LOMAN	Lei Orgânica da Magistratura Nacional
MedProv	Medida Provisória
Min.	Ministro
MP	Ministério Público

MS	Mandado de Segurança
ob. cit.	obra citada
PEC	Proposta de Emenda Constitucional
QO	Questão de Ordem
RDA	Revista de Direito Administrativo
Recl.	Reclamação
RDA	Revista de Direito Administrativo
RDP	Revista de Direito Público
RHC	recurso em *habeas corpus*
Rev. *LTr*	Revista Legislação do Trabalho
RE	Recurso Extraordinário
REsp	Recurso Especial
RR	Recurso de Revista
Rel.	Relator
RF	Revista Forense
Res.	Resolução
RISTF	Regimento Interno do Supremo Tribunal Federal
RISTJ	Regimento Interno do Superior Tribunal de Justiça
RITJSP	Regimento Interno do Tribunal de Justiça de São Paulo
ROC	Recurso Ordinário Constitucional
RePro	Revista de Processo
RJTJESP	Revista de Jurisprudência do Tribunal de Justiça de São Paulo (hoje *JTJ*)
RSTJ	Revista do Superior Tribunal de Justiça
RTJ	Revista Trimestral de Jurisprudência (STF)
RT	Revista dos Tribunais
STM	Superior Tribunal Militar

STF	Supremo Tribunal Federal
STJ	Superior Tribunal de Justiça
SV	Súmula vinculante
TJSP	Tribunal de Justiça de São Paulo
TRF	Tribunal Regional Federal
TSE	Tribunal Superior Eleitoral
TST	Tribunal Superior do Trabalho
US Supreme Court	Corte Suprema dos Estados Unidos
v.g.	*verbi gratia*
vol.	volume
v.u.	votação unânime

SUMÁRIO

NOTA À 6ª EDIÇÃO ... 5

LISTA DE ABREVIATURAS ... 11

Capítulo 1

DE ORDEM GERAL SOBRE A JURISPRUDÊNCIA ... 17

1.1 Breve notícia histórica ... 17

1.2 Precisões terminológicas ... 28

1.2.1 Evolução do conceito de jurisprudência ... 42

1.3 Natureza jurídica da jurisprudência ... 54

1.4 Funções da jurisprudência ... 67

1.5 E as fontes substanciais e formais do Direito ... 76

1.5.1 E os meios suplementares de integração do Direito ... 87

1.6 Revisão crítica das precedentes considerações. ... 102

1.7 E a tripartição dos Poderes do Estado ... 115

1.8 E a garantia constitucional da isonomia ... 149

1.9 Concepção contemporânea de jurisprudência ... 176

Capítulo 2

A DIVERGÊNCIA JURISPRUDENCIAL E OS MODELOS PARA SEU CONTROLE ... 187

2.1 O que se entende por divergência jurisprudencial ... 187

2.2 Nas jurisdições singular e coletiva ... 204

2.3 Nos países de *common law* e de *civil law* ... 234

2.4 Modelos de controle (prevenção/correção) do dissídio jurisprudencial ... 259

2.4.1 Os assentos obrigatórios: origem portuguesa e sua recepção/evolução no Direito brasileiro ... 259

2.4.2 As Cortes de Cassação ... 281

2.4.3 O incidente de resolução de demandas repetitivas. ... 303

Capítulo 3

TÉCNICAS E INSTRUMENTOS PARA A UNIFORMIZAÇÃO DA JURISPRUDÊNCIA.... 323

3.1 Via recursal 323

3.1.1 Uniformização interna 343

3.1.2 Uniformização externa (contraste entre julgados exógenos) 352

3.2 Fixação de julgado paradigma 376

3.3 Avocatória 388

3.4 Súmula vinculante 399

3.4.1 Perguntas e respostas 468

3.5 Súmulas persuasivas 499

3.6 Controle de constitucionalidade de lei ou ato de Poder Público 523

3.6.1 De ordem geral sobre controle de constitucionalidade 523

3.6.2 Como instrumento para a uniformização da jurisprudência 536

3.7 A jurisdição coletiva 555

3.7.1 De ordem geral 555

3.7.2 Como instrumento para a uniformização da jurisprudência 569

BIBLIOGRAFIA 589

APÊNDICE 619

CONSTITUIÇÃO FEDERAL (EC 45/2004) 619

LEI 11.417, DE 19 DE DEZEMBRO DE 2006 619

RESOLUÇÃO 388, DE 05 DE DEZEMBRO DE 2008, DO SUPREMO TRIBUNAL FEDERAL – STF 622

EMENDA REGIMENTAL STF 46, DE 06 DE JULHO DE 2011 (DJE 07.07.2011) 623

SÚMULAS VINCULANTES DO STF (até julho/2018) 624

DISPOSITIVOS DO CPC ALUSIVOS AO DIREITO SUMULAR 635

OBRAS DO AUTOR 639

Capítulo 1

DE ORDEM GERAL SOBRE A JURISPRUDÊNCIA

Sumário: 1.1 Breve notícia histórica – 1.2 Precisões terminológicas: 1.2.1 Evolução do conceito de jurisprudência – 1.3 Natureza jurídica da jurisprudência – 1.4 Funções da jurisprudência – 1.5 E as fontes substanciais e formais do Direito: 1.5.1 E os meios suplementares de integração do Direito – 1.6 Revisão crítica das precedentes considerações – 1.7 E a tripartição dos Poderes do Estado – 1.8 E a garantia constitucional da isonomia – 1.9 Concepção contemporânea de jurisprudência.

1.1 BREVE NOTÍCIA HISTÓRICA

Na antiguidade mais remota, alguns textos permitem especular sobre a existência de uma atividade que, em certo modo, corresponderia ao que hoje se compreende, basicamente, por *jurisprudência*. Assim, Rubens Limongi França traz indicações da técnica de aplicação de um texto de regência a um caso concreto – a *subsunção* – já entre os hindus, no Código de Manu, passando pelos hebreus, no Deuteronômio, e mesmo na Grécia, com as reformas institucionais implementadas por Sólon.[1]

Brevitatis causa, é razoável considerar o tema a partir das fontes romanas, até porque, como informa Paulo Dourado de Gusmão, "antes de Roma, não se pode falar em jurisprudência, pois na Grécia, onde as ideias filosóficas e políticas se desenvolveram, a jurisprudência se confundia com ética, com investigações sobre a *República* perfeita, a lei justa, a justiça considerada como virtude".[2] Nesses primórdios, pode-se dizer que a expressão *jurisprudência* se vinculava à tarefa exegética então praticada pelos jurisconsultos da época – ditos *prudentes* – no afã de esclarecer e interpretar os textos jurídicos, então incipientes, numa fase em que estavam ainda esbatidos os

1. Verbete Jurisprudência. *Repertório enciclopédico do* direito *brasileiro*, coord. Carvalho Santos e Aguiar Dias, vol. XXX, p. 275-276, *passim*.
2. *Introdução à ciência do* direito, 2. ed., Rio de Janeiro: Forense, 1960, p. 6.

contornos do Direito, de envolta com regras de natureza moral, religiosa e consuetudinária.

Esse caráter, em certo modo *difuso*, da concepção originária de *jurisprudência*, é facilmente perceptível nos textos de Ulpiano: "Divinarum atque humanarum rerum notitia, jus atque injusti scientia" (Digesto, I, 1, 10, 2); "Publicum jus in sacris in *sacerdotibus* in magistratibus consistit" (Digesto, 1, I, 2). Ou seja, a jurisprudência ora aparecia como o conhecimento das coisas divinas e humanas, ora como a ciência do justo e do injusto; aliás, o segundo daqueles fragmentos sugere a aproximação do Direito Público aos ofícios sacramentais, religiosos, tanto quanto à atividade estatal de distribuição da Justiça.

A palavra "prudente" é bastante sugestiva nesse contexto, na medida em que punha em realce uma característica ou uma qualidade que se pretendia imanente ao labor jurídico, qual seja a vocação (e a legitimidade) do que hoje se chama *operador do* Direito para interpretar os textos com autoridade, sabedoria e ponderação, ou, numa palavra, com a desejável *prudência*. Aliás, esta palavra vinha usualmente mencionada no campo do processo *cautelar*, indicando-se o *prudente arbítrio* com que deve agir o magistrado na prevenção do dano temido pela parte ou interessado. Como diz Galeno Lacerda, "essa atividade, de tão alta relevância, possui natureza fundamentalmente administrativa, o que significa que apresenta como nota peculiar enorme faixa de discrição, confiada ao prudente arbítrio judicial".[3]

Retomando o fio da evolução histórica, cabe lembrar, com Paulo Dourado de Gusmão, que "a ciência do direito se desenvolveu, devido, principalmente, ao *jus respondendi* conferido por Augusto e seus sucessores aos jurisconsultos".[4] A propósito, aduz Roberto Rosas: "A grande função do jurisprudente explica o poder da antiga jurisprudência na vida romana, sua influência organizadora, a observância da rigorosa linguagem jurídica e, em suma, a flexibilidade dos atos jurídicos e a pouca expansão da lógica jurídica. Os jurisprudentes em Roma, isto é, os indivíduos que se consagravam à jurisprudência, o faziam por vocação. Não recebiam honorários ou remuneração. O povo não tinha antipatia, nem desconfiança por estes homens. Donde o poder da antiga jurisprudência sobre a vida romana".[5]

Assim, Augusto outorgou aos jurisconsultos aquele *jus respondendi*, valendo destacar as contribuições de Labão, Sabino, Juliano (*Digesto*), Pom-

---

3. *Comentários ao Código de Processo Civil*, Rio de Janeiro: Forense, 1984, vol. VIII, p. 130.
4. Idem, ibidem.
5. Aspectos da jurisprudência como fonte de direito. *Arquivos do Ministério da Justiça*, n. 111, set. 1969, p. 18-19.

pônio, Gaio (*Institutiones*), Papiniano (*Quaestiones*), e, mais adiante, Paulo e Ulpiano. Nesse sentido, esclarece Luís Carlos Bartoletto, reportando-se ao texto de Gaio: "as respostas dos prudentes são as sentenças e as opiniões daqueles a quem é permitido construir o direito",[6] isto é, os jurisconsultos, dotados do *jus respondendi*. Para José Cretella Júnior, a jurisprudência, "em direito romano, significa *o trabalho interpretativo dos prudentes*, aproximando-se, assim, do que atualmente entendemos por doutrina".[7]

No ponto, observa Washington de Barros Monteiro: "(...) a jurisprudência converteu-se na filosofia nacional dos romanos; consoante afirma Ihering, quem quiser conhecer como os romanos compreenderam o homem e a sociedade não deve perguntá-lo a Lucrécio, Sêneca ou Marco Aurélio, porém, principalmente, a Paulo, Gaio e Ulpiano".[8]

Vale observar que em Roma a atividade de dizer o direito – *jurisdicere*, donde deriva o vernáculo *jurisdição* – era exercida tanto através dos *editos* dos pretores, como das *respostas* dadas pelos prudentes. Com efeito, Gaio assinalava que o Direito Romano provinha de várias fontes: "ex legibus, plebiscitis, senatusconsultis, constitutionibus principium edictis eorum qui jus edicendi habent, responsis prudentium" (*Institutas*, 1 e 2)". Rubens Limongi França admite que tanto os editos dos pretores, como as respostas dos prudentes "parecem estar na origem da atual jurisprudência dos tribunais. A relação mais estreita, porém, se verifica entre esta e os primeiros, porque, embora os *responsae* tendessem a ser obrigatórios para o juiz, os editos estavam mais de perto relacionados com a função concreta de distribuir justiça".[9]

Quanto à autoridade de que desfrutava esse direito *pretoriano*, em sentido largo, os textos diferem um tanto: Limongi França refere que no Digesto de Justiniano (I, 3, 12) há um excerto do livro XV do Digesto de Juliano, onde se lê: "Os casos todos, de caráter particular, não podem estar compreendidos nas leis ou nos senatusconsultos; mas quando, em alguma causa, a sentença que os resolva, seja manifesta, aquele que tem a jurisdição deve proceder de modo símile, e, desse modo, dizer o direito".

Nesse sentido de aproximação entre o *jurídico* e o *equitativo*, há no Código de Justiniano, Livro VII, tít. 45, lei 13, o seguinte texto, colacionado por Limongi França: "Que nenhum juiz, ou árbitro, julgue estar obrigado, quer

---

6. Analogia, jurisprudência e princípios gerais do direito, *Revista de* Direito *Civil*, n. 72, abr.-jun. 1995, p. 29.
7. Direito *romano*, São Paulo, RT, 1963, p. 20.
8. Da jurisprudência, *Revista Forense*, n. 202, p. 373.
9. Verbete cit., *Repertório enciclopédico do* direito *brasileiro* cit., p. 277.

às consultações imperiais, quer ainda, e com maior razão, às sentenças dos eminentíssimos prefeitos e dos outros dignatários, sempre que lhes pareça não terem sido apreciadas de modo correto ('quas non rite judicatas esse putaverit'); – pois, com efeito, se alguma pendência não foi dirimida convenientemente, cumpre não estender esse vício aos outros juízes, porquanto não é com base em exemplos, mas com fundamento nas leis, que se deve julgar ("non exemplis, sed legibus judicandum sit"). Mesmo quando cognicionais e altíssimas sejam as prefeituras, ou de algum máximo magistrado as sentenças prolatadas, as suas decisões não obrigam; porque a todos os nossos juízes ordenamos que julguem segundo os ditames da verdade, da lei, e da justiça (*sed omnes judices nostros veritatem, et legum, et justitiae sequi vestigia sancimus*)".[10]

É incontroverso que esse Direito *vivo* gozava de enorme prestígio e credibilidade, reconhecendo-se mesmo aos agentes dotados do *ius respondendi* o poder de *criar o* direito, quando o ordenamento se revelasse lacunoso, lendo-se em Pompônio: "Supplet praetor in eo quod legi deest" (Digesto, livro XIX, tít. V, fragmento 11). Assim, conclui Limongi França: "Não há dúvida, pois, preenchido o requisito da omissão da lei, ao pretor incumbia criar o direito não elaborado, sem o que não lhe seria possível solucionar a pendência submetida à sua autoridade".[11]

Ordinariamente, a jurisprudência romana se condicionava pelo direito positivo vigente à época – *secundum legem*, pois –, sendo assim natural que as alterações gradativamente apresentadas pelo Direito escrito fossem projetando reflexos na dicção estatal desse Direito, ou seja, na *jurisprudência*, valendo ainda não descurar, nesse contexto, as ocorrências sociopolíticas que, paulatinamente, acabariam levando à decadência e queda do Império. Verdade que o Direito Romano, após ter vigorado por mais de 12 séculos (de 754 a.C. até 476 d.C.) ainda mostraria vitalidade para alcançar o chamado *período bizantino*, assim entendido, segundo José Cretella Júnior, "o lapso de tempo que vai desde a morte do imperador Justiniano, em 565, até a queda de Bizâncio ou Constantinopla, em 1453, invadida e tomada pelos turcos".[12]

Nessa época, o Direito Romano teve que passar por relevantes adaptações aos novos tempos e costumes, inclusive pela dificuldade dos povos então conquistados, na compreensão dos textos escritos em latim, donde o aparecimento de *compilações*, já agora em língua grega, como a *Egloga legum compendiaria*, a *Lex Rhodia*, o *Prochiron legum*.

---

10. Idem, p. 277-278.
11. Idem, p. 277.
12. *Direito romano* cit., p. 35.

Assim, em certo modo *rejuvenescido*, o Direito Romano seguiu recepcionando influências diversas, mercê das migrações dos povos ao largo e ao longo do continente europeu, em consequência das guerras de conquista. Na Alta Idade Média (séculos XI e XII), registrou-se um movimento de releitura das fontes romanas, com os chamados *glosadores* – Irnério e sua "Escola de Bolonha" –, com destaque para Búlgaro, Martinus, Hugo e Jacob. Na sequência, advieram as glosas de Accursius, Cino de Pistoia e Bártolo, que concentraram esforços no sentido de adaptar os textos romanos aos direitos emergentes e aos costumes locais. Nesse ponto, observa Paulo Dourado de Gusmão, estava "introduzido o direito romano na Europa e fundada a jurisprudência ocidental".[13]

A partir daí, a *jurisprudência* passou, naturalmente, a apresentar características e mesmo finalidades diversas, conforme os *Direitos* se foram constituindo nos vários países, notando-se que, no continente europeu, os ordenamentos continuaram a se inspirar nas fontes romanas, com as necessárias adaptações, formando os chamados "Direitos codicísticos", com forte prevalência da *norma escrita*, ao contrário da vertente anglo-saxã, onde o primado recaiu no *precedente judiciário*, como é sabido.[14]

Sem embargo, desde o final da República romana já se registrava uma preocupação com a força obrigatória das *responsae* dos prudentes, observando Cacique de New York ter então o gênio político do imperador Augusto criado "o *jus respondendi ex autoritate principis*, concedendo esse privilégio aos jurisconsultos mais afeiçoados ao sistema, ao tempo em que exercia atrativo sobre os mais ariscos. Havia, portanto, uma jurisprudência oficial". O autor lembra que esse *jus respondendi* acabou elevado "à condição de norma de observação obrigatória nos julgamentos, consoante um *rescriptum* do imperador Adriano, consolidando-se, assim, a supremacia do direito imperial em detrimento de manifestações contestatórias". Essa *força*

---

13. *Introdução à ciência do direito* cit., p. 7.
14. Hoje essas duas grandes famílias jurídicas – a romano-germânica, com o primado na *norma*, e a anglo-saxã, com o primado no *precedente judiciário* – estão em visível *rota de aproximação*: a primeira está valorizando o dado jurisprudencial em intensidade crescente, falando-se mesmo num direito *sumular*, cujo expressão otimizada, dentre nós, é a súmula *vinculante* do STF (CF, art. 103-A e §§; Lei 11.417/2006); já a segunda família está cada vez mais valorizando o Direito escrito (Statutes), valendo mencionar que em 1998 adveio o Código de Processo Civil inglês (Federal *Rules of Civil Procedure*); e, nos Estados Unidos – outro país de *common law* –, segue prestigiado o *Uniform Commercial Code*, como dá notícia Lívio Goellner Goron – A jurisprudência como fonte do Direito: a experiência anglo americana, *Revista de Direito Constitucional e Internacional*, n. 47, abr.-jun. 2004, p. 290.

impositiva da jurisprudência acabaria por deitar raízes alhures, lembrando o autor que no direito *visigótico* "há vestígios de decisões vinculantes, a partir do próprio código euriciano que vigeu durante largo período por suas manifestações posteriores na Espanha, um dos territórios em que se firmou um reino bárbaro com larga duração".[15]

Em nosso país esse direito continental-europeu aportaria por intermédio das "Ordenações" lusitanas que, no capítulo da *jurisprudência*, apresentaram a importante contribuição dos *assentos obrigatórios* e, de maneira geral, serviram como o elo que viria possibilitar a filiação do então incipiente Direito brasileiro à vertente dos países de Direito codicístico, ditos de *civil law*, ou seja, aqueles integrantes da "família romano-germânica". Sobre esta última, assim se pronuncia René David: "Cette famille groupe les pays dans lesquels la science du droit s'est formée sur la base du droit romain. Les règles du droit sont conçues dans ces pays comme étant des règles de conduite, étroitement liées à des préocupations de justice et de morale (...)". Essa família, prossegue, "a son berceau dans l'Europe. Elle s'est formée par les efforts des Universités européennes, qui ont développé depuis le XII siècle, sur la base des compilations de l'empereur Justinien, une science juridique commune à tous, appropriée aux conditions du monde moderne. L'épithète 'romano-germanique' est choisie pour rendre hommage à ces efforts communs, déployés à la fois dans les Universités des pays latins et des pays germaniques".[16]

Na Idade Moderna, a *jurisprudência* foi acompanhando o evolver do Direito, à medida em que este foi sendo reconhecido como uma disciplina autônoma e distinta de outros ramos do conhecimento, que antes o tangenciavam ou com ele se mesclavam. Nesse sentido, é possível formular a pontuação que se segue:

A) destacou-se o Direito da *Moral*, valendo observar que, embora esta e aquele integrem o grande gênero da *Ética* (do grego *ethikós*, a norma de conduta, o que deve ser), diferenciam-se nisso que as regras morais não gozam de *coercibilidade-atributividade-exigibilidade*, justamente os elementos sensíveis nas normas jurídicas; todavia, sobrevivem resquícios daquela primitiva convivência, em pontos diversos da ordem jurídica, como dentre nós a alusão à "moralidade administrativa", que constitui fundamento autônomo para a ação popular (CF, art. 5.º, LXXIII), ou a exigência da "idoneidade moral e reputação ilibada" para o provimento de certos cargos públicos (CF, art. 73, II), ou ainda no uso de expressões de conteúdo um tanto vago, como a

15. Súmula vinculante, *Revista LTr*, vol. 60, n. 10, out. 1996, p. 1.313.
16. *Les grands systèmes de droit contemporains*, 8. ed., Paris, Dalloz, 1982, p. 23.

referência à "mulher honesta", antes elemento do tipo no crime de rapto (CP, art. 219), figura penal depois suprimida pela Lei 11.106/2005; ou, ainda hoje, com as referências à *boa-fé* (CCi, art. 1.268), à *união estável* (CCi, art. 1.723);

B) distinguiram-se Direito e *Costume*, este último precedendo àquele, e surgindo como um verdadeiro *jus non scriptum*, ao qual ainda hoje se recorre para dirimir certas pendências comerciais, constando ainda o costume dentre os meios de integração do Direito (LICCi (1942), hoje redenominada *Lei de Introdução às normas do Direito Brasileiro* – Lei 12.376/2010, art. 4.º); a outro giro, o próprio ordenamento processual autoriza o juiz a levar em conta "as regras da experiência comum subministradas pela observação do que ordinariamente acontece" (CPC, art. 375).

Cumpre ainda ter presente que a *jurisprudência*, no sentido técnico-jurídico de uma *coleção harmônica e sistemática de acórdãos reiterados sobre uma dada matéria*, vem por vezes chamada *costume judiciário*.[17] No ponto, esclarece André Franco Montoro: "O caráter consuetudinário da jurisprudência foi ressaltado por Savigny no seu 'Sistema do Direito Romano'. Nesse sentido, a jurisprudência é obrigatória na medida em que se reveste das características do costume judiciário. E isso se dá com a aceitação comum, reiterada e pacífica, por parte dos tribunais, dos preceitos consubstanciados em decisões idênticas". Na sequência, todavia, esse autor enumera "certas características que permitem distinguir, com clareza, o costume da jurisprudência: 1. O costume é criação da consciência comum do povo e pode originar-se de qualquer setor da coletividade. A jurisprudência é obra exclusiva de um setor apenas da comunidade: o dos juízes e tribunais. 2. O costume nasce naturalmente, como decorrência do exercício de direitos e obrigações. A jurisprudência decorre de decisões sobre casos em conflito. 3. O costume é espontâneo; a jurisprudência é reflexiva: provém do trabalho de reflexão dos julgadores, que recorrem a noções técnicas e a métodos peculiares de investigação e raciocínio".[18]

Esse direito *jurisprudencial* ou *costume judiciário* não se firmou sem fortes resistências, como se deu em Portugal, segundo relata Oscar Tenório:

---

17. Cf. Paulo Dourado de Gusmão. *Introdução à ciência do direito* cit., p. 123. Mais recentemente, Lênio Luiz Streck, salientando "a aproximação que muitos autores fazem entre a jurisprudência e o costume. Alguns chegam mesmo a denominá-la 'costume judiciário', em oposição ao 'costume popular'". *Súmulas no direito brasileiro* – Eficácia, poder e função, 2. ed., Porto Alegre: Livraria do Advogado, 1998, p. 84.

18. Fontes do direito em suas modalidades fundamentais, *Revista de Informação Legislativa*, n. 38, p. 67, Senado Federal, 1972.

"No século XVIII, no período autoritário do governo do Marquês de Pombal, a função hermenêutica do juiz era condenada. Os assentos da Casa da Suplicação, tomados em Mesa Grande, dependiam da vontade do monarca, o que se fez em largo período da história de Portugal".[19]

Acerca dos *assentos* da lusitana Casa de Suplicação, ressalte-se o disposto no II, título LVIII, § 1.º das Obrigações Manuelinas: "a determinaçam que sobre entendimento da dita Ordenação se tomar mandará o Regedor escreuer no livrinho para depois não viir em duuida". Ao propósito, comenta Júlia Raquel Dinamarco: "Esse livrinho era o Livro dos Assentos da Casa de Suplicação onde, uma vez registradas, as *determinações* (é nesse sentido a redação da disposição legal) passariam a gerar efeito geral de obrigatória observância para os casos futuros semelhantes ou idênticos. A disposição foi mantida nas Ordenações Filipinas". Na sequência, a autora colaciona alguns daqueles assentos, *v.g*,: XIV – *Veda querelar contra os nobres, e outras pessoas amancebadas que não servirem na Côrte*; XLVI – *Sobre a epoca em que se póde engeitar escravos da Guiné, e outros*".[20]

Esse contexto que ora se vai sumariando permite inferir que naquelas priscas eras o Direito *e sua interpretação* se fundiam na figura do Rei, que em certo modo *repassava* tal atribuição à Casa da Suplicação, a qual, por sua vez, inscrevia no *Livro da Relação* a interpretação a ser observada, na forma de assentos obrigatórios, "para depois não vir em dúvida". E, num claro alerta aos juízes, diziam as Ordenações Filipinas (Livro I, t. V, § 5.º): "os que em outra maneira interpretarem nossas Ordenações, ou derem sentença em algum feito, tendo algum dêles dúvida no entendimento da dita Ordenação, sem irem ao Regedor, serão suspensos até nossa mercê". (Neste passo, é interessante um contraste entre esse vetusto texto e aquele que chegou a ser cogitado entre nós, no bojo do Substitutivo n. 13 à PEC n. 96-A/92, cujo projetado § 4.º ao art. 111 da CF previa: "O descumprimento das decisões sumuladas pelo Supremo Tribunal Federal e pelo Superior Tribunal de Justiça, por agente político ou por agente público, é motivo para a perda do cargo e responsabilização pelos danos patrimoniais provocados, com decretação de indisponibilidade dos bens, sem prejuízo das demais sanções previstas em lei").

A outro giro, na França monárquica a atividade judicial era, no mínimo, vista com *desconfiança*, restringindo-se o magistrado a atuar como *la bouche*

19. A formação judicial do direito, *Revista Forense*, n. 211, p. 5.
20. *Súmula vinculante*, tese (doutorado), FADUSP, 2000, sob orientação do Prof. José Rogério Cruz e Tucci, p. 71, 72, 85, 86.

qui prononce les paroles de la loi, sem maiores elastérios, o que explica ter a *Cour de Cassation*, em sua origem, finalidade francamente censória-fiscalizatória. No ponto, Fábio Cardoso Machado: "(...) a cassação pós-revolucionária tinha um propósito francamente autoritário, pois pressupunha não a independência da função jurisdicional, e sim a sua estrita subordinação ao Poder Legislativo. E revela uma das singulares características da feição que a nossa tradição jurídico-política atribuiu ao princípio da separação dos poderes: o soberano poder do povo não se manifesta em qualquer medida pelo Poder Judiciário, mas exclusivamente através da atividade legislativa, à qual os juízes devem subordinar-se passivamente aplicando a lei, manifestação da vontade geral".[21]

À parte esses períodos históricos, pode-se dizer que a jurisprudência foi, gradativamente, firmando-se como elemento de renovação e arejamento do direito escrito, apresentando-se como fator de temperamento, humanização e atualização da *fria letra da lei*. Nesse sentido, exemplifica Washington de Barros Monteiro que, embora o Código de Napoleão tenha proscrito a cláusula de inalienabilidade, a intervenção jurisprudencial logrou atenuar tal rigor, "passando a admitir-lhe a validade nos três casos seguintes: a) quando conexa a um ato de alienação; b) quando temporária; c) quando justificada por legítimo interesse".[22] (Ainda hoje se nota essa aptidão da jurisprudência para flexibilizar, atualizar e contextualizar o texto normativo, como, por exemplo, o fez o STJ em face da Lei 8.009/90 sobre a impenhorabilidade do bem de família, ao emitir a súmula 486: "É impenhorável o único imóvel residencial do devedor que esteja locado a terceiros, desde que a renda obtida com a locação seja revertida para a subsistência ou moradia da sua família", parecendo-nos tratar-se, aí, de jurisprudência *praeter legem*).

O *ius respondendi* exercido pelos jurisconsultos romanos guardaria, em nossos dias, alguma relação com o labor dos juristas e cultores do chamado Direito *Doutrinal*. Nesse sentido, hoje fala-se em "peso doutrinário" ou mesmo em "argumento de autoridade", em face do pronunciamento de jurista renomado ou notoriamente especializado em determinado campo. Em ocorrendo que uma determinada posição jurídica venha perfilhada por vários autores, forma-se o que se costuma chamar *corrente doutrinária*, cuja influência é naturalmente maior do que a opinião isolada. Ainda assim, im-

21. Da uniformização jurídico-decisória por vinculação às Súmulas de jurisprudência: objeções de ordem metodológica, sócio-cultural e político-jurídica, *RePro* n. 124, jun. 2005, p. 142.
22. Da jurisprudência cit., *Revista Forense*, n. 202, p. 373.

pende ter presente que remanesce a natureza privada, opinativa, a saber, *não oficial* da exegese doutrinal, o que explica a inexistência de recursos judiciais ou de direitos subjetivos calcados uns e outros *apenas* em entendimento doutrinário, mesmo que pacífico ou prevalecente. Como observa Paulo Dourado de Gusmão: "A doutrina não é, segundo a opinião dominante, em nossa época, fonte imediata de direito positivo, pois não têm mais os juristas o *jus respondendi*. Só indiretamente a doutrina contribui para a formação do direito positivo, indicando reformas aos legisladores, originando uma interpretação comum, usual, do direito positivo".[23]

Conquanto não se reconheça à doutrina o papel de *fonte imediata* do Direito, fato é que, amiúde, o labor doutrinário acaba *pavimentando* o caminho ou dando *apoio logístico* para importantes *inovações legislativas*, como se verifica, dentre outras, nestas ocorrências: *a)* a identificação de uma *litigiosidade contida*, ao interno de vasto segmento social com dificuldade para acessar a Justiça, deu ensejo à criação dos Juizados Especiais para causas cíveis de menor complexidade e infrações criminais de menor potencial ofensivo (CF, art. 98, I; Leis 9.099/95 e 10.259/2001); *b)* o alerta doutrinário para a premente necessidade de maior *efetividade* do processo e presteza na resposta judiciária veio dar respaldo à introdução de tutelas judiciais *diferenciadas*, como a ação monitória, as antecipações de tutela, a prolação de comandos judiciais para prestação específica do objeto (respectivamente: CPC, arts. 700, *caput*; 303, *caput* e 305 e parágrafo único; 536 e § 1º), a par da constitucionalização do direito à *razoável duração dos processos* (art. 5.º, LXXVIII, cf. EC 45/2004); *c)* a recepção doutrinária dos chamados *interesses difusos* – mote da *segunda onda* de renovação do processo civil – [24] e a ênfase

---

23. *Introdução à ciência do direito* cit., p. 120.(Uma modalidade contemporânea de *ius respondendi* pode ser perscrutada nos pronunciamentos do STF nas *arguições de descumprimento de preceito fundamental* (CF, art. 103, § 1.º; Lei 9.882/99), observando Georghio Alessandro Tomelin: "A máxima segundo a qual o Poder Judiciário não responde a consultas vale para todos os temas que não os ligados a preceitos fundamentais" (Arguição de descumprimento de preceito fundamental: instrumento para uma remodelada "interpretação autêntica" dos direitos fundamentais, *in* Eros Roberto Grau e Sérgio Sérvulo da Cunha (coords.), *Estudos de Direito Constitucional em homenagem a José Afonso da Silva*, São Paulo, Malheiros: 2003, p. 660). A outra hipótese reside na atribuição ao TSE para "responder, sobre matéria eleitoral às consultas que lhe forem feitas em tese por autoridade com jurisdição federal ou órgão nacional de partido político" (Lei 4.737/65 – *Código Eleitoral* – inciso XII do art. 23).
24. Sobre esse ponto, v. Mauro Cappelletti, Formazioni sociali e interessi di gruppo davanti alla giustizia civile, *Rivista di Diritto Processuale*, n. 3, 1975. Também, o nosso *Interesses Difusos* – conceito e legitimação para agir, 8. ed., São Paulo: Thomson Reuters – Revista dos Tribunais, 2013, p. 146 e s.

na necessidade de sua proteção judicial, levaram à inserção daqueles valores no ordenamento positivo (CF, art. 129, III; Lei 8.078/1990, art. 81, parágrafo único e incisos; Lei 7.347/85, art. 1.º, IV).

Isso tudo, sem descurar hipóteses em que a jurisprudência, recepcionando alvitres doutrinários, acaba formulando o adequado *temperamento* na exegese de textos controvertidos, como se dá, *v.g.*, nas ações renovatórias de locação não residencial, no tocante ao quesito do prazo contratual de cinco anos *ininterruptos* (Lei 8.245/91, art. 51, II). Na antiga *Lei de Luvas* (Dec. 24.150/34, art. 2.º, *b*), aquele adjetivo – *ininterrupto* – não aparecia, de sorte que, vindo depois inserido no *jus novum*, permitiu a Theotonio Negrão inferir que a *mens legis* fora a de "vedar a *accessio temporis* quando haja solução de continuidade entre um contrato e outro de locação. Caberá à jurisprudência, portanto, verificar, em cada caso, se não existiu, da parte do locador, a intenção de burlar a lei e impedir a renovação da locação. Se isso tiver ocorrido, a ação renovatória não poderá deixar de ser julgada procedente, sob pena de violação do art. 45".[25]

Impende ainda aduzir que a jurisprudência apresenta uma importância variável, a depender do contexto de valores e interesses imperantes num determinado espaço – tempo, e ainda, de acordo com o modelo político-institucional adotado no pacto fundamental de cada país. Considere-se que alguns países, como o nosso, enquadram-se na vertente romano-germânica (família *civil law*), de natureza codicística, onde prepondera a norma escrita, enquanto outros se filiam à família *common law*, onde o primado recai no *precedente judiciário*. É de se considerar, também, as peculiaridades da organização judiciária de cada país, havendo os que, como o Brasil, têm *jurisdição una*, e outros, como a França, que contam com o *contencioso administrativo*. E nesse contexto não pode ainda ser descurada a própria *índole* de cada povo: alguns apresentam uma tendência natural ao cumprimento *espontâneo* das normas, assim como à autocomposição dos conflitos, ao passo que outros revelam natureza resistente ao comando normativo, revelando-se outrossim refratários às formas alternativas de composição, o que se traduz, no plano judiciário, numa postura marcantemente *demandista*.

É dizer, com António M. B. Hespanha: "Se, no agir de todos os dias, tivéssemos que invocar a lei ou que recorrer aos tribunais para fazer reconhecer os nossos direitos, a convivência seria pura e simplesmente impossível".[26]

---

25. *Código Civil e legislação civil em vigor*, 15. ed., São Paulo, Saraiva, 1996. Nota nº 4 ao art. 51 da Lei 8.245/91.

26. *Justiça e litigiosidade:* história e perspectiva, Fundação Calouste Gulbekian, Porto, 1993, p. 23. *Apud* Alberto Nogueira, Segurança jurídica, liberdade e Súmula vinculante, *Revista*

A *postura demandista* está à base do expressivo número de recursos (CPC, art. 994), aos quais se somam os de base *regimental* e ainda os chamados *sucedâneos* de recursos, tudo a engendrar situações que beiram o paroxismo, como dá notícia Vicente Greco Filho: "Todos sabemos que nosso sistema recursal é dos mais complexos do mundo. Disse-me uma ocasião um Ministro do STF que julgara um recurso cujo nome tinha três linhas: tratava-se de algo como 'embargos de declaração em agravo regimental de despacho de indeferimento de embargos de divergência em agravo de despacho denegatório de recurso extraordinário'. O pior é que esse recurso existe".[27]

1.2 PRECISÕES TERMINOLÓGICAS

A palavra *jurisprudência* não apresenta um conteúdo unívoco, ao longo da evolução do Direito, no tempo e no espaço. Sob o primeiro ângulo, ainda no Direito Romano, o termo se apresentava plurívoco, assim valendo para identificar um "Direito Pretoriano" (os éditos baixados pelos magistrados, com maior carga de *imperium* do que de *cognitio*), como para significar os *repositórios*, que, segundo Paulo Dourado de Gusmão, "ou são coleções de *responsa* dos jurisconsultos do período clássico, ou são interpretações, desprovidas de originalidade, das obras do período anterior".[28]

De outra parte, sob o enfoque espacial, o termo "jurisprudência" toma acepções diferentes, conforme se trate de um sistema jurídico: ***i***) afeto à *common law* (direito anglo-saxão, onde predomina a aplicação do *precedente judiciário* – o *stare decisis*) ou, ***ii***) jungido ao sistema dito *continental europeu* (países filiados à família romano-germânica, ou da *civil law*, onde o primado repousa na norma legal). Nesse sentido, assinala Natacha Nascimento Gomes Tostes: "Destarte, pode-se verificar que nos sistemas da *common law* apenas constitui precedente vinculante o que está expresso na *ratio decidendi*, tendo eficácia meramente persuasiva aquilo que consta na esfera da *obiter dictum*. Transpondo o instrumento para os sistemas de direito escrito, a relevância da distinção repousa na perfeita identificação das razões que levaram à formação da jurisprudência constante, ou mesmo da Súmula, para que, nos casos futuros, se verifique a identidade ou a similitude do caso em exame com

---

Ciências Sociais, Universidade Gama Filho, Rio de Janeiro, v. 3, n. 2, dez. 1977, p. 66.

27. Questões sobre a Lei 9.756, de 17 de dezembro de 1998. In: Teresa Arruda Alvim Wambier e Nelson Nery Júnior (coords.), *Aspectos polêmicos e atuais dos recursos cíveis de acordo com a Lei 9.756/98*, São Paulo: RT, 1999, p. 600.

28. *Introdução à ciência do direito* cit., p. 6.

os anteriormente decididos, aplicando-se, a bem da garantia da segurança jurídica, o que já assentado".[29]

Em outro senso, a palavra "jurisprudência" pode ainda ser utilizada para significar a tendência exegética predominante num determinado Tribunal, acerca de certo tema; assim, pode-se dizer, *v.g.*, que a *jurisprudência do STJ*, sobre determinada matéria, encontra-se *estabilizada* neste ou naquele sentido.

A configuração *plurívoca* do termo em questão, a par do crescente clamor pela *uniformização da jurisprudência* e implemento dos meios para sua consecução ("súmula vinculante", "súmulas persuasivas", "precedentes judiciais obrigatórios", "enunciados normativos", "questões de ordem", "decisões-quadro"), tudo está a reclamar uma prévia clarificação conceitual, para que se possa, na sequência, aprofundar a análise dos muitos pontos controvertidos e complexos ensejados pelo tema.

Dentre esses tantos *pontos nevrálgicos*, considerem-se os elencados nesta singela pontuação: Decisões de primeiro grau, quando uniformes, configuram "jurisprudência"? É possível e, em caso positivo, será conveniente e oportuna a uniformização já em primeiro grau? A divergência entre julgados constitui um mal em si, a ser prevenido ou reprimido? Ou, ao contrário, o dissenso pretoriano há de ser visto como uma contingência previsível e tolerável, num modelo jurídico-político em que o magistrado forma livremente sua convicção, realizando em cada caso a subsunção da norma ao fato? O *duplo grau de jurisdição* já não bastaria a assegurar, razoavelmente, uma resposta judiciária de boa qualidade, na medida em que o órgão colegiado *ad quem* tem oportunidade de corrigir os *errores in procedendo vel in iudicando* porventura verificados no julgado recorrido? A uniformização pretoriana desejável é a que se pode estabelecer entre Tribunais diversos, ou deveria limitar-se a cada Tribunal *de per si*? Os critérios dessa uniformização hão de ser os mesmos, tanto no campo da jurisdição singular como no da coletiva?[30] O trato processual coletivo dos chamados *conflitos de massa*, em que se contrapõem interesses metaindividuais, já não bastaria para prevenir os virtuais dissídios jurisprudenciais e uniformizar os já ocorrentes, nessa dimensão coletiva?[31] Corolariamente, o transporte, *in*

29. Uniformização de Jurisprudência, *Revista de Processo*, n. 104, out.-dez. 2001, p. 204.

30. Sobre o que se entende por "jurisdição coletiva", v. o nosso *Jurisdição coletiva e coisa julgada – teoria geral das ações coletivas*, 3. ed., São Paulo, RT, 2012, p. 84 e ss.

31. Escrevem José Miguel Garcia Medina, Luiz Rodrigues Wambier e Teresa Arruda Alvim Wambier: "Criações legislativas, como as ações coletivas, têm grande potencial para fazer com que pessoas que estejam em situação idêntica recebam tratamento idêntico

utilibus, da coisa julgada *coletiva* para o âmbito das demandas individuais subjacentes (CDC – Lei 8.078/90, arts. 103, § 1.º e 104), já não seria suficiente para evitar a proliferação desmesurada das chamadas demandas seriais ? O caráter *obrigatório* da jurisprudência sumulada é compatível com o nosso regime jurídico-político? A Súmula, *quando vinculativa*, deve ser apanágio dos Tribunais da Federação (STF/STJ) ou caberia estendê-la a todos os Tribunais do País? O CPC, dizendo no art. 927, *caput*, que "os juízes e tribunais *observarão*" (os padrões decisórios elencados nos incisos), e dizendo, no § 3º do art. 947, que o "acórdão proferido em assunção de competência *vinculará* todos os juízes e tribunais, exceto se houver revisão de tese", significa que houve uma mutação em nosso regime jurídico-político, o qual passa a reconhecer certas formas otimizadas de jurisprudência como fonte e forma de expressão do Direito, ao lado da norma legal?

Em outras palavras, cabe indagar: é apenas a lei – enquanto norma obrigatória, geral, abstrata e impessoal, emanada do Parlamento – que deve ser *igual para todos* (CF, art. 5.º, *caput*), ou, numa visão mais abrangente e *holística* do Direito e da realidade brasileira, essa desejável isonomia haveria de se estender também à lei quando venha interpretada e aplicada judicialmente aos casos concretos? Em suma: é plausível que a isonomia aplique-se à *norma legislada*, mas não atue em face da *norma judicada*? É admissível ter-se uma *dualidade no conteúdo axiológico* da norma, por modo que ela seja *igual para todos*, enquanto abstratamente posta no ordenamento, mas torne-se variável e cambiante quando vem a ter o seu *momento judiciário*?

Ao propósito, ponderam José Miguel Garcia Medina, Luiz Rodrigues Wambier e Teresa Arruda Alvim Wambier: "De nada adiantaria um princípio constitucional, cujo destinatário é o legislador, se o Judiciário não tivesse de seguir idêntica orientação. O princípio da isonomia recomenda que não se decida diferentemente, em face de casos iguais. Só assim será proporcionada plena aplicabilidade do princípio da legalidade, funcionando ambos *engrenadamente*".[32]

Passando em revista as prestigiadas classificações de José Afonso da Silva, Celso Antonio Bandeira de Mello e Luís Roberto Barroso acerca da tipologia das normas constitucionais, sob o prisma de sua efetividade ou

do Judiciário, que deverá disciplinar da mesma forma a situação de todos" (A súmula vinculante, vista como meio legítimo para diminuir a sobrecarga de trabalho dos tribunais brasileiros. *Revista do Advogado*, (AASP), n. 92, jul. 2007, p. 8).

32. Art. cit., *Revista do Advogado* (AASP) n. 92, jul.2007, p. 14.

exigibilidade,[33] Jorge Hage Sobrinho observa que essa eficácia deve ser vista sob o prisma *jurídico* ("a capacidade de produzir efeitos") e sob o prisma *social* ("o cumprimento efetivo do Direito na sociedade, no mundo dos fatos"). Na sequência, ponderando que "não há como pensar em efetividade (ou eficácia social) sem que esteja assegurada, antes, a eficácia jurídica da norma", conclui Hage Sobrinho que *todas as normas constitucionais possuem eficácia jurídica*, podendo apenas ocorrer certas variações no grau dessa efetividade.[34]

Portanto, à exceção das (poucas) normas constitucionais que se podem dizer *programáticas* (*v.g.*, a que estabelece a meta de "reduzir as desigualdades sociais e regionais" – CF, art. 3.º, III), nas quais se reconhece uma indeterminação conceitual, permitindo uma certa flexibilidade na atuação política do Estado, no mais, e como regra, as normas constitucionais hão de ser vistas como *atributivas e exequíveis*, ainda quando comportem ou reclamem alguma regulamentação (*v.g.*, como se deu com o pré-requisito genérico da " repercussão geral da questão constitucional", no juízo de admissibilidade do recurso extraordinário – CF, art. 102, § 3.º), cujo conteúdo vem explicitado no art. 1.035 e § 1º do CPC.

É dizer, se a Constituição assegura que "todos são iguais perante a lei" (art. 5.º, *caput*), entendida a *lei* no sentido de norma estatal de obrigatoriedade geral, é logicamente imperioso que essa isonomia seja válida tanto em face da *norma legislada* (= produto final da atividade parlamentar), como perante a *norma judicada*, ou seja, quando o texto de regência vem subsumido aos fatos de uma lide, no bojo de uma ação judicial.

A se entender de outro modo, se chegaria a uma situação de verdadeira *aporia*, em que ninguém mais estaria seguro de seus direitos, o que se traduziria em injustiça social, prejuízo para os jurisdicionados e desprestígio para o Judiciário. No ponto, analisa Natacha Nascimento Gomes Tostes: "É que a pulverização de decisões judiciais, traduzindo entendimentos os mais díspares, deixa em situação de perplexidade a população, mormente quando um gama dessas decisões judiciais não reflete a chamada 'consciência coletiva'. Pode-se, destarte, afirmar que, em virtude de tal ocorrência, o Poder Judi-

33. José Afonso da Silva. *Aplicabilidade das normas constitucionais*, 2. ed., São Paulo, RT, 1982; Celso Antonio Bandeira de Mello, *Eficácia das normas constitucionais*, Tese apresentada à IX Conferência Nacional da OAB, Florianópolis, 1982; e Luís Roberto Barroso. *O direito constitucional e a efetividade de suas normas*, 3. ed., Rio de Janeiro, Renovar, 1996.

34. A realização da Constituição, a eficácia das normas constitucionais e o mandado de injunção, *Revista da Fundação Escola Superior do Ministério Público do Distrito Federal e Territórios*, n. 9, p. 114-118, jan.-jun. 1997, *passim*.

ciário, que teria como função primordial a pacificação dos conflitos sociais, através da aplicação do Direito, tem se tornado, muitas vezes, fonte de criação de novos conflitos, inserindo, na esfera íntima dos envolvidos nos litígios, e em toda a sociedade, a sensação de injustiça. Ou seja, caminha o Judiciário exatamente no sentido contrário à sua função primordial. (...) É que, se dois casos idênticos recebem tratamento diverso, qual das decisões é justa, e qual é injusta? Onde se efetuou a distribuição da Justiça? Cremos, assim, que em nenhuma das hipóteses pode se falar em verdadeira distribuição de Justiça, já que houve uma desestabilização da ordem. Sujeitar o indivíduo, portanto, à 'loteria das decisões judiciais' pode ser considerado um dos caminhos mais propícios para a desestruturação da ordem e para o não cumprimento dos preceitos insculpidos na Carta de 1988".[35] (Não por outro motivo, prevê o art. 926, *caput*, do CPC: "Os tribunais *devem* uniformizar sua jurisprudência e *mantê-la* estável, íntegra e coerente".

A indagação fundamental seria, portanto, a seguinte: A isonomia estabelecida pelo constituinte se reduz àquela meramente formal, virtual, retórica, afirmada como princípio ou diretriz, ou, antes e superiormente, deve ser real, efetiva, exigível, compreendendo o *tratamento equânime dos jurisdicionados diante da norma*, quando esta vem aplicada pelo Estado-juiz aos casos concretos? Está a se falar de isonomia abstrata/teórica ou concreta/exigível?!

Ao propósito, aduz o Min. José Celso de Mello Filho, do STF: "O tratamento discriminatório só se legitima, juridicamente: a) em função de expressa disposição constitucional; ou b) em virtude de pressupostos lógicos e objetivos que justifiquem, racionalmente, a desequiparação operada. Conforme decisão do TJSP, 'o que o princípio da isonomia impõe é o tratamento igual aos realmente iguais, igualdade real e não nominal, igualdade integral e não incidente ou parcial' (*RT* 411/182)".[36]

O que ora se vai afirmando é verdadeiro também para os países de *common law*, nos quais o afastamento dos *binding precedents* só pode dar-se excepcionalmente, mediante demonstração cabal de que a *ratio decidendi* exposta no caso paradigma não se aplica ao caso *sub judice*, em virtude de certas singularidades na situação de fato deste último; do contrário, prevalece o milenar princípio *stare decisis et non quieta movere*, a balizar o julgamento dos casos futuros e análogos. No ponto, observa Márcia Regina Lusa Cadore: "O juiz ficará vinculado ao precedente apenas se a situação fática posta em

35. Uniformização de jurisprudência cit., *RePro* n. 104, out.-dez. 2001, p. 194.

36. *Constituição Federal anotada*, 2. ed., São Paulo: Saraiva, 1986, p. 428.

julgamento for a mesma. Caso contrário, inexiste a vinculação. Isso obviamente significa que os fatos da causa devem conter pelo menos um elemento relevante que os distinga dos examinados no precedente. Nasce aí a técnica do *distinguishing*, na qual é preservada a tradicional argumentação *from case to case*".[37] Essa técnica aparece recepcionada no CPC, dispondo o § 1º do art. 489 que se considera *não fundamentada* (e, pois, nula: CF, art. 93, IX) a decisão judicial que (...) "VI – deixar de seguir enunciado de súmula, jurisprudência ou precedente invocado pela parte, sem demonstrar a existência de *distinção* no caso em julgamento ou a superação do entendimento".

Outra questão fundante consiste na consideração de que a "jurisprudência", em si mesma, não constitui um *produto estatal primário*, nesse sentido em que usualmente se compreendem as utilidades, bens e serviços precipuamente disponibilizados pelo Estado, como a segurança da população, a educação, a seguridade social, o transporte coletivo, a saúde pública. Com efeito, no senso técnico-jurídico que aqui interessa, a "jurisprudência" apresenta-se como um atributo que *pode* vir a qualificar a produção precípua dos tribunais (= os acórdãos), quando estes se mostrem reiteradamente harmonizados numa dada matéria, num certo espaço-tempo. Trata-se, pois, de um *plus*, um qualificativo contingencial, um *upgrade, se se quiser,* que vem a distinguir um dado produto judiciário, e isso tanto no âmbito de um órgão colegiado, como no de uma determinada *Justiça.*

Impende não confundir a *essência* ou a substância do objeto com a sua *forma* ou exteriorização: a prestação jurisdicional é imanente ao Estado, porque é uma função decorrente do princípio da indeclinabilidade ou da inafastabilidade do controle judicial (CF, art. 5.º, XXXV), daí decorrendo a vedação da justiça de mão-própria (CP, art. 345) e a garantia do juiz natural (CF, art. 5.º, LIII); ao passo que a formação da *jurisprudência* é um valor agregado, uma qualidade contingencial, que *pode* enriquecer a prestação jurisdicional, bastando considerar os tantos temas que ainda estão longe de um consenso nos Tribunais, sem embargo de o Estado-juiz continuar provendo sobre eles.

Portanto, a "jurisprudência", propriamente dita, não se confunde com a singela *distribuição* da justiça estatal: *a uma*, os julgados de primeiro grau, ainda quando se apresentem homogêneos (por exemplo, nas demanda seriais), não configuram *jurisprudência*, termo reservado para designar um encadeamento harmônico de *acórdãos* sobre um mesmo tema, certo que *acórdão*, diz o art. 204 do CPC, é "o julgamento colegiado proferido pelos

---

37. *Súmula vinculante e uniformização de jurisprudência*, São Paulo: Atlas, 2007, p. 62.

tribunais"; *a duas*, a prestação jurisdicional considera-se ofertada assim quando há decisão de mérito (CPC, art. 487 e incisos) como nos casos em que tal não ocorre (CPC, art. 485 e incisos); *a três*, é irrelevante, para a higidez formal da sentença, que o conteúdo da decisão se afine com uma dada *corrente* pretoriana ou represente exegese isolada. Excetuam-se, naturalmente, os casos em que a interpretação do texto de regência tenha sido fixada pelo STF no controle direto de constitucionalidade (CF, § 2º do art. 102) ou quando há súmula vinculante do STF (CF, art. 103-A e §§), porque nesses casos a eficácia se expande *erga omnes*.

Com efeito, o eventual isolamento da exegese adotada no julgado não se considera vício formal, nem depõe contra a qualidade jurídica da decisão, bastando constatar que essa ocorrência não constitui hipótese de ação rescisória, tirante o caso de a interpretação ter sido feita frontalmente *contra legem*, implicando em "violar manifestamente norma jurídica" – CPC, art. 966, V. Observe-se que essa hipótese é em certa medida relativizada pela Súmula 343 do STF: "Não cabe ação rescisória por ofensa a literal disposição de lei, quando a decisão rescindenda se tiver baseado em texto legal de *interpretação controvertida* nos Tribunais".[38] É que, se a interpretação era *controvertida*, é porque o texto em que se baseara o julgado comportava mais de uma inteligência, e já então, em boa lógica, não se poderia afirmar que a exegese acolhida, dentre outras possíveis, fosse francamente *contra legem* ou absurdamente irrazoável.

Atente-se que a Lei 13.256/2016 acresceu mais dois parágrafos ao citado art. 966 do CPC, agora autorizando (§ 5º) o manejo da ação rescisória, com fundamento naquele inciso V do art. 966, quando a decisão de mérito se tenha baseado "em enunciado de súmula ou acordão proferido em julgamento de casos repetitivos que *não tenha considerado a existência de distinção* entre a questão discutida no processo e o padrão decisório que lhe deu fundamento"; em tal caso, completa o § 6º, também inserido por aquela lei, cabe ao autor da rescisória, "sob pena de inépcia, demonstrar, fundamentadamente, tratar-se de situação particularizada por hipótese fática distinta ou de questão jurídica não examinada, a impor outra solução jurídica". Portanto, ainda uma vez o legislador recepcionou a técnica do *distinguishing*, de uso corrente nos países do *common law*.

Mesmo a eventual discrepância entre acórdãos prolatados por órgãos fracionários de um mesmo Tribunal ou por Tribunais diversos, em nada

38. Para uma visão crítica dessa Súmula, v. Teresa Arruda Alvim Wambier: Sobre a Súmula 343, *RePro* n. 86, abr.-jun. 1997, p. 148 e s. .

compromete a validade da prestação jurisdicional, podendo apenas apresentar interesse a outro título, qual o de autorizar o manejo de recursos que se fundam em dissídio pretoriano, como se dá com os *embargos de divergência* no STF e STJ (CPC, arts. 1.043, 1.044, incisos e parágrafos) ou o *recurso especial* ao STJ pela letra *c* do art. 105, III, da CF, ou ainda a revista trabalhista ao TST (CLT, art. 896, *a*).

Embora a uniformidade jurisprudencial seja desejável e mesmo configure um ideal a ser perseguido, fato é que o processo civil brasileiro admite ou ao menos *convive* com a virtualidade de que casos análogos porventura recebam respostas judiciárias qualitativamente diversas, mormente no ambiente da *jurisdição singular*, que é predominante. Todavia, justamente porque essa discrepância não é desejável, o CPC contempla mecanismos voltados à *prevenção* da contradição entre julgados, por exemplo: reunião das ações conexas, fixação da competência por prevenção do juízo, possibilidade de cumulação de pedidos, exceções peremptórias de coisa julgada e litispendência, figuras litisconsorciais, incidentes de resolução de demandas repetitivas, de assunção de competência, de controle incidental de constitucionalidade, valendo ressaltar o disposto no § 3º do art. 55: "Serão *reunidos para julgamento conjunto* os processos que possam gerar risco de prolação de decisões conflitantes ou contraditórias caso decididos separadamente, *mesmo sem conexão entre eles*".

Mesmo assim, não há como *garantir* que essas e outras técnicas e instrumentos serão *eficazes* em todos os casos, donde a virtualidade de vir a ocorrer contradição lógica, ou até mesmo prática, entre julgados, ou seja, que dois processos, versando matéria análoga, venham porventura a receber respostas judiciárias dissonantes ou mesmo incompatíveis em seus conteúdos. Esse risco é potencializado nos casos em uma macro-lide se pulveriza em multifárias e replicadas ações individuais, levando a que o legislador tenha positivado o *incidente de resolução de demandas repetitivas*, cuja *tese jurídica*, ao final alcançada, será aplicada, necessária e isonomicamente, aos casos ali subsumidos, nos moldes do disposto no art. 985 e incisos do CPC.[39].

A divergência jurisprudencial pode ainda radicar na própria *regionalização* das Justiças Federal e do Trabalho, tendo certa feita anotado o Min. Carlos Velloso, então no STJ, depois integrante do STF: "Oportunamente, esses entendimentos serão uniformizados por este Superior Tribunal de Justiça, quando a matéria aqui chegar através dos recursos apropriados".[40]

39. No ponto, v. o nosso *Incidente de resolução de demandas repetitivas*, São Paulo: Thomson Reuters – Revista dos Tribunais, 2016, p. 268 e s.

40. *Recursos no STJ*, coord. Min. Sálvio de Figueiredo Teixeira, São Paulo, Saraiva, 1991, p. 137.

Assim se passa porque, por exemplo, o meio ambiente, típico interesse difuso, tanto pode ser veiculado através de ação civil pública direcionada à Justiça Federal (CF, art. 109, I, c/c art. 129, III; Lei 7.347/85, art. 1º, I), como pode sê-lo numa ação civil pública trabalhista, já que o texto constitucional alberga o meio ambiente do trabalho – art. 200, VIII.[41]

Sem embargo dessa postura até certo ponto *resiliente* para com a virtualidade do dissídio pretoriano, a questão segue em aberto e é preocupante, sob o registro da virtual contradição *prática* entre julgados, ocorrência que o processo civil busca prevenir de várias maneiras, disponibilizando técnicas de prevenção e de correção do *bis in idem*, por exemplo: a ação rescisória (CPC, art. 966, V); as várias figuras de intervenção, mormente a oposição e o recurso do terceiro prejudicado; a reunião de demandas acessórias e secundárias; a suspensão do processo em virtude de prejudicialidade externa, tudo no duplo objetivo do *aproveitamento máximo* da relação processual e da *prevenção/correção da contradição entre julgados*. O pano de fundo é a otimização ou a potencialização da resposta judiciária, por modo que ela abranja a demanda-núcleo e os pontos conflitivos subjacentes ou periféricos, sob a égide da chamada *jurisdição integral*. Nesse sentido, prevê o art. 4º do CPC: "As partes têm o direito de obter em prazo razoável a *solução integral do mérito*, incluída a atividade satisfativa".

No propósito de evitar as contradições de ordem prática, é de se louvar a engenhosa técnica da coisa julgada *secundum eventum litis*, primeiro prevista no art. 18 da Lei da Ação Popular (4.717/65) e, posteriormente, no art. 16 da Lei da Ação Civil Pública (7.347/85, com a redação da Lei 9.494/97) e ainda no Código de Defesa do Consumidor (Lei 8.078/90, art. 103, I e II).[42]

Essa relação entre *acórdão* (= produto final da atividade dos Tribunais) e *jurisprudência* (= valor que se agrega e qualifica as decisões de segundo grau, quando consonantes e reiteradas sobre um mesmo tema) é semelhante, *mutatis mutandis*, ao que se passa no contraponto entre sentença e coisa julgada: a sentença de mérito é o ato substancial, idôneo a pôr termo ao pro-

---

41. O tema, em modo geral, é desenvolvido no nosso Ação Civil Pública – em defesa do meio ambiente, do patrimônio cultural e dos consumidores – Lei 7.347/85 e legislação complementar, 14 ª ed., São Paulo: Thomson Reuters – Revista dos Tribunais, 2016, p. 43, 44.

42. Sobre essa técnica, v. José Carlos Barbosa Moreira, A ação popular do direito brasileiro como instrumento de tutela jurisdicional dos chamados 'interesses difusos'. *Temas de Direito Processual*, 1.ª Série, 2. ed., São Paulo, Saraiva, 1988, p. 122-123 e, ainda, Ada Pellegrini Grinover, in *Código Brasileiro de Defesa do Consumidor*, (vários autores) 8. ed., Rio de Janeiro, Forense Universitária, 2005, p. 913 e ss., *passim*.

cesso, resolvendo a lide (CPC, arts. 487, I), mas a ocorrência da coisa julgada, embora dali defluente, apresenta natureza diversa, *adjetiva*, configurando a *qualidade* que reveste aquele julgado e seus efeitos (ou a *autoridade*, como referido no art. 502 do CPC), sob o binômio *imutabilidade-indiscutibilidade*, por modo que a coisa julgada, na jurisdição singular, projeta sua *auctoritas* entre as partes e, sob certas condições, pode até beneficiar terceiros, apenas não podendo *prejudicá-los* (CPC, art. 506), já que não participaram do contraditório.

Assim como a coisa julgada mostra-se *axiologicamente neutra*, nesse sentido de não traduzir em si mesma um juízo de valor, mas antes operando como fator de segurança jurídica,[43] também a divergência jurisprudencial, tomada *de per si*, não configura "um mal nem um bem", apenas se apresentando como uma contingência previsível, senão já inevitável, num sistema jurisdicional onde predomina a jurisdição singular, na qual se opera a subsunção do fato à norma, em cada caso concreto.[44] Além disso, nossa estrutura judiciária é de desenho *piramidal*, com órgãos monocráticos ou singulares à base (Varas), órgãos colegiados locais ou regionais de permeio (TJ's, TRF's, TRT's, TRE's, TJM's) e órgãos colegiados de cúpula ou de sobreposição (STF, STJ, TST, TSE, STM), uns e outros organizados em *competência de derrogação*, donde a virtualidade da discrepância entre julgados.

---

43. Ao contrário do vigente CPC que se refere à autoridade da coisa julgada (art. 502), já o CPC/73 adotara a a teoria exposta por Liebman (a coisa julgada como uma qualidade da decisão de mérito), invocada expressamente no item 10.º da Exposição de Motivos. (Todavia, bem vistas as coisas, os *efeitos* do julgado não se tornam imutáveis (*v.g.*, o comando condenatório pode nunca vir a ser executado, ou pode ser transacionado com o devedor, ou mesmo pode dar-se a prescrição intercorrente); superiormente, dir-se-ia que o *elemento declaratório* do julgado (v.g., o reconhecimento da relação de débito-crédito e a imputação subjetiva de quem seja credor e devedor) é que resta estabilizado e imutável pela agregação da coisa julgada material).

44. No plano processual *coletivo* a discrepância entre decisões judiciais é ainda mais nociva: figurem-se duas ações civis públicas, cada qual distribuída a Varas diversas da Fazenda Pública, numa mesma Comarca ou Seção Judiciária, tendo sido em ambas formulado pedido ressarcitório em virtude de uma mesma causa de pedir, a saber, a paralisação de atividade essencial (art. 22 e parágrafo único da Lei 8.078/90), sendo uma delas reportada à greve nos ônibus urbanos e a outra à greve no metrô. A primeira vem a ser julgada procedente, ao passo que a segunda resulta improcedente. Em princípio, a ocorrência configuraria uma contradição apenas *lógica* entre os julgados, mas, em sede de jurisdição coletiva, é palpável o risco de contradição *prática*, porque nesse plano o interesse vem tratado em sua dimensão supraindividual, ou seja, em face de sujeitos indeterminados e de um objeto indivisível, incluindo-se, no exemplo figurado, ambos os objetos litigiosos sob o registro comum da *paralisação dos transportes públicos*.

É, pois, importante extremar estas três noções: (*i*) a *prestação jurisdicional* é poder-dever do Estado, através de seu braço judiciário, à qual corresponde o direito subjetivo público do acesso à Justiça (CF, art. 5.º, XXXV), o que inclui o "direito a uma decisão de mérito", em estando presentes as condições da ação e os pressupostos processuais, sem embargo de, em certos casos, prever-se o prévio esgotamento de outras vias – CF, art. 217, § 1.º – conflitos desportivos; Lei 9.507/97, art. 8.º, parágrafo único – *habeas data*); (*ii*) embora a palavra *jurisprudência* seja plurissignificativa, ela comporta redução conceitual quando empregada no ambiente judiciário, aí revelando-se como uma coleção de acórdãos sobre um dado tema, reiterados harmonicamente, provindos de um Tribunal – em seu Pleno ou frações – ou mesmo ao interno de uma dada *Justiça*; eventualmente, atendidos certos pressupostos, a jurisprudência pode qualificar-se como *dominante*, autorizando relevantes efeitos processuais, assim devendo entender-se, explica Márcia Regina Lusa Cadore, "o entendimento acerca de determinada tese jurídica sufragado pela maioria dos julgadores dos órgãos fracionários que detêm competência idêntica num mesmo Tribunal";[45] (*c*) a *divergência jurisprudencial*, tomada em si mesma, é fenômeno *axiologicamente neutro*, e mesmo previsível, senão já inevitável, num regime de predominante jurisdição singular, onde o primado repousa na norma escrita, aplicada em cada caso concreto, num país de dimensões continentais, com *Justiças* diversas, organizadas por critérios distintos, cujos órgãos atuam nos planos local, regional e nacional.

O que então resta para a análise jurídica, sobre o tema da divergência jurisprudencial, é algo que na verdade não diz propriamente com a essência desse fenômeno, mas com a *forma*, a *intensidade* ou as *consequências* que ele projeta em face dos *destinatários* ou, se se quiser, dos *consumidores* da prestação jurisdicional, ditos *jurisdicionados*. É dizer, o *verdadeiro problema*, ou, se se quiser, a *origem dos males*, situa-se alhures, no crescimento desmesurado, irrazoável e incontrolável dessa divergência, passando pela questão de sua incidência em situações em que o dissídio não se justifica ou se revela socialmente injusto, senão já perigoso. Nas palavras de Teresa

45. *Súmula vinculante...*, cit., Atlas, 2007, p. 42. A autora anota, ainda, que "na esteira do entendimento adotado pela 2.ª Turma do E. Superior Tribunal de Justiça, a expressão 'jurisprudência dominante do respectivo tribunal' só pode servir de base para negar seguimento a recurso quando o entendimento estiver de acordo com a jurisprudência do Supremo Tribunal Federal ou do Superior Tribunal de Justiça, sob pena de negar-se às partes acesso a tais Cortes". Em nota de rodapé n. 37, a autora colaciona acórdãos do STJ em prol desse entendimento: REsp 299.196/MG, rel. Min. Franciulli Neto, *DJ* 05.08.2002, p. 234; AgRg no REsp 279162/MG, rel. Min. Gilson Dipp, DJ 03.11.2004, p. 224.

Arruda Alvim Wambier: "O princípio da isonomia se constitui na ideia de que todos são iguais perante a lei, o que significa que a lei deve tratar a todos de modo uniforme e que correlatamente as decisões dos tribunais não podem aplicar a mesma lei de forma diferente a casos absolutamente idênticos, num mesmo momento histórico".[46]

Esse aclaramento permite antever que a grande e delicada tarefa que hoje se coloca para o jurista e o legislador reside, de um lado, no preciso diagnóstico da *dimensão do problema* e, de outro, na identificação dos meios de prevenção, controle ou correção dos *excessos* que hoje se verificam no plano do que se vem chamando *dispersão jurisprudencial excessiva.*

Na avaliação de Ada Pellegrini Grinover, usualmente se diz que "é bom que haja divergência, cada juiz decidindo à sua maneira, de modo que a jurisprudência se sedimente devagar. Só que isto leva ao descrédito dos Tribunais. Como explicar para o homem comum que o vizinho teve a restituição do dinheiro, porque o tributo era inconstitucional e ele não a teve, porque o juiz no caso achou que era constitucional? Não dá para explicar. O mínimo que ele vai pensar é que o juiz que decidiu seu caso foi injusto, parcial ou até corrupto".[47] Essa ponderação visualiza o problema sob a óptica *do jurisdicionado*, que, sendo o *destinatário* da prestação jurisdicional, *pode e deve* exigir que esta venha ofertada com boa qualidade, a saber, como já afirmamos em outra sede, aquela resposta revestida de "seis atributos: *justa, jurídica, econômica, tempestiva, razoavelmente previsível, com aptidão para promover a efetiva e concreta satisfação do direito, valor ou bem da vida reconhecidos no julgado*".[48]

É antiga a preocupação com a discrepância de julgamentos sobre um mesmo tema, como se colhe do depoimento do saudoso Min. Victor Nunes Leal – o grande inspirador da Súmula do STF – em palestra proferida nos idos de 1964: "O que na verdade assoberba os tribunais, prejudicando o acurado exame dos temas difíceis, são os casos que se multiplicam, seriadamente, como se houvesse uma fábrica montada para fazer dos juízes estivadores. Em relação a esse exame de casos típicos, uma vez definida a nossa orientação, impunha-se adotar um método de trabalho, que permitisse o seu julgamento seguro, mas rápido, abolindo formalidades e desdobramentos protelatórios".[49]

46. Sobre a Súmula 343, cit., *RePro* n. 86, abr.-jun. 1997, p. 149-150.
47. Entrevista concedida ao jornal *Tribuna do Direito,* n. 22, São Paulo, fev. 1997, p. 2.
48 . *Acesso à Justiça – condicionantes legítimas e ilegítimas,* 2ª ed. ed., São Paulo: Thomson Reuters- Revista dos Tribunais, 2015, p. 398.
49. Atualidade do Supremo Tribunal Federal, *Revista Forense*, n. 208, p. 16.

Neste passo, vale um registro sobre a produção de Súmulas do STF: em sessão de 13.12.1962 foram aprovados 370 enunciados, depois enfeixados na chamada *Súmula*, instituída por Emenda Regimental de 1963. Aquele número foi gradualmente aumentando até alcançar 621 em 1984, e a partir de então, por lapso de quase vinte anos, não houve novas emissões, silêncio interrompido com um *lote* de 100 Súmulas, baixadas pelo Plenário, em sessão de 24.09.2003; daí em diante outras foram sendo emitidas, até a de n. 736, em sessão de 26.11.2003.

O art. 8.º da EC 45/2004 autorizou o STF *confirmar* (*sic*) as súmulas que seriam *vinculantes* (até dezembro/2009 foram editadas vinte e sete delas); logo, todas as demais, desprovidas daquele qualificativo, remanescem *não vinculativas*, ou, se se quiser, *persuasivas*. Todavia, o STF optou por editar as súmulas vinculantes, atualmente (dezembro/2017) em número de cinquenta e seis.

No ambiente forense contemporâneo ganha crescente espaço a temática das chamadas *demandas múltiplas, repetitivas, seriais*, ao que se vem procurando enfrentar por meios e instrumentos diversos: o encaminhamento dos megaconflitos para o âmbito da jurisdição coletiva, afeiçoada à tutela dos interesses metaindividuais; a autorização para o juiz oficiar ao co-legitimados ativos pelas Lei 7.347/85 e 8.078/90, comunicando a afluência de grande número de demandas individuais repetitivas, a fim de que aqueles atores verifiquem a viabilidade da propositura da ação coletiva (CPC, art 139, X); ; o manejo de RE's e REsp's massivos e repetitivos, pela técnica da *amostragem* (CPC, arts. 1.036 e §§ – 1.041 e §§), em ordem à obtenção de *decisão-quadro* no recurso afetado como *representativo da controvérsia*, assim parametrizando a resolução dos demais recursos pendentes, sobrestados na origem (CPC, arts. 1.040, incisos e parágrafos; 1.041 e §§). Também a a súmula vinculante do STF serve – e superlativamente – ao propósito de prevenir ou superar a proliferação de demandas repetitivas, na medida em que dentre seus objetivos se encontra o de interpretar normas constitucionais "acerca das quais haja *controvérsia atual entre órgãos judiciários* ou entre esses e a administração pública que acarrete grave insegurança jurídica e relevante multiplicação de processos sobre questão idêntica" (CF, § 1.º do art. 103-A: EC 45/2004).

Não é de hoje que o precioso tempo dos Tribunais vem sendo dispendido no exame pontual de controvérsias que, todavia, já foram antes enfrentadas e dirimidas pelas Cortes Superiores, o que tanto bastaria para a aplicação desses precedentes aos casos pendentes, possibilitando resolvê-los de modo racional e isonômico. Um exemplo fora, há tempos, dado por

Edgard Silveira Bueno Filho, evocando o julgamento do TRF da 3.ª Região, na sessão de 14.12.1994, apontando os percentuais de casos resolvidos *em bloco*: "A 4.ª Turma julgou 13% (treze por cento) versando o Finsocial cuja inconstitucionalidade parcial já foi decidida pelo STF há anos, 18% versando o bloqueio dos cruzados novos na vigência do Plano Collor, 3,9% versando a inconstitucionalidade parcial do PIS igualmente já resolvida há muito pelo Supremo e 35,9% versando a devolução do empréstimo compulsório incidente sobre a aquisição de combustíveis ou veículos, num total de 70% dos casos".[50] Mais recentemente, o STJ afetou como *representativo da controvérsia* o REsp 1.334.488-SC, envolvendo a *desaposentação* de segurado do INSS, tendo o acórdão reconhecido tal possibilidade, "prescindindo-se da devolução dos valores recebidos da aposentadoria a que o segurado deseja preterir para concessão de novo e posterior jubilamento" (1.ª Seção, j. 08.05.2013, rel. Min. Herman Benjamin). Repercutindo o caso, o jornal *O Estado de São Paulo* põe em realce o fato de que a *ratio* desse julgado se projeta em face de "24 mil processos do INSS contra segurados que requereram o direito à revisão do benefício",[51] o que dá bem uma ideia da eficácia expandida dessa técnica de julgamento *por amostragem*, mormente agora que a decisão-quadro, firmada no rito de recursos repetitivos consta dentre os padrões decisórios de aplicação obrigatória - CPC, art. 927, III.

A discrepância das respostas judiciárias acerca de conflitos de massa, pulverizados em múltiplas demandas individuais, tem resultado em graves *desequiparações ilegítimas* entre os jurisdicionados, como no caso relatado por Edílson Pereira Nobre Júnior, acerca da controvérsia sobre o valor da gratificação natalina aos aposentados e pensionistas (CF, art. 201, §§ 5.º e 6.º; Lei 8.213/91): "Ajuizadas em torno de um milhão de demandas no país, os Tribunais Regionais Federais da 2.ª, 3.ª e 5.ª Regiões deliberaram pelo reconhecimento do direito desde a promulgação da Lei Básica, ou seja, desde 05.10.1988. Diferentemente, prevaleceu nos Tribunais Regionais Federais da 1.ª e 4.ª Regiões o ponto de vista de que havia necessidade de lei para a aplicação dos dispositivos constitucionais, sendo, portanto, julgados improcedentes os pleitos de pagamento de diferenças em atraso. Muitas dessas decisões não foram objeto de recurso extraordinário para o STF, transitando em julgado em sua maioria no segundo grau de jurisdição. Por volta de julho de 1992, o STF, apreciando a questão, consolidou orientação favorável aos titulares de

50. Os precedentes no direito brasileiro, *Revista da Procuradoria Geral do Estado de São Paulo*, n. 43, jun. 1995, p. 83-84.

51. Matéria nominada "STJ decide a favor da desaposentadoria", cad. B – Economia.

benefícios pagos pela previdência social".[52] Colacionando tal doutrina, avalia Carla Mendonça Dias Alves da Silva: "No entanto, milhares de beneficiários não fizeram jus à vantagem solicitada, provocando, sob a face da igualdade, uma tremenda injustiça".[53]

Em termos conceituais, é importante ter presente que, se a lei é a regra de conduta obrigatória, geral, abstrata e impessoal, não é menos verdade que sua realização *integral* só ocorre quando de sua efetiva *aplicação* aos casos concretos. Tal subsunção, porém, aparece como um *posterius*, porque *antes*, é preciso interpretar a norma, ou seja, dissecá-la sob vários ângulos, tais o da sua validade, conteúdo (extensão – compreensão) e vigência. Daí a importância da jurisprudência, cuja escorreita aplicação facilita a solução justa do conflito em concreto, podendo ainda sinalizar a exegese predominante, em ordem à solução de casos análogos, assim os pendentes como os futuros.

Nesse sentido, já se chegou a argumentar que, a certos respeitos, a jurisprudência se avantaja à própria lei, na medida em que esta é abstrata, permanecendo em estado latente, virtual, enquanto aquela se realiza diuturnamente, no cotidiano dos Tribunais, e em tal sorte que o Direito acaba por ser aquilo que os Tribunais entendem a seu respeito, no labor de interpretá-lo e aplicá-lo, para solução das lides. Esse ponto veio ressaltado por Charles Evans Hughes, Presidente da Suprema Corte norte-americana: "Vivemos sob uma Constituição, mas a Constituição é o que os juízes afirmam que ela é" (*We are under a Constitution, but the Constitution is what the judges say it is*).[54]

1.2.1 Evolução do conceito de jurisprudência

As precedentes considerações permitem, agora, uma abordagem sobre a extensão e compreensão que a expressão *jurisprudência* veio tomando, ao longo dos tempos. Nas origens do Direito, esse termo não se apresentava unívoco, referindo Vittorio Colesanti que "vaga e incerta era la distinzione tra scienza e pratica del diritto presso i Romani",[55] e, ainda hoje, a palavra

52. O direito processual brasileiro e o efeito vinculante das decisões dos Tribunais Superiores, *RePro* n. 105, jan.-mar. 2002, p. 86.

53. Efeitos vinculantes das decisões dos Tribunais Superiores: uma realidade, *RePro* n. 115, maio-jun. 2004, p. 167.

54. *Apud* Arnaldo Vasconcellos, reportando-se a Lúcio Bittencourt. Sobre a jurisprudência, *Revista da Faculdade de* Direito *da Universidade Federal do Ceará*, n. XXIX/2, jul.-dez. 1998, p. 145.

55. Verbete Giurisprudenza, *Novissimo Digesto italiano*, vol. VIII, Unione Tipografico – Editrice Torinese, p. 1102.

segue sendo plurissignificativa ou polissêmica. Primeiramente, há uma visão *laica* do termo, que o assimila à somatória global das decisões judiciais, isto é, como a totalização do *produto final do serviço judiciário do Estado*, sem outro critério qualificador; ou, como aduz Francisco Gerson Marques de Lima, "no teor mais corriqueiro, a expressão significa os decisórios dos juízes ou tribunais, mesmo discrepantes, originais ou inéditos".[56]

Para Rubens Limongi França o termo comporta cinco acepções: "O primeiro, um conceito lato, capaz de abranger, de modo geral, toda a ciência do direito, teórica ou prática, seja elaborada por jurisconsultos, seja por magistrados (...)". "O segundo, ligado à etimologia do vocábulo, que vem de 'juris + prudentia', consistiria no conjunto das manifestações dos jurisconsultos (prudentes), ante questões jurídicas concretamente a eles apresentadas. Circunscrever-se-ia ao acervo dos hoje chamados *pareceres*, quer emanados de órgãos oficiais, quer de jurisperitos não investidos de funções públicas. O terceiro, o de *doutrina jurídica*, teórica ou prática ou de dupla natureza, vale dizer, o complexo das indagações, estudos e trabalhos, gerais e especiais, levados a efeito pelos juristas sem a preocupação de resolver imediatamente problemas concretos atuais. O quarto, o de massa geral das manifestações dos juízes e tribunais sobre as lides e negócios submetidos à sua autoridade, manifestações essas que implicam uma técnica especializada e um rito próprio, imposto por lei. O quinto, finalmente, o de conjunto de pronunciamentos, por parte do mesmo Poder Judiciário, num determinado sentido, a respeito de certo objeto, de modo constante, reiterado e pacífico".[57]

Em outro trabalho, Limongi França mostra como aquela primeira concepção, mais abrangente – "ciência do Direito" - guarda correspondência com as fontes romanas, especialmente a definição de Ulpiano para o "Jus" (= o Direito, a ciência jurídica): *Divinarum atque humanarum rerum notitia, justi atque injusti scientia*[58] (Digesto, I, 1, 10, 2), ou seja, literalmente, o conhecimento das coisas divinas e humanas, ciência do justo e do injusto. Assim se realizava a jurisprudência, *aprovando o justo e coibindo o injusto* (*Jurisprudentia docet justum decernere ab injusto; justum praecipiens, injustum prohibens*), num espectro, pois, bem mais abrangente do que o usualmente concebido hoje, nos países de vertente romanística.

---

56. A jurisprudência como fonte do direito, *Revista Nomos*, Fortaleza, Ceará, 11/12, n. 1/2, jan.-dez. 92/93, p. 252.
57. Verbete cit., *Repertório enciclopédico do direito brasileiro* cit., p. 273-274.
58. *O direito, a lei e a jurisprudência*, São Paulo, RT, 1974, p. 145.

Para Álvaro Villaça Azevedo, "os romanos entendiam por jurisprudência a livre doutrina jurídica", e, reportando-se a Arangio-Ruiz e Santis Melendo, o autor anota que "somente hoje, por infeliz alteração de sentido, emprega-se esse termo como indicativo de um conjunto de decisões de tribunais em antítese à doutrina que se consubstancia nas obras científicas". Prosseguindo, o autor colaciona Biondo Biondi, para quem a jurisprudência se apresentava como a própria "scienza del diritto, la quale dai romani si concepisce non come ricerca di verità assoluta nè speculazione astratta intorno al diritto, ma come attività rivolta a conseguire ciò che è giusto ed opportuno nella convivenza sociale."[59]

A seu turno, Lênio Luiz Streck concebe a *jurisprudência* sob a óptica propriamente jurídica, surpreendendo três significados: "a) em sentido estrito, pode indicar a 'Ciência do Direito', também denominada 'Dogmática Jurídica' ou 'Jurisprudência'; b) em sentido lato, pode referir-se ao conjunto de sentenças dos tribunais, e abranger tanto a jurisprudência uniforme como a contraditória; c) pode significar apenas o conjunto de sentenças uniformes, falando-se, nesse sentido, em 'firmar jurisprudência' ou 'contrariar a jurisprudência'".[60]

Naturalmente, aqui interessa tomar o termo *jurisprudência* no seu sentido técnico-jurídico mais próprio ou específico, e nesse plano verifica-se que o termo reporta-se a uma realidade *axiologicamente neutra* de *per si,* se considerarmos que uma "coleção ordenada de acórdãos reiterados e consonantes, de um Tribunal ou de uma *Justiça*, sobre um mesmo tema", não comporta valoração como *boa* ou *má*, *certa* ou *errada*. Bem por isso, ao discorrer sobre a admissibilidade do recurso especial fundado na alínea *c* do art. 105, III, da CF (quando o acórdão recorrido deu "a lei federal *interpretação divergente* da que lhe haja atribuído outro Tribunal"), José Carlos Barbosa Moreira observa que "a descrição do tipo é *axiologicamente neutra*: Uma decisão pode ser correta ainda quando (...) dê à lei federal interpretação divergente da adotada noutro julgamento".[61] Do mesmo modo, uma ação rescisória pode vir a ser inadmitida ou rejeitada – independentemente de a pretensão nela formulada ser ou não fundada, ou seja, estar "certa" ou "errada" – se o texto legal em que antes se baseara o julgado rescindendo revelava-se, à época, "de *interpretação controvertida* nos tribunais" (súmula STF n. 343).

59. Os assentos no direito processual civil, *Revista Justitia*, n. 74, 1971, p. 139.

60. *Súmulas no direito brasileiro* – Eficácia, poder e função cit., 2. ed., 1998, p. 83.

61. *Comentários ao Código de Processo Civil*, Rio de Janeiro, vol. V, Forense, 16. ed., 2012, p. 589.

Ou seja, valoriza-se, nesse enunciado, o fato de que não havia consenso, à época da decisão guerreada, sobre a inteligência do texto de regência, o que *ipso facto* afastaria a pecha de que o julgado violara *manifestamente* norma jurídica (CPC, art. 966, V).[62]

Há de ser, pois, o *conteúdo* dos julgados componentes de uma dada "jurisprudência" que pode dar ensejo a uma massa crítica, permitindo uma avaliação positiva ou negativa, inclusive sob os ângulos de seu engajamento social e ideológico, sua conformidade ou distanciamento em face do bom Direito e do sentimento do *justo*; essa visão de conjunto é que poderá embasar uma conceituação e uma classificação da jurisprudência, pelo critério de sua *qualidade técnico-jurídica*.

Um bom exemplo do ora afirmado é dado pelo magistrado paulista Marco Antonio Botto Muscari, focando a lei de falências vigente à época: "O art. 158, IV, da Lei de Falências (Dec.-lei 7.661/45) arrola, entre as condições para impetração da concordata preventiva, 'não ter (o devedor) título protestado por falta de pagamento'. Quem lesse unicamente o texto legal imaginaria que, registrando um comerciante título protestado por falta de pagamento, jamais poderia obter a moratória. Entretanto, a *jurisprudência* entende que os chamados *protestos vesperais* (aqueles lavrados nos trinta dias que antecedem à impetração da concordata) não obstam à concessão do *favor legis*. Vê-se, por aí, quão diferente é aquilo que o legislador preconizou, daquilo que efetivamente ocorre".[63]

A outro giro, a doutrina tem alertado para os riscos de uma jurisprudência demasiado cambiante, mormente quando um entendimento já sumulado num dado Tribunal vem, em pouco tempo, a ser alterado; não se nega, naturalmente, que a Corte *possa* fazê-lo: certamente o pode, e mesmo o *caput* do art. 103-A da CF (EC 45/2004) sinaliza para a possível revisão e cancelamento das súmulas vinculantes do STF, conforme o disponha a lei.

62. Para uma visão crítica dessa súmula, v. Teresa Arruda Alvim Wambier: Sobre a súmula 343, *RePro* n. 86.

63. *Súmulas vinculantes*, trabalho apresentado em Exame de Qualificação para o Mestrado, na Faculdade de Direito da USP, em 1998, p. 19. Tivemos ensejo de compor a Banca Examinadora, juntamente com a Prof.ª Tereza Ancona Lopes, sendo Presidente o orientador do candidato, saudoso Des. Prof. Luiz Carlos de Azevedo. Posteriormente, o trabalho final viria a lume sob o título *Súmula vinculante*, São Paulo, Juarez de Oliveira, 1999. (Nota: o Dec.-lei 7.661/45 veio a ser expressamente revogado pela Lei 11.101/2005 – regula a recuperação judicial, a extrajudicial e a falência do empresário e da sociedade empresária – encontrando-se no art. 51 desta última a listagem dos quesitos necessários ao requerimento de recuperação judicial).

O que se alerta é para a necessidade de uma postura cautelosa e comedida quanto à revisão ou cancelamento de enunciado sumulado, em contemplação não só dos processos pendentes que a ele estavam subsumidos, mas também da própria credibilidade do direito sumular. O CPC revela-se atento a tal eventualidade, ao dispor no § 4º do art. 927: "A modificação de enunciado de súmula, de jurisprudência pacificada ou de tese adotada em julgamento de casos repetitivos observará a necessidade de fundamentação adequada e específica, considerando os princípios da segurança jurídica, da proteção da confiança e da isonomia".

Como é sabido, os investidores internacionais, antes de aplicarem seus recursos num dado país, incluem, dentre os fatores que consideram relevantes, aquele concernente à estabilidade das decisões e dos entendimentos judiciais. Nesse contexto, analisa Mário Gonçalves Júnior: "Nos tempos que correm, de globalização, a segurança jurídica deixou de ser um capricho caseiro para se tornar pressuposto indispensável para a concorrência econômica que não reconhece fronteiras políticas. Não basta ter certeza de que nenhum órgão ou juiz decidirá contrariamente às Súmulas (enquanto elas existirem), expondo os jurisdicionados à injustiça do tratamento desigual; é preciso reconhecer a necessidade de se criar institutos outros que tenham por escopo tornar mais estáveis as próprias Súmulas de jurisprudência. Não se trata de eternizá-las evidentemente, pois a evolução natural da própria sociedade não admitiria um sistema jurídico estacionário. Mas não é desejável o outro extremo, o da volatilidade. Facilitar demais a metamorfose jurisprudencial é *brincar com fogo*". O autor exemplifica com o ocorrido na Orientação Jurisprudencial n. 169 do TST ("Quando há na empresa o sistema de turno ininterrupto de revezamento, é válida a fixação de jornada superior a seis horas mediante a negociação coletiva"), esclarecendo que, depois, a mesma seção especializada houve por bem "remexer o assunto e, para surpresa de toda a comunidade jurídica, decidiu contrariamente à Orientação 169 [Cancelada em decorrência da sua conversão em Súmula 423, acrescentada pela Res. 139/2006 (DJU 10.10.2006) – 423. Turno ininterrupto de revezamento. Fixação de jornada de trabalho mediante negociação coletiva. Validade. Estabelecida jornada superior a 6 (seis) horas e limitada a 8 (oito) horas por meio de regular negociação coletiva, os empregados submetidos a turnos ininterruptos de revezamento não têm direito ao pagamento da 7.ª e 8.ª horas como extras]: Mesmo havendo negociação coletiva, a jornada em turnos ininterruptos de revezamento pode ser superior a seis horas diárias desde que não ultrapasse trinta e seis horas semanais. Ocorre que até então nunca se havia cogitado dessa (nova) exceção, de modo que empresas e sindicatos estabeleceram em normas coletivas, amplamente, a jornada de oito horas diárias e 44 semanais para turnos ininterruptos de revezamento por todo o País. Da noite para o dia, o Tribunal Superior do Trabalho surpreendeu a todos, que se deram conta, somente agora, passados aproximadamente cinco anos da edição da Orientação 169, com a ineficácia desses contratos coletivos de trabalho!".[64]

Com efeito, a vigente Constituição Federal insere, dentre os *objetivos fundamentais* de nossa República, a construção de uma sociedade *justa*, a par do *desenvolvimento nacional* (art. 3.º, I e II), estabelecendo, pois, uma relação direta entre os valores *justiça* e *desenvolvimento*. Não se pratica uma vera *justiça* num ambiente em que casos análogos alcançam resultados discrepantes, desequiparações ilegítimas que depois se perenizam com a agregação da coisa julgada. Não admira que o capital estrangeiro, antes de aportar num país, cuida de aferir, dentre outros dados, o grau de *accountability* do sistema judiciário (confiabilidade/credibilidade, numa tradução aproximada), justamente porque um ambiente de decisões cambiantes e instáveis mostra-se incompatível com a segurança e estabilidade reclamadas para o desenvolvimento dos negócios. Em estudo a respeito, afirma Arnoldo Wald: "(...) sociólogos como Raymond Aron, instituições internacionais, como o Banco Mundial, e economistas vinculados ao nosso BNDES, como o Prof. Armando Castelas Pinheiro, convergem em suas opiniões quanto à necessidade de considerar a estabilidade e a segurança jurídica como pressuposto do desenvolvimento".[65]

Paulo Dourado de Gusmão, após considerar que a jurisprudência "não se forma de decisões judiciais isoladas ou divergentes, mas decorre das decisões constantes, uniformes e reiteradas", propõe uma divisão tripartite: "Existe jurisprudência *secundum legem*, que decorre da interpretação feita pelos juízes do direito positivo vigente. Nesse sentido, é a interpretação constante e uniforme do direito positivo estabelecida pelos juízes de um país em uma época. Pode ser *praeter legem*, quando as decisões judiciais criam ou descobrem regra jurídica obrigatória no caso de lacuna do direito positivo. E a jurisprudência *contra legem*? Achamos que as decisões judiciais não podem ser contrárias ao direito positivo vigente, pois cabe ao juiz

---

64. A Súmula vinculante e a blindagem da jurisprudência, *Revista Doutrina ADCOAS*, n. 9, maio 2005, p. 169, 170. (Notas: 1) a Res. TST 129/2005 converteu os enunciados em súmulas; 2) a Lei 13.467/2017, que alterou extensamente a CLT, dispõe no art. 611-A, por ela inserido, que sobre as matérias listadas nos incisos desse artigo, a "convenção coletiva e o acordo coletivo de trabalho têm prevalência sobre a lei (...)"

65. A estabilidade do Direito e o custo Brasil. *Revista do Instituto dos Advogados de São Paulo*, n. 4, jul.-dez. 1999, p. 160.

aplicar e não modificar o direito positivo. Mas, na realidade, muitas vezes, a pretexto de interpretar, os juízes decidem *contra legem*, como se *secundum legem* decidissem".[66]

A compreensão do termo "jurisprudência" foi evoluindo, naturalmente, nas projeções temporal e espacial, e, mesmo num país como o Brasil, filiado à família romano-germânica, onde se prioriza o Direito escrito, mormente o codificado, o termo aparece concebido sob mais de um critério, segundo a visão ou mesmo a formação jurídica de quem o analise. Depois, é notório que na *praxis* judiciária a jurisprudência, especialmente a sumulada, vem apresentando relevância cada vez maior, no contraste com o Direito escrito, especialmente na Justiça do Trabalho, onde pontificam os padrões exegéticos firmados pelo TST (súmulas, enunciados, orientações jurisprudenciais), e, mesmo na Justiça comum, em relação a certas matérias amiúde versadas (*v.g.*, posse, locação, desapropriação, acidente do trabalho), ou ainda no juízo de admissibilidade dos recursos excepcionais (extraordinário e especial), com a aplicação reiterada das Súmulas do STJ e do STF. Nesse sentido, é significativo o posicionamento do CPC, na esteira da otimização dos poderes do relator, ao dispor no art. 932 que a ele incumbe: "(...) IV – negar provimento a recurso que for contrário a: *a*) súmula do Supremo Tribunal Federal, do Superior Tribunal de Justiça ou do próprio tribunal", em decisão sujeita a agravo interno (CPC, art. 1.021, *caput*).

Bem postas as coisas, parece-nos bastante a visualização da "jurisprudência" sob estas *cinco acepções*: ***a***) num sentido largo, corresponde ao que usualmente se denomina "ciência do direito", ou seja, o ramo do conhecimento, espécie do gênero Ética, voltado ao estudo sistemático das normas de conduta social de cunho coercitivo (nesse sentido, na Itália, algumas Faculdades de Direito se chamam "Facoltà di Giurisprudenza", como se dá, *v.g.*, em Florença); ***b***) etimologicamente, vem a ser o Direito aplicado aos casos concretos pelos seus *operadores* – advogados, juízes, promotores de justiça, árbitros, conciliadores – como na antiga Roma se dava com os *prudentes*, agentes estatais então investidos do *ius respondendi*; ***c***) sob o ângulo exegético, ou hermenêutico, pode ainda significar a interpretação teórica do Direito, feita pelos jurisconsultos e doutrinadores (juristas) em artigos, teses, livros ou mesmo em pareceres, sem, portanto, necessária afetação a um caso concreto, acepção essa que hoje aparece assimilada à palavra *doutrina*; ***d***) sob o ângulo da distribuição da justiça, tem a ver com a *massa judiciária*, a somatória global dos julgados dos Tribunais, harmônicos ou não, ou seja, a totalização dos acórdãos produzidos

66. *Introdução à ciência do direito* cit., p. 123.

pela função jurisdicional do Estado; *e*) num sentido mais restrito, ou propriamente técnico-jurídico, a palavra *jurisprudência* traduz "a coleção ordenada e sistematizada de acórdãos consonantes e reiterados, de um certo Tribunal, ou de uma dada *Justiça*, sobre um mesmo tema jurídico".

Neste último senso, pode-se falar que, em dada matéria, a "jurisprudência do STF" ou "a jurisprudência da Justiça do Trabalho" está se conduzindo ou está firmada num determinado sentido, podendo-se, ainda, especificar o lapso temporal considerado para tal avaliação. Como observa Álvaro Villaça Azevedo: "Não pode haver jurisprudência sem que haja uniformização (...) esse reforço de sentido não lhe prejudica o entendimento, pelo contrário, vem a demonstrar que a uniformização de jurisprudência há que compreender-se como um entendimento judiciário dominante e racionalizado, de forma oficial, com sentido prático de orientação ante as encruzilhadas que se formam nas interpretações nos vários caminhos da justiça".[67]

Naturalmente, a concepção técnico-jurídica de "jurisprudência" comporta ainda a agregação de outros elementos explicitadores, por exemplo: a *atualidade* é um dado muito importante na *praxis* forense (até porque um entendimento antes assentado pode depois vir a ser alterado – a prática do *overruling*, nos países de *common law*); o *locus* donde promana a jurisprudência é muito relevante, porque nossa organização judiciária é *piramidal*, de sorte que os julgados dos Tribunais superiores têm inegável ascendência sobre os oriundos das instâncias precedentes, até porque estes últimos, quando se distanciem ou contrariem aqueles primeiros se preordenam a ser alterados na via recursal. Enfim, vindo a jurisprudência qualificada como *predominante*, assentada ou ainda estratificada em Súmula, ela passa a ter eficácia potencializada, como previsto nos Regimentos Internos dos Tribunais da Federação: *RISTF*, arts. 21, §§ 1.º e 2.º; 102, *caput*; 323, § 1.º; 323-A; *RISTJ*, arts. 34, XVIII, *b*; 122, *caput*; 124.

De outra parte, uma visão *macro* da jurisprudência, no contexto mundial, revela que sua importância no cenário jurídico é diversa, conforme a *família jurídica* a que esteja filiado um dado sistema jurídico, como observa Paulo Dourado de Gusmão: "No sistema continental, isto é, do direito codificado, o valor da jurisprudência como fonte de direito positivo é relativo, apesar de, na realidade, o direito decorrer da interpretação dos tribunais. No sistema anglo-americano é bem maior, pois o direito positivo decorre dos precedentes judiciais. No direito internacional público a jurisprudência, ao lado dos tratados, convenções e costumes, é fonte principal de direito".[68]

67. Os assentos no direito processual civil cit., *Revista Justitia*, n. 74, p. 140.

68. *Introdução...*, cit., p. 123.

A concepção técnico-jurídica (ou restrita) de "jurisprudência", a que antes nos referimos, parece vir ao encontro da que vem proposta por Marcelo Roberto Ferro: "O complexo de decisões reiteradas, acerca de uma determinada matéria, pronunciadas por órgãos do Poder Judiciário, no efetivo exercício da atividade jurisdicional".[69] Prossegue o autor, esclarecendo que essa acepção se aproxima da adotada no Direito francês, onde a jurisprudência vem definida como "la solution suggérée par un ensemble de décisions suffisament concordantes rendues par les jurisdictions sur une question de droit".[70] A seu turno, Roberto Rosas vê a *jurisprudência* como "a reiteração de casos análogos passados para o rol dos fatos consumados, que somente podem ser revistos em virtude de motivos relevantes ou alterações das suas origens ou fontes emanadoras: a lei, a doutrina etc. Somente neste ponto vislumbramos o entendimento da jurisprudência, já consolidada e incorporada aos repertórios jurisprudenciais, qual um código norteador das decisões a seguir".[71]

No sentido do antes exposto, o saudoso Min. Sálvio de Figueiredo Teixeira, do STJ, resenhara diversos textos normativos que autorizavam as Procuradorias Fazendárias a, conforme o caso, não ajuizar ação ou a não interpor/desistir de recursos, quando a interpretação da questão jurídica já se encontre consolidada nos Tribunais Superiores: "Por meio do Ato Regimental n. 2, de 25 de junho de 1997, o Advogado-Geral da União reafirma o caráter obrigatório que tem para os órgãos jurídicos da Advocacia-Geral da União, dos Ministérios, das Secretarias-Gerais da Presidência da República e do Estado-Maior das Forças Armadas, das autarquias e das fundações públicas federais as Súmulas representativas da consolidação da jurisprudência iterativa dos tribunais. Esclarece no parágrafo único do art. 2.º que 'entende-se por jurisprudência iterativa dos tribunais as decisões judiciais do Tribunal Pleno ou de ambas as turmas do Supremo Tribunal Federal ou dos Órgãos Especiais ou das Seções Especializadas dos Tribunais Superiores, em suas respectivas áreas de competência, que consagram *entendimento repetitivo, unânime ou majoritário*, dos seus membros, acerca da interpretação da Constituição ou da lei federal, em matérias de interesse da União, das autarquias e das fundações públicas federais'" (grifamos).[72]

69. A jurisprudência como forma de expressão do direito, *Revista de* Direito *Civil*, n. 51, jan.-mar. 1990, p. 91.

70. *Lexique de termes juridiques*, 5. ed., Paris, Dalloz, 1981, p. 251.

71. Direito sumular, *Revista Jurídica Lemi*, n. 148, São Paulo, mar. 1980, p. 44.

72. As tendências brasileiras rumo à jurisprudência vinculante, *Informativo Jurídico da Biblioteca Ministro Oscar Saraiva*, v. 10, n. 2, jul.-dez. 1998, p. 149. (Ao propósito, v. Lei 9.469/97, art. 4.º).

As súmulas da AGU constituem importante fator *regulatório*, do afluxo excessivo de processos nos Tribunais da Federação, na medida em que a Administração Pública participa majoritariamente na formação da sobrecarga de processos pendentes nessas Cortes. Com efeito, pesquisa realizada por especialistas evidenciam estes dados: "(*i*) entre os 12 maiores litigantes na *persona* recursal do STF, apenas um não é do setor público: a Telemar (oitava); (*ii*) apenas três partes figuram em mais de 50% dos processos do Supremo Recursal, quais sejam Caixa Econômica Federal, União e INSS; (*iii*) Caixa Econômica Federal, Banco Central do Brasil e Telemar se destacam pela alta taxa de litigância ativa, beirando os 100% (...)". [73] Bem por isso, de resto, o § 4º do art.496 do CPC *dispensa a remessa necessária* ao tribunal da sentença proferida contrariamente ao interesse fazendário quando "estiver fundada em: (...) IV – entendimento *coincidente com orientação vinculante firmada no âmbito administrativo* do próprio ente político, consolidada em manifestação, parecer ou súmula administrativa". No STJ, por certo, o quadro não há de ser menos preocupante, considerando-se que em 2016 foram distribuídos 335.779 na Corte. [74]

Nesse contexto, a *Súmula da Advocacia Geral da União* tem aptidão para atenuar expressivamente tal crise numérica de processos, já que ela "tem caráter obrigatório quanto a todos os órgãos jurídicos enumerados nos arts. 2º 17 desta lei" - art. 43, *caput*, da LC 73/93; além disso, o Advogado Geral da União pode "(...) autorizar o não ajuizamento de ações e a não interposição de recursos judiciais (...) – art. 1º-A, *caput*, da Lei 9.469/97, incluído pela Lei 11.941/2009).

Alguns exemplos dos Enunciados da AGU: *n. 75* (02.04.2014): "Para a acumulação do auxílio acidente com proventos de aposentadoria, a consolidação das lesões decorrentes de acidentes de qualquer natureza, que resulte sequelas definitivas, nos termos do art. 86, da Lei 8.213 de 91, e a concessão da aposentadoria devem ser anteriores às alterações inseridas no art. 86 § 2º da lei 8.213/91, pela Medida Provisória nº 1.596-14, convertida na Lei n. 9.528/97"; *n. 63* (14.05.2012): "A administração deve observar o devido processo legal em que sejam assegurados os princípios da ampla defesa e do contraditório para proceder ao desconto em folha de pagamento de servidor público, para fins de ressarcimento ao erário"; *n. 59*, de 08.12.2011: "O prazo prescricional para

---

73. Cf. Joaquim Falcão, Pablo de Camargo Cerdeira e Diego Werneck Arguelhes, *I Relatório Supremo em Números – o Múltiplo Supremo*. Fundação Getúlio Vargas – Direito Rio, abril/2011, p. 68, 69 do documento. Sítio: www.supremoemnumeros.com.br

74. Sítio www. stj.jus.br/webstj/Processo/Boletim/sumario.asp. Consultado em 23.12.2017.

propositura da ação executiva contra a Fazenda Pública é o mesmo da ação de conhecimento"; *n. 57*, de 08.12.2011: "São devidos honorários advocatícios pela Fazenda Pública nas execuções individuais de sentença proferida em ações coletivas, ainda que não embargadas"; *n. 18*, de 19.06.2002: "Da decisão judicial que determinar a concessão de Certidão Negativa de Débito (CND), em face da inexistência de crédito tributário constituído, não se interporá recurso".

Há tempos, o saudoso Min. Sálvio de Figueiredo Teixeira observara que tais enunciados sinalizam "um esforço do Executivo em contribuir para minorar o alarmante fenômeno do excessivo número de processos nos Tribunais, por ele causado ou estimulado".[75]

O trato científico do tema recomenda que se preserve a ideia nuclear da palavra "jurisprudência", para que esta não se disperse para certas questões paralelas, que na verdade constituem um *posterius*, como, por exemplo, saber qual seria o procedimento mais indicado para a "uniformização" ou para a formulação de "Súmulas", "assentos", ou "enunciados"; a extensão da "força vinculativa"; ou ainda, a imbricação do tema com a livre convicção do magistrado ou mesmo com a separação entre os Poderes. Estes questionamentos, sem embargo de sua altíssima relevância, não estão, propriamente, *embutidos* no núcleo ou na substância do conceito técnico-jurídico de "jurisprudência", mas antes dizem respeito a indagações subjacentes ao tema, a serem oportunamente abordadas.

Daí a importância de uma clarificação conceitual do termo "jurisprudência", em sua conotação técnico-jurídica atual, a fim de que se possa, na sequência, abordar as muitas e relevantes questões que gravitam *em torno* daquele conceito, como sugerido nesta pontuação: ***a***) se devem os jurisdicionados resignar-se com o fato de que casos análogos sejam, contemporaneamente, decididos em modo diverso pelos Tribunais, e mesmo ao interno de seus órgãos fracionários (Câmaras, Turmas); ***b***) se tal ocorrência é compatível com a função do Poder Judiciário, considerando-se que a distribuição da justiça, como missão institucional, é indissociável da *ordem jurídica justa*; ***c***) se, ao menos no ambiente da *jurisdição singular*, seria explicável (embora não justificável!) a discrepância jurisprudencial em casos análogos, e, nesse caso, se uma resposta judiciária assim *aleatória*, *imprevisível*, senão já *lotérica*, representaria um *preço a pagar*, pela sociedade, numa sorte de *socialização do prejuízo;* ***d***) se, presente o conceito de *Justiça retributiva*, que implica em dar a cada um o que é seu (*jus suum cuique tribuere*), poderia o

75. A Súmula e sua evolução no Brasil, *Revista Trimestral de Jurisprudência dos Estados*, vol. 179, nov.-dez. 2000, p. 22.

Estado dar-se por desonerado desse encargo ao fornecer aos jurisdicionados *alguma justiça*, precária que seja, ou, ao contrário, se a função jurisdicional só é compatível com uma resposta *de qualidade*, a saber, justa, jurídica, econômica, tempestiva, razoavelmente previsível e idônea a assegurar a fruição efetiva do direito, do bem da vida ou do valor nela reconhecidos.

Fixada a premissa de que a função jurisdicional do Estado é um *poder-dever*, indissociável da ideia fundamental de promoção da *justiça*, poder-se-á aferir, oportunamente, quais as *alternativas técnicas* que podem assegurar respostas judiciárias qualitativamente homogêneas nos casos massivos e repetitivos, como nas chamadas "demandas múltiplas", em que se lobrigam sujeitos e temas *substancialmente unitários* (*v.g.*, "aposentados", "poupadores", "contribuintes de determinado imposto", "erário público", etc.). O mesmo se diga em relação a hipóteses outras nas quais a discrepância jurisprudencial não se justifica ou até se revela nefasta, seja pela singeleza da espécie *sub judice*, seja por não ter sobrevindo direito novo, seja, enfim, por não se haver registrado alteração relevante nas fontes substanciais do Direito (os dados culturais, econômicos, sociais, existentes ao tempo da edição da norma de regência).

Paralelamente, haverá necessidade de identificar as situações diferenciadas, nas quais o dissídio pretoriano pode-se considerar tolerável, ou mesmo inevitável, podendo até mesmo operar como fator de renovação das ideias e evolução do Direito. Distinguir os casos que – *até certo ponto* – comportam divergência jurisprudencial daqueles nos quais se recomenda a aplicação obrigatória de Súmula ou enunciado, hoje representa o grande desafio para o legislador e para o operador do Direito, presentes, de um lado, a capacidade instalada do nosso Poder Judiciário, de outro lado, o justo anseio dos cidadãos por uma *resposta judiciária de qualidade*.

Discriminar entre as hipóteses em que, sob certas condições, há que se conviver com a virtual divergência jurisprudencial (*v.g.*, onde predomina a matéria de fato) daquelas outras em que essa discrepância não tem razão de ser ou mesmo se revela nefasta, é o grande desafio, postado como uma *esfinge desafiadora*, como se colhe das ponderações dos juristas que ao longo do tempo refletiram sobre o tema. Assim, Oscar Tenório: "Não há dúvida de que, em certa medida, uma jurisprudência uniforme, estável, tranquila, é uma realização da Justiça. Há uma revolta na consciência do litigante que vê sua postulação desamparada, enquanto outro, em situação idêntica, conta com o apoio dos tribunais. Esses fatos conflitantes desaparecem quando se forma a jurisprudência uniforme".[76] Sem embargo, obtempera Sydney San-

76. A formação judicial do direito cit., *Revista Forense*, n. 211, p. 7.

ches: "Temos para nós que a estratificação do Direito pela uniformização imutável da jurisprudência é um mal tão grande quanto o da poliformia jurisprudencial contemporânea. E, no entanto, curiosamente, reunidos os dois males, reparadas as arestas, burilados os conceitos e trabalhadas as ideias que os geraram, se pode chegar a um objetivo comum: Justiça igual. Para tanto, é preciso que os enunciados uniformizadores não sejam desprezados, mas também que não se estratifiquem, que não se perpetuem".[77]

1.3 NATUREZA JURÍDICA DA JURISPRUDÊNCIA

Amiúde fala-se de "jurisprudência" num sentido atípico, ou menos técnico, referenciado a uma sucessão de decisões prolatadas por órgão estatal, ou mesmo paraestatal, todavia não integrante do *Poder Judiciário*. Assim é que por vezes se fala em *jurisprudência*: de uma Junta de Recursos Administrativos, em matéria de infrações de trânsito ou de benefícios previdenciários; de um Conselho de Contribuintes, de um Tribunal de Impostos e Taxas, de um órgão consultivo governamental; de uma Junta Comercial; de um Conselho com funções deliberativas delegadas, como em matéria de zoneamento urbano ou de tombamento administrativo.

A palavra jurisprudência é, naturalmente, aderente à *jurisdi*ção, e esta última, a seu turno, consente certas atecnias conceituais,não raro falando-se, por exemplo, numa *jurisdição de contas*, num sentido figurado, já que os Tribunais de Contas não integram o Poder Judiciário (cujos órgãos estão, em *numerus clausus*, elencados no art. 92 da CF), operando essas Cortes como órgãos de auxílio técnico ao Poder Legislativo, nas tarefas de fiscalização e controle do Executivo, como se colhe do art. 71, incisos e parágrafos da CF. Igualmente, os Tribunais de Arbitragem não exercem propriamente uma *jurisdição*, no sentido restrito do termo, sem embargo de o art. 18 da Lei 9.307/96 dizer que o árbitro "é juiz de fato e de direito, e a sentença que proferir não fica sujeita a recurso ou a homologação pelo Poder Judiciário".[78] O mesmo se poderia dizer do Conselho Administrativo de Defesa Econômica – CADE – autarquia do Ministério da Justiça, apesar de a Lei 12.529/2011 afirmar no art. 4.º que se trata de "*entidade judicante*, com jurisdição em todo o território nacional".

O elastério com que se toma o termo *jurisprudência*, conquanto compreensível por conta da complexidade da estrutura organizacional do Estado

---

77. *Uniformização da jurisprudência*, São Paulo, RT, 1975, p. 8.

78. V., porém, sobre o tema, o posicionamento de Carlos Alberto Carmona, *Arbitragem e processo* – Um comentário à Lei 9.307/96, 3. ed., São Paulo: Atlas, 2009, p. 26, 27.

e da pluralidade dos órgãos decisórios, nem por isso justifica a ampliação *excessiva* do significado daquela expressão, cabendo não perder de vista que atividade propriamente *jurisdicional* do Estado é aquela, sem tautologia, desempenhada pelos órgãos *expressamente* componentes do Poder Judiciário, enumerados taxativamente no art. 92 da CF. Nesse sentido, abstraindo-se das decisões prolatadas pelos órgãos monocráticos de 1.º grau (dado que as *sentenças*, a rigor, não formam "jurisprudência"),[79] há que se reservar esse termo para significar, basicamente, uma *sucessão de acórdãos consonantes, sobre um mesmo tema, prolatados em modo reiterado e constante, por órgão jurisdicional colegiado, num mesmo foro ou numa dada Justiça.*

Ao propósito, aduz Marco Antonio Botto Muscari: "Não raro se ouve um advogado dizer que encontrou *jurisprudência* amparando determinada tese (encontrou um conjunto de acórdãos, mesmo que absolutamente divorciados da orientação pretoriana dominante), ou um juiz afirmar que a *jurisprudência* repele tal pedido (os tribunais têm afastado, de forma homogênea, pretensões como aquela deduzida no caso *sub iudice*). Ao grupo de arestos que não exprimem a posição dominante nos tribunais, é melhor que se atribua o conceito de *precedentes*, reservando-se o termo *jurisprudência* para o conjunto de decisões uniformes e constantes".[80] Nesse passo, o autor colaciona Carlos Maximiliano: "Uma decisão isolada não constitui jurisprudência; é mister que se repita, e sem variações de fundo. O precedente, para constituir jurisprudência, deve ser uniforme e constante" (*Hermenêutica e aplicação do direito*, p. 184).

A etimologia da palavra "acórdão" já evoca decisão de órgão colegiado de 2.º grau, seja na linha da Justiça Estadual: 1) *comum*, os Tribunais de Justiça, ou 2) *especial*, os Tribunais de Justiça Militar, onde existam (CF, § 3º do art. 125); seja na linha da Justiça Federal: 1) *comum*, os Tribunais Regionais Federais, o Superior Tribunal de Justiça e o Superior Tribunal Federal, ou 2) *especial*, os Tribunais Regionais do Trabalho, os Tribunais Regionais Eleitorais, o Tribunal Superior do Trabalho, o Tribunal Superior Eleitoral e o Superior Tribunal Militar. Vale ter presente que, excepcionalmente, pode dar-se alguma comunicação ou extravasamento entre as competências dos órgãos jurisdicionais, por exemplo na hipótese de não existir na *comarca*

79. Ao tempo do CPC/73, por vezes se falava (impropriamente), em "jurisprudência de primeiro grau", nomenclatura em certa medida incentivada por conta do disposto no art. 285-A daquele CPC (cf. Lei 11.277/2006 – *julgamento antecipadíssimo do mérito*), quando, antes e superiormente, caberia aí falar-se em *precedentes do próprio Juízo*.

80. *Súmula vinculante* cit., p. 19 e rodapé n. 69.

(Justiça estadual) uma Vara Federal, caso em que certas causas que em princípio seriam de competência desta última, são remanejadas ao Juízo estadual da localidade – CF, § 3º do art. 1098.

Dispõe o art. 204 do CPC : "Acórdão é o julgamento colegiado proferido pelos tribunais", aí se compreendendo, naturalmente, não somente as decisões do Plenário, senão também as prolatadas pelos chamados *órgãos fracionários*: Câmara, Turma, Seção, Grupo de Câmaras, Órgão Especial. Corolariamente, não devem merecer a denominação de *acórdão*, sendo pois inábeis para a formação de "jurisprudência", no sentido próprio antes exposto, os atos decisórios prolatados por órgãos *monocráticos* existentes nos Tribunais (Presidente, Vice, Corregedor, Relator, Revisor), quando exercem competência fixada na legislação processual (*v.g.*, CPC, art. 932 e incisos e parágrafos; 1.030 e incisos, acrescidos pela Lei 13.256/2016) ou nos textos regimentais (*v.g.*, RISTF, art. 21, VII). Essas decisões singulares, por definição, não podem enquadrar-se como *acórdão* e, assim, enquanto *pronunciamentos do juiz*, "subsumem-se à classificação estabelecida no CPC 203: sentença, decisão interlocutória e despacho", como anotam Nelson Nery Junior e Rosa Maria de Andrade Nery.[81]

Aliás, a palavra "*acórdão*", sobre já induzir que se trata do produto final da prestação jurisdicional por um órgão colegiado, encontra ainda justificativa no fato de que a formação da *jurisprudência* pressupõe uma certa estabilidade ou permanência temporal da tese jurídica perfilhada, ainda que não sumulada, no que se distingue de um conjunto de *sentenças* sobre um mesmo assunto, mesmo consonantes, pelo curial motivo de que tais decisões monocráticas passam, ordinariamente, pelo crivo do Tribunal *ad quem*, via recurso voluntário ou reexame necessário, oportunidade em que a instância revisora poderá confirmá-las *ou não*. Bem por isso, para que o Juízo de primeiro grau possa, isonomicamente e com ganho de tempo, julgar ações nas quais venha replicada uma mesma questão de direito, deve suscitar junto ao tribunal o incidente de resolução de demandas repetitivas, ao fim do qual será firmada a *tese jurídica* que irá balizar o julgamento daquelas demandas seriais (CPC, art. 976 e incisos, c/c art. 985 e incisos). [82] À semelhança do elastério, usualmente emprestado à palavra "jurisdição", também o termo *jurisprudência* aparece utilizado em searas não afetas à Justiça estatal propriamente ditas, de tal arte

81. *Comentários ao Código de Processo Civil – novo CPC – Lei 13.105/2015,* São Paulo: Thomson Reuters – Revista dos Tribunais, 2015, nota 3 ao art. 204.

82. Ao propósito, v. nossas considerações acerca dos dispositivos ora citados in *Incidente de Resolução de Demandas Repetitivas – a luta contra a dispersão jurisprudencial excessiva,* São Paulo: Thomson Reuters- Revista dos Tribunais, 2016, p. 201 e s; p. 268 e s.

que alguns órgãos públicos chegam mesmo a editar "Súmulas" acerca de seus entendimentos, com a dupla finalidade de torná-los *normativos* e uniformizar as orientações. Nesse sentido, Arnaldo Vasconcellos observa: "A necessidade de segurança, sentida com igual veemência no plano das decisões do Poder Executivo, ensejou o surgimento dos precedentes administrativos. A prática se propagou e se firmou com tanta rapidez que se passou logo a admitir a formação de uma jurisprudência administrativa como mais um imperativo decorrente da expansão das atribuições do Estado contemporâneo. Assim, são numerosos os exemplos: pelo Dec. 58.693/66, os pareceres da Consultoria Geral da República, aprovados pelo Chefe do Executivo, tornaram-se de acatamento obrigatório pelos órgãos da administração pública federal direta e indireta; de acordo com o Dec. 72.771/73 (Regulamento da Previdência Social), 'o prejulgado estabelecido pelo ministro de Estado ou suas decisões reiteradas obrigam todos os órgãos integrantes do regime de previdência social previstos neste regulamento' (art. 396). Com o mesmo sentido, o Departamento Administrativo do Serviço Público instituiu a Formulação de Diretrizes (Portaria 399, de 17.09.1975, art. 1.º), hoje em número copioso".[83] De tal modo se expandiu a eficácia das orientações (súmulas, pareceres normativos) baixadas ao interno da Administração Pública que o art. 496, § 4º do CPC *dispensa a remessa necessária* da sentença proferida em desfavor do interesse fazendário, quando ela estiver fundada em "(...) IV – entendimento coincidente com *orientação vinculante firmada no âmbito administrativo do próprio ente público*, consolidada em manifestação, parecer ou súmula administrativa".

Trata-se, em verdade, de uma tendência iniciada há alguns anos, registrando Sálvio de Figueiredo Teixeira o Dec. 1.601/95, "dispensando a Procuradoria da Fazenda Nacional de recorrer nos casos em que a decisão de mérito tenha tido por objeto matéria já pacificada nos tribunais, segundo relação discriminada em anexo daquele provimento".[84]

A fixação de Súmulas ou orientações normativas por órgãos não jurisdicionais tem se revelado útil e eficaz, inclusive para otimizar os proce-

83. Sobre a jurisprudência, *Revista da Faculdade de* Direito *da Universidade Federal do Ceará*, n. XXIX/2, jul.-dez. 1988, p. 150. (Nota: os Decretos 58.693/1966 e 72.771/73 foram revogados, respectivamente, pelos Decretos 91.656/85 e 3.048/99.)

84. As tendências brasileiras... cit., *Informativo Jurídico da Biblioteca Ministro Oscar Saraiva*, vol. 10, n. 2, p. 148. (Nota: o Dec. 1.601/95 veio a ser revogado pelo Dec. 2.346/97, cujo art. 1.º, *caput*, dispõe: "As decisões do Supremo Tribunal Federal que fixem, de forma inequívoca e definitiva, interpretação do texto constitucional deverão ser uniformemente observadas pela Administração Pública Federal direta e indireta, obedecidos os procedimentos estabelecidos neste Decreto".)

dimentos, contribuindo ainda para um tratamento igualitário e equitativo de certas matérias, cuja natureza reclama uniformidade de procedimento para os casos afins. Assim, por exemplo, a formulação das "Súmulas de Entendimento", por parte do Conselho Superior do Ministério Público de São Paulo,[85] sistematização essa que se coaduna com o caráter *uno e indivisível* da instituição (CF, art. 127, *caput*). Assim também, em matéria tributária, as *súmulas de caráter vinculante* (*sic*), emitidas pelo Município de São Paulo em matéria tributária, (art. 44-A e parágrafos da Lei 11.407/2005, inseridos pela Lei 15.690/2013). Igualmente, as respostas dadas às *consultas* endereçadas pelas Chefias do Executivo e do Legislativo ao Tribunal de Contas do Município de São Paulo são vinculantes para o consulente (art. 30 da Lei paulistana 9.167/80), o que faz sentido, já que se trata de matéria financeiro-orçamentária e a Corte de Contas é órgão de auxílio técnico ao Legislativo, no âmbito do controle externo (CF, art. 71, incisos e parágrafos).

Nesse rol exemplificativo merece destaque – por se inserir no louvável propósito de aliviar a carga judiciária dos Tribunais Superiores em matérias já suficientemente dirimidas – o disposto no art. 4.º da Lei 9.469/97: "Não havendo Súmula da Advocacia-Geral da União (arts. 4.º, inciso XII, e 43, da Lei Complementar 73, de 1993), o Advogado-Geral da União poderá dispensar a propositura de ações ou a interposição de recursos judiciais quando a controvérsia jurídica estiver sendo iterativamente decidida pelo Supremo Tribunal Federal ou pelos Tribunais Superiores". De interesse, outrossim, o art. 4º-A daquela Lei 9.469/97, acrescido pela Lei 12.249/2010, mencionando o *termo de ajustamento de conduta* celebrado pela AGU "para *prevenir ou terminar litígios* nas hipóteses que envolvam interesse público da União, suas autarquias e fundações (...)", lembrando-se que tal documento constitui título executivo extrajudicial (CPC, art. 784, IV), o qual, uma vez homologado em Juízo, passa a ter força de título executivo judicial (CPC, art. 515, III). José Augusto Delgado enaltece as iniciativas desse gênero: "Acarretam a diminuição dos litígios que envolvem o Poder Público, consagrando, repito, o direito integral do cidadão e aliviando a máquina do Poder Judiciário, que poderá dedicar-se, com maior afinco, às *causas de maior relevo que interessam à sociedade*"[86] (grifamos).

85. Tais *Súmulas de Entendimento* podem ser vistas *in* Hugo Nigro Mazzilli, *A defesa dos interesses difusos em Juízo*, 22. ed., São Paulo: Saraiva, 2009, p. 753 e s.

86. A Súmula vinculante e a administração pública, *Boletim de direito administrativo*, n. 6, jun. 1998, p. 358.

Na esteira da potencialização do precedente jurisprudencial, a que se agrega a tendencial otimização das decisões monocráticas nos tribunais, o art. 932 do CPC incumbe o relator, em decisão agravável (CPC, art. 1.021, *caput*) de "(...) IV – negar provimento a recurso que for *contrário* a: *a*) súmula do Supremo Tribunal Federal, do Superior Tribunal de Justiça ou do próprio tribunal", lembrando-se que análoga atribuição ("improcedência liminar"), a teor do art. 332 do CPC, assiste ao juiz de primeiro grau ante petição inicial de ação cujo pedido "*contrariar*: I – enunciado de súmula do Supremo Tribunal Federal ou do Superior Tribunal de Justiça; (...) IV – enunciado de súmula de tribunal de justiça sobre direito local". Ao se cuidar da natureza precípua da "jurisprudência", impende tomá-la em sua acepção mais típica, de sorte a reservar dita expressão para o labor desempenhado pelos órgãos colegiados integrantes dos Tribunais Judiciários, os quais vêm indicados, em *numerus clausus*, no art. 92 da CF. Portanto, fora e além de uma sequência ordenada de acórdãos consonantes, iterativamente prolatados numa certa matéria pelos Tribunais arrolados naquele dispositivo constitucional, não se pode falar em "jurisprudência", no sentido próprio do termo, que só pode ser o *técnico-jurídico*. Admitir-se um sentido *impróprio*, *figurado* ou mesmo *leigo* da palavra "jurisprudência" é laborar contra a clareza conceitual do tema, valendo lembrar que o Direito, sendo ciência *nomotética*,[87] que expressa juízos de valor através de formulações coercitivas, abstratas, gerais e impessoais, deve sempre prestigiar o rigor terminológico.

Na verdade, a jurisprudência está à base da própria razão de ser do Direito, ciência instrumental aderente às ocorrências da vida em sociedade, onde opera de muitas maneiras, documentando atos relevantes, viabilizando atos negociais, coartando condutas ilícitas ou, enfim, no caso do Processo Civil, permitindo que conflitos de interesse, tornados incompossíveis no plano suasório, possam ser dirimidos no Poder Judiciário. Essa precípua vocação do Direito para atuar na ordem prática tem levado certos autores a dar especial relevo à jurisprudência, nisso que ela representa o Direito *vivo*, isto é, a norma *in actu*, em contraposição à norma que repousa, abstratamente, no ordenamento. Nesse sentido, a conhecida frase do *Chief Justice*, Charles Evans Hughes, Presidente da Suprema Corte norte-americana: "We are under a Constitution, but the Constitution is what the judges says it is

87. *Nomotética* (Gr. *nómos* = lei + *thetikós* = apropriado). Relativo à legislação ou ao processo de fazer leis. Cognato: nomoteta. (s.m.). Na Grécia antiga, revisor ou atualizador das leis existentes; modernamente, especialista da técnica legislativa. Cf. *Dicionário jurídico*, Academia Brasileira de Letras Jurídicas, 3. ed., rev. e atual. por J. M. Othon Sidou, Forense Universitária, 1994.

[estamos sob a égide da Constituição, mas a Constituição é o que os juízes dela afirmam]".[88]

A questão da eficácia da jurisprudência foi referida por Evandro Lins e Silva, ex-Ministro do STF, em palestra proferida em 1995, na qual, começando por lembrar que era o "único sobrevivente dos ministros presentes à sessão de 13.12.1963, quando foi publicada oficialmente a primeira edição da Súmula da Jurisprudência Predominante do Supremo Tribunal Federal", aduziu, na sequência: "Parece lógico e óbvio que não apenas as Súmulas, como as decisões do Supremo, em tema constitucional, têm efeito vinculante. A Constituição é o que a Corte Suprema diz que ela é".[89] No mesmo senso, o comentário de Carlos Cossio, assinalando que "a lei reina, mas a jurisprudência governa".[90]

Compreende-se esse realce dado à produção dos Tribunais, se levarmos na devida conta que o Direito, ao contrário de ciências outras de cunho especulativo, como a Filosofia, encontra sua justificativa, ou legitimidade, na razão direta de sua *eficácia prática* como instrumento regulador ou sancionador de condutas numa dada sociedade civil. O Direito, além de viabilizar certos atos e fatos relevantes (*v.g.*, translação do domínio, via registro imobiliário; individualização dos quinhões hereditários, pela partilha) e de atuar como meio preventivo geral (efeito intimidador ou inibidor, induzido pelas sanções a condutas ilícitas penais, civis e administrativas), encontra ainda largo campo de atuação na *praxis* forense, possibilitando a resolução das lides através da subsunção dos fatos à norma de regência, tarefa precípua dos órgãos jurisdicionais.

Desse modo, a *jurisprudência* tanto pode ser tomada num sentido *formal*, já antes enunciado, como num senso *substancial*, quando ela vem referendada pela *credibilidade social*, ou seja, o *plus* que se agrega à jurisprudência quando a comunidade jurídica e a própria sociedade civil prestigiam a produção dos Tribunais, nela reconhecendo a boa e correta interpretação dos textos. Uma tal *jurisprudência*, a par do respaldo da *communis opinio doctorum*, ainda vem ao encontro do *sentimento médio de justiça*, presente e atuante entre os destinatários da resposta judicial, ou seja, os jurisdicionados. Conquanto a eficácia coercitiva do resultado da atividade judicante não dependa, dentre nós, do sufrágio popular, não é menos certo que "todo o poder emana do povo, que o exerce por meio de representantes eleitos ou

88. *Apud* Lúcio Bittencourt, A interpretação como parte integrante do processo legislativo, *Revista Forense*, n. XCIV, fasc. 478, 1943, p. 9.

89. A questão do efeito vinculante, *Revista Brasileira de Ciências Criminais*, n. 13, jan.-mar. 1996, p. 113.

90. *El derecho en el derecho judicial*, 3. ed., Buenos Aires, Abeledo-Perrot, 1967, p. 199.

diretamente, nos termos desta Constituição" (CF, art. 1.º, parágrafo único), de sorte que é *legítima* a expectativa dos cidadãos a que a *norma judicada* alcance uma interpretação compatível com os valores preponderantes na comunidade, dentre os quais sobrelevam o *justo* e o *equitativo*.

Não raro, os meios de comunicação noticiam certos julgados, em temas socialmente impactantes, que se revelam distanciados dos valores prevalecentes na coletividade, e, por isso mesmo, não são por esta bem recepcionados, resultando até mesmo num enfraquecimento da *eficácia real* da decisão. No ponto, Marcelo Roberto Ferro assinala que "só há falar em jurisprudência quando existe, além do 'consenso' dos tribunais acerca de uma determinada matéria (*rerum perpetuo similiter judicatarum auctoritas*) a *adesão* dos interessados, isto é, da comunidade jurídica, consubstanciando num verdadeiro credo na obrigatoriedade da regra jurisprudencial, com o reconhecimento efetivo de sua validade".[91] Figurem-se, por exemplo, as reiteradas *ocupações multitudinárias* de áreas rurais e mesmo urbanas, onde transparece para a opinião pública que os comandos judiciais para as reintegrações de posse não vêm acompanhados da desejável eficácia no plano prático (não por acaso o CPC traz disposições específicas para o *litígio coletivo* pela posse ou propriedade de imóvel - art. 565 e §§); algo semelhante se vem passando, aos olhos do cidadão comum, em face dos comandos para a recomposição do patrimônio público, no âmbito das ações civis públicas e das ações populares, fomentando a sensação de impunidade geral.

De outra parte, a *interpretação* que os Tribunais fazem do Direito Positivo resulta, na ordem prática, tão ou até mais importante do que a própria norma legal em si, porque, enquanto esta última se revela *geral, impessoal e abstrata*, e portanto suscetível de dúvida quanto ao seu real significado, carecendo ser interpretada, já a "jurisprudência" *traduz a um tempo o Direito e a sua interpretação*, ou seja: representa a norma, *mais* o resultado de sua intelecção e aplicação iterativa pelos Tribunais, assim potencializando a eficácia da norma. Cuidando das fontes do Direito, assim se expressa José de Albuquerque Rocha: "Para [Alf]Ross, Direito vigente é o aplicado pelos Tribunais. Antes dessa aplicação, o Direito consiste em normas. E norma, para Ross, é diretiva, ou seja, um enunciado expressivo que obedece ao propósito de influir na conduta de outrem. É o ato de sua aplicação pelos Tribunais que a transforma em norma jurídica propriamente dita ou, usando as palavras de Ross, em 'Direito vigente'".[92]

91. A jurisprudência como forma de expressão do direito, *Revista de Direito Civil*, n. 51, jan.-mar. 1990, p. 91.

92. *O procedimento da uniformização da jurisprudência*, São Paulo, RT, 1977, p. 9.

Verdade que hoje se constata dentre nós uma notória *crise de efetividade* da norma legal, sendo visível que, tão logo ela vem a ser positivada, seus destinatários passam a excogitar meios e ardis para *driblá-la* ou se excluírem aos seus efeitos, sem falar numa *expectativa geral* de que em breve o direito novo venha a ser esquecido, convertendo-se, no conhecido jargão popular, em mais uma... *lei que não pegou*. Os exemplos dessas tentativas de *fuga à norma* são recorrentes, como se tem verificado, dentre tantos exemplos, em face da Lei 11.705/2008, chamada *lei seca* (proibição de dirigir alcoolizado), ou o Decreto federal 6.523/2008, fixando procedimentos para os serviços de atendimento ao consumidor por telefone (*call centers*). No campo penal, é notório que ilícitos graves (*v.g.*, corrupção, tráfico de drogas, sonegação fiscal), se expandem e se sofisticam – paradoxalmente – em proporção direta ao incremento da persecução e ao agravamento das penas. Esse contexto revela o acerto da antiga assertiva: "já se viu sociedade que mudou lei, mas ainda não se viu lei que mudou a sociedade...".

É por isso que, sobretudo na seara do Direito Econômico, se faz a distinção entre *normas jurídicas* (estatais, impositivas, atributivas e exigíveis) e as ditas *normas sociais* (práticas comerciais, costumes, condutas consensuais), registrando-se que estas últimas vão ganhando prestígio e credibilidade, ocupando os espaços deixados pela ineficiência das normas jurídicas, contexto agravado pela chamada *jurisdictional uncertainty*, isto é, a *ausência de previsibilidade* das controvérsias judicializadas, seja quanto à duração do processo, seja quanto ao resultado final. Sobre o tema, diz Luciana Gross Cunha: "Estado de Direito é, na maioria das vezes, entendido como a igual submissão à lei previsível. Para que isso aconteça, Lon Fuller afirma que a lei deve ser (i) geral, (ii) pública, (iii) não retroativa, (iv) clara e inteligível, (v) logicamente consistente, (vi) capaz de ser cumprida e (vii) estável ao longo do tempo". Adiante, prossegue a autora: "De acordo com as pesquisas realizadas por Armando Castelar, o Judiciário brasileiro tende a decidir não com o objetivo de cumprir as previsões contratuais, mas a partir de um 'viés anticredor', que, por sua vez, afetaria a previsibilidade do sistema. Assim é que a ausência de regras estáveis e claras e a falta de previsibilidade da interpretação do Judiciário das regras do jogo faz com que os riscos sejam maiores e, portanto, seja maior o custo das transações econômicas, o que afasta os investidores. Sem investimento o desenvolvimento é inviabilizado".[93]

93. Segurança jurídica: performance das instituições e desenvolvimento, in *Poder Judiciário e desenvolvimento do mercado de valores mobiliários brasileiro*, São Paulo, Saraiva, 2007, p. 131, rodapé n. 2, e p. 134, 135.

É nesse campo – da desejável e necessária certeza jurídica – que a jurisprudência, sobretudo a dominante e a sumulada, pode desempenhar relevantíssimo papel. Sendo a jurisprudência uma coleção, organizada e harmônica, do produto final da atividade precípua dos Tribunais, compreende-se que ela seja *imanente* ao próprio Direito *como experiência*, operando como sua revelação concreta, num processo judicial. Nessa óptica, a jurisprudência é a parte tangível do Direito, sua realização na ordem prática, operada pelo braço judiciário do Estado. Compreende-se, pois, a relevância que, gradativamente, vai ganhando a jurisprudência (e o seu corolário – a necessidade de sua *uniformização*), mesmo nos países de *civil law*, como o nosso, onde o primado repousa na norma escrita.

Assim como o Direito é um *fato cultural*, também a jurisprudência, enquanto "Direito vivo", sofre influências diversas, apresentando distintas conotações, conforme o momento histórico e as emergentes vicissitudes sociopolítico-econômicas. Assim, em Roma, a jurisprudência assumia função superlativa, tomando caráter de interpretação oficial, autêntica, dos textos, dado que o *jus dicere* constituía privilégio e expressão da autoridade de certos agentes do Estado (magistrados, prudentes, pretores); já em outras épocas, em certas comunidades desprovidas de Direito escrito e por isso mesmo mais afeiçoadas às disposições do costume, as demandas eram expostas e decididas em grandes assembleias populares (*ordálias, juízos de Deus*), como ocorria entre os antigos povos germânicos; enfim, nos países onde impera a regra do *precedente judiciário* (família *common law*), é claro que a jurisprudência prepondera, sobretudo quando externada nos casos proeminentes (*binding* ou *leading precedents*), em comparação ao que se passa nos países do *civil law*, de estrutura legicêntrica.

Presentemente, é tal a importância jurídica e social da jurisprudência que se consentem certos *direitos* cuja natureza, ou origem, seria precipuamente *judicial*, nesse sentido de derivarem da atividade dos Tribunais, e não do labor legislativo dos Parlamentos. Assim, fala-se nos Direitos *Judicial, Jurisprudencial* e *Sumular*. O primeiro compreenderia a somatória geral das decisões judiciárias, inclusive de primeiro grau, tomadas, portanto, em forma global e assistemática; já o "Direito Jurisprudencial" se caracterizaria por ser uma coleção sistemática e organizada de acórdãos, agrupados segundo critérios definidos (matéria, tipo de decisão, ano judiciário), objeto de compilação nos repositórios oficiais de jurisprudência dos Tribunais, resenhas essas que se revestem de grande credibilidade e reiterada aplicação (*v.g.*, a divulgação periódica, pelo STF, dos *temas* reconhecidos ou não com *repercussão geral*, enquanto pré-requisito genérico para admissão do recurso extraordinário – CF, § 3º do art. 102). Por fim, o "Direito Sumular" representaria a jurisprudência em sua formulação otimizada, porque, além de reportar-se a acórdãos selecionados por sua relevância jurídica e qualidade expositiva, apresenta-se em forma organizada e sistematizada, através de enunciados, Súmulas ou assentos. Dado que esses extratos simbolizam os entendimentos predominantes em cada matéria, a legislação lhes vem reconhecendo uma certa *eficácia expansiva ou panprocessual*, em face dos casos pendentes e futuros, ali subsumidos:[94] *v.g.*, art. 332, I e IV do CPC; art. 896, *a* (redação da Lei 13.015/2014) e *b* (redação da Lei 9.756/98) da CLT; nesse sentido, os Regimentos Internos do STF (§ 4.º do art. 102) e STJ (art. 124) dispõem que a invocação da súmula dispensa a indicação de acórdãos de conteúdo análogo ao daquela.

Escrevendo em face do art. 557, *caput*, do CPC/73, (correspondente ao art. 932, III e IV, *a*, do vigente CPC) afirmavam Carlos André Lahmeyer Duval e Rita de Cássia Vergette Correia: "Pela letra da lei, o relator fica, a partir de agora, vinculado ao entendimento consagrado pela jurisprudência, ainda que, particularmente, tenha entendimento diverso sobre a matéria. Inquestionavelmente, consagrou-se no Direito Processual Civil brasileiro – pelo menos neste caso – a Súmula *vinculante*, ou seja, atribuiu-se ao magistrado o dever de obedecer ao entendimento dominante no seu tribunal, ou no tribunal superior, em relação à matéria discutida no recurso do qual é relator".[95] "O País tem dimensões continentais, de sorte que perfeitamente compreensível que a Súmula regional, mesmo contrariando Súmula do C. TST, não se preste a fundamentar recurso de revista"; e isso, prossegue adiante, "para que, naquilo em que a relação de emprego é igual em toda a parte, se obtivesse entendimento uniforme no País. Portanto, o que se objetiva é um entendimento uniforme estabelecido de baixo para cima, o que em certa medida esboça democratização no sistema judiciário".[96] Ao propósito, o vigente CPC reafirma o *caráter impositivo* dos produtos judiciários otimizados, listados nos incisos do art. 927, ao dizer no *caput* que "juízes e tribunais [os] *observarão*" (e, não, que *poderão* observá-los).

As ponderações ora expostas mostram-se consonantes com uma certa *gradação* que se pode estabelecer, conforme o produto judiciário provenha

---

94. No ponto, v. Carlos Aurélio Mota de Souza, Direito judicial, jurisprudencial e sumular, *RePro* n. 80, out.-dez. 1995, p. 212.

95. Inviabilidade das súmulas vinculantes – Críticas ao novo art. 557 do Código de Processo Civil, *Revista da Faculdade de Direito Cândido Mendes*, ano I, n. 1, p. 2.

96. Uniformização da jurisprudência trabalhista, *Revista Trabalho e Doutrina*, n. 22, set. 1999, p. 43. Nota: o § 3º do art. 896 da CLT está hoje revogado pela Lei 13.467, de 13.07. 2017, que alterou substancialmente a CLT.

do primeiro grau, dos órgãos colegiados e, dentre estes últimos, distinguindo-se os que se encontram no patamar intermédio da organização judiciária, e, na cumeeira, os Tribunais Superiores. Assim, Carlos Aurélio Mota de Souza surpreende diferentes graus de *imperium* nas decisões judiciais: "a) de 1.ª instância (juízos singulares), que apresentam *auctoritas* simples ou primária; b) de 2.ª instância (juízos colegiados), com *auctoritas* média ou secundária; c) de 3.ª instância ou constitucional (tribunais superiores), com *auctoritas* plena ou absoluta".[97] A seu turno, sob outra vertente, Nelson de Souza Sampaio estabelece um "escalonamento entre os atos dos juízes quanto à crescente extensão dos seus efeitos: A sentença clássica, o precedente, a sentença normativa, a jurisprudência vinculante, os atos quase legislativos e os plenamente legislativos".[98]

Como se vê, a precípua natureza da jurisprudência deve ser buscada a partir de um preciso conceito técnico-jurídico, que é o de uma sucessão homogênea e organizada de acórdãos consonantes sobre um mesmo tema, oriundos de um Tribunal ou de uma dada *Justiça*, permitindo, por exemplo, que se possa dizer: "A jurisprudência do STJ tem se mostrado restritiva em matéria de legitimação ativa na ação civil pública"; ou, ainda, "a jurisprudência do STF é no sentido da inviabilidade da cumulação de proventos e vencimentos". É esse qualificativo – a *uniformidade axiológica* ao interno de uma coleção organizada de acórdãos – que configura a natureza intrínseca da jurisprudência em seu sentido estrito e que a distingue das duas outras acepções em que esse termo por vezes vem tomado: a) como ciência do Direito, quando então se confundiria com a própria dogmática jurídica; b) como somatória global e assistemática de julgados de primeiro e segundo grau, quando então se está a falar da *massa judiciária*, correspondente à singela totalização do produto da atividade judiciária do Estado.

Essa massa judiciária já alcançou, dentre nós, cifra deveras preocupante, como se colhe dos subsídios constantes do boletim *Justiça em Números*, do CNJ, divulgado em 2017, ano-base 2016: "O Poder Judiciário finalizou o ano de 2016 com 79,7milhões de processos em tramitação, aguardando alguma solução definitiva. Desses, 13, 1milhões, ou seja, 16, 4% estavam suspensos ou sobrestados ou em arquivo provisório, aguardando alguma situação jurídica futura. Durante o ano de 2016, ingressaram 29, 4 milhões de processos e foram baixados 29,4 milhões. Um crescimento em relação ano anterior na

97. Direito judicial, jurisprudencial e sumular cit., *RePro* n. 80, p. 211.

98. O Supremo Tribunal Federal e a nova fisionomia do Poder Judiciário, *RDP* n. 75, p. 8.

ordem de 5,6% e 2,7%, respectivamente. Mesmo tendo baixado praticamente o mesmo quantitativo ingressado, com Índice de Atendimento à Demanda na ordem de 100, 3%, o estoque de processos cresceu em 2,7 milhões, ou seja, em 3,6%, e chegou ao final do ano de 2016 com 79,7 milhões de processos em tramitação aguardando alguma solução definitiva".[99]

Para a formação desse *estoque* de processos em tramitação, contribui em larga escala o Poder Público, o *grande cliente habitual* do Poder Judiciário, como o reconhece Sidnei Beneti, antes Desembargador do TJSP, depois Ministro do STJ: "O poder público, por administração direta ou indireta, é o maior usuário da jurisdição. O Poder Judiciário está tendo de administrar casos concretos, vindos da falência da solução administrativa – o que é péssimo, pois nem o Judiciário foi preparado para isso, com o imprescindível *political legal thinking* e órgãos técnicos de base, nem a administração pode tranquilizar-se e formar diretriz uniforme diante da obrigatoriedade de atendimento da multiplicidade de decisões judiciais, muitas vezes discrepantes, que substituem os atos administrativos".[100]

É significativo o fato de os Regimentos Internos dos nossos Tribunais (*v.g.*, STF, arts. 99 a 103; STJ, arts. 128 a 138) destinarem seção ou capítulo específico para o trato da "Jurisprudência", assim regulando-a em seus múltiplos aspectos (conceito, efeitos, formação de Súmula, critérios para coleta e organização, publicação, repositórios), num reconhecimento, portanto, de que ela hoje é vista como uma categoria autônoma e especialmente relevante para otimizar a *práxis* judiciária.

Bem vistas as coisas, originando-se a jurisprudência de uma atividade assumida pelo Estado – *o poder-dever de distribuir justiça em modo eficiente e em tempo razoável* – e considerando-se que essa função responde ao propósito de pacificação social, ensejando a eliminação da insegurança acarretada pela pendência da lide, é forçoso concluir que toda resposta judiciária tem o seu grau de importância, dado o evidente interesse de ordem pública na emissão oficial da vontade concreta da lei.

Sob esse prisma, não existem decisões judiciais *menos importantes*, dado que seus efeitos, explica Carlos Aurélio Mota de Souza, espraiam-se em direção a três destinatários: "a) à Justiça, quando, *functus officio suum*, a decisão não mais pode ser reexaminada, pela imutabilidade dentro do

---

99. Fonte: www.cnj.jus.br/programas-e-acoes/pj-justica-em-numeros, consultado em 23.12.2017.

100. A reforma do Judiciário vai melhorar os processos judiciais? *Revista do Advogado* (AASP) n. 56, set. 1999, p. 106.

processo; são julgados formalmente relevantes; b) às partes, pois o litígio não poderá ser reapreciado no mesmo processo ou em qualquer outro; nem o juiz voltar a julgar, nem as partes a litigar, nem o legislador regular diferentemente a relação jurídica (por força da irretroatividade da lei); são julgados materialmente relevantes; c) ao ordenamento jurídico, se a qualidade essencial das decisões e de seus efeitos é a imutabilidade, ela é a própria coisa julgada (formal e material); a nosso sentir, a *auctoritas* do caso julgado não se limita subjetivamente às partes ou a terceiros prejudicados, mas se estende *erga omnes*, ou seja, a todos que se beneficiam dessa autoridade".[101]

1.4 FUNÇÕES DA JURISPRUDÊNCIA

Sob o presente enfoque, a primeira observação é que a jurisprudência desempenha diferentes papéis, conforme o regime político do país e a *família* jurídica a que ele esteja filiado. Nos estados totalitários e nos regimes de exceção, a jurisprudência acaba por refletir esse ambiente político exacerbado, com isso perdendo em qualidade, na medida em que ficam comprometidas a isenção e a imparcialidade na apreciação das controvérsias. Em tais situações, a jurisprudência, mormente aquela extratificada em Súmulas e enunciados obrigatórios, pode converter-se em perigoso instrumento a serviço do Poder, e, bem assim, num fator desestimulante do acesso ao Judiciário.

Já nos Estados de Direito e em situações de normalidade, a jurisprudência, mormente quando potencializada em Súmulas e enunciados, exerce papel relevantíssimo, atuando em mais de um plano: *a*) opera como uma segura diretriz para o Poder Judiciário, funcionando como importante subsídio para a subsunção dos fatos ao Direito, na medida em que sinaliza a interpretação predominante em casos análogos; *b*) contribui para a consecução da ordem jurídica justa, ou isonômica, por modo que casos semelhantes possam receber respostas qualitativamente uniformes; *c*) complementa a formação da convicção do magistrado, atuando como fator de atualização do Direito Positivo e como elemento moderador entre o fato e a *fria letra da lei*.

Em conhecida página, Rubens Limongi França identifica cinco funções específicas da jurisprudência, a saber: "a) interpretar a lei; b) vivificar a lei;

101. Direito judicial, jurisprudencial e sumular cit., *RePro* n. 80, p. 211.

c) humanizar a lei; d) suplementar a lei; e) rejuvenescer a lei". Em apertada síntese, pode-se assim expor seu pensamento:

a) *Interpretar a lei.* Questionando a validade da máxima pela qual *in claris cessat interpretatio,* Limongi França lembra que a lei é um preceito geral (*commune praeceptum*) e, sendo assim, "é evidente que, quando da sua aplicação ao caso concreto, é absolutamente indispensável um repasso do significado de cada um dos termos que a integram, sob pena de inadequado enquadramento da espécie".

b) *Vivificar a lei.* Uma vez posta em vigor, a lei passa a integrar o chamado *sistema jurídico*, mas, enquanto tal, "sobrepaira no mesmo plano alto e impessoal com que foi promulgada, e até muitas são as relações que se assentam, atuam e desenvolvem, à margem da lei, ou contra a lei". Mas, uma vez surgida a controvérsia e levada ao Judiciário, este, "interpretando os preceitos jurídicos relacionados com o caso concreto, empresta-lhes o dinamismo que os tornam vivos e atuantes".

c) *Humanizar a lei.* Afirma o autor que "não podendo a lei deixar de ser impessoal, e exigindo a própria índole do Direito que as condições peculiares de cada caso não sejam ignoradas, claro se torna que é ao magistrado que incumbe, na aplicação da lei ao caso concreto, sem desvirtuar-lhe as feições, arredondar as suas arestas, e, sem torcer-lhe a direção, adaptar a rigidez do seu mandamento às anfractuosidades naturais de cada espécie".

d) *Suplementar a lei.* Para Limongi França, "o poder criador do juiz, já quando decida *secundum legem*, quando *praeter legem*, não poderá jamais afastar-se daquela série de balizas impostas pelos três expedientes suplementares, indicados no mencionado preceito – a analogia, o costume e os princípios gerais de direito –, cada um deles a encerrar uma série de requisitos próprios, que cumpre não desatender quando da elaboração da *lex specialis* aplicável à espécie".

e) *Rejuvenescer a lei.* O autor reconhece à jurisprudência a função de, "sem perder de vista a essência do preceito, ir adaptando-o à realidade cotidiana; como ainda, com isso, e mais, com críticas, sugestões, observações, que se façam sentir em trabalhos individuais, simpósios etc., fornecer, quer aos jurisperitos, quer ao Poder Legislativo, os elementos de reelaboração constante do sistema jurídico, para que este permaneça sempre ordenado àquele fim prático, objetivo e necessário para as leis de um país, a saber, a utilidade comum".[102]

Analisando essa pontuação, Marcelo Roberto Ferro obtempera que essas cinco funções "são, na realidade, os meios imediatos através dos quais

102. Verbete cit., *Repertório enciclopédico do direito brasileiro* cit., p. 291-293, passim.

a jurisprudência alcança sua função mediata, a garantia de igualdade e segurança. Com efeito, acreditava-se, no século passado, que a lei, produto de um povo soberano, quando aplicada a todos, asseguraria a igualdade. Nos dias de hoje, esta tarefa tem-na exercido a jurisprudência (...)".[103]

Atualmente, a principal expectativa que o cidadão brasileiro deposita no Judiciário é a do atendimento aos valores "justiça-certeza-segurança-estabilidade", o que aliás é bem compreensível, se considerarmos o preocupante ambiente de "instabilidade presente/imprevisibilidade futura" que assombra a contemporânea *sociedade de risco*. Para esse nebuloso contexto, muito têm contribuído os atos governamentais, valendo lembrar, nos anos noventa do século passado, o patético episódio do confisco das *poupanças*, perpetrado ato contínuo à posse do Presidente da República, cujas *promessas de campanha* incluíam a intangibilidade daqueles ativos financeiros.

De tempos a esta parte, uma sucessão interminável de Medidas Provisórias (algumas, depois, *convertidas* em lei), editadas ao arrepio dos parâmetros fixados no art. 62 e § 1.º da CF, não tem sequer poupado o ordenamento processual, ao qual têm sido infligidas reiteradas afrontas, pondo em risco a higidez sistêmica dos textos, como se deu com a inserção, no art. 16 da Lei 7.347/85,[104] da expressão "nos limites da competência territorial do órgão prolator", assim comprometendo a eficácia *erga omnes* da decisão, olvidando-se, ademais, que o "território" é elemento que consulta à *competência* do órgão jurisdicional (no caso já estabelecida no art. 2º dessa lei), e não, à irradiação da coisa julgada;[105] ainda, as restrições às concessões de liminares, cautelares e antecipações de tutela contra o Poder Público – Leis 8.437/92 e 9.494/97 – de duvidosa constitucionalidade, dada a garantia do acesso à Justiça (CF, art. 5.º, XXXV) e afrontando o tratamento igualitário devido às partes (CPC, art. 139, I); enfim, as inserções casuísticas ao art. 17 da Lei 8.429/92, sobre atos de improbidade administrativa, inclusive criando um prévio "juízo de delibação", ou coisa que o valha, *antes* da citação (§§ 7.º e 8.º daquele artigo), aí se descurando que a relação processual *começa* com a citação (CPC, art. 239), e, que, para os casos de petição inicial inepta, a solução indicada é o indeferimento liminar (CPC, art. 330, I, § 1º e incisos).

103. A jurisprudência como forma de expressão do direito, cit., *Revista de Direito Civil*, n. 51, jan.-mar. 1990, p. 95.

104. O PL 5.139/2009, então preordenado a regular a nova lei da ação civil pública, intentava corrigir essa anomalia, prevendo no art. 32: "A sentença no processo coletivo fará coisa julgada *erga omnes*, independentemente da competência territorial do órgão prolator ou do domicílio dos interessados".

105. Ao propósito, v. nossas considerações in *Ação Civil Pública*..., 14 ed., 16, cit., p. 387 e s.

Por aí se explica a tendência contemporânea a conduzir para a *jurisdição coletiva* as controvérsias que envolvem conflitos de massa: a conturbação social e os transtornos individuais que usualmente se seguem à adoção de certas políticas governamentais não raro podem ser enfrentados com o adequado ajuizamento de uma ação de tipo coletivo, como a civil pública,[106] ou mesmo a ADIn, já que ambas comportam tutela cautelar (respectivamente: art. 4.º da Lei 7.347/85, redação da Lei 10.257/2001; CF, art. 102, I, *p*); a autorização para o juiz oficiar aos co-legitimados ativos das ações coletivas, comunicando a expressiva afluência de demandas seriais no Juízo (CPC, art. 139, X). Vale recordar que o PL da Câmara Federal 5.139/2009, então destinado a regular a nova lei da ação civil pública, dispunha no art. 63: "As ações coletivas terão tramitação prioritária sobre as individuais".

Igualmente merece ser ressaltada a poderosa influência que a jurisprudência pode exercer junto ao *legislador*, sinalizando a necessidade de ser suprida a carência legislativa em certas matérias, cuja relevância social reclame e justifique um referencial normativo, ou ainda, evidenciando a conveniência, senão a premência de ser alterado o Direito Positivo vigente, quando o imponham as ocorrências emergentes na ordem econômica, social, política, cultural, isto é, as ditas *fontes substanciais* do Direito. Não se trata, no caso, de perscrutar na jurisprudência sumulada, mormente naquela *vinculativa*, uma "camisa de força" imposta ao Legislativo, porque as proposições *de lege ferenda* sempre remanescerão nas cogitações do Parlamento, como sua vocação precípua. No ponto, assim se manifestou o saudoso Celso Ribeiro Bastos: "É conveniente ressaltar que nenhuma opinião séria no País se manifestou em favor de uma força vinculante absoluta e sem ponderação no seu uso. Cite-se aqui o brilhante Saulo Ramos, grande defensor da tese: 'Há os que utilizam do argumento *ad terrorem* sobre o perigo de os tribunais usurparem a competência legislativa dos parlamentos, como se o legislador ficasse proibido de elaborar leis sobre a matéria sumulada, ou como se pudesse haver vinculação do Poder Legislativo em decisões judiciais subordinantes, o que se traduz em completo disparate'".[107]

A jurisprudência assentada e o labor legiferante não são incompossíveis, tendo cada qual seu campo de atuação; ao contrário, é desejável que entre ambos haja uma *complementaridade*, no sentido de que o legislador, ao pensar o direito futuro, constituendo, tenha presente o *precedente judiciário*

106. Cf. o nosso estudo Sobre a utilização da ação civil pública da Lei 7.347/85, para fins de desbloqueio coletivo de ativos financeiros, *RT* n. 672, p. 260.

107. O Judiciário como força democrática, artigo publicado no jornal *O Estado de São Paulo*, 29 nov. 1996.

existente na matéria, não como eventual *pressuposto negativo de atuação*, mas por tudo que a jurisprudência, dominante ou sumulada, representa enquanto extrato do entendimento imperante nos Tribunais, sobretudo os superiores.

Um clássico exemplo dessa desejável interação da jurisprudência com o Direito novo deu-se no campo da locação comercial: desde o tempo da chamada *Lei de Luvas* (Dec. 24.150/34), exigia-se que o contrato renovando se houvesse pactuado por cinco anos; gradativamente, porém, a jurisprudência firmou-se no sentido de admitir a soma dos prazos menores (por exemplo, um contrato de dois anos e outro de três – a tese da *acessio temporis*); depois, a Lei do Inquilinato (8.245/91), em seu art. 51, II, veio positivar essa exegese originária da jurisprudência. Diz Fábio Ulhoa Coelho: "Ao prescrever essa alternativa, a nova lei acompanhou o entendimento jurisprudencial dominante quanto à possibilidade da somatória dos prazos de contratos sucessivos".[108]

Outro exemplo marcante da influência que o direito pretoriano, não raro, exerce no plano nomogenético, vem lembrado por José Rogério Cruz e Tucci, tomando por base a súmula STF 380 ("Comprovada a existência de sociedade de fato entre os concubinos, é cabível a sua dissolução judicial com a partilha do patrimônio adquirido pelo esforço comum"). A evolução verificada a partir daquele enunciado, segundo o autor, "acabou tornando imperiosa a regulamentação legislativa da união estável, primeiramente, pelo art. 226, § 3.º, da Constituição Federal, até a disciplina dos arts. 1.723 a 1.727 do novo Código Civil que, em grande parte, positivou a linha de pensamento predominante nos tribunais pátrios".[109]

Uma expressão deveras significativa da contraface entre o direito pretoriano e a norma legal pode ser aferida a partir da súmula vinculante n. 2 do STF, assentando a inconstitucionalidade de lei ou ato normativo estadual ou distrital sobre consórcios, sorteios, bingos e loterias, deixando, dessa forma, claramente firmado que o *modus* correto de positivar essa matéria é através de *lei federal*. O caso suscita uma das questões mais intrigantes e complexas provocadas pelo advento da súmula vinculante do STF: saber se ela é obrigatória *também* em face da atividade legiferante do Parlamento e, em caso positivo, em qual medida ou intensidade. O conteúdo daquela modalidade sumular deve acomodar-se ao sobreprincípio da separação entre os Poderes, de sorte que, se por um lado, o STF *não pode impedir* que num momento futuro o Parlamento haja por bem liberar os *jogos de azar* no país

108. *Comentários à lei de locação de imóveis urbanos*, obra coletiva, São Paulo: Saraiva, 1992, p. 321.

109. *Precedente judicial como fonte do Direito*, São Paulo: RT, 2004, p. 289.

e bem assim estabelecer as condições para tal liberação, fica certo, todavia, que a positivação a respeito deverá ocorrer via *lei federal*, porque nesse ponto incide o *núcleo duro* do enunciado vinculativo, sua *força obrigatória* (a *ratio decidendi* dos *binding precedents*, na experiência dos países do *common law*).

O Min. Gilmar Ferreira Mendes, do STF, em estudo então aproveitado na justificativa à PEC n. 130/92, apresentada pelo saudoso Deputado Roberto Campos, assim se manifestava sobre a eficácia *erga omnes* e o *efeito vinculante* das decisões do STF em sede de controle abstrato de normas: "A declaração de nulidade de uma lei não obsta à sua reedição, ou seja, a repetição de seu conteúdo em outro diploma legal. Tanto a coisa julgada quanto a força de lei (eficácia *erga omnes*) não lograriam evitar esse fato. Todavia, o efeito vinculante, que deflui dos fundamentos determinantes (*tragende Gründe*) da decisão, obriga o legislador a observar estritamente a interpretação que o tribunal conferiu à Constituição".[110]

São vários os exemplos de alteração da ordem normativa, a partir de sinalizações da jurisprudência, desde os casos mais remotos, como o lembrado por Maria Helena Diniz (dispositivo inserido na antiga Lei do Inquilinato - 1.300, de 1950 –, que veio possibilitar a retomada do imóvel pelo compromissário comprador, medida então propugnada em vários acórdãos da época);[111] ainda, a hipótese colacionada por Washington de Barros Monteiro, focando o art. 17 do Dec.-lei 3.200/41, reconhecendo a comunhão dos bens aprestos, na constância do casamento, assim atendendo ao posicionamento pretoriano da época;[112] a seu turno, Lênio Luiz Streck lembra que foi por meio do *habeas corpus* que o STF impediu, "durante o estado de sítio, o degredo para lugares desertos ou insalubres, decisão que recebeu acolhida na Constituição de 1934, repetida em todas as Constituições posteriores".[113] Hipótese mais recente vem lembrada por Francisco Gerson Marques de Lima: "O Piso Salarial, reconhecido outrora por algumas sentenças coletivas de trabalho, depois sendo disciplinado por várias leis (tachadas de inconstitucionais) e, agora, previsto pela *Lex Fundamentalis* - art. 7.º, V".[114] É também consabido

110. Passado e futuro da súmula vinculante: considerações à luz da Emenda Constitucional n. 45/2004 (coautoria de Samantha Meyer Pflug), *in* Sérgio Rabello Tamm Renault e Pierpaolo Bottini (coords.), *Reforma do Judiciário*, São Paulo, Saraiva, 2005, p. 339. (Sobre o ponto ora abordado, v., *infra*, cap. 3.4.1, resposta à questão de n. 3.)

111. *Compêndio de introdução à ciência do direito*, 5. ed., São Paulo, Saraiva, 1993, p. 270.

112. *Curso de direito civil*, São Paulo, Saraiva, 1967, vol. 1, p. 23.

113. *Súmulas no direito brasileiro* – Eficácia, poder e função cit., p. 93, nota de rodapé 12.

114. A jurisprudência como fonte do direito cit., *Revista Nomos*, vol. 11-12, jan.-dez. 1992, p. 254.

que a Lei 13.467/2017, que alterou extensa e profundamente a CLT, incorpora em vários dispositivos certos subsídios jurisprudenciais que se foram assentando ao longo do tempo.

Lembraríamos ainda, nesse rol, o frisante exemplo do próprio Direito *Sumular*: à força das reiteradas decisões judiciais fundadas na jurisprudência assentada, os Regimentos Internos dos Tribunais passaram a reconhecer certa *força normativa* às Súmulas (*v.g.*, RISTF, arts. 102 e 103; RISTJ, arts. 122 e 124), assim pavimentando o caminho para que o Direito Positivo viesse, oportunamente, a reconhecer relevantes aptidões processuais às Súmulas, tanto no CPC/73 (arts. 479 e 557) quanto no CPC vigente (arts. 332, I e IV; 496, § 4º, I; 932, IV, *a*) e ainda no próprio texto constitucional (CF, art. 103-A e § 1º). Uma relevante aplicação dessa *eficácia panprocessual* da jurisprudência está no art. 4.º da Lei 9.469/97, pelo qual o Advogado-Geral da União, em não havendo súmula da AGU, "pode dispensar a propositura de ação ou a interposição de recursos judiciais quando a controvérsia jurídica estiver sendo iterativamente decidida pelo Supremo Tribunal Federal ou pelos Tribunais Superiores".

Ainda a respeito da antes referida Súmula 380 do STF ("Comprovada a existência de sociedade de fato entre os concubinos, é cabível a sua dissolução judicial, com a partilha do patrimônio adquirido pelo esforço comum"), aduzia Roberto de Abreu e Silva: "Se o legislador tivesse transformado em lei a Súmula 380 do STF, não teria ele provocado tanto tumulto e crítica na sociedade e comunidade jurídica, na feitura da Lei 8.971/94, que regula a situação jurídica da companheira, derrogada pela Lei 9.278/96, que objetivou regulamentar a união estável".[115]

Na experiência do Direito estrangeiro, Ivan Lira de Carvalho reporta a expressiva resenha elaborada por Luis Recaséns Siches em sua notória *Lógica do Razoável*, acerca das inovações advindas à legislação francesa a partir de decisões judiciais sobre temas relevantes, tais como em matéria *trabalhista* (a impenhorabilidade do salário), de *família* (a legalização dos filhos concebidos fora do matrimônio), ou ainda no direito das *obrigações* (o seguro de vida). Segundo Recaséns Siches, colacionado por Lira de Carvalho, "não havia na França nem jurisdição administrativa nem Direito Administrativo. O costume criou a primeira e a jurisprudência criou o segundo".[116]

115. Segurança, independência jurídica do magistrado e súmulas vinculantes dos Tribunais Superiores, *Revista Ciências Sociais*, Universidade Gama Filho, Rio de Janeiro, vol. 3, n. 2, dez. 1997, p. 88.

116. Excerto constante do estudo Decisões vinculantes, de Ivan Lira de Carvalho, *RT* 745, nov./97, p. 51.

Quer se considere ou não a jurisprudência como fonte do Direito Positivo, fato é que ela abre ensejo para a formação e atuação das fontes usualmente reconhecidas, nisso que as respostas judiciárias acabam repercutindo ao interno dos Parlamentos, ao alertar o legislador para a defasagem de certos textos, para a necessidade de normatização de algumas ocorrências sociais (situações ditas de *norma necessitada*) ou para a conveniência de melhor regulação de dadas matérias. Como afirmava François Gény: "Si la jurisprudence n'a pas par elle-même la valeur d'une source formelle de règles juridiques, elle contribue souvent à la formation de semblables sources, ou même, elle en constitue comme un élément essentiel et indispensable, dans la réalité des choses. C'est un fait bien connu, que, fréquemment, les jugements ouvrent la voie à la loi écrite, qu'ils en préparent la disposition en montrant la nécessité d'une règle nouvelle et en suggérant son contenu".[117]

Por outro lado, não há como negar que, apesar do parâmetro no ordenamento jurídico brasileiro ainda remanescer na norma escrita (CF, art. 5.º, *caput* e inciso II), o fato é que cada vez mais se destaca a importância da jurisprudência, nesse sentido de *norma judicada*, a saber, aquela que teve o seu *momento judiciário*, e cuja exegese reiterada passa a servir como precedente, em face dos demais casos análogos. Com isso, a par daquelas cinco funções detectadas pelo saudoso Limongi França e antes referidas, parece-nos que hoje a jurisprudência passa a exercer mais uma, qual seja a de *criar opções* para a melhor resolução do caso concreto, oferecendo-se como idônea alternativa técnica, seja para as hipóteses cuja singularidade ou complexidade dificulta a aplicação do critério de legalidade estrita, seja, principalmente, em face das chamadas *demandas múltiplas*. Figure-se, no primeiro caso, as ocupações ou invasões de áreas rurais pelos grupos ditos *sem terra*, gerando conflitos de largo espectro, refratários às modalidades clássicas da proteção possessória; na segunda hipótese, considere-se a sobrecarga acarretada aos Tribunais superiores por milhares de *demandas replicadas*, em assuntos tributários, previdenciários ou de servidores públicos, cujas lides muitas vezes são causadas por descabidas exigências do próprio Poder Público, o qual, todavia, persiste em esgotar todas as instâncias judiciárias.[118] O vigente

117. *Méthode d'interprétation et sources en droit privé positif*, 2. ed., Paris, Librairie Générale de Droit et de Jurisprudence, 1919, vol. II, p. 50.

118. O legislador processual tem procurado *gerenciar* de várias maneiras o afluxo das ações massivas e consequentes recursos repetitivos que daí são tirados, seja pela autorização ao juiz para comunicar esse fato aos agentes que podem propor ação coletiva (CPC, art. 139, X), seja pela técnica dos julgamentos *em bloco* ou *por amostragem* (CPC, arts. 1.036-1.041e §§).

CPC mostra-se sensível a este último aspecto, ao dispor que em ocorrendo da *tese jurídica*, firmada no incidente de resolução de demandas repetitivas (art. 985, *caput*) dizer respeito a "questão relativa à prestação de serviço concedido, permitido ou autorizado", será *comunicada* ao "órgão, ao ente ou à agência reguladora competente, para *fiscalização da efetiva aplicação*, por parte dos entes sujeitos à regulação, da tese adotada" (§ 2º do art. 985).

Acerca das demandas seriais, que respondem em larga medida pela sobrecarga do Judiciário, vale colacionar o depoimento da Min. Ellen Gracie Northfleet, então no STF: "Alinho-me entre os que acreditam que a maior parte das questões trazidas ao foro, especialmente ao foro federal, são causas repetitivas, onde, embora diversas as partes e seus patronos, a lide jurídica é sempre a mesma. São causas que se contam aos milhares em todo o país e que dizem respeito a matérias exaustivamente discutidas e de há muito pacificadas pela jurisprudência. Como exemplo, as devoluções de empréstimos compulsórios, as causas em que se busca a correção monetária dos salários de contribuição, para efeito de cálculo das aposentadorias, aquelas em que os depositantes reivindicam a aplicação de índices expurgados ao cálculo de seus saldos em cadernetas de poupança, entre inúmeras outras. (...) É inútil e custoso manter a máquina judiciária ocupada com questões que já não oferecem relevo ou dificuldade. Mais que isso, tal atitude desvia atenção e recursos do Judiciário, os quais deveriam estar melhor aplicados nas questões que têm maior atualidade e demandam reflexão e atividade criativa por parte dos magistrados".[119]

E, no que concerne ao papel da jurisprudência no arejamento e atualização do Direito escrito, não pode ficar sem algum registro a proposta à época denominada *Direito Alternativo*, sustentada durante certo tempo por segmentos mais jovens de nossa magistratura, propondo priorizar a *justiça do caso concreto*, antes do que a estrita aplicação do texto de regência. O movimento teve alguma repercussão no mundo jurídico nacional e, quando menos, serviu para despertar a atenção dos operadores do Direito para os aspectos do *justo* e da *instrumentalidade do processo*, sem embargo de que, num país centrado na norma como fonte dos direitos e obrigações, é inafastável que a resolução das controvérsias deve fazer-se, precipuamente, pela subsunção dos fatos ao texto de regência *(non exemplis, sed legibus judicatum est)*.

A relevante função, que hoje se espera da jurisprudência brasileira, pressupõe que ela venha qualificada por um *plus*, a saber, a sua aptidão a

119. Ainda sobre o efeito vinculante, *Cadernos de Direito Tributário e Finanças Públicas*, n. 16, jul.-set. 1996, p. 12.

servir como parâmetro para o julgamento dos casos afins. Essa é a grande contribuição que a jurisprudência predominante e reiterada, especialmente a extratificada em Súmula, pode oferecer à nossa *praxis* judiciária, propiciando benefícios diversos: a) para as *partes*, na medida em que possibilita uma razoável *previsibilidade* quanto à solução final do caso, operando assim como fator de segurança jurídica como de tratamento judicial isonômico; b) para o *Judiciário*, porque a jurisprudência dominante ou sumulada agiliza as decisões, alivia a sobrecarga acarretada pelas demandas repetitivas e assim poupa precioso tempo, a ser empregado no exame de casos mais complexos e singulares; c) para o próprio Direito, em termos de eficácia prática e credibilidade social, porque o *tratar igualmente as situações assemelhadas e, desigualmente, as desequiparadas*, é algo imanente a esse ramo do conhecimento humano, certo que o *sentimento do justo* integra a essência do Direito desde suas origens: *Jus est ars boni et aequo*.

1.5 E AS FONTES SUBSTANCIAIS E FORMAIS DO DIREITO

Como todo conhecimento humano organizado num ramo científico, o Direito apresenta os clássicos elementos: *Causa* (= fontes substanciais), *autonomia*, *método*, *princípios*, *finalidade* e *formas de expressão*, estas últimas ditas *fontes formais*. Por este último elemento, procura-se identificar os *modos* pelos quais o Direito se exterioriza, até porque é através deles que o Direito exerce sua nota mais característica, a *coercitividade*, que o diferencia da Moral, já que esta última, embora igualmente se expresse em normas de conduta, é desprovida do *poder de exigir* o quanto expresso em seus enunciados.

É sempre útil observar, porém, a existência de uma certa *comunicação* entre os planos do Direito e da Moral, como transparece nos casos em que o Direito vem a positivar certos valores e expressões oriundos do campo da Moral, como nos casos da *moralidade administrativa* (fundamento autônomo para a ação popular – CF, art. 5.º, LXXIII); o quesito da *reputação ilibada*, exigido para o provimento do cargo de ministro do STF (CF, art. 101); o dever, imposto às partes e advogados de "proceder com lealdade e boa fé" (CPC, art. 14, II); a diretriz da *eficiência*, imposta ao Poder Público (CF, art. 37, *caput*). Alguns desses elementos podem se qualificar como *conceitos indeterminados*, a reclamar um esforço exegético para o aclaramento de seu conteúdo, valendo observar que a decisão que os aplica deve explicitar o sentido em que foram tomados e a razão de sua incidência na espécie, sob pena de ser considerada *não fundamentada* (CPC, art, 489, § 1º, II), e, portanto, *nula*, a teor do art. 93, IX, da CF.

Nos países como o nosso, filiados à vertente romanística, a principal fonte formal do Direito é a *lei*, enquanto norma obrigatória, abstrata, geral e impessoal, donde o acolhimento, no texto constitucional, do *princípio da legalidade ou da reserva legal*, de envolta com o *princípio da igualdade* (art. 5.º, *caput* e inciso II), cujo corolário na esfera penal está na assertiva "nullum crimen, nulla poena, sine praevia lege" (CF, art. 5.º, XXXIX). Mas, há outras fontes formais do Direito ou, se se quiser, outras *formas de expressão*, já agora subsidiárias, supletivas, porque, em que pese a presunção da *plenitude ou completude da ordem jurídica*, a observação revela que as normas, na medida em que derivam de um processo de abstração, não conseguem captar todas as ocorrências sociais relevantes, nem mesmo todos os aspectos fáticos nelas existentes, donde a necessária intervenção de subsídios *integradores*, como os costumes, os princípios gerais, a equidade, a analogia, as regras de experiência e mesmo, em certo sentido, a doutrina e a jurisprudência, esta última quando dominante, assentada ou sumulada.

Justamente por isso, sustenta-se a chamada "incompletude da legislação" (*incomplete law theory*), a qual, segundo Luciana Gross Cunha, "não é uma questão de escolha legislativa, mas uma característica intrínseca da lei. Isso significa que não é possível desenhá-la de forma a prever indubitavelmente todas as contingências futuras relacionadas com o objeto da disciplina. Porção relevante e necessária à efetividade da regra precisa ser preenchida no momento da sua aplicação ou, ainda, a linguagem do texto legislativo pode conter ambiguidades e comportar interpretações diferentes. A teoria atenta também para a impossibilidade da lei completa, tendo em vista a sua finalidade de disciplinar determinado tema de maneira abstrata para uma infinidade de casos".[120] Justamente por isso, não raro se faz referência a situações de *norma necessitada*.

Esse entendimento, aplicado à nossa experiência, vem ao encontro da *jurisprudência evolutiva*, implementada há algum tempo pelo STF, seja na chamada *interpretação conforme* à Constituição, seja na *objetivação* do recurso extraordinário, seja no exercício do *ius respondendi*, no âmbito das arguições de descumprimento de preceito fundamental (CF, § 1º do art. 102; Lei 9.882/99, art. 10 e § 1º). Aliás, no constitucionalismo norte-americano se reconhece que, justamente por não poder o constituinte *prever tudo*, há espaço para os chamados *penumbral rights*, assim como, dentre nós, se fala nos *poderes implícitos*, dispondo o § 2.º do art. 5.º da CF que os direitos e

120. Art. cit., in *Poder Judiciário*... cit., p. 118, reportando-se a autora à doutrina norte-americana.

garantias elencados *expressis verbis* "não excluem outros decorrentes do regime e dos princípios por ela adotados, ou dos tratados internacionais em que a República Federativa do Brasil seja parte".

No sentido do antes exposto, é acertado dizer que "a vida é mais rica do que o Direito", bastando, para isso, constatar que, na órbita penal, certamente se cometem mais atos antissociais do que os tipificados na legislação repressiva, enquanto, na esfera civil, com certeza se concretizam mais negócios entre os particulares do que os estritamente regulados no Direito Privado. Bem por isso, é comum dizer-se que, enquanto no setor público os atos são *vinculados* ao modelo legal – *quem pode, deve* –, já no setor privado é dado praticar os atos que não sejam proibidos.

A breve investigação acerca das fontes do Direito, que a seguir se fará, servirá de base para a subsequente indagação quanto à inclusão ou não da jurisprudência no processo da *nomogênese*, isto é, saber se ela compõe o rol dos elementos que subsidiam a formação das normas legais, assim concorrendo para tornar *completa* a ordem jurídica. Naturalmente, devemos pressupor o regime jurídico de um país como o Brasil, filiado ao regime do *civil law*, onde o primado recai na norma legal, valendo neste passo a advertência de Luís Afonso Heck de que "a lei já não é mais a única fonte do direito na família romano-germânica, embora, hierarquicamente, ainda ocupe o primeiro lugar".[121]

Impende, pois, identificar os vários *insumos* formadores do Direito Positivo, sendo válido distingui-los em: 1) fontes formais (ou formas de expressão); 2) fontes substanciais ou materiais. Na sequência (item 1.5.1), veremos os meios *suplementares* de integração do Direito.

1) *Fontes formais* são os modos pelos quais o Direito se expressa; são as suas diversas linguagens, e, nesse sentido, a fonte formal *principal* dentre nós segue sendo a norma legal, entendida esta em seu sentido mais largo, compreensivo do amplo espectro que se espraia desde a Constituição Federal até as normações hierarquicamente menores. Essa *ordem escalonada* foi exposta na notória doutrina de Hans Kelsen: "A ordem jurídica não é um sistema de normas jurídicas ordenadas no mesmo plano, situadas umas ao lado das outras, mas é uma construção escalonada de diferentes camadas ou níveis de normas jurídicas. A sua unidade é produto da conexão de dependência que resulta do fato de a validade de uma norma, que foi produzida de acordo com outra norma, se apoiar sobre essa outra norma, cuja produção, por sua vez, é determinada por outra; e assim por diante, até ubicar finalmente

121. As fontes do direito, *RT* n. 677, mar. 1992, p. 70.

na norma fundamental – pressuposta. A norma fundamental – hipotética, nestes termos – é, portanto, o fundamento de validade último que constitui a unidade desta interconexão criadora".[122]

Para Lênio Luiz Streck, em nosso país a *lei em sentido amplo* compreende este rol: "1) A lei constitucional, produto do processo constituinte originário e derivado; 2) A lei complementar, com suas destinações constantes em *numerus clausus* constitucionalmente previstas, exigindo *quorum* de maioria absoluta para sua aprovação; 3) A lei ordinária, aprovada por maioria simples, editada pelos legislativos federal, estadual e municipal, dentro de suas competências constitucionais; 4) A lei delegada, que é elaborada e editada pelo Presidente da República, em razão de permissão do Poder Legislativo, nos limites postos por este; 5) As medidas provisórias, que estão na mesma hierarquia da lei ordinária e, embora não sejam leis, têm, desde o momento de sua edição, força de lei. Exigem aprovação do Poder Legislativo (art. 62, CF); 6) O decreto legislativo, que é norma emanada do Poder Legislativo, independendo de sanção, tratando de matéria de exclusiva competência desse Poder de Estado; 7) As resoluções do Senado, as quais têm força de lei ordinária, por serem oriundas de deliberação de uma das Casas do Congresso Nacional sobre assuntos de seu peculiar interesse; 8) Normas subordinadas à lei, que são atos de hierarquia inferior à lei, como decretos, regulamentos, portarias, instruções ministeriais, resoluções do Poder Judiciário, Ministério Público etc. Assim, no Direito brasileiro, a rigor, a fonte primordial é a lei (art. 5.º, II, CF), editada em conformidade com o que dispõem a Constituição Federal e as Constituições dos Estados componentes da federação".[123]

A compreensão do termo *norma legal* – no sentido de *fonte formal por excelência* ou *forma de expressão principal do* Direito – pode ainda ser buscada por critério análogo ao empregado para a identificação do que seja a "lei", para fins de controle de sua constitucionalidade, tanto no sistema *difuso* (CPC, arts. 948-950 e §§) como no *concentrado* (CF, art. 102, I, *a*). Assim a CF, no art. 59, I a VII, traz o rol dos *produtos* resultantes da *atividade legiferante*, mas a melhor compreensão do que seja a "lei", impõe que se tome essa palavra em sentido largo, de modo a abranger, como assinala José Carlos Barbosa Moreira, "o ato *formalmente* legislativo, quer corresponda, quer não, ao conceito de *lei* do ponto de vista *material*".[124] O que, naturalmente,

122. *Teoria pura do Direito*, trad. João Baptista Machado, São Paulo, Martins Fontes, 2012, p. 247.

123. *Súmulas no direito brasileiro* – Eficácia, poder e função cit., 2. ed., p. 78.

124. *Comentários ao Código de Processo Civil*, vol. V, 16. ed., cit., 2012, p. 36.

induz a conclusão de que a *norma legal*, entendida como "fonte formal por excelência" ou "forma de expressão principal do Direito", tanto pode regular matéria de natureza substantiva, envolvendo direitos, como matéria de natureza adjetiva, em que se indique *modo ou forma* de atuação.

Paralelamente à fonte formal ou forma de expressão *principal*, que é a *lei*, no sentido largo antes exposto, temos as fontes formais ou formas de expressão *subsidiárias* ou *secundárias*, elementos que também contribuem para a solução das lides, e isso em duas hipóteses: *a*) quando o próprio ordenamento positivo o autoriza; ou *b*) quando a só utilização do Direito escrito se revela insuficiente para a cabal solução da controvérsia.

São exemplos da hipótese *sub* (a): o art. 108, I, II e III do CTN autoriza, "na ausência de disposição expressa", o uso da *analogia* e dos *princípios gerais*; o parágrafo único do art. 140 do CPC dispõe: "O juiz só decidirá por *equidade* nos casos previstos em lei" (*v.g.*, ação de alimentos: art. 15 da Lei 5.478/68).

São exemplos da hipótese *sub* (b): os procedimentos especiais de jurisdição voluntária, nos quais o julgador está autorizado a se distanciar do critério de legalidade estrita (CPC, parágrafo único do art. 723) e, portanto, pode mesmo valer-se das "regras de experiência comum, subministradas pela observação do que ordinariamente acontece" (CPC, art. 375) e, ainda, nos processos perante os Juizados Especiais para causas cíveis de menor complexidade, onde pode o juiz adotar "em cada caso a decisão que reputar mais justa e equânime, atendendo aos fins sociais da lei e às exigências do bem comum" (art. 6.º da Lei 9.099/95).

Não se pode, contudo, descartar a hipótese de que, tal seja a complexidade ou a singularidade da espécie, ocorra que, mesmo valendo-se da lei e das fontes formais subsidiárias, não consiga o julgador resolver satisfatoriamente o caso concreto. Daí restar um *espaço* para o que se pode chamar de *meios suplementares de integração do* Direito, de que trataremos adiante (*infra*, item 1.5.1).

Sob outro prisma, ainda se poderia fazer apelo ao próprio Direito Natural, no afã do preenchimento das lacunas legais, como sugeriu François Gény.[125] A propósito, diz Miguel Reale: "Ao lado das fontes formais, que são nítidas e de caráter determinado, coloca-se, para empregarmos expressões características do mestre de Nancy, 'uma fonte superior, menos límpida, mas, mais plena, onde deverão ser buscadas as soluções exigidas por uma ordem jurídica completa: É o Direito Natural ou Objetivo, revelado pela

---

125. Cf. suas obras clássicas, *Méthode d' interprétation et sources en droit privé positif*, 2. ed., Paris, 1932, e *Science et technique en droit privé positif*, Paris, 1922-1924, *passim*.

consciência, afinado pela razão, o qual intervém constantemente, sem ciência daqueles mesmos que o empregaram, na elaboração progressiva do Direito Positivo'".[126]

2) *Fontes substanciais ou materiais* são os dados de caráter ético, sociológico, político, histórico, econômico, cultural, estético, que, num determinado momento, informam, justificam e mesmo legitimam o ato de criação das normas legais (*ex facto oritur jus*), levando o legislador a recepcioná-los como socialmente relevantes, por modo a assim lhes atribuir um específico valor jurídico (*fato + valor = norma*, na conhecida formulação de Miguel Reale). São exemplos: O fenômeno inflacionário, que, visto sob o prisma do Direito, ensejou o instituto da *correção monetária* e, até mesmo, a distinção entre dívidas de valor e dívidas de dinheiro; a preservação dos bens de real valor histórico ou arquitetônico, que, no ambiente jurídico, resolveu-se no instituto do tombamento administrativo; a *litigiosidade contida*,[127] detectada em expressiva parcela da população, desprovida de *efetivo* acesso à Justiça, fenômeno que acabou ensejando a criação dos Juizados Especiais para as causas cíveis de menor complexidade e infrações penais de menor potencial ofensivo (CF, art. 98, I; Lei 9.099/95); os relacionamentos pessoais constituídos fora do padrão do matrimônio tradicional, que acabaram levando ao reconhecimento da "união estável entre o homem e a mulher como entidade familiar" (CF, art. 226, § 3.º; CCi., art. 1.723 e §§).

Na visão de Miguel Reale, o *fato* "que condiciona o aparecimento de uma norma jurídica particular nunca é um acontecimento isolado, mas, um conjunto de circunstâncias, estando o homem rodeado por uma série de fatores que solicitam sua atenção, provocam sua curiosidade e despertam atitudes de reação ou de aplauso, de simpatia ou de repulsa". Adiante, em sugestiva imagem, o autor esclarece que o *campus nomogenético* vem formado por "um raio luminoso (impulsos e exigências axiológicas) que, incidindo sobre um prisma (o multifacetado domínio dos fatos sociais,

126. *Filosofia do* direito, 5. ed., São Paulo, Saraiva, 1969, vol. 2, p. 381.

127. Discorrendo sobre os Juizados Especiais de Pequenas Causas (à época regulados pela Lei 7.244/84), Kazuo Watanabe indicava, dentre os objetivos ali buscados: "Adotar uma *nova filosofia e estratégia* no tratamento dos conflitos de interesses, canalizando para o Judiciário, que é o *locus* próprio, todos os conflitos, mesmo os de pequena expressão econômica, evitando-se assim a chamada 'litigiosidade contida', reeducando o povo para a defesa de seus direitos, induzindo o cumprimento espontâneo das normas jurídicas, devolvendo à ordem jurídica a vitalidade necessária e fazendo o Judiciário ocupar todo o espaço político-institucional que lhe cabe" (Prefácio à obra *Manual das pequenas causas,* de Cândido Rangel Dinamarco, São Paulo: RT, 1986).

econômicos, técnicos etc.), se refracta em um leque de 'normas possíveis', uma das quais apenas se converterá em 'norma jurídica', dada a interferência do Poder".[128]

Esse processo pelo qual os fenômenos sociais induzem a elaboração da norma pode ser visto sob diversos prismas. André Franco Montoro anota duas fontes materiais: "1) A realidade social ou os dados de fato, que contribuem para a formação do direito (elemento sociológico); 2) Os valores, que o direito procura realizar, sintetizados no conceito de justiça (elemento axiológico)". Dentre os fatores que compõem aquela realidade social, o autor enumera os dados econômico, religioso, moral, político e natural. Já no que concerne à valoração jurídica, o autor sobreleva o fator *justiça*, citando Gény: "No fundo, o direito não encontra seu conteúdo próprio e específico, senão no conceito primário e fundamental de *justo*".[129] A seu turno, Francisco Gerson Marques de Lima distingue as fontes formais das materiais, nisso que, por aquelas, consideram-se "as formas pelas quais o Direito se manifesta, e as últimas conotando os fatos e fenômenos sociais da formulação jurídica, isto é, a *força viva* da sociedade, que faz e modifica o Direito. Exemplo máximo das primeiras é a lei; e das últimas as revoluções e outros movimentos do seio comunitário".[130]

O Direito Positivo se expressa e evolui tanto ao *reconhecer* a relevância de certos *fatos* ocorrentes na vida em sociedade como ao *recepcionar* os *novos valores e interesses* emergentes na comunidade. Assim é que o Direito: prestigia a natural percepção subjetiva dos fatos da vida, ao autorizar o julgador a levar na devida conta "as regras da experiência comum, subministradas pela observação do que ordinariamente acontece" (CPC, art. 375); dá o devido valor às ocorrências do plano fático, ao permitir a conversão da posse em domínio, pela usucapião (CCi, arts. 1.238, 1.239); prioriza o *justo*, assim ao autorizar a decisão judicial por equidade (CPC, parágrafo único do art. 140), como ao liberar o magistrado, em certos casos, do jugo da legalidade estrita (CPC, parágrafo único do art. 723); recepciona novas realidades, ao outorgar tutela judicial para "outros interesses difusos e coletivos" (CF, art. 129, III; Lei Federal 7.347/85, art. 1.º, IV); leva em conta os impulsos naturais do ser humano, quando legitima o ato de desforço pessoal em defesa da posse (CCi, art. 1.210, § 1.º); *jurisdiciza* certos fenômenos naturais, como

128. *Filosofia do direito* cit., vol. 2, p. 485.

129. Fontes do direito em suas modalidades fundamentais, *Revista de Informação Legislativa*, Senado Federal, n. 38, jan.-mar. 1972, p. 76 *et seq.*

130. A jurisprudência como fonte do direito, *Revista Nomos*, vol. 11-12, p. 250.

a aluvião (Dec. 24.643/34 – Código de Águas, art. 16 e s.) ou mesmo certas circunstâncias fáticas eximentes de responsabilidade, tais o caso fortuito e a força maior (CCi, art. 393).

Esses exemplos atestam o reconhecimento, pelo próprio Direito Objetivo, de que a realidade *positivada* nas normas *não esgota o rol das ocorrências socialmente relevantes*, nem tampouco dos valores e interesses legítimos, razão pela qual a uns e outros vem oferecido o devido *momento judicial*. Prova disso é a admissão em juízo de certos valores concernentes a sujeitos *absolutamente indeterminados*, como se dá com os interesses *difusos* (CDC, art. 81, parágrafo único, I), de que é um bom exemplo o *meio ambiente*, considerado bem de uso comum do povo (CF, art. 225, *caput*), tutelável tanto mediante a ação popular (CF, art. 5.º, LXXIII; Lei 4.717/65, art. 1.º) como pela ação civil pública (CF, art. 129, III; Lei 7.347/85, art. 1.º, I).

Aliás, os insumos que informam a criação da norma – os dados político, social, econômico, jurídico – não desaparecem, mas continuam latentes após a norma se positivar no ordenamento, e por isso aqueles elementos permitem ou reclamam *avaliação continuada*, em ordem a saber quanto à sua permanência e atualidade, do que é exemplo a exigência da *repercussão geral da questão constitucional* na admissibilidade do recurso extraordinário (CF, § 3.º do art. 102, devendo aquela repercussão geral ser avaliada *in concreto*, à vista da "existência ou não de questões relevantes do ponto de vista econômico, político, social ou jurídico, que ultrapassem os interesses subjetivos do processo" (CPC, § 1.º do art. 1.035). Algo semelhante se passa com a exigência da "*transcendência com relação aos reflexos gerais de natureza econômica, política, social ou jurídica*", para admissão do recurso de revista ao TST (CLT, art. 896-A e § 1º, este último acrescido pela Lei 13.467/2017).

De outra parte, no propósito de colmatar, ou ao menos implementar a *presumida plenitude* da ordem normativa, o Direito recepciona certas realidades ou valores de conteúdo um tanto vago ou impreciso, permitindo que seu vero significado seja identificado *in concreto*, como se dá com os chamados *conceitos jurídicos vagos ou indeterminados*, de que é exemplo a própria expressão "interesse público".

No ponto, reportando-se à doutrina de Alberto G. Spota (*O juiz, o advogado e a formação do direito através da jurisprudência*) e de Juvêncio Gomes Garcia (*A função criadora do juiz*), aduz Marco Antonio Botto Muscari: "Atualmente, mais e mais o legislador se vale de *standards jurídicos*, tipos abertos que reclamam intensa atividade do órgão jurisdicional, com o fito de preenchê-los, para só então chegar-se à norma concreta. Referimo-nos a 'bons costumes', 'bem comum', 'interesse público', 'boa-fé', 'repouso noturno' e 'ruído excessivo', entre outros".[131]

Nesse rol de termos *vagos ou indeterminados* poderia, em princípio, ser inserida a própria expressão "jurisprudência dominante"; todavia, com algum esforço e habilidade é possível alcançar uma razoável compreensão de seu conteúdo, como o fez a Min. Fátima Nancy Andrighi, do STJ: "Consultando o significado do verbete 'dominante' na 2.a edição do *Novo dicionário Aurélio da língua portuguesa*, verificamos ser aquele o 'que domina, prepondera, influi; que é mais geral, mais difundido: predominante', não havendo, assim, como prosperar a alegação dos agravantes de que é impossível se chegar a um consenso a respeito dos limites da definição do que venha a ser jurisprudência dominante. Esta é a que predomina, não tendo de ser necessariamente uníssona (...)".[132] Em sede doutrinária, Luiz Guilherme Marinoni, comentando o art. 557, *caput*, do CPC/73 (correspondente ao art. 932, IV, *a* do vigente CPC), distinguia entre as jurisprudências *dominante* e *pacífica*: esta última "é aquela que não encontra oposição séria dentro do Tribunal em que formada. Normalmente acaba enunciada sob a forma de súmula. Jurisprudência dominante é aquela que predomina na orientação da Corte, ainda que exista outra orientação igualmente ponderável em contrário". [133]

A seu turno, José Carlos Barbosa Moreira, avaliando os *prós e contras* das Súmulas (*vinculante*, do STF; *impeditiva de recursos*, à época cogitada para o STJ), questiona se é "realmente desejável que um órgão superior fixe o entendimento a ser adotado de maneira uniforme pelos outros órgãos judiciais na aplicação deste ou daquele texto legal. De certas normas todos reconhecem com facilidade que devem ser aplicadas do mesmo modo em todo o território nacional; entre elas, sem dúvida, em linha de princípio, as normas constitucionais. Já com relação a outras pode mostrar-se mais aconselhável dar espaço a porção menor ou maior de flexibilidade interpretativa, capaz de levar em conta variáveis regionais ou locais, a cuja luz também se justifique uma variação nas soluções. É o que sucede, por exemplo, com disposições legais que se valham de conceitos jurídicos indeterminados –

131. *Súmula vinculante* cit., 1999, p. 22.

132. AgRegAgIn 269.928-MG, j. 02.03.2000, *DJU* 27.03.2000. *Apud* Luiz Manoel Gomes Júnior, Anotações sobre a nova fase da reforma processual do CPC – Âmbito recursal. *In* Nelson Nery Júnior, e Teresa Arruda Alvim Wambier (coords.), *Aspectos polêmicos e atuais dos recursos cíveis e de outras formas de impugnação às decisões judiciais*, São Paulo: RT, 2000, p. 650.

133. *Código de Processo Civil comentado artigo por artigo*, 2. ed., São Paulo: RT, 2010, nota n. 5 ao art. 557, p. 589.

como 'bons costumes', 'conduta desonrosa', 'elevado valor' e outros cuja concretização se sujeite à influência de fatores culturais dificilmente redutíveis à uniformidade, sobretudo em país com as dimensões e as desigualdades do nosso".[134] De todo modo, impende ter presente que o vigente CPC considera *não fundamentada* (e, pois, *nula*: CF, art. 93, IX) a decisão judicial que "empregar conceitos jurídicos indeterminados, sem explicar o motivo concreto de sua incidência no caso" – art. 489, § 1º, II.

Se, doutrinariamente, pode ser questionada a configuração da jurisprudência como fonte formal do Direito,[135] não há como negar que ela, quando menos, vem *completar* a eficácia jurídica e social da norma, já que esta existe para operar nos casos concretos e essa aplicação prática pressupõe a *prévia interpretação* da norma, pelos Tribunais. Essa integração Judiciário-Legislativo fica evidente no controle de constitucionalidade, no qual uma norma legal, perfeita e acabada, pode ainda comportar um posterior *momento judicial*, desenvolvido na aferição, pelo STF, quanto à sua conformidade ou não em face da Carta Magna (CF, art. 102, § 2.º). E mais: pode ainda o STF fixar o termo inicial da eficácia (e, com isso, do efeito vinculante) de seus comandos no controle de constitucionalidade (Lei 9.868/99, art. 27; Lei 9.882/99, art. 11), levando a que Manoel Gonçalves Ferreira Filho reconheça a conversão do STF numa "terceira Câmara Legislativa",[136] tal o alargamento de suas atribuições, desde a EC 3/93, passando pelas leis suprarreferidas, e, depois, com a EC 45/2004.

Exemplo eloquente do antes afirmado está na *exceção de pré-executividade* prevista no § 12 do art. 525, c/c § 1º, III do CPC (impugnação ofertada pelo executado, ao argumento da inexigibilidade do título judicial, porque "fundado em lei ou ato normativo considerado inconstitucional pelo Supremo Tribunal Federal ou fundado em aplicação ou interpretação da lei ou do ato normativo tido pelo Supremo Tribunal Federal como incompatível com a Constituição Federal, em controle de constitucionalidade concentrado ou difuso"), notando-se, aí que, por força da intervenção do Tribunal que é o guardião da Constituição, um título judicial exequendo perde sua exigibilidade, por se ter fundado numa lei ou ato normativo a que o STF negou conformidade com o texto constitucional.

---

134. Súmula, Jurisprudência, Precedente: uma escalada e seus riscos, *Revista Dialética de Direito Processual*, n. 27, jun. 2005, p. 58.

135. Montesquieu afirmara que os juízes eram "apenas a boca que pronuncia as palavras da lei; seres inanimados que não lhe podem moderar nem a força, nem o rigor". (*O espírito das leis*, São Paulo, Saraiva, 1996, Livro 11, cap. VI).

136. O sistema constitucional brasileiro e as recentes inovações no controle de constitucionalidade, *RDA* n. 220, p. 1 a 17, *passim*.

Numa palavra, se a relação entre lei e jurisprudência não é de *integral imanência*, o é, porém, inegavelmente, em termos de *aperfeiçoamento e complementaridade*. Ou, como aduz Nelson de Souza Sampaio: "Por mais minuciosa que seja a norma legislada que o juiz deve aplicar, ela não poderia predeterminar todo o conteúdo da decisão judicial. A norma geral deixa sempre uma margem para o ato de criação do juiz ao estabelecer a norma individual ou aplicável ao caso concreto".[137]

Dessa *função criadora* da jurisprudência Marco Antonio Botto Muscari encontrara um exemplo na execução provisória dos julgados, mediante caução (CPC/73, art. 475-O, III, correspondente ao art. 520, IV, do vigente CPC): "A jurisprudência, todavia, entende que a caução só deve ser prestada quando o executado correr risco de perda da posse ou domínio de bens. Assim admitem-se penhora e avaliação do acervo bonitário, sem que se exija do exequente a garantia. Mais uma vez, quem se debruçasse apenas sobre o texto legal poderia supor que, para a instauração da execução provisória, o credor sempre e sempre teria de prestar caução idônea, quando não é essa a prática consagrada nos tribunais...".[138] Em senso consonante, já agora em face do art. 520, III, do vigente CPC, Nelson Nery Júnior e Rosa Maria de Andrade Nery afirmam: "A caução tem de ser *suficiente* (bastante pra preservar os direitos do executado de eventual insucesso do exequente quanto ao recurso pendente) e *idônea* (capaz de assegurar o risco da provisoriedade da execução)". [139]

Note-se, ainda, que, no contraste entre as eficácias da lei e da súmula vinculante do STF destacam-se, dentre outras particularidades, *um núcleo comum e uma diferença específica*: o traço aglutinador reside em que ambas as normações preordenam-se a operar em modo *geral, abstrato e impessoal*; já o discrímen fica por conta de uma certa prevalência ou vantagem em prol da norma legal, na medida em que a súmula vinculante é que deve postar-se *secundum* ou ao menos *praeter legem*, e não o contrário: daí dispor o art. 5.º da Lei 11.417/2006: "Revogada ou modificada a lei em que se fundou a edição de enunciado de súmula vinculante, o Supremo Tribunal Federal, de ofício ou por provocação, procederá à sua revisão ou cancelamento, conforme o caso". Tenha-se ainda presente que a súmula vinculante *não é autopoietica*, isto é, não lhe basta uma singela *deliberação* do STF em normatizar dada

137. O Supremo Tribunal Federal e a nova fisionomia do Judiciário, *RDP* 75/9.

138. *Súmula vinculante* cit., p. 26. A propósito, o autor refere arestos constantes do *Boletim AASP* 1.924/357 e *RT* 720/258, este último do STJ.

139. *Comentários ao Código de Processo Civil...*, 2015, cit., nota nº 7 ao art. 520, p. 1.282.

matéria (o que acabaria por converter a Corte num legislador *positivo*), mas, antes, tal enunciado vinculativo só se legitima na medida em que representa o extrato de um entendimento bastante assentado, "após reiteradas decisões sobre matéria constitucional" (*caput* do art. 103-A da CF). Portanto, em todo esse processo, a norma é o *prius* e a súmula vinculante o *posterius*.

1.5.1 E os meios suplementares de integração do Direito

Como o próprio nome indica, meios de integração da norma são as categorias jurídicas credenciadas ao preenchimento de certos vazios (lacunas) que o ordenamento positivo apresenta, do fato mesmo de o processo de formação da norma (*nomogênese*) pressupor um certo grau de *abstração* do que se passa na realidade objetiva, fenomenológica, de tal arte que apenas *alguns* aspectos, ou pontos mais significativos, é que são captados e depois *positivados*, ficando os demais elementos numa sorte de *zona de penumbra*, ao redor do núcleo essencial, normatizado, para oportuno e eventual aproveitamento (é o caso, *v.g.*, dos interesses legítimos ou direitos reflexamente protegidos).

Tal constatação serve para evidenciar que a afirmada "plenitude ou completude da ordem jurídica" na verdade é uma singela *presunção relativa*, dada a autorização, no próprio Direito Positivo, para o uso de mecanismos para *preenchimento* dos vácuos normativos, o que implica num reconhecimento *oficial* de que o ordenamento não consegue empolgar toda a massa de interesses e valores merecedores de tutela (situações ditas de *norma necessitada*), ainda mais na sociedade contemporânea, caracterizada pela volatilidade, massificação e crescente competitividade e contenciosidade.

As ocorrências *não juridicizadas* têm diversa origem, como se dá com certas controvérsias contratuais insuspeitadas pelo legislador, por exemplo, saber se certa obrigação, tipificada como própria do locatário, deve se estender ao sublocatário; ou podem referir-se a fatos que eram imprevisíveis ao tempo da edição da norma, como o recrudescimento da espiral inflacionária, ou certos avanços científicos e tecnológicos, como as experiências com a reprodução genética de indivíduos (*clonagem*); ou ainda podem surgir conflitos sociais antes desconhecidos, como hoje se verifica com as chamadas ocupações de áreas rurais pelos grupos ditos "sem terra". Tomando este último exemplo, hoje se constata que os remédios tradicionalmente previstos para as moléstias possessórias, mormente a reintegração de posse (CPC, arts. 560-564 e parágrafo único), já não atendem satisfatoriamente às ocorrências *multitudinárias* ocorrentes em certas áreas rurais, donde o próprio CPC albergar uma *modalidade diferenciada* de reintegração, apropriada ao *litígio coletivo pela posse ou propriedade de imóvel*, a qual consente um contraditório ampliado, inclusive com audiência de mediação para o caso de a liminar não ter sido executada em um ano (art. 565 e §§).

Dada a indeclinabilidade da prestação jurisdicional, e constatada a lacuna do Direito Positivo na espécie (o que se pode configurar até pela insuficiência ou defasagem da disciplina legal sobre dada matéria), o julgador é autorizado a lançar mão dos *meios de integração* ou *formas de expressão secundárias* (princípios gerais, analogia, costume, equidade, regras de experiência). Porém, na sociedade contemporânea é tal a complexidade das relações interpessoais e dos conflitos envolvendo o Estado e o indivíduo, que ainda *sobra espaço* para que o operador do Direito deva lançar mão de *outros elementos exegéticos* para colmatar as lacunas do Direito Positivo, e assim alcançar a almejada *completude* ou *plenitude* da ordem jurídica.

Referimo-nos ao que se pode chamar *meios suplementares*, a saber, a *doutrina* e a própria *jurisprudência*, ambas tomadas no grau superlativo de suas manifestações (a *doutrina prestigiada*, a *jurisprudência assentada*). No ponto, Rubens Limongi França adverte: "Na verdade, quando se fala em Doutrina, logo se quer referir à doutrina dos mestres da matéria, dos escritores dedicados, dos juristas que primam pelo cuidado e honestidade com que costumam preparar as suas obras". E, quanto à jurisprudência, anota que aquela "que apresente variações e contradições não se considera tal, para os efeitos de constituir uma forma de expressão do Direito Positivo".[140] O que se afina com o ensinamento de Carlos Maximiliano: "Uma decisão isolada não constitui jurisprudência; é mister que se repita, e sem variações de fundo. O precedente, para constituir jurisprudência, deve ser *uniforme e constante*".[141]

O de que se trata, portanto, é da tarefa de *integração* da lei, o que traz à berlinda uma questão prejudicial, consistente em saber o que se deve entender por *lei*, ou seja, se se trata da norma legal, *tout court*, no sentido meramente formal, de "comando genérico, abstrato e impessoal, oriundo do Legislativo", ou no sentido substancial, de "ato estatal, idôneo a alterar o *statu quo*, criando situações jurídicas novas ao interno da coletividade". Uma corrente sustenta que se deve conceber a lei em seu sentido mais largo, consentâneo com a essência do objeto definido; nesse sentido, afirma Arnaldo Vasconcellos: "Na verdade, quando se diz 'lei', pressupõe-se o 'costume', ou pelo menos o 'uso', que a exigiu e a embasa: a 'doutrina', que a inspira e a formula com antecedência, dimensionando-a segundo os 'princípios gerais de Direito',

140. Verbete cit., *Repertório enciclopédico do* direito *brasileiro* cit., p. 287 e 288.

141. *Hermenêutica e aplicação do direito*, Rio de Janeiro: Forense, 1993, p. 184.

nos quais se inserirá; a 'jurisprudência', que a vivifica, fecundando-a com as ideias das novas doutrinas, a fim de compatibilizá-la com as exigências do progresso social; a noção de justiça, que é o fim colimado. E, antes de tudo, a imagem do poder social, que a sustenta, legitimando-a. Só nesse contexto pode o conceito de lei adquirir concreção".[142]

Outra corrente entende que a *lei* deve ser compreendida em acepção restrita, dizendo Eduardo Domingos Botallo que aquela palavra se restringe ao "ato emanado dos órgãos legislativos próprios ou do Executivo investido de competência legislativa. São tais atos, dentro dos quadros de nosso Direito Positivo, os únicos dotados da habilidade de inovar a ordem jurídica, obrigando alguém a fazer ou deixar de fazer alguma coisa".[143]

Esta concepção mais restritiva da palavra *lei* parece estar mais consonante com o nosso modelo jurídico-político, onde a fonte primordial das obrigações é a *norma legal* (CF, art. 5.º, II) e, bem assim, guarda sintonia com o contexto da família jurídica romano-germânica, de base codicística, à qual se filia o Direito pátrio. Verdade que, como obtempera Pedro Lenza, o *princípio da legalidade* (CF, art. 5.º, II) "deve ser lido de forma diferente para o *particular* e para a *administração*. Vejamos: No âmbito das *relações particulares*, pode-se fazer tudo o que a lei não proíbe, vigorando o princípio da *autonomia da vontade*, lembrando a possibilidade de ponderação desse valor com o da *dignidade da pessoa humana* e, assim, a aplicação horizontal dos direitos fundamentais nas relações entre particulares (...). Já em relação à *administração*, ela só poderá fazer o que a lei permitir. Deve andar 'nos trilhos da lei', corroborando a máxima do direito inglês: *rule of law, not of men*. Trata-se do *princípio da legalidade estrita*, que, por seu turno, não é absoluto! Existem algumas restrições, como as medidas provisórias, o estado de defesa e o estado de sítio (...)".[144] Justamente por isso, o juiz está adstrito ao princípio da *legalidade estrita, cabendo-lhe, em caso de lacuna do ordenamento, preenchê-la com os elementos de integração que o próprio Direito credencia* (Lei de Introdução às normas do Direito Brasileiro, art. 4º: Dec. Lei 4.657/1942, cf. Lei 12.376/2010; CPC, art. 140 e parágrafo único).

De sorte que, à parte as *fontes substanciais*, que dão sustentação *fática* ao plano normativo (valores, interesses sócio-político-econômico-jurídicos

142. Sobre a jurisprudência cit., *Revista da Faculdade de Direito da Universidade do Ceará*, n. XXIX/2, p. 145.

143. A natureza normativa das Súmulas do STF, segundo as concepções de direito e de norma de Kelsen, Ross, Hart e Miguel Reale, *Revista de Direito Público*, n. 29, p. 17.

144. *Direito Constitucional esquematizado*, 17. ed., São Paulo: Saraiva, 2013, p. 1050.

ocorrentes numa dada sociedade), parece-nos válida esta distinção tripartite entre as *formas de expressão* do Direito: **1**) "lei", enquanto fonte formal, *principal*, de nosso Direito Positivo; **2**) analogia, equidade, princípios gerais, costumes, regras de experiência, enquanto meios integrativos ou fontes formais *secundárias;* **3**) doutrina e jurisprudência, como meios exegéticos *suplementares*, operando no sentido de se alcançar a desejável *completude da ordem jurídica.*

Dentre estes dois últimos meios exegéticos suplementares, a doutrina – sem embargo de sua relevância para o esclarecimento dos textos legais, e mesmo como importante vetor para as proposições *de lege ferenda* –, deriva do ofício particular dos jurisconsultos, assim revestindo-se de caráter *opinativo*, desprovida, pois, da impositividade que caracteriza o produto final do braço judiciário do Estado, isto é, a jurisprudência. Embora em certa fase do Direito Romano a doutrina, como resultado do *ius respondendi*, desfrutasse até de força obrigatória, fato é que, na atualidade, a doutrina, por mais abalizada, não pode ser alçada à condição de fonte ou forma de expressão do Direito Positivo. E isso sem embargo de que do labor doutrinário costumam derivar, como anota André Franco Montoro, "inúmeras disposições de lei e a inspiração de julgados que inovam e aperfeiçoam o direito, na sua perpétua procura da justiça. É o caso das teorias da imprevisão, do abuso de direito, do direito social e de muitas outras que tiveram papel decisivo nas transformações do direito moderno".[145] (Podem ainda ser lembradas outras contribuições doutrinárias que acabaram inspirando disposições legais, tais o *direito à não surpresa* (CPC, art. 10); a *exceção de pré-executividade* (CPC, art. 525, § 12).

Já a *jurisprudência*, tomada no sentido de "coleção sistemática e consonante de acórdãos de um Tribunal ou de uma *Justiça*, sobre um mesmo tema", representa a modalidade otimizada do produto final da atividade judiciária, e, assim, seria um ilogismo alçá-la à condição de *fonte*, visto ser esta última palavra naturalmente reportada à *origem* do objeto investigado.

Parece mais apropriado enquadrar a jurisprudência como meio *suplementar* de integração do Direito, porque ela deriva da atividade de subsunção de cada fato concreto às normas de regência, e assim carece do trinômio *generalidade-impessoalidade-abstração*, que caracteriza a norma legal. Nesse sentido, Rubens Limongi França, ao resenhar os argumentos postos por François Gény contra a possibilidade de a jurisprudência constituir-se em

145. Fontes do direito em suas modalidades fundamentais, *Revista de Informação Legislativa*, Senado Federal, n. 38, p. 72, 1972.

costume *sui generis* ou fonte formal do Direito, pondera: "do momento em que se erigisse a jurisprudência em fonte formal positiva, ela continuaria sujeita a variações e contradições, sem oferecer, por sua constituição mesma, as garantias necessárias a toda criação jurídica".[146]

Não se pode olvidar que o Direito se compõe de normas de conduta, cujo diferencial, em face das normas da *Moral*, está na coercitividade, na sanção, ou seja, no poder de exigir, subsídios esses que conferem o quesito da *atributividade* à norma legal. No caso da jurisprudência, faltam-lhe aqueles atributos, e por isso um acórdão, após ter operado sua função precípua de resolver o caso concreto, apenas servirá, ao se somar aos demais arestos em igual sentido, para atuar como meio *suplementar* de integração do Direito, sinalizando um paradigma para a resolução de outros casos análogos, pendentes ou futuros. É nesses moldes que a jurisprudência contribui para uma resposta judiciária de melhor qualidade; e, naturalmente, quando potencializada, por se apresentar dominante ou estar sumulada, passa a projetar efeitos panprocessuais, parametrizando o deslinde dos demais casos subsumidos ao seu enunciado.

A outro ângulo, considere-se que a jurisprudência se origina de decisões em casos *concretos*, cujos efeitos, ao menos no plano da jurisdição singular, se circunscrevem às *partes*. Pode ela, porém, – e em certos casos até *deve* – operar como paradigma para a solução dos casos afins, quando se apresente qualificada como representativa de uma exegese predominante e assentada, como se dá com as súmula*s* (CPC, art. 332, I e IV; 932, IV, *a*). Nesse sentido, compreende-se o disposto no § 4º do art. 102 do RISTF: "A citação da Súmula pelo número correspondente dispensará, perante o Tribunal, a referência a outros julgados no mesmo sentido", dispositivo igualmente constante do RISTJ, art. 124.

Em que pese a prevalência, entre nós, da norma, como fonte de obrigações e parâmetro geral, abstrato e impessoal, hoje já é inegável o progresso da jurisprudência assentada, que vai, *gradativamente,* galgando foros de *padrão decisório* para solução dos casos subsumidos em seus enunciados: *i)* o "relator poderá julgar de plano o *conflito de competência quando sua decisão se fundar em: I – súmula do Supremo Tribunal Federal, do Superior Tribunal de Justiça ou do próprio tribunal" (CPC, art. 955, parágrafo único, I), assim como pode* o relator "negar provimento a recurso que for contrário a súmula do Supremo Tribunal Federal ou do Superior Tribunal de Justiça" (CPC, art. 932, IV, *a*); *ii)* nas *arguições incidentais de inconstitucionalidade* fica dispensada a suspensão do julgamento para remessa do processo ao Pleno ou ao Órgão Especial [*re-*

146. Verbete cit., *Repertório enciclopédico do direito brasileiro,* p. 286.

serva de plenário: CF, art. 97] "quando já houver pronunciamento destes ou do plenário do Supremo Tribunal Federal sobre a questão"" (CPC, § único do art. 949); *iii*) em primeiro grau, o juiz está autorizado a julgar "*liminarmente improcedente* o pedido que contrariar: enunciado de súmula do Supremo Tribunal Federal ou do Superior Tribunal de Justiça", ou ainda "enunciado de súmula de tribunal de justiça sobre direito local" (CPC, art. 332, I e IV).

Vai assim a jurisprudência passando por um processo de *mutação*, em sua natureza e eficácia, galgando, paulatinamente, foro de *parâmetro vinculativo*, em contraste com o que antes se passava, quando sua força era eminentemente *persuasiva*, destinando-se a influir, juntamente com os demais elementos de convicção, no espírito do julgador. Essa diferença fica visível à leitura dos textos que, anteriormente, trataram da jurisprudência, como anota Rubem Nogueira, para quem "esse Direito emanado das sentenças tem valor *persuasivo*, maior ou menor, na medida do prestígio jurídico de que desfrutem os juízes ou Tribunais de onde ele procede".[147] Já Vicente Ráo doutrinava que "a lei surge como fonte direta e imediata do Direito, seguindo-se, com caráter imediato e direto, o costume. Além dessas, nenhuma outra fonte pode admitir-se, nem mesmo a jurisprudência, isto é, a *auctoritas rerum similiter judicatarum,* porque, por maior que seja a influência dos precedentes judiciais, jamais eles adquirem o valor de uma norma obrigatória e universal, podendo, quando muito, propiciar reformas ou inovações legislativas, como também pode fazer a ciência jurídica".[148]

A propósito, Eduardo Domingos Botallo lembrava interessante exemplo: "O CTN, ao arrolar as fontes do Direito Tributário, ao mesmo tempo em que erige decisões e atos administrativos reiterados em *normas complementares* das leis, tratados e convenções internacionais e decretos que versem tributos e relações jurídicas a eles pertinentes, nenhuma alusão faz à jurisprudência, marginalizando-a por completo desse contexto".[149]

Naturalmente, tudo depende da visão – mais ampla ou mais restrita – do que se entenda por *ordenamento jurídico*, parecendo a Miguel Reale, por exemplo, que naquela expressão estão abrangidos outros elementos da nomogênese, inclusive

147. Desempenho normativo da jurisprudência do STF, *RT* n. 448, p. 24.

148. *O direito e a vida dos direitos*, São Paulo, Max Limonad, 1952, p. 303.

149. A natureza normativa das Súmulas do STF, segundo as concepções de direito e de norma de Kelsen, Ross, Hart e Miguel Reale cit., *RDP* n. 29, p. 18. (Na lacuna da lei tributária, é autorizada a utilização, subsidiária e sucessiva, destes meios de integração: analogia, princípios gerais de direito tributário; princípios gerais de direito público; equidade – CTN, art. 108, I a IV).

a *fonte jurisdicional*.[150] Todavia, para os fins a que nos propomos neste trabalho, é conveniente manter a higidez dos conceitos, assim distinguindo, como vimos fazendo, entre fontes *substanciais* e *formais* (principal e secundárias), e, por fim, os *meios exegéticos suplementares*, onde se aninha a jurisprudência.

E assim a jurisprudência, enquanto *modalidade otimizada do produto final do braço judiciário do Estado*, apesar da sua crescente importância na *praxis* forense, não se constitui (ainda) numa verdadeira fonte formal do direito (= causa eficiente de conduta obrigatória e geral; comando abstrato para fazer ou não fazer), nem vem prevista dentre as fontes formais secundárias (como se dá, *v.g.*, com a equidade – CPC, parágrafo único do art. 140), sem embargo de o art. 8.º da CLT autorizar o seu emprego, no plano subsidiário. A jurisprudência, tanto quanto a doutrina, resultam do labor interpretativo dos profissionais do direito, acerca dos textos legais, mas aí cessa a semelhança entre ambas: a doutrina tem caráter opinativo-teórico sobre as *quaestiones iuris*, tanto podendo expressar posição isolada como vir inserida em corrente majoritária *(communis opinio doctorum)*; de todo modo, a divergência *doutrinária*, *de per si*, não basta para embasar recurso judicial ou fundamentar rescisão de julgado.

Já a jurisprudência, enquanto coleção de acórdãos reiterados e consonantes sobre um mesmo assunto, num dado Tribunal ou numa mesma Justiça, é constituída de atos decisórios praticados por órgãos jurisdicionais, os quais incidiram sobre *casos concretos*. Assim, compreende-se que a eventual divergência jurisprudencial apresenta um *plus* na comparação com o dissídio doutrinário, seja por ensejar o manejo de certos recursos fundados no dissídio pretoriano (*v.g.*, embargos de divergência – CPC, arts. 1.043, 1.044; recurso especial pela alínea *c* do art. 105, III, da CF; recurso de revista ao TST: art. 896, *a* e *b*), seja ao autorizar certas decisões monocráticas fundadas no precedente judiciário já assentado (CPC, art. 932, IV, *a*).

Observe-se que no caso de a interpretação feita pelo julgador ter sido claramente *contra legem*, a decisão de mérito sujeita-se a ser *rescindida* (CPC, art. 966, V), o que reforça a concepção da resposta judiciária como *ato estatal*,

150. "Concluo, em suma, dizendo que, em sentido técnico, ordenamento jurídico é apenas aquele componente da experiência jurídica que se põe e evolui como conteúdo das fontes que diretamente se subsumem ao poder estatal, quer em razão de atos originários estatais (fontes legislativa e jurisdicional), quer derivadamente em virtude de atos, cuja autonomia normativa é reconhecida com validade jurídica própria (fontes costumeira e negocial)". *Fontes e modelos do direito para um novo paradigma hermenêutico*, São Paulo, Saraiva, 1994, p. 90.

condicionado, pois, ao *princípio da legalidade*. Cândido Rangel Dinamarco bem elaborou trais precisões, anotando que "os alvitres dos doutrinadores ficam nos confins do mero 'conselho', tratando-se de meio acentuadamente moderado de influência, 'privação', ou coerção, ou sanção de qualquer ordem (como a jurisprudência também) e mesmo sem a implícita advertência que as linhas jurisprudenciais trazem consigo, *ratione auctoritatis*".[151] Isso se aplica aos *pareceres jurídicos*, assim aqueles produzidos por um jurista em atendimento a uma consulta, como aos apresentados por um advogado do setor público, quando, por exemplo, opina no tocante à contratação direta de profissional notoriamente qualificado. No ponto, decidiu o STF: "É lícito concluir que é abusiva a responsabilização do parecerista à luz de uma alargada relação de causalidade entre seu parecer e o ato administrativo do qual tenha resultado dano ao erário. Salvo demonstração de culpa ou erro grosseiro, submetida às instâncias administrativas ou jurisdicionais próprias, não cabe a responsabilização do advogado público pelo conteúdo de seu parecer de natureza meramente opinativa" (Pleno, MS 24631, rel. Min. Joaquim Barbosa, j. 09.08.2007, *DJUe* 18, div. 31.01.2008, publ. 01.02. 2008).

O dado histórico mostra que, ao longo da experiência jurídica brasileira, não foi sem percalços que a jurisprudência logrou firmar-se e ganhar, senão propriamente *autonomia*, ao menos uma certa concreção, como fenômeno juridicamente relevante. As primeiras manifestações lhe eram desfavoráveis, e mesmo alguns lhe negavam existência própria, como Lafayette Rodrigues Pereira: "Acervo informe de contradições e incoerências, muitas vezes a negação das doutrinas mais conhecidas e dos princípios mais certos, essa coleção de julgados tem todos os defeitos e todas as singularidades das criações, que são, antes, a obra do instinto cego, à mercê de influências acidentais e passageiras, do que o produto da razão humana, iluminada pela ciência e pela discussão".[152] Igualmente, Clóvis Beviláqua se mostrava restritivo no capítulo das fontes do Direito: "Com a sistematização do Direito Civil, porém, no Código em vigor, desde 01.01.1917, o direito legal não tem fontes subsidiárias. O Código Civil é um organismo, um corpo de leis, em que se aglutinam as normas referentes ao direito privado comum".[153]

Mesmo no Direito Comparado não se registra consenso acerca do reconhecimento da jurisprudência como fenômeno jurídico autônomo. Na

151. *A instrumentalidade do processo*, 6. ed., São Paulo, Malheiros, 1998, p. 110.

152. *Direito das cousas*, 2. ed., Rio de Janeiro, Livreiro Jacinto Ribeiro dos Santos, Editor, p. IX (prefácio).

153. *Teoria geral do direito civil*, atualizada por Achiles Bevilaqua e Isaías Bevilaqua, 7. ed., Rio de Janeiro-São Paulo, Francisco Alves, 1955, p. 33.

resenha apresentada por Luís Carlos Bartoletto, são identificadas "cinco correntes de pensamento em relação à Jurisprudência: 1) Orientação Negativista – esta corrente nega totalmente a possibilidade da existência de jurisprudência como forma de expressão do Direito. 2) Orientação Omissa – tem como principal e notável expoente o Código de Napoleão. Nada diz a respeito da Jurisprudência. Em face a esta circunstância de ordem legal, surgiu a opinião de autores, segundo a qual, em não havendo disposição expressa de lei, o juiz, que segundo o art. 4.º do Código não poderia se eximir de julgar, deveria considerar o pedido improcedente. (...) 3) Orientação Parcialmente Negativista – o seu protótipo seria o Código espanhol. Em seu art. 5.º reza que 'as leis só se derrogam por outras leis posteriores e não prevalecerá contra sua observância o desuso, nem o costume ou prática em contrário'. 4) Orientação Positiva – exemplos deste tipo de posição são o Código suíço e o Código Civil soviético que dispõem a respeito da utilização das soluções consagradas pela doutrina e pela Jurisprudência. 5) *Common law* – nela o papel da jurisprudência é muito mais importante e diverso do que no regime da *Civil Law*, pois são os tribunais (o principal órgão prolator das normas gerais obrigatórias) que equilibram as relações jurídicas".[154]

No caso brasileiro, verificaram-se neste século duas tendências ou duas fases no que concerne à recepção da jurisprudência nos lindes do Direito Positivo. Em que pese a nossa primeira Constituição Republicana (1891) ter autorizado os órgãos judiciais a consultarem a jurisprudência dos Tribunais Federais e a dos Estados (art. 59, § 2.º), pode-se dizer que num primeiro momento verificou-se uma postura *omissiva* de nossa legislação a respeito da jurisprudência. Assim é que a antiga Lei de Introdução ao Código Civil (1916) dispunha que, em caso de lacuna, o juiz deveria lançar mão da analogia e dos princípios gerais do Direito (art. 7.º), sendo certo que a subsequente Lei de Introdução (Dec.-lei 4.657, de 04.09.1942) acresceu àquele binômio a possibilidade de utilização dos costumes (art. 4.º), silenciando, todavia, ainda uma vez, quanto à jurisprudência; tampouco a Lei 12.376/2010, que redenominou aquela antiga normação – agora *Lei de Introdução às normas do Direito Brasileiro* – colheu o ensejo para incluir a *jurisprudência* dentre os meios de integração, em caso de lacuna da lei – art. 4.º.

Ante esse contexto, não se pode avançar, *de lege lata*, além do afirmado por Christianne Boulos: "Nos casos em que a lei for omissa, existe a elaboração de verdadeiras normas gerais, que constituem uma espécie de costume

154. Analogia, jurisprudência e princípios gerais do direito cit., *Revista de Direito Civil*, n. 72, abr.-jun. 1995, p. 30.

praeter legem, o qual resulta de um *uso jurisprudencial*, cuja *opinio necessitatis* está nos próprios juízes que as aplicam, e não nos seus destinatários finais".[155]

O segundo momento surgiu ao influxo da criação, em 1963, da "Súmula da Jurisprudência Predominante do Supremo Tribunal Federal", cujo eminente impulsionador foi o Min. Victor Nunes Leal. O direito superveniente acabou chancelando a iniciativa pretoriana: a Constituição Federal de 1967 conferiu ao STF poder para elaborar normas de processo e julgamento dos feitos a ele submetidos (art. 115, parágrafo único, *c*), e o CPC, entrado em vigor em 1974, albergou o *incidente de uniformização de jurisprudência*, como sucedâneo do instituto do *prejulgado*, então previsto no CPC de 1939.

No rito previsto para aquele *incidente*, dispunha-se no art. 479 que, se o Plenário fixar a tese por maioria absoluta, fica autorizada a formulação de Súmula, que "constituirá *precedente* na uniformização da jurisprudência". E, no juízo de admissibilidade dos recursos, podia o relator, em decisão sujeita a agravo, negar seguimento a recurso cuja tese se pusesse "em confronto com Súmula ou com jurisprudência dominante do respectivo tribunal, do Supremo Tribunal Federal, ou de Tribunal Superior" (CPC/73, art. 557, *caput*, *ad instar* do disposto no art. 21, § 1.º, do RISTF, cf. ER 21/2007).

Note-se que se a *jurisprudência* resulta de decisão de mérito do STF no controle direto de constitucionalidade, ela se torna vinculativa e projeta efeitos *erga omnes* para o Executivo e para o próprio Judiciário (CF, art. 102, § 2.º, c/c § único do art. 28 da Lei 9.868/99).

Considere-se ainda o transporte, *in utilibus*, da coisa julgada formada em ação de tipo coletivo, no que aproveite às ações individuais (Lei 8.078/90, arts. 103, § 3.º, e 104, c/c art. 117), em mais um reconhecimento do Direito Positivo acerca da tendência contemporânea ao *aproveitamento máximo* das respostas judiciárias. Tocando nas inovações advindas com o CDC, vale mencionar que, para Cândido Rangel Dinamarco, "o direito brasileiro veio a instituir *uma nova fonte de direito*, o que fez ao disciplinar as sentenças condenatórias genéricas a serem proferidas para a tutela jurisdicional dos titulares de *direitos individuais homogêneos* (CDC, art. 95-97)".[156]

155. A força vinculante da jurisprudência e o papel do juiz no direito brasileiro (pesquisa sob orientação de Carlos Alberto Carmona), *Revista dos Anais do Primeiro Congresso de Iniciação Científica*, USP-FAPESP, São Paulo, Saraiva, dez. 1996, vol. I, p. 291-292.

156. *Fundamentos do processo civil moderno*, 3. ed., t. II, São Paulo, Malheiros, 2000, p. 1.135, itálicos no original.

O que de tudo se colhe é que, se por um lado não caberia falar, propriamente, em "dois tipos de jurisprudência" (já que a função jurisdicional no Brasil é *unitária*), por outro lado, não há negar que já está pavimentado o caminho para o reconhecimento da existência de *graus* de intensidade ou de eficácia da jurisprudência, de sorte que, sob certas condições, ela se apresenta *potencializada* em seus efeitos, tanto em face de cada processo *de per si*, como, principalmente, em sua projeção *panprocessual*.

No ponto, analisa Eduardo de Albuquerque Parente: "A realidade de decisões judiciais potencializadas (vinculantes) autoriza dizer que já existe (decisões do controle direto de constitucionalidade/Súmula vinculante) uma nova fonte do direito. Decisões dotadas de tal *carga* são espontaneamente sucedâneas da produção legislativa, pois justamente vêm com generalidade e impessoalidade, dirigindo-se a casos futuros. Ingressam na realidade jurídica de forma concreta (consequência de um ou vários julgamentos), mas se estabilizam abstratamente. Logo, as decisões vinculantes trazem um novo referencial, naturalmente de ruptura, à concepção anterior. A jurisprudência será dotada, em alguns casos, de elementos que antes não existiam. Com essa feição e nesses estritos casos, passa a ser fonte do direito, como se lei fosse. Decisões dotadas de tal carga de potencialidade são, senão de forma convencional, espontaneamente símiles da produção legislativa. Vindas com os requisitos legislativos de generalidade, impessoalidade e abstração, são fontes do direito".[157]

Nos idos de 1964 esteve em debate um anteprojeto de Lei Geral de Aplicação das Normas Jurídicas, elaborado por Haroldo Valladão. Pelo seu art. 7.º, quando o Plenário do STF interpretasse a lei federal, em três acórdãos consonantes, essa exegese viria fixada em "Resolução que os tribunais e os juízes deverão observar enquanto não modificada segundo o mesmo processo, ou por disposição constitucional ou legal superveniente". A alteração desse assento, esclarecia o parágrafo único, só ocorreria quando para tal ocorressem *razões substanciais*, por proposta de qualquer ministro. Na justificativa do texto alvitrado, seu idealizador sustentava a necessidade dessas Resoluções unificadoras da jurisprudência: sem elas, dizia, "o texto constitucional é um simples saco sem fundo, e em vez de uniformizar a jurisprudência, torna-se inútil, falha espetacularmente, servirá apenas de ponto de apoio para novos e intermináveis recursos extraordinários (...)". A propósito, escrevendo nos idos de 1968, Álvaro Villaça Azevedo anotava: "Pelo Anteprojeto Valladão, as resoluções têm força vinculativa, obrigatória, como os assentos com força de lei implantados pelo

157. *Jurisprudência* – Da divergência à estabilização, São Paulo, Atlas, 2006, p. 10 e 11.

anteprojeto Buzaid, pois baixada uma Resolução pelo Supremo Tribunal, é ele o primeiro que à mesma se submete, depois os tribunais locais e os juízes".[158]

Por um certo tempo ainda sobreviveu a ideia de um novo texto de *Lei Geral de Aplicação das Normas Jurídicas*, esclarecendo Carlos Aurélio Mota de Souza que no modelo excogitado se estabelecia "o dever do juiz decidir, na falta de lei, segundo a analogia, os costumes, a jurisprudência, a doutrina e os princípios gerais do direito; reconhece, portanto, a jurisprudência como fonte do direito, depois dos costumes e antes da doutrina".[159] Em linha de princípio, não se pode descartar que, *de lege ferenda*, a jurisprudência acabe recepcionada dentre as fontes formais subsidiárias (como já ocorre na Justiça do Trabalho – CLT, art. 8.º), notadamente quando venha potencializada nas modalidades *dominante* ou *sumulada*.

A EC 1/69 manteve a competência do STF para indicar os processos em que atuaria, o que, segundo alguns, equivalia a atribuir a essa Corte uma sorte de "poder legiferante paralelo" (art. 119, §§ 1.º e 3.º). Sobrevindo em 1988 a Constituição vigente, porém, aquela fórmula não restou recepcionada, optando-se por posicionar o STF como uma verdadeira Corte Suprema, encarregada de ser a guardiã da Carta Magna, zelando por sua autoridade, validade, inteireza positiva e uniformidade interpretativa (art. 102, *caput* e incisos), repassando-se para o então criado STJ a competência para tudo o mais concernente ao Direito federal infraconstitucional, comum, inclusive para conhecer de recurso especial, fundado em *divergência jurisprudencial* (art. 105, III, *c*). Sem embargo, o STF continuou prestigiando seu direito sumular, editando enunciados que hoje excedem a setecentos,[160] ao passo que as súmulas do STJ estão próximas de seiscentas.[161]

De tudo se dessume que cada vez mais se potencializa a eficácia panprocessual da jurisprudência, que vai assim, gradualmente, operando como elemento de convicção, aparecendo amiúde na fundamentação de sentenças e acórdãos, não raro em maior evidência do que a doutrina e os próprios textos de regência. De sorte que parece não haver demasia em reconhecer que hoje a jurisprudência já está recepcionada como *meio suplementar de*

---

158. Anteprojeto, *Justificação dos textos*, p. 49. *Apud* A. V. Azevedo, Os assentos no direito processual civil, *Revista Justitia*, n. 74, 1971, p. 131-132.

159. Direito judicial, jurisprudencial e sumular cit., *RePro* n. 80, p. 214.

160. V. Roberto Rosas. *Direito sumular*, 11. ed., São Paulo, Malheiros, 2002, onde são comentadas as Súmulas do STF e do STJ.

161. O que bem se compreende, considerando-se a vastidão do direito federal comum, afeto à competência legislativa da União: CF, art 22, I.

integração do Direito, atuando como elemento catalizador e organizador das lides trazidas ao Judiciário, assim permitindo o agrupamento das demandas afins, por modo que todas recebam um tratamento judiciário isonômico, como, aliás, previsto no art. 127 do RISTF: "Podem ser julgados conjuntamente os processos que versarem a mesma questão jurídica, ainda que apresentem peculiaridades". E, no tocante aos recursos extraordinários massivos e repetitivos, o STF "selecionará um ou mais representativos da questão e determinará a devolução dos demais aos tribunais ou turmas de juizado especial de origem, para aplicação dos parágrafos do art. 543-B do Código de Processo Civil" [correspondente ao art. 1.036 e § 1º do CPC vigente]: RISTF, parágrafo único do art. 328, cf. ER n. 21/2007.

A função da jurisprudência mais avulta quando se considera a celeridade com que se vão alterando as fontes substanciais do Direito (dados culturais, econômicos, políticos, sociológicos), tudo a dificultar o acompanhamento *pari passu* por parte da produção legislativa, criando assim *bolsões de vácuo normativo*, engendrando espaço propício à *expansão* da carga eficacial da jurisprudência para além dos lindes propriamente forenses. Exemplo do ora afirmado é o disposto no art. 1.º do Dec. Federal 2.346, de 10.10.1997: "As decisões do Supremo Tribunal Federal que fixem, de forma inequívoca e definitiva, interpretação do texto constitucional *deverão ser uniformemente observadas pela Administração Pública Federal direta e indireta*, obedecidos os procedimentos estabelecidos neste Decreto" (grifamos).

A vida em sociedade é dinâmica, os valores e interesses se alteram, outros se criam, ao passo que o Direito remanesce extratificado em normas. Desse descompasso resultam *bolsões de vácuo normativo*, e é nesse espaço que avulta a importância da jurisprudência como *meio exegético suplementar*, atividade qualificada pelo fato de a jurisprudência contribuir para a aplicação do Direito, em forma isonômica, aos casos análogos, sobretudo quando se apresenta dominante ou sumulada. Como dizia Alfredo Buzaid, "o que constitui verdadeiramente a jurisprudência é a interpretação sucessiva e idêntica da mesma norma jurídica; um caso julgado pode ser antecedente judiciário; não é, contudo, jurisprudência no sentido em que esta palavra é geralmente empregada. A jurisprudência consiste, pois, em uma interpretação constante e uniforme da regra geral".[162]

Em modo consonante, afirmava Victor Nunes Leal: "Os pleitos iguais, dentro de um mesmo contexto social e histórico, não devem ter soluções

162. Prefácio à obra *Uniformização da jurisprudência*, de Sydney Sanches, São Paulo, RT, 1975.

diferentes. A opinião leiga não compreende a contrariedade dos julgados, nem o comércio jurídico a tolera, pelo seu natural anseio de segurança".[163] Daí o importante papel que a jurisprudência pode e deve desempenhar na consecução da verdadeira isonomia, que só é completa quando a igualdade – *abstrata* – de todos perante a lei (CF, art. 5.º, *caput*) toma dimensão *concreta* e se estende à lei interpretada e aplicada pelos órgãos jurisdicionais, ou seja: *isonomia da norma legislada e da norma judicada*.

Evocando Carlos Maximiliano, quando este alertava que "não deve o Juiz com facilidade afastar-se da autoridade dos casos constantemente julgados de modo semelhante", assim pondera Carlos Aurélio Mota de Souza: "Desconhecer o labor jurisprudencial de decisões superiores, e já incorporadas ao universo jurídico, é descartar, *sic et simpliciter*, regras elementares de hermenêutica, que mandam acatar a Jurisprudência evidente, desde que não esparsa ou conflitante".[164] Por essa senda se encaminha o vigente CPC, ao dispor no art. 926, *caput*: "Os tribunais devem uniformizar sua jurisprudência e mantê-la estável, íntegra e coerente", diretriz completada pelo disposto no § 4º do art. 927: "A modificação de enunciado de súmula, de jurisprudência pacifica ou de tese adotada em julgamento de casos repetitivos observará a necessidade de fundamentação adequada e específica, considerando os princípios da segurança jurica, da proteção da confiança e da isonomia", lembrando-se que a expressão "julgamento de casos repetitivos" remete às decisões-quadro emitidas no incidente de resolução de demandas repetitivas (CPC, art. 985 e incisos) e nos recursos especial e extraordinário repetitivos, a teor do art. 928 e incisos do CPC.

Tudo bem ponderado, chega-se à constatação de que, substancialmente, a *ordem jurídica*, como um todo, apresenta-se *unitária*, nesse sentido de que Estado-Legislador e Estado-Julgador se completam, na medida em que a norma apresenta-se como um comando *virtual* enquanto apenas inscrita no ordenamento positivo, ao passo que vem a alcançar seu *ponto ótimo de eficácia* quando aplicada a um caso concreto, ou seja, quando se torna um insumo formador da jurisprudência. É por isso que, *substancialmente*, ao juiz e ao administrador é dado desempenhar a mesma tarefa de *aplicar a lei*; apenas, este último age *de ofício*, e aquele, *quando provocado*, e nos limites da provocação (CPC, arts. 2.º, 490 e 492, *caput*). Bem por isso, a súmula vinculante do STF se aplica não apenas no âmbito dos órgãos judiciais, mas também ao interno da Administração Pública (CF, art. 103-A e § 3.º).

---

163. Atualidade do Supremo Tribunal Federal, *Revista Forense*, n. 208, p. 16, out.-dez. 1964.
164. Direito judicial, jurisprudencial e sumular, *RePro* n. 80, p. 214.

A conjunção *norma legal-comando judicial* foi assim vista por Francesco Carnelutti: "No ponto de vista linguístico, legislação e jurisdição significam substancialmente a mesma coisa: no *ius dicere* resolve-se o *legem ferre*, e vice-versa. Mas os dois nomes diversos exprimem modalidades diversas da actividade jurídica. No fundo, a diferença entre elas é verdadeiramente funcional. A legislação é uma produção do direito *sub especie* normativa, isto é, uma produção de normas jurídicas; poderíamos dizer, uma produção do preceito em série, para casos típicos, não para casos concretos. A jurisdição, pelo contrário, produz preceitos, ministra direito para cada caso singular; ousarei dizer, não trabalha para armazenar, mas por encomenda, sob medida".[165]

Dentre nós, Cândido Rangel Dinamarco, tendo, a princípio, se inclinado pela concepção dualista do Direito ("o intérprete já encontra uma norma concreta consumada e a sua atividade é meramente recognitiva"),[166] posteriormente, veio a obtemperar que essa visão comporta "diversas ressalvas, na tentativa de chegar tão próximo quanto possível à realidade", então admitindo: "Em certo sentido, proponho um grau de relativização do contraste entre a teoria dualista e a unitária".[167] Com efeito, na experiência judiciária brasileira de hoje, é tão forte a presença da jurisprudência, sobretudo daquela já sumulada, que não seria excessivo reconhecer que, muita vez, ela toma os contornos de um verdadeiro *costume judiciário*, assim configurado: *consenso* entre os Desembargadores ou Ministros sobre uma dada *quaestio juris*, acompanhado da *reiteração* do entendimento assentado.

A propósito, observa Marco Antonio Botto Muscari que para a formação do *costume judiciário*, "é necessário o preenchimento dos dois requisitos fundamentais da norma constumeira: *opinio necessitatis* e uso inveterado. São indispensáveis, portanto, (*i*) o consenso daqueles aos quais é cometida a função de julgar e (*ii*) a reiteração da acolhida, de modo que soe extravagante e anômalo o desvio da orientação assentada".[168]

Em suma, como sucede com tantas expressões de uso corrente na experiência jurídica, a palavra *jurisprudência* carece ser atualizada e contex-

---

165. *Teoria geral do direito,* trad. portuguesa por A. Rodrigues Queiró e Artur A. de Castro, São Paulo, Saraiva, 1942, p. 130.

166. *Fundamentos do processo civil moderno*, São Paulo, RT, 1987, p. 28. (A obra, hoje, toma 2 volumes, 3. ed., Malheiros, 2000.)

167. *A instrumentalidade do processo,* São Paulo, RT, 1990, p. 265. (Na 6.ª edição dessa obra – São Paulo, Malheiros, 1998 – v. item 28.2, p. 189-195, *passim.*)

168. *Súmula vinculante,* São Paulo, Juarez de Oliveira, 1999, p. 29.

tualizada em seu conteúdo e funcionalidade, para continuar aderente à realidade contemporânea. Assim é que a percepção semântica daquela palavra consente desde um sentido básico, de *coleção harmônica de acórdãos sobre um dado tema, no âmbito de um Tribunal ou de uma Justiça* ("jurisprudência do STJ"; "jurisprudência trabalhista"), passando por uma potencialização desse significado e de seus efeitos ("jurisprudência dominante"), até alcançar o patamar elevado do *direito sumular* (enunciados sincréticos da jurisprudência assentada), cujo formulação otimizada reside na *súmula vinculante do STF*, dada sua força obrigatória e sua influência dissuasória.

É dizer, com José Rogério Cruz e Tucci: "O labor jurisprudencial dos tribunais, apesar de despido de *potestas normandi* (geração de normas de caráter geral e abstrato), produz a rigor, na realização efetiva do direito, valorações concretas as quais, uma vez reiteradas, ganham projeção, que acaba afetando de modo inexorável o próprio ordenamento jurídico".[169]

1.6 REVISÃO CRÍTICA DAS PRECEDENTES CONSIDERAÇÕES.

Do que até agora se expôs, verifica-se que hoje é preciso *reavaliar* a posição da jurisprudência frente às *fontes do* Direito, e isso pressupõe prévia avaliação da *acepção* em que se toma a palavra *jurisprudência*: *a*) no sentido singelo de "Direito Judicial", ou seja, a jurisprudência enquanto soma global de decisões sobre assuntos diversos, tanto de primeiro como de segundo grau, uniformes ou não, é bem de ver que nesses moldes ela não pode ser considerada "fonte do Direito", ficando os efeitos desses julgados limitados aos processos em que foram prolatados (comandos declaratórios, condenatórios, desconstitutivos, mandamentais); *b*) no sentido mais estrito, ou mais técnico, de "Direito jurisprudencial", ou seja, de compilação ou acervo organizado de acórdãos sobre certas questões jurídicas, objeto de repositórios credenciados, a jurisprudência cumpre papéis outros, inclusive, lembra Lênio Luiz Streck, "impondo ao legislador uma visão nova dos institutos jurídicos, forçando o processo de criação das leis na direção da orientação construída pelos tribunais. Assim é induvidoso que a jurisprudência, no Brasil, se constitui, além de fonte de normas jurídicas gerais, em uma fonte subsidiária de informação e alimentação ao sistema de produção de normas jurídicas".[170] Ainda, sob esta última acepção, a jurisprudência sinaliza novas tendências na exegese dos textos, a par de projetar uma sorte de *eficácia natural*, nisso que influencia sensivelmente a resolução de outros processos pendentes e futuros.

169. *Precedente judicial como fonte do Direito*, São Paulo: RT, 2004, p. 300.

170. *Súmulas no direito brasileiro* – Eficácia, poder e função cit., 2. ed., 1998, p. 86.

Na óptica *sub* (*b*) supra, a jurisprudência apresenta-se em nossa experiência jurídica como um *meio exegético suplementar*, não alçando, porém, o patamar de uma vera fonte formal, porque, sem embargo de exercer notável *força persuasiva* em face do julgamento dos casos nela subsumidos, ainda assim carece das notas de generalidade, impessoalidade, abstração e impositividade, que qualificam a norma legal. Já no tocante à jurisprudência compendiada em Súmulas é preciso distinguir: inicialmente, elas exerciam entre nós apenas essa *força persuasiva*, sem caráter de obrigatoriedade, como lembra Eduardo Domingos Botallo: "A não vinculação dos julgamentos dos Tribunais inferiores aos enunciados da Súmula se fundamenta em um argumento que nos parece decisivo: nenhuma norma existe no Direito Positivo brasileiro que prescreva tal vinculação, ou, em outros termos, que institua a conduta oposta a essa obediência em pressuposto de uma sanção".[171]

Todavia, com a EC 45/2004, a jurisprudência sumulada atingiu o ponto máximo de evolução em termos de carga eficacial, com a criação da Súmula *vinculante*, do STF (art. 103-A – EC 45/2004), a par de ter sido cogitada para o STJ a Súmula *impeditiva de recurso* (PEC 358/2005). Daí afirmar Humberto Theodoro Júnior: "Quando, pois, se cogita de atribuir força vinculante também a julgados de tribunal, o que realmente se quer é atribuir-lhes autoridade para funcionar com força normativa igual à da lei, que a todos obriga e de cujo império não podem fugir os juízes, em suas decisões, a Administração, em seus atos e processos, e os particulares, em sua vida negocial".[172]

Quanto à Justiça do Trabalho, onde é notória a influência dos enunciados do TST, pondera Patrícia Guimarães Notaroberto Barbosa que "as decisões judiciais, ainda que reiteradas e pronunciadas por tribunais superiores, não são vinculantes. Na medida em que estabelecem jurisprudência, influenciam as decisões posteriores. No entanto, não se caracterizam como direito *posto*. Os tribunais, seus integrantes e juízes singulares, não estão obrigados a acatá-las, vez que não são leis".[173] Embora não haja perfeita equiparação entre as

---

171. A natureza normativa das Súmulas do STF, segundo concepções de direito e de norma de Kelsen, Ross, Hart e Miguel Reale cit., *RDP* n. 29, p. 21.

172. Alguns reflexos da Emenda Constitucional 45, de 08.12.2004, sobre o Processo Civil, *Revista da Faculdade de Direito da Universidade Federal de Minas Gerais*, n. 47, jul. 2005, p. 89.

173. O efeito vinculativo das súmulas no direito do trabalho, *LTr – Suplemento Trabalhista*, n. 79-98, p. 337, colacionando a autora acórdãos regionais no sentido do entendimento por ela esposado.

cargas eficaciais da súmula trabalhista e da norma trabalhista, não há negar que, na instância recursal superior – recurso de revista ao TST – essas forças praticamente se equivalem, a teor do § 1º-A do art. 896 da CLT, ao dispor que é "ônus da parte: (...) II – "indicar, de forma explícita e fundamentada, contrariedade a dispositivo de *lei*, *súmula* ou *orientação jurisprudencial* do Tribunal Superior do Trabalho que conflite com a decisão regional" (inciso acrescido pela Lei 13.015/2014).

Um presságio desse fortalecimento da jurisprudência já se delineava no art. 8.º da CLT (1943): "As autoridades administrativas e a Justiça do Trabalho, na falta de disposições legais ou contratuais, decidirão, conforme o caso, pela *jurisprudência*, por analogia, por equidade e outros princípios e normas gerais de direito, principalmente do direito do trabalho e, ainda, de acordo com os usos e costumes, o direito comparado, mas sempre de maneira que nenhum interesse de classe ou particular prevaleça sobre o interesse público".

Acerca desse texto consolidado vale observar: *a*) a *jurisprudência* aí aparece como elemento *subsidiário*, a ser eventualmente utilizado juntamente com os demais ali indicados, na hipótese de lacuna legal ou contratual, afastando, destarte sua configuração como "fonte formal do Direito do Trabalho"; *b*) o dispositivo em causa não abrangia as Súmula*s* do TST que, estas sim, por sua notória ascendência e reiterada aplicação nessa Justiça especializada, viriam, gradativamente, a se caracterizar como fontes formais (secundárias) do Direito do Trabalho. Considere-se, por exemplo, que o recurso de *embargos*, no âmbito do TST (CLT, art. 894), é cabível: "(...) II – das decisões das Turmas que divergirem entre si ou das decisões proferidas pela Seção de Dissídios Individuais, ou *contrárias a súmula ou orientação jurisprudencial* do Tribunal Superior do Trabalho ou *súmula vinculante* do Supremo Tribunal Federal" (inciso com redação da lei 13.015/2014).

É dizer: o legislador considera que se a decisão recorrida se mostra consonante com o enunciado da Súmula do TST, e tendo presente que esta apresenta efeitos aproximados aos de uma norma legal, então não há o que ser reexaminado, subentendendo-se que a decisão foi proferida *secundum legis*. Algo semelhante se passa, no processo civil, com o poder conferido ao relator para, monocraticamente, em decisão agravável (CPC, art. 1.021 *caput*), desprover "recurso que for contrário a súmula do Supremo Tribunal Federal, do Superior Tribunal de Justiça ou do próprio tribunal" (CPC, art. 932, IV, *a*). É que, subentendendo-se que a súmula e a norma ficam *praticamente* equiparadas em eficácia prática, então a decisão recorrida, que encontra respaldo no precedente impositivo, terá sido proferida *secundum legis* e, portanto, merece ser mantida.

A propósito, o Min. Marco Aurélio, do STF, votando na ADIn 594/92/DF (*RTJ* 151/29, Rel. Min. Carlos Velloso), entendeu que o art. 38 da Lei 8.038/90 confere "não a quase normatividade mencionada pelo relator, mas uma verdadeira normatividade aos verbetes das Súmulas do Supremo Tribunal Federal e, especificamente, do Superior Tribunal de Justiça. Esse artigo contém a utilização do verbo *negar* de forma, até mesmo, a revelar que, no caso, defrontando-se o relator do recurso, no Superior Tribunal de Justiça, com razões de recurso que contrariem verbete da Súmula, deve ele – é imposição decorrente do art. 38 – negar seguimento ao pedido formulado, que é de trânsito do próprio recurso".

Dadas as transformações por que vem passando o Direito brasileiro, não se pode descartar que, *de lege ferenda*, a jurisprudência – dominante ou sumulada – acabe alçada à condição de fonte formal *secundária*, como alertara Carlos Aurélio Mota de Souza: "Atualmente, no Brasil, uma nova Lei de Aplicação das Normas Jurídicas deverá ser aprovada pelo Congresso Nacional, estabelecendo o dever do juiz decidir, *na falta de lei*, segundo a analogia, os costumes, a *jurisprudência*, a doutrina e os princípios gerais do direito; reconhece, portanto, a jurisprudência como fonte do direito, depois dos costumes e antes da doutrina"[174] (grifamos). A seu turno, João Carlos Pestana de Aguiar Silva, admitindo a distinção entre fonte primária e fontes secundárias, obtemperava que "além das fontes legais há *fontes jurídicas*, já que nelas sua função criadora do direito é visível e ostensiva, ainda que imprevistas como tais no quadro de nosso direito positivo e estas não são outras senão a doutrina e a jurisprudência, que constroem o direito através da interpretação, onde os fins sociais e as exigências do bem comum são intensamente rebuscados".[175]

No atual contexto jurídico-político do país, deve merecer especial atenção a jurisprudência *posta em sua plenitude*, vale dizer, como "Direito Sumular", quando então ela dá um *salto de qualidade*, nisso que passa a operar como paradigma *genérico e obrigatório* para decisões em casos análogos, pendentes e futuros, concernentes à matéria objetivada em seu enunciado. Vista sob esses lindes, não há como negar que a súmula – simples e, a *fortiori*, vinculante – passa a produzir efeitos análogos ao da norma legal,

174. Direito judicial, jurisprudencial e sumular, *RePro* n. 80, p. 214.

175. Jurisprudência – fonte do direito? (E como se formará sob o império da Lei Orgânica da Magistratura?), *Revista Forense*, n. 270, p. 108.

balizando condutas para o Judiciário, Administração Pública e os próprios jurisdicionados, atuando sob o quadrinômio "generalidade-abstração-impessoalidade-obrigatoriedade".

É dizer: a jurisprudência convertida em tais súmulas obrigatórias acaba condicionando comportamentos de natureza comissiva ou omissiva, a saber: *a*) a parte interessada em apresentar certa pretensão à Administração Pública ou mesmo porventura judicializá-la, por certo antes verificará acerca da incidência de direito sumular na espécie, notando-se aí o *efeito preventivo*-geral, projetado pelo direito sumular; *b*) o juiz, mesmo que em foro íntimo tenha entendimento diverso do indicado no enunciado vinculativo, aplicá-lo-á ao caso concreto, até porque, a proceder de outro modo, de um lado estará protraindo inutilmente o desfecho da causa, e, de outro, se sujeitará a ter sua decisão cassada, se se tratar de súmula vinculante, como resultado do acolhimento de reclamação (CF, § 3.º do art. 103-A; CPC, art. 988, III, inciso com redação da Lei 13.256/2016).

Nesse contexto, quando o próprio Direito Positivo empresta *caráter impositivo* a certos acórdãos e decisões-quadro (CF, art. 102, § 2.º; CPC, art. 927 e incisos), a certas súmulas qualificadas como vinculantes (CF, art. 103-A), e até parametriza o juízo de admissibilidade de recurso a partir da conformidade da sentença com súmula (CPC, art. 932, V, *a*) constata-se que, sob o ponto de vista prático, o *precedente judiciário* acaba, em certa medida, até se avantajando sobre a norma legal, porque, enquanto esta prescreve conduta obrigatória, não se forrando, todavia, à natural interpretação – o que não raro leva a exegeses discrepantes – já a Súmula, além de ser um enunciado normativo (= conduta impositiva), *já representa o extrato* de uma coleção de acórdãos consonantes, sobre o mesmo tema, donde se preordenar a ser, simplesmente, *aplicada* aos casos nela subsumidos, dispensando maiores questionamentos. Por esse prisma, a súmula *vinculante* do STF apresenta um *plus,* em comparação com a norma legal, porque, enquanto esta se preordena à interpretação e, em consequência, pode alcançar mais de uma inteligência, já a súmula obrigatória traz *embutida,* por assim dizer, uma sorte de "interpretação autêntica" ou *oficial* da matéria objetivada, assim se destinando, antes e superiormente, a ser... *cumprida.*

Nessas condições, não há demasia em afirmar que a Súmula revestida de força vinculativa autoriza uma releitura dos princípios constitucionais da *isonomia* ("todos são iguais perante a lei") e da *legalidade* ("ninguém será obrigado a fazer ou deixar de fazer alguma coisa, senão em virtude de lei"), porque já agora poderia ser justaposto um *adendo,* deste teor: "(...) inclusive a lei quando, interpretada pelo STF, venha resultar na emissão de uma súmula vinculante". A questão já vinha, há tempos, sendo considerada no plano doutrinário, lendo-se em José Anchieta da Silva: "Admitindo-se que instalada venha a ser a Súmula de efeito vinculante tal como proposta, como se enfrentará, por exemplo, a prerrogativa de cidadania segundo a qual ninguém será obrigado a fazer ou deixar de fazer alguma coisa senão em virtude de lei? Admitindo-se que se esteja a exigir a obediência à Súmula, teria ela então se convolado em lei?".[176]

Em contrapartida, Eduardo Domingos Botallo, invocando a Teoria Pura, de Kelsen, afirma que as Súmulas do STF "são vinculantes para decisão de casos idênticos sempre que estes devam ser apreciados e julgados pelo próprio STF. Nesta perspectiva, podemos afirmar com Kelsen que a interpretação contida nas referidas Súmulas 'assume o caráter de uma norma geral ". Adiante, prossegue: "Em consequência, as Súmulas se apresentam como *molduras* (de conteúdo já preestabelecido), dentro das quais 'há de ser produzida a norma jurídica individual' pelo Supremo, no exercício e nos limites de sua competência. Nesta medida, ou seja, como ordem jurídica disciplinadora da atuação judicante do Supremo, é que se pode afirmar a natureza normativa das Súmulas dentro da visão da Teoria Pura".[177] Ou, no dizer do saudoso Ministro do STF, Orozimbo Nonato: "A jurisprudência se forma por uma série longa e uniforme de arestos e em certos casos, no silêncio, obscuridade ou insuficiência da lei, essa sequência invariável nos julgamentos torna-se como que o suplemento da legislação" (*RT* 199/608).

O imperativo de que a isonomia de todos perante a lei deve ser efetiva tanto em face da *norma legislada* (= produto final do Legislativo) como em face da *norma judicada* (= resultado da subsunção judicial do texto de regência aos casos concretos), já veio antes detectado pela doutrina italiana: "I giudici italiani devono sì obbedire alle regole dell'uguaglianza (art. 3 cost.) o meglio – come ha ben chiarito la giurisprudenza costituzionale – della non irragionevole disparità di trattamento dei soggetti di fronte alla legge – principio che sarebbe manco se non valesse anche in riguardo *alle apllicazioni* giudiziarie della legge e se, quindi, non comportasse il corollario della non irragionevole difformità di decisioni su casi simili, o, dal lato dell utente di giustizia, della ragionevole prevedibilità delle decisioni (...)".[178] Nesse sentido, ainda na experiência italiana,

176. *A súmula de efeito vinculante amplo no direito brasileiro*, Belo Horizonte, Del Rey, 1998, p. 74.

177. A natureza normativa das súmulas do STF, segundo as concepções de direito e de norma de Kelsen, Ross, Hart e Miguel Reale cit., *RDP* n. 29, p. 21.

178. Cf. Luigi Montesano, Aspetti problematici del potere giudiziario e della giurisprudenza teorica e pratica nell' Italia d'oggi, *Rivista Trimestrale di Diritto e Procedura Civile*, n. 3,

explica Francesco Galgano: "Per piccoli passi, ma con moto costante, procede entro la Corte di Cassazione la tendenza – ché di tendenza si tratta, né è dato di prevedere quali, e quanto rapidi, saranno gli sviluppi ulteriori – verso l'instaurazione di un sistema giudiziario basato sul precedente vincolante, analogo allo *stare decisis* di *common law*, o se si preferisce un termine di raffronto continentale, corrispondente al sistema processuale spagnolo, ché ammete il ricorso per Cassazione per violazione della *doctrina legal*, ossia per violazione dei precedenti del Tribunale Supremo".[179]

O vigente CPC mostra-se sensível à *previsibilidade* da resposta judiciária, induzida pela existência de súmula impositiva, podendo mesmo levar à *liminar improcedência do pedido* (CPC, art. 332, I e IV), já que, de um lado, o *thema decidendum* já está subsumido na súmula de regência e, de outro, o juiz está adstrito à aplicação de tal enunciado, a teor do art. 927, *caput*. De observar-se que, se incidir na espécie súmula vinculante do STF, poderia o juiz, noutro alvitre, conceder a *tutela da evidência* (CPC, art. 311, II). Com efeito, a existência de súmula vinculante cujo conteúdo é favorável à pretensão da parte, por certo induzirá essa convicção sumária, calcada em juízo de *verossimilhança*. Dito de outro modo, sendo obrigatória a aplicação de tal súmula (CF, art. 103-A e § 3º; CPC, art. 927, II), segue-se que sua aplicação à lide pendente já torna *líquida, certa e previsível* a solução jurídica aplicável ao caso, permitindo a abreviação do rito.

A subsunção dos fatos ao enunciado de uma súmula eleva a convicção judicial a um patamar acima do grau da mera *probabilidade*, aproximando-se do grau de *certeza*, dada a *previsibilidade* da resposta judiciária, no caso concreto. Aliás, há tempos, o PL 3.804-A/1993 objetivava dar nova redação aos arts. 478 e 479 do CPC/73, prevendo-se uma alínea (*d*) ao § 4.º, no sentido de possibilitar a antecipação da tutela, quando a pretensão estivesse amparada em súmula. Originalmente, dito projeto recebera parecer contrário da Comissão de Constituição, Justiça e Redação, chegando a ser arquivado, mas, depois, teve sua apreciação retomada, embora, na sequência, não tenha prosperado.[180]

A cognição sumária, fundada num grau intenso de convicção projetado pelo direito sumular, evita, ademais, que o fator *tempo* (excessiva duração dos processos: CF, art. 5.º, LXXVIII – EC 45/2004) labore *contra* a parte a quem, presumivelmente, assiste o bom direito. Ao tempo do CPC/73 já

---

p. 666, set. 1991.

179. L'efficacia vincolante del precedente di Cassazione, *Revista Contratto e Impresa*, n. 3, 1999, p. 889.

180. V., a propósito, as considerações de Djanira Maria Radamés de Sá, *Súmula vinculante – Análise crítica de sua adoção*, Belo Horizonte, Del Rey, 1997, p. 90-91.

afirmavam Marcelo Lamy e Luiz Guilherme Arcaro Conci: "(...) se alguma Súmula vinculante coincidir com o fundamento da pretensão de alguma das partes da demanda, ficará induzida certa convicção sumária calcada em juízo de verossimilhança, em certeza da solução jurídica aplicável ao caso. Tal presunção eventualmente justificaria tanto o julgamento antecipado da lide quanto a antecipação dos efeitos da tutela pretendida".[181]

Nesse sentido, aduzia Luiz Guilherme Marinoni: "Bem mais efetiva, para os propósitos da jurisdição e para a realização do direito à tempestividade da tutela jurisdicional, é a possibilidade de o juiz de primeiro grau conceder a tutela antecipatória final quando a demanda versa unicamente sobre matéria sumulada no tribunal". Adiante, prossegue: "Evita-se, com a tutela antecipatória, que o réu seja tentado a retardar a satisfação do direito do autor mediante a interposição de recurso. O réu só apresentará recurso se estiver convencido de que pode alterar a convicção do tribunal sobre a Súmula; contudo, exatamente porque é provável que o tribunal não mude a sua orientação, não é justo que o autor tenha que esperar o tempo do processamento do recurso, ainda que seja o tempo para o seu indeferimento pelo relator (art. 557 do CPC[73])".[182]

Ainda sob um outro aspecto a jurisprudência sumulada aproxima-se da norma legal, a saber, na aptidão para projetar um *efeito preventivo geral*, ao interno da coletividade. Por exemplo, a norma penal, ao cominar pena privativa de liberdade a uma dada conduta antissocial, além de indicar o parâmetro para a dosagem da pena *in concreto*, acaba também por desestimular os virtuais delinquentes, assim dissuadidos pelo temor da sanção prevista no tipo penal. Igualmente, a lei que fixa os requisitos para o exercício de certa profissão, além de atingir essa precípua finalidade, acaba também por coibir a ação dos que não preenchem as exigências de capacitação e titulação, temerosos de incorrer nas sanções previstas para a hipótese de exercício irregular dessa profissão.

Pois também a jurisprudência assentada – dominante, pacífica ou sumulada –, a par de preencher suas precípuas finalidades processuais, projeta efeitos outros, reflexos ou indiretos, atuando como elemento regulador do afluxo de processos na justiça, seja desestimulando o ajuizamento de ações

---

181. Reflexões sobre as súmulas vinculantes, *in* André Ramos Tavares; Pedro Lenza; Pietro de Jesus Lora Alarcón (coords.), *Reforma do Judiciário* – Analisada e comentada, São Paulo, Método, 2005, p. 313.

182. *Tutela antecipatória, julgamento antecipado e execução imediata da sentença*, São Paulo, RT, 1997, p. 180.

cuja pretensão é contrária à tese já firmada, seja coartando a interposição de recursos de natureza excepcional contra acórdão que se mostra consonante à jurisprudência dominante, pacífica ou sumulada, no tribunal *ad quem*. No ponto, observa Marco Antonio Botto Muscari: "Por meio da reiteração de julgados num mesmo sentido forma-se norma costumeira dotada de generalidade, abstração e permanência. A partir daí já não estamos diante da regra concreta (em parte fruto do poder criador do juiz, porém circunscrita aos litigantes): defrontamo-nos com regra geral, que irradia efeitos a todos os que se submetem ao ordenamento jurídico pátrio".[183]

Assim se passa com a sentença proferida em desfavor da Fazenda Pública, porém confortada por "súmula de tribunal superior", a qual, por isso mesmo, fica dispensada da remessa necessária (CPC, § 4º, I, do art. 496), pela boa razão de que também o tribunal ad quem estaria jungido à impositividade desse enunciado – CPC, art. 927 e inciso IV. Ao propósito, observam Teresa Arruda Alvim Wambier et al.: "O STJ é órgão cuja função é dar a última palavra sobre o direito federal e o STF tem a última palavra sobre a Constituição Federal e sobre o resto do ordenamento à luz da Constituição Federal: o que pode isto significar senão que suas decisões hão de ser observadas ?"[184] E com mais razão, aditamos, quando se trate de decisões-quadro emitidas por essas Cortes e, bem assim, de sua jurisprudência sumulada.[185]

Fora das hipóteses de aplicação *obrigatória* dos enunciados sumulados – quando então *praticamente* se igualam as cargas eficaciais da norma legal e da súmula vinculativa – no mais a jurisprudência, mesmo pacífica e reiterada, remanesce como um *meio exegético suplementar do* Direito, não reunindo condições de ser alçada ao patamar de *fonte formal ou forma de expressão* – principal ou secundária – do Direito, à míngua da *impositividade* em sua aplicação. Como diz Vicente Ráo, afora a lei e o costume, "nenhuma outra fonte pode admitir-se, nem mesmo com caráter supletivo. E também se exclui a jurisprudência, isto é, a "*auctoritas rerum similiter judicatarum*", porque, por maior que seja a influência dos precedentes judiciais, jamais eles adquirem o valor de uma norma obrigatória e universal, podendo, quando

183. *Súmula vinculante* cit., p. 29.

184. *Primeiros comentários ao novo Código de Processo Civil artigo por artigo*, São Paulo: Thomson Reuters – Revista dos Tribunais, 2015, nota ao art. 927, III e IV, p. 1.318.

185. V., ao propósito, nossas considerações in Sistema Brasileiro de Precedentes – natureza, eficácia, operacionalidade, 2 ed., São Paulo: Thomson Reuters – Revista dos Tribunais, 2016, p. 349 e s.

muito, propiciar reformas ou inovações legislativas, como também pode fazer a ciência jurídica".[186]

Daí porque o chamado "Direito Jurisprudencial", ou seja, a coleção sistemática de acórdãos consonantes sobre um mesmo tema, de grande força persuasiva, parece-nos melhor enquadrado como um *meio exegético suplementar do* Direito, tomadas as duas razões lembradas por Lênio Luiz Streck: "uma, porque influencia na produção de normas individuais; outra, porque participa da produção do fenômeno normativo, apesar de sua maleabilidade".[187] Aliás, François Gény, em obra clássica sobre o assunto, já salientava uma função que se diria *pedagógica* da jurisprudência, anotando que se ela "n'a pas par elle-même la valeur d'une source formelle de règles juridiques, elle contribue souvent à la formation de semblabes sources, ou même elle en constitue comme un élément essentiel et indispensable, dans la réalité des choses – c'est un fait bien connu, que, fréquemment, les jugements ouvrent la voie à la loi écrite, qu'ils en préparent la disposition en montrant la nécessité d'une règle nouvelle et en suggérant son contenu."[188]

Nesse sentido, Alexandre Alves Lazzarini lembra vários exemplos de "conhecimento indutivo na formação da jurisprudência", mormente em matéria de direito de família, onde fica evidente que ela representa o direito *vivo*, "ao constatar as necessidades de mudança da interpretação da lei ou lhe dar interpretação mais adequada, apontando seus limites, quando passam os julgados a serem reiterados, dando uma direção pacífica (ou quase pacífica) na interpretação do direito vigente, de maneira atual, tendo como seu ponto alto as Súmulas, ou seja, enunciados sintéticos da jurisprudência firmada, assentada, dos Tribunais".[189]

Parece-nos que somente quando se apresenta com declarada *força vinculativa* é que pode a jurisprudência ser alçada à condição de *fonte formal do* Direito, porque aí ela se reveste de um *plus*, exatamente a nota da *obrigatoriedade* no cumprimento do enunciado sumulado, passando a operar como se norma fora e, quiçá, praticamente até mais efetiva. Isso porque no enunciado sumulado se cumulam o *comando*, e, em boa medida, a sua própria interpretação, já que, diferentemente da norma legal (oriunda do ambiente dialético-político-majoritário do Parlamento), a súmula extrai sua legitimidade a partir de uma sucessão harmônica e reiterada de acórdãos sobre um dado tema, pressupondo

186. *O direito e a vida dos direitos*, 1952, p. 303.
187. *Súmulas no direito brasileiro* – Eficácia, poder e função cit., 2. ed., p. 85.
188. *Méthode d' interpretation et sources en droit privé positif*, 2. ed., 1919, vol. I, p. 50.
189. A indução generalizadora na formação da jurisprudência, *RePro* n. 83, p. 253.

uma abordagem técnica, ao interno de um Tribunal. Nem por outro motivo, aliás, o art. 8º da EC 45/2004 dispôs: "As *atuais súmulas* do Supremo Tribunal Federal *somente produzirão efeito vinculante* após sua *confirmação* por dois terços de seus integrantes e publicação na imprensa oficial".

Na medida, pois, que a Súmula vinculante funciona para os operadores do Direito e para os jurisdicionados não apenas como parâmetro para solução do caso concreto, mas igualmente como referencial impositivo para os casos análogos, pendentes e futuros, parece não haver dúvida de que a jurisprudência – *nessa configuração específica* – alcança o patamar de fonte ou forma de expressão do Direito, ao lado da norma legal. No ponto, observa José Rogério Cruz e Tucci que "(...) a força obrigatória (...) acentua o caráter de fonte de direito dos precedentes judiciais do Supremo Tribunal Federal. Como bem pontuado, a propósito, os efeitos vinculantes da jurisprudência, previstos expressamente pelo ordenamento legal, alçam a atividade judicial ao mesmo nível da hierarquia da lei, em todos aqueles sistemas nos quais esta ocupara posição de absoluta preeminência".[190]

É dizer, a Súmula obrigatória outra coisa não significa que a própria *norma judicada*, ou seja, a norma legal que teve a sua passagem judiciária, o seu *day in Court*, resultando, ao cabo de iterativas e harmônicas interpretações, num enunciado sintético, que, por opção político-jurídica do legislador (= lei federal) ou do poder constituinte derivado (= emenda à Constituição), passa a projetar efeitos *pan processuais* e até *extraprocessuais*, parametrizando a solução de controvérsias subsumidas naquele enunciado, assim presentemente como no futuro. Na feliz expressão de L. Lombardi, o Direito tem aí o seu "momento jurisprudencial",[191] configurado pela passagem da norma através do organismo judiciário do Estado. Em modo consonante, afirmava o saudoso J. J. Calmon de Passos: "Pouco importa o nome de que ela se revista – Súmula, Súmula vinculante, jurisprudência predominante, uniformização de jurisprudência ou o que for, obriga. Um pouco à semelhança da função legislativa, põe-se, com ela, uma norma de caráter geral, abstrata, só que de natureza interpretativa".[192]

O que se poderia chamar de *estágio jurisdicional* da norma pode ser visto sob uma *escala de eficácia crescente*, com estes graus:

---

190. *Precedente jurisprudencial como fonte do Direito*, São Paulo, RT, 2004, p. 275.

191. *Saggio sul Diritto Giurisprudenziale* (1975), p. 371 *et seq.*, *apud* Carlos Aurélio Mota de Souza, Direito judicial, jurisprudencial e sumular, *RePro* n. 80, p. 212.

192. Súmula vinculante, *Genesis*, *Revista de Direito Processual Civil*, n. 6, p. 633, set.-dez. 1997.

a) o "Direito Judicial", assim entendida a grande *massa judiciária*, exposta em modo assistemático, abrangendo todas as decisões, de primeiro e segundo graus, uniformes ou não, projetando efeitos dentro dos limites subjetivos e objetivos dos casos concretamente resolvidos;

b) o "Direito Jurisprudencial", representado pelo acervo de acórdãos uniformes e reiterados sobre um mesmo tema, por vezes permitindo a formação de uma *corrente jurisprudencial*, aí já apresentando uma conotação mais qualificada, mormente quando autoriza o manejo de recursos fundados no dissídio jurisprudencial (embargos de divergência; recurso especial pela alínea *c* do art. 105, III, da CF; revista trabalhista);

c) o "Direito Sumular", que é a forma otimizada da jurisprudência dominante, exteriorizando-se numa coleção numérica de enunciados, extraídos de uma iterativa prolação de acórdãos consonantes sobre uma mesma matéria;

d) enfim, o efeito *vinculante* (STF: CF, art. 103-A e §§; Lei 11.417/2006) ou mesmo o efeito *impeditivo de recurso que antes fora cogitado para o âmbito do* STJ (PEC 358/2005),[193] mas que pode, igualmente, ser perscrutado na decisão monocrática do relator, nos tribunais, a partir do contraste da decisão recorrida com súmula do STF ou do STJ (CPC, art. 932, IV, *a* e V, *a*)..

Dito de outro modo, as Súmulas representam "a jurisprudência dominante e um *quid* que as otimiza", passando a projetar, enquanto verdadeira *normas judicadas*, certas consequências *endoprocessuais* relevantes, a par de consequências outras, *panprocessuais*, permitindo sua aplicação extensiva aos casos nelas subsumidos, e, até mesmo, projetando efeitos *extra-processuais*, ao influenciar condutas, comissivas e omissivas, ao interno da coletividade.

A jurisprudência, vista sob aquele último enfoque (alínea ***d***, supra), a saber, assistida dos efeitos vinculante ou impeditivo de recurso, pode ser erigida à condição de fonte formal do Direito, sem embargo de ser o nosso país filiado à família jurídica romano-germânica, onde o primado repousa no Direito escrito (princípio da *reserva legal*: CF, art. 5.º, II). Na visão de Carlos Aurélio Mota de Souza, o Direito Sumular "será, afinal, a Jurisprudência feita prevalecer de maneira oficial, pelos respectivos Tribunais, sobre matéria de sua competência, através de sistema político 'quase legislativo', consistente na

193. Na verdade, esse "efeito impeditivo de recurso", projetado pela jurisprudência sumulada, remonta ao art. 38 da Lei 8.038/90 (dita *Lei dos Recursos*), cujo conteúdo depois viria reafirmado no art. 557 do CPC/73, por força da Lei 9.756/98. No ponto, José Rogério Cruz e Tucci: "Incide, nesse caso [art. 557 do CPC/73] a denominada súmula impeditiva de recurso" (*Precedente judicial*... cit., 2004, p. 260).

escolha dos temas juridicamente relevantes, discussão e votação plenária das ementas e sanção oficial, que se incorporam em conjuntos sistematizados".[194]

A seu turno, Rubens Limongi França, colocando a indagação "podem as decisões judiciais revestir o caráter de preceito geral?", responde: "esta situação só se pode configurar em caráter absolutamente excepcional, quando, preenchidos requisitos, os mais rigorosos, a Jurisprudência comum, reiterada e pacífica dos Tribunais, atinge o caráter de regra de Direito Costumeiro. Fora daí, os julgados do Poder Judiciário, nenhuma obrigatoriedade podem conter, nem mesmo com relação a Tribunais e juízes de grau inferior".[195]

No ponto, assim se posiciona Lênio Luiz Streck: "muito embora esteja claro que o ordenamento jurídico brasileiro esteja vinculado ao primado da lei, onde, como já se dizia da *auctoritas* do senado romano, 'a força da jurisprudência é mais do que um conselho e menos do que uma ordem', na prática, a jurisprudência – através de seu corolário, que são as Súmulas – assume foro de obrigatoriedade e vinculariedade, mediante duas formas: primeiro, por disposições de leis e regimentos internos de discutível constitucionalidade e, segundo, pelos mecanismos de funcionamento da justiça brasileira (...)".[196] De todo modo, a partir do momento em que o Direito Sumular se reveste, *ex lege*, de impositividade geral, abstrata e impessoal, parece inegável que ele se alça à condição de fonte formal ou forma de expressão do Direito, atuando *em paralelo* às normas legais.

Para melhor visualizar esses dois planos – a jurisprudência e o Direito Sumular – pode ser útil uma comparação com o instituto da coisa julgada, em suas acepções formal e material: ambas são espécies do gênero *preclusão* (pelo latim *praeclusione*: literalmente, "fechar para trás"), mas a segunda, pressupondo uma decisão de mérito (CPC, art. 502), tem maior peso jurídico, recebendo um *plus*, qual seja a projeção extra-autos do comando judicial, em face de terceiros; estes, se não são propriamente alcançados por sua *auctoritas* – a qual só prende as partes – todavia não podem desconhecê-la e, eventualmente, podem sofrer emanações de seus efeitos, apenas não podendo ser *prejudicados* pela coisa julgada material formada num processo que não integraram (CPC, art. 506); ao passo que a coisa julgada formal, não resolvendo a lide, senão apenas o processo, limita-se a extingui-lo (CPC, art. 485 e incisos). De modo um tanto assemelhado, a jurisprudência e o Direito

---

194. Direito judicial, jurisprudencial e sumular, cit., RReProEPro nº 80, out./dez. 1.995, p. 208.

195. Verbete cit., *Repertório enciclopédico do direito brasileiro* cit., p. 293.

196. *Súmulas no direito brasileiro* – Eficácia, poder e função cit., 2. ed. p. 89.

Sumular partilham a mesma gênese – a função jurisdicional do Estado –, mas o Direito Sumular se destaca como a *forma otimizada* da jurisprudência, porque seus efeitos se expandem extra-autos, projetando-se em direção a casos outros, pendentes ou futuros.

No ponto, Hermes Zaneti Júnior visualiza "três momentos em que a jurisprudência assume a característica de fonte primária", a saber: "a) as súmulas vinculantes do Supremo Tribunal Federal; b) as decisões, proferidas pelo Supremo Tribunal Federal, com eficácia *erga omnes* e *com efeito vinculante nas ações de controle de constitucionalidade concentrado*; c) a 'jurisprudência dominante' dos tribunais, bem como as súmulas não vinculantes dos Tribunais estaduais, dos Tribunais Superiores e do próprio Supremo Tribunal Federal (nesse último caso, por óbvio, anteriormente à EC 45/2004), que jogam o papel de 'entendimentos predominantes' das Cortes e, na falta do caráter vinculante, apresentam uma robustecida função persuasiva e autoritativa, uma vez que permitem julgamentos monocráticos nos órgãos colegiados".[197]

Em remate às precedentes considerações, é importante considerar que os elementos formadores do ordenamento positivo – sejam principais, subsidiários ou complementares – interagem e se complementam na *praxis* diária da experiência judiciária, donde não se poder considerá-los em compartimentos estanques. Assim se dá porque a ordem jurídica se presume *plena* e, para que tal presunção se realize, é preciso que todos os *insumos* relevantes para o Direito sejam levados em conta, a fim de que não subsistam lacunas, carentes de tutela jurídica (situações ditas de *norma necessitada*). Ao propósito, anota António Castanheira Neves: "o direito constituído e vigente não é redutível à mera soma formal dos resultados imputáveis aos vários modos constituintes, separados eles uns dos outros; é a consequência normativa daquele processo global em que esses modos constituintes participam".[198]

1.7 E A TRIPARTIÇÃO DOS PODERES DO ESTADO

A doutrina da tripartição dos Poderes já vinha delineada desde Aristóteles e, na época moderna, remonta aos acontecimentos que culminaram nas revoluções e subsequentes Constituições norte-americana (1787) e francesa (1789), onde pontificaram as doutrinas de Montesquieu, Locke e Rousseau, enaltecedoras da conveniência, senão já da necessidade de se preservar o

197. *Processo constitucional* – O modelo constitucional do Processo Civil brasileiro, Rio de Janeiro: Lumen Juris, 2007, p. 253, 254.

198. Fontes do direito, *Boletim da Faculdade de Direito da Universidade de Coimbra*, vol. LVIII, 1982, p. 284 e 285.

equilíbrio das forças internas do Estado, através de um mútuo controle, conhecido como sistema de "freios e contrapesos" (*checks and balances*). Sedutora por sua estrutura lógica, essa proposta vinha ao encontro de um generalizado anseio social por um regime político-jurídico que impedisse ou ao menos dificultasse o retorno aos regimes monárquico-absolutistas, ou aos tempos sombrios do feudalismo.

Perdurava, então, um consenso em torno da ideia de que, se "todo Poder corrompe, todo poder absoluto corrompe absolutamente",[199] donde bem se compreender que a tese da repartição das funções do Estado aparecia como o esperado antídoto para coartar os riscos de eventual retorno ao *statu quo ante*.

De outra parte, temia-se a reprise dos *corpos intermediários*, a saber, aqueles segmentos posicionados entre o Estado e os cidadãos, onde as fortes corporações profissionais e mercantis chegavam a configurar ameaça à estabilidade do Estados, então em incipiente formação. Exemplo desse temor foi a edição da lei francesa dita *Le Chapellier* (14.06.1791), que vedava a formação de grupos sociais com mais de 20 pessoas. Stanislaw Ehrlich ressalta ter sido tão obsessivo o pavor de uma eventual recomposição da ordem feudal, que por aquela lei se buscou "l'abolition de toutes les associations professionnelles et qu'elle ait interdit leur reconstitution sous quelque prétexte ou quelque forme que ce fût. On craignait que leur renaissance ne menaçait les deux idéaux de la Révolution: individualisme et libéralisme".[200]

O gradativo desenvolvimento da proposta de tripartição das funções estatais, a par da progressiva configuração conceitual do "Estado de Direito", acabaram por germinar no desenho político-institucional hoje vigorante na maioria dos países onde se distinguem – embora não em compartimentos estanques – o Estado *julgador*, o *administrador* e o *legislador*. Essa tripartição, contudo, não se revela radical, prevendo nossa Constituição Federal situações em que cada Poder fica autorizado a realizar tarefas diversas das que lhe cabem ordinariamente, por exemplo: o Legislativo *julga* (arts. 49, IX; 52, I e II) e *administra* (art. 52, XII e XIII); o Executivo *julga* (art. 84, XII) e

---

199. Conforme afirmara Montesquieu: "Estaria tudo perdido se um mesmo homem, ou um mesmo corpo de principais ou de nobres, ou do Povo, exercesse estes três poderes: o de fazer as leis; o de executar as resoluções públicas, o de julgar os crimes ou as demandas dos particulares"; isso porque, assinalava em outra passagem, "é uma experiência eterna que todo homem que tem poder é levado a abusar dele", salvo se, "pela disposição das coisas, o poder freie o poder". (*O espírito das leis:* as formas de governo, a federação, a divisão dos poderes, presidencialismo *versus* parlamentarismo, 6. ed., introd. e trad. Pedro Vieira da Mota, São Paulo: Saraiva, 1999, p. 165, 168).

200. *Le pouvoir et les groupes de pression,* Paris, Sorbonne and Mouton, 1971, p. 7 e 8.

legisla (art. 84, III, IV e XXVI); o Judiciário *administra* (art. 96 e incisos) e, de certo modo, *legisla* (arts. 93, *caput* e 125, § 1.º).

A par disso, considere-se a existência de órgãos parajurisdicionais, com funções autônomas e específicas em certas áreas, como os Tribunais Marítimos, de Arbitragem, de Contas, de Impostos e Taxas, de Justiça Desportiva, e, bem assim, a existência de órgãos estatais que dispõem sobre os assuntos de sua economia própria e de sua específica competência, através de seus Decretos regulamentadores e Regimentos Internos, como o fazem as Corregedorias, os Conselhos e outros órgãos públicos colegiados. De outra parte, dado o princípio da *autotutela* da Administração, os próprios órgãos públicos exercem funções censórias e julgadoras, *v.g.*, quando aplicam pena disciplinar ao funcionário, quando adjudicam o objeto licitado ao proponente vencedor, ou ainda quando constituem situações jurídicas novas, como a formalização do crédito tributário, pelo lançamento, ou a expedição de licenças e alvarás para fins diversos.

Daí bem se compreende o enunciado da Súmula 473 do STF, de reiterada aplicação no serviço público: "A administração pode anular seus próprios atos, quando eivados de vícios que os tornam ilegais, porque deles não se originam direitos; ou revogá-los, por motivo de conveniência ou oportunidade, respeitados os direitos adquiridos, e ressalvada, em todos os casos, a apreciação judicial".

A complexidade das relações entre o cidadão e o Estado, e a própria macroestrutura organizacional deste último, são alguns dos fatores que, gradativamente, foram esmaecendo a separação entre os Poderes. Como observa Francisco Gerson Marques de Lima, "a rígida e incongruente *separação dos poderes* infrutifica na contemporaneidade. Há consenso majoritário entre os estudiosos pela distinção baseada na predominância funcional (...)".[201] Por exemplo, as decisões do *CADE* – Conselho Administrativo de Defesa Econômica, autarquia do Ministério da Justiça (art. 93 da Lei 12.529/2011) e os acordos firmados perante o MP (CPC, art. 784, IV; Lei 9.099/95, art. 57, parágrafo único) formam título executivo *extrajudicial*, porque esses órgãos não são *judiciais*, qualificação esta restrita ao rol constante do art. 92 da CF, em *numerus clausus*. Pelo mesmo raciocínio, o fato de um Tribunal emitir súmula de sua jurisprudência predominante, com vistas a operar como paradigma para solução de casos análogos, não compromete nem descaracteriza sua precípua natureza judicante, senão que apenas *potencializa* a eficácia de

201. A jurisprudência como fonte do direito cit., *Revista Nomos*, vol. XI-XII, Universidade Federal do Ceará, 1992-1993, p. 252.

seus julgados. Nesse sentido, considere-se o disposto na Lei 4.737/1965 – *Código Eleitoral* – na parte alusiva aos recursos, art. 263: "No julgamento de um mesmo pleito eleitoral, as decisões anteriores sobre questões de direito constituem *prejulgados para os demais casos*, salvo se contra a tese votarem 2/3(dois terços) dos membros do Tribunal".

Aliás, é sensível a tendência do Direito contemporâneo à superação das clássicas dicotomias radicais, gradualmente substituídas por alternativas mais flexíveis, que priorizam o elemento que *prepondera* na espécie, a par do *objetivo colimado*, numa verdadeira *lógica de resultados*. Assim se passou com a clássica divisão do Direito Objetivo em "Público e Privado", critério hoje incapaz de enquadrar, nesses lindes restritos, os novos e especializados ramos jurídicos, tais os Direitos do Consumidor, do Meio Ambiente, da Cibernética, ou mesmo os temas que relevam da dignidade do ser humano, tais os direitos à própria imagem, ou à privacidade; o mesmo se diga em face das repercussões jurídicas acarretadas pelas inovações tecnológicas nos campos da informática e da engenharia genética.

Como alude Mauro Cappelletti, "è evidente che di fronte a questi istituti, nuovi o rinnovati, le vecchie regole e strutture processuali in tema di legittimazione e interesse ad agire, di rappresentanza e sostituzione processuale, di notificazione e in generale di diritto al contraddittorio, di limiti soggettivi e oggettivi della cosa giudicata, *cadono come castelli di carta*"[202] (grifamos).

De fato, os velhos esquemas mostram-se refratários ou inadaptados à recepção das situações e exigências contemporâneas, como se nota em vários campos da experiência jurídica, sobretudo naqueles até há pouco dominados por tradicionais *binômios*, como os a seguir lembrados: a) *dolo-culpa*, cuja releitura permitiu a formulação de novas assertivas, com destaque para a reparação objetiva (*v.g.*, o princípio *poluidor-pagador*), na responsabilidade pelo *fato da coisa* ou do produto/serviço, ou ainda no chamado *risco criado*, com destaque para a técnica da *desconsideração* da personalidade jurídica (Lei 8.078/90, art. 28; CCi, art. 50); b) *obrigação personalíssima-resolução em perdas e danos*, fórmula derivada do dogma "nemo potest praecise cogi ad factum", dificuldade depois contornada com as técnicas voltadas à prestação *específica* do objeto, mediante a utilização de *astreintes* e medidas de apoio (CPC, arts. 139, IV; 536 e § 1º); c) *domínio-posse*, polaridade agora um tanto esmaecida, deslocando-se o enfoque para a nota da *função social*

---

202. Formazioni sociali e di gruppo davanti alla giustizia civile cit., *Rivista di Diritto Processuale*, n. 3, p. 388 (separata).

da propriedade, donde a conceituação do que seja *área rural produtiva*, ou a distinção entre *invasão* e *ocupação* da terra; registrem-se, outrossim, as fórmulas negociais que mesclam domínio e posse, como se dá no *leasing* e na propriedade compartilhada (*time sharing*); d) *nulo-anulável*, esquema agora repensado, priorizando-se a instrumentalidade da forma, com o possível aproveitamento ou convalidação dos atos praticados, insuscetíveis de repetição ou de retorno ao *statu quo ante*.

Pois também a tradicional divisão tripartite do *Poder* vem sendo reanalisada, já que o novo desenho e as novas funções do Estado contemporâneo, a par da eclosão de ocorrências e expectativas sociais antes insuspeitadas, não mais comportam redução aos clássicos esquemas dogmáticos. Exemplos significativos têm ocorrido na experiência brasileira contemporânea, em que, amiúde, o Executivo vai *legislando*, através de Medidas Provisórias, nos casos enquadrados no art. 62, *caput*, da CF; o Legislativo vai, de algum modo, *judicando*, em Comissões Parlamentares de Inquérito, cidadãos e agentes públicos, sob suspeita de participação em atos de improbidade administrativa; o Judiciário vai, em certa medida, *participando da Administração Pública*, quando é chamado a dirimir conflitos onde se contrapõem escolhas primárias ou opções políticas, como nas demandas envolvendo privatizações de entes estatais, ou lides que contrapõem interesses metaindividuais (*v.g.*, a judicialização da controvertida *transposição das águas do Rio São Francisco*, envolvendo a política de recursos hídricos).[203]

Assim é que a tripartição dos Poderes, malgrado enunciada formalmente em nosso texto constitucional (art. 2.º), hoje responde *menos* a um temor de eventual *invasão* da seara de um Poder pelo outro, e *mais* a uma finalidade *utilitária*, de divisão de tarefas ao interno do próprio Estado, que assim almeja melhorar sua *eficiência*, reclamada no *caput* do art. 37 da CF.

Exemplos significativos do ora afirmado encontram-se no poder atribuído ao Legislativo, para, com o auxílio do Tribunal de Contas, fiscalizar toda a Administração Pública em sentido largo (CF, arts. 70 e parágrafo único; 71 e incisos); ou ainda, na atribuição ao Judiciário para proceder ao contraste dos atos e decisões dos demais Poderes, em caráter de definitividade, pondo-se, assim, numa posição sobranceira. Relembre-se, outrossim, a atribuição reconhecida ao Executivo para autoexecutar suas decisões,

---

203. V. o nosso estudo Transposição das águas do Rio São Francisco: uma análise jurídica da controvérsia, *Revista de Direito Ambiental*, São Paulo, v. 10, n. 37, p. 28-79. Também publicado *in A ação civil pública após 20 anos*, coord. Édis Milaré, RT, São Paulo, 2005, p. 519-557.

exercendo o poder de polícia, podendo, enfim, pautar-se por critérios de conveniência-oportunidade nos atos de natureza discricionária.

Dentre as três dimensões em que é concebido o contemporâneo *Estado Social de* Direito – (*i*) *estática*: Poder/soberania; (*ii*) *operacional*: atividade/organização; (*iii*) *dinâmica*: funções/prestações de serviço – *prevalece esta última*, lembrando o saudoso José Joaquim Calmon de Passos que "as Constituições dos países do chamado primeiro mundo, elaboradas no século passado, não mais se referem a Poderes legislativo, executivo e judiciário, sim a Funções executivas, legislativas e judiciárias, no entendimento de que os agentes políticos nelas investidos em verdade dispõem de poder apenas com o objetivo de servir, o que desqualifica o poder como dominação senhorio, supremacia, tornando-o função, um poder-dever".[204] Assim também posiciona-se José Afonso da Silva: "A *função legislativa* consiste na edição de regras gerais, abstratas, impessoais e inovadoras da ordem jurídica, denominadas *leis*. A *função executiva* resolve os problemas concretos e individualizados, de acordo com as leis; não se limita à simples *execução das leis*, como às vezes se diz: comporta prerrogativas, e nela entram todos os aos e fatos jurídicos, que não tenham caráter geral e impessoal; por isso, é cabível dizer que a função executiva se distingue em *função de governo*, com atribuições políticas, colegislativas e de decisão e *função administrativa*, com suas três missões básicas: intervenção, fomento e serviço público. A *função jurisdicional* tem por objeto aplicar o direito aos casos concretos a fim de dirimir conflitos de interesses".[205]

Ocorrência significativa, nessa interação de Poderes, ocorreu nos anos noventa do século passado, com o julgamento político-jurídico do Presidente da República, donde resultou seu *impeachment*, verificando-se na oportunidade a imbricação dos três Poderes da República, já que o indiciado era o *Chefe do Executivo*, a sessão realizou-se perante o *Congresso Nacional*, sendo os trabalhos dirigidos pelo *Ministro Presidente do STF*. O exemplo evidencia que o modelo brasileiro é o de uma República Federativa, substancialmente una, mas, funcionalmente, tripartite. Esse, aliás, o desenho que, historicamente, tem prevalecido entre nós, exceção feita à época imperial, quando a Constituição de 1824 previa *quatro* Poderes (Legislativo, Moderador, Executivo e Judicial – arts. 10 e 98), esclarecendo o art. 9.º: "A Divisão, e harmonia dos Poderes Políticos é o princípio conservador dos

---

204. A crise do Poder Judiciário e as reformas instrumentais: avanços e retrocessos, *Revista Diálogo Jurídico*, vol. I, n. 4, jul. 2001, p. 4.

205. *Curso de direito constitucional positivo*, 19. ed., São Paulo, Malheiros, 2001, p. 112.

Direitos dos Cidadãos, e o mais seguro meio de fazer *effectivas* as garantias, que a Constituição *offerece*".

No tocante ao Poder Judiciário, apesar das garantias da indeclinabilidade da jurisdição e do amplo acesso à Justiça, para apreciação de afirmadas lesões e ameaças a direitos, fato é que algumas matérias e ocorrências seguem refratárias ao contraste judicial (faixas de *insindicabilidade judicial*) ou, então, comportam um controle mitigado, por exemplo: *a*) os atos meramente discricionários e os puramente políticos; *b*) as matérias de estrita competência dos Tribunais de Contas e por estes decididas;[206] *c*) as lides resolvidas pelos Tribunais de Arbitragem (Lei 9.307/96, art. 18); *d*) os conflitos de natureza desportiva (CF, art. 217, § 1.º); *e*) enfim, certas relações jurídicas cuja passagem judiciária se faz em registro homologatório, de delibação, sob o crivo prevalentemente formal (*v.g.*, sentença estrangeira, procedimentos de jurisdição voluntária). Naturalmente, ocorrências como as antes lembradas configuram exceções, por isso mesmo confirmatórias da regra geral da *inafastabilidade* da Jurisdição (CF, art. 5.º, XXXV).

Mesmo essa *inafastabilidade*, porém, não pode ser tomada em termos absolutos, sob pena de, no limite, converter-se o direito de ação em... *dever de ação* (exacerbando a *cultura demandista* que permeia nossa sociedade), o que, ademais, viria a se chocar com um dos princípios retores de nossa República Federativa, qual seja o da "solução pacífica dos conflitos" (CF, art. 4.º, VII), na esteira da tendência mundial à auto e heterocomposição das controvérsias, fora e além do aparato judiciário estatal.

Nesse sentido, é significativo considerar que o art. 463 do CPC/73, em sua original redação, dizia: "Ao publicar a sentença de mérito o juiz cumpre e acaba o ofício jurisdicional (...)"; todavia, a Lei 11.232/2005 suprimiu essa frase, por certo atentando a que a resolução ou não do *meritum causae* não é critério científico bastante para se aferir o cumprimento da função jurisdicional: a solução do fulcro da demanda depende de providências das partes e de outras contingências, tais a presença das condições da ação e dos pressupostos de existência e validade do processo, além da inexistência dos chamados pressupostos negativos, tais a coisa julgada, a litispendência, a perempção, a convenção de arbitragem. Dito de outro modo, a função jurisdicional caracteriza-se, como diz o art. 5.º, XXXV da CF, pela *apreciação* dos históricos de lesão sofrida ou temida, notando-se que o verbo "apreciar" é axiologicamente neutro, podendo resultar numa avaliação tanto positiva

206. Cf. o nosso *Ação popular*, 8. ed., São Paulo: Thomson Reuters- Revista dos Tribunais, 2015, cap. 3.2.3.2.

como negativa, não ficando, assim, a higidez da resposta jurisdicional a depender de ter sido *resolvida* a lide. A se entender de outro modo, as sentenças seriam "de primeira ou de segunda classe", conforme houvessem ou não dirimido a lide, ao passo que a dicção legal considera sentença "o pronunciamento por meio do qual o juiz, com fundamento nos arts. 485 [extinção do processo sem julgamento do mérito) e 487 [extinção do processo com julgamento do mérito], põe fim à fase cognitiva do procedimento comum, bem como extingue a execução".

Na verdade, hoje se pode dizer *defasado*, senão já *anacrônico*, o outrora dogmático *monopólio estatal na distribuição da justiça*, seja ante o renovado ambiente de *jurisdição compartilhada* (*v.g.*, o CADE é definido como "entidade judicante, com jurisdição em todo o território nacional – art. 4.º da Lei 12.529/2011), seja ante o estabelecimento, pelo CNJ, de uma *Política Judiciária Nacional*, em cujo ideário se reconhece que "o direito de acesso à Justiça, previsto no art. 5.º, XXXV, da Constituição Federal, além da vertente formal perante os órgãos judiciários, implica acesso à ordem jurídica justa", cabendo ao Judiciário "organizar, em âmbito nacional, não somente os serviços prestados nos processos judiciais, como também os que possam sê-lo mediante outros mecanismos de solução de conflitos, em especial dos consensuais, como a mediação e a conciliação" (*consideranda* constantes da Res. 125 – *DJe* de 01.12.2010, republicada no *DJe* 01.03.2011). O CPC dedica toda uma seção aos "Conciliadores e Mediadores Judiciais" (art. 165-175), ao tempo em que concita todos os atores da cena processual a prestigiar esses e outros meios auto e heterocompositivos (§ 3º do art. 3º; art. 139, V).

Justamente porque dentre nós a tripartição dos Poderes não opera, como visto, como um dogma intransponível, verifica-se, por vezes, que a atuação do Poder Judiciário acaba por projetar reflexos nas searas dos demais Poderes da República. Assim se dá em face do Legislativo, quando uma lei é declarada inconstitucional, e é oficiado o Senado para que promova a supressão do texto indigitado (CF, arts. 102, I, *a*, e 52, X); ou em face do Executivo, quando é acolhida uma ação direta interventiva (CF, art. 34, VII, c/c art. 36, III); ou mesmo quando a Justiça Eleitoral declara inelegível um governante (Lei 4.737/65, art. 22, I, *j*); enfim, quando se ordena a inclusão de precatório judicial na ordem cronológica de pagamentos (CF, art. 100 e §§). Ocorrências como essas, numa leitura mais apressada, podem induzir a impressão de que o Judiciário configura um suprapoder, mas, a rigor, cuida-se de aplicação do sistema de *freios e contrapesos*, que busca prevenir a exacerbação de um Poder em face dos demais. E, depois, não poderia mesmo ser diferente, porque a lei obriga a todos, indistintamente, mas é o *Judiciário* o seu intérprete e aplicador, em caráter de definitividade.

É nesse contexto, do desejável *equilíbrio de forças* na estrutura do Estado, que ora se coloca o chamado Direito *Sumular*, já que, cabendo (*i*) ao Legislativo a edição das normas obrigatórias, gerais, impessoais e abstratas; (*ii*) ao Executivo, o poder-dever de aplicá-las de ofício e promover a boa gestão da coisa pública, e, (*iii*) ao Judiciário a tarefa de interpretar as normas e aplicá-las ao caso concreto mediante provocação da parte ou interessado, é preciso, então, verificar qual o *espaço* restante para a jurisprudência extratificada em súmulas, na medida em que esses assentos atuam como paradigmas genéricos e abstratos: no caso das *vinculantes*, para solução impositiva de feitos pendentes e futuros subsumidos em seu enunciado (CF, art. 103-A e §§; CPC, art. 927, I), e, no caso das *simples*, ora como fundamento para a *improcedência liminar do pedido* (CPC, art. 332, I e IV) ora como *impeditivas de recurso* (CPC, art. 932, IV, *a*). O problema, então, apresenta-se bifronte, qual uma esfinge, com uma face voltada para o Legislativo, a quem cabe editar normas de largo espectro eficacial, e outra face voltada para o Judiciário, que, ordinariamente, emite uma resposta contida nos limites da lide e restrita às partes (vedação da resposta *ultra*, *infra* ou *extra petita*; limites subjetivos e objetivos da coisa julgada), mas que, de tempos a esta parte, vem, tendencialmente, mais emitindo decisões de eficácia potencializada.

Por outras palavras, se a *jurisprudência*, no sentido técnico-jurídico de "sequência iterativa de acórdãos consonantes sobre um mesmo tema, no âmbito de um Tribunal ou de uma *Justiça*", não induz maiores problemas de natureza político-institucional - porque em regra os efeitos dos julgados se restringem ao objeto litigioso do processo e aos sujeitos da lide -, já outra coisa se passa quando o produto final da função jurisdicional passa a projetar efeitos *extra-autos* e *ultra partes*. Tal se dá quando a sequência iterativa e harmônica de julgados permite a extração de um enunciado de observância obrigatória, que passa a operar como parâmetro para julgamento de casos análogos, ou mesmo como *padrão* a ser observado pelos demais Poderes (*v.g.*, CF, art. 102, § 2.º, c/c Lei federal 9.868/99; CPC, arts. 927 e incisos; 1.030, I, *a* e *b*, cf. Lei 13.256/2016 Leis 9.469/97, art. 4.º e 9.784/99, art. 64-B, inserido pela Lei 11.417/2006; RISTF, art. 101).

Essa *potencialização* da eficácia do julgado já ocorria na Justiça do Trabalho (dissídios coletivos, ações de cumprimento), mas nesse âmbito o fenômeno é mais compreensível, porque as forças do capital e do trabalho já são, *de per si*, aglutinadas em *categorias*, de sorte que é *ao interno* desses segmentos que tais decisões haverão de projetar seus efeitos. Coisa diversa se passa na Justiça comum, em que, por exemplo, a decisão de mérito do STF no controle direto de constitucionalidade, uma Súmula vinculante ou impeditiva de recurso, acabam operando numa amplitude muito próxima à das normas legais – se é que não as suplantam no plano prático. Vale atentar para o fato de que, enquanto uma norma legal carece de interpretação, e a partir daí pode alcançar mais de uma intelecção, já o precedente obrigatório traz *embutida*, em modo *autopoiético*,[207] sua própria interpretação, já que representa o extrato de um iterativo entendimento sobre dada matéria.

Neste passo, impende considerar que o STF é o órgão de cúpula judiciária na interpretação do texto constitucional (CF, art. 102, *caput*), num país onde o primado repousa no direito escrito, donde decorre que sua jurisprudência sumulada passar a ter força obrigatória, provocando alteração no perfil desse elevado Tribunal, aproximando-o da Corte Suprema dos Estados Unidos, país filiado ao *common law*, e, portanto, ao primado do *precedente judiciário*.

No ponto, explica Fábio Konder Comparato: "As funções da suprema corte foram estruturadas de tal arte que suas decisões, embora tomadas em processos que envolvem, formalmente, litígios interindividuais, na verdade resolvem questões de relevante interesse geral. O caráter político ou largamente social das causas que acedem à decisão do mais alto Tribunal dos Estados Unidos é marcado pela constante intervenção de assistentes litisconsorciais do tipo *amicus curiae*, que representam de fato interesses grupais. Nesse sentido, os autores norte-americanos falam da substituição do processo bipolar pelo processo policêntrico. Ora, o princípio da força vinculante do precedente jurisprudencial transforma, de certo modo, as decisões tomadas em tais processos em verdadeiras regras gerais para o futuro, com força de lei".[208]

Quando a jurisprudência assente nos Tribunais vem a operar como precedente impositivo para solução dos casos assemelhados, não há como negar que ela passa a atuar, na prática, como *fonte criadora do* Direito ou ao menos como uma de suas formas de expressão, já que dotada dos quesitos de abstração, generalidade e impessoalidade, assim oponível aos jurisdi-

207. Explica Lênio Luiz Streck: "O conceito de autopoiese é definido por Luhmann como autorreferência dos elementos sistêmicos: um sistema pode ser designado como autorreferencial, se ele mesmo constitui, como unidades funcionais, os elementos de que é composto (...)" (*Súmulas no direito brasileiro* – Eficácia, poder e função cit., 1998, nota de rodapé 8).

208. Novas funções judiciais no Estado moderno, *Revista Ajuris*, n. 37, p. 197, jul. 1986.

cionados como ao próprio Estado. Formada a jurisprudência vinculativa, seus efeitos se fazem sentir junto a vários destinatários, a saber, os próprios jurisdicionados, os operadores do direito, e, enfim, os próprios Poderes Públicos: *a*) o Legislativo, embora não fique proibido de debater e votar matéria já objetivada em enunciado de Súmula,[209] é certo que, em dado grau, sofrerá a influência do entendimento sumulado, mormente quando este se mostre dissonante do objeto do projeto de lei em trâmite; *b*) o Executivo, em modo análogo, tenderá a não editar ato, encaminhar projeto de lei, ou baixar Decreto dispondo em modo discrepante ao enunciado de tal súmula; *c*) enfim, o próprio Judiciário, mormente no âmbito do Tribunal ou da *Justiça* de onde promanou a súmula, procurará manter e prestigiar esse extrato de sua jurisprudência predominante, assim sinalizando que serão *reformados* os julgados cujas teses atritem o entendimento assentado.

Num tal contexto, de duas uma: ou bem se admite que a crescente *flexibilização* da separação de Poderes hoje comporta *mais esse* temperamento, advindo com os precedentes judiciais obrigatórios e com a projeção *ultra partes/erga omnes* do julgado coletivo, ou bem se persiste na tese de que a separação dos Poderes é um dogma constitucional, caso em que então o problema se subdivide, conforme se entenda, (*i*) que essa tripartição configura *cláusula pétrea* em nosso modelo republicano-federativo (CF, art. 60, § 4.º, III), e então não poderia ter sido objeto de votação uma emenda voltada a introduzir as súmulas vinculantes, ou (*ii*) que a matéria, por extrapolar a órbita puramente processual, se inclui dentre as que podem ser deliberadas pelo poder constituinte derivado, entendimento que acabou por prevalecer, nos moldes da EC 45/2004.

Impende não perder de vista que, mesmo nos países da *common law*, onde predomina o *precedente judiciário*, tem se registrado uma ampliação nas funções do Judiciário, como informa Fábio Konder Comparato: "O sistema jurídico da *equity*, nos Estados Unidos, através do *trust*, desenvolveu largamente os poderes administrativos ou regulamentares do juiz, quer em matéria de instituições de interesse público, como escolas e hospitais, quer no campo falimentar". Na sequência, o autor observa: "A questão da

---

209. Nesse ponto, considere-se o disposto no art. 5.º da Lei 11.417/2006: "Revogada ou modificada a lei em que se fundou a edição de enunciado de súmula vinculante, o Supremo Tribunal Federal, de ofício ou por provocação, *procederá à sua revisão ou cancelamento*, conforme o caso". Esse dispositivo sinaliza que a norma legal é que se encontra *a montante*, como causa remota ou condição subordinante da súmula vinculante; esta última *não é a norma*, mas a interpretação do STF sobre ela, tornada obrigatória por vontade política do constituinte revisor (CF, art. 103-A).

compatibilidade das sentenças normativas com o princípio constitucional da separação de Poderes representa, pois, nesse contexto histórico, um falso problema, na medida em que o próprio princípio, em relação ao qual ela é analisada, está longe de apresentar uma rigidez dogmática".[210]

Na linha doutrinária que nega a interferência negativa da súmula vinculante na tripartição dos Poderes, posiciona-se Marco Antonio de Barros: "Não há como falar em afronta ao princípio da independência recíproca dos chamados 'Poderes do Estado', pois a inserção da Súmula vinculante ao nosso ordenamento jurídico dar-se-á pela via legislativa, ou seja, os próprios representantes do povo é que delegarão aos Juízes dos Tribunais Superiores a possibilidade de dizer o direito de forma impositiva para os Juízes de instância inferior. Impõe-se desde logo ressalvar que os Tribunais Superiores não ditarão novas regras, mas apenas firmarão o entendimento a ser adotado em casos semelhantes e repetitivos. Desse modo inocorre a alegada superposição de funções estabelecida na Carta Constitucional, pois uma coisa é criar a lei, e outra, bem diferente, é interpretá-la sob o enfoque preciso do controle de sua constitucionalidade. Nenhuma ilegalidade se constatará, se o próprio Legislativo chegar à conclusão de que o efeito vinculante não atropela as atividades que lhe são inerentes e por este motivo emendar a Constituição. Admitido o efeito vinculante pela própria Constituição Federal não há falar em *superposição de poderes*".[211]

Em sentido oposto, registrava-se, à época, pensamento no sentido de que o enunciado pretoriano obrigatório atrita com a desejável harmonia entre os Poderes. Assim, para Evandro Lins e Silva, "a Súmula com efeito vinculante absoluto para os juízes de primeira instância significa a introdução de um sucedâneo da lei em nosso sistema jurídico, produzindo a superposição ou conflito de atribuições entre os Poderes Legislativo e Judiciário"; além disso, sustentava o autor que isso afrontaria outra garantia institucional, a saber, "a liberdade-poder de todos os magistrados de decidir os litígios segundo a lei, conforme o seu convencimento pessoal".[212] Também Luiz Flávio Gomes anotara que as súmulas vinculantes "conflitam com o princípio da separação dos Poderes (art. 2.º e art. 60, § 4.º, inc. III), visto que o Judiciário não pode ditar regras gerais e abstratas, com validade universal (*non exemplis sed legibus judicatum est*), falta-lhe legitimação democrática para isso".[213]

210. Idem, ibidem.

211. Anotações sobre o efeito vinculante, *RT* n. 735, p. 105.

212. A questão do efeito vinculante cit., *Revista Brasileira de Ciências Criminais*, n. 13, p. 133, jan.-mar. 1996.

213. Súmulas vinculantes e independência judicial, *Revista Justitia*, vol. 59, jan.-mar. 1997, p. 127.

A seu turno, Vicente de Paula Maciel Junior trazia como argumento a própria extensão territorial do país: "Mais importante do que uma unicidade nacional de entendimento é a adequação da hipótese fática ao entendimento majoritário na jurisprudência da região"; adiante, alerta para o perigo das súmulas *de conveniência*, virtualmente formuláveis "quando estiverem em discussão temas de grande interesse aos demais poderes. Tal anomalia quebraria a imparcialidade do Poder Judiciário em prol dos interesses políticos dos demais poderes, o que levaria à corrosão do sistema, pelo desalento do jurisdicionado quanto ao papel do Judiciário".[214] Para Fábio Cardoso Machado, com a Súmula vinculante se pretenderia "submeter as instâncias ordinárias à observância estrita de preceitos normativos gerais emitidos não pelo Legislativo – a quem deve competir com exclusividade esta forma de manifestação do direito –, mas pelo próprio Judiciário – a quem deve competir apenas a manifestação prático-concretamente-normativa do direito. Ou seja, com a proposta o Legislativo seria usurpado e o Judiciário pervertido nas suas exclusivas atribuições institucionais".[215]

A tais argumentos contrários à adoção da jurisprudência normativa se poderia – *gratia argumentandi* – aduzir que ela implica na desfiguração de uma característica básica da função jurisdicional, qual seja a de operar *a posteriori*, como instância *de substituição*, em face de uma lide tornada incompossível entre os contraditores. Por outras palavras, enquanto o administrador, através do poder de polícia e da autotutela, pode e deve *aplicar a lei, de ofício* (o que bem se compreende, porque sua legitimação decorre de mandato popular ou de delegação do mandatário), já no âmbito jurisdicional a atuação estatal depende de *provocação da parte ou interessado* (CPC, art. 2.º: *princípio da demanda*), até como pré-requisito para a aferição do *interesse de agir* (= necessidade + utilidade + adequação do provimento judicial, num caso concreto).

Já quanto ao legislador, compreende-se que ele exerça a função *criadora* de normas gerais, abstratas, impessoais e obrigatórias, porque sua legitimidade é aderente à própria democracia representativa – CF, art. 1.º, parágrafo único: "Todo o poder emana do povo, que o exerce por meio de representantes eleitos ou diretamente, nos termos desta Constituição" – enquanto que a legitimidade do julgador é, dentre nós, outorgada em modo *derivado*,

---

214. O efeito vinculativo das súmulas e enunciados, *Revista da Faculdade de Direito da Universidade Federal de Minas Gerais*, vol. 34, p. 169, 1994.

215. Da uniformização jurídico-decisória por vinculação às Súmulas de jurisprudência: objeções de ordem metodológica, sócio-cultural e político – jurídica, *RePro* n. 124, jun. 2005, p. 144.

após avaliação de capacitação profissional e aprovação em concurso público (ou ingresso pelo *quinto constitucional*), que o habilita para a judicatura, função esta que se resolve, basicamente, na atividade de subsunção dos fatos à norma de regência.

Esse ponto não passou despercebido a Fábio Konder Comparato: "(...) em regime democrático, a criação do direito ou a imposição de políticas constituem poderes pertencentes, unicamente, ao povo (democracia direta), ou aos órgãos que o povo investir nessa função como seus representantes (democracia indireta). Os Juízes e Tribunais não são órgãos componentes da representação popular, pelo menos em nosso sistema constitucional, nem parece que devam sê-lo no direito constituendo".[216] Em outro trabalho, o jurista observa: "a função precípua e exclusiva do Poder Legislativo, como estabelecido desde os primórdios do regime democrático moderno, é a de ditar as leis, entendida como expressão da vontade do povo. Ora, a Súmula com efeito vinculante absoluto para os juízes de primeira instância significa a introdução de um sucedâneo da lei em nosso sistema jurídico, produzindo a superposição ou conflito de atribuições entre os Poderes Legislativo e Judiciário".[217]

A seu turno, Enrico Tullio Liebman, analisando as funções estatais de *legislar* e de *distribuir justiça* procurou demonstrar sua diversa *natureza*: "A distinção entre legislação e jurisdição reside, ao que me parece, na qualidade do objeto a respeito do qual o legislador e o juiz são chamados a pronunciar-se: problemas *abstratos* para o legislador; problemas *concretos* para o juiz, com a natural consequência de que o ato legislativo resolve e é eficaz para uma série de casos futuros, enquanto o ato jurisdicional põe fim a uma controvérsia concreta e é eficaz só em relação a esta". Embora concedendo que do ponto de vista sociológico, filosófico e político fosse sustentável uma interpretação judiciária que se diria *criativa* (hoje se fala numa jurisprudência *construtiva*), o autor ressalvava que "o ângulo jurídico não pode prescindir do elemento formal e por isso o pronunciamento do juiz consiste exclusivamente em tornar explícito, manifesto e concreto aquilo que já estava contido na formulação do preceito legislativo".[218]

Do embate entre as posições antes enunciadas pode-se bem avaliar o aceso interesse despertado pela introdução, em nosso país, dos enunciados

---

216. *Novas funções...*, cit., *Revista Ajuris*, n. 37, p. 198, 1986.

217. Sobre a ideia de precedentes judiciais vinculantes, *Boletim da Associação Juízes para a Democracia,* São Paulo, 1997, p. 3.

218. A força criativa da jurisprudência e os limites impostos pelo texto da lei, *RePro* n. 43, p. 59, jul.-set. 1986.

jurisprudenciais vinculativos. É que, sendo nosso regime jurídico-político vinculado ao direito escrito (princípio da legalidade ou da *reserva legal*), compreende-se que caiba ao Legislativo o *prius*, isto é, a edição da norma legal, e ao Judiciário o *posterius*, ou seja, a atuação *post litem*, e isso *na medida* em que sua intervenção venha provocada pelos contraditores (CPC, arts. 2.º, 490, 492). A meio-caminho dessa polaridade entre *lei e sentença* colocam-se os enunciados jurisprudenciais obrigatórios, porque eles permitem uma sorte de *controle prévio* dos virtuais conflitos, ou, em algum modo, acabam divulgando uma *resposta antecipada*, nisso que a irradiação dos efeitos da Súmula obrigatória já se faz sentir independentemente da real configuração da lide, pela projeção de um *efeito preventivo geral*.

Esse *efeito*, imanente às súmulas de caráter vinculativo, manifesta-se em mais de um modo: *a*) atua na persuasão racional do magistrado, seja por uma natural reverência aos extratos da jurisprudência assentada, seja pela curial percepção da inocuidade da resistência a eles, a que se somaria a criação de uma falsa expectativa para a parte aparentemente beneficiada pelo julgado dissonante; *b*) opera como um *paradigma* em face do Executivo, e como uma *indução* em face do Legislativo, já que um e outro tenderão a ponderar devidamente sobre a *mensagem* aninhada na súmula obrigatória, no momento de fazerem suas opções entre valores primários e opções políticas, nas suas respectivas esferas de atuação. No ponto, alerta Lênio Luiz Streck, reportando-se a José Eduardo Faria e Tercio Sampaio Ferraz Junior: "O poder de violência simbólica exercido pelas Súmulas sobre os juristas em sua prática cotidiana é resultado de uma situação que pode ser chamada de controlabilidade difusa do sistema jurídico sobre os operadores do Direito. Esse controle difuso funciona como poder normativo".[219]

Nesse contexto, a inserção (*rectius*, ampliação) do efeito vinculativo das súmulas em nosso ordenamento jurídico acaba, em certo modo, alterando a *tipicidade* do produto final da atividade jurisdicional, na medida em que esta vai deixando de ser *substitutiva* (= realizável *se, quando* e *nos moldes* da controvérsia concreta), passando a operar como um *prius*, ou seja, *antecipando-se* às controvérsias, em modo de um padrão normativo originário, à semelhança do que se passa com as normas legais. Nesse sentido, Ingo Wolfgang Sarlet perscruta uma aproximação entre as eficácias da súmula vinculante e da decisão do STF no controle direto de constitucionalidade: "Não há como desconsiderar que tanto a declaração de constitucionalidade com efeito vinculante, quanto a vinculação de decisões de cunho manifesta-

---

219. *Súmulas no direito brasileiro* – Eficácia, poder e função cit., 2. ed., p. 227.

mente interpretativo (e a assim designada Súmula vinculante se insere nesta categoria), tal como oportunamente adverte Gomes Canotilho, acabam por conferir caráter normativo às decisões da jurisdição constitucional, transformando-o numa espécie de legislador positivo, de tal sorte que se vislumbra potencial ofensa aos princípios do Estado de Direito e da separação dos poderes, ambos agasalhados pela nossa atual Carta Magna".[220]

Bem por isso, aliás, dentre os padrões decisórios a que se vinculam obrigatoriamente juízes e tribunais encontram-se "as decisões do Supremo Tribunal Federal em controle concentrado de constitucionalidade" e os "enunciados de súmula vinculante" (CPC, art. 927, I e II).

Figure-se, por exemplo, que, em sobrevindo uma reorganização judiciária federal, possa ser aproveitada a *ratio* da Súmula 224 do STJ: "Excluído do feito o ente federal, cuja presença levara o Juiz Estadual a declinar da competência, deve o Juiz Federal restituir os autos e não suscitar conflito". Ou, noutro exemplo, pode dar-se que a jurisprudência de nossa Corte Suprema acabe projetando efeitos junto ao Executivo, como efetivamente já sucedeu, quando o STF firmou entendimento restritivo quanto à cumulação de proventos de aposentadoria com vencimentos do serviço ativo (RE 163.204-6 e MS 22.182-8), decisões que vieram invocadas expressamente nos *consideranda* do Decreto Federal 2.027, de 11.10.1996, prevendo que a posse de servidor já aposentado, em cargo ou empregos públicos, exceto nos casos de acumulação permitida na atividade, depende de que o interessado faça "opção pela remuneração do cargo ou emprego" (art. 1.º). Ainda no campo desses *efeitos reflexos* do direito pretoriano oriundo de nossas Cortes superiores, figure-se o impacto causado ao interno do INSS e dos segurados pelo acórdão do STJ no REsp 1.134.488- SC (j. 08.05.2013, rel. Min. Herman Benjamin), estabelecendo o direito à *desaposentação*, ao reconhecer que os "benefícios previdenciários são direitos patrimoniais disponíveis e, portanto, suscetíveis de desistência pelos seus titulares, prescindindo-se da devolução dos valores recebidos da aposentadoria a que o segurado deseja preterir para a concessão de novo e posterior jubilamento". O impacto ao interno da Administração Pública e dos segurados é tão mais expressivo quanto se considere que tal recurso especial fora afetado como *representativo da controvérsia*, no rito dos recursos repetitivos e, desse modo, tal decisão-quadro reveste-se de eficácia *panprocessual*, como resulta dos textos de regência: arts. CPC, 496, § 4º, II; 927, III; 928, II. Repercutindo o fato, o jornal *O Estado de São*

220. Efeito vinculante e deforma do Judiciário, *Revista da Academia Brasileira de Direito Constitucional*, n. 2, 2002, p. 21.

Paulo informou que "correm na Justiça mais de 24 mil processos do INSS contra segurados que requereram o direito à revisão do benefício, segundo a Advocacia Geral da União (AGU), que defende o Executivo".[221]

Uma aplicação significativa da *eficácia expansiva* do direito sumular deu-se há alguns anos, na cidade de São Paulo: o então Prefeito, Dr. Celso Pitta do Nascimento, houve por bem, invocando expressamente "o entendimento cristalizado na Súmula 125 do STJ", baixar a seguinte Orientação Normativa (1/98 – *DOM* de 15.12.1998): "O pagamento de férias não gozadas por necessidade de serviço, inclusive o acréscimo constitucional de 1/3, deve ser efetivado sem a retenção do Imposto sobre a Renda e Proventos de qualquer natureza". Tempos depois, outra aplicação do direito pretoriano ao interno da municipalidade paulistana e de seus contribuintes se daria com a autorização para emissão de *súmula de caráter vinculante* (*sic*), em matéria tributária, "decorrente de decisões definitivas de mérito, proferidas pelo Supremo Tribunal Federal em matéria constitucional ou pelo Superior Tribunal de Justiça em matéria infraconstitucional, em consonância com a sistemática prevista nos arts. 543-B e 543-C do Código de Processo Civil [correspondentes ao art. 1.036 e §§ do CPC vigente] (...)", conforme § 2.º do art. 44-A da Lei 14.107/2005, acrescidos pela Lei 15.690/2013.

Outra hipótese de projeção extraprocessual de um padrão decisório de eficácia expandida, em face da Administração Pública, se dá quando a *tese jurídica* firmada ao cabo do *incidente de resolução de demandas repetitivas* envolver "questão relativa à prestação de serviço concedido, permitido ou autorizado", caso em que "o resultado do julgamento será comunicado ao órgão, ao ente ou à agência reguladora competente para *fiscalização da efetiva aplicação, por parte dos entes sujeitos a regulação, da tese adotada*". Aliás, a inobservância dessa *tese*, ou sua aplicação desvirtuada/equivocada ensejam o manejo de reclamação ao tribunal que a emitira, a teor do art. 988, IV do CPC, inciso com redação da Lei 13.256/2016. Ao propósito, afirmamos em outra sede: "É auspiciosa a previsão constante do § 2º do art. 985, em comento, quando se sabe que expressiva parcela das demandas isomórficas e massivas, não raro envolvendo uma mesma *questão jurídica*, tem com concausa a recusa ou a oferta insuficiente de alguma prestação estatal, por exemplo na seara dos planos governamentais, da saúde pública, dos transportes, da infraestrutura urbana, dos financiamentos, setores não raros entregues à normatização e fiscalização de agências reguladoras e outros órgãos da administração pública, direta e indireta. Daí a extrema utilidade

221. Edição de 09.05.2013, cad. Economia.

de se dar conhecimento a essas instâncias, quanto à emissão da *tese jurídica* sobre tema incluído nas suas respectivas áreas de atuação".[222]

Também no *mundo dos negócios* observam-se efeitos da eficácia expandida do direito sumular oriundo de nossos Tribunais da Federação: por exemplo, o contrato de arrendamento mercantil ou *leasing*, bastante praticado no Brasil, vem previsto na Lei 6.099/74 e explicitado em disposições regulamentares do Banco Central do Brasil. Há tempos remanescia controvérsia sobre a possibilidade de inserção, nos contratos, de cláusula prevendo o chamado *valor residual garantido* (*VRG*). Houve por bem o STJ assim assentar a matéria, na Súmula 293: "A cobrança antecipada do valor residual garantido (VRG) não descaracteriza o contrato de arrendamento mercantil". Verifica-se que tal entendimento, após servir para dirimir os casos concretos que chegaram àquele Tribunal, já agora tem sua carga eficacial potencializada, parametrizando os demais casos análogos, pendentes e futuros, permitindo às arrendadoras inserir tal cláusula nos contratos-padrão, sem temor de que tal possa desfigurar o contrato, transmudando-o em compra e venda com reserva de domínio.[223]

Essa almejada potencialização do direito sumular passa por uma equação que há muito desafia a argúcia dos juristas brasileiros: como proceder para a consecução de uma resposta judiciária de qualidade ("*justa, jurídica, econômica, tempestiva, razoavelmente previsível, com aptidão para promover a efetiva e concreta satisfação do direito, valor ou bem da vida reconhecidos no julgado*")[224] sem, paralelamente, sobrecarregar demasiadamente os Tribunais, retardando a prestação jurisdicional, e tudo ainda de modo a preservar a tripartição dos Poderes?

Historicamente, várias tentativas foram feitas para enfrentar essa dificuldade, chegando-se mesmo a excluir certos atos governamentais da apreciação jurisdicional, durante a vigência do Ato Institucional n. 5, na época da ditadura militar. À parte esse episódio, podem ser lembradas oito efemérides bastante ilustrativas: **a**) em 1891, a Constituição Federal previa, no art. 59, § 2.º: "Nos casos em que houver de applicar leis dos Estados, a justiça federal consultará a jurisprudencia dos tribunaes locaes, e vice-versa, as justiças dos Estados consultarão a jurisprudencia dos Tribunaes Federaes, quando houverem de interpretar leis da União"; **b**) em 1933, o art. 1.º do

---

222. *Incidente de resolução de demandas repetitivas*..., cit., 2016, p. 281.

223. Cf. o nosso *Leasing*, 3. ed., São Paulo, RT, 2002, p. 189 e ss.

224. V., ao propósito, o nosso *Acesso à Justiça – condicionantes legítimas e ilegítimas*, 2 ed., 2015, cit.,

Decreto Federal 23.055 dispôs: "As Justiças dos Estados, do Distrito Federal e do território do Acre devem interpretar as leis da União de acordo com a jurisprudência do STF"; **c**) em 1934, a Constituição Federal deu poderes ao Senado para *suspender a execução* de leis ou atos declarados inconstitucionais pelo STF, art. 91, IV, ao pressuposto de que, assim eliminados do ordenamento positivo, deixariam de ser fonte de controvérsia; **d**) em 1965, sobreveio a "representação contra inconstitucionalidade de lei ou ato de natureza normativa, federal ou estadual, encaminhada pelo Procurador Geral da República" (alínea *k* do art. 101, I, da CF de 1946, com a redação da EC 16), instrumento que se supunha eficaz para, rapidamente, suprimir norma legal cuja controvertida interpretação trouxesse dificuldades para a Administração Pública, ou mesmo prenunciasse um grande afluxo de demandas judiciais; **e**) em 1977, inseriu-se a *avocatória* na competência originária do STF, pela qual o Pretório Excelso, provocado pelo Procurador-Geral da República, exercia uma sorte de *vis attractiva* sobre as causas em geral, quando delas "decorresse imediato perigo de grave lesão à ordem, à saúde, à segurança, ou às finanças públicas, para que se suspendam os efeitos de decisão proferida e para que o conhecimento integral da lide lhe seja devolvido" (alínea *o* do art. 119 da CF de 1967, emendada em 1969); **f**) em 1993, a EC 3 criou a ação direta de constitucionalidade (§ 2.º do art. 102 da CF (nova redação depois advinda com a EC 45/2004; Lei 9.868/99), instituto que igualmente permite um pronunciamento *prévio* do STF sobre certa norma ou ato, com *força vinculante* e efeitos *erga omnes*, para o Judiciário e o Executivo; **g**) o Decreto federal 2.346/97 veio dispor no § 1.º do art. 1.º que a Administração Pública Federal deve acatar a orientação fixada pelo STF no julgamento de ADIn, o que se afina com o disposto no art. 4º da Lei 9.469/97; **h**) a Lei 9.882/99 veio regulamentar o trâmite, junto ao STF, da arguição de descumprimento de preceito fundamental (CF, art. 102, § 1.º), dispondo o art. 10 dessa lei: "Julgada a ação, far-se-á comunicação às autoridades ou órgãos responsáveis pela prática dos atos questionados, fixando-se as *condições e o modo de interpretação e aplicação do preceito fundamental*. (...) § 3º. A decisão terá *eficácia contra todos e efeito vinculante* relativamente aos demais órgãos do Poder Público".

É notório que nenhum desses alvitres, até hoje, se revelou idôneo e eficaz para assegurar, *de per si*, uma sensível e duradoura melhoria na *qualidade* da prestação jurisdicional e no desafogo do serviço judiciário. Essa constatação é preocupante, na medida em que permite especular se a obrigatória fixação de entendimento pretoriano – como se passa com a *súmula vinculante do STF* – não estaria, porventura, fadada a ser apenas *mais uma tentativa*, desta vez ao custo adicional do comprometimento do equilíbrio (e da separação) entre os Poderes. Ou, em contra-argumento, valeria examinar se porventura tal preocupação não se traduziria num *falso problema*, viciado por petição de princípio, já que são tomadas algumas premissas como *certas*, quando na verdade são passíveis de discussão, a saber: 1) que ficaria abalada a separação entre os Poderes (quando se sabe que essa teoria, em seu rigor originário,[225] não é mais de atualidade no Estado moderno); 2) que ficaria afrontada a livre convicção do julgador (quando se sabe que não só a lei, mas também a súmula, carece de interpretação, seja para se alcançar o seu vero significado, seja para saber se, realmente, o caso concreto a ela se subsume; e isso, sob pena de ter-se o julgado que nela se baseara, como *não fundamentado*, e, portanto, *nulo*: CPC, art. 489, § 1º, VI, c/c CF, art. 93, IX).

Vejamos, pela ordem, essa pontuação.

Parece inegável que o conceito atual de *tripartição de Poderes* pouco tem a ver com o cerne da ideia originalmente defendida no ideário das revoluções francesa e norte-americana, no século XIX, nos albores do neoliberalismo. Eram, então, outras épocas, com outras necessidades, e mesmo a própria noção do "Estado de Direito" era então incipiente; na verdade, tratava-se de uma proposta política mais reportada ao arraigado temor de um retorno às monarquias absolutistas, e no ressurgimento dos *corpos intermediários*, do que propriamente centrada na intenção de *dividir* o Estado em *compartimentos estanques*, segundo as suas funções básicas.

No caso brasileiro, as várias hipóteses de mútua implicação entre os Poderes, antes lembradas, permitem inferir que, na verdade, eles apenas dividem entre si as funções do Estado, não de modo excludente ou exauriente, mas sob a diretriz fundamental de uma democracia que o constituinte quis *participativa,* e não apenas representativa. Considerem-se estes exemplos, colhidos na Constituição Federal: **1**) o Executivo tem o poder de veto, e o Legislativo o poder de rejeitá-lo (art. 66, § 5.º); **2**) o Executivo pode iniciar o processo de elaboração de lei (art. 84, III), mas o Legislativo pode emendar o projeto (art.

225. A propósito, aduz Oswaldo Luiz Palu, "há que se reconhecer, com J. J. Gomes Canotilho (*Direito constitucional*, Almedina, p. 267), tendência a considerar que a teoria da separação de poderes engendrou um *mito*, esse consistente em '(...) atribuir à obra de Montesquieu um modelo teórico reconduzível à teoria dos três poderes rigorosamente separados, e que cada poder recobriria uma função, sem qualquer interferência dos outros. Esta teoria jamais existiu em Montesquieu; mais do que separação, do que verdadeiramente se tratava era a *combinação* de poderes. O verdadeiro problema político que surgia era combinar estas três potências e desta combinação poderíamos deduzir qual a classe social e política que sairia como favorecida" (O controle coletivo de cons-

64, § 3.º); **3)** os Tribunais, se propriamente não *legislam*, ao menos são livres para se autoadministrarem, detendo o poder de iniciativa da lei de organização judiciária (arts. 99, 125), e ainda, por deliberação plenária, podem declarar a inconstitucionalidade da lei ou ato o Poder Público (art. 97); **4)** o Executivo nomeia os Ministros dos Tribunais Superiores, mas o faz *ad referendum* do Senado (art. 52, III, *a*); **5)** o Executivo pode baixar medidas provisórias com força de lei (art. 62) e a esse Poder podem ser delegadas atribuições legislativas (art. 68); **6)** o Legislativo é o *topos* precípuo para a nomogênese, mas o sistema comporta projetos de lei de iniciativa popular (CF, § 2.º do art.61).

No tocante à legislação infraconstitucional verifica-se que, embora caiba ao Judiciário a função precípua de aplicar a *norma legal* aos fatos, não é menos verdade que, em certos casos, o juiz está autorizado a cunhar a regra aplicável *in concreto*, julgando por equidade (CPC, parágrafo único do art. 140; Lei 9.099/95, art. 6.º), afastando-se, pois, do critério de legalidade escrita (CPC, art. 140, *caput*), ou ainda dando o devido valor às "regras de experiência comum, subministradas pela observação do que ordinariamente acontece" (CPC, art. 375).

Outro relevante aspecto, que concorre para *desmistificar* e reconduzir às suas verdadeiras proporções a tripartição de Poderes, é a verificação de que, se por um lado a Constituição Federal concentrou na União o maior número de competências legislativas (art. 22 e incisos), por outro – em sintonia com o modelo republicano-federativo – previu que "lei complementar poderá autorizar os Estados a legislar sobre questões específicas das matérias relacionadas neste artigo" (parágrafo único daquele art. 22), a par de conferir aos Estados uma sorte de *competência residual* (*v.g.*, § 1.º do art. 125). Quanto aos Municípios, podem dispor sobre temas de interesse local e podem suplementar, no cabível, a normação federal e estadual (art. 30, I, II). Forte nesse contexto, e invocando José Afonso da Silva, para quem "a competência privativa é aquela que pode ser delegada", Vicente de Paula Maciel Junior afirma: "Existe, em tese, a possibilidade de que os Estados, mediante Lei Complementar que os autorize, legislem sobre a matéria especificada no art. 22 da CF/88. Ou seja, os Estados podem, desde que autorizados por lei complementar, editar normas sobre direito civil, comercial, penal, processual, eleitoral, agrário, marítimo, aeronáutico, espacial e do trabalho".[226]

---

titucionalidade no direito brasileiro – Uma evolução democrática e simplificadora, *RT* n. 765, jul. 1999, p. 38, nota de rodapé n. 6).

226. O efeito vinculativo das súmulas e enunciados, *Revista da Faculdade de Direito da Universidade Federal de Minas Gerais*, vol. 34, p. 165, 1994.

Essa competência legislativa assim espraiada entre os entes políticos guarda simetria com o pluralismo da organização judiciária nacional, no qual convivem duas *Justiças* – a federal (comum e especializada) e a estadual – cada qual organizada por critérios diversos (seções/regiões, na *Federal*; comarcas/entrâncias, na *Estadual*), atuando, ordinariamente, no plano da *jurisdição singular*. Esse contexto, se em boa medida se explica por razões históricas, e até mesmo pela dimensão continental do país, de outro lado muito contribui para a exacerbada divergência jurisprudencial ocorrente em nosso país, e que ao longo do tempo, se tem procurado *administrar* por mais de um expediente processual, inclusive, desde a EC 45/2004, com a súmula vinculante do STF, já que um dos seus pressupostos é que "haja controvérsia atual entre órgãos judiciários ou entre esses e a administração pública que acarrete grave insegurança jurídica e relevante multiplicação de processos sobre questão idêntica" (CF, § 1.º do art. 103-A).

Acerca do ponto que ora se vai versando, manifesta-se Vicente de Paula Maciel Junior: "A divergência de posições jurisprudenciais dentro do sistema federativo é comum, mesmo porque cada unidade da federação tem uma Constituição Estadual, tradições e costumes que geram reações mais ou menos uniformes dentro dele. O que deve haver, no entanto, é uma uniformidade de jurisprudência em cada Estado, imperando o entendimento da maioria, mas a diversidade da jurisprudência de Estado para Estado é normal. E mesmo dentro de cada Estado, em virtude da vinculação de nosso ordenamento ao dos países de *civil law*, deve ser permitida a possibilidade de alteração da jurisprudência, o que mantém a adequação da norma a seu tempo".[227] Não por outro motivo é dada ao STJ a *função paradigmática*, isto é, de uniformizar a interpretação do direito federal comum, ao julgar recurso especial interposto pela alínea *c* do art. 105, III da CF, a saber: quando a "decisão recorrida (...) der à lei federal interpretação divergente da que lhe haja atribuído outro tribunal".

Na verdade, antes e além de uma vera separação de Poderes, o que, a rigor, se colhe da CF vigente é a ideia de uma *distribuição de funções*, ainda assim atenuada pelas mútuas interferências antes assinaladas. Corolariamente, a *independência* entre os Poderes também há de ser vista com as necessárias refrações, descartada a conotação de "separação em compartimentos estanques", ideia hoje impraticável no contexto de nossa República Federativa, em que o constituinte de 1988 pretendeu instaurar uma *democracia participativa*, buscando agregar em torno da defesa do bem comum os Poderes constituídos

227. Idem, p. 167.

e a própria sociedade civil. Isso se nota, dentre tantos exemplos, no tocante ao *meio ambiente*, "impondo-se ao Poder Público e à coletividade o dever de defendê-lo e preservá-lo para as presentes e futuras gerações" CF, art. 225, *caput*). Como esclarece José Afonso da Silva: "A ampliação das atividades do Estado contemporâneo impôs nova visão da teoria da separação de poderes e novas formas de relacionamento entre os órgãos legislativo e executivo e destes com o judiciário, tanto que atualmente se prefere falar em 'colaboração de poderes', que é característica do parlamentarismo, em que o governo depende da confiança do Parlamento (Câmara dos Deputados), enquanto, no presidencialismo, desenvolveram-se as técnicas da independência orgânica e harmonia dos poderes".[228]

Nesse contexto de *interação – complementaridade* entre as funções estatais – se insere a projeção *ultra partes* ou o *efeito expansivo* do julgamento nos dissídios coletivos (CLT, arts. 868 e parágrafo único; 869 e alíneas), e, de modo geral, o *poder normativo* atribuído à Justiça do Trabalho para estabelecer normas e condições nas relações entre patrões e empregados, especialmente ao dirimir os dissídios coletivos de natureza econômica (CF, art. 114, § 2.º; CLT, art. 611-A, incisos e parágrafos, inseridos pela Lei 13.467/2017). A propósito, diz Wagner D. Giglio: "Não há como negar, porém, que a eficácia ultralitigante da sentença proferida em dissídio coletivo apresenta, *juridicamente*, aspectos próprios de ato legislativo, conferindo-lhe a feição, anteriormente apontada, de atividade híbrida, *judicial-legislativa*, característica desse instituto *sui generis*. Considere-se, finalmente, que a outorga de poder normativo ao Judiciário trabalhista se insere no quadro mais amplo da interpenetração de funções entre os três Poderes do Estado. Modernamente, tendem a se atenuar as linhas demarcatórias que antes separavam, rigidamente, as atribuições dos órgãos estatais: o Executivo também legisla, o Legislativo também julga e executa. Não deve causar espécie a quem atualizou seus estudos de Teoria Geral do Estado o fato de o Poder Judiciário também legislar".[229]

No tocante a esta última colocação doutrinária, considere-se que, embora caiba ao Senado suprimir a norma julgada inconstitucional pelo STF no controle difuso/incidental (CF, art. 52, X), vem ganhando corpo entendimento de que, por não se registrar uma *diferença substancial* entre esse tipo de controle e o que resulta do regime concentrado/direto, pode o STF imprimir *eficácia expansiva extra-autos* à decisão no bojo do recurso

---

228. *Curso de Direito Constitucional Positivo*, 19. ed., cit., p. 100.

229. *Direito processual do trabalho*, 6. ed., São Paulo, LTr, 1986, p. 321.

extraordinário que reconhece a inconstitucionalidade de lei ou ato normativo, tese chamada *objetivação do recurso extraordinário*. No ponto, Fredie Didier Jr.: "O STF, ao examinar a constitucionalidade de uma lei em recurso extraordinário, tem seguido esta linha. A decisão sobre a questão da inconstitucionalidade seria tomada em abstrato, passando a orientar o tribunal em situações semelhantes". Na sequência, o autor colaciona pronunciamento do Min. Gilmar Mendes (processo administrativo STF n. 318.715), "que culminou na edição da Emenda 12 ao RISTF" (DJ 17.12.2003): "O recurso extraordinário 'deixa de ter caráter marcantemente subjetivo ou de defesa de interesses das partes, para assumir, de forma decisiva, a função de defesa da ordem constitucional objetiva. Trata-se de orientação que os modernos sistemas de Corte Constitucional vêm conferindo ao recurso de amparo e ao recurso constitucional (*Verfassungsbeschwerde*)'".[230]

Ainda sobre o registro da *relativização* ou *flexibilização* da separação entre os Poderes, note-se que a súmula vinculante, originando-se de reiteradas decisões em recursos extraordinários (ambiente judiciário, pois), na medida em que *obriga* os demais órgãos judiciais (*vinculação vertical*) e também a Administração Pública (*vinculação horizontal*) – CF, art. 103-A: EC 45/2004 -, torna-se eloquente exemplo da interação contemporânea das funções estatais.

De fato, a inserção (*rectius*, ampliação) da eficácia vinculativa das súmulas no ambiente jurídico-constitucional apareceria como *mais um* temperamento ao princípio da separação dos Poderes, se é que caberia ainda hoje qualificá-lo como *princípio*, tantas são as ocorrências que o excepcionam. Ou, por outras palavras, vista a separação dos Poderes não como dogma ou cláusula pétrea, mas como uma diretriz de cunho operacional, ela seria receptiva às inovações que o evolver da sociedade civil e o surgimento de novas necessidades vão exigindo, como ora acontece com a notória insatisfação quanto à distribuição da Justiça em nosso país, e o consequente justo reclamo por uma resposta judiciária de boa qualidade, a saber, *justa*, *jurídica*, econômica, *tempestiva, razoavelmente previsível e idônea a assegurar a efetiva fruição do direito, valor ou bem da vida reconhecidos no julgado*, como já antes assinalado. Escusado dizer que o penúltimo desses predicados – a previsibilidade – corre à conta da jurisprudência dominante ou sumulada, ao passo que o último – a eficácia prática do comando judicial – diz com a

230. Transformações do recurso extraordinário, in Nelson Nery Junior e Teresa Arruda Alvim Wambier (coords.), *Aspectos polêmicos e atuais dos recursos cíveis e assuntos afins*, n. 10, São Paulo: RT, 2006, p. 108.

concepção contemporânea de jurisdição, recepcionada no art. 4º do CPC: "As partes têm o direito de obter, em prazo razoável, a solução integral do mérito, incluída a atividade satisfativa".

A justa expectativa do jurisdicionado por uma Justiça eficiente e acessível passa pela desejável *desjudicialização dos conflitos*, diretriz encampada pelo CPC ao incentivar todos os atores da cena processual a buscarem, num primeiro momento, os meios auto e heterocompositivos de solução de conflitos, inclusive a arbitragem (§§ do art. 3º; art. 139, V) e permitindo, outrossim, que o divórcio, a separação, o inventário e a partilha, estando os interessados concordes, e sendo capazes, possam ser realizados nos tabelionatos (arts. 610 e § 1º; 733 e § 1º), além de autorizar que a consignação em pagamento seja feita nos bancos oficiais (§ 1º do art. 539). Em outra sede, escrevemos que a tendencial *desjudicialização dos conflitos* "apresenta-se como alternativa ao tradicional monopólio estatal da distribuição da Justiça. Portanto, essa 'reserva de Justiça estatal', ao contrário do que se possa supor à primeira vista, não se extrai da letra nem do espírito do inciso XXXV do art. 5º da CF; ao contrário, ao afirmar que 'a lei não excluirá da apreciação do Poder Judiciário lesão ou ameaça a direito', esse texto não determina que todas as demandas devam ser encaminhadas à Justiça, mas sim que tal acesso deve operar como uma *cláusula de reserva*, de cunho residual, preordenada às controvérsias porventura insolúveis por auto ou heterocomposição, ou aquelas que, em razão da pessoa ou da matéria, devem merecer passagem judiciária".[231]

O qualificativo do *justo* ou do *equânime* responde ao ideal da *isonomia judiciária,* que se pretende alcançar com a introdução dos enunciados judiciais normativos, assim voltados a coartar a virtualidade de decisões qualitativamente discrepantes, proferidas em casos análogos, mormente nas chamadas demandas seriais, que depois darão azo aos recursos repetitivos, como vem ocorrendo na *praxis* forense.

Significativo, neste passo, o depoimento de José Augusto Delgado: "Outrora, talvez influenciado pelo ardor da mocidade e ainda querendo vibrar com as tertúlias acadêmicas, cheguei a brigar muito contra a Súmula Vinculante. Mas, quando comecei a viver com 4.000 processos recebidos, por mês, no STJ; 4.000 processos recebidos, por ano, no TRF, mudei completamente de opinião. Os fatos estão a demonstrar, de modo inequívoco, que mais de 80% das questões apresentadas ao foro, e resistidas pela Administração Pública, são decisões maturadas e meditadas. Observa-se que a resistência adotada

---

231. A resolução dos conflitos..., 2 ed., 2014, cit., p. 169.

pela Administração Pública tem sentido único de procrastinar a solução do feito, ou melhor, resolver problema de caixa, criando apenas entraves à entrega da prestação jurisdicional à qual o cidadão tem direito".[232]

Ocorrência relevante, revelando as consequências negativas da jurisprudência cambiante, mormente em matéria tributária, foi noticiada pelo jornal *O Estado de São Paulo*, sob o título "As reviravoltas da Justiça". Aí se dá notícia de que "as empresas sempre debitaram o IPI recolhido na compra de insumos, defendendo o direito de fazer a compensação inclusive nos casos em que as matérias-primas por elas adquiridas não são tributadas ou são beneficiadas com alíquota zero". Em contrapartida, a Receita Federal alegava que tal conduta provocava "uma perda de arrecadação de R$ 20 bilhões ao ano, por causa da compensação feita pelas empresas". Judicializada a questão por "uma das três maiores indústrias do País, com faturamento anual superior a R$ 14 bilhões", o STF, num primeiro momento, foi favorável à tese empresarial, levando a que outras empresas se animassem à mesma conduta. Pouco tempo depois, porém, a Suprema Corte viria a alterar tal entendimento, já agora pendendo para a tese fazendária. A matéria jornalística anota que "a sucessão de leis aprovadas pelo Congresso e de medidas provisórias baixadas pelo Executivo contribui para tornar inócua a jurisprudência já firmada em pontos vitais da ordem jurídica. É evidente que, ao elevar os custos de transação e disseminar a incerteza jurídica entre os agentes produtivos, as reviravoltas dos tribunais acabam afetando o desempenho da economia. Quanto mais o Poder Judiciário se revela incapaz de oferecer sentenças coerentes e jurisprudência uniforme, menos segurança as empresas têm para investir".[233]

Ante esse quadro, compreende-se o previsto no CPC acerca da necessidade de se imprimir *previsibilidade* às respostas jurisdicionais: "Art. 926. Os tribunais devem uniformizar sua jurisprudência e mantê-la estável, íntegra e coerente. § 1º. Na forma estabelecida e segundo os pressupostos fixados no regimento interno, os tribunais editarão enunciados de súmula correspondentes à sua jurisprudência dominante".

A não ser assim, irá perdurar o ambiente de *dispersão jurisprudencial excessiva, que* repercute sobre os jurisdicionados – efetivos ou virtuais, pessoas físicas ou jurídicas, de direito privado ou público – ante a imprevisibilidade do resultado final dos processos em curso, panorama descrito em cores

232. A súmula vinculante e a administração pública cit., *Boletim de Direito Administrativo*, n. 6, jun. 1998, p. 357.

233. Edição de 15.05.2005, p. 3.

fortes por Ada Pellegrini Grinover. "A crise da Justiça está na ordem do dia: dissemina-se e serpenteia pelo corpo social, como insatisfação dos consumidores de Justiça, assumindo as vestes do descrédito nas instituições; atinge os operadores do direito e os próprios magistrados, como que impotentes perante a complexidade dos problemas que afligem o exercício da função jurisdicional; desdobra-se em greves e protestos de seus servidores; ricocheteia, enfim, pelas páginas da imprensa e ressoa pelos canais de comunicação de massa, assumindo dimensões alarmantes e estimulando a litigiosidade latente. A Justiça é inacessível, cara, complicada, lenta, inadequada. A Justiça é a denegação da Justiça. A justiça é injusta. Não existe justiça".[234]

Em nenhum ponto da Constituição Federal existe dispositivo que coíbe, explícita ou implicitamente, a utilização de técnicas voltadas à potencialização dos efeitos do julgado ou à emissão de assentos jurisprudenciais, que contribuam para prevenir a *atomização* das demandas. Muito ao contrário, a sinalização do constituinte é no sentido francamente favorável à projeção *erga omnes* ou, ao menos, *ultra partes* da resposta judiciária, como se dessume dos vários dispositivos que consagram a *jurisdição coletiva*: reconhecimento de força normativa às decisões da Justiça do Trabalho - art. 114, § 2.º; ações coletivas ajuizáveis por associações - art. 5.º, XXI; mandado de segurança coletivo - art. 5.º, LXX, *b;* ações propostas por sindicatos - art. 8.º, III; ações para controle abstrato da constitucionalidade de leis e atos governamentais - art. 102, I, *a* e §§ 1.º e 2.º e art. 103; ação civil pública para tutela de interesses metaindividuais - art. 129, III; ação popular - art. 5.º, LXXIII.

Por definição, em todos esses casos, os limites subjetivos do julgado hão de projetar-se *erga omnes*, ou, ao menos, *ultra partes*, até como condição para sua real eficácia jurídica e social, de sorte que, nesse plano, a coisa julgada material se projeta por toda a extensão do interesse metaindividual considerado. Verdade que já se increpou de inconstitucionalidade alguns dos meios potencializadores da jurisprudência, como a *força vinculante*, na ADCon e o *caráter normativo* das Súmulas do TST,[235] mas ainda assim não nos parece que a otimização da eficácia dos julgados possa ensejar, *de per si*, um *superdimensionamento* do Judiciário, e trazer, consequentemente, risco para a tripartição dos Poderes. Pois também as súmulas - *persuasivas* - em boa medida incrementam o efeito dos acórdãos consonantes que lhes estão

---

234. A crise do Poder Judiciário, *Revista da Procuradoria Geral do Estado*, n. 34, dez. 1990, p. 11-12.

235. Cf. Lênio Luiz Streck, *Súmulas no direito brasileiro* - Eficácia, poder e função cit., 2. ed., p. 135 e ss., *passim*.

à base, na medida em que possibilitam a extensão do enunciado aos casos análogos, pendentes e futuros, sem falar em outros importantes efeitos processuais, como se dá no juízo de admissibilidade dos recursos (CPC, arts. 932, IV, *a*; V, *a*; 1.030, I e alíneas, *caput* com redação e alíneas acrescidas pela Lei 13.256/2016).

Tudo parece convergir para a constatação de que o *verdadeiro problema* se situa no *diagnóstico* das situações concretas que irão comportar a incidência da súmula vinculante do STF e, bem assim, em saber de que *modo*, e em que *intensidade*, se dará essa aplicação. Ou, como diz Christianne Boulos: "É claro, no entanto, que a lei deva ser completada e interpretada pela atividade jurisdicional, que, mesmo que tenha por objeto a lei, é sempre criadora de direito. O problema não reside, portanto, na legitimação da criação do direito pelo Judiciário, mas sim nos *limites* desta criatividade, ou seja, cogita-se, aqui, um problema de restrições".[236]

Por outras palavras, haverá que se fazer uma *triagem* entre as situações francamente inadaptadas, refratárias ao tratamento sumular. Por exemplo, não se imaginaria uma súmula fixando o número de purgações de mora, a partir da qual já se caracterizaria o abuso de direito por parte do inquilino, e, justamente por conta da inadequação do direito sumular em casos que tais, a matéria acabou sendo regulada em lei – parágrafo único do art. 62 da Lei 8.245/91, redação da Lei 12.112/2009. Já em muitos outros casos a edição de um assento jurisprudencial vinculativo se afigura não só viável como desejável (por exemplo, uma súmula do STF estabelecendo, peremptoriamente, que no serviço público o acúmulo, a qualquer título, de proventos e vencimentos, fica sujeito ao *teto* fixado constitucionalmente, sem quaisquer exceções, assim encerrando os intermináveis questionamentos a respeito).

Embora a ampliação do efeito vinculativo das súmulas tenha sido positivado através de emenda constitucional (o que bem se entende, porque a citada alteração interfere com o registro político-jurídico do país – CF, art. 5.º, *caput* e inciso II), não se pode perder de vista que, paralelamente, no plano infraconstitucional, a *lei processual* veio, gradualmente, imprimindo crescente *eficácia expansiva* (efeitos pan-processuais) à jurisprudência dominante, mormente aquela já sumulada, o que também se compreende, porque, posta nesses lindes, a questão toca à competência legislativa ordinária da União – CF, art. 22, I.

---

236. A força vinculante da jurisprudência e o papel do juiz no direito brasileiro (pesquisa sob orientação de Carlos Alberto Carmona) cit., *Revista dos Anais do I Congresso de Iniciação Científica*, USP-FAPESP, p. 297.

Assim, considere-se esta resenha: ***a***) o CDC – Lei Federal 8.078/90 – prevê mais de uma modalidade de coisa julgada *(erga omnes, ultra partes, in utilibus, secundum eventum litis* – arts. 103 e 104), fugindo, pois, ao sistema *padrão* dos estreitos limites subjetivos (CPC, art. 506); ***b***) pela Lei 8.038/90 o relator, no STF e no STJ, já podia negar seguimento a recurso que contrariasse, "nas questões predominantemente de direito, Súmula do respectivo Tribunal", atribuição essa que aparece incorporada ao CPC, dispondo o art. 932: "Incumbe ao relator: (...) IV – negar provimento a recurso que for contrário a: I – súmula do Supremo Tribunal Federal, do Superior Tribunal de Justiça ou do próprio tribunal"; ***c***) o art. 93 do CDC (Lei 8.078/90) confere diversa projeção espacial aos efeitos do julgado, conforme se trate de dano local, regional ou nacional, valendo lembrar que esse dispositivo aplica-se à ação civil pública (cf. art. 117 do CDC); ***d***) o julgado na ação civil pública e na ação popular tem efeito *erga omnes* (art. 16 da Lei 7.347/85; art. 18 da Lei 4.717/65, respectivamente); ***e***) na Justiça do Trabalho, uma das hipóteses de recurso de revista ao TST ocorre quando o acórdão regional, recorrido, discrepa de "súmula de jurisprudência uniforme dessa Corte ou súmula vinculante do Supremo Tribunal Federal" (CLT, alínea *a* do art. 896, redação da Lei 13.015/2014).

Não por acaso, foi através de *Emenda Constitucional* (nº 3/93, e, depois, nº45/2004) que se previu que a decisão de mérito do STF em ADIn/ADCon tem "eficácia contra todos e efeito vinculante" (CF, § 2º do art. 102), e isso, porque aí não se estava, singelamente, regulando *eficácia expansiva* de súmula (matéria processual: CF, art. 22, I), mas antes já se estava inovando o *parâmetro jurídico-político* do país, cujo primado recai na *norma legal*, donde decorre a exigibilidade das condutas comissivas e omissivas, em modo impessoal, geral e abstrato (CF, art. 5.º, II).

É importante salientar que o STF, por maioria, chegou a reconhecer que a ADCon, trazida com a EC 3/93, é *compatível* com a Carta Magna, assim rejeitando o argumento de que ela feria cláusula pétrea, ao permitir um superdimensionamento do Judiciário, que poria em risco o equilíbrio entre os Poderes. O STF deixou claro que, para a configuração do interesse de agir, é necessário que preexista *controvérsia* atual e relevante acerca da constitucionalidade de certa lei ou de ato normativo do Poder Público. Em certa passagem de seu voto na ADCon 1-1-DF (RTJ n. 157), disse o relator, Min. Moreira Alves: "Portanto, por meio dessa ação, o Supremo Tribunal Federal uniformizará o entendimento judicial sobre a constitucionalidade, ou não, de um ato normativo federal em face da Carta Magna, sem qualquer caráter, pois, de órgão consultivo de outro poder, e sem que, portanto, atue, de qualquer modo, como órgão de certa forma participante do processo legislativo. Não há, assim evidentemente, qualquer violação ao princípio da separação de Poderes".[237]

Daí deflui um sugestivo exemplo da *influência* que a jurisprudência do STF pode exercer sobre o legislador, porque, posteriormente, o art. 14 da Lei 9.868/99 viria dizer que a petição inicial da ADCon "indicará (...) III – a existência de controvérsia judicial relevante sobre a aplicação da disposição objeto da ação declaratória". (Note-se que também a edição de súmula vinculante, pelo STF, pressupõe a existência de "*reiteradas* decisões sobre matéria constitucional", e, ainda, que a controvérsia a respeito seja tal que "acarrete grave insegurança jurídica e relevante multiplicação de processos sobre questão idêntica" (CF, art. 103-A e § 1.º: EC 45/2004).

O controle de constitucionalidade feito pelo STF – o *guarda da Constituição* (CF, art. 102) – reclama, como alertava o saudoso J. J. Calmon de Passos, "uma compreensão dos efeitos da coisa julgada ou, se preferirmos, da imutabilidade e imperatividade dos julgados, de sua extensão subjetiva e alcance objetivo, diversa daquela com que operamos quando se cuida de decisão de natureza não constitucional".[238]

No ponto, soam oportunas as palavras de Nelson de Souza Sampaio: "Do exposto, conclui-se que, em menos de duas décadas, mudou a face do Judiciário brasileiro, a ponto de que seria irreconhecível pelos partidários da separação de Poderes, com estrita partilha das matérias que seriam, segundo a ortodoxia dessa doutrina, inerentes a cada um deles. O Poder Judiciário no Brasil tornou-se mais amplo e mais complexo, tendo crescido em número de órgãos especializados e em competência. Todavia, algumas dessas novas atribuições necessitam ser disciplinadas de maneira mais precisa e completa. Para esse mister, toda a família forense deve colaborar, por intermédio dos professores de direito, advogados, membros do MP, juízes e Tribunais, entre estes o de mais alta hierarquia, o STF".[239]

Parece-nos que, adotadas as devidas cautelas de fundo e de forma, a ampliação, no ordenamento positivo, da força vinculativa das Súmulas, não acarreta a propalada macrocefalia do Judiciário, nem se constitui em fator de

237. Cf. *Ação declaratória de constitucionalidade*, coord. Ives Gandra da Silva Martins e Gilmar Ferreira Mendes, São Paulo, Saraiva, 1996, p. 201.

238. Súmula vinculante cit., *Genesis, Revista de Direito Processual Civil*, n. 6, p. 635, set.-dez. 1997, p. 635.

239. O Supremo Tribunal Federal e a nova fisionomia do Poder Judiciário cit., *RDP* n. 75, p. 19.

comprometimento à tripartição dos Poderes. *Primeiro*, o labor de interpretar as leis e os atos normativos do Poder Público é atribuição tão natural e imanente ao Judiciário quanto o é a sua deliberação em uniformizar, mediante edição de Súmula, a sua jurisprudência predominante, mormente agora que o CPC incumbe os tribunais do *poder-dever de uniformizar e de sumular*: art. 926 e § 1º; *segundo*, presente a estrutura piramidal da organização judiciária brasileira, formada de instâncias sobrepostas, atuando em *competência de derrogação*, não haveria sentido lógico em que a súmula do Tribunal *ad quem* operasse apenas como uma simples *sinalização* ou *sugestão* para o órgão *a quo*. Para alcançar tal desiderato bastariam as súmulas *persuasivas*, sem necessidade das vinculantes.

Impende ter presente que a interpretação procedida pelo juiz não incide apenas sobre a *norma*, e sim sobre o ordenamento positivo *como um todo*; nessa visão *holística*, o ordenamento inclui, além da norma – fonte principal -, todas as demais formas de expressão e meios suplementares de integração da norma, recepcionados sob a presunção de *plenitude ou completude da ordem jurídica* (costumes, analogia, equidade, princípios gerais, regras da experiência, doutrina), não havendo razão para desse rol se excluir a jurisprudência, que é o próprio direito *vivo*, pulsante nos Tribunais, especialmente quando ela se apresenta em seu *ponto ótimo*, assentada nas modalidades *dominante* ou *sumulada*. O CPC traz expressiva sinalização a respeito do ora afirmado, ao substituir a expressão "violar literal disposição de lei", antes referida no CPC/73 dentre as hipóteses que desafiam ação rescisória (art. 485, V), por "violar manifestamente norma jurídica" (art. 966, V), sabido que a palavra *norma* tem um conteúdo mais amplo do que a palavra *lei*, como explicam Teresa Arruda Alvim Wambier *et al.*: "Sabe-se que as normas, as pautas de conduta, que orientam o agir dos indivíduos, muitas vezes não se confundem com a literalidade do preceito legal. O texto da lei é interpretado, à luz da doutrina, da jurisprudência, do ordenamento jurídico como um todo, de princípios jurídicos. Por isso é que não raramente a pauta de conduta – a norma – *se afasta* da literalidade do dispositivo a que corresponde. E se esta norma for violada, cabe ação rescisória". [240]

Assim como a divergência jurisprudencial, em si mesma, não configura um *verdadeiro problema*, até porque, mantida em certas proporções ela é até previsível e mesmo saudável, não é menos verdade que, ultrapassados os lindes razoáveis, ela precisa ser prevenida e mesmo superada, pelos meios disponibilizados na lei processual e nos regimentos dos tribunais. Pois, assim

240. *Primeiros comentários ao novo Código de Processo Civil...*, 2015, cit., p. 1.375.

também, o efeito vinculativo das súmulas como tal afetadas pelo STF, não constitui, em si mesmo, um *verdadeiro problema*: *a uma*, não faz sentido sumular, se não é para uniformizar, e não faz sentido uniformizar, se é para o enunciado operar com uma simples força persuasiva; *a duas*, é notório que o direito brasileiro vem apresentando uma notória tendência à potencialização da eficácia da jurisprudência predominante, e, *a fortiori*, daquela sumulada, num forte indicativo de que a garantia da igualdade de todos perante a lei deve ser preservada, *também*, quando a lei atua em concreto, para dirimir a lide submetida ao Judiciário. Portanto, o que se pode temer é o uso desvirtuado, injustificado, desmesurado ou até mesmo arbitrário que porventura se faça da súmula vinculante, e não o próprio instituto, em si mesmo considerado.

Sugestiva, a propósito, é a decisão da 1.ª Turma do STF que, interpretando o poder normativo do TST (CF, art. 114, § 2.º), entendeu que "a Justiça do Trabalho, no exercício dessa competência, pode criar obrigações para as partes envolvidas no dissídio, desde que atue no vazio deixado pelo legislador e não se sobreponha ou contrarie a legislação em vigor, sendo-lhe vedado estabelecer normas, ou condições, vedadas pela Constituição, ou dispor sobre matéria cuja disciplina seja reservada pela Constituição ao domínio da lei formal" (RE 197.911/PE, recte. Sindicato da Indústria do Açúcar e do Álcool de Pernambuco, Rel. Min. Octávio Gallotti, j. 24.09.1996, jornal *Magistratura do Trabalho,* ago.-set.-out. 1996, p. 4). O julgado deixa evidente que o problema não residia na força normativa, em si, da decisão do TST (o aspecto substancial), e sim numa possível extrapolação daquele poder, ou seja, no desvirtuamento do *modus procedendi* (o aspecto formal).

Por outro lado, não se pode pretender que o juiz brasileiro adote uma postura de neutralidade, ou de descompromisso em face da notória sobrecarga do serviço judiciário, que acarreta o retardamento da resposta jurisdicional, problema esse para cuja solução muito pode contribuir a jurisprudência uniformizada, sobretudo aquela assentada em súmula, nisso que possibilita a decisão equânime a grupos de casos assemelhados. Imparcialidade e isenção são virtudes do magistrado, mas não devem engendrar omissão ou desengajamento, diante do crescente volume de processos em todas as instâncias judiciais, situação dramática e premente, a exigir um posicionamento pró-ativo do *juiz.*

A propósito, aduz Eugenio Raúl Zaffaroni: "O perfil público do juiz 'asséptico' implica um terrível manejo autoritário da imagem pública da justiça e, ao mesmo tempo uma fortíssima deterioração da identidade pessoal dos juízes. Quase todas as obras de ficção referentes a juízes e à justiça têm como objeto esta imagem, porque é a que mais se presta à denúncia, à ridicularização e ao escárnio". Adiante, prossegue o autor: "Geralmente, o volume de trabalho dos supremos acaba excedendo a capacidade de seus membros, o que se observou universalmente, a ponto de nos Estados Unidos haver provocado o *Judiciary Act* de 1925, que aumentou a jurisdição discricionária e diminuiu a de apelação. Por conseguinte, isto provoca que as cúpulas tenham de se valer de equipes, às quais se delegam funções, tanto jurisdicionais (secretários e auxiliares que 'redigem' as sentenças), quanto administrativas (exercício do poder verticalizador). Por fim, cai-se em uma ficção, pois a cúpula não tem o poder, senão que na cúpula se encontra um conjunto de empregados e funcionários sem jurisdição, que são os que exercem o verdadeiro poder e que têm realmente mais arbítrio que os próprios juízes, que materialmente lhes estão subordinados. Em síntese: os juízes se acham subordinados aos empregados, o que afeta ainda mais sua autoestima e, além disso, potencializa as intrigas e aumenta o condicionamento paranoide".[241] (Como que ouvindo os ecos desse alerta doutrinário, o constituinte revisor, pela EC 45/2004, inseriu este inciso XIV ao art. 93 da CF, no capítulo do Poder Judiciário: "Os servidores receberão delegação para a prática de atos de administração e atos de mero expediente sem caráter decisório").

Impende, pois, que na experiência judiciária brasileira de hoje os operadores do direito reflitam sobre a imperiosidade de se continuar *otimizando* a eficácia processual da jurisprudência predominante ou sumulada, como meio de controle (prevenção/correção) da pletora de processos incidentes sobre uma mesma tese jurídica, com aptidão para gerar *demandas múltiplas*, fenômeno especialmente ocorrente quando o Poder Público figura no polo passivo. Ao propósito, ainda antes da EC 45/2004, que viria instituir a súmula vinculante do STF, noticiava o periódico paulistano *Tribuna do Direito* (n. 96, abr. 2001): "A possibilidade de se verificar uma avalancha de processos referentes à correção dos saldos do Fundo de Garantia por Tempo de Serviço (FGTS), em todas as instâncias da Justiça Federal, levou o presidente do Superior Tribunal de Justiça, ministro Paulo Costa Leite, a ressaltar recentemente a necessidade de adoção da Súmula com efeito vinculante para as decisões repetitivas dos tribunais superiores. Em sua opinião, os serviços judiciais sofrem ameaça de inviabilização, que não ocorreria caso o STJ e o STF já contassem com mecanismo de contenção de recursos processuais, principalmente os ajuizados por órgãos governamentais". (A resposta àquele

241. *Poder Judiciário* – Crise, acertos e desacertos, trad. Juarez Tavares, São Paulo, RT, 1995, p. 160-161.

apelo adviria, oportunamente, sob a forma da *súmula vinculante n. 1*, do STF: "Ofende a garantia constitucional do ato jurídico perfeito a decisão que, sem ponderar as circunstâncias do caso concreto, desconsidera a validez e a eficácia de acordo constante de termo de adesão instituído pela Lei Complementar n. 110/2001".

Em situações que reclamam resposta judiciária *unitária* (*v.g.*, matéria tributária, previdenciária, de servidores públicos), é absolutamente inaceitável que situações iguais recebam tratamento judicial discrepante, mormente em se considerando que o processo de conhecimento existe (e se justifica) para *eliminar a crise de incerteza* e *não para... agravá-la*, e ainda ao custo adicional de se perenizar as injustiças com a futura agregação da coisa julgada. Garcia Medina, Wambier & Wambier sobrelevam a necessidade de preservar os princípios constitucionais da legalidade e da isonomia: "Evidentemente, não se pode deixar de reconhecer, por exemplo, que a sobrevivência de decisões que deem aos pensionistas e aos aposentados da Previdência Social a diferença de 147% e outras que não reconheçam este direito a pessoas que estão *exata e, precisamente na mesma situação*, não é 'sadio', porque esbarra e arranha inevitavelmente ambos os princípios mencionados. A lei é uma só (necessariamente vocacionada para comportar um só e único entendimento, no mesmo momento histórico, e nunca dois ou mais entendimentos simultaneamente válidos). Todavia, no plano dos fatos, decisões podem ser diferentes, porque os tribunais podem decidir diferentemente. É comum haver duas ou mais decisões, completamente diferentes, a respeito do mesmo (mesmíssimo!!) texto, aplicáveis a casos concretos idênticos. Isto gera insegurança nos jurisdicionados e descrédito do Poder Judiciário. É, portanto, inteiramente nefasto do ponto de vista jurídico".[242]

Por aí bem se compreende que a Exposição de Motivos do novo CPC tenha encarecido a necessidade de se imprimir *previsibilidade* e *isonomia* às decisões judiciais: "(...) haver, indefinidamente, posicionamentos diferentes e incompatíveis, nos Tribunais, a respeito da mesma norma jurica, leva a que jurisdicionados que estejam em situações idênticas, tenham de submeter-se a regras de conduta diferentes, ditadas por decisões judiciais emanadas de tribunais diversos. Esse fenômeno fragmenta o sistema, gera intranquilidade, e, por vezes, verdadeira perplexidade na sociedade".

---

242. Repercussão geral e súmula vinculante, por José Miguel Garcia Medina, Luiz Rodrigues Wambier e Teresa Arruda Alvim Wambier, in Teresa Arruda Alvim Wambier *et al.* (coords.), *Reforma do Judiciário – Primeiras reflexões sobre a Emenda Constitucional 45/2004*, São Paulo, RT, 2005, p. 383.

1.8 E A GARANTIA CONSTITUCIONAL DA ISONOMIA

O problema da "igualdade" é tema multidisciplinar, comum a vários campos do conhecimento, o que bem se compreende, tendo em vista que na própria natureza, sem embargo da biodiversidade e das constantes transformações, verifica-se uma tendência à preservação do existente (princípio da conservação) ou à restauração do equilíbrio anterior, tudo como resultado de uma mútua compensação entre as energias. Esse contexto natural, passado para a óptica das relações humanas, manifesta-se num reclamo pela manutenção do que é isonômico, justo, equitativo, preocupação essa que se evidencia desde os textos e brocardos romanos: "juris praecepta sunt haec: honeste vivere; alterum non laedere; suum cuique tribuere" (estes são os preceitos jurídicos: viver honestamente, a ninguém lesar, dar a cada um o que é seu – *Institutas*, § 3.º, Ulpiano); "odiosa restringenda, benigna amplianda" – (o restritivo é odioso; o ampliativo é benigno); "ubi emolumentum, ibi onus" – (onde está a vantagem, aí mesmo está o encargo).

Aliás, o próprio direito, na sua origem, não apresentava contornos bem definidos, aparecendo de maneira um tanto esparsa, por assim dizer *distribuído* entre o humano e o divino, o secular e o sagrado, a moral e a religião, embora apresentasse uma ideia nuclear, centrada no sentimento do *justo*, como se colhe do clássico conceito de *Jus:* "Divinarum atque humanarum rerum notitia, justi atque injusti scientia", ou seja, o direito originariamente concebido como o "conhecimento das coisas divinas e humanas, a ciência do justo e do injusto".[243]

Essa tendência ao equilíbrio de forças e de energias aparece também nas ciências exatas, como nos princípios matemáticos ("duas coisas iguais a uma terceira, são iguais entre si"), ou na geometria, onde se admiram as formas perfeitas do triângulo isósceles, justamente por seus lados serem iguais; na ciência política, onde a igualdade compõe o célebre tríptico: *liberté, égalité, fraternité;* na religião, onde se acentua o valor da igualdade ("Deus não faz acepção de pessoas"). Aliás, sob este último enfoque, cabe lembrar que o Código de Direito Canônico (1983), ao dispor sobre os meios de integração do ordenamento porventura lacunoso, autoriza em seu cânone nº 19 que os preceitos sejam aplicados "com equidade canônica", vale dizer, de modo isonômico, guardando simetria com as ocorrências análogas.[244]

Nos múltiplos ramos do Direito Positivo contemporâneo, constata-se a constante preocupação com a preservação (ou recomposição) da igualdade

243. Cf. José Cretella Júnior, *Direito romano,* São Paulo: RT, 1963, p. 20.

244. *Codex iuris canonici,* São Paulo, Loyola 1983, cf. Apresentação, p. XXIII.

entre os sujeitos das diversas relações jurídicas consideradas, objetivo que o Direito Positivo busca alcançar balanceando as forças envolvidas numa dada relação. Assim se dá entre os *cônjuges* (direitos iguais no âmbito da entidade familiar: CF, art. 226, § 5.º); entre os *contratantes* (proporcionalidade das obrigações; vedação de cláusulas leoninas ou da onerosidade excessiva; princípio da boa-fé objetiva); entre o Estado e aqueles que com ele contratam (igualdade de participação no procedimento licitatório); entre as *partes* no processo judicial (igualdade de tratamento no exercício das faculdades processuais - CPC, art. 139, I); entre os partícipes nas *relações de consumo* (vedação de ônus excessivo ao consumidor - CDC, art. 51, IV); entre os signatários dos *Tratados Internacionais* (reciprocidade de tratamento); na relação *Estado-contribuinte* (proporcionalidade entre a exigência fiscal e a capacidade tributária); na relação *Estado-jurisdicionado* (igualdade de acesso ao Judiciário; garantia do juiz natural).

Em outros casos, a igualdade ressuma de normas de caráter ideológico (CF, art. 170 e incisos), como o afirmado direito de todos ao trabalho, que, na prática, depende de condições objetivas do mercado e da economia; ou o direito à *existência digna*, cuja efetivação depende do implemento de certas condições mínimas, como o acesso à educação, à moradia, ao meio ambiente equilibrado, tudo enfeixado na contemporânea acepção do *mínimo existencial*. Aliás, de forma muito significativa, a Constituição Federal estabelece o poder-dever do Estado de "reduzir as desigualdades sociais e regionais" (CF, art. 3.º, III). Enfim, coroando esse ideário, a *igualdade* aparece afirmada com todas as letras no primeiro artigo da Declaração Universal dos Direitos do Homem e do Cidadão, de 1789, texto fundamental do moderno Estado de Direito.

O princípio da igualdade de todos perante a lei, porém, não pode ser tomado em sentido literal, radical ou absoluto, porque a realidade mostra que os destinatários finais, isto é, os cidadãos, isoladamente ou em grupo, não se encontram na suposta ou desejada situação igualitária, e isso sob múltiplos aspectos: político, social, econômico, cultural, profissional. Daí deriva, de resto, o conhecido conceito de igualdade, tirado *às avessas*, ou *pela negativa*: *tratar desigualmente os desiguais, na medida em que se desigualam*. É dizer, a igualdade, ao contrário do que se supõe, ou se almeja, aparece, na prática, mais como exceção do que como regra, sendo visível e efetiva em poucas situações, como no gozo dos direitos políticos, onde, de fato, a cada pessoa, indistintamente, corresponde um voto ("one man, one vote"), ou no acesso aos cargos públicos, em que se exige o concurso (CF, art. 37, II). Mesmo nesses exemplos, é notório que certos fatores insuperáveis influem e desequilibram a pretendida igualdade, especialmente as diferenças de ordem social, econômica e cultural dos sujeitos concernentes; não por acaso, hoje se surpreendem *vulnerabilidades* diversas, inclusive a chamada *organizacional*, que assola, por exemplo, os moradores de rua.

Aliás, a existência de textos legais claramente protetores de uma das partes componentes de uma dada relação é o maior indicativo de que os partícipes estão em situação... *desigual*, donde resulta que a proteção concedida ao *mais fraco* visa, exatamente, *reequilibrar* a equação, assim tratando "desigualmente os desiguais". Exemplos típicos são a CLT, na qual vários dispositivos indicam a presumida hipossuficiência do empregado; o CDC, onde o consumidor aparece como a parte vulnerável na relação de consumo (art. 4.º, I); o CPC, que dá curador ao revel citado por edital (art. 257, IV). Em casos como esses, é justamente a situação de desigualdade – ocorrente ou presumida – que leva o legislador a adotar postura tuteladora em benefício da parte menos favorecida, e assim é que: *a*) constituem "*objeto ilícito* de convenção coletiva ou de acordo coletivo de trabalho, exclusivamente, a supressão ou a redução" dos direitos elencado nos incisos do art. 611-B da CLT, dispositivo inserido pela Lei 13.467/2017 ; *b*) o consumidor tem em seu prol a inversão do ônus da prova (CDC, art. 6.º, VIII); *c*) a revelia pode, em razão de certos fatores, não induzir a presunção de veracidade dos fatos não impugnados (CPC, art. 345 e incisos).

Algo semelhante se passa com relação ao conceito de *liberdade*: é um valor compreensível sob o ponto de vista teórico (fala-se mesmo em "liberdade pública", num sentido de "direito subjetivo público"), mas já não é assim na vida prática, onde essa palavra comporta muitos temperamentos e restrições. Contraponha-se, por exemplo, a *liberdade* usufruída por um cidadão abonado, com amplas possibilidades de realização pessoal e profissional, em face daquela "liberdade" experimentada por uma pessoa desprovida de recursos e sem habilitação profissional; ou ainda, figure-se a *liberdade* de que pode efetivamente gozar o ex-presidiário, ou o idoso entregue à própria sorte, ou ainda a criança abandonada. Compreende-se, assim, a conhecida exclamação de Manon Roland: "O liberté, que de crimes on commet en ton nom!"

A observação do que ordinariamente acontece mostra que a decantada *liberdade* só ganha densidade conceitual e *efetividade social* quando amparada por determinados meios idôneos a torná-la concretamente usufruível. Esta última acepção parece ter sido encampada por Jean Rivero, ao observar que a expressão "liberdade pública" só faz sentido quando significa algum tipo de *crédito exigível* ("une créance contre la societé, tenue de fournir, pour y satisfaire, des prestations positives impliquant la création de services publics"), assim rematando seu pensamento: "Les libertés publiques sont des pouvoirs en vertu desquels l'homme, dans les divers domaines de la vie sociale, choisit lui-même son comportement, pouvoirs reconnus et organisés par le droit positif, qui leur accorde une protection renforcée en les élevant au niveau constitutionnel".[245]

Mesmo a própria *lei*, embora seja obrigatória, impessoal, abstrata e geral, em ocorrendo que ela venha aplicada de maneira radical, sem o devido temperamento ou ponderação, descurando certas especificidades da situação de fato ou dos sujeitos concernentes, não raro acaba por induzir um resultado injusto, ou iníquo, donde a afirmação romana: *summum jus, summa injuria.* Por aí se compreende que a instrumentação jurídica com que se pretenda assegurar a prática da desejável igualdade passa pela admissão de que, embora *em essência* as pessoas sejam *iguais*, é outra a realidade no contexto social, como, aliás, facilmente se constata. Logo, a prática da desejável igualdade pressupõe a admissão de que os "destinatários finais" da norma encontram-se em situação de *desequilíbrio* (político, econômico, social, cultural, profissional, jurídico), o que justifica ainda uma vez a consecução da almejada isonomia através do trato *desigual aos desiguais*, e na medida das desigualdades.

Assim é que, enquanto as pessoas físicas e jurídicas, usualmente, contratam advogados para defendê-las ou assisti-las nos negócios, já os *necessitados* – justamente por esse discrímen – dispõem da Defensoria Jurídica (CF, art. 134; CPC, arts. 185-187), certo ainda que a expressão *necessitado* hoje não se identifica estrita e necessariamente com a pobreza, mas se estende a outras carências, tais a *organizacional*, típica dos segmentos excluídos da vida em sociedade e das possibilidades de aí se desenvolverem.[246]

No ponto, José Afonso da Silva anota que mesmo o libertário e idealista Rousseau "admitia *duas espécies de desigualdades* entre os homens: uma, que chamava *natural ou física*, porque estabelecida pela natureza, consistente na diferença das idades, da saúde, das forças do corpo e das qualidades do espírito e da alma; outra, que denominava *desigualdade moral ou política*, porque depende de uma espécie de convenção e é estabelecida, ou ao menos autorizada, pelo consentimento dos homens, consistindo nos diferentes privilégios que uns gozam em detrimento dos outros, como ser mais ricos, mais nobres, mais poderosos".[247]

---

245. *Les libertés publiques,* 3. ed., Paris, Presses Universitaires de France, 1981, vol. 1, p. 25-30.

246. No ponto, v. o nosso estudo Contribuição esperada do Ministério Público e da Defensoria Pública na prevenção da atomização judicial dos mega-conflitos, *RePro* n. 164, out. 2008, p. 152-169.

247. *Curso de direito constitucional* cit., 19. ed., p. 215, evocando a obra *Quel est l' origine de l'inégalité parmi les hommes et si elle est autorisée,* Discours, Paris, Editions Sociales, s.d.

De tudo se infere que, bem sopesados todos os elementos, a proclamada e desejada igualdade revela-se extremamente *relativa*, não comportando redução a termos absolutos, a menos que o legislador ou o juiz se contentem com uma igualdade meramente formal, teórica, oferecendo-se como uma simples *norma programática*. Mas de outro modo, trazido o tema para o plano da realidade prática, verifica-se, com Seabra Fagundes, que "os conceitos de igualdade e de desigualdade são relativos, impõem a confrontação e o contraste entre duas ou várias situações, pelo que onde uma só existe não é possível indagar de tratamento igual ou discriminatório".[248] Semelhante reflexão há de ter ocorrido a Andrè de Laubadère, quando afirmou: "entre o forte e o fraco, é a lei que liberta e a liberdade que escraviza", porque, de fato, o exercício efetivo, e não apenas virtual da *liberdade*, pressupõe razoável *igualdade* de condições entre os sujeitos, ou, se se quiser, *paridade de armas*.

O quadro não se altera quando se examina a questão da igualdade ou da isonomia sob a óptica da *distribuição da justiça*, ou seja, o hoje debatido tema do "acesso à ordem jurídica justa", que está à base do poder-dever do Estado em assegurar uma *resposta judiciária de boa qualidade*, vale dizer, justa, jurídica, econômica, tempestiva, razoavelmente previsível e idônea a assegurar a fruição do direito, valor ou bem da vida reconhecidos no julgado. O aspecto do equânime, do equitativo, é o que mais diretamente se liga ao tema ora enfocado, a saber, a isonomia no tratamento dispensado aos jurisdicionados.

É bem de ver que a questão não se reduz à *isonomia legal* (CF, art. 5.º e inciso II), contida nos princípios da *reserva legal* ("ninguém será obrigado a fazer ou deixar de fazer alguma coisa senão em virtude de lei") e da *igualdade geral* ("todos são iguais perante a lei"), visto ser sabido que essa igualdade assim formalmente enunciada não garante sua efetividade real, ou seja, não assegura que os interesses objetivados na norma se regularão, *espontaneamente*, conforme o modelo nela previsto.

Essa distinção entre forma e substância, entre teoria e prática, no tocante à desejada *igualdade*, foi assim posta por Ada Pellegrini Grinover: "A igualdade pode ser vista sob seu aspecto meramente formal, contrapondo-se à igualdade material. E pode ser vista sob o ângulo do esforço de transformação da igualdade formal em igualdade material. O que significa, em outras palavras, que a igualdade tem uma dimensão estática e outra dinâmica. Na dimensão estática, o axioma de que 'todos são iguais perante a lei' parece configurar, como foi argutamente observado, mera ficção jurídica, no sentido

248. O princípio constitucional da igualdade perante a lei e o Poder Legislativo, *RT* n. 235, p. 7.

de que é evidente que todos são desiguais, mas essa patente desigualdade é recusada pelo legislador. A isonomia supera, assim, as desigualdades, para afirmar uma igualdade puramente jurídica".[249]

Essa visão realista (e não pessimista!) do que efetivamente seja a *igualdade* vem assim posta por José Afonso da Silva, invocando Mauro Cappelletti: "Formalmente, a igualdade perante a Justiça está assegurada pela Constituição, desde a garantia à acessibilidade a ela (art. 5.º, XXXV). Mas *realmente* essa igualdade não existe, 'pois está bem claro hoje que tratar *como igual* a sujeitos que econômica e socialmente estão em desvantagem não é outra coisa senão uma ulterior forma de desigualdade e de injustiça'".[250]

Daí ser imperioso que o pretendido "acesso a uma ordem jurídica justa", para ser efetivo e não apenas virtual ou *programático,* deve ser aditivado pela garantia de que o *tratamento judiciário* dispensado à norma legal será igualmente isonômico, em ordem a que casos análogos venham, *efetivamente,* a ser tratados de maneira análoga. É dizer: a ser verdade que "todos são iguais perante a lei", então a lógica do sistema impõe que essa *lei* não pode ser apenas a *norma legislada* (= produto final da atividade parlamentar), senão que deve também incluir a *norma judicada,* ou seja, a lei submetida à interpretação e aplicação pelos órgãos judiciários nos casos concretos, e, além disso, sem dilações excessivas, ou seja: observado o *tempo razoável* incorrido nos processos judiciais e mesmo administrativos (CF, art. 5.º, LXXVIII).

Nesse sentido, o posicionamento do Des. José Renato Nalini, do TJSP: "O fato é que a facilidade com que se chega ao Judiciário no Brasil só encontra paralelo na dificuldade com que se consegue sair dele com uma resposta definitiva. São quatro instâncias, são múltiplos recursos, há uma prolífica rede de criação de óbices processuais e procedimentais impedientes de se alcançar o ideal da *coisa julgada.* Na imagem sugestiva da Ministra do STJ Eliana Calmon, é fácil entrar na justiça. O difícil é sair dela".[251]

Nos países da família *common law* – embora se reconheça que hoje o milenar princípio *stare decisis* não apresenta o mesmo rigor de outrora – a

249. Defesa, contraditório, igualdade e *par conditio* na ótica do processo de estrutura cooperatória, *Novas tendências do direito processual,* São Paulo, Forense, 1990, p. 6. (A referência feita pela autora, no texto, é ao trabalho de Antonio Carlos de Araújo Cintra, O princípio da igualdade processual, *Revista PGE,* São Paulo, n. 19, 1981/1982, p. 41-42.)

250. *Curso de direito constitucional* cit., 19. ed., p. 22-223.

251. Do Poder Judiciário, *in* Ives Gandra Silva Martins; Francisco Rezek (coords.), *Constituição Federal* – avanços, contribuições e modificações no processo democrático brasileiro, São Paulo: Centro de Extensão Universitária e Revista dos Tribunais, 2008, p. 402.

desejável isonomia judiciária já vem atendida por definição, na medida em que o trato processual equânime, dado aos casos análogos, deriva da própria *equity*, e, assim, a premissa do tratamento igualitário aos jurisdicionados está *à base* do próprio sistema. Como assevera Paulo Roberto Gouvêa Medina, nesse regime "sempre houve o cuidado de evitar decisões desconformes, suscetíveis de gerar instabilidade na orientação dos tribunais. A *law of precedent* baseia-se, aliás, num brocardo muito expressivo, que reflete a convicção de que os juízes devem firmar-se no que foi decidido e não permitir que se instaure, com a instabilidade da jurisprudência, a intranquilidade social: "stare decisis et non quieta movere".[252]

Já em países como o nosso, onde o primado é dado pela norma legal, a afirmada igualdade de todos perante a lei depende, para ser efetiva, de que existam técnicas e meios asseguradores de que aquela desejável igualdade continuará operante *se* e *quando* a norma venha submetida à exegese judiciária, ou seja, quando a norma *sai do papel* para se subsumir num caso concreto. No ponto, ainda, Paulo Roberto Gouvêa Medina: "Em tese, situações iguais exigem soluções do mesmo teor. Esse ideal não é, certamente, absoluto, mas o sistema jurídico-processual não o perde de vista, o que explica a existência de recursos que têm entre os seus pressupostos de admissibilidade a hipótese de dissídio pretoriano, como é o caso, entre nós, do recurso especial e dos embargos de divergência".[253]

O ideal de uma *uniformidade contemporânea, compatível, porém, com uma eventual alteração sucessiva*, de há muito remanesce como uma esfinge a desafiar a argúcia de nossos juristas e legisladores, reportando Castro Nunes que já no início do século passado, quando estava incipiente o Projeto de Código Civil, cogitava-se de uma "disposição expressa dando aos juízes a faculdade de suprir as lacunas da lei, e às decisões do STF a autoridade de leis. Pareceu inconstitucional, por contrária ao princípio da separação dos poderes".[254] Todavia, desde então, a busca do tratamento judiciário igualitário, em face de casos análogos, tem se mostrado recorrente, de que é exemplo remoto o Decreto Federal 23.055, de 1933, mandando as Justiças locais interpretarem as leis da União de acordo com a jurisprudência do STF. Na sequência, a Lei 819, de 25.11.1936, viria prever em seu art. 2.º aquilo que se constituiria no protótipo do *prejulgado*: "A requerimento de qualquer de

252. A uniformização da jurisprudência no contexto da reforma do CPC, *in* Sálvio de Figueiredo Teixeira (coord.), *Reforma do Código de Processo Civil*, São Paulo, Saraiva, 1996, p. 583.

253. Idem, p. 584.

254. *Teoria e prática do Poder Judiciário*, Rio de Janeiro, Forense, 1943, p. 648.

seus juízes, a Câmara ou turma julgadora poderá promover o pronunciamento prévio da Corte Plena sobre matéria de que dependa a decisão de algum feito, ou envolvida nessa decisão, desde que reconheça que sobre ela ocorre, ou pode ocorrer, divergência de decisões ou de jurisprudência, entre Câmaras ou turmas".

No CPC de 1939, a Súmula apareceu sob as vestes do *prejulgado* (art. 861), com redação análoga à do texto antes transcrito; o CPC/73 não reteve essa figura e, em seu lugar, previu um incidente processual tendente à formulação de súmula, a qual passa a valer "como precedente na uniformização da jurisprudência" (art. 479), a par da chamada *assunção de competência*, voltada a "compor divergência entre câmaras ou turmas do tribunal" (§ 1.º do art. 555).

De permeio, entre essas efemérides, vale registrar que a CLT (1943) previa, originalmente, o *prejulgado*, no artigo 902, dispondo que "os Tribunais Regionais do Trabalho, as Juntas de Conciliação e Julgamento e os Juízes de Direito investidos na jurisdição da Justiça do Trabalho ficarão obrigados a respeitá-lo". Anota José Rogério Cruz e Tucci que "em inúmeras ocasiões foi arguida a inconstitucionalidade do referido artigo 902 da Consolidação das Leis do Trabalho. A Lei 7.033, de 5 de outubro de 1982, revogou o prejulgado trabalhista". O autor lembra, ainda, que o *Código Eleitoral* (Lei 4.737/65) recepciona o prejulgado, no artigo 263. [255]

Na EC 7, de 1977 (redação dada ao art. 144, V, da CF de 1967, emendada em 1969), previra-se que os órgãos especiais, nos Tribunais de Justiça, procederiam a uma "uniformização da jurisprudência no caso de divergência entre seus grupos ou seções" e, por aquela mesma Emenda, conferiu-se competência ao STF para processar e julgar "a representação do Procurador-Geral da República, por inconstitucionalidade ou para interpretação da lei ou ato normativo federal ou estadual" (alínea *l* do art. 119); em 1979, a Lei Orgânica da Magistratura veio dispor que na organização dos Tribunais cabe às Seções processar e julgar "a uniformização da jurisprudência, quando ocorrer divergência na interpretação do direito entre as Turmas que a integram" (art. 101, § 3.º, *c*); a EC 3/93 conferiu efeitos *erga omnes*, inclusive em face do Executivo e do próprio Judiciário às decisões de mérito do STF na ADCon (CF, art. 102, § 2.º, depois alterado pela EC 45/2004); na *Lei dos Recursos* (Lei 8.038/90, art. 38) potencializou-se a eficácia processual da súmula, no juízo de admissibilidade dos recursos.

255. Eficácia do precedente judicial na história do direito brasileiro. *Revista da Associação dos Advogados de São Paulo* (AASP), n. 78, set. 2/004, p. 46.

Com o advento da Lei 9.756/98, o *caput* do art. 557 do CPC/73 permitiu ao relator negar seguimento a recurso posto "em confronto com Súmula ou com jurisprudência dominante do respectivo tribunal, do STF, ou de Tribunal Superior", e, em contrapartida, aquela lei acresceu o § 1.º-A a esse art. 557, autorizando o relator dar provimento ao recurso quando "a decisão recorrida estiver em manifesto confronto com Súmula ou com jurisprudência dominante do Supremo Tribunal Federal ou de Tribunal Superior". Ainda, a Lei 9.756/98 acresceu um parágrafo único ao art. 120 do CPC, permitindo ao relator, nos conflitos de competência, em decisão agravável, "decidir de plano o conflito", quando haja "jurisprudência dominante do tribunal sobre a questão suscitada". Essa Lei 9.756/98 ainda acresceu parágrafo único ao art. 481 do CPC, dispensando os órgãos fracionários dos Tribunais de submeterem a querela constitucional incidental ao Pleno ou Órgão Especial, "quando já houver pronunciamento destes ou do plenário do Supremo Tribunal Federal sobre a questão".[256] No âmbito do STF e do STJ, o Relator ficava autorizado a dirimir, em decisão sujeita a agravo interno, o *agravo nos próprios autos*, tirado do despacho denegatório de seguimento do recurso extraordinário e do recurso especial, nessa ordem, com base em "súmula ou jurisprudência dominante" (CPC/73, art. 544, § 4º, II, alienas *b* e *c*; art. 545, cf. Lei 12.322/2010). Ressalte-se ainda que no âmbito trabalhista, a Lei 13.015/2004 dera nova redação ao § 4.º do art. 896 da CLT, por modo que o TST, ao constatar "a existência de decisões atuais e conflitantes (...) sobre o tema objeto de recurso de revista", poderia fazê-lo retornar ao TRT de origem, "a fim de que proceda à uniformização da jurisprudência"; tal parágrafo, todavia, está hoje revogado pela Lei 13.467/2017.

No âmbito do vigente CPC, podem ser lembradas as ocorrências inseridas no ideário da valorização do elemento jurisprudencial, da agilização dos trâmites e do tratamento isonômico aos jurisdicionados: (***i***) a liminar improcedência do pedido quando este contrariar o direito sumular e demais padrões decisórios indicados no art. 332 e incisos; (***ii***) a dispensa de remessa necessária de sentença proferida em desfavor do interesse fazendário, quando ela venha fundada em súmula de tribunal superior ou nos demais parâmetros hermenêuticos listados no § 4º e incisos do art. 496; (***iii***) juízes e tribunais *devem* observar os padrões decisórios listados no art. 927 e incisos; (***iv***) o acórdão em assunção de competência "vinculará todos os juízes e órgãos fra-

256. Todavia, confira-se o enunciado da súmula vinculante n. 10: "Viola a cláusula de reserva de plenário (CF, art. 97) a decisão de órgão fracionário de tribunal que, embora não declare expressamente a inconstitucionalidade de lei ou ato normativo do poder público, afasta sua incidência, no todo ou em parte".

cionários, exceto se houver revisão de tese" (§ 3º do art. 947); (*v*) dispensa-se a reserva de plenário quando, sobre a questão constitucional suscitada, já houver pronunciamento do plenário, do órgão especial do tribunal ou do plenário do STF (parágrafo único do art. 949); (***vi***) o conflito de competência pode ser julgado de plano pelo relator, quando sua decisão se fundar em súmula do STF, do STJ ou do próprio tribunal, ou em tese firmada em julgamento de casos repetitivos ou ainda em acórdão proferido em incidente de assunção de competência (parágrafo único e incisos do art. 955); (***vii***) é cabível *ação rescisória* quando a decisão de mérito tenha se fundado em súmula ou em julgamento de casos repetitivos sem que tenha sido feita a distinção entre "a questão discutida no processo e o padrão decisório que lhe deu fundamento" (§ 5º do art. 966, parágrafo inserido pela Lei 13.256/2016, c/c inciso V do art. 966); (***viii***) a *tese jurídica* firmada ao final do incidente de resolução de demandas repetitivas projeta eficácia panprocessual em face de processos pendentes e futuros (art. 985 e incisos); (***ix***) apresentação de reclamação ao tribunal, em caso de inobservância dos padrões decisórios indicados no art. 988, III e IV, incisos acrescidos pela Lei 13.256/2016); (**x**) o relator pode prover ou desprover recursos, a partir do contraste com certos padrões decisórios impositivos (art. 932, IV e V e respectivas alíneas); (**xi**) a admissão de recurso especial ou extraordinário no tribunal *a quo* é feita a partir do contraste com decisão-quadro firmada no rito dos recursos repetitivos ou do pronunciamento do STF acerca da repercussão geral no tema (art. 1.030, I e II, o *caput* com redação e os incisos acrescidos pela Lei 13.256/2016. c/c art. 1.035 e § 1º e art. 927, III).

Esse histórico normativo é bastante eloquente a evidenciar que a ideia da isonomia no tratamento judiciário a processos análogos tem sido recorrente ao longo da evolução do direito brasileiro, sendo buscada por técnicas de eficácia e intensidade diversas, até se chegar à modalidade superlativa, que é a Súmula *vinculante*, instituída pela EC 45/2004 (art. 103-A e parágrafos da CF), de que se tratará, especificamente, *infra*, tópico 3.4 desta obra.

Nenhuma das fórmulas tentadas até hoje mostrou-se plenamente satisfatória, de modo que o ideal de uma "uniformidade contemporânea, que não exclua eventual diversidade sucessiva" continua a desafiar juristas e legisladores; no entanto, a preocupante realidade judiciária brasileira é grave o bastante para que os operadores do direito não esmoreçam na consecução daquele ideal, porque o Direito não pode se realizar fora e além dos valores do *justo* e do *equitativo*.

O contexto que ora se vai expondo reflui para a diretriz de que casos análogos devem receber respostas judiciárias qualitativamente homogêneas, pois do contrário o processo não se terá justificado como instrumento para realização *efetiva* (e não apenas virtual ou teórica) da ordem jurídica. Giuseppe Chiovenda já se conscientizara dessa necessidade, em sua conhecida afirmação, assim explicitada por Cândido Rangel Dinamarco: "A ideia central é proporcionar a quem tem direito à situação jurídica final, que constitui objeto de uma obrigação específica, precisamente aquela situação jurídica final que ele tem o direito de obter".[257] É dizer: no limite máximo possível, o Estado-juiz deve produzir um comando que assegure um bem de vida específico (ou, no mínimo, uma prestação que, satisfatoriamente, lhe corresponda), de modo a haver uma *justaposição* entre a norma de regência e o resultado prático que, pela *interferência do processo judicial*, deve ser oferecido ao jurisdicionado.

O direito sumular tem um relevante papel a desempenhar nesse ideário, e até mesmo na tutela judicial dita da *evidência*, que, a teor do art. 311 do CPC, "será concedida, independentemente da demonstração de perigo de dano ou de risco ao resultado útil do processo, quando: (...) II – as alegações de fato puderem ser comprovadas apenas documentalmente e houver *tese firmada em julgamento de casos repetitivos ou em súmula vinculante*", caso em que o juiz poderá decidir liminarmente (parágrafo único do art. 311).[258]

É sempre útil relembrar que o Projeto de Lei 3.804-A, voltado à alteração dos arts. 478 e 479 do CPC/73, previa a inserção de uma alínea (*d*) ao art. 479, dispondo que "nos processos pendentes e nos posteriores, com *pretensão fundada na tese da Súmula*, poderá ser concedida a antecipação da tutela, prosseguindo o feito até final julgamento". A proposta vinha, então, assim justificada: "Ajusta-se ao sistema processual vigente, não agride o devido processo legal e contribuirá de forma hábil, rápida e segura, para uma eficaz e pronta solução jurídica em campo de tantas inquietações".[259] Embora esse incidente de uniformização de jurisprudência não tenha sido recepcionado no CPC vigente, vale ter presente que uma das hipóteses de *tutela da evidência* se dá quando "as alegações de fato puderem ser comprovadas apenas documentalmente e houver tese firmada em *julgamento de casos repetitivos* ou em *súmula vinculante*" (inciso II do art.311), lembrando-se que a expressão "julgamento de casos repetitivos" abrange, *ex lege*, a *tese jurídica* firmada ao

---

257. *A reforma do Código de Processo Civil,* São Paulo, Malheiros, 1995, p. 149 e nota 1.

258. V., ao propósito, as considerações de Nelson Nery Júnior e Rosa Maria de Andrade Nery in Comentários ao Código de Processo Civil..., 2015, cit., p. 872, notas nºs 7 e 8.

259. Cf. Sálvio de Figueiredo Teixeira, A reforma processual na perspectiva de uma nova justiça, *Reforma do Código de Processo Civil,* São Paulo, Saraiva, p. 897, 1996.

cabo do incidente de resolução de demandas repetitivas e a *decisão quadro* firmada pelo STF ou STJ no rito dos recursos especial ou extraordinário repetitivos (art. 928 e incisos).

Não é de hoje, pois, que se reconhece a compatibilidade entre súmula *e previsibilidade da tutela jurisdicional,* valendo lembrar que no bojo da PEC 358/2005 cogitara-se a inserção, no âmbito do STJ, da *súmula impeditiva de recurso. Não tendo prosperado* tal empreita, a Lei 11.276/2006 veio acrescer ao art. 518 do CPC/73 o § 1º, autorizando o juiz a não receber apelação quando a sentença estivesse afinada com súmula do STF ou do STJ. À época, observara José Carlos Barbosa Moreira: "Fica evidente que se deseja antecipar, por via da legislação ordinária, algo (ou muito) da proposta constante do projeto de reforma da Constituição, na parte que pende da reapreciação pela Câmara dos Deputados, a saber, a denominada 'Súmula impeditiva de recurso'. Não deixa isso de ser curioso: ou a inovação prescinde de autorização constitucional, e não se percebe o porquê de sua inserção naquele projeto, ou precisa dela, e simples lei ordinária não pode consagrá-la sem ferir a Carta da República".[260]

Concede-se, em favor daquele § 1.º ao art. 518 do CPC/73, que, porventura, tenha o legislador almejado preservar a *simetria vertical* do sistema judiciário, porque, na medida em que as Súmulas (simples) do STF e STJ exercem poderosa influência em face de todos os órgãos judiciais do país, segue-se que, do ponto de vista prático, a recepção de apelação interposta contra sentença confortada por tais enunciados impositivos engendraria *custos sem benefícios*: para o Judiciário, um inócuo acréscimo de serviço; para o apelado, uma procrastinação na efetivação do seu direito já reconhecido na sentença; para o apelante, uma *falsa expectativa de reforma*, já que também o Tribunal *ad quem* estaria, tendencialmente, jungido a observar tais Súmulas. Na visão de Vicente Greco Filho, "o indeferimento da apelação pode ocorrer quando a sentença for fundada em Súmula do STF ou do STJ, ainda que não vinculante, e também, com maior razão, se se tratar de decisão vinculante do Supremo Tribunal Federal mesmo que não sumulada. Estende-se, pois, a possibilidade de indeferimento da apelação à última hipótese apesar da omissão, aplicando-se, portanto, a norma constitucional, pelo mesmo fundamento".[261] À época, esclarecera Luiz Guilherme Marinoni: "Evidentemente, o não recebimento da apela-

260. Súmula, jurisprudência, precedente: uma escalada e seus riscos, *Revista Dialética de Direito Processual*, n. 27, jun. 2005, p. 54.

261. *Direito processual civil brasileiro*, São Paulo, 17. ed., RT, 2006, vol. 2, p. 333.

ção com base no art. 518, § 1.º, CPC, pressupõe que a Súmula do Superior Tribunal de Justiça ou do Supremo Tribunal Federal invocada na sentença outorgue solução ao problema jurídico levado pela parte a juízo. Vale dizer: a Súmula deve constituir fundamento suficiente e determinante da decisão. Deve, por si só, dar sustentação à sentença. Se a Súmula é apenas um dos argumentos utilizados na decisão, não se referindo ao cerne da controvérsia, não se está propriamente diante de sentença em conformidade com Súmula, como exigido pelo art. 518, § 1.º, CPC".[262]

No regime do vigente CPC aquele "poder de veto" antes atribuído ao juiz para trancar apelação contra sentença confortada por súmula do STF ou do STJ, em verdade como que "se transferiu" ao relator, no tribunal, já que a este é dado "negar provimento a recurso que for contrário a súmula do Supremo Tribunal Federal, do Superior Tribunal de Justiça ou do próprio tribunal" (art. 932, IV, *a*).

Dado que "a vida é mais rica do que o Direito", este, ao incidir sobre os fatos, valorando-os (*fato + valor = norma*, na conhecida fórmula de Miguel Reale), faz uma primeira *redução* na complexidade dos fatos, *escolhendo* aqueles que parecem mais relevantes, e assim a norma vem a ser obtida ao final de um processo de *abstração*. Quando a lei vem a ser objeto de interpretação judicial, dá-se uma *segunda redução*, porque várias interpretações são possíveis, mas somente *uma* há de ser escolhida para a solução do caso concreto. Ora, como bem observa J. J. Calmon de Passos: "Essa segunda redução de complexidade, quando transferida ao julgador, não pode ser nem arbitrária, nem discricionária, visto como se negaria, aqui, o princípio que informou a primeira redução de complexidade, que se tornaria inócua e nenhuma. Por outro lado, se essa atividade se dá num sistema democrático, tanto aqui, quanto ali, se faz essencial a adequação ao devido processo legal respectivo. Por via de consequência, e conclusão necessária, se inexistir no sistema instrumentos mediante os quais se empreste, no máximo possível, segurança e coerência nessa segunda redução de complexidade, portanto, *previsibilidade*, negar-se-á (ou se anulará) o quanto antes afirmado, disfuncionalizando-se o sistema como um todo. Essa exigência fala em favor da força vinculante de certas decisões dos tribunais superiores (...)".[263]

No atual momento evolutivo do processo civil, sobreleva a nota da *efetividade* da resposta judiciária, a saber, que o processo atue como instru-

262. *Código de Processo Civil comentado artigo por artigo*, 2. ed., São Paulo, RT, 2010, nota n. 2 ao art. 518, p. 535.

263. Súmula vinculante cit., *Revista Genesis*, n. 6, 1997, p. 629.

mento de *efetiva* realização de direitos (o chamado *processo civil de resultados*), antes que mero veículo para outorga (tardia e imprevisível), ou de um singelo *reconhecimento* do direito ou de um prosaico *sucedâneo* do bem, do valor ou do direito perseguidos pela parte à qual assiste razão. No ponto, Cândido Rangel Dinamarco: "Cabe à técnica processual excogitar medidas substitutivas (atividades) capazes de, prescindindo da vontade do obrigado, produzir a mesma situação jurídica final (resultado) que ao credor era lícito esperar deste".[264] Nesse sentido, dispõe o art. 4º do CPC: "As partes têm o direito de obter em prazo razoável a solução integral do mérito, *incluída a atividade satisfativa*".

Nem se pode hoje entender diferentemente, porque, se o resultado final do processo se revela de todo imprevisível, se sobrevém num momento futuro muito distante, se resulta na entrega de uma sorte de *prêmio de consolação* à parte que, todavia, beneficiava de uma real situação de vantagem perante o ordenamento, então não se terá feito justiça, mas antes coonestado uma injustiça, e também não se terá aplicado a *vontade concreta da lei*, porque a vocação natural dela é para a plena realização do justo. Do contrário, restará a patética conclusão de que a norma, tão só em sua *retórica virtualidade*, protege o direito da parte por ele assistida, mas *perde essa vocação* quando vem subsumida a uma controvérsia judicializada.

Por outras palavras, a desejada isonomia não pode ser buscada apenas em face da lei enquanto norma geral, abstrata e impessoal, mas deve sê-lo igualmente em face da *lei judicada*, ou seja, da norma após interpretada e aplicada pelos Tribunais. Disse-o claramente Luigi Montesano: "I giudici italiani devono si obbedire alle regole dell'uguaglianza (art. 3 cost.) o meglio – come ha ben chiarito la giurisprudenza costituzionale – della non irragionevole disparità di trattamento dei soggetti di fronte alla legge – principio che sarebbe manco se non valesse anche in riguardo alle applicazioni giudiziarie della legge e se, quindi, non comportasse il corollario della non irragionevole difformità di decisioni su casi simili, o, dal lato dell' utente di giustizia, della ragionevole prevedibilità delle decisioni (...)."[265]

Correta assim a lição de José Afonso da Silva: "O princípio da igualdade jurisdicional, ou perante o juiz apresenta-se, portanto, sob dois prismas: 1) como interdição ao juiz de fazer distinção entre situações iguais, ao aplicar a lei; 2) como interdição ao legislador de editar leis que possibilitem trata-

264. *A reforma do Código de Processo Civil*, São Paulo, Malheiros, 1995, p. 151.

265. Aspetti problematici del potere giudiziario e della giurisprudenza teorica e pratica nell' Italia d'oggi, cit., *Rivista Trimestrale di Diritto e Procedura Civile*, set. 1991, p. 666.

mento desigual a situações iguais ou tratamento igual a situações desiguais por parte da Justiça".[266]

Nesse sentido, impende relembrar as várias passagens em que o legislador brasileiro tem se mostrado sensível à necessidade de ser preservada a isonomia *real* (e não apenas formal), em situações precipuamente conflituosas, como nas relações de consumo, prevendo-se a *desconsideração da pessoa jurídica* e a *inversão do ônus da prova* em prol do consumidor (CDC, arts. 28 e 6.º, VIII; CCi, art. 50; CPC, art. 1.015, IV; § 1º do art. 373); nas relações de trabalho, com a presunção de hipossuficiência do empregado e a previsão de nulidade de cláusulas contrárias ao disposto no estatuto laboral (CLT, art. 9.º, c/c art. 611-B e incisos, inseridos pela Lei 13.467/2017); no campo das obrigações civis, em que a cobrança de dívida já paga é apenada com a devolução em dobro (CCi, art. 940).

Nery & Nery anotam, a respeito: "Dar tratamento isonômico às partes significa tratar igualmente os iguais e desigualmente os desiguais, na exata medida de suas desigualdades. Igualdade no sentido de garantia constitucional fundamental quer significar isonomia *real*, *substancial*, e não meramente formal".[267]

Da mesma forma como se impõe a preservação da isonomia *erga omnes* da lei enquanto produto legislativo, o mesmo princípio deve valer para a lei que vem interpretada e aplicada pelo juiz no caso concreto. É dizer: a resposta judiciária, além de jurídica (= tecnicamente fundamentada) deve ser *justa*, ou seja, equânime, isonômica, valendo lembrar que o Direito surgiu a partir da ideia de preservação do *justo* e mesmo de uma aproximação entre a equidade e o direito natural: "id quod semper oequum et bonum est jus dicitur: ut est jus naturale". Paulo Dourado de Gusmão fala numa "equidade legal, que consiste na justa concretização do preceito legal, de grande valor na aplicação do direito", a par de uma "equidade ideal, que muitas vezes está em conflito com o direito positivo, e que corresponde aos novos ideais históricos da justiça".[268]

Sendo assim, e mesmo consideradas todas as virtudes e encantos que se possam entrever na jurisdição singular e em seu corolário – a persuasão racional do juiz em cada caso concreto –não há negar que a coexistência de julgados discrepantes acerca de casos análogos *não é justa nem socialmente sustentável* (embora possa ser juridicamente explicável até certo ponto), dada a premissa de que o Direito só se justifica enquanto instrumento para

266. *Curso de direito constitucional positivo* cit., 19. ed., p. 221.

267. *Constituição Federal comentada e legislação constitucional*, 3. ed., São Paulo, RT, 2012, nota 11 ao art. 5º.

268. *Introdução à ciência do direito* cit., p. 70-71.

realização concreta da norma (que por definição é igualitária) e consequente promoção da justiça social. É preciso não perder de vista que, ao contrário da Filosofia, devotada a investigar e expor as primeiras causas e os últimos fins, já o Direito é essencialmente *prático*, cabendo-lhe fornecer soluções satisfatórias para as controvérsias ocorrentes ao interno da sociedade e que, não compostas suasoriamente, acabam judicializadas.

Paralelamente à solução do caso concreto, fica igualmente atingido outro objetivo, qual seja o da *pacificação social*, decorrente da eliminação da lide pendente, e nem por outro motivo alerta o art. 5.º da *Lei de Introdução às Normas do Direito Brasileiro* (nº 12.376/2010, que redenominou a Lei de Introdução ao Código Civil, de 1.942): "Na aplicação da lei, o juiz atenderá aos *fins sociais* a que a norma se dirige e às exigências do *bem comum*".

O ora afirmado é particularmente verdadeiro em face das *demandas replicadas ou seriais*, onde o Judiciário deve decidir controvérsias homogeneizadas pelo conteúdo comum e numericamente muito expressivas. É intuitivo que, em casos tais, a discrepância de julgamentos sobre matéria idêntica é muito mais nefasta do que no plano da jurisdição singular, porque nesta os próprios limites subjetivos da coisa julgada (CPC, art. 506) em certa medida circunscrevem as possíveis iniquidades, ao passo que no universo coletivo, onde se aninham interesses de massa, a natural projeção *ultra partes* ou *erga omnes* do julgado *potencializa* os males da divergência. Nesse plano coletivo, o dissenso pretoriano provoca uma sequência de efeitos perversos: desprestigia o Judiciário, gera instabilidade social, acarreta situações de injustiça às partes, tudo exacerbado com a eficácia expandida da coisa julgada (*erga omnes, ultra partes* – art. 103 e incisos do CDC; art. 16 da Lei 7.347/85; art. 18 da Lei 4.717/1965), importando, ao fim e ao cabo, numa verdadeira *negação do* Direito.

Nesse sentido, à época dos debates acerca da chamada *Reforma do Judiciário* o então Procurador-Geral da República, Geraldo Brindeiro, manifestara-se "favorável à adoção do efeito vinculante das Súmulas dos Tribunais Superiores, especialmente do STF e do STJ, não apenas para evitar o acúmulo absurdo de processos repetidos, nos quais as questões jurídicas já foram anteriormente decididas inúmeras vezes, prejudicando o acesso ao Judiciário e a qualidade da prestação jurisdicional, mas também, e principalmente, em respeito ao princípio constitucional da isonomia, pois é inaceitável dar-se tratamento diferenciado, com base na mesma lei, a pessoas em situações jurídicas idênticas".[269]

269. Palestra proferida nas Faculdades Metropolitanas Unidas, em São Paulo, noticiada no jornal *Tribuna do Direito*, São Paulo, jun. 1996, p. 15.

No ponto, o posicionamento da Ministra Ellen Gracie Northfleet, então integrante do STF: "Alinho-me entre os que acreditam que a maior parte das questões trazidas ao foro, especialmente ao foro federal, são causas repetitivas, onde, embora diversas as partes e seus patronos, a lide jurídica é sempre a mesma. São causas que se contam aos milhares em todo o país e que dizem respeito a matérias exaustivamente discutidas e de há muito pacificadas pela jurisprudência. Como exemplo, as devoluções de empréstimos compulsórios, as causas em que se busca a correção monetária dos salários de contribuição, para efeito de cálculo das aposentadorias, aquelas em que os depositantes reivindicam a aplicação de índices expurgados ao cálculo de seus saldos em cadernetas de poupança, entre inúmeras outras".[270]

Em linha consonante, ponderava Marco Antonio de Barros: "Antes de mais nada é preciso consignar que o crescimento vertiginoso da população, o rápido desenvolvimento dos grandes centros urbanos e a multiplicação geométrica dos inconformismos e descontentamentos às decisões exaradas pelos Juízos inferiores convergem para o surgimento daquilo que pode ser chamado de coletivização dos conflitos, cujo movimento depende, para sua pacificação, de uma resposta equivalente, qual seja a inserção no ordenamento jurídico de medidas que promovam a *coletivização da tutela jurisdicional*".[271]

Exemplo elucidativo deu-se num caso em que o STF entendeu autoaplicáveis os §§ 5.º e 6.º do art. 201 da CF, que dispõem sobre benefícios previdenciários. A espécie fora, à época, assim referida por Saulo Ramos: "O TRF da 5.ª Região considerou o STF errado na interpretação da Constituição Federal e, à falta de lei de concreção, continuou a negar esses direitos fundamentais, embora mínimos na expressão econômica, para os aposentados do Rio Grande do Sul, Santa Catarina e Paraná, enquanto todos os demais brasileiros, na mesma situação jurídica, passaram a tê-los respeitados no resto do território nacional".[272]

Parece evidente que para casos como esses as técnicas voltadas à fixação de um julgado paradigma – como o são as súmulas obrigatórias, as decisões-quadro, os enunciados normativos – têm indiscutível utilidade, até porque nas demandas seriais os elementos que as compõem apresentam *unidade conceitual*, não se alterando em função de tempo, espaço ou juízo de valor

---

270. Ainda sobre o efeito vinculante, *Cadernos de Direito Tributário e Finanças Públicas*, n. 16, jul.-set. 1996, p. 12.

271. Anotações sobre o efeito vinculante cit., *RT* n. 735, p. 105.

272. Efeito vinculante de decisões dos Tribunais Superiores (palestra proferida em setembro de 1995), *Revista Brasileira de Ciências Criminais*, n. 13, jan.-mar. 1996, p. 152.

(*v.g.*, "aposentado"; "provento"; "benefício previdenciário"), de modo que a prolação de respostas judiciárias qualitativamente discrepantes, além de desprestigiar o Judiciário, acaba promovendo deplorável injustiça, ao tratar *desigualmente os iguais*, ou, se se quiser, ao estabelecer *desequiparações ilegítimas*.

No ponto, posiciona-se Paulo Roberto de Gouvêa Medina: "O problema se coloca, especialmente, em face de certos atos emanados do Estado, que lesam, a um só tempo, direitos de uma multiplicidade de cidadãos e em virtude dos quais tendem a reproduzir-se em grande escala, perante órgãos distintos do Judiciário, ações com assemelhadas características, em que a *causa petendi* remota é a mesma e o objeto de igual natureza, só variando, a rigor, as partes, num dos polos da relação processual". Adiante, prossegue: "A ocorrência de julgamentos díspares em tais ações é mais chocante e, em vista das repercussões que provocam na opinião pública, causam, em geral, perplexidade, chegando a comprometer a confiança dos jurisdicionados no Poder Judiciário".[273]

As técnicas tendentes à preservação de tratamento judiciário isonômico para situações assemelhadas, sobretudo nas demandas múltiplas, não são incompossíveis com a organização judiciária brasileira, mas, muito ao contrário, sua organização em instâncias superpostas, mostra-se compatível com a prolação de precedentes jurisprudenciais vinculativos. Verdade que se pode obtemperar, como anotaram Grinover, Cintra & Dinamarco, que "a hierarquia dos graus de jurisdição nada mais traduz do que uma competência de derrogação e nunca uma competência de mando da instância superior sobre a inferior";[274] mas, no caso, a fixação prévia de parâmetros jurisprudenciais se traduz antes num *plus*, a *qualificar* a prestação jurisdicional, para que ela se projete, isonomicamente, em dimensão panprocessual.

É, aliás, o que já vem ocorrendo no Direito posto, como na decisão de mérito do STF na ADIn e ADCon (CF, art. 102, § 2.º; Lei 9.868/1999, parágrafo único do art. 28; CPC, art. 927, I); nas decisões normativas e súmulas de jurisprudência uniforme do TST (CF, art. 114, § 2.º; CLT, art. 896, *a*, redação da alínea cf. Lei 13.015/2014); no juízo negativo de admissibilidade de recurso, quando interposto em sentido contrário ao enunciado de Súmula (CPC, art. 932, IV, *a*); na extensão *in utilibus* do julgado coletivo (CDC, arts.

---

273. A uniformização da jurisprudência no contexto da reforma do Código de Processo Civil, *in* Sálvio de Figueiredo Teixeira (coord.), *Reforma do Código de Processo Civil* cit., p. 584.

274. *Teoria geral do processo,* 13. ed., São Paulo, Malheiros, 1997, p. 162.

103, § 3.º, e 104); na aplicação, *aos novos feitos*, da declaração de constitucionalidade ou de inconstitucionalidade de lei ou ato normativo, pronunciada por maioria qualificada (RISTF, art. 101); no julgamento *em bloco*, ou *por amostragem*, de RE's e REsp's repetitivos (CPC, arts. 1036 - 1.041 e §§); nos prejulgados fixados na Justiça Eleitoral (*Código Eleitoral* - Lei 4.737/65, art. 263); na liminar improcedência de pedido contrário a súmula do STF, do STJ ou de tribunal local (CPC, art. 932, I e IV).

Por outro lado, quando os órgãos judiciais prestigiam as Súmulas assentadas pelas Cortes Superiores, tal não se dá por mera subserviência a estas últimas, nem aí se vislumbra qualquer *capitis deminutio* na garantia da persuasão racional do julgador; a se entender de outro modo, então a instância *a quo* haveria de se sentir *censurada* quando o Tribunal cassasse a decisão recorrida, por *error in procedendo,* ou quando afastasse a carência de ação decretada em 1.º grau, julgando na sequência a causa (CPC, § 3.º e incisos do art. 1.013), quando em verdade tais ocorrências constituem virtualidades previsíveis na *praxis* judiciária. Não há porque acalentar tais melindres e suscetibilidades, devendo antes o operador do Direito concentrar-se no âmago do problema: urge enfrentar a situação de iniquidade e paroxismo acarretada pela multiplicidade de decisões qualitativamente discrepantes acerca de uma mesma *quaestio iuris*, mormente nos temas que envolvem interesses de massa e nas ações que têm o Poder Público como o *cliente habitual* do Judiciário. Marco Aurélio Costa Moreira de Oliveira refere que em "entrevista divulgada em todo o País, o ex-Presidente [do STF], Min. Sepúlveda Pertence, deixou claro que a esmagadora maioria dos recursos que abarrotam as prateleiras do Supremo Tribunal advém do inconformismo meramente dilatório de órgãos estatais, com interposição de recursos destinados a retardar a execução de direitos já inquestionáveis. É como costuma agir o poderoso e aético estado leviatã, procurando sufocar as pessoas".[275]

A jurisprudência assentada no Tribunal *ad quem* perderia sentido se não exercesse natural ascendência sobre a instância *a quo*, nada havendo, aí, que deslustre a atuação desta última. A se entender de outro modo, conforme observou Álvaro Villaça Azevedo, "só o Supremo Tribunal estaria ileso dessa *capitis diminutio*, se bem que a minoria de seus Ministros discorde quanto à tese fixada por este ou aquele assento, estaria, também, a sofrê-la, pois seriam baixados assentos contra a sua vontade, ou melhor, contra a sua interpretação".[276] Adiante, escreve o autor: "Os assentos não implicam em

---

275. As súmulas e o efeito vinculante, *Revista Ajuris*, n. 71, nov. 1997, p. 348-349.

276. Os assentos no direito processual civil, *Revista Justitia*, n. 74, p. 135.

qualquer diminuição da personalidade judicante dos Tribunais hierarquicamente inferiores, mesmo que se apresentem esses assentos com força de lei, pelo que, também, não possibilitam, de qualquer forma, a interferência do Poder Judiciário no campo do Legislativo".[277]

Justamente, é o fato de os graus de jurisdição estarem organizados numa estrutura piramidal, tendo à base os órgãos singulares, na faixa intermediária os colegiados locais e regionais e na cumeeira os Tribunais Superiores ou *da Federação*, é que torna viável a pré-fixação de enunciados obrigatórios por estes últimos, porque lhes compete dar a *última palavra:* sobre matéria constitucional (STF) ou infraconstitucional, seja em direito federal *comum* (STJ) ou *especial* (TST, STM, TSE). De resto, no plano prático, considerando-se que os Tribunais Superiores operam como instância final, revisora ou de cassação, seria inútil à parte sucumbente arguir perante eles tese dissonante dos enunciados assentados, assim como, inutilmente, os Tribunais locais/regionais prolatariam acórdãos divergentes de tal jurisprudência sumulada nos órgãos de cúpula, já que tais recursos e tais decisões seriam, respectivamente, rejeitados e *reformadas*. Bem por isso, cabe recurso de revista ao TST quando a decisão recorrida, do TRT, *contrariar* "súmula de jurisprudência uniforme dessa Corte" (CLT, art. 896, *a*, redação da alínea cf. Lei 13.015/2014).

Esse contexto, de resto, bem se compreende, porque a instância judiciária *ad quem* é a maior interessada em prestigiar o seu próprio direito sumular. Esse contexto se exacerbou com a criação, pela EC 45/2004, da súmula *vinculante* do STF, porque a decisão que a descumpre, ou a aplica indevidamente, fica sujeita à *reclamação* que, uma vez acolhida, implicará na *cassação* da decisão rebelde, "e determinará que outra seja proferida com ou sem a aplicação da Súmula, conforme o caso" (CF, § 3.º do art. 103-A; CPC, art. 988, III, inciso acrescido pela Lei 13.256/2016).

De fato, mormente em assuntos propícios à repetição de teses (matéria tributária, acidentária, de servidores públicos, previdenciária, planos governamentais, contratos de massa), costuma ocorrer de os Tribunais Superiores já terem assentado seu entendimento, tornando inútil o dispêndio de tempo e trabalho no oferecimento de recurso no qual se sustente entendimento diverso. Bem por isso, dispõe o art. 1.º do Decreto federal 2.346/97: "As decisões do Supremo Tribunal Federal que fixem, de forma inequívoca e definitiva, interpretação do texto constitucional *deverão ser uniformemente observadas* pela Administração Pública Federal direta e indireta, obedecidos os procedimentos estabelecidos neste Decreto". Ainda nos termos desse Decreto, uma vez firmada

277. Idem, p. 142.

jurisprudência pelos Tribunais Superiores, a AGU "expedirá Súmula a respeito", podendo então o Advogado Geral da União "dispensar a propositura de ações ou a interposição de recursos judiciais" (arts. 2.º e 3.º, *passim*).

O que apenas remanesce em aberto é a questão da *efetiva disposição ou vontade política* em implementar os instrumentos de contenção do exacerbado demandismo judiciário, já que a situação chega a beirar o surrealismo, como, há alguns anos, repercutia o editorial do jornal *O Estado de São Paulo*, de 04.07.2005, p. 3: "O que só se ficou sabendo agora, graças ao aperfeiçoamento dos mecanismos de coletas de dados estatísticos do Judiciário, é que, numa parte significativa dos recursos que atravancam os tribunais, as duas partes são entes governamentais, ou seja, pertencem ao mesmo aparato burocrático". (...) "Por falta de coordenação, os órgãos do Executivo começaram a acionar uns aos outros, o que é duplamente ilógico. Primeiro, porque, qualquer que seja a decisão final da Justiça, a conta da condenação sempre será paga pelo Erário (...) Diante dessa situação absurda, a AGU criou uma câmara de conciliação para mediar as relações jurídicas entre os entes da União. A ideia é criar um sistema de negociação no qual os representantes de cada órgão possam discutir suas divergências até chegar a uma solução consensual. No caso de um impasse, em vez de levar o caso à Justiça, eles se submeteriam à arbitragem do Presidente da República". Efetivamente, a Lei 13.140/2015, que veio a autorizar a *mediação* nas controvérsias envolvendo a administração pública, dispõe no art. 32: "A União, os Estados, o Distrito Federal e os Municípios poderão criar câmaras de prevenção e resolução administrativa de conflitos, no âmbito dos respectivos órgãos da Advocacia Pública, onde houver, com competência para: I – dirimir conflitos entre órgãos e entidades da administração publica".

A jurisprudência pacificada nos Tribunais Superiores, mesmo *não vinculante*, na prática opera com larga margem de impositividade, seja por emanar dos órgãos de cúpula, cujos acórdãos não são mais contrastáveis, seja pela curial inocuidade das decisões e postulações porventura veiculadas em sentido contrário às teses sumuladas. No ponto, expõe Álvaro Villaça Azevedo: "Não tendo essa força obrigatória, os assentos terão a força da própria jurisprudência ordenada, unificada, a impor-se por seu valor intrínseco, figurando ao lado das outras fontes do Direito, sem suplantar a qualquer delas, mas guardando seu autônomo valor, fazendo do Direito uma Ciência arejada, sempre no aguardo de uma nova ideia, de uma orientação para florir o canteiro da justiça, e perfumar a sociedade com os raios luminosos do saber sistemático, racional".[278]

278. Idem, p. 143.

O risco da quebra de isonomia entre respostas judiciárias vai além do risco da contradição lógica sobre um mesmo tema, podendo alcançar a temível contradição *prática* entre julgados, ou seja, o perigo de que uma situação jurídica assegurada num processo, porventura venha a se tornar ineficaz, em face de comando em sentido contrário ou incompatível, oriundo de outro processo. Com efeito, quando a contradição é meramente *lógica*, o processo civil consegue estabelecer um certo *modus vivendi* entre os comandos antitéticos, tomando-os como uma virtualidade, sempre factível num regime de jurisdição singular, fundado na subsunção de cada caso isolado a uma norma de regência. Explicando: através de institutos ou técnicas como, em primeiro grau, a distribuição por dependência, a prevenção, a conexão, a continência, o litisconsórcio, a intervenção de terceiros, a cumulação de pedidos, a reconvenção, e, em segundo grau, os incidentes de inconstitucionalidade, de resolução de demandas repetitivas, de assunção de competência, o Processo Civil procura *aglutinar* teses, fatos e sujeitos coalizados por fatores diversos, tais a *afinidade de questões*, a *origem comum do conflito*, a *tríplice identidade*, a *lide secundária*, a *proximidade entre pedidos ou causa de pedir*, a *questão central discutida*, etc., no afã de prevenir – no plano lógico – incompatibilidades entre comandos judiciais.

Quando tais técnicas preventivas já não se mostram factíveis ou satisfatórias, a ciência processual recorre a soluções mais severas, como a extinção do processo repetido (litispendência: CPC, art. 485, V), a ação rescisória fundada em ofensa à coisa julgada (CPC, art. 966, IV), , a ineficácia da decisão lançada em processo para o qual não fora citado litisconsorte necessário (CPC, arts. 114, 115, incisos e parágrafo único), chegando mesmo a recepcionar a chamada *relativização da coisa julgada*, em modo de uma *exceção de pré-executividade*: CPC, § 12 do art. 525.

É uma imposição inarredável, nos dias que correm, o tratamento judicial isonômico aos sujeitos concernentes a certos contextos sociais ou negociais *uniformes*, como se dá com os partícipes em relações jurídicas padronizadas, ou *de massa* (*v.g.*, serviços de telefonia), ou ainda com os sujeitos aglutinados numa mesma *faixa* do universo coletivo (*v.g.*, os usuários de um mesmo medicamento). No campo trabalhista, o problema foi, razoavelmente, resolvido há tempos, com a outorga de força normativa às sentenças coletivas da Justiça do Trabalho (CF, art. 114 e § 2.º, c/c CLT, art. 868 e parágrafo único) e, bem assim, com a notável ascendência – praticamente *vinculativa* – que as súmulas do TST exercem sobre as demais instâncias, tudo propiciando uma resposta judiciária igualitária para os sujeitos e interesses polarizados nas forças do capital e do trabalho, segundo as respectivas *categorias*. Tão forte é o prestígio do direito pretoriano nessa Justiça especializada, que no âmbito do TST ele apresenta mais de uma forma de expressão: "1. Súmulas do Tribunal Superior do Trabalho; 2. Orientação Jurisprudencial do Tribunal Pleno; 3. Orientação Jurisprudencial da Seção de Dissídios Individuais 1; 4. Orientação Jurisprudencial da Seção de Dissídios Individuais 1 – Transitória; 5. Orientação Jurisprudencial da Seção de Dissídios Individuais 2; 6. Orientação Jurisprudencial da Seção de Dissídios Coletivos; 7. Precedentes Normativos".[279]

No campo do processo comum o problema torna-se mais complexo, porque, tirante as lides conduzidas à jurisdição de tipo coletivo em sentido largo (ação civil pública, ação popular, ações no controle direto de (in) constitucionalidade, mandado de segurança coletivo), nas quais o interesse metaindividual já vem tutelado na conformidade da sua respectiva dimensão (*difuso*, *coletivo em sentido estrito*, *individual homogêneo* – CDC, Lei 8.078/90, art. 81, *caput*, parágrafo único e incisos), podendo mesmo ocorrer o virtual *transporte* do julgado coletivo, *in utilibus*, para as ações individuais correspondentes (CDC, arts. 103, § 3.º, e 104), no mais, e de ordinário, as lides são *intersubjetivas*, resolvendo-se na jurisdição singular, em que cada processo é julgado *de per si*, segundo a persuasão racional do julgador (CPC, arts. 2.º, 490, 492), limitando-se às partes a eficácia da coisa julgada (art. 506). Num tal contexto, remanesce aberto o virtual risco de que casos análogos acabem decididos de maneira qualitativamente diversa, com isso atritando a isonomia, já que esta não se deve restringir à *norma legislada*, senão que se deve estender, também, à *norma judicada*, ou seja, à norma interpretada e aplicada pelo Judiciário.

Ao propósito, observa Luiz Flávio Gomes: "O princípio da igualdade possui hoje uma dupla dimensão: 'igualdade na lei' (no tratamento dado pela lei) e 'igualdade na aplicação da lei' (os juízes devem decidir os litígios idênticos com consequências idênticas). Em virtude desse último aspecto do princípio da igualdade, vem sendo construída a seguinte tese: '*Um mesmo órgão* jurisdicional não pode *modificar arbitrariamente* o sentido de suas decisões em *casos substancialmente iguais*; quando isso acontece, deve oferecer uma *fundamentação suficiente e razoável*'".[280] Essa premissa vem albergada no vigente CPC, prevendo o § 4º do art. 927: "A modificação de enunciado

279. Dados colhidos na *Revista da Amatra* – Associação dos Magistrados da Justiça do Trabalho, mar.-abr. 2006, p. 12.

280. Súmulas vinculantes e independência judicial, *RT* n. 739, p. 38-39 (Artigo extraído da obra *A dimensão da magistratura no Estado constitucional democrático de direito*, São Paulo, RT, 1997.)

de súmula, de jurisprudência pacificada ou de tese adotada em julgamento de casos repetitivos observará a necessidade de fundamentação adequada e específica, considerando os princípios da segurança jurídica, da proteção da confiança e da isonomia".

Note-se que no regime da *common law*, presidido pelo milenar princípio *stare decisis et non quieta movere*, a diretriz remanesce no sentido de ser prestigiado o *binding precedent*, em seu núcleo essencial (chamada *ratio decidendi*). Apenas como exceção (e, pois, confirmando a regra) é que é dado aos juízes, motivadamente, afastarem a incidência desse parâmetro, através das técnicas e modalidades do *overruling* (demonstração da superação ou defasagem do precedente) e do *distinguishing* (demonstração de que a *fattispecie* não se subsume ao precedente). Por essas técnicas, explica Márcia Regina Lusa Cadore, é que "o juiz do caso concreto expressamente declara que não aplicará determinado precedente, que seria vinculante para a decisão em exame, porque não subsistem os pressupostos de fato que haviam justificado a adoção da regra anteriormente aplicada".[281] O CPC revela-se atento a tal ocorrência, ao considerar *não fundamentada* a decisão que "deixar de seguir enunciado de súmula, jurisprudência ou precedente invocado pela parte, sem demonstrar a existência de *distinção* no caso em julgamento ou a *superação do entendimento*" (§ 4º, VI do art. 489).

É no contexto do tratamento judicial isonômico aos casos assemelhados que se coloca a questão da jurisprudência uniformizada (predominante/sumulada) e de sua aptidão para servir como parâmetro, *in abstracto*, para os casos pendentes e futuros nela subsumidos, objetivo para o qual se apresentam várias propostas e alternativas, com destaque para o fomento do caráter praticamente obrigatório do direito sumular. Hoje é indisputável que os jurisdicionados não mais podem continuar recebendo respostas judiciárias discrepantes, ou até contraditórias, em casos substancialmente iguais, mormente em assuntos que empolgam milhares, senão milhões de indivíduos, como ocorre nas chamadas *demandas seriais*, ajuizadas em razão de demandas de massa, como as defluentes de programas governamentais frustrados ou mal gerenciados, ou de exigências fiscais descabidas, ou nos megaconflitos consumeristas, envolvendo temas como cartões de crédito, seguro-saúde, financiamento bancário.

Em face de ocorrências dessa natureza, impende reavaliar certos institutos processuais que, se até agora serviram para dirimir conflitos *intersubjetivos* ("Tício *versus* Caio"), todavia já não mais respondem satisfatoriamente

---

281. *Súmula vinculante e uniformização de jurisprudência*, São Paulo, Atlas, 2007, p. 67.

às novas situações, necessidades e valores de uma sociedade globalizada, massificada, donde emergem controvérsias de largo espectro, ditas *conflitos multiplexos*, que depassam em muito a crise propriamente jurídica, para alcançar domínios sociopolítico-econômicos. Ao propósito, afirma Luis Roberto Barroso: "Temas envolvendo aspectos técnicos ou científicos de grande complexidade podem não ter no juiz de direito o árbitro mais qualificado, por falta de informação ou conhecimento específico. Em questões como demarcação de terras indígenas ou transposição de rios, em que tenha havido estudos técnicos e científicos adequados, a questão da capacidade institucional deve ser sopesada de maneira criteriosa".[282]

O legislador brasileiro tem se mostrado sensível a uma necessária *reengenharia* do processo civil, valendo mencionar como exemplos: ***a***) as novas *modalidades* de coisa julgada e os novos critérios determinativos de competência, aquelas e estes melhor adaptados à tutela judicial de interesses metaindividuais (CDC, arts. 103 e 104; art. 93, c/c art. 117; CPC, § 3º do art. 55); ***b***) a restrição à formação do litisconsórcio ativo muito numeroso, dito multitudinário ou *monstrum* (CPC, § 1º do art. 113), medida recomendada porque o afluxo excessivo de sujeitos na demanda judicial pode "inviabilizar o exercício da jurisdição, conspirando contra o princípio da economia processual, que fundamenta a existência do litisconsórcio";[283] ***c***) o cumprimento *específico* das obrigações de fazer/não fazer, com o emprego de meios coercitivos (*astreintes*, multas diárias) e das chamadas *medidas de apoio* (CPC, arts. 139, IV; 536 e § 1º); ***d***) a potencialização da eficácia processual das súmulas (CPC, arts. 332, I e IV; 932, IV, a; 927, IV, *a*); ***e***) a eficácia vinculativa, para Executivo e Judiciário, da decisão de mérito do STF na ADIn e ADCon (CF, art. 102, § 2.º, c/c parágrafo único do art. 28 da Lei 9.868/99; CPC, art. 927, I), o mesmo ocorrendo em face da súmula vinculante do STF (CF, art. 103-A e § 3.º; CPC, art. 927, II).

Presentemente, surge o momento azado para a ciência processual dar mais um *salto de qualidade* nessa linha evolutiva, fornecendo os instrumentos para que a desejada isonomia de todos *na lei e perante ela* seja uma garantia *real* e não apenas *formal*; que abranja, para além da norma *legislada*, também a norma *judicada*, especialmente nas demandas repetitivas, na quais se exacerbam os malefícios da discrepância entre julgados, em razão do largo

---

282. Judicialização, ativismo judicial e legitimidade democrática. *Atualidades jurídicas – revista eletrônica do Conselho Federal da OAB*, n. 4, jan.-fev./2009, p. 16.

283. Cf. Nelson Nery Júnior e Rosa Maria de Andrade Nery, Comentários ao Código de Processo Civil..., cit., 2015, nota 7 ao art. 113, p. 512.

espectro dos interesses em conflito. Há tempos, o saudoso Min. Sálvio de Figueiredo Teixeira, então em exercício no STJ, já ressaltara que a ideia é "dar tratamento infraconstitucional ao fenômeno, verificado especialmente na Justiça Federal, das denominadas *demandas múltiplas*, quando milhares de pessoas ajuízam causas tendo por suporte uma mesma questão jurídica e as decisões judiciais nem sempre são convergentes, daí resultando insegurança e até mesmo perplexidade, com desprestígio para o Judiciário e intranquilidade no meio social".[284]

Verdade que nesse plano da jurisdição coletiva, em sentido amplo, certos institutos tradicionais do processo hão de sofrer alguns temperamentos, especialmente o binômio "contraditório-ampla defesa", dado que naquele contexto o interesse em lide é tratado em sua dimensão *metaindividual* (sujeitos indeterminados, objeto indivisível) e, por isso, torna-se inviável a *citação real* dos sujeitos concernentes; daí porque se considera que eles ficam *representados* no processo pela pessoa ou entidade legalmente autorizada a conduzir em juízo aquele interesse.[285]

No processo das ações coletivas norte-americanas, o juiz verifica no caso concreto *(defining function)* se o autor *(ideological plaintiff)* reúne as condições para exercer tal mister *(adequacy of representation)*;[286] em caso de avaliação positiva, presume-se que cada sujeito integrante da *class* teve o seu *day in Court*. Discorrendo sobre a regra 23 das *Federal Rules of Civil Procedure*, anota Vincenzo Vigoriti: "La misura limitata in cui si riconosce ai singoli componenti della *class* la possibilità di non partecipare al giudizio è un ulteriore riflesso della *ratio* dell'istituto: l'adeguatezza dei *class representatives* sostituisce le garanzie individuali."[287]

Essa representação dos ausentes, nas ações de tipo coletivo, pelo ente para tal credenciado, possibilitando a extensão *ultra partes* ou mesmo *erga*

---

284. A uniformização da jurisprudência no contexto da reforma do Código de Processo Civil, in Reforma do Código de Processo Civil, cit., p. 896.

285. Para NERY & NERY, invocando o processo alemão, cuida-se de uma *legitimação autônoma para a condução do processo*: "A lei elegeu alguém para a defesa de direitos porque seus titulares não podem individualmente fazê-lo" (*Código de Processo Civil anotado e legislação extravagante*, São Paulo: RT, 2003, nota 4 ao art. 82 do CDC – Lei 8.078/90).

286. Algo, em certo modo semelhante, se delineava no PL da Câmara Federal nº 5.139/2009, à época voltado a regular a nova ação civil pública: "Art. 20. Não obtida a conciliação, ou quando, por qualquer motivo, não for utilizado outro meio de solução do conflito, o juiz, fundamentadamente: I – decidirá se o processo tem condições de prosseguir na forma coletiva".

287. *Interessi collettivi e processo*, Milão, Giuffrè, 1979, p. 282.

omnes do julgado em modo isonômico para todos os sujeitos concernentes, evoca, a certos respeitos, o que se passa na técnica do litisconsórcio facultativo-unitário (*v.g.*, ação reivindicatória, ajuizada por um dos condôminos - CCi, art. 1.314: (*i*) os demais condôminos não precisam estar presentes à instância judicial, e, de certo modo, ficam *representados* pelo colegitimado ativo que ajuizou a demanda; (*ii*) a resposta judiciária, todavia, deve estender-se, *homogeneamente*, a todos, por conta da própria natureza do interesse em lide e da dimensão *plurissubjetiva* em que ele veio tomado, tudo a impor resposta judiciária uniforme.

Tome-se o exemplo de uma ação civil pública ambiental, em que se afirma a obrigação estatal da implementação de certa técnica para despoluição de um manancial hídrico: quer a ação seja acolhida, quer seja rejeitada, a eficácia da decisão será *uniforme* em face de todos os jurisdicionados e, também, para o Estado. O ponto vem assim explicado por Willis Santiago Guerra Filho: "Ao litisconsórcio facultativo-unitário se aplica ainda a ficção da representação daqueles ausentes por os que estão em juízo, visto que nem todos precisam figurar como réus ou autores para que possuam legitimação para agir. Como a ausência de algum litisconsorte é admissível e a sentença só pode conter uma decisão uniforme para todos os litisconsortes, é admissível estender a eficácia da sentença também perante o(s) litisconsorte(s) ausente(s)".[288]

O encaminhamento à *jurisdição coletiva* dos conflitos de massa, que hoje permeiam nossa sociedade, apresenta-se como alternativa técnica idônea a alcançar a desejada isonomia judiciária e, ao mesmo tempo, a evitar a pulverização do conflito em multifárias demandas individuais. Mas, para tanto, é preciso que se mantenha o espírito aberto para a concepção *contemporânea* da trilogia "ação-processo-jurisdição", e, bem assim, em face do binômio "contraditório-ampla defesa". Nesse sentido, hoje se propugna um processo de *estrutura cooperatória*, anotando Ada Pellegrini Grinover que uma "concepção menos individualista e mais dinâmica do contraditório postula a necessidade de a equidistância do juiz ser adequadamente temperada, mercê da atribuição ao magistrado de poderes mais amplos, a fim de estimular a efetiva participação das partes no contraditório e, consequentemente, sua colaboração e cooperação no justo processo".[289] O vigente CPC alberga, no art. 6º, o ideário do processo de estrutura cooperatória.

---

288. Princípio do contraditório e eficácia ultra-subjetiva da sentença, *Revista Genesis*, n. 3, p. 717, set.-dez. de 1996.

289. Defesa, contraditório e *par conditio* na ótica do processo de estrutura cooperatória, *Novas tendências do* direito *processual de acordo com a Constituição de 1988*, São Paulo,:Saraiva, 1999, p. 7.

Enfim, cremos que a legitimidade e a eficácia da prática judiciária de hoje, e de sempre, depende da conscientização de que não basta a igualdade *virtual* de todos perante a lei, mas impende que essa igualdade alcance a lei *judicada*, ou seja, quando ela venha interpretada e aplicada pelos Tribunais. Como escreveu José Ignácio Botelho de Mesquita, em 1996, na justificativa ao seu esboço de substitutivo ao Projeto de Lei 3.804/93 (dava nova redação aos arts. 478 e 479 do CPC/73): "Essa uniformidade contemporânea é uma exigência óbvia da igualdade de todos perante a lei. Não será igual para todos a lei que, para alguns, seja interpretada num sentido e, para outros, seja interpretada em sentido oposto. A unidade do sentido da lei é pressuposto da igualdade perante a lei. Por esta razão, constitui imperativo constitucional e *dever* indeclinável dos tribunais uniformizar a sua própria jurisprudência. A uniformização, por sua vez, implica a atribuição de eficácia vinculante à interpretação que se pretende seja adotada uniformemente. Uniformizar sem efeito vinculante é o mesmo que uniformização sem efeito uniformizante".[290] Esse posicionamento encontra guarida no vigente CPC, a teor do art. 926, *caput*: "Os tribunais *devem* uniformizar sua jurisprudência e *mantê-la estável, íntegra e coerente*".

1.9 CONCEPÇÃO CONTEMPORÂNEA DE JURISPRUDÊNCIA

Por tudo o que se veio expondo neste capítulo, é possível inferir que a expressão *jurisprudência* comporta, hoje, basicamente, três acepções:

A) Num sentido comum, ou menos técnico, representa a somatória indiscriminada do *produto judiciário*, isto é, a grande massa de decisões, de mérito ou não, consonantes ou discrepantes, pendentes ou transitadas em julgado, prolatadas por órgãos singulares ou colegiados, em todo o país e em todas as *Justiças*. Numa palavra, é a totalização do resultado final da *função jurisdicional* do Estado;

B) Num sentido mais próprio, técnico-jurídico, trata-se de uma sequência ordenada e razoavelmente duradoura de acórdãos consonantes sobre certa matéria, prolatados num dado Tribunal ou numa certa *Justiça*; nesse senso, pode-se falar, por exemplo, que "a jurisprudência do STF tem se revelado restritiva quanto à eficácia do mandado de injunção", ou ainda que "a jurisprudência do STJ tem prestigiado o instituto da união estável", porque a consulta aos respectivos repositórios credenciados (*Revista Trimestral de Jurisprudência; Revista do STJ*) evidencia a prevalência daquelas orientações.

290. Uniformização de jurisprudência, *Revista Lex*, Jurisprudência do STF, n. 226, out./1997, p. 8.

Sem embargo, os textos de regência valem-se, amiúde, da expressão "jurisprudência dominante (ou predominante)", tendo já o STJ decidido que como tal *não se configura*, para fim de autorizar o julgamento exclusivamente pelo relator, a invocação de dois julgados monocráticos do Supremo Tribunal Federal a respeito do *thema decidendum* (AgRG no REsp 707.232/SP, rel. Min. Arnaldo Esteves Lima, v.u.; j. 15.03.2007, *DJ* 23.04.2007, p. 294);

C) Num sentido *potencializado*, a jurisprudência atinge seu ponto ótimo quando, resolvido o caso concreto, a tese fixada se destaca, projetando efeitos em face de outras demandas, virtuais ou pendentes, assim projetando uma *eficácia panprocessual*. Tal se dá, observadas certas condições, tanto no controle de constitucionalidade pelo STF (CF, art. 102, § 2.º; RISTF, art. 101) como, no plano infraconstitucional, quando a jurisprudência assentada se exterioriza em Súmula (CPC, §§ do art. 926), passando, neste último caso, a compor o *Direito Sumular*. A partir desse ponto, deflagram-se relevantes efeitos panprocessuais: (*i*) dispensa da indicação de outros julgados sobre o mesmo tema (RISTF, § 4.º do art. 102; RISTJ, art. 124); (*ii*) autorização para o relator desprover recurso contrário à tese sumulada, ou a dar-lhe provimento, quando interposto de decisão dissonante de Súmula (CPC, art. 932, IV, *a* e V, *a*); (*iii*) aceleração e compactação de incidentes processuais, como na arguição incidental de inconstitucionalidade e nos conflitos de competência (CPC, parágrafo único do art. 949; §único do art. 955); (*iv*) formação de paradigma para julgamento da revista trabalhista (CLT, art. 896, *a, redação da alínea cf. Lei 13.015/2014*); (*v*) eficácia junto à Administração Pública, nos termos do Decreto Federal 2.346/97, art. 2.º: "Firmada jurisprudência pelos Tribunais Superiores, a Advocacia-Geral da União expedirá Súmula a respeito da matéria, cujo enunciado deve ser publicado no Diário Oficial da União, em conformidade com o disposto no art. 43 da Lei Complementar 73, de 10 de fevereiro de 1993"; (*vi*) presunção de repercussão geral, para fim de admissibilidade de RE ao STF (CF, § 3.º do art. 102), quando, a teor do § 3º do art. 1.035 do CPC, "o recurso impugnar acórdão que: I – contrarie súmula ou jurisprudência dominante do Supremo Tribunal Federal"; .

Como é cediço, a jurisprudência sumulada se bifurca, conforme tenha ou não eficácia obrigatória: no primeiro caso, trata-se da *súmula vinculante* do STF (CF, art. 103-A e §§: EC 45/2004; Lei 11.417/2006), cujo descumprimento imotivado/equivocado ou aplicação indevida levam à cassação da decisão judicial ou à anulação da decisão administrativa, por força de acolhimento de Reclamação ao STF (CF, § 3.º do art. 102; CPC, art. 988, III, inciso acrescido pela Lei 13.256/2016); no segundo caso, trata-se das *demais súmulas* (simples/persuasivas), que, mesmo emitidas pelo STF e pelo STF laboram no plano da *influência* sobre os órgãos judiciais, projetando, pois, uma eficácia *persuasiva.*

Ressalte-se que a jurisprudência, mesmo não estratificada em Súmula, mas pacífica, reiterada (e, pois, dominante), vai, gradualmente, ganhando espaço, como se verifica nos dispositivos legais que se utilizam da fórmula "súmula *ou* jurisprudência dominante". A jurisprudência assim qualificada passa a influenciar, poderosamente, as demais instâncias judiciárias, por várias razões: *(i)* a *estrutura piramidal* em que se assenta a organização judiciária, com órgãos singulares à base, colegiados locais ou regionais de permeio, órgãos de cúpula postados à cumeeira, desenho propício à eficácia *vertical* da jurisprudência; *(ii)* o fato mesmo de existirem recursos fundados em divergência jurisprudencial, induzindo, naturalmente, a prevalência da tese assentada no órgão *ad quem*, em confronto com a tese dissonante, sustentada na decisão recorrida ou no bojo do recurso (o recurso especial pela alínea *c* do art. 105, III, *c; os embargos de divergência no STF e STJ – CPC, art. 1.043 e §§; a revista trabalhista – CLT, art. 896 e alíneas*); (*iii*) a compreensível tendência dos Tribunais Superiores em prestigiar sua jurisprudência pacificada, o que, a um tempo, contribui para a desejável *previsibilidade* no desfecho da demanda e opera como *desestímulo* para virtuais recursos postos em sentido diverso. Neste sentido, os REsp's massivos e repetitivos, que ficaram sobrestados na origem, terão seguimento denegado "se o acórdão recorrido coincidir com a orientação do tribunal superior" (CPC art. 1.040, I).

Por tais razões, segue prestigiado o entendimento de que em nosso País, onde o primado recai na norma legal, interpretada e aplicada em cada caso concreto, a jurisprudência – mesmo não extratificada em Súmula – acaba, *na prática*, operando como fonte secundária ou subsidiária do Direito, dada sua forte *influência persuasiva* junto aos operadores do Direito. Tratar-se-ia de uma *aptidão natural* da jurisprudência dominante, para atuar subliminarmente na intelecção do julgador, influência essa que, se fora efetivamente operante na *práxis* judiciária, poderia até dispensar o custo político-jurídico da inserção das súmulas *expressamente* vinculativas. Por esse viés, bastaria o reconhecimento, pela comunidade jurídica, de que a *jurisprudência*, no sentido técnico-jurídico antes referido, já *pressupõe* a uniformidade contemporânea de um dado entendimento, assim ensejando sua natural aplicação aos casos concretos nela subsumidos, sem o temido risco da *estagnação* do Direito.

A propósito, escreve Carlos Aurélio Mota de Souza: "Assim como há uma hierarquia nas leis, há igualmente nas jurisprudências; não se trata de uma ordem vinculante, mas de disciplina persuasiva; o conselho dos prudentes sempre foi acatado na Roma antiga, e até mesmo por ordem imperial, em certa época. Desconhecer o labor jurisprudencial de decisões superiores, e já incorporadas ao universo jurídico, é descartar, *sic et simpliciter*, regras elementares de hermenêutica, que mandam acatar a jurisprudência evidente, desde que não esparsa ou conflitante".[291] A seu turno, J. J. Calmon de Passos, referindo-se à decisão plenária de um Tribunal Superior, considera que "a força vinculante dessa decisão é essencial e indescartável, sob pena de retirar-se dos Tribunais Superiores precisamente a função que os justifica. Pouco importa o nome de que ela se revista – Súmula, Súmula vinculante, jurisprudência predominante, uniformização de jurisprudência ou o que for, obriga. Um pouco à semelhança da função legislativa põe-se, com ela, uma norma de caráter geral, abstrata, só que de natureza interpretativa".[292]

A temática, já se vê, envolve o velho dilema: de um lado, a implementação do valor *certeza*, que é imanente ao Direito e pressuposto de estabilidade das relações sociais, e, de outro, a virtualidade de renovação da ordem jurídica pré-estabelecida, e de sua interpretação, em virtude da superveniente alteração das *fontes substanciais*, isto é, a intercorrência de novos dados sociais, políticos, econômicos, culturais. Esse aspecto veio, superiormente, destacado por Alfredo Buzaid: "A certeza do direito está em evitar, simultaneamente, interpretações diversas e até antinômicas dadas pelos tribunais sobre a mesma regra de direito. E isto se consegue implantando um mecanismo apto a eliminar a *divergência simultânea que não exclui uma variação sucessiva*. Não se trata, pois, de aderir aos vários *precedentes judiciários*, porque eles podem ser contraditórios, mas sim de aderir a um *precedente judiciário único*, que atenda a novas condições políticas, sociais e econômicas. Esta solução de política legislativa ganha consideravelmente em *valor de certeza*, sem nada perder em *conteúdo de justiça*".[293]

Numa perspectiva conciliadora, assim se posiciona Sydney Sanches: "Temos para nós que a estratificação do Direito pela uniformização imutável da jurisprudência é um mal tão grande quanto o da poliformia jurisprudencial contemporânea. E, no entanto, curiosamente, reunidos os dois males, reparadas as arestas, burilados os conceitos e trabalhadas as ideias que os geraram, se pode chegar a um objetivo comum: justiça igual. Para tanto, é

291. Direito judicial, jurisprudencial e sumular cit., *RePro* n. 80, p. 214, out.-dez. 1995

292. Súmula vinculante cit., *Genesis, Revista de Direito Processual Civil*, n. 6, p. 633, set.-dez. 1997.

293. Da uniformização da jurisprudência, *Revista da Faculdade de Direito de Coimbra*, vol. LVIII, p. 132, 1982.

preciso que os enunciados uniformizadores não sejam desprezados, mas também que não se estratifiquem, que não se perpetuem".[294]

Na atualidade do Direito brasileiro, a jurisprudência, independentemente de estar ou não sumulada, exerce forte influência – de início *persuasiva*, e depois, gradualmente, *vinculativa* – junto aos órgãos judiciais singulares e coletivos, mormente quando vem exteriorizada numa "corrente jurisprudencial". Nesse sentido, José Wilson Ferreira Sobrinho constata na experiência judiciária brasileira a existência de um virtual *stare decisis*, que "se reflete nos pareceres elaborados pelos doutores. Dê-se revista em tais pareceres e lá estarão colacionados inúmeros precedentes judiciais e a Súmula, se existir, com a função de influir positivamente no convencimento do julgador".[295] Sob esse prisma, Guido Fernando Silva Soares alerta que os *perigos* de um pragmatismo kelseniano, nos países da família romano-germânica, devem-se "ao culto desmesurado à lógica formal e à racionalidade da construção dedutiva, tida como válida por seu próprio rigor arquitetural, por ela mesma válida, porque racional e coerente dentro do raciocínio abstrato, mas com um acentuado desprezo pelos resultados, na vida corrente". Na sequência, anota o saudoso jurista que, "conforme se caminha nas complexidades do direito moderno, há outras maneiras de temperar o distanciamento do sistema da realidade dos fatos, como prova, no Brasil, a exemplo, a emergência das Súmulas e da possibilidade de recursos para harmonizar a jurisprudência do mesmo tribunal ou de tribunais inferiores".[296]

Como se sabe, a jurisprudência do STF teve sua eficácia gradativamente potencializada, mormente no âmbito do controle de constitucionalidade (EC 16/65 e EC 7/77) e, sobretudo, no que concerne às importantes funções processuais atribuídas às Súmulas no Regimento Interno da Colenda Corte, levando Rubem Nogueira a afirmar "que a jurisprudência emanada do STF é, de sua própria natureza, obrigatória para todos os juízes e Tribunais da Federação. A destes últimos é que guarda a sua tradicional força meramente *persuasiva*".[297]

Presentemente, o quadro que se vai expondo pode ser assim sumariado:

1) Em algumas hipóteses, já existe previsão *expressa* para que o precedente jurisprudencial projete efeito em algum modo *vinculativo* em face de demandas pendentes e futuras, subsumidas em seu enunciado: ***a***) decisão de

---

294. Uniformização da jurisprudência cit., p. 8.

295. O *stare decisis* brasileiro, *Repertório IOB de Jurisprudência*, n. 5, p. 88, mar. 1996.

296. *Common law:* introdução ao direito dos EUA, São Paulo, RT, 1999, p. 30.

297. Desempenho normativo da jurisprudência do STF, *RT* n. 448, p. 30.

mérito do STF no controle direto de constitucionalidade (CF, art. 102, § 2.º; CPC, art. 927, I), a qual se torna vinculativa e oponível *erga omnes*, inclusive para o Executivo e para o próprio Judiciário (v. parágrafo único do art. 28 da Lei 9.868/99); ***b***) nos dissídios coletivos na Justiça do Trabalho (CF, art. 114 e § 2.º), em razão da própria organização setorial das forças do capital e do trabalho, agrupadas em *categorias*; ***c***) nos dissídios individuais na Justiça do Trabalho, quando o acórdão regional der à lei interpretação diversa da que lhe haja dado outro TRT ou ainda em caso de contrariedade à "sumula de jurisprudência uniforme" do TST, hipóteses que autorizam o manejo do recurso de revista ao TST (CLT, art. 896, *a*, esta última com redação da Lei 13.015/2014) *b*); ***d***) no juízo de admissibilidade recursal na Justiça comum, onde o *incumbe ao relator* (CPC, art. 932, *caput*) (...) IV – negar provimento a recurso que for *contrário* a: *a*) súmula do Supremo Tribunal Federal, do Superior Tribunal de Justiça ou do próprio tribunal"; ***e***) no controle da constitucionalidade de leis e atos, no qual a declaração, positiva ou negativa, "pronunciada por maioria qualificada, aplica-se aos novos feitos" (RISTF, art. 101), e com maior razão, quando o texto fulminado vem a ser suprimido do ordenamento (CF, arts. 97 e 52, X); ***f***) no julgamento, *por amostragem*, de recursos extraordinários e especiais massivos e repetitivos, nos quais a *decisão-quadro*, firmada pelo STF ou pelo STJ no processo *representativo da controvérsia* opera como paradigma para a admissão/inadmissão dos recursos sobrestados na origem envolvendo análoga questão de direito (CPC, art. 1.030 e incisos, *caput* com redação da Lei 13.256/2016 e os incisos acrescidos por esta); ***g***) o acórdão em incidente de *assunção de competência* "vinculará todos os juízes e órgãos fracionários, salvo se houver revisão de tese" (CPC, § 3º do art. 949), e a *tese jurídica* alcançada ao final do incidente de resolução de demandas repetitivas aplica-se aos processos pendentes e futuros envolvendo a mesma *quaestio iuris* (CPC, art. 985 e incisos), cabendo reclamação ao tribunal no caso de desatendimento a esses padrões decisórios - CPC, art. 988, IV, inciso com redação da Lei 13.26/2016

2) Nos demais casos, a jurisprudência, mesmo não sumulada, a par de possibilitar recursos fundados em dissídio pretoriano (*embargos de divergência* no STF e STJ - CPC, art. 1.043, incisos e §§; art. 1.044 e §§; *recurso especial* pela alínea *c* do art. 105, III, da CF; *recurso de revista* - CLT, art. 896, *a*, alínea com redação da Lei 13.015/2014), segue apresentando notável força *persuasiva*, influindo significativamente sobre os julgamentos singulares e colegiados. Não há exagero em reconhecer a existência de um "Direito Judiciário", constituído pelo produto final da intervenção judicial no labor interpretativo da norma legal, assim aproximando nossa família jurídica à dos países do *common law*.

No ponto, anota Arnaldo Vasconcellos que "aquilo que os tribunais aplicam, na realidade, não é a lei, mas sua particular interpretação. Se assim acontece, torna-se mais importante, não propriamente o que a lei parece ter pretendido dizer, mas o que os tribunais afirmam que realmente ela diz".[298] Eis a razão, aduz Marco Antonio Botto Muscari, "porque advogados invocam, desde a petição inicial, a orientação firmada pelos tribunais relativamente à tese que estão defendendo, enquanto magistrados recheiam sentenças e acórdãos com citações de jurisprudência confortadora da solução adotada. Hoje em dia, o número de páginas dedicadas ao acervo jurisprudencial é frequentemente maior que o das destinadas à análise dos textos legais e doutrinários".[299]

É dizer, a concepção contemporânea de "jurisprudência", entre nós, passa pela admissão da existência desse "direito judiciário", no qual os enunciados pretorianos podem ser visualizados em dois planos: uma *versão clássica ou tradicional*, que se caracteriza por uma sorte de *eficácia natural* projetada pelos acórdãos predominantes e iterativos numa dada matéria, donde sua evidente força persuasiva; uma *versão potencializada* ou *otimizada*, em que a jurisprudência se extratifica em súmulas e decisões-quadro, que, tendencialmente, vão ganhando foros de obrigatoriedade panprocessual, assim diminuindo a distância entre tais padrões decisórios e as próprias normas legais, vista a comparação sob o quádruplo enfoque da impositividade, generalidade, abstração e impessoalidade.

Nesse sentido, Cândido Rangel Dinamarco, referindo-se ao art. 95 do CDC, prevendo uma sentença *condenatória genérica*, na ação coletiva em matéria de interesses individuais homogêneos, diz que aí se aninha uma *nova fonte do* direito, visto que tal julgado "situa-se *a meio caminho entre o abstrato da lei e o concreto da sentença em litígios individuais*. É menos abstrata que a primeira, porque já afirma uma determinada responsabilidade, de determinado sujeito, decorrente de determinada conduta. Mas é menos concreta que qualquer sentença tradicional, porque não chega a afirmar quem é o lesado, qual lesão teria sofrido, se a teria sofrido efetivamente, nem o valor da lesão sofrida".[300]

A sinalização, *de iure condendo*, é no sentido de ser atribuído um espaço cada vez maior aos enunciados pretorianos, opção essa que toma caráter

298. Sobre a jurisprudência, *Revista da Faculdade de Direito da Universidade Federal do Ceará*, jul.-dez. 1988, p. 145
299. *Súmula vinculante* cit., p. 30.
300. Súmulas vinculantes, *Revista Forense*, vol. 347, jul.-set. 1999, p. 58-59.

jurídico-político-institucional. Nesse sentido, Saulo Ramos já observara que essa tendência deve "ser constitucionalmente regulada, permitindo-se aos Tribunais Superiores a adoção dos enunciados com eficácia subordinante *erga omnes*, desde que decidida pelos votos de, no mínimo, quatro quintos de seus membros, o que no STF significaria 8 votos, e no STJ, 26 votos. Este tipo de Súmula seria reservado exclusivamente às matérias de abrangência nacional".[301]

A visão contemporânea de *jurisprudência*, no sentido técnico-jurídico que vimos expondo, deve levar em conta a relevante contribuição que ela pode e deve dar para a distribuição da justiça em modo *igualitário*, sabido que a verdadeira e efetiva isonomia não se contenta com uma retórica "igualdade de todos perante a lei", senão que deve abranger a *efetiva* igualdade, a ser alcançada quando a norma vem a ser interpretada e aplicada em modo consonante para as hipóteses análogas, vale dizer: isonomia tanto na norma *legislada* quanto na norma *judicada*. Para isso, o conceito técnico-jurídico de *jurisprudência*, em sua versão contemporânea, não pode ficar dissociado da necessária *uniformidade* na solução dos casos análogos, já como imperativo do ideal da *segurança*, imanente à própria ideia de Direito.

Na busca desse ideal será preciso que o julgador, na formação de sua persuasão racional ante o caso concreto, se conscientize da absoluta importância do *precedente judiciário* como fator de realização do *justo*, principalmente quando se trate de temas repetitivos, nas demandas múltiplas, nos conflitos de massa, nas questões exclusiva ou predominantemente de direito e, de maneira geral, nos casos em que a discrepância jurisprudencial se revela perversa, seja por acarretar injustiça, seja por comprometer a *qualidade* da prestação jurisprudencial, seja, enfim, *por não se justificar*, dada a inalterabilidade das fontes substanciais que antes presidiram a criação da norma de regência.

Concede-se que a divergência jurisprudencial chega, em certa medida, a despertar um certo fascínio, e até um viés sedutor, no calor dos embates entre as posições jurídicas antagônicas (fala-se, no ambiente do *common law*, de um *fascinating game*), mas fato é que a notória crise numérica de processos, que assombra a Justiça brasileira e desalenta os jurisdicionados, impõe uma visão *pragmática e utilitária* do serviço judiciário, devendo-se priorizar a *ordem jurídica justa*, ou seja, a busca de uma resposta judiciária que resolva a demanda de modo satisfatório, com boa fundamentação jurídica e num tempo razoável. Nesse sentido, ecoam atualíssimas as palavras de Prado Kelly, reportando-se a Victor Nunes Leal,

301. Efeito vinculante... cit., *Revista Brasileira de Ciências Criminais*, p. 159.

ambos saudosos ministros do STF: "A vida não pára, nem cessa a criação legislativa e doutrinária do direito. Mas vai uma enorme diferença entre mudança, que é frequentemente necessária, e a anarquia jurisprudencial, que é descalabro e tormento. Razoável e possível é o meio termo, para que o STF possa cumprir o seu mister de definir o direito federal, eliminando ou diminuindo os dissídios de jurisprudência".[302]

Nenhuma função estatal pode hoje se pretender isolada ou descompromissada do contexto social, valendo lembrar que todo poder emana do povo e em seu nome é exercido (CF, art. 1.º, parágrafo único), regra fundante numa democracia não só representativa, mas *participativa*, como a instaurada na CF de 1988. Assim, cabe à jurisprudência, enquanto produto final da atividade estatal de distribuição da Justiça, um papel proeminente na consecução de uma *ordem jurídica justa*, a qual não poderá ser alcançada a persistir a *álea* que hoje, infelizmente, sobrepaira a maioria dos casos, assombrando as partes que ficam sujeitas à imprevisibilidade do resultado final.

Um desejável *salto de qualidade* se faz necessário, e pressupõe a conscientização de que o jurisdicionado faz jus a uma *razoável previsibilidade* quanto à solução final da lide, que se constitui *na maior contribuição* que pode ser aportada pela jurisprudência, sobretudo quando se apresenta dominante ou sumulada, permitindo a extensão de seu enunciado aos casos análogos, pendentes e futuros. Nesse sentido, Vittorio Colesanti propõe que hoje a jurisprudência seja elevada "a organo della coscienza sociale, competente quindi ad identificare i principi generali del diritto o ad elaborare i criteri di valutazione che ne constituiscono il contenuto; o infine a scoprire il valore, ai fini della decisione migliore, di quelle istanze extralegali che, in diversi aspetti e da varie parti, vengono segnalate all'attenzione del giudice."[303]

Em suma, ainda nos países de vertente romanística, como o nosso, onde o primado repousa na norma legal (CF, art. 5.º, *caput* e inciso II), a jurisprudência vai, paulatinamente, ganhando espaço e relevância, tanto no ambiente forense como nos trabalhos doutrinários, de tal arte que ela se oferece como instrumento idôneo a atender o anseio generalizado por uma justiça mais equitativa e menos tardia e cambiante. Assim se dá porque, conforme já se escreveu: "O modo de interpretar e aplicar a norma jurídica sempre lhe afeta a extensão e o alcance, reconhece Vicente Ráo, de tal sorte

302. Cf. *RTJ* n. 37, p. 163.

303. Verbete Giurisprudenza, *Nuovissimo Digesto Italiano* cit., vol. VII, p. 1106.

que, embora subsidiariamente, a jurisprudência não deixa de participar no fenômeno de produção do direito normativo".[304]

Nesse diapasão, observa Christianne Boulos : "A democracia não pode sobreviver onde os direitos dos indivíduos não sejam respeitados, não tenham proteção, o mesmo se aplicando às liberdades fundamentais. Democracia não se reduz à ideia de maioria; significa, acima de tudo, participação, tolerância e liberdade. Dentro desse raciocínio, resta-nos, pois, concluir que a jurisprudência é fonte de Direito, por mais numerosas que sejam as vozes contrárias; atribuir-lhe força vinculante viria trazer maior segurança ao sistema jurídico e, principalmente, a seus usuários, espírito esse com que deverá ser incrementado o incidente processual da uniformização da jurisprudência".[305]

As recorrentes inserções no ordenamento processual brasileiro, antes colacionadas, vão confirmando a gradual potencialização da jurisprudência predominante ou sumulada, tendência que se estende também ao foro receptivo das causas de menor complexidade, a teor da Lei 10.259/2001, instituidora dos Juizados Especiais no âmbito da Justiça Federal: "Art. 14. Caberá pedido de *uniformização de interpretação de lei federal* quando houver *divergência* entre decisões sobre questões de direito material proferidas por Turmas Recursais na interpretação da lei. (...) § 4.º Quando a orientação acolhida pela Turma de Uniformização, em questões de direito material, contrariar Súmula ou jurisprudência dominante no Superior Tribunal de Justiça – STJ, a parte interessada poderá provocar a manifestação deste, que dirimirá a divergência (...)". Por essa senda se envereda o julgamento *em bloco* de RE's e REsp's massivos e repetitivos,[306] tendo José Carlos Barbosa Moreira se referido a um "recurso extraordinário por amostragem".[307]

---

304. *Apud* André Franco Montoro, Fontes do direito em suas modalidades fundamentais, *Revista de Informação Legislativa*, Senado Federal, n. 38, p. 69-70.

305. A força vinculante da jurisprudência e o papel do juiz no direito brasileiro, *Revista dos Anais do I Congresso de Iniciação Científica*, vol. I, USP/FAPESP, dez. 1996, p. 298.

306. CPC, arts. 1.036-1.041 e §§.

307. Súmula, jurisprudência, precedente: uma escalada e seus riscos, *Revista Dialética de Direito Processual*, n. 27, jun. 2005, p. 53.

Capítulo 2

A DIVERGÊNCIA JURISPRUDENCIAL E OS MODELOS PARA SEU CONTROLE

Sumário: 2.1 O que se entende por divergência jurisprudencial – 2.2 Nas jurisdições singular e coletiva – 2.3 Nos países de *common law* e de *civil law* – 2.4 Modelos de controle (prevenção/correção) do dissídio jurisprudencial: 2.4.1 Os assentos obrigatórios: origem portuguesa e sua recepção/evolução no Direito brasileiro; 2.4.2 As Cortes de Cassação; 2.4.3 O incidente de resolução de demandas repetitivas.

2.1 O QUE SE ENTENDE POR DIVERGÊNCIA JURISPRUDENCIAL

Desde logo, deve-se ter presente que o dissenso sobre qual seja a melhor inteligência a ser extraída de um texto legal nada tem de excepcional na experiência jurídica, senão que, ao contrário, trata-se de ocorrência normal, imanente à própria *natureza dialética* do discurso jurídico; por isso mesmo, ela é uma prática corrente, assim na *praxis* forense como no plano doutrinal. É que, enquanto as ciências exatas constatam, *espelham* a realidade ontológica (donde o termo "especulativas", de *speculum*, espelho), revelando-a sem indagações valorativas, já o Direito é uma *ciência social*, que pressupõe análise e avaliação de fatos, condutas e interesses, chegando à formulação de normas de diversa qualidade: permissivas, repressivas, regulamentadoras.

Enquanto uma lei científica descreve a *relação necessária e constante que resulta da natureza das coisas*, já a norma legal agrega um *quid* ao fato, à conduta ou ao interesse considerados, consistindo esse *plus* exatamente num juízo de valor, donde a conhecida equação da nomogênese: *fato + valor = norma*, tendo Miguel Reale comparado o " 'campus' nomogenético à imagem de um raio luminoso (impulsos e exigências axiológicas), que, incidindo sobre um prisma (o multifacetado domínio dos fatos sociais, econômicos, técnicos etc.), se refracta em um leque de 'normas possíveis', uma das quais apenas se converterá em 'norma jurídica', dada a interferência do Poder".[1]

1. *Filosofia do Direito*, 5. ed., vol. 2, São Paulo: Saraiva, 1969, p.485, 486.

É, pois, compreensível que as normas se prestem a divergências interpretativas, sob os vários prismas em que elas podem ser examinadas: seu *alcance* (compreensão/extensão de seu conteúdo); sua *formulação verbal* (interpretação gramatical); sua *vigência* temporal e espacial; ou ainda sua eficácia *real* ou *social*, ou seja, saber se a norma ainda é efetivamente impositiva, ou se o seu poder coercitivo já se desvaneceu, defasado por relevantes alterações sobrevindas aos fatos, comportamentos e interesses que existiam ao tempo de sua edição. Sob este último ângulo, considere-se, por exemplo, a descriminalização da conduta *adultério*, tradicionalmente considerada antissocial, ofensiva à honra e violadora dos deveres matrimoniais, mas que gradualmente foi perdendo atualidade, em face dos novos valores e interesses emergentes numa sociedade massificada e globalizada, que pouco ou nada tem a ver com aquela existente ao tempo da edição do vetusto Código Penal.

Apesar de cada órgão judicial, singular ou colegiado, ter – em princípio – autonomia para formar sua convicção no caso concreto (*aliter*, nos casos de súmula vinculante do STF: CF, art. 103-A, e Lei 11.417/2006, art. 7.º),[2] fato é que na estrutura judiciária brasileira há Tribunais de cúpula, aos quais, naturalmente, cabe fixar, em *ultima ratio*, a exegese do Direito Positivo *Constitucional* (STF), Federal *comum* (STJ), Federal *especializado* (STM, TSE, TST), resolvendo, outrossim, as divergências interpretativas com as demais instâncias, regionais e locais. De tal arte, além da usual atividade exegética, para interpretação da norma e sua subsunção aos fatos, hoje o operador do Direito deve estar atento para, numa perspectiva *vertical*, pesquisar acerca do entendimento do *órgão judicial* superior, competente na matéria. No ponto, assevera Maria Cristina Barongeno Cukierkorn: "Realmente, os Magistrados ao decidirem o caso concreto procuram inteirar-se das decisões, acerca do mesmo assunto, já proferidas pelos Tribunais Superiores e pelo Tribunal a que estão vinculados".[3] Por essa senda se encaminhou o vigente CPC, ao dispor nos incisos do art. 927 o rol dos padrões decisórios que *devem* ser observados por juízes e tribunais, consoante a clara dicção do *caput*.

Verdade que, na experiência jurídica, não raro os planos das ciências naturais e sociais imbricam-se ou se justapõem, dando azo a que no ordenamento jurídico sejam encontrados conceitos informados pelas ciências exatas,

2. A citada Lei 11.417/2006 foi editada em cumprimento ao disposto no art. 7.º da EC 45/2004, e, também, porque o *caput* do art. 103-A e § 2.º da CF, inseridos por essa emenda, remetiam a disciplina da matéria à lei regulamentadora.

3. Uma nota sobre a adoção da súmula vinculante, *Jornal da AJUFESP*, n. 4, p. 10, São Paulo, Associação dos Juízes Federais da 3.ª região, fev.-mar. 1998.

como a definição de *meio ambiente*, constante do art. 3.º da Lei 6.938/81, que é de caráter *fenomenológico* (considera as qualidades físicas, químicas e biológicas do ecossistema, nesse sentido de *biota*); mas, ainda nesse dispositivo, na sequência sobrevém uma norma de natureza precipuamente jurídica, que reprova a conduta do agente que *degrada* o *meio ambiente* (art. 14 e § 1.º), valendo ainda acrescentar que na CF esse transcendente valor aparece em sua conotação de Direito Administrativo – *bem de uso comum do povo* (CF, art. 225, *caput*). Algo semelhante se passa com a caracterização da "repercussão geral da questão constitucional", para efeito de admissibilidade do recurso extraordinário ao STF (CF, § 3.º do art. 102: EC 45/2004), esclarecendo o § 1º do art. 1.035 do CPC que aquela relevância se caracteriza quando presentes "questões relevantes do ponto de vista *econômico, político, social* ou *jurídico*, que ultrapassem os interesses subjetivos do processo".

Tornando ao exemplo do *meio ambiente*, verifica-se que, sem embargo dele vir precisamente conceituado, nem por isso seu conteúdo se forra à virtualidade da interpretação, hoje se identificando quatro acepções daquele conceito: natural, cultural, artificial e do trabalho.[4] Daí ser lícito concluir não ser exato o aforisma pelo qual *in claris cessat interpretatio*, visto que, na experiência jurídica, até mesmo a própria *clareza* do texto pode reclamar demonstração! Justamente por isso, o julgado inquinado de *obscuridade* desafia embargos de declaração (CPC, art. 1.022, I), cabendo ao interessado o ônus de apontar onde se encontra a afirmada falta de... clareza.

A complexidade da interpretação ainda mais se exacerba em face das chamadas normas de *conteúdo aberto ou indeterminado* – verdadeiros "cheques em branco" que o legislador passa ao exegeta e ao aplicador – como ocorre com a expressão *patrimônio cultural* (CF, art. 216), ou *moralidade administrativa* (CF, art. 5.º, LXXIII) ou a ainda "a boa fé e os usos do lugar (CCi, art. 113). Ainda, em análogo grau de dificuldade, considerem-se as chamadas *normas de encerramento*, como na tutela judicial aos interesses metaindividuais, onde aparece a expressão "e outros interesses difusos e coletivos" (CF, art. 129, III; Lei 7.347/85, art. 1.º, IV). Neste último caso, como exemplo de problema exegético, considere-se que resta saber se aquela expressão – *outros interesses* – se restringe àqueles já positivados no ordenamento (*v.g.*, "deficientes físicos" – Lei 7.853/89; "criança e adolescente" – Lei 8.069/90; "patrimônio genético" – Lei 11.105/2005), ou se fica um espaço em aberto, a ser preenchido por *outros* interesses, insuspeitados, porém susce-

4. Ao propósito do conteúdo da expressão meio ambiente v. José Afonso da Silva. *Direito ambiental constitucional*, 5. ed., São Paulo: Malheiros, 1994, p. 3.

tíveis de emergir em sociedade, *v.g.*, a defesa dos segmentos ditos *excluídos*, como os assim chamados grupos *sem-terra*, os *moradores de rua*, ou os *ainda os dependentes de medicação contínua, tais os HIV-soropositivos.*[5]

Já no tocante aos chamados *conceitos vagos ou indeterminados*, com que amiúde se depara o operador do Direito, impende reconhecer que eles são inevitáveis na *praxis jurídica*, porque, de um lado, o Direito é uma ciência nomotética (= tipifica condutas, normatizando-as) e, de outro lado, o próprio trabalho de abstração, imanente à produção da norma, já implica numa prévia *triagem* dentre os muitos elementos que compõem a realidade objetivada, assim priorizando-se alguns em detrimento de outros. Esses conceitos vagos, como é curial, igualmente aparecem em ordenamentos de outros países, registrando-se que, na Itália, a Corte de Cassação, em sua função *nomofilácica* ("l'esatta osservanza e l'uniforme interpretazione della legge, l'unità del diritto oggetivo nazionale"), lida com esse tipo de *norme elastiche*, lembrando Francesco Galgano "le clausole generali, come quelle di buona fede (...), di correttezza, di giusta causa, di danno ingiusto e cosí via; ma sono anche i concetti giuridici non definiti legislativamente, come ad exempio il concetto di causalità (...) o il concetto di gravità dell'inadempimento o quello di causa che non consente la prosecuzione del rapporto(...)".[6]

É interessante observar que mesmo o entendimento jurisprudencial pacificado e extratificado em súmula não se forra ao labor interpretativo, valendo o clássico exemplo da Súmula 400 do STF, negando recurso extraordinário nos casos em que o julgado recorrido tenha dado à norma de regência uma "razoável interpretação, ainda que não seja a melhor", o que, naturalmente, traz desde logo a questão premonitória de se aferir o "grau de razoabilidade" da interpretação feita pela instância *a quo*. Lênio Luiz Streck enquadra tal súmula na rubrica das editadas *extra legem*, e cita passagem de r. voto do ex-ministro do STJ Francisco de Assis Toledo, onde este considera que essa súmula, "talvez a maior causa de certo afastamento da Suprema Corte de importantes questões

5. Uma luz a respeito desse dilema constava no PL 5.139/2009, à época preordenada a regular a nova ação civil pública, dispondo o § 1.º do art. 2.º: "A tutela dos interesses ou direitos difusos, coletivos e individuais homogêneos presume-se de relevância social, política, econômica ou jurídica". Mesmo assim, remanescia uma dúvida exegética quanto à efetiva *mens legis*, comportando duas hipóteses: (*i*) a judicialização dos interesses metaindividuais firma presunção (absoluta, porque *ex lege*) daquela relevância, ou (*ii*) é ônus do autor da ação demonstrar que o caso concreto se reveste daquela relevância, como condição para o acesso à tutela processual coletiva?

6. L'efficacia vincolante del precedente di Cassazione. *Revista Contratto e Impresa*, n. 3, 1999, p. 891-892.

polêmicas de direito material, no cível e no penal, deverá ser objeto de intensa discussão, sobretudo na área penal. Como sustentar que alguém deva continuar condenado por certo crime, mediante uma interpretação razoável de lei, quando a interpretação doutrinária, ou mais atualizada, levaria a uma solução mais favorável, com a desclassificação do crime ou mesmo a absolvição?".[7]

Ainda, considere-se que a tarefa hermenêutica é exacerbada quando a norma sofre a influência da defasagem temporal, a que se acresce a alteração dos costumes, como se dá com os tipos penais que depois vêm a ser descriminalizados, por não mais corresponderem aos valores e ao sentimento médio da sociedade contemporânea; ou, ainda, considerem-se as ocupações de áreas rurais pelos grupos ditos *sem-terra*, exigindo uma releitura dos conceitos de posse e propriedade constantes da lei civil, e bem assim uma indagação quanto à real eficiência dos meios processuais até agora praticados (ações possessórias). Atento ao evolver dos acontecimentos, o CPC prevê no art. 565: "No *litígio coletivo pela posse de imóvel*, quando o esbulho ou a turbação afirmado na petição inicial houver ocorrido há mais de ano e dia, o juiz, antes de apreciar o pedido de concessão da medida liminar, deverá designar *audiência de mediação*, a realizar-se em até trinta dias, que observará o disposto nos §§ 2.º e 4.º.

Os exemplos são abundantes e deixam claro que a interpretação é uma atividade imanente ao Direito e à sua prática, tendo como corolário a virtualidade de exegeses discrepantes sobre um mesmo texto, não podendo assim o dissídio pretoriano ter sua importância mitigada, ou ser tomado como uma ocorrência contingencial ou episódica, e, menos ainda, como um *mal em si mesmo*.

É hoje de puro interesse histórico a antiga tese dos adeptos da *Escola da Exegese*, liderados por Baudry-Lacantinérie, pela qual o Código Napoleônico, dada sua precisão e clareza, dispensaria o labor interpretativo ("in claris cessat interpretatio"), esclarecendo Marcelo Roberto Ferro que ali se propunha "a total submissão do intérprete à lei, sendo dela seu escravo, no sentido de não poder opor sua vontade à do legislador, devendo, portanto, aceitar seus defeitos".[8]

No ponto, esclarece Dínio de Santis Garcia: "Nem esqueça que a pluralidade de métodos hermenêuticos (gramatical, histórico, teleológico, sistemáti-

7. V. *Súmulas no direito brasileiro* – Eficácia, poder e função, 2. ed., Porto Alegre: Livraria do Advogado, 1998, p. 187-188; *RTJ*, n. 92, p. 1.129.

8. A jurisprudência como forma de expressão do direito, *Revista de Direito Civil, Imobiliário, Agrário e Empresarial*, vol. 51, jan.-mar. 1990, p. 93.

co etc.) frequentemente conduz a interpretação de um texto legal a resultados muito diferentes. Considere-se, entretanto, que a lei tem uma estrutura por assim dizer linear, em que se busca a máxima clareza, inclusive através de definições dos conceitos utilizados. Pois bem, a aplicação combinada dos vários métodos hermenêuticos pode conduzir, segundo estudos recentes, a 144 entendimentos diferentes da mesma proposição normativa. Patente, então, a dificuldade em encontrar uma só interpretação para um acórdão, em que se cruzam, em forma livre, argumentos jurídicos e de fato, questões principais e acessórias, e até premissas não articuladas expressamente".[9]

Efetivamente, na experiência jurídica estão sempre repercutindo as novas, variadas e mutáveis ocorrências sociais, induzindo a uma constante renovação dos textos legais, o que exige do operador do Direito uma atenção constante, a fim de não ser *atropelado* pelo contínuo evolver dos acontecimentos. Esclarece Tércio Sampaio Ferraz Júnior que "não apenas estamos obrigados a interpretar (não há normas sem sentido, nem sentido sem interpretação), como também deve haver uma interpretação e um sentido que prepondere, e ponham um fim (prático) à cadeia das múltiplas possibilidades interpretativas".[10] Enfim, não há como o operador do Direito dispensar ou minimizar o labor interpretativo, porque, como lembra Arnaldo Vasconcellos, "por mais clara que se afigure a lei, ela sempre dispõe de modo geral, competindo ao intérprete particularizá-la, segundo os dados e as circunstâncias do caso concreto. Como já se anotou, a própria afirmação de sua clareza pressupõe interpretação. E mais: interpreta-se até seu silêncio e sua ausência".[11]

Outro motivo pelo qual a norma legal sempre há de ser interpretada reside em sua própria estrutura lógico-formal. Tomando-se a "teoria tridimensional", entre nós desenvolvida por Miguel Reale, como antes lembrado,[12] pode-se dizer que a norma jurídica se origina (= *nomogênese*) a partir de

9. Efeito vinculante dos julgados da Corte Suprema e dos Tribunais Superiores, *RT*, n. 734, p. 41.

10. *A ciência do direito*, São Paulo, Atlas, 1978.

11. Sobre a jurisprudência, *Revista da Faculdade de Direito da Universidade Federal do Ceará*, vol. XXIX/2, 1988, p. 146.

12. "Cada modelo jurídico, em suma, considerado de per si, corresponde a um momento de integração de certos fatos segundo valores determinados, representando *uma solução temporária (momentânea ou duradoura) de uma tensão dialética entre fatos e valores, solução essa estatuída e objetivada pela interferência decisória do Poder em um dado momento da experiência social*" (*Filosofia do direito*, 5. ed., São Paulo: Saraiva, 1969, vol. 2, p. 486).

um silogismo, no qual a premissa maior é constituída pelo fato, a *menor*, por um valor que se lhe agrega num determinado momento histórico, daí exsurgindo a conclusão, isto é, o comando, a *conduta padrão*, que tanto pode ser de natureza *permissiva* (autoriza um comportamento), *regulamentadora* (explicita o exercício de uma conduta), ou ainda *repressiva* (reprova o comportamento e impõe uma sanção). Um exemplo desta última classe está na "responsabilização pessoal nas esferas cível, administrativa e penal" do agente público que recusa aplicação à súmula vinculante ou a aplica indevidamente: art. 64-B da Lei 9.784/99, inserido pela Lei 11.417/2006.

Esse mundo do *dever-ser* é a todos imposto coercitivamente, de maneira geral, abstrata e impessoal, residindo na *sanção* para o caso de descumprimento, o diferencial entre as normas do Direito e as da Moral. O que não impede que esses dois planos, até por serem espécies do gênero Ética (do grego *ethikós*, o que deve ser, na conduta humana), por vezes se tangenciem, como se dá com a *moralidade administrativa*, fundamento autônomo da ação popular: CF, art. 5.º, LXXIII.

As precedentes considerações permitem induzir que a divergência jurisprudencial é uma *resultante* das dificuldades imanentes à tarefa interpretativa, constituindo-se numa ocorrência a um tempo previsível e inevitável, tanto assim que a própria lei processual prevê recursos fundados em dissídio pretoriano, seja entre frações de um mesmo Tribunal (embargos de divergência no STF e STJ – CPC, arts. 1.043, incisos e §§ – 1.044 e §§), seja entre Tribunais diversos (revista trabalhista – CLT, art. 896, *a*, redação da alínea cf. Lei 13.015/2004; recurso especial ao STJ – alínea *c* do art. 105, III, da CF). Isso, sem falar nos incidentes que visam, conforme o caso, *prevenir* o dissídio anunciado ou *superar* aquele já deflagrado, tais o de *assunção de competência* (CPC, art. 947 e § 3º) e o de *resolução de demandas repetitivas* (CPC, art. 985 e incisos).

Tirante o caso da súmula vinculante do STF, cuja violação ou aplicação indevida levam à *cassação* do julgado (CF, art. 103-A e § 3.º; Lei 11.417/2006, art. 7.º), no mais, e de ordinário, a só divergência entre a tese albergada numa decisão e a sufragada numa súmula ou jurisprudência predominante não é, de per si, causa de nulidade ou cassação do julgado; mas pode dar-se que em casos extremos a interpretação se mostre de tal modo desarrazoada ou delirante que venha a se configurar uma afronta direta à lei (exegese *contra legem*), ensejando ação rescisória (CPC, art. 966, V: decisão que "viomanifestamente norma jurídica"). Ainda assim, o próprio sistema atenua esse contexto, dispondo a Súmula 343 do STF: "Não cabe ação rescisória por ofensa a literal disposição de lei, quando a decisão rescindenda se tiver baseado em texto legal de *interpretação controvertida* nos tribunais".

De observar-se que as modalidades recursais fundadas em divergência jurisprudencial, ordinariamente, permitem ao Tribunal *ad quem* um juízo de revisão pelo mérito (e mais raramente por *error in procedendo*), mas daí não deflui alguma conotação censória ao órgão *a quo*, senão o propósito de aprimoramento da resposta judiciária, inclusive para a preservação da desejável *uniformidade* com o decidido em casos análogos. É por isso que, provido o recurso, o acórdão "fica no lugar" da decisão recorrida, no que se chama o *efeito substitutivo* dos recursos (CPC, art. 1.008). Tanto assim é que a Súmula 83 do STJ nega o recurso especial oferecido ao argumento de divergência pretoriana (CF, art. 105, III, *c*), quando "a orientação do Tribunal se firmou no mesmo sentido da decisão recorrida" (análoga dicção apresenta a Súmula 286 do STF). Tais enunciados sumulados são a maior evidência de que a *uniformidade* é um valor que sempre deve ser buscado, nisso que agrega valor à jurisprudência, qualificando-a, potencializando sua eficácia, e assim contribuindo para o devido tratamento isonômico aos jurisdicionados.

Ainda, é de se dar o devido peso ao fato de não constituir fundamento de ação rescisória a circunstância de a tese acolhida no julgado questionado estar porventura em discrepância com jurisprudência assente, ou mesmo sumulada), em mais um indicativo de que a "divergência jurisprudencial", em si mesma, não configura vício formal ou substancial, comprometedor da higidez técnico-jurídica do decisório (tirante, como antes ressalvado, o caso da decisão infringente à súmula vinculante do STF ou que a tenha aplicado indevidamente, hipótese que desafia *reclamação*, podendo redundar na *cassação* do julgado renitente – CF, art. 103-A, § 3.º; art. 7.º e § 2.º da Lei 11.417/2006; CPC, art. 988, III, inciso com redação da Lei 13.256/2016), valendo ter presente a súmula STF 734: "Não cabe reclamação quando já houver transitado em julgado o ato judicial que se alega tenha desrespeitado decisão do Supremo Tribunal Federal".

Daí que, ao propósito da antes referida Súmula 343 do STF, afirmam NERY & NERY: "Decisão que viole a jurisprudência, bem como súmula de tribunal, não enseja ação rescisória".[13]

De ordinário, não interfere no plano da *admissibilidade* dos recursos o fato de o julgado recorrido estar ou não conforme ao entendimento majoritário no órgão *ad quem*; o recurso até poderá, eventualmente, vir a ser *desprovido*, mas esse resultado terá a ver com o *mérito* da pretensão recursal,

13. Comentários ao *Código de Processo Civil..., 2015, cit., nota nº 27 ao art. 966, p. 1.918.*

significando que o recurso, apesar de cabível, postulava entendimento que a Corte entendeu *não ser fundado*. No mais, o que pode merecer alguma avaliação negativa são as *falhas formais* de que o julgado se ressinta, como a falta de clareza (CPC, art. 1.022, I), a fundamentação deficiente (CF, art. 93, IX), e, sob o aspecto substancial, a extrapolação dos limites da lide (CPC, art. 492), a afronta à preclusão *pro judicato* ou à coisa julgada (CPC, arts. 502, 506).

Deve-se, pois, *abandonar a ilusão* de que a norma legal, quando se apresenta clara e precisa em seu enunciado, oferece um conteúdo unívoco, absolutamente estável e estreme de dúvida, de tal sorte a dispensar a tarefa interpretativa. Muitas razões, que vão desde as dificuldades vernaculares até o próprio evolver dos acontecimentos, valores e interesses ao longo do tempo de *duração* da norma, impõem a indispensabilidade do labor exegético e induzem o seu inevitável corolário: a virtualidade de mais de uma inteligência sobre um mesmo texto, preparando terreno para o dissídio jurisprudencial. Exemplo disso é o que se dá na fixação da competência nas ações de natureza coletiva, onde haja interesse da União: há uma interação de textos que se complementam para regular esse tema (Lei 7.347/85, art. 2.º; Lei 8.078/90, arts. 93 e 117; CF, art. 109 e parágrafos), entendendo o STJ que esses dispositivos se compatibilizam (*JSTJ* 46/19). Ainda assim, o STJ, num primeiro momento, houve por bem assentar o tema, baixando a Súmula 183: "Compete ao Juiz Estadual, nas comarcas que não sejam sede de vara da Justiça Federal, processar e julgar ação civil pública, ainda que a União figure no processo". Posteriormente, convencendo-se de que esse enunciado não se revelara satisfatório, a Corte o cancelou (*DJU* 24.11.2000), num significativo exemplo de que o Direito Sumular não é fator de estagnação do Direito e, pois, não impede nem retarda sua evolução.

Assim, não há negar que a divergência jurisprudencial, em si mesma e contida em lindes razoáveis, não se constitui num vero *problema* ou num *mal* a ser debelado radicalmente, mas antes deve o dissídio exegético ser visto como uma *virtualidade previsível*, e mesmo *inevitável*, num sistema jurídico cujo primado reside na norma legal, que por definição é *geral, abstrata e impessoal*, a reclamar a devida interpretação, para aplicação ao caso concreto. Até certo ponto, portanto, há que se conviver com a possibilidade de um dissenso pretoriano acerca de um mesmo texto de regência, seja quanto à sua extensão e compreensão, seja quanto à sua eficácia espacial ou temporal, seja, enfim, quanto à sua atualidade e eficácia social. É por isso que dentre nós a jurisprudência, mesmo sumulada, apenas em casos expressamente previstos vem revestida de *normatividade* ou de *eficácia expansiva* (CF, art. 102, § 2.º e 103-A e §§; Lei 11.417/2006, art. 2.º; CPC, art. 332, I e IV; art. 1.040 e incisos CLT, art. 896, *a, alínea com redação da Lei 13.015/2004*; RISTF, art. 21 e parágrafos), o que confirma a *regra* de que dentre nós a *lei* segue sendo a fonte primária ou forma de expressão *principal* do Direito, operando a jurisprudência como *meio exegético suplementar.*

No ponto, já escrevemos, à época do CPC/73: "O que então se constata é que o sistema reconhece a virtualidade do dissenso pretoriano, mas por assim dizer *não se conforma com ele*, e assim labora, seja para preveni-lo (caso do *incidente de uniformização de jurisprudência* – art. 476 do CPC), ou superá-lo, se já instaurado (caso dos *embargos de divergência*, no STF e STJ – CPC, art. 546)".[14]

Como anota Dínio de Santis Garcia: "Sem dúvida que todos nós desejaríamos que fossem iguais as decisões proferidas em casos iguais, de modo que, com base nos precedentes, se tornasse realizável a antevisão do julgamento final das demandas. Mas na verdade será difícil, senão impossível, acontecer que em tudo se identifiquem duas causas submetidas à Justiça. Serão, no máximo, análogas, coincidindo em alguns pontos e divergindo em outros. Há, então, que distinguir entre os *pontos relevantes e os aspectos marginais* da sentença. Mas logo se vê que nesta altura deve entrar em cena a árdua ciência da interpretação das decisões, que só ela poderia traçar os limites entre os temas centrais e os periféricos".[15]

Tudo leva, pois, à inferência de que as mazelas hoje lamentadas (morosidade da justiça, tratamento não isonômico aos jurisdicionados, represamento de processos) devem ter sua origem em *outras causas*, que não a divergência jurisprudencial tomada *em si mesma*, fenômeno este que é natural e previsível em nosso modelo político-jurídico e em nossa organização judiciária, de estrutura piramidal, com órgãos superpostos, atuando em competência de derrogação. A *origem dos males* deve, pois, ser buscada alhures, tudo indicando que reside nos *excessos* ou nos *desvirtuamentos* daquela divergência, a saber: 1) sua ocorrência em casos injustificados, quando, por exemplo, não tenha sobrevindo alteração nas fontes substanciais, existentes ao tempo da edição da norma, ou se não adveio direito novo; 2) nos casos em que o dissenso pretoriano se revela socialmente nefasto, por exemplo, quando se tolera a concomitância de ações de tipo coletivo sobre um mesmo tema (*v.g.*, ação popular e ação civil pública), engendrando possíveis decisões qualitativamente diversas,

---

14. Súmula vinculante e a EC 45/2004. *Reforma do Judiciário*, coord. Teresa Arruda Alvim Wambier *et al.*, São Paulo, RT, 2005, p. 689.
15. Efeito vinculante... cit., p. 40.

com as respectivas coisas julgadas projetando eficácia *erga omnes*;[16] 3) quando não se corrigem os equívocos na escolha do tipo de processo e de jurisdição, por exemplo, quando conflitos de natureza coletiva resultam *atomizados* em plúrimas demandas individuais, encaminhadas para a jurisdição singular;[17] 4) quando controvérsias que são exclusiva ou predominantemente de direito, assim precípuas à sumulação, seguem merecendo respostas judiciárias díspares, conforme o Tribunal ou mesmo o órgão fracionário que as aprecie.

Daí bem se compreender que dentre os quesitos cumulativos a serem observados para a emissão de súmula vinculante está a demonstração de controvérsia judicial contemporânea, capaz de acarretar "grave insegurança jurídica e relevante multiplicação de processos sobre idêntica questão" (§ 1.º do art. 2.º da Lei 11.417/2006). Um *link* com esse desenho se perscruta no *incidente de resolução de demandas repetitivas*, cabível "quando houver, simultaneamente: I – efetiva repetição de processos que contenham controvérsia sobre a mesma questão unicamente de direito; II –risco de ofensa à isonomia e à segurança jurídica". (CPC, art. 976 e incisos).[18]

Por aí se vai evidenciando que em nosso regime jurídico-político a "divergência jurisprudencial", *em si mesma*, não é um mal, mas neste *pode vir a se converter*, se faltarem critérios lógicos e racionais que permitam contê-la em limites razoáveis, a saber, por modo que não comprometa a boa distribuição da justiça. Nesse sentido, pondera Marco Antonio de Barros, "a súmula vinculante, por sua gênese, jamais poderá ser aplicada ao chamado caso *privado puro*, pois é de sua essência o caráter genérico e reiterado das relações jurídicas postas em confronto, já que ela deve funcionar como eficiente antídoto à coletivização dos conflitos".[19]

A atuação do Estado-juiz num processo se justifica e se legitima enquanto poder-dever de *solucionar* uma controvérsia, eliminando a incerteza

---

16. Ao propósito, v. o nosso estudo A concomitância entre ações de natureza coletiva, *in* Ada Pellegrini Grinover *et al.* (coords.), *Direito processual coletivo e o anteprojeto de Código Brasileiro de Processos Coletivos*, São Paulo: RT, 2007, p. 161-173.
17. Marilena Lazzarini, em matéria nominada "Terrorismo, ficção e realidade" (jornal *O Estado de São Paulo*, 10.06.2009, p. A-2), em que analisa a questão das ações envolvendo as perdas acarretadas aos poupadores pelos Planos Bresser e Verão, menciona notícia veiculada pela Febraban, no sentido de que "há 515 mil ações tramitando na Justiça". Lamentável exemplo de pulverização do conflito coletivo.
18. V., ao propósito, nossa considerações acerca dessas duas condições de admissibilidade in *Incidente de Resolução de demandas repetitivas- a luta conta a dispersão jurisprudencial excessiva*, São Paulo: Thomson Reuters - Revista dos Tribunais, 2016, p.201 e s.
19. Anotações sobre o efeito vinculante, *RT*, n. 735, p. 106.

(*conhecimento*), outorgando segurança (*cautelar / tutela provisória / tutela da evidência*) ou satisfazendo o credor (*execução*), donde se segue que uma resposta judiciária incapaz de atender, tempestiva e satisfatoriamente, aqueles objetivos, *perde sua razão de ser*, além de concorrer para exacerbar as divergências interpretativas. Tal deficiência leva ao paroxismo e à perplexidade, por ser inconcebível que uma função estatal da qual se espera uma contribuição efetiva para a estabilidade social e a segurança jurídica, acabe operando em sentido contrário, deixando lides em aberto, postergadas indefinidamente, acarretando injustiças, desagregando o tecido social e desacreditando a função judicial.

O *verdadeiro problema* não está, pois, na divergência jurisprudencial em si mesma, e sim no *grau*, no *modo* e na *projeção* em que ela se manifesta, pondo para o legislador a tarefa de encontrar os instrumentos idôneos para mantê-la sob limites razoáveis (meios de controle / prevenção) ou superá-la, quando já instaurada (meios de correção / cassação).

Com efeito, são de tal modo conectadas e pressupostas as expressões *direito* e *certeza* que o descontrolado dissenso pretoriano, ao se distanciar aqueles valores, coloca em xeque a credibilidade do sistema judiciário e a eficácia real de sua produção, decepcionando o jurisdicionado, como *consumidor final* desse serviço estatal. É tão crucial para a população a necessidade de segurança jurídica que, não raro, entre a angústia de esperar por uma "verdade incerta e remota", prenunciada por uma jurisprudência instável, e o desencanto presente do "erro consumado e conhecido", o cidadão, não raro, acaba por se conformar com esta última *alternativa*, por mais patético e paradoxal que seja. Tais ponderações hão de ter acudido a José Alberto dos Reis, quando afirmou: "Antes jurisprudência errada, mas uniforme, do que jurisprudência incerta. Perante jurisprudência uniforme, cada um sabe com o que pode contar; perante jurisprudência incerta ninguém está seguro do seu direito".[20]

A boa ordem jurídica, almejada pelos jurisdicionados, não pode ser alcançada fora e além de uma resposta judiciária de boa qualidade, vale dizer: justa, jurídica, econômica, tempestiva, *razoavelmente previsível* e idônea a assegurar a fruição efetiva do direito, valor ou bem da vida reconhecidos no julgado. O direito de ação, conquanto abstrato (nesse sentido de não depender de que a pretensão seja *fundada*), nem por isso pode conduzir as partes a uma situação processual meramente aleatória, lotérica, de resultado

20. *Breve estudo sobre a reforma do processo civil e comercial*, 2. ed., Coimbra, Coimbra, 1929, p. 688.

final de todo insuspeitado, implicando em colocar num mesmo patamar a parte em cujo favor sinaliza o bom direito e a outra, desprovida de razão, assim conferindo tratamento igual aos desiguais ou vice-versa. No ponto, Luiz Guilherme Marinoni: "De fato, se não pode existir decisão definitiva antes de discutida amplamente a lide, também não reflete o devido processo legal a demora do processo redundando no sacrifício do autor que demonstra *prima facie* o seu direito em um razoável índice de probabilidade".[21]

O processo civil brasileiro mostra-se sensível às repercussões do elemento temporal, tendo positivado, a par da tutela da *aparência*, própria dos provimentos cautelares (o *fumus boni iuris*), também a chamada "tutela judicial da evidência", onde o dado da *previsibilidade* é devidamente valorizado, permitindo a *antecipação dos efeitos da tutela, já que, em certos casos o "juiz pode decidir liminarmente"*.[22] Na formação dessa *cognição por verossimilhança*, muito contribui a jurisprudência assentada ou sumulada, operando como forte indicativo da solução final da demanda, tanto assim que uma das hipóteses da tutela da evidência se dá quando, a par da existência de prova documental, houver sobre a matéria súmula vinculante (CPC, art. 311, II) .[23] Aliás, para efeito de admissibilidade do recurso extraordinário, especificamente quanto ao pré-requisito genérico da *repercussão geral da questão constitucional* (CF, § 3.º do art. 102), o STF presumirá atendida tal exigência "sempre que o recurso impugnar acórdão que contrarie (...) sumula ou jurisprudência dominante do Supremo Tribunal Federal" (CPC, § 3.º, I, do art. 1.035), o que se explica pela natural transcendência ou eficácia panprocessual do direito sumular, mormente nessa modalidade otimizada.

No tema, soa atualíssima a lição de Carlos Maximiliano, mostrando a imperiosidade de se preservar a *estabilidade social*, para o que muito pode contribuir a jurisprudência: "Sem estudo sério, motivos ponderosos e bem examinados, não deve um tribunal superior mudar a orientação dos seus julgados; porque da versatilidade a tal respeito decorre grande abalo para toda a vida jurídica da circunscrição em que ele exerce autoridade. É preciso que os interesses privados possam contar com a estabilidade: 'judex ab auctoritate rerum perpetuo similiter judicatarum, non facile recedere debet'

21. *Novas linhas do processo civil*, São Paulo: RT, 1993, p. 86.

22. Sobre a tutela antecipada, no CPC/73, v. o nosso estudo Tutela antecipada: uma interpretação do art. 273 do CPC, na redação conferida pela Lei Federal 8.952, de 13.12.1994. *In* Figueiredo Teixeira, Sálvio (coord.), *Reforma do Código de Processo Civil*, São Paulo, Saraiva, 1996, p. 167 e ss.

23. No ponto, Nery & Nery, Comentários ao Código de Processo Civil..., 2015, cit., notas 7 e 8 ao art. 311, p. 872.

– não deve o juiz com facilidade afastar-se da autoridade dos casos constantemente julgados de modo semelhante".[24] O CPC parece ter recepcionado essa diretriz, ao dispor no § 4º do art. 927: "A *modificação* de enunciado de súmula, de jurisprudência pacificada ou de tese adotada em julgamento de casos repetitivos *observará a necessidade de fundamentação adequada e específica*, considerando os princípios da segurança jurídica, da proteção da confiança e da isonomia".

Bem sopesadas as coisas, se é verdade que a "divergência jurisprudencial" pode até despertar algum fascínio e ter sua virtude, na medida em que possibilita um reexame e uma ampliação do debate sobre temas relevantes e controvertidos, ao autorizar recursos fundados em dissenso pretoriano, não é menos verdade que a realidade judiciária brasileira não mais comporta uma expansão *desmesurada e injustificada* dessa divergência, já então convertida em fator de insegurança social, de desprestígio para o Judiciário e de congestionamento de processos nos Tribunais.

Esse quadro mais se agrava no âmbito da jurisdição coletiva, porque aí se cuida de interesses de massa, de sorte que nesse plano a própria divergência de julgados já configura um *mal em si*, porque a eventual contradição lógica entre eles engendra temíveis contradições na ordem prática. Figurem-se duas ações civis públicas, processadas concomitantemente em diferentes Estados da Federação, uma *acolhendo* e outra *rejeitando* a tese de que a utilização de certo elemento químico, num dado produto, afeta a camada de ozônio da atmosfera; considerando-se que a eficácia da decisão nesse tipo de ação deve operar *erga omnes* (art. 16 da Lei 7.347/85); e visto que o elemento químico e a camada de ozônio são *dados naturais*, conceitualmente unitários, e assim refratários a interferências de natureza ideológica, político-territorial ou geográfica, indaga-se: qual deverá ser a conduta dos usuários desse produto, das empresas que o fabricam e das autoridades do setor, em face daqueles comandos judiciais incompossíveis?

O PL 5.139/2009, sobre a nova ação civil pública[25] buscava trazer novas luzes sobre esse problema, incorporando os conceitos de "conexão probatória" e de "bem jurídico" como elementos agregadores das demandas coletivas sobre um mesmo tema.[26]

---

24. *Hermenêutica e aplicação do direito*, 6. ed., São Paulo, Freitas Bastos, 1957, p. 234.
25. Dito projeto acabou por não prosperar, frustrando as expectativas dos que muito se empenharam na sua elaboração.
26. A respeito das muitas questões suscitadas por esse projeto de lei, consultem-se os estudos *in Direito processual coletivo e o anteprojeto do Código Brasileiro de Processos Coletivos*,

Na lição de Francisco Antonio de Oliveira, "seria buscar alento no impossível pretender separar a poluição, os desmandos dos planos de saúde esparramados por todo o Brasil, os consumidores de determinado produto cancerígeno em blocos distintos, como se a poluição, *v.g.*, pudesse ser separada e embalada em sacos plásticos, e, posteriormente, medida ou contada para efeitos de ações indenizatórias distintas".[27]

O exame isento e desapaixonado da questão vai pondo em evidência que *a origem dos males*, na questão da divergência jurisprudencial, está na sua ocorrência em situações em que ela não se justifica, ou quando ela se distende para além do que seria razoável, à semelhança do que se passa com as células no organismo humano: sua reprodução é fenômeno normal, fisiológico e necessário, mas o descontrole exacerbado nessa multiplicação conduz a quadros patológicos, de difícil e, às vezes, impossível tratamento. A divergência jurisprudencial incidente sobre casos idênticos, ou mesmo análogos, à exceção de situações em que o dissenso é compreensível ou mesmo se mostra inevitável (*v.g.*, decisões de primeiro grau, em jurisdição singular; lides onde predomina a matéria de fato; teses jurídicas ainda não assentadas), deixa de ser aceitável na ausência dos fatores que poderiam justificá-la, a saber: a defasagem da norma em face da alteração de suas originárias fontes substanciais; a superveniência de direito novo; o advento de exegese jurídica em muito superior à precedentemente assentada. Na avaliação de Alfredo Buzaid, repugna ao jurista "que sobre a mesma regra jurídica deem os tribunais interpretação diversa e até contraditória, quando as condições em que ela foi editada continuam as mesmas. O dissídio resultante de tal exegese debilita a autoridade do Poder Judiciário, ao mesmo passo que causa profunda decepção às partes que postulam perante os tribunais".[28]

Tudo evidencia que o *problema* não está na divergência em si, que, como antes demonstrado, é uma virtualidade inevitável em nossa estrutura judiciária, a par de sobrecarregar assim como a sobrecarga dos Tribunais não provém da existência dos recursos judiciais em si mesmos (eles são necessários à higidez da relação processual), mas na sua utilização excessiva, meramente protelatória ou até abusiva.

---

coord. Ada Pellegrini Grinover *et al.*, São Paulo: RT, 2007.

27. Da ação civil pública: instrumento de cidadania – Inconstitucionalidade da Lei 9.494, de 10.09.1997, *Revista Jurídica*, n. 20, Bauru, Instituição Toledo de Ensino, p. 326-327.

28. Uniformização de Jurisprudência. *Revista da Ajuris – Associção dos Juízes do Rio Grande do Sul*, n. 34, jul./1985, p. 139.

Por isso mesmo, *elementos de contenção* tornam-se necessários para que a divergência jurisprudencial não desborde dos lindes razoáveis, tomando proporções alarmantes, inviabilizando o seu controle (prevenção/correção). Somente assim se evitará que o ajuizamento de uma ação se degrade em temerária e imprevisível empreitada, de duração e resultado de todo insuspeitados. Em termos mais incisivos, Eduardo Cambi deplora a ocorrência de uma *jurisprudência lotérica*: "Parte-se da seguinte premissa: se a Constituição contempla o princípio da isonomia, sendo todas as pessoas iguais (art. 5.º, *caput*), para a mesma situação jurídica, a lei deve ser aplicada do mesmo modo. A situação inversa, contida no fenômeno da *jurisprudência lotérica*, proporciona a falta de certeza do direito, sendo causa de *crise*, pois é a certeza quanto à aplicação do direito que dá segurança à sociedade e aos indivíduos que a compõem, na medida em que *sub incerto enim iure nemo bonorum aut animae securus vivit* (sob um direito incerto, ninguém vive seguro dos bens ou da vida). Dessa maneira, a efetivação do valor *segurança jurídica* – pela clara previsão dos direitos, deveres e obrigações, bem como dos modos pelos quais devem ser exercidos ou cumpridos – é um valor imprescindível ao convívio social".[29]

O ideal, o *ponto ótimo* na distribuição da Justiça, reside na consecução de uma uniformidade contemporânea, que não impeça – *quando justificado* – eventuais alterações sequenciais. Por outras palavras, impende que se estabilize a resposta judiciária no momento presente, sem prejuízo de eventuais alterações num ponto futuro, se e quando tal venha justificado por eventos supervenientes, tais o advento de direito novo; a superação da interpretação precedente por outra superlativamente mais consistente; a alteração nas fontes substanciais da norma legal de regência.

Por exemplo, a jurisprudência há anos assentada em matéria de tutela possessória, veio a sofrer influência das emergentes ocupações de áreas rurais e mesmo urbanas por segmentos ditos *sem-terra*, ou *sem-teto*, ensejando uma releitura da matéria, em razão da cláusula da *função social da propriedade* (CF, art. 5.º, XXIII); não raro, essas controvérsias de preponderante caráter político-social induzem o Judiciário a ter que dirimir *conflito entre princípios fundamentais*, como, no caso em foco, entre o que garante a propriedade (art. 170, II) e o que a condiciona à fruição compatível com o interesse social (art. 170, III), o que se resolve pela técnica da *ponderação*, presente o binômio razoabilidade-proporcionalidade. No ponto, esclarece Eduardo Cambi: "(...) pela teoria das regras, prevalece a dimensão da *validez ou não*

29. Jurisprudência lotérica, *RT* n. 786, abr. 2001, p. 112 e nota de rodapé n. 10; a frase em latim remete a Flávio López de Oñate, na obra *La certeza del derecho*.

validez, isto é, a partir dos critérios de solução de antinomias jurídicas (*lex superior derogat inferior*, *lex specialis derogat generalis* e *lex posterior derogat priori*), fazem-se necessárias decisões do tipo *tudo ou nada*. Por outro lado, valendo-se da teoria dos princípios - os quais diferentes das regras não têm a pretensão de exclusividade –, é possível buscar *soluções ajustadas* às pretensões sociais legítimas, que sejam, ao mesmo tempo, vinculantes e flexíveis. Assim, é possível ajustar a Lei Fundamental às circunstâncias do caso concreto, permitindo solucionar as complexas colisões entre direitos fundamentais e assim, levar a sério a Constituição".[30]

Note-se que o vigente Código Civil – Lei 10.406/2002 – foi sensível a essa vertente exegética, de corte sociológico, dispondo o § 1.º do art. 1.228: "O direito de propriedade deve ser exercido em consonância com as suas finalidades econômicas e sociais e de modo que sejam preservados, de conformidade com o estabelecido em lei especial, a flora, a fauna, as belezas naturais, o equilíbrio ecológico e o patrimônio histórico e artístico, bem como evitada a poluição do ar e das águas". Essa *ponderação* entre valores alcança também o processo civil, como se nota no processo de execução: o patrimônio do devedor responde pela obrigação que não foi satisfeita, de sorte a ensejar a penhora (CPC, art. 797, *caput*); todavia, se o devedor possui apenas o imóvel no qual habita como casal ou entidade familiar, então ele é considerado *bem de família* e, como tal, impenhorável - Lei 9.009/90, art. 1º e parágrafo único, excetuadas as situações indicadas expressamente no art. 3º e incisos dessa lei.

Outro exemplo, no campo processual, se verifica com a condição da ação dita *possibilidade jurídica do pedido* (ou "fundamento jurídico do pedido" - CPC, art. 319, III): esse pré-requisito deve ser repensado quando se trate de ação de natureza coletiva, em face da abertura constitucional para a tutela de "outros interesses difusos e coletivos" (CF, art. 129, III; Lei 7.347/85, art. 1º, IV), muitos deles socialmente relevantes, mas porventura ainda não *tipificados* no direito positivo (*v.g.*, interesse coletivo dos HIV soropositivos hipossuficientes, a receberem gratuitamente, nos postos de saúde, os medicamentos necessários ao controle da moléstia).

As precedentes ponderações permitem uma ponderada reflexão acerca das verdadeiras *concausas* das mazelas judiciárias que, numa avaliação superficial ou apressada, não raro são atribuídas à divergência jurisprudencial *em si*, quando se sabe que esta, uma vez contida em proporções toleráveis,

30. Neoconstitucionalismo e neoprocessualismo. *In* FUX, Luiz *et al.* (cords.), *Processo e Constituição – Estudos em homenagem ao Professor José Carlos Barbosa Moreira*, São Paulo, RT, 2006, p. 670.

e incidindo em casos justificados, não prejudica nem impede o desenvolvimento do Direito ou a eficiência da função judicial. A partir dessa redefinição etiológica do problema, a questão se desloca para a identificação das *técnicas* capazes de *administrar* a divergência, seja prevenindo-a, enquanto ela se prenuncia, seja corrigindo-a, quando ela já se tenha instaurado. Oportunamente, se abordarão essas técnicas sob a óptica axiológica, ou seja, quanto à aferição de sua real *eficácia*. Por ora, porém, impõe-se um exame do tema conforme a resposta judiciária seja fornecida nas lides *intersubjetivas* (jurisdição singular) ou nos conflitos *metaindividuais* (jurisdição coletiva).

2.2 NAS JURISDIÇÕES SINGULAR E COLETIVA

O fenômeno da divergência contemporânea entre julgados prolatados sobre um mesmo assunto é uma questão prejudicial à análise das alternativas para a superação ou, ao menos, para a atenuação dos males acarretados pela exacerbação do dissídio pretoriano, tanto para os jurisdicionados como para o próprio Poder Judiciário.

Ocorre que essa questão premonitória assume proporções diversas, conforme se trate da jurisdição singular ou coletiva, pela boa razão de que, naquela primeira modalidade, a resposta judiciária incide sobre uma lide cujos contornos se mantêm na órbita dos próprios contraditores, isolados ou litisconsorciados (*aliis non praeiudicare* – CPC, art. 506), ao passo que, na jurisdição coletiva, os legitimados ativos não manejam situações jurídicas próprias, senão que se apresentam como portadores de interesses metaindividuais (difusos, coletivos em sentido estrito, individuais homogêneos), operando, conforme as diversas propostas doutrinárias, como *representantes adequados, substitutos processuais, legitimados extraordinários* ou, ainda, *condutores autônomos do processo (ideological plaintiff, na terminologia do common law)*. Nesse tipo de jurisdição imbricam-se dois planos: o dos sujeitos concernentes ao interesse em lide (*v.g.*, os consumidores de certo produto, os lesados por um acidente ecológico) e o da entidade que os representa na ação coletiva (*v.g.*, uma associação de defesa de consumidores, o Ministério Público).

Enquanto na jurisdição singular a lógica do sistema, e mesmo o senso comum, impõem que terceiros, estranhos à lide, não sejam alcançados pela coisa julgada material formada num processo de que não participaram ("res inter alios iudicata aliis nec prodest, nec nocet"), [31] já no âmbito da jurisdição

31 Sem embargo, o vigente CPC dispõe que a coisa julgada *inter alios não pode prejudicar* terceiros (art. 506), nada impedindo, pois, que eventualmente, estes sejam beneficiados.

coletiva, ao contrário, a eficácia dos efeitos do julgado *depende* – por definição – de que estes se projetem extra-autos (*erga omnes*, ou ao menos *ultra partes*), justamente porque nesse plano os interesses tuteláveis se estendem por *faixas* mais ou menos extensas, ao largo e ao longo do universo coletivo. Dado ser *nessa dimensão* que tais interesses vêm judicializados, através das ações de tipo coletivo, é claro que é também nesse amplo espectro que há de ser fornecida e aplicada a resposta judiciária, e é nessa extensão que se há de projetar sua eficácia, assim operando o princípio da adstringência do provimento jurisdicional aos limites e à natureza do pedido.

Por exemplo, através de ação popular um cidadão consegue impedir que um viaduto seja demolido, mas é óbvio que os efeitos práticos do julgado se projetarão sobre todos os usuários – efetivos ou virtuais – daquela obra pública, porque, no caso, o bem objetivado é *difuso*: interesse subjetivamente indeterminado (usuários efetivos ou virtuais daquela obra pública), concernente a um bem objetivamente indivisível, no caso a preservação da malha viária e o resguardo do erário público (CF, art. 5.º, LXXIII; Lei 4.717/65, art. 1.º, *caput*; CDC, arts. 81, *caput*, § único e inciso I, c/c art. 117; art. 1.º, Lei 7.347/85, art. 1º, IV). [32] Noutro exemplo, transitada em julgado decisão em ação civil pública que determinou a supressão de mensagem publicitária enganosa, sobre certo produto, e o consequente ressarcimento aos prejudicados individuais, é claro que os efeitos desse julgado se espraiam para além das partes formais do processo, seja pelo benefício genérico à sociedade civil, com a interdição da mensagem enganosa (tutela do interesse difuso à correta informação), seja pela formação de título judicial definidor do *an debeatur*, passível de utilização pelos consumidores individualmente prejudicados (transporte *in utilibus*, da coisa julgada *coletiva*, para o âmbito das ações individuais: CDC, art. 103, § 3.º, e art. 104, c/c art. 117).

Ante esse quadro, não é difícil perceber que, se no campo da jurisdição singular a divergência jurisprudencial, quando injustificada ou desmesurada, já projeta efeitos deletérios (implicando em trato desigual aos iguais ou vice-versa), com maior razão o malefício recrudesce e se expande no plano da jurisdição coletiva, porque aí o interesse vem tutelado em proporções maiores, abrangendo toda uma *faixa* do universo coletivo (difuso, coletivo em sentido estrito, individual homogêneo). Esse *dado multiplicador* potencializa os males da divergência jurisprudencial, quando ela ocorre no campo da jurisdição coletiva, fazendo com que se

32 Ao propósito, v. o nosso *Interesses difusos – conceito e legitimação para agir*, 8 ed., São Paulo: Thomson Reuters – Revista dos Tribunais, 2013, p. 146 e s.

torne francamente intolerável o risco de juízos contraditórios, pelo curial motivo de que um dado objeto – indivisível por sua natureza – não pode, ao mesmo tempo, *ser e não ser*, ao sabor da apreciação da espécie por esta ou aquela instância judiciária, por esta ou aquela fração de um Tribunal. E, mesmo quando, sob o prisma ressarcitório, o interesse comporte fracionamento e individuação (*v.g.*, indenização devida aos que se utilizaram de certo medicamento comercializado sem liberação da agência reguladora), ainda aí não se justifica o dissenso entre as Justiças dos diversos Estados. Do contrário, seria forçoso admitir o trato diverso do valor *saúde pública* em função das circunscrições territoriais, o que levaria ao paroxismo de uma *saúde paulista*, distinta de outra *mineira* e *così via*...

Figure-se a controvérsia sobre uma cláusula acoimada de abusiva, inserida num contrato padrão, envolvendo interesses de massa, expandidos ao longo do território nacional (*v.g.*, a inserção da *cláusula-mandato* nos contratos padronizados dos consórcios para aquisição de bens duráveis): ou bem a resposta judiciária há de ser *positiva*, ou, então, *negativa*; é inaceitável a convivência de comandos discrepantes e autoexcludentes, acerca de um tema que só comporta solução unitária. Ou, quando menos, é inaceitável que esse dissenso judiciário perdure indefinidamente, assim exacerbando o conflito coletivo, ao invés de dirimi-lo em tempo hábil.

O que ora se expõe é verdadeiro tanto para as demandas que relevam de conflito sobre matéria de fato como para aquelas onde prepondera a controvérsia jurídica. Exemplo do primeiro tipo encontra-se na momentosa discussão quanto a saber se certos componentes químicos constantes de produtos acondicionados em embalagens com *spray* afetam a camada de ozônio da atmosfera: a resposta judiciária há de ser *una*, no sentido positivo ou negativo, dado ser óbvio que a existência de comandos diversos, numa tal questão, levaria a situações paradoxais (mais de uma camada de ozônio? Mais de um ar atmosférico? Usuários do produto mais ou menos suscetíveis aos seus efeitos colaterais?) e à consequente inexequibilidade do julgado. No exemplo, há de se ter presente que o objeto tutelado – *o oxigênio da camada atmosférica* – recobre *todo* o território nacional, como é óbvio, donde a impraticabilidade de *modulações*, objetivas ou subjetivas, nos comandos judiciais. Exemplo do segundo tipo surgiu por ocasião do rumoroso episódio da venda da empresa estatal *Vale do Rio Doce*: deu-se a concomitante tramitação de várias ações populares e civis públicas por todo o país, levando a um caos judiciário, com a deflagração da chamada *guerra das liminares*, de permeio com os conflitos de atribuição entre órgãos judiciais e administrativos, a par de conflitos de competência entre aqueles primeiros; e, no entanto, está bem de ver que a resposta judiciária só poderia ser *una*: pela viabilidade, ou não, da pretendida alienação, sem terceira alternativa.

Nesse último caso, em fundamentada decisão (05.05.1997), nos autos do Conflito de Competência 19.686/DF (Processo 97.0026159-0), o Min. Demócrito Reinaldo, do STJ, reconheceu configurada a prevenção (CPC/1973, art. 219) e assinalou que em todas as ações o objetivo era análogo, ponderando ainda: "A disparidade de decisões em cada uma delas e o inusitado meio com que cada cidadão usa, e até abusa do exercício de seu direito, criou no país inteiro o fenômeno da expectação social: a sociedade vivencia o aguardo de providência imediata com a qual se ponha fim ao estado de pré-inquietação, levando o descrédito ao Judiciário, ao qual se tem como certo não dispor de instrumento eficiente e adequado para a sanação desse estado de coisas. Cristalizou-se a crença da opinião pública de que o Judiciário é um Poder inerte e impotente, quiçá inoperante, e que não dispõe de instrumental hábil a frenar a continuidade da indefinição e incerteza que se instaurou, com o surgimento deste episódio".[33]

(Neste passo, vale registrar que o antes referido PL 5.139/2009, à época preordenado a regular a nova ação civil pública, previa no art. 5.º: (...) § 2.º "Na hipótese de litispendência, conexão ou continência entre ações coletivas que digam respeito ao mesmo bem jurídico, a reunião dos processos poderá ocorrer até o julgamento de primeiro grau. § 3.º Iniciada a instrução, a reunião dos processos somente poderá ser determinada se não houver prejuízo para a duração razoável do processo").[34] Esse projetado dispositivo guardava sintonia com a desejável *distribuição por dependência*, ao Juízo prevento, das causas que tenham em comum os seus elementos – *tria eadem* (CPC, art. 55 e §§, c/c art. 58), embora no citado PL 5.139/2009 viesse ressalvado que a reunião das ações coletivas sobre o mesmo bem jurídico dar-se-ia "ainda quando diferentes os legitimados coletivos" (art. 5.º, *caput*), o que se explicava, na espécie, por se cuidar de jurisdição coletiva, propícia à legitimação extraordinária.

---

33. STJ, CC 19.686/DF, 1.ª Seção, j. 10.09.1997, rel. Min. Demócrito Reinaldo, *DJ* 17.11.1997, p. 59.398; *RT* 750/124. Decisão repercutida no jornal *O Estado de S. Paulo*, em 06.05.1997. Em outra oportunidade, decidiu o STJ que "a prevenção, em se tratando de ação civil pública, é determinada pela propositura da ação, consoante o art. 2.º, parágrafo único, da Lei 7.347/85. Deve-se reconhecer a precedência do juízo, onde foi proposta a primeira ação coletiva, ainda que tenha declarado extinto o feito, sem irresignação das partes interessadas, se tal decisão foi submetida ao duplo grau de jurisdição" (CC 39.950-RJ, rel. Min. Castro Meira, *DJ* 15.09.2003).

34. Citado projeto de lei acabou rejeitado na Comissão de Constituição e Justiça da Câmara Federal.

Uma tentativa, senão de superar, mas porventura de atenuar os malefícios da distribuição aleatória de ações sobre um mesmo *thema decidendum*, nota-se na disciplina do *conflito de competência*, no qual, a teor do parágrafo único do art. 955 do CPC, ao relator é dado *julgar de plano* o incidente, quando sua decisão se fundar nos padrões decisórios impositivos indicados nos incisos desse dispositivo. Análoga *ratio* transparece na *arguição incidental de inconstitucionalidade*, na qual o órgão fracionário fica dispensado de submeter a matéria ao plenário ou ao órgão especial, quando já houver pronunciamento destes ou do plenário do STF a respeito (CPC, parágrafo único do art. 949, c/c CF, art. 97).

Em estudo sobre o tópico que ora se vai versando, Kazuo Watanabe adverte que, no trato processual de interesses metaindividuais, impende "isolar com precisão os elementos objetivos da ação coletiva a ser proposta (causa de pedir e pedido), dados esses que têm significativa importância na correta determinação do legitimado passivo para a ação, bem assim para a fixação da amplitude da demanda, e ainda para se saber com exatidão se, no caso concreto, ocorre mera conexidade entre as diversas demandas coletivas ou se é caso de litispendência a obstar o prosseguimento das ações posteriores. A total displicência por esses aspectos de suma relevância vem ocasionando uma inadmissível multiplicidade de demandas coletivas com o mesmo objeto, como vem acontecendo na questão do aumento de 147,06% dos aposentados, e tem provocado, o que é pior, a contradição de julgados, *uns* concedendo a atualização pretendida pelos inativos de alguns Estados e denegando-a, *outros,* aos aposentados dos demais Estados". Prossegue o autor, alertando que "não faz qualquer sentido admitir-se uma segunda demanda para a tutela desses interesses ou direitos difusos ou coletivos ou mesmo interesses ou direitos individuais homogêneos, mormente se veiculados por um ente legitimado para todo o país, como o Ministério Público". A se entender de outro modo, conclui Watanabe, se "comprometeria, sem qualquer razão plausível, o objetivo colimado pelo legislador, que foi o de tratar molecularmente os conflitos de interesses coletivos, em contraposição à técnica tradicional de solução atomizada, para com isso conferir peso político maior às demandas coletivas, solucionar mais adequadamente os conflitos coletivos, evitar decisões conflitantes e aliviar a sobrecarga do Poder Judiciário, atulhado de demandas fragmentárias".[35]

O devido encaminhamento à jurisdição coletiva (via ação popular, ação civil pública, mandado de segurança coletivo, mandado de injunção,

35. Demandas coletivas e os problemas emergentes da *praxis* forense, *RePro,* n. 67, p. 18-19.

ações consumeristas, ADin, ADCon, ADPF) de conflitos eminentemente metaindividuais, é diretriz que impende ser impulsionada na *praxis* judiciária brasileira, porque a jurisdição coletiva desempenha um papel *superlativo* no controle do que hoje se vai *chamando dispersão jurisprudencial* excessiva, pelo fato de o julgado incidir sobre *conflito de massa*, e desse modo projetar eficácia *por toda a extensão* do interesse litigioso. Reafirme-se a inviabilidade lógica – e sobretudo prática – do trâmite concomitante de ações coletivas sobre um mesmo objeto, seja porque a primeira delas já terá ocupado o *espaço* processual disponível, seja pela virtualidade da prolação de comandos judiciais contraditórios ou incompossíveis.

Figurem-se duas decisões em ações civis públicas ambientais, transitadas em julgado em unidades diversas da Federação: a primeira veda o uso de mercúrio no garimpo de ouro, por entender que esse metal pesado é danoso aos recursos hídricos e à saúde humana; a segunda permite a continuidade daquela prática, por entender inconsistente a pretensão e/ou inocorrente o nexo causal. No exemplo, os elementos *saúde humana*, *meio ambiente*, *garimpo*, *ouro* e *mercúrio* apresentam conteúdo unitário e homogêneo, infenso, pois, a interferências semânticas, ideológicas, temporais ou espaciais: com efeito, não faria sentido ou seria juridicamente inviável pretender-se o fracionamento territorial do valor *saúde humana*, assim como a distinção entre o meio ambiente "a" e "b", ou entre garimpos "x" e "y", sendo certo, outrossim, que são permanentes e estáveis as estruturas moleculares dos minerais *ouro* e *mercúrio*. A controvérsia há de ser judicializada através de uma única ação de tipo coletivo, por modo a merecer resposta judiciária igualmente *unitária*, não se concebendo uma pluralidade de demandas – e consequentemente de decisões – sobre idêntico objeto, mormente ante o risco de contradição (lógica e prática) entre os comandos judiciais. No exemplo dado, ou bem *o Judiciário* reconhece que o mercúrio é metal pesado, não biodegradável, poluente dos recursos hídricos e, consequentemente, nocivo à saúde humana, e assim interdita seu uso nos garimpos, ou bem decide em sentido contrário: *tertium non datur.*

O TRF da 4.ª Região, por suas Turmas Reunidas, deu claro exemplo de boa aplicação da jurisdição coletiva, ao decidir o Conflito de Competência 89.04.00708-9/RS, Rel. Juiz Osvaldo Alvarez (*DJU* 15.07.1992, v.u., *Lex* 43, Jurisprudência, p. 520): "Existentes duas ações civis públicas de responsabilidade por danos ao meio ambiente com idênticos objetos mediatos (preservação do ecossistema do Rio Jacuí, ameaçado por cinzas poluidoras utilizadas pelos diferentes réus), ainda que diversos os objetos imediatos (numa, impedir construção de portos; noutra, adoção de medidas preventivas e corretivas em face de rejeitos carboníferos de usinas termoelétricas), impõe-se (J. J. Botelho de Mesquita, *RP* 19/220) a reunião das causas em virtude da conexão, porque uma decisão uniforme deve repercutir sobre uma mesma biodiversidade; influir em um direcionamento compatível nas duas esferas de poder, pena de neutralizarem-se mutuamente; e, por último, valer-se de uma só perícia, laboriosa e especializada, visando determinar o impacto ambiental, circunstância esta que autorizaria o julgamento em conjunto inclusive em segundo grau (AMS 145.299/PR, rel. Min. Rollemberg, *DJ* 19.06.1989)".

No pré-referido PL 5.139/2009, então preordenado a regular a nova ação civil pública, havia uma sinalização que vinha ao encontro do entendimento exposto no acórdão antes colacionado,a teor do § 1.º do art. 5.º: "Na análise da identidade da causa de pedir e do objeto, será preponderantemente considerado o *bem jurídico* a ser protegido" (No caso do acórdão pré-citado, o *bem jurídico*, coalizador das ações coletivas intentadas, seria a *bacia hidrográfica* cuja defesa se pretendia).[36]

Por outro lado, o encaminhamento de conflitos metaindividuais à jurisdição coletiva acaba engendrando, naturalmente, a questão de saber qual é o órgão judicial *competente*, e nesse sentido, o art. 93 do CDC (aplicável à ação civil pública da Lei 7.347/85, mercê do art. 117 do CDC), oferece engenhosa técnica, pelo critério da *projeção espacial do dano* (se *local*, *regional* ou *nacional*), determinando, conforme o caso, o foro adequado. Todavia, uma alteração sobrevinda ao art. 16 da Lei 7.347/85, pela Lei 9.494/97 (antes MedProv 1.570/97), veio dispor que a coisa julgada opera *erga omnes*, "nos limites da competência territorial do órgão prolator", expressão que acarretou acaloradas críticas doutrinárias, a par de desestabilizar a interpretação, que já estava razoavelmente assentada, no tocante à carga eficacial da coisa julgada na ação civil pública.

José Marcelo Menezes Vigliar suscita intrigantes indagações em face daquele controvertido critério legal: "Se o interesse é essencialmente indivisível e o da modalidade difuso: como limitar os efeitos da coisa julgada a determinado território? Ainda: quando o dano for de proporção tal (como, por exemplo, o chamado dano regional, ou seja, aquele que atinge mais de uma comarca, ou até mais de um Estado-membro), que vá além dos limites de uma determinada comarca (foro, já que é a isso que a medida deve estar se referindo), como se aplicaria o preceito?".[37]

36. Sobre o trâmite concomitante de ações coletivas, entre si, e em face das demandas individuais, v. o nosso *Jurisdição coletiva e coisa julgada*, 3. ed., São Paulo:, RT, 2012, especialmente capítulos 17 e 18.

37. *Ação civil pública,* São Paulo: Atlas, 1999, p. 106.

Efetivamente, suponha-se que uma associação ambientalista paulista promova ação civil pública (Lei 7.347/85, arts. 1.º, I, e 5.º, V, *a* e *b*), objetivando a proibição do lançamento do *vinhoto* descartado pelas usinas de açúcar e álcool instaladas ao longo de certo rio que, nascendo em Minas Gerais, atravessa o Estado de São Paulo. Proposta a ação na sede da 3.ª Região da Justiça Federal, na capital paulista, cuja competência abrange também o Mato Grosso do Sul, a coisa julgada aí formada não poderia – nos termos da citada alteração advinda ao art. 16 da Lei 7.347/85 – projetar eficácia em Minas Gerais e, desse modo, ter-se-ia que admitir a hipótese de que a degradação desse recurso hídrico continuasse a ser praticada *a montante*, no Estado não abrangido pela competência territorial do juízo ou Tribunal que julgou a demanda. Desse modo, pese o trânsito em julgado do comando inibitório da dejeção do vinhoto no rio, seus efeitos práticos seriam aniquilados, porque, estando o território paulista situado *a jusante*, aqui continuaria a projetar efeito a poluição praticada no trecho do rio que percorre o outro Estado da Federação, situado a montante!

O exemplo mostra que se a jurisdição coletiva pode ser de grande valia para a prevenção da divergência jurisprudencial, por ensejar uma resposta judiciária unitária, impende, porém, atentar para a imperiosidade do correto manejo dos vários institutos processuais, parecendo-nos que, no caso do citado art. 16 da Lei 7.347/85, deu-se a inserção de elemento determinador de *competência* (o território) em dispositivo legal voltado a disciplinar outro tema, a saber, os *limites subjetivos da coisa julgada* (= quais sujeitos são alcançados pela *auctoritas rei iudicatae*); ao passo que os critérios da *competência*, na jurisdição coletiva, vêm fixados alhures (Lei 8.078/90, art. 93, c/c art. 117; Lei 7.347/85, art. 2.º e parágrafo único).

Como observado por Hugo Nigro Mazzilli, "se não buscarmos interpretação crítica, a nova redação ao art. 16 da LACP levará a situações absurdas". (...) "Suponhamos que uma empresa contaminasse o Rio Grande, que separa os Estados de São Paulo e Minas Gerais, e os danos atingissem duas comarcas, uma em cada Estado. Nem um juiz paulista nem um mineiro teriam competência 'territorial' sobre todo o local do dano; propor duas ações civis públicas, uma em cada Estado, poderia levar a decisões contraditórias; propor uma só, no Distrito Federal, seria incorreto, pois o critério do art. 93, II, do CDC, somente permitiria tal solução se os danos fossem regionais ou nacionais, o que não seria o caso se o dano se limitasse a apenas duas comarcas de Estados diferentes. A solução correta será a prevenção, com ajuizamento e decisão de uma só ação. Se vier a ser formada coisa julgada *erga omnes* em ação civil pública ou coletiva, a imutabilidade do *decisum* ocorrerá em todo o País, independentemente dos limites da competência territorial do juiz prolator".[38]

A *praxis* judiciária brasileira tem registrado situações de divergência jurisprudencial em temas que poderiam e deveriam ter sido tratados, *unitária e molecularmente,* em uma só ação de tipo coletivo, como os conflitos de massa envolvendo largos segmentos da população, tais como os *poupadores*, os aposentados, os *mutuários da casa própria*, os participantes de planos de saúde e de consórcios para aquisição de bens duráveis. Nesse gênero de conflito se lobrigam conceitos *unitários*, inseridos em textos legais (*v.g.*, *aposentado*) ou em contratos de massa (*v.g.*, *poupadores*), de sorte que não se justifica a *atomização* das lides em multifárias demandas individuais, assim como é inaceitável a coexistência de *mais de uma* ação de tipo coletivo sobre um mesmo tema, ao risco de ocorrerem contradições de ordem lógica, que, não raro, desbordam para o plano prático.[39]

A divergência jurisprudencial verificada nos *conflitos de massa* traz perplexidade para as coletividades concernentes, acarreta insegurança nas relações negociais, além de sobrecarregar os Tribunais com iterativos recursos, que, em sua larga maioria, são manejados pelo próprio Poder Público, o maior *cliente habitual* do Judiciário, como é notório. Tudo isso poderá ser evitado, se essas situações coletivas forem conduzidas ao adequado trato processual em modo coletivo, assim ensejando resposta judiciária homogênea, que resolve o conflito em modo *uniforme*, para *todos* os sujeitos envolvidos.

Verdade que mesmo na jurisdição *singular* existem institutos processuais voltados à prevenção ou correção da contradição entre julgados, como se dá nos casos de: (*i*) extinção do processo *repetido (litispendência, coisa julgada)*, ou a reunião dos que são *assemelhados (conexão, continência)*; (*ii*) sobrestamento do processo em virtude de prejudicialidade externa; (*iii*) cumulação de pedidos e reconvenção, em ordem ao aproveitamento máximo do processo em curso; (*iv*) intervenção de terceiros; figuras litisconsorciais diversas, com vistas a ampliar o espectro subjetivo da coisa julgada. Importante ressaltar a norma que, em boa hora, veio inserida no CPC, no § 3º do art. 55: "Serão reunidos para *julgamento conjunto* os processos que possam gerar risco de prolação de decisões conflitantes ou contraditórias caso decididos separadamente, *mesmo sem conexão entre eles*".

---

38. *A defesa dos interesses difusos em juízo*, 22. ed., São Paulo, Saraiva, 2009, p. 286.

39. No ponto, v. o nosso *Jurisdição coletiva e coisa julgada, 3 ed., 2012,* cit., especialmente capítulos XVII e XVIII.

Dada a tradição romanística de nosso processo civil, esses institutos são direcionados à solução de conflitos *intersubjetivos*, envolvendo posições jurídicas individuais, e, por isso, não respondem satisfatoriamente quando meramente *transplantados* para o âmbito dos conflitos *plurissubjetivos*, envolvendo interesses *de massa, justamente por conta da indeterminação dos sujeitos e da indivisibilidade do objeto.*

Justamente por isso, cuidou o legislador de cunhar certas técnicas processuais melhor adaptadas à realidade da jurisdição coletiva, como no tópico da *competência*, com a antes citada distinção entre "dano local/regional/nacional", conduzindo a foros diversos (CDC, art. 93, c/c art. 117), ou ainda a possibilidade do transporte *in utilibus*, da coisa julgada coletiva, para o âmbito das ações individuais (CDC, art. 104, c/c art. 117), ou mesmo as diversas modalidades de projeção da eficácia do julgado coletivo, conforme o espectro maior, ou menor, do interesse metaindividual objetivado na ação (CDC, art. 103, incisos e parágrafos).

É verdade que em algumas áreas já se conseguiu *administrar*, satisfatoriamente, os riscos da divergência jurisprudencial em conflitos plurissubjetivos: ***a)*** nos dissídios trabalhistas de natureza coletiva, com a emissão das Súmulas da jurisprudência consolidada no TST, com força *virtualmente* vinculativa, cujos efeitos se espraiam ao interno das *categorias* laborais e patronais concernentes, dado o *poder normativo* reconhecido a essa Justiça especializada (CF, art. 5.º, LXX, *b*; art. 8.º, III; art. 114 e § 2º; CLT, art. 896, alíneas e §§, com as alterações advindas com a lei 13.015/2014 e 13.467/2017, tendo esta última revogado os §§ 3º a 6º daquele artigo); ***b)*** nos conflitos envolvendo interesses corporativos (por exemplo, da classe dos advogados, dos membros da magistratura), em que os respectivos órgãos representativos podem tutelar em juízo os interesses coletivos de seus aderentes (CF, art. 5.º, XXI e LXX, *b*, art. 102, I, *n*; Lei 8.906/94, art. 44, II), caso em que, naturalmente, a coisa julgada se estenderá, nos exemplos figurados, a *todos* os advogados e a *todos* os magistrados; ***c)*** no controle de constitucionalidade, onde a eficácia da decisão se estende *erga omnes*, por força da própria natureza *unitária* da matéria (CF, art. 102, § 2.º; Lei 9.868/99, § único do art. 28; RISTF, art. 101); ***d)*** mesmo no plano da jurisdição singular, vem se tentando coibir os efeitos perversos das demandas múltiplas e repetitivas, estando o juiz autorizado a oficiar aos co-legitimados ativos do art. 5º da Lei 7.347/85 e art. 82 da Lei 8.078/90, comunicando a expressiva afluência, no Juízo, de demandas seriais, a fim de que aqueles atores deliberem acerca da propositura da ação coletiva cabível (CPC, art. 139, X).

Ao propósito, o antes referido PL 5.139/2009, que se preordenava a regular a nova ação civil pública, previa, no § 1.º do art. 34: "Não serão admitidas novas demandas individuais relacionadas com interesses ou direitos individuais homogêneos, quando em ação coletiva houver julgamento de improcedência em matéria exclusivamente de direito, sendo extintos os processos individuais anteriormente ajuizados".[40]

Ainda no propósito de otimizar a reposta jurisdicional e de preservar a isonomia no tratamento dos jurisidicionados reportados à mesma questão de direito, o o vigente CPC prevê o *incidente de resolução de demandas repetitivas*, o qual, sem configurar um incidente de coletivização, parece situar-se *a meio-caminho* entre as jurisdições singular e coletiva, valendo destacar que, nos termos do art. 985, a *tese jurídica* ali alcançada "será aplicada: I – a todos os processos individuais ou coletivos que versem idêntica questão de direito e que tramitem na área de jurisdição do respectivo tribunal, inclusive àqueles que tramitem nos juizados especiais do respectivo Estado ou região"; II – aos casos futuros que versem idêntica questão de direito e que venham a tramitar no território de competência do tribunal, salvo revisão na forma do art. 986". A par disso, focando a virtualidade do tema apresentar repercussão nacional, prevê-se que, em sobrevindo recurso especial (STJ) ou extraordinário (STF), a *tese jurídica* firmada nessas Cortes "será aplicada a todos os processos individuais ou coletivos que versem idêntica questão de direito" (§ 2º do art. 987). [41]

Nos casos referidos ao longo deste tópico nota-se um denominador comum, qual seja o fato de que, em maior ou menor intensidade, o de que se trata é de conflitos plurissubjetivos, não redutíveis às conhecidas figuras litisconsorciais, ante o número de sujeitos concernentes, tornando recomendável a busca por uma resposta judiciária unitária, passível de aplicar-se, uniformemente, ao largo e ao longo da extensão e compreensão da macro-lide. E isso é de aplicar-se inclusive aos comandos judiciais exarados *initio litis* (liminares; antecipações de efeitos) ou ainda no processo cautelar, porque tais provimentos, mesmo sendo provisórios ou concedidos em contemplação de provimentos futuros, nem por isso têm eficácia mitigada: valem, plenamente, enquanto perduram, e se impõem aos destinatários, quer provenham de órgão singular ou colegiado. Expressivo exemplo se dá na *tutela da evidência*, na qual, em certas hipóteses (incisos II e III do art. 311), o juiz "poderá decidir liminarmente" – parágrafo único daquele artigo.

---

40. Sobre o que se deva entender por "processo coletivo", v. o nosso *Jurisdição coletiva e coisa julgada, 3 ed., 2012*, cit., p. 84 e s.

41. Acerca desses dispositivos v. nossos comentários in *Incidente de resolução de demandas repetitivas...*, 2016, cit., p. 268 e s.

É sempre pertinente alertar que a pulverização do conflito coletivo em numerosos pleitos individuais, a par de sobrecarregar o Judiciário, leva a situações paradoxais e de total *non sense*, como nestes exemplos: *alguns* proprietários de veículos pagariam o seguro obrigatório por um critério, e, os demais, por outro; *alguns* advogados públicos teriam direito à honorária decorrente da sucumbência, e não assim os demais integrantes dessa mesma categoria funcional; a *alguns* juízes seria reconhecido o direito ao ressarcimento pecuniário por férias não gozadas, mas não assim a outros magistrados. Esse vezo do *tratamento desigual a situações iguais* é uma das mais expressivas causas do demandismo judiciário excessivo que assola o país, e responde em larga medida pela pletora de recursos – inclusive os repetitivos – que hoje assoberba os Tribunais, especialmente os superiores.

É certo que, em algumas das hipóteses antes lembradas, as técnicas processuais voltadas a evitar o *bis in idem* e a contradição entre julgados são favorecidas pelo fato de que na tutela a interesses coletivos *em senso estrito* (conflitos corporativos, categorizados) os efeitos do julgado já se confinam, naturalmente, ao interno de segmentos bem definidos, sem outras projeções. Todavia, ao vasto campo processual coletivo afluem *muitos outros* conflitos, ensejados pelo embate de grandes massas de interesses, fenômeno típico da sociedade contemporânea, competitiva e globalizada, falando a doutrina italiana numa *intrinseca conflittualità*, como uma característica dos chamados *interesses difusos*.[42]

Essa conflituosidade advém, principalmente, da circunstância de que certos interesses, no largo universo coletivo, não têm um suporte definido a lhes servir de parâmetro normativo, aparecendo referenciados a meras situações de fato, como a circunstância de habitar certa localidade, ser usuário de certo produto ou serviço, ou ter sido contaminado por certo vírus epidêmico (CDC, Lei 8.078/90, art. 81, parágrafo único, I). Com isso, cria-se ambiente propício ao acirramento das posições antagônicas, em circunstâncias as mais diversas, por exemplo quando se cogita da construção de um aeroporto supersônico nos arredores de uma cidade, contrapondo grupos favoráveis e contrários; ou se debate sobre a inundação de área florestal para construção do lago adjacente a uma hidrelétrica, estabelecendo antagonismo entre ambientalistas e setores interessados no empreendimento. E assim no tocante a muitos outros conflitos de largo espectro, tais as posturas restritivas ao tabagismo; a vedação da circulação de veículos em certos dias ou locais etc.

42. No particular, cf. o nosso *Interesses difusos – Conceito e legitimação para agir*, 7. ed., São Paulo, RT, 2004, p. 100 e ss.

Não admira que o Judiciário, instado a pronunciar-se sobre esses megaconflitos, e na impossibilidade de se eximir sob um *non liquet*, não raro vê-se na contingência de *avançar* sobre searas antes tradicionalmente afetas ao Parlamento ou à Administração Pública. Com isso o Judiciário, por se distanciar da antiga acepção de um *Poder discreto*, apenas *reativo*, hoje se sujeita a críticas de diversa ordem (agrupadas sob o mote do excesso de *ativismo judiciário*), as quais vão desde uma carência de legitimidade para fazer escolhas políticas ou opções primárias, até ao afirmado risco de desequilíbrio entre os Poderes, passando por veladas suspeitas de superexposição midiática, em alguns casos.

Ao propósito, Elival da Silva Ramos inclui "dentre os fatores de estímulo ao ativismo a assunção de atividade normativa atípica por parte do Supremo Tribunal Federal, vale dizer, o exercício pelo órgão de cúpula do Judiciário brasileiro de competências normativas que, se não confrontam com o princípio da separação dos Poderes, dele não decorrem e, mais do que isso, não contribuem para o seu fortalecimento; ao contrário, provocam uma certa tensão em relação ao conteúdo prescritivo de seu núcleo essencial. Dessa natureza é a competência para a edição de súmulas de jurisprudência sobre questões constitucionais, de observância obrigatória por todo o aparato judiciário e pelas entidades e órgãos da Administração Pública de todos os níveis federativos, bem como a nova configuração emprestada pelo Supremo Tribunal ao mandado de injunção, ao apreciar a questão do direito de greve dos servidores públicos, segundo a qual, ao ensejo do acolhimento do *writ*, lhe cabe proceder, subsidiária e provisoriamente, à regulamentação do modo do exercício do direito protegido, com eficácia *erga omnes* e sem vinculação ao caso concreto".[43]

Nos temas de largo espectro sob os enfoques sócio-político-econômico-jurídico é útil observar que eles não se reduzem aos tipos comuns de conflito, tradicionalmente contidos na contraposição entre pessoa e Autoridade, em assuntos como segurança, educação, moradia ou transporte público, ordinariamente já *normatizados* e que partilham de um *consenso mínimo*, no sentido de que aqueles valores devem, *de um modo ou de outro*, ser *atendidos* em seu núcleo essencial (*v.g.*, uma certa porcentagem da arrecadação tributária deve ser aplicada na manutenção e desenvolvimento do ensino – CF, art. 212, *caput*; a população carcerária deve dispor de espaço condizente com a dignidade do ser humano), nisso que se vai chamando *mínimo existencial*. Já os conflitos metaindividuais não se reportam, a rigor,

43. *Ativismo judicial – parâmetros dogmáticos*, São Paulo: Saraiva, 2010, p. 314-315.

a veros interesses públicos e, sim, a interesses massivos e repercutidos por um número indeterminado de sujeitos, concernindo a um objeto indivisível, podendo empolgar vastos segmentos sociais (*v.g.*, o interesse dos proprietários de veículos automotores, a que as montadoras dotem seus produtos de equipamento antipoluição), ou mesmo concernir à coletividade como um todo, como se dá com as propostas de manejo sustentável da floresta amazônica, contrapondo os interesses de madeireiros e ambientalistas.

Nesse contexto é que se deflagra o embate entre as grandes massas de interesses, desencadeando conflitos não raro refratários à solução mediante os modelos de intervenção legislativa, ou mesmo judiciária, de tipo clássico: considerem-se, *v.g.*, o interesse dos usineiros, em mecanizar a colheita da cana, *versus* o dos trabalhadores, em garantir os empregos; o dos comerciantes, em que as calçadas de suas lojas fiquem livres para o afluxo dos interessados, *versus* o interesse dos vendedores ambulantes, de ali expor suas mercadorias ou mesmo dos moradores de ruas a ocupar tais espaços; o interesse dos fazendeiros, em preservar suas propriedades, *versus* o dos grupos ditos sem-terra, em ocupá-las, ao argumento de serem improdutivas.

No plano da jurisdição coletiva os problemas e questionamentos se agigantam, em comparação com o que se passa na jurisdição singular, pela boa razão de que, nesta última, de ordinário, as partes sustentam, em nome próprio, pretensões que lhes concernem diretamente; e, mesmo quando legitimadas extraordinariamente, o efeito *prático* do julgado recai sobre um *substituído* conhecido e definido (art. 18, *caput*, do vigente CPC). E mesmo nos casos de cúmulo subjetivo (litisconsórcio, intervenção de terceiros), são *conhecidos* os sujeitos que se agregam à lide e assim se expõem aos efeitos do julgado. Ao passo que, no trato processual coletivo, o autor da ação aparece como o "adequado portador" (*ideological plaintiff*, no processo coletivo norte-americano) de pretensões concernentes a coletividades bastante expandidas, do que resulta a necessária extensão dos efeitos do julgado, em maior ou menor espectro, no mínimo *ultra partes*.

Nesse sentido, a súmula vinculante do STF é idônea a propiciar uma uniformização exegética *vertical* (desde o STF até os órgãos judiciais de primeiro grau) e *horizontal* (ao largo e ao longo do território nacional, inclusive em face da Administração Pública), na medida em que fixa, obrigatoriamente, o entendimento a ser praticado no tocante à validade, eficácia e interpretação de uma norma de extração constitucional, com isso agilizando a tramitação dos feitos, coartando recursos protelatórios e propiciando tratamento isonômico às partes. Por exemplo, a questão do *nepotismo* no provimento de cargos públicos: embora a Constituição, no art. 37, *caput*, estabeleça os sobreprincípios da legalidade e da moralidade, fato é que tal norma não tem bastado para prevenir ou corrigir os abusos e subterfúgios que vinham sendo praticados. Todavia, com o advento da súmula vinculante n. 13,[44] regulando o assunto, a tendência é de que a curto prazo o dissídio interpretativo venha a ficar debelado e corrigidas as situações irregulares.

Essas são importantes *externalidades positivas* que se espera venham a ser implementadas, à medida que a súmula vinculante do STF vai sendo incorporada em nossa cultura jurídica.[45]

A peculiar *repercussão potencializada* do julgado afigura-se, pois, inevitável na jurisdição coletiva, e faz com que os institutos processuais aí incidentes ganhem outro vulto e se tornem mais complexos, exigindo maior empenho e até certo grau de *criatividade*, senão já de *ousadia*, por parte dos operadores do Direito. Eis porque nesse plano, por vezes, se faz necessário agir com *coraggio e fantasia,* como adverte Vincenzo Vigoriti.[46]

Tornando à questão da divergência jurisprudencial, são possíveis estas afirmações:

A) a ocorrência de *erro judiciário* é mais temível e nefasta na perspectiva da jurisdição coletiva, justamente porque as consequências da equivocada resolução jurídica da lide se irradiam por vastos segmentos da sociedade civil, ou mesmo podem se expandir pela inteira coletividade. Figure-se, *gratia argumentandi*, que num episódio como o do *bloqueio* dos ativos financeiros, ocorrido no governo Collor, fosse à época manejável uma ADCon (CF, art. 102, § 2.º: EC 3/93, hoje com redação da EC 45/2004), na qual o STF, em decisão soberana, decidisse sobre o mérito daquela malsinada medida governamental: os efeitos *erga omnes* se estenderiam, assim, ao Executivo, como às demais instâncias judiciárias e, naturalmente, em face de toda a coletividade brasileira. Note-se que, aí, tratando-se de *ação dúplice*, de duas uma: (*i*) a ação seria rejeitada, e então, ter-se-ia como inconstitucional a medida guerreada, resguardando-se o interesse difuso de todos os brasileiros à livre disponibilidade dos ativos financeiros; (*ii*) a ação seria acolhida e, então, o bloqueio ficaria mantido, mas de modo igual *para todos,* registrando-se pois, em ambas as hipóteses, uma resposta judiciária *uniforme*.

---

44. V. no apêndice essa e as demais súmulas vinculantes do STF.

45. Recorde-se que o descumprimento à súmula vinculante do STF (= recusa imotivada ou inconvincente; aplicação indevida), leva, ou à cassação do julgado, ou à anulação do ato administrativo: CF, § 3.º do art. 103-A; Lei 11.417/2006, art. 7º e § 2º .

46. *Interessi collettivi e processo,* Milão: Giuffrè, 1979, p. 287.

Ao propósito desse triste episódio da história brasileira, relembra Ana Cláudia Pompeu Torezan Andreucci: "À época do 'confisco' dos cruzados feitos pelo então Presidente da República, Fernando Collor de Mello, a situação não foi diferente. Escritórios de renome na área tributária na cidade de São Paulo desenvolveram petições iniciais com mais de 20 páginas asseverando os argumentos legais, principalmente de natureza constitucional que desautorizavam a prática do confisco. Poucos dias depois da distribuição do primeiro processo e deferimento de liminares, as petições, como que mercadorias, passaram a ser 'comercializadas' na Avenida Paulista, onde está instalado o Foro Federal da Capital, passando a ser usadas de forma repetitiva por inúmeros advogados. Se a repetição e a padronização foram fenômenos inerentes ao trabalho de advogados à época dos fatos narrados, nada foi diferente na atividade jurisdicional que também se vislumbrou dentre de um amontoado jurídico de peças absolutamente idênticas".[47]

Ante um tal episódio – que não foi isolado, nem terá sido o último em que se permitiu a temível *atomização do conflito coletivo* – cabem algumas perguntas: É esse o ambiente judiciário a que faz jus o povo brasileiro? Foi para chegar a tais situações de paradoxo que se construiu toda a ciência processual? Qual Judiciário queremos?

B) o binômio *contraditório-ampla defesa*, entendido como "audiência bilateral dos atos e termos do processo, agregada à possibilidade de impugnação", e que está à base da garantia do *devido processo legal* (CF, art. 5.º, LV), há de ser visto com algum temperamento no plano da jurisdição coletiva, seja porque os sujeitos são indeterminados e o objeto indivisível (CDC, art. 81, parágrafo único, I), seja porque o interesse, de todo modo, vem tomado em sua *dimensão coletiva* (*v.g.*, interesse difuso à proteção de certa área de mananciais). Em tais situações, não é pensável a exigência da *citação formal* dos sujeitos concernentes e, consequentemente, não há como exigir sua *presença efetiva* nos autos. Aliás, bem por isso, Vincenzo Vigoriti

---

47. Súmula vinculante: será este o caminho? *RT* n. 787, maio 2001, p. 45.(O *drama dos poupadores* parece não ter fim: segundo o artigo assinado por Marilena Lazzarini – "Terrorismo, ficção e realidade", jornal *O Estado de São Paulo*, 11.06.2009, cad. A-2 –, acerca da situação dos lesados pelos planos Bresser (16.06.1987) e Verão (16.01.1989), existem, segundo números da Febraban, "515 mil ações tramitando na Justiça". A seu turno, os Bancos ajuizaram no STF uma ADPF, "para suspender todas as decisões e os processos que reivindicam perdas de rendimentos da poupança relativas aos planos econômicos Cruzado, Bresser, Verão, Collor I e Collor II, defendendo, principalmente, sua constitucionalidade". Com isso, forma-se o pior panorama: profusão de lides individuais massivas e repetitivas, a par de uma ação de tipo coletivo, tudo engendrando o risco de coisas julgadas discrepantes, senão já contraditórias).

lembra que na disciplina das *class actions*, do direito norte-americano, a exigência do contraditório fica *suprida* com a presença do *representante adequado* (*ideological plaintiff*) dos sujeitos componentes da *class* de que se trata: "L'adeguatezza dei class representatives sostituisce le garanzie individuali."[48] O processo norte-americano das *class actions* traz exemplos dessa *inventiveness*, como o caso do posto de combustível que, tendo praticado sobrepreço, veio a ser "compelido a fornecer gasolina, gratuitamente, a todos aqueles que o procurassem, até atingir a exata quantidade que vendera acima da tabela fixada".[49]

C) a coisa julgada, na jurisdição coletiva, não tem como ficar cingida às partes (como se passa nas lides intersubjetivas – CPC, art. 506), mas deve projetar-se exteriormente, na razão direta da expansão do objeto litigioso, o qual ocupa uma certa *faixa* do universo coletivo (*v.g.*, interesse individual homogêneo dos pais de alunos de escolas particulares a que seja ajustado certo índice de correção das mensalidades), de modo que a eficácia prática do julgado depende de que seus efeitos se irradiem até onde se estende o interesse metaindividual considerado na ação (CDC, art. 103, III, c/c art. 117). Por exemplo, a decisão que acolhe ação coletiva ajuizada por associação, em defesa de *poupadores*, onde se ordenou a retificação do índice de correção dos ativos financeiros, projetará efeitos por todo esse segmento, descabendo restringir tais efeitos apenas aos *poupadores* porventura aderentes da associação autora da ação, porque a tutela judicial se dará *na extensão e compreensão do interesse objetivado*, sendo irrelevante, para esse fim, saber qual dos colegitimados ativos tomou a iniciativa judicial *in concreto*. Além disso, e principalmente, a associação não está em Juízo defendendo interesse dela próprio, e sim de seus filiados, aproximando-se da legitimação extraordinária ou substituição processual, caso em que os efeitos práticos do julgado atingem os substituídos.

As precedentes considerações revelam como pode ser *perigosa* a divergência jurisprudencial no âmbito da jurisdição coletiva, na medida em que nesse plano se lobrigam temas de natureza *unitária*, de sorte que a discrepância pretoriana vem operar como elemento desagregador das situações jurídicas expandidas e projetadas sobre vastos contingentes sociais (*v.g.*, consumidores, aposentados, mutuários, contribuintes, aderentes de planos

---

48. *Interessi collettivi e processo* cit., p. 283.
49. Cf. Waldemar Mariz de Oliveira Junior. Tutela jurisdicional dos interesses coletivos. *In* Ada Pellegrini Grinover (coord.), *A tutela dos interesses difusos*, São Paulo: Max Limonad, 1984, p. 23.

de saúde). Até porque, nesse plano, a legitimação ativa para as ações concernentes não repousa – nem o poderia – no tradicional critério da *coincidência* entre o autor, como pessoa *titular* do direito material ou da situação de vantagem, e, de outro lado, o réu, como pessoa *obrigada* ou em situação de sujeição. Com efeito, esta técnica da *coincidência*, ou da *correspondência*, é viável na jurisdição singular, onde, *ordinariamente* (daí a denominação "legitimação ordinária"), se dá o *transporte*, para o plano processual, de certas ocorrências típicas do plano material (ditas *situações legitimantes*), por exemplo: o exequente corresponde ao *credor* do título de crédito; o réu, na ação de despejo, é o *locatário*.

No plano da jurisdição singular, via de regra, as partes sustentam, em nome próprio, situações jurídicas que lhes são próprias, daí decorrendo, dentre outros efeitos, que a eventual divergência jurisprudencial poderá, no máximo, gerar um conflito *lógico* entre os julgados contrapostos (ex., duas ações de despejo sob o mesmo fundamento, envolvendo imóveis contíguos, pertencentes a um mesmo proprietário, podem resultar no acolhimento de uma e não da outra), mas sem que tal dissenso degenere num conflito *prático*, porque de todo modo cada um dos casos concretos foi julgado de per si, de modo que ambos os comandos judiciais não imbricam entre si nem se contrapõem. Assim, explica Ada Pellegrini Grinover: "É possível que uma causa seja decidida de determinada maneira e outra, perfeitamente idêntica – salvo quanto às partes – seja decidida de outra maneira. Porque a coisa julgada não tem como função, ou finalidade, a lógica das decisões jurídicas. Não tem como finalidade evitar as contradições lógicas, e sim evitar as contradições práticas: *a cada pessoa, uma sentença imutável para obedecer*".[50]

Já *outra* realidade processual se passa no âmbito da jurisdição coletiva, porque aqui o critério de legitimação ativa não pode fundar-se na "titularidade do direito material ou da situação de vantagem", pela boa razão de que os sujeitos concernentes aparecem *indeterminados* e o objeto se apresenta *indivisível*. Nesse contexto, a legitimação ativa desloca-se para fundamentos outros, diferenciados, tais a "relevância social do interesse"; a "expressiva projeção numérica dos sujeitos envolvidos", dados esses que se conjugam a uma especial condição legitimante, qual seja a "idoneidade ou adequação do portador judicial do interesse". Sendo assim, é claro que os efeitos do julgado não podem restringir-se ao autor, que terá atuado, ou como um substituto

50. A coisa julgada perante a Constituição, a Lei da Ação Civil Pública, o Estatuto da Criança e do Adolescente e o Código de Defesa do Consumidor. *O processo em evolução*, Rio de Janeiro: Forense Universitária, 1996, p. 147.

processual da coletividade envolvida, ou como um *condutor autônomo do processo,* mas, em qualquer sorte, aqueles efeitos terão que se espraiar até onde se estenda o interesse metaindividual judicializado.

As ações coletivas lobrigam temas cujo conteúdo conceitual ou axiológico é *unitário*, reclamando, *por simetria*, uma resposta judiciária de igual natureza (aplicação do princípio da adstringência do julgado ao pedido - CPC, art. 492), variando apenas o *espaço*, maior ou menor, a ser ocupado pelos efeitos do julgado, conforme a compreensão e extensão do interesse indigitado.

Por exemplo, a pretensão de certa classe de servidores municipais acerca do limite máximo de remuneração (*teto*), não comporta ajuizamento pela modalidade do litisconsórcio ativo facultativo, seja porque resultaria muito numeroso (CPC, § 1º do art. 113), seja pelo risco de *fragmentação* do interesse coletivo, que no caso concerne a toda uma classe funcional, e como tal deve ser tratado. A ubicação desse interesse em grupos de sujeitos engendraria o risco de decisões qualitativamente diversas, acarretando a formação de *blocos* de coisas julgadas materiais de conteúdo discrepante, ou até contraditório, engendrando situações de injustiça. De outro modo, vindo a espécie tratada no plano da jurisdição coletiva (mandado de segurança coletivo, ação civil pública, ação coletiva consumerista), sobrevirá resposta judiciária uniforme - *pró ou contra* - com economia de tempo e de custo operacional, evitando-se a desagregação processual de um conflito substancialmente metaindividual.[51]

Assim como não faz sentido a *pulverização* de um tema coletivo em multifárias demandas individuais, também não se justifica - e com maior razão - a coexistência de mais de uma ação do tipo coletivo sobre um mesmo tema, pela boa razão de que a primeira delas já tornou *prevento* o juízo e, por assim dizer, já *ocupou o espaço processual* disponível no universo coletivo. Figure-se que ocorra o ajuizamento contemporâneo de duas ações civis públicas, uma pelo MP, outra por organização não governamental, ambas visando, basicamente, assegurar que nas reservas indígenas (CF, arts. 231, 232) não se realizarão *assentamentos*, nem será autorizada extração de madeira: se porventura sobrevierem decisões qualitativamente diversas, ter-se-á chegado a uma contradição não apenas lógica, mas também *prática*, porque

51. Um desenvolvimento maior do tema em questão pode ser visto em nossos estudos: A concomitância de ações coletivas, entre si e em face das ações individuais, *RT*, n. 782, dez. 2000, p. 20 e; A concorrência de ações coletivas sobre um mesmo *thema decidendum*, *in* Ives Gandra Martins e Francisco Rezek (coords.), *Constituição Federal - avanços, contribuições e modificações no processo democrático brasileiro*, São Paulo: Centro de Extensão Universitária/RT, 2008, p. 471-491.

teríamos a coexistência de duas coisas julgadas materiais, autoexcludentes em seus comandos, ambas projetando eficácia *erga omnes*!

Em outro exemplo, figure-se um pleito para que seja descontinuada em todo território nacional certa mensagem publicitária, afirmadamente *enganosa* (CDC, art. 37, § 1.º). Na configuração processual, temos que: (*i*) a controvérsia não pode ser resolvida no plano da jurisdição singular, dada a dimensão *nacional* do interesse objetivado; (*ii*) submetida a lide à jurisdição coletiva (ação civil pública – art. 1.º, II, da Lei 7.347/85), verifica-se que a eventual concomitância de uma segunda ação, com aquele mesmo objetivo, engendraria um enorme risco, em caso de decisões conflitantes, justamente porque a *matéria* não comporta soluções axiologicamente diversas, dado que, ou bem a mensagem é enganosa e deve ser suprimida em todo o país, ou não o é, e então pode ter livre curso. Não ameniza esse quadro o argumento de que a segunda ação coletiva poderia resultar consonante à primeira, porque nesse caso aquela ação subsequente teria sido redundante e supérflua, tornando questionável o próprio interesse de agir (necessidade + utilidade da ação). De todo modo, não se justifica o trâmite contemporâneo de duas ações de natureza coletiva, sobre um mesmo objeto.

Se a divergência jurisprudencial pode, até certo ponto, ser *administrada* no plano da jurisdição singular (porque aí as partes sustentam suas próprias posições), já o mesmo não se passa na jurisdição coletiva, porque aqui os interesses em lide são *de massa*, têm natureza plurissubjetiva, concernindo a segmentos mais ou menos vastos da sociedade, e, portanto, a resposta judiciária deve ser *una*, de sorte a projetar efeitos uniformemente, até onde se estenda o interesse objetivado, atingindo, igualitariamente, os sujeitos concernentes, *pró ou contra*. Atentando à relevante distinção entre interesses *essencialmente* metaindividuais (difusos e coletivos em sentido estrito) e *episodicamente* metaindividuais (individuais homogêneos), o PL 5.139/2009, à época voltado a regular a nova ação civil pública, previa importante inovação no tocante ao trâmite de ações coletivas, dispondo no art. 20 que, uma vez não obtida a solução consensual do conflito, "o juiz, fundamentadamente (...) II – poderá separar os pedidos em ações coletivas distintas, voltadas à tutela dos interesses ou direitos difusos e coletivos, de um lado, e dos individuais homogêneos, do outro, desde que a separação represente economia processual ou facilite a condução do processo".

A eficácia *erga omnes*, imanente às lides nas quais os sujeitos se apresentam absolutamente indeterminados e o objeto é absolutamente indivisível, é, segundo Ada Pellegrini Grinover, "uma exigência do próprio tratamento coletivo. De nada serviria tratar esses bens e interesses coletivamente, se não houvesse uma qualidade de imutabilidade da sentença que se projetasse com relação a todas aquelas pessoas que podem ser beneficiadas por esta sentença".[52]

Como se vê, a divergência jurisprudencial apresenta peculiaridades, dimensões e externalidades diversas, conforme se trate de jurisdição singular ou coletiva. Na primeira hipótese, o Estado-juiz realiza a subsunção da norma ao fato, exclusivamente para o caso concreto, sem outros desbordamentos, sendo, portanto, compreensível que, eventualmente, o julgamento se mostre qualitativamente diverso de outros, prolatados em feitos análogos. Essa virtual discrepância, embora um tanto obscura a olhos leigos, é explicável por um conjunto de fatores técnicos:

A) numa perspectiva *horizontal*, nosso modelo de organização judiciária conjuga elementos diversos (comarcas, agrupadas em entrâncias, na Justiça Estadual; seções, agrupadas em Regiões, na Justiça Federal, esta bifurcada nos ramos comum e especial) e, numa perspectiva *vertical*, os órgãos judiciários aparecem hierarquizados, atuando em competência de derrogação (revisão/cassação), tudo *distribuído* ao longo de um país de dimensões continentais;

B) a preocupação principal de nosso processo civil é com a prevenção do *mal maior*, que vem a ser a contradição na ordem *prática* – e não apenas lógica – entre julgados, tanto assim que a recepção de exceções veramente *peremptórias*, como as de litispendência e de coisa julgada (CPC, art. 337, VI, VII e §§ 3.º e 4º), depende da rigorosa identidade entre os elementos das ações confrontadas – partes, pedido e causa de pedir (*tria eadem*);

C) por tudo isso – ao menos no plano da jurisdição singular – o sistema processual *convive* com a virtualidade da divergência jurisprudencial, não a tomando como uma patologia do sistema, nem como indicativo de *error in iudicandum*, e, por isso mesmo limita-se, de um lado, a alertar o juiz para a devida aferição quanto à existência de precedente ou de súmula acerca do *thema decidendum* (CPC, art. 489, §1º, V e VI), e, de outro, disponibiliza recursos fundados no dissídio pretoriano, tanto aquele verificado ao interno dos Tribunais (embargos de divergência no STF e STJ: arts. 1.043, incisos e §§; art. 1.044 e §§), como entre Tribunais diversos (recurso especial pela alínea *c* do art. 105, III, da CF; revista trabalhista – CLT, art. 896 e § 1º-A; art. 896-A e § 1º, este último acrescido pela Lei 13.467/2017). Sob outra mirada, e buscando prevenir os dissídios interpretativos, o sistema prevê os

---

52. A coisa julgada perante a Constituição, a Lei da Ação Civil Pública, o Estatuto da Criança e do Adolescente e o Código de Defesa do Consumidor. *O processo em evolução* cit., p. 148-149.

incidentes de *assunção de competência* (CPC, art. 947 e §§) e de *resolução de demandas repetitivas* (CPC, arts. 976, incisos e §§ – 987 e §§).

Diversamente se passa no âmbito da jurisdição coletiva, onde a divergência jurisprudencial mostra-se deletéria, tanto no plano técnico-científico quanto na ordem prática. É que, enquanto na jurisdição singular a injustiça da prolação de decisões diferentes em relação a casos análogos fica circunscrita às *partes* (limites subjetivos da coisa julgada – CPC, art. 506), as quais, de todo modo, dispõem de recursos fundados em divergência jurisprudencial, já outra realidade se descortina no plano da jurisdição coletiva, porque aí o autor não maneja posição jurídica própria, senão que opera como uma *longa manus* de certos interesses transindividuais de largo espectro, caracterizados, basicamente, pela indeterminação dos sujeitos e pela indivisibilidade do objeto.

Nesse contexto coletivo, os malefícios da divergência jurisprudencial se potencializam, porque aí os efeitos do julgado devem se expandir extra-autos, ora projetando-se sobre a sociedade civil como um todo (interesses *difusos*), ora introjetando-se em grupos, categorias ou classes (interesses *coletivos em sentido estrito*), ora, enfim, expandindo sua eficácia em face de interesses numericamente muito expressivos, coalizados pela origem comum (interesses *individuais homogêneos*).

Por isso mesmo, no plano da jurisdição coletiva, a resposta judiciária deve se adequar ao tipo de interesse – *metaindividual* – de que aí se cogita, vale dizer, deve levar na devida conta a sua *natureza* (que, sendo unitária, não comporta mais de uma resposta judiciária) e sua *extensão* (o espectro maior ou menor do contingente social envolvido). Explica Ada Pellegrini Grinover: "Quando se retira do mercado um produto danoso, por exemplo, com base na Lei 7.347/85, ou ele é retirado para todos, ou não é retirado para ninguém. Quando se condena alguém a reconstituir o meio ambiente em virtude dos danos a ele provocados, pela mesma Lei 7.347/85, essa condenação se reverte em benefício de todos os habitantes da região, ou não há para ninguém. É da própria indivisibilidade, portanto, desses bens assim considerados, que surge, como ínsita, a ideia de uma coisa julgada *erga omnes*."[53]

No ponto, afirmam NERY & NERY: "Um dos objetivos da ação coletiva é evitar a proliferação de demandas individuais e também de ações coletivas. Trata-se de instituto criado para que a solução de pretensões difusas, coletivas e individuais homogêneas sejam tomadas em *ação única*. Do contrário, o instituto não teria serventia prática. Exemplo recente de aplicação errada do instituto da ação coletiva ocorreu quanto à pretensão de obter contra o Poder

53. Idem, p. 148.

Público (INSS) condenação em obrigação de fazer, consistente em reajustar os proventos dos aposentados com o índice de 147% a que teriam direito. Deveria ter sido ajuizada uma única ação coletiva, mas foram propostas várias ações, uma em cada Estado da Federação, possibilitando a existência de decisões conflitantes. A ação teria de ser uma só, com uma única sentença, que teria eficácia contra o INSS em todo o país (CDC, 103)".[54] (Ocorrência semelhante, embora sob circunstâncias um tanto diversas, poderia ser identificada nos efeitos projetados pelo acórdão do STJ no REsp 1.334.488-SC, rel. Min. Herman Benjamin, j. 08.05.2013, no qual se reconheceu o direito de segurado do INSS à *desaposentação*, tendo dito recurso sido afetado como *representativo da controvérsia* (CPC/73, art. 543-C; CPC vigente, art. 1.040 e incisos), o que o qualifica a parametrizar os demais recursos especiais repetitivos, sobrestados nos TJ's e TRF's, cujo número, segundo repercutido na mídia à epoca, se elevava a "mais de 24 mil processos do INSS contra segurados que requereram o direito à revisão do benefício, segundo a Advocacia Geral da União (AGU), que defende o Executivo".[55]

Não resiste à análise o argumento que, partindo da premissa de "não ser o Direito uma ciência exata", extrai a conclusão exacerbada de que a divergência jurisprudencial não tem como ser controlada, podendo assim grassar à vontade, não restando ao jurisdicionado senão aceitá-la como um mal inevitável, uma contingência do sistema, ou quem sabe um *karma* irreversível. Ao contrário, a análise técnica do problema não respalda essa tese: **1**) a ser válido o argumento de que restaria ao jurisdicionado *se resignar* com a eventual interpretação discrepante ou equivocada dos textos legais, levando ao trato desigual de situações iguais, então ficariam sem explicação os instrumentos voltados à correção da exegese incorreta, ou mesmo inadmissível do texto de regência, como se dá com o *recurso especial* ao STJ pela alínea *c* do art. 105, III da CF (dissídio exegético entre tribunais), e com a própria ação rescisória manejável quando o julgado de mérito, trânsito em julgado, "violar manifestamente norma jurídica" (CPC, art. 966, V), ou ainda a *revista trabalhista* (CLT, art. 896 e alínea *a*, esta com redação da Lei 13015/2014); **2**) se fosse inevitável e insuperável a coexistência de mais de uma exegese sobre um mesmo texto, em lides multiplicadas por inúmeros processos afins, não se explicaria a incumbência, atribuída aos Tribunais da Federação, de zelar pela *unidade interpretativa* do Direito Constitucional

54. *Código Civil anotado e legislação extravagante*, 2. ed., 2003, nota n. 8 ao art. 81 do CDC.

55. Jornal *O Estado de São Paulo*, de 09.05.2013, matéria nominada "STJ decide a favor da aposentadoria", cad. Economia.

(STF) ou do Federal comum (STJ), no exercício da chamada *função paradigmática*; nesse sentido, o sistema autoriza essas Cortes superiores a julgar *em bloco, por amostragem*, os recursos massivos e repetitivos: CPC, arts. 1.036 e §§ – 1.041 e §§; **3)** enfim, se a diversidade exegética fosse um óbice intransponível, a ciência jurídica não indicaria tantos métodos interpretativos (gramatical, histórico, sistemático, teleológico), justamente voltados à busca do *sentido mais preciso* da norma *sub examen*.

No ponto, escrevem NERY & NERY: "O sistema processual brasileiro, nas suas bases constitucional e legal, tem como regra o ideal de chegar-se à interpretação única e unívoca da lei federal no País. Quando houver divergência jurisprudencial sobre o entendimento da lei federal, são cabíveis os recursos excepcionais para que os tribunais superiores competentes uniformizem o entendimento e a compreensão da lei federal no País. Quando se tratar de matéria da competência da justiça comum (federal ou estadual), essa tarefa é dada ao Resp para o STJ, que pode ser interposto com fundamento na CF 105 III *c*. Quando se tratar de matéria da competência da justiça especial trabalhista, a tarefa de uniformizar a compreensão da lei federal no País é do TST, exercida por meio do RR (CLT 896 *a* e *b*). Ainda que exista divergência jurisprudencial acerca da interpretação da lei federal, ainda não dirimida pelo STJ ou TST, cabe ação rescisória por violação a lei federal se o autor apontar esse vício na decisão rescindenda. A interpretação divergente sobre a lei federal não pode servir de óbice ao exercício da ação rescisória".[56]

Portanto, se a interpretação de uma norma legal conduz a mais de um resultado, o ideal de justiça impõe que apenas *uma das exegeses possíveis* acabe ao final prevalecendo, por ser a que melhor representa o verdadeiro sentido do texto, assim descartando-se as demais. Por um lado, o Direito se expressa como o *dever ser*, isto é, fixa a conduta a ser seguida e sanciona a transgressão; de outro lado, dado que toda norma jurídica pressupõe uma escolha apriorística entre valores, não se compreende que, após sua positivação no ordenamento, venha a norma aplicada, em casos análogos, aqui com um sentido, lá com outro, sem que fundadas razões – espaciais e temporais -- expliquem tal discrepância. A estabilidade das relações jurídicas, necessária à pacificação social *com justiça*, impõe que, *num determinado momento*, um certo estágio *de coalização e convergência* venha alcançado, para a prevenção ou superação do dissenso pretoriano.

No ponto, o saudoso J. J. Calmon de Passos lembrava que o *sistema democrático* está à base dos recursos processuais e "também repele se possa

56. *Código de Processo Civil comentado* cit., 2006, nota 22 ao art 485 do CPC.

dar ao mesmo preceito normativo, de caráter geral, entendimentos diversificados, como se a redução da complexidade maior, tornando as inumeráveis *possibilidades de ser* um *dever ser* determinado, não fosse tarefa da função política e dos órgãos que a integram, dos quais o mais eminente é o Parlamento, bem como se pudesse descartar, nessa segunda redução de complexidade, a exigência básica de segurança para os governados tornando previsíveis, no máximo, as formas de solução de conflitos que se instaurem na convivência social".[57]

A não se entender assim, então ter-se-ia que admitir que o julgador pudesse ficar numa insólita posição de "copartícipe", *a posteriori*, do processo de formação da norma, por modo que, ao invés de aplicá-la aos casos concretos, assim exercendo o *jus dicere*, já então extrapolasse para um *jus dare*. Como escreveu Alfredo Buzaid: "(...) o preceito não pode ter dois comandos diferentes. Assim, pois, se uma interpretação é verdadeira porque corresponde ao imperativo da lei, está claro, lógico e evidente que a outra não o é, porque se divorcia do seu sentido autêntico".[58]

A boa doutrina tem ressaltado as vantagens da unidade interpretativa, colocando-a como um ideal a ser perseguido, na medida em que vem ao encontro da estabilidade das relações sociais e da isonomia entre os jurisdicionados, valores relevantíssimos para o Direito. Vicente Paulo Tubelis, discorrendo sobre os diversos conceitos propostos para a "jurisdição", assim se posiciona: "Todos esses conceitos pressupõem a uniformidade do entendimento jurisdicional com a consequente segurança social. A divergência de entendimentos entre turmas, câmaras, seções e tribunais fere frontalmente a própria finalidade da jurisdição". Na sequência, o autor cita o voto vencido do Des. César de Moraes, em incidente de uniformização de jurisprudência no TJSP (v. *Uniformização de jurisprudência e prejulgados nos tribunais paulistas*, pelo Des. Jurandyr Nilsson, São Paulo, Lex, 1985, p. 211-215): "É velha, bastante velha, a preocupação dos legisladores e dos doutrinadores com a divergência jurisprudencial; e essa preocupação avulta, quando a divergência reponta no mesmo tribunal, dentre órgãos judicantes que o integram". Dito voto colacionava Pontes de Miranda: 'Se alguma sentença ou outra decisão que se não haja considerar sentença, diverge de outra, em qualquer elemento continuístico relativo à incidência ou à aplicação de

57. Súmula vinculante, *Genesis – Revista de Direito Processual Civil*, n. 6, set.-dez. 1997, p. 631.

58. Da uniformização da jurisprudência, *Boletim da Faculdade de Direito de Coimbra*, vol. LVIII, Coimbra, 1982, p. 150.

regra jurídica, uma delas é injusta. Tem-se de evitar isso, e aí está a razão de algumas medidas constitucionais ou de Direito Processual que têm por fito corrigir ou evitar a contradição da jurisprudência' (*Comentários ao Código de Processo Civil*, Rio de Janeiro, Forense, 1974, t. VI, p. 3)".[59]

Portanto, se mesmo no plano da jurisdição singular a unidade interpretativa dos textos se afigura necessária, até como imperativo ético e de justiça social, com maior razão impõe-se a uniformidade no plano da jurisdição coletiva, na qual o pluralismo das respostas judiciais potencializa os males do dissídio pretoriano e revela-se socialmente injusto. Assim se dá por causa da *dimensão coletiva* em que as lides são conhecidas e julgadas, a exigir que o comando judicial se expresse em modo uniforme e abrangente, projetando-se ao largo e ao longo da extensão – compreensão do interesse metaindividual objetivado. Esse fundamento lógico é que está à base do sistema de coisa julgada *coletiva* (CDC, arts. 103 e 104, incisos e parágrafos, c/c art. 117) e serve de suporte para que se (re) afirme a inaceitabilidade de mais de uma ação coletiva sobre um mesmo assunto. No caso dos interesses individuais homogêneos (CDC, art. 81, parágrafo único, III), prevê-se uma coisa julgada *erga omnes*, mas *secundum eventum litis*, na medida em que, em sendo acolhida a ação coletiva, a decisão poderá ser aproveitada (= transportada *in utilibus*) para o âmbito das eventuais ações individuais, nos moldes do § 3º do art. 103, c/c art. 104 do CDC, numa sorte de ampliação, *ex lege*, do *thema decidendum*.

Sem embargo, explica Ada Pellegrini Grinover: "Se houver, ao contrário, uma sentença de improcedência, se a demanda coletiva for rejeitada, não há mais possibilidade de outra demanda coletiva proposta por outro legitimado, porque a coisa julgada coletivamente atua *erga omnes*, mas pode cada indivíduo, pessoalmente prejudicado, ingressar com sua própria ação individual de indenização, se for o caso".[60]

Esse engenhoso sistema faz interagir os planos singular e coletivo, sem que um obstrua o outro, deixando à mostra que o trinômio ação-processo-jurisdição deve operar eficazmente, tanto nas demandas intersubjetivas como naquelas que envolvem massas de interesses, concernindo a um contingente indeterminado de sujeitos. Cabe ao operador do Direito ter a sensibilidade e o conhecimento técnico para discernir uma situação da outra,

59. Divergência jurisprudencial e participação. *Participação e processo,* coord. Grinover, Dinamarco e Watanabe, São Paulo: RT, 1988, p. 396-397.

60. A coisa julgada perante a Constituição, a Lei da Ação Civil Pública, o Estatuto da Criança e do Adolescente e o Código de Defesa do Consumidor. *O processo em evolução* cit., p. 149.

assim evitando que conflitos de natureza coletiva sejam pulverizados em multifárias ações individuais, com os efeitos deletérios bastante conhecidos: congestionamento do serviço judiciário, risco de decisões discrepantes ou mesmo contraditórias, desprestígio da função jurisdicional; tratamento não isonômico entre os jurisdicionados.

É absolutamente imperioso, tanto para a operacionalidade do sistema quanto para a desejável uniformidade da resposta judiciária, que o conflito envolvendo interesse metaindividual seja canalizado para *apenas uma* ação de natureza coletiva, até porque, uma vez ajuizada essa, não haverá mais *espaço processual* para qualquer outra, ainda que através de outro co-legitimado ativo. Assim se dá porque o conflito se preordena a ser solucionado *em sua dimensão coletiva*, recebendo, na feliz expressão de Kazuo Watanabe, um tratamento processual *molecular*. Essa diretriz tão mais se justifica quanto se considere o que sói ocorrer na realidade brasileira contemporânea, em que um mesmo fato, a depender de seu espectro, pode concernir a mais de uma instância, consentindo várias frentes de investigação: órgãos de controle interno da Administração; Procuradorias Fazendárias; OAB; órgãos de segurança pública; Comissões Parlamentares de Inquérito; Ministério Público; Tribunais de Contas. É preciso que os dados alcançados nessas apurações paralelas sejam encaminhados para uma única instância finalizadora, a fim de que ao cabo resulte o ajuizamento de *uma só* ação de natureza coletiva (civil pública, popular, mandado de segurança coletivo, ADIn, ADCon, ADPF, ação coletiva consumerista), como tal respaldada em elementos convincentes, fixando-se, por prevenção, a competência de foro ou de Juízo.

Neste passo, é útil lembrar que o antes citado PL 5.139/2009, à época voltado a regular a nova ação civil pública, estabelecia o primado do processo coletivo sobre o individual (art. 63), dispondo, ainda, no art. 37, *caput*: "O ajuizamento de ações coletivas não induz litispendência para as ações individuais que tenham objeto correspondente, *mas haverá a suspensão destas, até o julgamento da demanda coletiva em primeiro grau de jurisdição*".[61]

O mesmo proceder deve ser adotado em face das chamadas *demandas múltiplas ou seriais*, nas quais o tema controvertido na verdade é um só, apenas *multiplicado* em repetitivas ações individuais (singulares ou litisconsorciais), empolgando expressivo número de interessados, como se dá com as controvérsias envolvendo segmentos numerosos, tais os aposentados, os *poupadores*, os participantes de planos governamentais para aquisição de

61. Sobre a autonomia científica do *Processo Coletivo* e da *Jurisdição Coletiva*, v. o nosso *Jurisdição coletiva e coisa julgada, 3 ed., 2012*, cit., especialmente capítulos III.1 e III.2.

casa própria, os consumidores de certo produto ou serviço. A situação a que ora se vai referindo remonta a época já distante, como se extrai do já antes afirmado por Saulo Ramos: "Por outra faceta deste poliângulo gritam os números absurdos dos processos repetidos, sobretudo no Supremo Tribunal Federal, onde, desde a promulgação da Carta, em 1988, até março deste ano [1995], foram publicados 22.763 acórdãos, dos quais 15.551 são repetições de outros, totalizando 68,32% dos julgamentos da Alta Corte de hipóteses idênticas". Na sequência, com base em dados constantes de artigo publicado pelo ex-ministro do STF, Paulo Brossard, aquele autor informava que "o percentual de repetições neste ano de 1995, até o mês de março, chegou a 88,88%. Realmente, ingressamos nas chamadas raias da loucura".[62]

Registre-se que, desde a EC 45/2.004, o STF conta com a exigência da demonstração da *repercussão geral da questão constitucional* como pré-requisito à admissibilidade do recurso extraordinário (CF, § 3º do art. 102), e, também com as decisões-quadro proferidas nos recursos extraordinários afetados como representativos da controvérsia, no rito dos recursos repetitivos (CF, art. 1.036 e s.), sendo que ambas técnicas têm laborado para agilizar e racionalizar os trâmites, com natural reflexo no acervo geral, que atualmente – 04.01.2.018 – soma 45.475 processos.[63]

Ao invés do ajuizamento dessas ações repetitivas, ou demandas múltiplas, impende prestigiar a alternativa técnica correta, que é a recondução desses conflitos de massa para o âmbito da jurisdição coletiva, idônea a oferecer aos sujeitos concernentes a um mesmo *thema decidendum* uma única resposta, que resolva a controvérsia de uma vez e uniformemente. Por exemplo, a decisão de mérito será no sentido da *supressão* ou, então, da *mantença* de certa claúsula constante do contrato-padrão dos planos de saúde em grupo; ou determinará que a remuneração dos depósitos em cadernetas de poupança obedecerá determinado índice ou critério de cálculo. Desse modo, o comando judicial se aplicará, *isonomicamente*, a todos os sujeitos, até onde se estenda o interesse metaindividual objetivado.

Em suma, a jurisdição coletiva é a alternativa técnica que se oferece como instrumento eficaz para a desejável uniformização da resposta judiciária nas chamadas *demandas de massa*, que até agora, com algumas exceções, vêm sendo judicializadas de maneira *equivocada*: ou a macro-lide aparece *atomizada* em milhares de demandas individuais, assim *pulverizando* o universo coletivo,

62. Questões do efeito vinculante, *Cadernos de Direito Constitucional e Ciência Política*, n. 16, jul.-set. 1996, p. 33.

63. Fonte: www.stf.jus.br, consultado em 04.01.2018.

ou – pior – tolera-se a concomitante tramitação de ações de natureza coletiva sobre um mesmo tema. Neste passo, soa bem atual o pensamento de Alfredo Buzaid: "É preferível assegurar a estabilidade da ordem jurídica, através de uma interpretação simultânea uniforme, do que expô-la ao perigo de exegeses contraditórias, que não podem coadunar-se com o ideal de justiça".[64]

Para isso, é preciso aceitar a realidade de que o fenômeno da globalização, tanto quanto a existência de uma sociedade de massa, são hoje fatos incontestes, que repercutem no processo civil contemporâneo, o qual por isso mesmo já se vai revelando preponderantemente *coletivo, policêntrico, participativo*. Para tanto, o processo civil vem passando por uma inegável *metamorfose* e, para acompanhá-la, o operador do Direito deve entender, como alertava o saudoso Mauro Cappelletti, que ficam "revolvidas aqui regras também milenares, como aquela através da qual a coisa 'judicata' não pode estender-se senão às partes *in causa* (*res judicata tertiis neque prodest neque nocet*); ou a regra pela qual todos os sujeitos aos quais a coisa julgada pode estender-se devam ter sido 'notificados' do início do juízo e de suas etapas principais, uma regra que tornaria praticamente impossível muitas ações coletivas ou *class actions*, quando se pensa no custo insuportável de uma notificação feita individualmente a muitíssimas pessoas, e ainda sem chegar ao extremo de cinco milhões de pessoas, o número de partes interessadas no famoso caso *Eisen* nos Estados Unidos".[65]

Pense-se, no caso brasileiro, nas *pretensões multitudinárias*, envolvendo um número muito expressivo de sujeitos, podendo ser relembrado o episódio da correção das contas do FGTS: conforme noticiado no jornal *A Tribuna do Direito* (n. 96, São Paulo, abr. 2001), o afluxo desse contingente de ações à Justiça configuraria, segundo certa fonte do Governo Federal, "o maior contencioso do mundo, pois envolve 50 milhões de pessoas, além dos valores em jogo, que giram em trono de R$ 40 bilhões". É evidente que, dada a notória sobrecarga dos órgãos judiciários, estes simplesmente entrariam em colapso se um conflito coletivo daquela dimensão viesse porventura fragmentado em milhões de demandas individuais. Não por acaso, possivelmente alertado para essa virtualidade, o STF houve por bem emitir a súmula vinculante n. 1: "Ofende a garantia constitucional do ato jurídico perfeito a decisão que, sem ponderar as circunstâncias do caso concreto, desconsidera a validez e a eficácia de acordo constante de termo de adesão instituído pela Lei complementar 110/2001".

64. Da uniformização da jurisprudência cit., vol. LVIII, p. 151.

65. O acesso à justiça e a função do jurista em nossa época, *RePro*, n. 61, p. 151-152.

O panorama que se descortina para o processo civil sinaliza para a preponderância da jurisdição coletiva, em contraponto aos conflitos intersubjetivos do tipo Tício *versus* Caio, os quais podem remanescer no âmbito da jurisdição singular, já suficientemente instrumentada com os meios idôneos à tutela dos confrontos entre posições jurídicas subjetivadas nos respectivos titulares.

Mesmo no plano da jurisdição singular, em primeiro grau, transparece a preocupação com a formação das *demandas múltiplas ou repetitivas*, como já antes se colhia da autorização para que o juiz replicasse a sentença de improcedência calcada em matéria de direito, prolatada no processo tomado como paradigma, aos demais casos idênticos, cujos indigitados réus poderiam até mesmo nem ser citados (CPC/73, art. 285-A, cf. Lei 11.277/2006), num autêntico *julgamento antecipadíssimo do mérito*. À época, foitendo Dierle José Coelho Nunes observaraà época, observado que no artigo indigitado se lobrigavam a "quebra do devido processo legal, da isonomia, da inafastabilidade e especialmente pela impossibilidade de exercício do contraditório como garantia de influência e não surpresa (com esvaziamento da cooperação intersubjetiva) e/ou mesmo pela impossibilidade de se verificar a formação do processo, a reforma permite a visualização de inúmeros problemas no campo da técnica e de sua aplicação prática".[66]

Saliente-se que no objetivo de agilizar os trâmites e de otimizar a resposta jurisdicional, quando o STF, no recurso extraordinário afetado como paradigma, *negar* a existência de "repercussão geral da questão constitucional" (CF, art. 102, § 3.º), "serão considerados automaticamente inadmitidos os recursos extraordinários cujo processamento tenha sido sobrestado" (CPC, parágrafo único do art. 1.039). Analisando esse dispositivo do CPC, observamos em outra sede: "(...) quando a avaliação a esse respeito ['repercussão geral'] é *negativa* (conforme entendimento de oito ministros – 'dois terços dos seus membros – CF, § 3º do art. 102) ou, *a fortiori*, quando o recurso não veio instruído com tal preliminar, então ela é *absolutamente excludente*, dispensando, até por economia processual, a aferição dos demais pressupostos, frustrando o exame do mérito". [67]

---

66. Súmula impeditiva de recursos (art. 518, § 1.º, CPC). Julgamento liminar de ações repetitivas (art. 285, *a*, CPC) e contraditório como garantia de influência – Aspectos normativos e pragmáticos, *Repertório de Jurisprudência IOB*, v. III, n. 14, 2.ª quinzena de julho, 2006, p. 442.

67. *Comentários ao Código de Processo Civil*, obra coletiva coordenada por Cássio Scarpinella Bueno, vol. 4, São Paulo: Saraiva, 2017, p. 585.

2.3 NOS PAÍSES DE *COMMON LAW* E DE *CIVIL LAW*

Quando se examina o problema da divergência jurisprudencial e das propostas para sua superação ou mitigação (assentos, súmulas persuasivas e vinculantes, enunciados normativos etc.), a hipótese de trabalho consiste na busca do *modus procedendi* que permita a estabilidade contemporânea da tese jurídica fixada, de sorte que ela sirva como paradigma a para julgamento de casos, pendentes e futuros, subsumidos naquele enunciado, sem prejuízo de virtual revisão, *se e quando* isso venha justificado por dados supervenientes, que impliquem *relevante alteração*: a) no próprio Direito Positivo; b) na exegese predominante; c) na matéria de fato; ou, enfim, d) nas fontes substanciais que antes presidiram a edição da norma. Não por outro motivo, dispõe o § 3º do art. 947 do CPC que o acórdão em incidente de assunção de competência "*vinculará* todos os juízes e órgãos fracionários, *exceto se houver revisão de tese*".

O problema pressupõe, portanto, dois polos temporais: (*i*) *a situação presente*, alcançando os feitos pendentes, os quais devem ser decididos isonomicamente, para a boa realização do Direito Positivo, a consecução do *justo* e a estabilidade das relações sociais; (*ii*) *a situação futura*, que se oferece em dupla perspectiva, a saber: de um lado, a aplicação da tese assentada aos casos que venham a ser ajuizados, com o que se dará parâmetro igualitário às respostas judiciárias fornecidas ao longo do tempo; de outro lado, a previsão do *modus operandi* pelo qual se fará a eventual revisão do entendimento antes assentado, para a hipótese de sobrevirem relevantes alterações no *statu quo ante*. É dizer: uniformidade contemporânea, que não impede eventual alteração sucessiva, sendo o caso.

Naturalmente, poderá haver a intercorrência de um elemento complicador, qual seja a tarefa de definir se o caso "*b*", pendente de julgamento, é realmente *análogo* ao precedente "*a*" (já que, a rigor, se for *idêntico – mesmas partes, pedido e causa de pedir*- a ocorrência já se resolveria, ou por litispendência ou pela coisa julgada (CPC, art. 337, VI, VII e §§ 3º e 4º, c/c art. 485, V). O ponto foi assim considerado por Dínio de Santis Garcia: "Sem dúvida que todos nós desejaríamos que fossem iguais as decisões proferidas em casos iguais, de modo que, com base nos precedentes, se tornasse realizável a antevisão do julgamento final das demandas. Mas, na verdade, será difícil, senão impossível, acontecer que em tudo se identifiquem duas causas submetidas à Justiça. Serão, no máximo, análogas, coincidindo em alguns pontos e divergindo em outros. Há, então, que distinguir entre os 'pontos relevantes' e os 'aspectos marginais' da sentença. Mas logo se vê que nesta altura deve entrar em cena a árdua ciência da interpretação das decisões, que só ela poderia traçar os limites entre os temas centrais e os periféricos".[68]

Aliás, esse problema também se coloca nos países da *common law*, filiados à regra do *precedente judiciário*, mostrando a doutrina especializada a dificuldade enfrentada pelo juiz para distinguir, de um lado, o que constitui a ideia nuclear num julgado – a *ratio decidendi, agregada aos material facts* – que constituirá o *precedent* para solucionar o caso análogo, e, de outro lado, aquilo que vem exposto *incidenter tantum* no julgado, isto é, a título de considerações periféricas, marginais – *obiter dicta*.[69] Para realizar essa triagem, o juiz da *common law* conta com a técnica do *distinguishing*, que, como explica Gilmar Ferreira Mendes, consiste na "prática utilizada pelos tribunais para fundamentar a não aplicação do precedente a determinado caso".[70] No ponto, assevera Antonio Gidi: "Se o juiz considera que o precedente não é aplicável ao caso sob sua jurisdição porque os fatos são diferentes, ele deve distinguir (*to distinguish*) os fatos do processo dos fatos do precedente. Se não for possível distingui-los, ele deve aplicar o precedente e indicar em sua decisão as razões pelas quais considera que o precedente deve ser modificado pelo tribunal superior (*to overrule*)".[71] Nosso vigente CPC recepciona, em boa medida, essa técnica, como se colhe do art. 489, § 1º, VI e também dos §§ 5º e 6º do art. 966, parágrafos acrescidos pela Lei 13.256/2016

Conquanto o ideal de uma justiça equânime, que responda isonomicamente aos casos afins, constitua preocupação comum aos vários ordenamentos jurídicos, variam, todavia, as alternativas para a consecução daquele desiderato, principalmente em função da *família jurídica* a que o país esteja filiado. O pano de fundo segundo Alfredo Buzaid, residiria numa

---

68. Efeito vinculante dos julgados da Corte Suprema dos Tribunais Superiores... cit., p. 40.

69. Dino de Santis Garcia, no estudo colacionado, cita Glanville Williams (*Learning the law*, Londres, 1978, p. 62): "Finding the *ratio decidendi* of a case is an important part of the training of a lawyer. It is not a mechanical process but is an art that one gradually acquires through practice and study". Na sequência, indaga o autor: "Será que os nossos magistrados estariam preparados para, de pronto, assumir esta tarefa?" (Idem, p. 41, nota de rodapé n. 3).

70. A ação declaratória de constitucionalidade: a inovação da EC 3, de 1993. In ______ e Ives Gandra da Silva Martins (coords.), *Ação declaratória de constitucionalidade*, São Paulo: Saraiva, 1996, p. 57, nota de rodapé 25.

71. Notas esparsas sobre o processo civil nos Estados Unidos. A propósito de um recente livro. *Genesis – Revista de Direito Processual Civil*, n. 15, Curitiba, jan.-mar. 2000, p. 199. (O livro a que se reporta o estudo em causa é o de Michele Taruffo e Geoffrey C. Hazard Jr., *American civil procedure*, New Haven e Londres, Yale University Press, 1993.)

"preocupação de assegurar certeza na aplicação do direito, sem ofender o ideal de justiça";[72] ou, conforme colocado pelos jurisfilósofos norte-americanos, "o direito deve ser estável e, contudo, não pode permanecer imóvel".[73] O problema, portanto, consiste na indicação de uma fórmula que atenda, razoavelmente, aos termos dessa delicada equação, onde se pretende superar a divergência contemporânea, mediante a extração de um enunciado normativo, deixando, todavia, aberta a possibilidade de eventual alteração futura, observado o devido *modus procedendi*. De toda sorte, a regra, ou a diretriz sinaliza para a *permanência* e a *coesão interna* da jurisprudência, a teor do que dispõe o vigente CPC, no art. 926, *caput*: "Os tribunais *devem* uniformizar sua jurisprudência e mantê-la *estável*, *íntegra* e *coerente*".

Um dos fatores na busca do modelo jurídico que melhor equacione a questão da jurisprudência é o do enquadramento do país numa das famílias jurídicas em que pode ser considerada a ordem jurídica mundial. Uma dessas famílias é formada pelos países da *common law*, onde predomina o *precedente judiciário*, por influência histórica da *equity*, priorizando-se a *justiça do caso concreto*. De uma forma sintética, René David esclarece: "La famille de la *common law* comprend, en dehors du droit anglais, qui en a été l'origine, et sous réserve de certaines exceptions, les droits de tous les pays de langue anglaise. En dehors des pays de langue anglaise, l'influence de la *common law* a été considérable dans la plupart des pays, sinon dans tous les pays, qui politiquement ont été ou demeurent associés à l'Angleterre".[74] No ponto, explica Paulo Dourado de Gusmão: "O espaço social do sistema do *common law* é formado pelos grupos sociais de língua inglesa, tendo à frente a Inglaterra e os Estados Unidos, seguindo-se: País de Gales, Irlanda, Eire, Austrália, Canadá, Nova Zelândia e Antilhas".[75]

Por influência da *equity*, a distribuição da justiça nessa grande e peculiar família jurídica é presidida por uma concepção do Direito enquanto instrumento para a realização do *justo*, objetivo, entendendo-se que isso só pode ser alcançado quando casos iguais são tratados isonomicamente. No ponto, esclarece François Terré: "Les pays de *common law*, comprennant en

---

72. Da uniformização da jurisprudência. *Boletim da Faculdade de Direito de Coimbra*, vol. LVIII, 1982, p. 141.

73. Idem, p. 131, reportando-se a Pound (*Interpretation of legal history*, p. 1) e Benjamin N. Cardozo (*A natureza do processo e a evolução do Direito*, trad. Leda Boechat Rodrigues, 1956, p. 107).

74. *Les grands systèmes de droit contemporains*, atualização por Cammile Jauffret-Spinozi, 8. ed., Paris, Dalloz, 1982, p. 317.

75. *Introdução à ciência do direito*, 2. ed., Rio de Janeiro, Forense, 1960, p. 403.

Europe l'Angleterre et l'Irlande, hors d' Europe les Etats Unis d'Amérique et les Dominions de peuplement anglais, n'assignent pas à la loi, selon leur tradition, le même rôle que les droits de la famille romano-germanique. Le droit appelé *common law* y a été formé peu à peu, à l'occasion des affaires qui leur étaient soumises, par des juges qui étaient des praticiens, n'ayant pas reçu de formation universitaire. Nul effort de systématisation, comparable à celui dont se sont chargées sur le continent les Universités, n'a été accompli, et l'on n'a pas davantage adopté la formule des codes".[76]

Com efeito, na obra de Carlos Jáuregui, que se reporta ao *Black's law dictionary* (5. ed., por Henry Campbell, M. A), lê-se que o *common law* consiste "en aquellos principios, usos y regras de acción aplicables al gobierno y a la seguridad de las personas y de los bienes, cuya autoridad no descansa en una expresa y positiva declaración del poder legislativo (...). La ley que no es legislación, esto es, la ley creada por los costumbres del pueblo y de las decisiones de los jueces".[77]

O *common law* é um sistema jurídico velho de um milênio, remontando ao tempo da conquista normanda de 1066, passando pela dinastia Tudor (1485), época em que sua aplicação se dava de forma itinerante através dos condados do reino ou mesmo sediada em Londres, nas Cortes Reais. Por volta do século XIII, as decisões assim alcançadas passaram a ser reduzidas a termo e compiladas de modo sistemático em anuários jurisprudenciais que se constituíram nos precursores dos atuais *law reports*. No período que se estende até o século XVII foi sendo constituída a *equity*, como uma técnica de abrandamento aos rigores da *common law*, oferecendo a possibilidade de um recurso ao Rei, em casos de injustiça flagrante, sendo a Autoridade Real nesse mister assistida pelo chanceler (*Keeper of the King's Conscience*).

Com o tempo, as decisões fundadas na *equity* foram ganhando corpo e prestígio, até que no século XIX os *Judicature Acts* (1873-1875) acabaram por realizar uma *fusão* desses dois sistemas. Com efeito, esclarece René David que esses atos suprimiram "la distinction formelle des Cours de *common law* et de la Cour d'*equity* de la Chancellerie: toutes les juridictions anglaises deviennent compétentes pour appliquer aussi bien les règles de la *common law* que celles de l'*equity*, contrairement à la situation antérieure où il fallait aller devant une Cour de *common law* pour obtenir l'application de la *common law*, devant la Cour de la Chancellerie pour obtenir un remède

76. *Introduction générale au droit*, Paris, Dalloz, 1991, p. 34.

77. *Generalidades y peculiaridades del sistema legal inglés*, Buenos Aires, Depalma, 1990, p. 37.

d'*equity*".[78] Todavia, ainda hoje se pode vislumbrar uma certa diferença entre a *common law* e a *equity*, algo semelhante, explica Lênio Luiz Streck, "à nossa entre o Direito público e o privado, tanto que, na França, onde os juristas se classificam naturalmente em privatistas e publicistas, os juristas ingleses se dividem também em *common lawyers* e *equity lawyers*".[79]

No ponto, prossegue Lênio Luiz Streck: "Tal como ocorria no Direito romano, em que a *actio* era um pressuposto do Direito subjetivo, assim também na Inglaterra a *common law* foi uma criação do Direito Processual. Os direitos subjetivos foram ali surgindo de maneira empírica, à medida em que era criada cada ação judiciária (*remedy*), que garantia determinado interesse. No moderno Direito do tipo continental europeu, o Direito subjetivo é um *prius* e a ação um *posterius* (*ubi jus, ubi remedius*). No Direito do tipo inglês, onde não há ação não há Direito (*where there is no remedy, there is no right*)".[80] Dentre nós, o art. 75 do Código Civil de 1916 perfilhara, por compreensíveis razões históricas, o critério romano: "A todo o *direito corresponde uma ação* que o assegura"; já o vigente Código Civil – Lei 10.406/2002 – não recepciona às expressas tal dispositivo, mas traz outro, de sentido aproximado e redação mais precisa: "Art. 189. Violado o direito, nasce para o titular a pretensão, a qual se extingue pela prescrição, nos prazos a que aludem os arts. 205 e 206". (Com efeito, a petição inicial traz um pedido acerca de um *afirmado* direito – a pretensão – sendo que a decisão de mérito é que vai afirmar ou negar o alegado direito, como, aliás, se colhe do art. 490 do CPC).

Ao contrário do que em princípio se poderia suspeitar, a técnica da aplicação do precedente, em seus primeiros tempos, era presidida por uma concepção bastante formalista, ritualizada, como esclarece René David: "La *common law* a consisté à ses origines dans un certain nombre de procédures *(forms of action)* au terme desquelles une décision pouvait intervenir; quelle serait quant au fond cette décision était incertain. Le problème primordial était de faire admettre par les Cours royales leur compétence et, celle-ci admise, de mener jusqu'au bout une procédure encombrée de formalisme. A quelle solution aboutirait-on? Cette question ne comportait aucune réponse sûre: la *common law* n'est venue que peut à peu à comporter des règles définissant les droits et obligations de chacun".[81]

78. *Les grands systèmes de droit contemporains* cit., p. 338.
79. *Súmulas no direito brasileiro* – Eficácia, poder e função cit., p. 39.
80. Idem, p. 38.
81. *Les grands systèmes de droit contemporains* cit., p. 325.

O contraponto ao sistema da *common law* é dado pelos países, como os das Américas Latina e Central e ainda os da Europa continental, cuja formação jurídica remonta às fontes romanas, isto é, ao direito escrito, de índole prevalentemente codicística, em que o primado recai na norma legal (impessoal, geral e abstrata), a qual, por sua vez, demanda interpretação, para subsequente subsunção aos fatos concretos e final resolução das controvérsias: são os países, como o nosso, filiados à chamada *civil law*. Esse sistema é também chamado *direito continental*, do fato, esclarece Paulo Dourado de Gusmão, de ter "por fonte histórica o direito romano, sistema dominante na Europa Continental, de onde se espraiou para a América Latina e até para o Japão. O Direito continental é um dos frutos do racionalismo jurídico, da tendência de submeter a vida à lógica, aos quadros inflexíveis da razão. É fruto do desejo de certeza, do ideal de segurança, resultando, ainda, da aspiração de se planejar para o futuro, de modo a que, como bem disse Spengler, as futuras situações jurídicas estejam pré-reguladas. Assim, o direito continental é uma concepção de vida jurídica que aspira à codificação, ao direito legislado".[82]

Portanto, o problema da divergência jurisprudencial, e das alternativas técnicas para sua prevenção/superação (súmulas, enunciados normativos, assentos obrigatórios), passa pela questão premonitória de se identificar o registro *político-jurídico* de cada país, isto é, saber qual o parâmetro adotado no pacto fundamental, a partir do qual se valoram as condutas e se regulam as relações entre os cidadãos e as destes em face do Estado. Se o ponto de referência estabelecido é o do *precedente judiciário*, então o caso análogo, pendente ou futuro, será resolvido de acordo com o princípio ou fundamento (*ratio decidendi*, no direito inglês; *holding*, no direito norte-americano), extraído do paradigma (*leading, binding case*), e, nesse caso, não haveria excesso em afirmar que a jurisprudência, assim exponenciada, passa a operar como fonte *principal* do Direito; consequentemente, restará ao julgador a tarefa de aferir quanto ao enquadramento do caso concreto ao indigitado precedente.

No ponto, esclarece Márcia Regina Lusa Cadore: "Uma vez assentado que apenas ao juiz por ocasião da decisão de uma controvérsia é dado o poder de expressar uma norma consuetudinária, tornava-se necessário assinalar, no texto da sentença, o ponto exato que se constitua na razão de decidir, a famosa *ratio decidendi*, sendo todo o resto considerado *obiter dicta*. A *ratio decidendi* constitui a essência da tese jurídica suficiente para decidir o caso

82. *Introdução à ciência do direito* cit., p. 402.

concreto. É essa regra de direito que vincula os julgamentos futuros. Mas nem sempre é fácil identificá-la, sendo controverso o melhor método a tanto".[83]

Em contrapartida, se o ponto de referência recai na norma legal, e dado que esta vem extraída a partir de uma *abstração* da realidade objetivada (fato + valor = norma), então caberá ao aplicador primeiro *interpretá-la* (métodos gramatical, histórico, sistemático, teleológico), podendo inclusive valer-se das fontes subsidiárias ou formas de expressão *secundárias* do direito (equidade, analogia, princípios gerais, regras da experiência comum), a fim de alcançar o precípuo significado da norma de regência para, na sequência, subsumi-la ao caso dos autos (a *persuasão racional* – CPC, art. 371 – exposta no capítulo da *motivação* do julgado: CF, art. 93, IX; CPC, art. 489, II, § 1º e incisos).

Nesse contexto, o produto da atividade judicante (sentença, acórdão) tem eficácia restrita ao caso julgado (CPC, arts. 490, 492, *caput*), de sorte que a *jurisprudência*, mesmo extratificada em súmula simples, não se alça ao patamar de fonte formal, ou forma de expressão *principal*, do Direito. Sem embargo, a súmula simples (= não obrigatória), exerce notória e poderosa força *persuasiva*, sendo inegável que em alguns casos tais precedentes judiciários alcançam, *praticamente*, força normativa: CPC, art. 332, I e IV (liminar improcedência do pedido); art. 927 e incisos (padrões decisórios obrigatórios, dentre eles a decisão-quadro em RE's e RESp's repetitivos e a tese jurídica firmada no incidente de resolução de demandas repetitivas); § 3º do art. 947 (acórdão em assunção de competência); art. 988, III e IV, incisos com redação da Lei 13.256/2016 (reclamação ao tribunal); parágrafo único do art. 949 (arguição incidental de inconstitucionalidade); decisão de mérito do STF em ADIn e ADCon (§ 2.º do art. 102 da CF); súmulas do TST (CLT, art. 896, *a, esta última com redação da Lei 13.015/2014).*

Ainda sobre o contraponto entre *civil law* e *common law*, afirma Paulo Dourado de Gusmão: "No sistema do 'direito continental', a jurisprudência, o 'precedente', o *case-law* não são fontes formais do direito positivo (...) As decisões baseadas na *Equity* tornam-se precedentes e, assim, fontes de direito".[84]

Atente-se que mesmo nos países da *common law* a *força vinculante* do *precedente judiciário* deve ser entendida sem exageros: (*i*) não é a decisão toda que se estende ao caso análogo, e sim o seu núcleo, o princípio nela assentado, ou seja, a *ratio decidendi*, agregada aos *material facts*, abstraindo-se, pois, para esse efeito, as demais considerações aduzidas *a latere*, circunstancialmente (*obiter dicta*), que em nosso sistema processual corresponderiam, grosso

83. *Súmula vinculante e uniformização de jurisprudência*, cit., 2007, p. 61.

84. *Introdução à ciência do direito* cit., p. 403-405.

modo, às ponderações que no julgado são expendidas *incidenter tantum*; (***ii***) apesar de certas expressões jurídicas sugerirem uma certa discricionariedade reconhecida ao julgador para a identificação da similitude entre o paradigma e o caso pendente (*v.g.*, *beyond reasonable doubt*, *fairness*, *equity*), fato é que a extensão do *precedent* ao caso análogo pressupõe uma efetiva semelhança entre ambos (*precisely similars*); (***iii***) o *stare decisis* não tem hoje o mesmo poder vinculativo de que já desfrutou outrora na *common law*, em virtude mesmo de uma revalorização crescente do direito escrito (*statute law*), fenômeno igualmente observado na *praxis* judiciária dos Estados Unidos.

Sobre este último aspecto (***iii***), Victor Nunes Leal já registrara uma *atenuação progressiva* da diferença entre os regimes da *common law* e da *civil law*, o que, segundo ele, "vai assemelhando cada vez mais os problemas judiciários que eles e nós enfrentamos. De uma parte, vai se ampliando, dia a dia, nos Estados Unidos, a área coberta pela legislação (*Statute*); de outra, entre nós, o lento ritmo das codificações não dá vazão à nossa pletora de leis extravagantes, o que transpõe o seu ordenamento sistemático para o plano da Jurisprudência. Partimos, assim, de pontos distanciados, mas estamos percorrendo caminhos convergentes, sendo aconselhável a comparação dos métodos que uns e outros vamos imaginando para espancar o pesadelo da sobrecarga judiciária, que nos é comum".[85]

Essa *atenuação progressiva* da diferença entre esses dois grandes sistemas jurídicos é assim vista por Ives Gandra da Silva Martins Filho: "Se, na ótica dos juristas latinos, o sistema dos precedentes da *Common law* constituiria a fonte principal do Direito, dado o *poder criador do juiz* (*judge made law*), já na visão dos próprios magistrados ingleses isso não ocorre, em face do que denominaram a 'declaratory theory of the common law': os precedentes são considerados como uma explicitação do conteúdo do direito em vigor e não como o direito em si. Daí a aplicabilidade plena da regra do *Stare Decisis* também ao sistema romano-germânico de direito codificado, já que os objetivos da regra são os de preservar os princípios constitucionais básicos de igualdade e de segurança (tratar de forma igual os casos iguais e prever como serão julgados casos futuros semelhantes)".[86]

---

85. A súmula do Supremo Tribunal e o *restatement of the law* dos norte-americanos, *Revista LTr*, n. 30, p. 5.

86. Recurso extraordinário no processo trabalhista, *1.º Ciclo de Estudos de Direito do Trabalho*, Escola Nacional da Magistratura, Salvador, Instituto Brasileiro de Ciência Bancária – IBCC, 1995, p. 66 e 67, nota de rodapé 20. No excerto, o autor reporta-se a Paolo Michele Patocchi, *Introduction a l'etude du droit anglo-américan*, Université de Génève, 1991.

O diverso papel desempenhado pela jurisprudência, nessas duas grandes famílias jurídicas, fornece a razão pela qual num país de *civil law* uma decisão pode distanciar-se da corrente jurisprudencial majoritária, sem comprometimento de sua higidez formal ou validade técnico-jurídica, bastando lembrar que um dos fundamentos de nossa *ação rescisória* reside na hipótese da decisão de mérito trânsita em julgado "violar manifestamente norma jurídica" (CPC, art. 966, V), expressão não abrangente dos casos em que o julgado tenha, porventura, perfilhado exegese minoritária ou mesmo contrária à súmula persuasiva;[87] e, com maior razão, quando o texto de regência fosse, à época, de compreensão controvertida nos Tribunais (Súmulas 343 do STF e 83 do TST). Saliente-se que a Lei 13.256/2016 *potencializou* o âmbito da hipótese descrita no citado inciso V do art. 966, ao dispor que ali (também) se enquadra o caso em que a decisão rescindenda fundara-se em súmula ou decisão-quadro firmada em julgamento de casos repetitivos (CPC, art. 928 e incisos), sem que o julgador "tenha considerado a existência de *distinção* entre a questão discutida no processo e o padrão decisório que lhe deu fundamento" (§ 5º acrescido ao art. 966, cujo sentido se completa com o § 6º, igualmente acrescido por aquela lei).

Enquanto isso, na *common law*, e sem embargo da crescente valorização do Direito escrito, o primeiro plano ainda é ocupado pelo *precedente judiciário*, aparecendo a legislação como um *posterius*, segundo observa Lênio Luiz Streck: "Tradicionalmente, o Direito inglês tem considerado o Direito legislado – *statute law* – como algo secundário, de onde não se deve buscar os princípios gerais do Direito e cuja função se reduz a aclarar ou retificar, em casos específicos, os princípios assentados através do trabalho dos juízes". Adiante prossegue, citando Laclau: "O direito inglês é de base jurisprudencial. Daí que, em vez de citar o texto de uma lei, se citem sentenças que aplicam essa lei. Para o jurista inglês, acrescenta o autor, é mais fácil contemplar a lei através da sentença, a regra legal através da regra jurisprudencial".[88]

---

87. Esclarecem NERY & NERY: "Súmula é a cristalização de entendimento reiterado dos tribunais acerca de matéria de sua competência, exteriorizado em verbetes numerados. É resumo de jurisprudência. Não tem natureza de lei. Por isso é que, no sistema do CPC/1973, a violação à súmula de tribunal não constituía fundamento para rescisão de julgado (RTJ 123/10), sendo inadmissível ação rescisória quando o julgado impugnado tivesse violado disposição de súmula de tribunal. No mesmo sentido: Barbosa Moreira. Coment. CPC, n. 78, p. 133. Todavia, a jurisprudência do STJ já considerou válida a interposição de rescisória em caso no qual a sentença a ser rescindida violava entendimento sumulado daquele Tribunal". (Comentários ao *Código de Processo Civil..., 2015, cit., nota nº 38 ao art. 966, p. 1.921.*).

88. *Súmulas no direito brasileiro* – Eficácia, poder e função cit., p. 42.

Nesse particular, esclarece Sidnei Agostinho Beneti: "O *stare decisis* e a própria unidade da aplicação do Direito nos Estados Unidos são significativamente facilitados pelo sistema de citação de casos judiciais pelos nomes dos litigantes (Marbury v. Madison, Dred Scott v. Sanford, Plessy v. Ferguson, Mapp v. Ohio, Gideon v. Wainwright etc.), cujo simples enunciado referencia as questões jurídicas – bem melhor do que o sistema de citações brasileiras de número do processo, ou de volume e página de publicação em revista especializada".[89]

Já nos países da vertente romano-germânica, como o nosso, o primado repousa na norma legal: "Ninguém será obrigado a fazer ou deixar de fazer alguma coisa senão em virtude de *lei*" (CF, inciso II do art. 5.º); "Todos são iguais perante a lei (...)" (CF, art. 5.º, *caput*); "Não há crime sem *lei* anterior que o defina, nem pena sem prévia cominação legal" (CF, art. 5.º, XXXIX); até mesmo certas inovações constitucionais podem ficar com sua eficácia *contida*, à espera de *lei* que venha explicitá-las e assim torná-las *operacionais*, como se deu com o direito novo advindo com a EC 45/2004, tendo o art. 7.º dessa Emenda sinalizado para os "projetos de lei necessários à regulamentação da matéria nela tratada", o que, inclusive, levou à regulamentação da súmula vinculante do STF, promovida pela Lei 11.417/2006.

Afora as hipóteses em que opera a jurisdição de *tipo coletivo* em sentido largo, ou seja, em que um interesse metaindividual vem tratado na sua dimensão coletiva (dissídio trabalhista coletivo, ação civil pública, ação popular, mandado de segurança coletivo, controle de constitucionalidade), de ordinário as lides são resolvidas no plano da jurisdição *singular*, isto é, pela subsunção da norma de regência a cada caso concreto, ficando a eficácia da coisa julgada limitada às partes (CPC, art. 506).

No contexto da jurisdição singular, compreende-se que um acórdão, após ter cumprido sua função precípua de resolver o caso concreto, venha ainda se somar à série de outros arestos consonantes, sobre a mesma matéria, configurando assim a *jurisprudência* em seu sentido próprio, ou seja, uma "sequência iterativa de acórdãos consonantes, ao interno de um Tribunal ou de uma dada *Justiça*", podendo chegar à formação de uma *corrente jurisprudencial*. Cumprida essa etapa, a *jurisprudência* passa a desempenhar novas funções: ajuda a esclarecer o real sentido das normas; pode ser invocada, ao lado da doutrina, como *argumento de reforço* nos arrazoados forenses; opera como fundamento para os recursos fundados em dissídio pretoriano; pode converter-se em súmula, valendo observar que o CPC incumbe os tribunais do *dever de sumular*, assim

89. O processo na Suprema Corte dos Estados Unidos, *RT*, n. 695, p. 271-272.

emitindo enunciados "correspondentes a sua jurisprudência dominante" (§ 1º do art. 926), certo que as súmulas - persuasivas ou vinculantes - figuram entre os padrões decisórios elencados no art. 927 e incisos.

Na escala crescente da eficácia do direito pretoriano, o patamar otimizado é ocupado pela súmula vinculante do STF - impositiva para o Judiciário e para a Administração Pública (CF, art. 103-A e § 3º), dizendo, ao propósito, o art. 8.º da EC 45/2004: "As atuais súmulas do Supremo Tribunal Federal somente produzirão efeito vinculante após sua *confirmação* por dois terços de seus integrantes e publicação na imprensa oficial". Além disso, no juízo de admissibilidade do recurso extraordinário, o CPC, no § 3º do art. 1.035 presume demonstrada a "repercussão geral da questão constitucional" (CF, art. 102, § 3.º) "sempre que o recurso impugnar acórdão que: I - contrarie súmula ou jurisprudência dominante do Supremo Tribunal Federal" .

Toda essa crescente carga eficacial da *jurisprudência* não nos parece, contudo, suficiente para alçá-la ao patamar de uma vera fonte formal ou forma de expressão *principal* do Direito, como se dá nos países da *common law*. Isso porque, tirante as hipóteses em que, *ex lege*, um julgado vem dotado de força *erga omnes ou irradia efeitos em dimensão panprocessual* (decisão de mérito do STF em ADIn e ADCon: CF, § 2.º do art. 102; acórdão em incidente de assunção de competência: CPC, § 3º do art. 947, decisão-quadro em RE ou REsp afetado como representativo da controvérsia: CPC, art. 1.040 e incisos; decisões de mérito em ação popular, ação civil pública ou ação coletiva consumerista: Lei 4.717/65, art. 18; Lei 7.347/85, art. 16; Lei 8.078/90, art. 103, nessa ordem), no mais, prevalece o primado da *lei*, erigida em fonte precípua dos direitos e das obrigações no Direito brasileiro, enquanto norma geral, abstrata, impessoal, de obrigatoriedade a todos imposta.

Observam Carlos André Lahmeyer Duval e Rita de Cássia Vergette Correia que nosso Direito "tem uma fonte primária, que é a lei, e algumas fontes secundárias, que são a analogia, os costumes e os princípios gerais de Direito. Ressalte-se, ainda, que o juiz poderá decidir por equidade sempre que for autorizado, a teor do art. 127 do Código de Processo [de 1973, atual parágrafo único do art. 140], e, nas hipóteses únicas dos arts. 1.480 e 1.515, § 2.º do CCi [de 1916, atuais arts. 817 e 858 do CCi de 2002], decidirá por sorteio. Em nenhuma hipótese, definiu-se que o juiz estará obrigado a seguir a decisão de outros juízes ou tribunais. Numa palavra, no Brasil, a jurisprudência jamais foi fonte de Direito, ainda que secundária".[90]

90. Inviabilidade das súmulas vinculantes. Críticas ao novo art. 557 do Código de Processo Civil [1973], *Revista da Faculdade de Direito Cândido Mendes*, ano I, n. 1, nova série,

Naturalmente, desse contexto hão que se excluir os casos subsumíveis à *súmula vinculante* do STF, porque esta *obriga* o Judiciário e a Administração Pública, por modo que a sentença/acórdão ou o ato administrativo *infringentes* daquele enunciado (= recusa imotivada/inconsistente; aplicação indevida/equivocada) sujeitam-se, respectivamente, a serem cassados ou anulados (§ 3.º do art. 103-A da CF; § 2.º do art. 7.º da Lei 11.417/2006); ademais, a autoridade administrativa recalcitrante sujeita-se à responsabilidade civil, administrativa e penal, nos termos do art. 64-B da Lei 9.784/99, inserido pela citada Lei 11.417/2006.

Como já antes anotado, a dicotomia entre as famílias jurídicas *civil law / common law* hoje não é tão nítida e radical como o foi outrora, sendo visível uma *gradativa e constante aproximação* entre aqueles regimes: o Direito legislado vai num *crescendo*, nos países tradicionalmente ligados à regra do precedente judicial e, em sentido inverso, a jurisprudência vai ganhando espaço nos países onde o primado recai na norma legal. Nesse particular, anota Marcelo Roberto Ferro: "Apesar de, no *civil law*, seu papel ser mais modesto do que o que lhe atribui o *common law*, a jurisprudência, indubitavelmente, está incluída no grupo de forças que participa da direção moral da sociedade, pois seu conhecimento, facilitado pela existência de inúmeros repertórios em todo o mundo, é necessário tanto ao prático, quanto ao estudioso do direito, pelo fornecimento de matéria viva para sua construção e evolução".[91]

Com efeito, enquanto no mundo da *common law* a tradicional proeminência do *direito judicado* passa hoje por uma releitura, atribuindo-se gradativa relevância ao *direito legislado*, o que hoje se verifica é a existência de uma mútua implicação entre esses regimes, como explica John-Anthony Jolowicz: "Dans le système anglais, il y a coexistence et concurrence entre la loi et la jurisprudence: le droit, ou plutôt, les règles de droit, se trouvent dans cette coexistence et concurrence".[92]

A *mútua e gradual aproximação* entre essas duas grandes famílias jurídicas já fora antes reconhecida por José Carlos Barbosa Moreira, referindo-se a movimentos que vão alterando ou tentando alterar o *adversary system*, movimentos esses que "impelem o sistema anglo-saxônico a aproximar-se,

Rio de Janeiro, p. 8-9.

91. A jurisprudência como forma de expressão do direito. *Revista de Direito Civil, Imobiliário, Agrário e Empresarial*, n. 51, jan./mar. 1990, p. 89.

92. La jurisprudence en droit anglais: aperçu sur la règle du précédent, *Archives de philosophie du Droit*, Paris, Sirey, 1985, t. XXX, p. 107.

em certa medida, do vigente na área romano-germânica. Tendo em vista a sensível inclinação que este manifesta, por sua vez, para avizinhar-se daquele, a convergência de rumos autoriza a conjectura de que, um belo dia, venhamos a encontrar-nos, eles e nós, *nel mezzo del cammin*...".[93] Essa *rota de recíproca aproximação* guarda sintonia com a tendência à *internacionalização do processo civil* (*v.g.*, o antes cogitado *Código Modelo de Processos Coletivos para a Ibero-América*),[94] expansão essa que, segundo E. D. Moniz de Aragão, "busca encontrar soluções comuns, aproveitar fórmulas alienígenas, o que traz à mente velha lição de Chiovenda, para quem, em matéria de processo, o nacionalismo é mau conselheiro".[95]

As aproximações entre os regimes de *civil law* e *common law* ocorrem também sob a égide do esforço comum para o manejo judiciário eficiente das macro-lides: as *class actions*, no direito norte-americano; as *group litigations orders* (GLO's), na experiência da Inglaterra; dentre nós, a disciplina do trâmite concomitante entre ação coletiva e individuais (Lei 8.078/90, § 3º do art. 103; art. 104); o novel *incidente de resolução de demandas repetitivas* (CPC, arts. 976-987 e §§). Escrevendo ao tempo dos trabalhos legislativos que culminaram no PLC 8.046/2010, sobre o novo CPC, Daniel de Andrade Levy afirmara que a GLO inglesa "se aproxima do incidente brasileiro proposto pelo Anteprojeto [o IRDR, antes referido], cujo objetivo é permitir que as cortes tenham verdadeiro poder gerencial sobre esses casos, que envolvem um grande número de partes e um sem número de questões procedimentais".[96]

De maneira sintética, o sistema da *common law* pode ser considerado sob esta pontuação: ***a)*** saber quais julgados e sob quais condições eles operam como verdadeiros precedentes obrigatórios; ***b)*** qual a parte (o capítulo) do julgado que desempenha essa função vinculativa em face dos casos análogos; ***c)*** quais os abrandamentos ou exclusões à regra da subsunção ao *precedente judiciário*. Vejamos tais tópicos, nessa ordem:

A) No regime da *common law* a palavra "jurisprudência" não está, necessariamente, jungida ao sentido de "reiteração de julgados", podendo ocorrer que um só precedente, por sua convincente fundamentação e/ou

---

93. Notas sobre alguns aspectos do processo civil e penal nos países anglo-saxônicos. *Temas de direito processual*, 7.ª série, São Paulo: Saraiva, 2001, p. 178.

94. V. o texto *in* Ada Pellegrini Grinover *et al.* (coords.), *Direito Processual Coletivo e o anteprojeto de Código Brasileiro de Processos Coletivos*, São Paulo, RT, 2007, p. 426-432.

95. As tendências do processo civil contemporâneo, *Revista Forense*, n. 346, abr.-jun. 1999, p. 56.

96. O incidente de resolução de demandas repetitivas no anteprojeto do novo Código de Processo Civil – exame à luz da *Group Litigation Order* britânica. *RePro* 196, jun./2011, p. 184.

singularidade de objeto, seja difundido e faça escola, assim projetando extra-autos a força vinculativa de sua *ratio decidendi* (os chamados *binding* ou *leading precedents*). Diferentemente, pode suceder que sobre um mesmo tema haja vários precedentes que, todavia, não se notabilizam por alguma singularidade da matéria de fato ou pela fundamentação jurídica, de sorte que projetarão apenas uma "força persuasiva" (*persuasive precedents*) em face dos juízes encarregados de decidir casos análogos. Explica Vicenzo Marinelli: "Con terminologia corrente nella cultura giuridica anglo-americana, si distingue tra precedenti *vincolanti* o *autoritativi* ('binding, authoritative') e precedenti *persuasivi* o *non vincolanti* ('persuasive, unauthoritative'). Nel primo caso, secondo la dottrina generalmente accettata, si configura per il giudice, sia pure entro dati limiti e con alcune esclusioni, un vero e proprio obbligo giuridico de seguire il precedente (*stare decisis*); nel secondo caso, viceversa, non è ravvisabile, se non eventualmente per eccezione, un obbligo siffatto".[97]

B) Mesmo no caso dos precedentes efetivamente vinculativos (*binding, authoritative precedents*), é preciso ter em conta que a impositividade do *stare decisis* (fórmula sintética da expressão *stare decisis et non quieta movere*) não cobre o inteiro teor do julgado, senão a parte nuclear da motivação, onde vem exposto o fundamento jurídico necessário e suficiente, que embasa a conclusão ao final alcançada. O verbete *stare decisis*, no *Black's law dicionary*, assim vem conceituado, na tradução de Sidnei Agostinho Beneti: "Doutrina pela qual, baixando a Corte o princípio legal aplicável a certo estado de fato, aderir-se-á a esse princípio e aplicar-se-á a todos os casos futuros em que os fatos forem substancialmente os mesmos".[98]

Todavia, é delicada e trabalhosa a tarefa de se extrair com precisão qual a vera *ratio decidendi* dentre uma série de julgados sobre um mesmo tema e, a respeito, a doutrina indica métodos e critérios, como a proposta formulada por Goodhart, assim sumariada por Luís Renato Ferreira da Silva: "A determinação passa por saber-se quais os fatos tratados pelo Tribunal como fatos materiais. Consideram-se fatos materiais (*material facts*) aqueles que são considerados imprescindíveis para que se possa decidir um caso e cuja presença caracteriza aquela situação e outras futuras".[99] A *ratio decidendi* vem assim definida por Rupert Cross: "The *ratio decidendi* of a case is any

97. Interrelazioni problematici del precedente giudiziale, *Diritto e società*, n. 2, 1989, p. 375.
98. O processo na Suprema Corte dos Estados Unidos cit., p. 271.
99. A regra do precedente no direito inglês, *Revista de Direito Civil, Imobiliário, Agrário e Empresarial*, n. 75, p. 51, jan.-mar. 1996.

rule of law expressly or impliedly treated by the judge as a necessary step in reaching his conclusion having regard to the line of reasoning adopted by him, or a necessary part of his direction to the jury".[100]

Neste passo, é interessante um parênteses para um cotejo que se pode fazer entre a *ratio decidendi*, que constitui um *necessary step* para o julgamento, e a expressão *premissa necessária da conclusão*, que em nosso CPC de 1939 integrava, *por extensão*, os limites objetivos da coisa julgada (parágrafo único do art. 287). Já o CPC/73 preferiu, de um lado, excluir desses limites "os motivos, ainda que importantes para determinar o alcance da parte dispositiva da sentença" (art. 469, I) e, de outro, optou por inserir naqueles limites objetivos a "resolução da questão prejudicial (...)" que "constituir pressuposto necessário para o julgamento da lide", desde que tal ampliação do *thema decidendum* venha suscitada sob forma de pedido declaratório incidental (art. 470). Já o vigente CPC, embora não se refira, expressamente, ao "pedido declaratório incidental", no plexo das possibilidades da resposta do réu (art. 337 e incisos), todavia estabelece que a *força de lei*, que reveste a "decisão que julgar total ou parcialmente o mérito" (art. 503, *caput*), igualmente se estende "à resolução de questão prejudicial, decidida expressa e incidente no processo", nas condições estabelecidas nos incisos desse art. 503.

Essa acepção restritiva quanto aos limites objetivos da coisa julgada, na jurisdição singular, tem respaldo na boa doutrina, e Giuseppe Chiovenda já alertava para a "necessidade de manter a coisa julgada nos confins da *demanda*, e de discernir, na *cognição*, as 'questões prejudiciais' ou 'motivos', sobre os quais o juiz decide *incidenter tantum*, ou seja, como o fim exclusivo de preparar a decisão final, mesmo quando não se insiram em sua competência, e a 'demanda' baseada na qual a causa é designada à sua competência e sobre a qual provê, *principaliter*, com autoridade de julgado".[101]

Impende proceder com a devida cautela nesse campo, porque a expressão *parte dispositiva da sentença* deve, segundo a clássica lição de Liebman, "ser entendida em sentido substancial e não apenas formalístico, de modo que compreenda não apenas a frase final da sentença, mas também tudo quanto o juiz porventura haja considerado e resolvido acerca do pedido feito pelas partes. Os motivos são, pois, excluídos, por essa razão, da coisa julgada, mas constituem amiúde indispensável elemento para determinar com exatidão

---

100. *Precedent in english law*, 3. ed., Oxford, Clarendon Press, 1977, p. 76.

101. *Instituições de direito processual civil*, 2. ed., Trad. J. Guimarães Menegale, São Paulo: Saraiva, 1965, v. 1, n. 124.

o significado e o alcance do dispositivo".[102] Ou, como resumido por Moacyr Amaral Santos: "Decida de pedidos na motivação, haverá aí *decisum*".[103] Fora e além dessas precisões doutrinárias, porém, prevalece o disposto no art. 504 do CPC, ao estabelecer os *limites objetivos* da *auctoritas* do julgado de mérito: "Não fazem coisa julgada: I – os motivos, ainda que importantes para determinar o alcance da parte dispositiva da sentença".

No Direito anglo-americano, as ponderações paralelas, circunstanciais, constantes da motivação do julgado, que não compõem o núcleo do *thema decidendum* e assim não integram a *ratio decidendi*, formam, como antes dito, os chamados *obiter dicta*, conforme explicado por A. K. R. Kiralfy: "The rest of the judge's remarks are said to be asides (*obiter dicta*) and no part of the actual judgement";[104] ou ainda, na fórmula proposta por Lord Asquith, colacionado por Dínio de Santis Garcia: "If you agree with the other bloke you say it is a part of the *ratio decidendi*; if you don't say is *obiter dicta*".[105] Mesmo assim, prossegue Santis Garcia, com apoio em René David, "a distinção entre a *ratio* e os *dicta* é 'souvent malaisée', acrescentando Allen que nada pode restringir 'the right of a Judge to distinguish for himself between what was and what was not essential to a decision'".[106]

C) Enfim, impende ressaltar que, mesmo nos precedentes efetivamente vinculativos (*binding, authoritatives precedents*), pode dar-se que, presentes certas condições, o julgador decline de aplicá-los, demonstrando a excepcionalidade ou a singularidade da espécie *sub judice*, assim destacando os pontos que distanciam o caso concreto do indigitado paradigma e assim desaconselham ou mesmo impedem a subsunção (a técnica do *distinguishing*). Conforme esclarece Luís Renato Ferreira da Silva: "A técnica das distinções serve como 'válvula de escape' à rigidez da regra do precedente e é o caminho que percorrem os juízes mais avançados para tangenciar *binding precedents* que não entendem racionais, justos ou cabíveis na espécie".[107] Ressalte-se que a técnica do *distinguishing* vem, em certa medida, recepcionada no vigente CPC, em dois tópicos: (*i*) sob pena de ter-se como *não fundamentada* a

102. Limites objetivos da coisa julgada. *Estudos sobre o processo civil brasileiro*, notas de Ada Pellegrini Grinover, São Paulo: José Bushatsky, 1976, p. 164.

103. *Comentários ao Código de Processo Civil*, 3. ed., Rio de Janeiro: Forense, 1982, vol. IV, p. 447.

104. *The english legal system*, 5. ed., London, Sweet and Maxwell, 1973, p. 77.

105. Efeito vinculante dos julgados da Corte Suprema dos Tribunais Superiores cit., p. 40, nota de rodapé 1.

106. Idem, p. 41.

107. A regra do precedente no direito inglês cit., p. 53-54.

decisão, incumbe ao juiz, quando se distancie de certo padrão decisório invocado pela parte, "demonstrar a existência de *distinção* no caso em julgamento ou a superação do precedente" (inciso VI do § 1º do art. 489); (*ii*) a decisão de mérito trânsita em julgado, que se tenha baseado em certo padrão decisório impositivo, sem ter feito a devida *distinção* entre ele e a questão discutida nos autos, considera-se que *violou manifestamente norma jurídica* (art. 966, V), sujeitando-se à *ação rescisória* (§§ 5º e 6º do art. 966, acrescidos pela Lei 13.256/2016).

A *triagem* praticada pelo juiz anglo-saxão, para identificar a *ratio decidendi* justifica o diagnóstico feito por Edward Re: "A doutrina do *stare decisis,* consequentemente, não exige obediência cega a decisões passadas. Ela permite que os tribunais se beneficiem da sabedoria do passado, mas rejeitem o que seja desarrazoado ou errôneo. Antes de mais nada, é necessário que o tribunal determine se o princípio deduzido através do caso anterior é aplicável. Em seguida, deve decidir em que extensão o princípio será aplicado".[108]

Para separar, num precedente, o que é nuclear e o que é periférico, o magistrado pode valer-se das técnicas do *overruling* e do *distinguishing*. Conforme esclarece Gilmar Ferreira Mendes, "*overruling* é a superação de determinado entendimento jurisprudencial mediante a fixação de outra orientação"; já o *distinguishing*, prossegue, "é a prática utilizada pelos tribunais para fundamentar a não aplicação do precedente a determinado caso".[109]

Embora seja relativamente recente a experiência brasileira com as súmulas vinculantes do STF, parece-nos remota a aplicação, na *praxis* forense, da técnica do *overruling*, porque a "superação" do enunciado de uma dessas súmulas depende de avaliação a esse respeito, pelo STF, instado por qualquer dos co-legitimados ativos à ADIn (CF, § 2.º do art. 103-A; Lei 11.417/2006, art. 3º e incisos), o que também poderá ocorrer no bojo de uma *reclamação* (CPC, art. 988, III, inciso com redação da Lei 13.256/2016); já quanto ao *distinguishing*, afigura-se-nos plenamente aplicável, até porque a aplicação (ou a não aplicação) da súmula vinculante a um determinado caso concreto pressupõe uma detalhada análise do objeto litigioso, a ver se ele se subsume no conteúdo do enunciado vinculativo (*v.g.*, a questão de saber se as palavras *consórcios*, *sorteios*, *bingos* e *loterias*, empregadas na súmula vinculante n. 2,

108. Stare decisis, *Revista Jurídica,* n. 198, trad. Ellen Gracie Northfleet, São Paulo, Síntese, abr. 1994, p. 30.

109. A ação declaratória de constitucionalidade: a inovação da Emenda Constitucional n. 3, de 1993 cit., p. 57, notas de rodapé 24 e 25.

estão mencionadas em *numerus clausus* ou comportam extensão a outros *jogos de azar*) Não é demasia lembrar que tanto descumpre a súmula o órgão judicial que não a aplica, quando deveria fazê-lo, quanto aquele que a aplica, equivocadamente.

Admite-se, no ambiente da *common law*, uma certa *discricionariedade* para que o juiz, a certos respeitos, e motivadamente, realize um prévio *contraste axiológico* entre o enunciado constante do paradigma e as características e circunstâncias sob as quais se apresenta o caso *sub judice*, em ordem a resolver a *questão prejudicial* do enquadramento da espécie no indigitado precedente. Nas palavras de John Anthony Jolowicz: "Le système laisse au juge une assez large liberté d'action, mais cette liberté est assujetie non seulement au contrôle des cours d'appel mais aussi au contrôle d'ordre psychologique sur tout juge, tout avocat, qui aura été formé dans l'esprit d'un système à la fois casuistique et fondé sur les principes fondamentaux qui sont reconnus comme tels par la profession: l'un de ces principes fondamentaux est, précisément, la règle du précédent elle-même".[110]

Sem embargo, pondera Dínio de Santis Garcia que "a doutrina do *stare decisis* já não é mais aplicada rigidamente nos Estados Unidos, e mesmo na Inglaterra vem se tornando mais flexível. Como anota Lloyd, o princípio do *stare decisis* aplicado rigidamente 'is inimical to the scientific development of the law, since bad decisions stand out like signposts directing the law into wrong paths and so impeding a rational approach'".[111] Ainda uma vez, pois, aplicação do milenar aforisma *summum jus, summa injuria*...

No balanço da relação custo-benefício, não há negar que o sistema da vinculação ao *precedente judiciário* vem se mostrando razoavelmente satisfatório para os países que o adotam, e isso em virtude de uma conjunção de fatores: (*i*) historicamente, sabe-se que a *equity* opera como a grande força inspiradora e o ponto de equilíbrio da *common law*, fazendo com que se priorize a *justiça do caso concreto*, donde a relevância do *precedente judiciário*, como forma de assegurar tratamento isonômico aos casos afins; (***ii***) a *common law* abrange povos e nações cujo caráter parece naturalmente vocacionado ao cumprimento espontâneo do padrão de conduta pré-estabelecido (*law abiding people*), o que contribui para atenuar a necessidade de um Direito escrito muito desenvolvido, espaço que em boa medida fica *suprido* pela eficácia jurídica e social dos precedentes judiciários; (***iii***) o estudo desses

110. La jurisprudence en droit anglais: aperçu sur la règle du précédent cit., t. XXX, p. 113-114.

111. Efeito vinculante dos julgados da Corte Suprema dos Tribunais Superiores cit., p. 41.

precedentes – *o que são; como operam; como são pesquisados* – integra o currículo acadêmico dos futuros operadores do Direito, habilitando-os, assim, a lidar com as peculiaridades desse sistema, no qual, segundo Llewellin, existem "no less than sixty-four techniques for handling precedent".[112]

A propósito, significativo o depoimento de John Anthony Jolowicz: "Nous croyons nous autres anglais, que notre système, bien que non dépourvu d' inconvenients, a réussi à trouver l'acommodement qui nous convient le mieux entre la flexibilité et la certitude du droit (...) [Nous] continuons à croire que la meilleure source de règles de droit pour trancher les litiges se trouve dans notre très riche jurisprudence".[113]

De todo modo, como já antes afirmado, é preciso levar em conta que essa tradicional priorização da *norma judicada*, em contraste com a *norma legislada*, já se vai sensivelmente abrandando na experiência contemporânea da *common law*, enquanto, em contraponto, registra-se uma sensível e crescente revalorização do Direito escrito, fenômeno assim referido por John Anthony Jolowicz: "Le droit anglais reconnaît l' existence de deux sources formelles du droit – la loi et la jurisprudence – deux sources qui n'opèrent qu'en combinaison".[114] Essa visão é confirmada por Edward Re: "Atualmente, a legislação cobre tão extensamente quase todos os ramos do direito, tanto público como privado, que não se pode mais pressupor que o ponto de partida seja um precedente judicial. Comumente, o ponto de partida deve ser a política legislativa expressa num texto legal significativo".[115]

É lícito conjecturar que essa gradativa aproximação entre os dois grandes regimes jurídicos – o da norma legal e o do *precedente judiciário* – acomoda-se ao contexto contemporâneo de uma sociedade *globalizada*, onde os interesses, comportamentos e necessidades cada vez mais se comunicam e interagem, formando uma imensa *aldeia global*, onde se desvanecem antigas e arraigadas diferenças jurídicas entre povos, nações e Estados.

Nesse contexto, a aproximação entre as famílias *common law* e *civil law* não é de causar espécie, mas antes é de ser vista como *mais uma ocorrência*, dentre tantos eventos *globalizantes* a que hoje assistimos, como a emissão de moeda comum (o *euro*) para os países da Europa Continental; a promulgação de uma mesma *lex mercatoria* para vários países (*v.g.*, a Convenção

112. Idem, p. 41, nota de rodapé 5, citando Lord Lloyd of Hampstead, *Introduction to jurisprudence*, Londres, 1972, p. 719.

113. Idem, ibidem.

114. Idem, p. 106.

115. *Stare decisis*, cit., p. 31.

de Genebra em matéria de títulos de crédito); o estabelecimento de um regime econômico e jurídico para países aproximados geográfica, econômica e culturalmente (*v.g.*, o Mercosul); a fixação de parâmetros internacionais para o trato recíproco de temas de interesse comum, como o meio ambiente, a imigração, o cumprimento de decisões judiciais; a repressão às práticas discriminatórias; a preservação dos direitos humanos; a padronização de equipamentos etc.

Sendo o Direito, antes de tudo, um "fato cultural", ocorrente em maior ou menor intensidade em todos os quadrantes do planeta, não é de estranhar que o Brasil, vinculado ao direito de tipo codicístico, venha revelando grande interesse pela experiência jurídica dos países do *common law*, tendência que tem seu ponto culminante na inserção das *súmulas vinculantes* em nosso sistema jurídico-político. A positivação da *súmula vinculante* do STF (CF, art. 103-A, cf. EC 45/2004; Lei 11.417/2006) em verdade veio *institucionalizar* e *potencializar* a força obrigatória do precedente jurisprudencial, que já vinha gradualmente se firmando dentre nós, desde a chamada *Lei dos Recursos* (Lei 8.038/90, art. 38), ganhando fôlego com a Lei 9.756/98, que inseriu importantes alterações no CPC/73, com foco na otimização de certos produtos judiciários preordenados a operar como padrões decisórios, até culminar com o vigente CPC, de perfil claramente precedentalista.

Presente essa linha evolutiva, não há negar que o *direito pretoriano* – jurisprudência dominante ou sumulada – mesmo fora da hipótese da súmula vinculante do STF, hoje se impõe com enorme força persuasiva aos órgãos do Judiciário e da Administração Pública, pouco ficando a dever, sob o prisma prático, à impositividade da norma legal. Em contraponto, os países da *common law* vêm valorizando cada vez mais o Direito escrito, a ponto de Antônio Felipe A. Gallo afirmar, com base na publicação oficial *The english legal system*: "Hoje em dia é raro algum aspecto da vida que não tenha sido afetado pela legislação".[116] Tudo assim confirmando, também no campo jurídico, o fenômeno da *globalização*, a permitir a assimilação mútua das duas grandes famílias jurídicas.

A *rota de aproximação* entre os regimes jurídico-políticos *civil law* e *common law* era, a bem dizer, um *evento prenunciado* pelo evolver dos acontecimentos no mundo globalizado e massificado em que vivemos, onde se vão esmaecendo as fronteiras políticas, culturais e sociais, e onde os diversos valores e interesses vão se mesclando e implicando mutuamente.

---

116. A lei como fonte principal do direito inglês nos dias de hoje, *RT*, n. 643, p. 33.

O Direito – produto sociocultural por excelência – não poderia excluir-se a esse contexto, referindo Michelle Taruffo ao que "os comparatistas costumam denominar de *circulação dos modelos*. Diversamente de quanto sucedia ao longo de séculos, quando os ordenamentos processuais mudavam em ritmo muito lento, mas sobretudo 'em sentido vertical', ou seja, permanecendo cada qual dentro de si mesmo e evolvendo segundo linhas históricas próprias, o fenômeno característico da evolução mais recente é o das 'interferências horizontais' entre sistemas distintos, ou – se se preferir – o da imitação de um sistema ou modelo por outros, ainda que derivados de experiências históricas e linhas evolutivas muito heterogêneas".[117]

Esse *encontro anunciado* entre esses dois regimes jurídico-políticos já fora, há anos, profetizado por Paulo Dourado de Gusmão: "O objetivo do direito continental, ou seja, a certeza do direito, está muito comprometida com a crescente multiplicação de leis, que tem tornado difícil ao técnico, e muito mais ao leigo, conhecê-las. Por outro lado, a jurisprudência vem, aos poucos, quebrando os dogmas da legalidade, vinculando o juiz continental de jurisdições inferiores a decisões dominantes e constantes de tribunais superiores". Adiante, prosseguia: "Por sua vez, no sistema do *common law*, em virtude da multiplicidade de precedentes, tem sido defendida a compilação dos precedentes e dos costumes, havendo quem defenda, em certos ramos de direito, principalmente no direito penal, a codificação. Já existem nos Estados Unidos vários projetos de códigos. Daí dizer Benjamin Cardozo, que o moderno direito norte-americano depara a necessidade de uma nova compilação (*restatement*) que traga certeza e ordem ao jurista, livrando-o da confusão dos precedentes judiciários".[118]

Tal prognóstico vem confirmado por Nelson de Souza Sampaio: "O processo de julgar pelos precedentes talvez torne mais laboriosa a tarefa dos profissionais do direito, em virtude da massa imensa de casos. Os norte-americanos e ingleses procuraram aliviar essa carga com a publicação de consolidações particulares – *the restatements* –, nas quais alguns autores veem as antecessoras de codificações oficiais que surgirão amanhã. Se essa previsão se concretizar, dar-se-á uma convergência entre o sistema do *common law* e o sistema de direito legislado. O *stare decisis* não é uniforme em toda a parte, e apresenta complexidades cujo estudo escapa às dimensões deste trabalho. Na Grã-Bretanha, vários tribunais especiais não estão sujeitos

117. Observações sobre os modelos processuais de *civil law* e de *common law*, trad. J. C. Barbosa Moreira, *RePro*, n. 110, abr.-jun. 2003, p. 153.

118. *Introdução à ciência do direito* cit., p. 406.

à sua ação. Geralmente, ele só vincula os tribunais de cujos julgados caibam recursos para a corte que estabeleceu o precedente. Nos EUA, a Suprema Corte não está vinculada às suas decisões que são, entretanto, obrigatórias para os demais órgãos judiciais. Segundo estatística feita, aquele alto pretório teria reformado (*overruled*) 105 de seus julgados, entre 1810 e 1974. O *stare decisis* não é tão anquilosador da jurisprudência como se possa imaginar. Em verdade, cada dia ele adquire mais flexibilidade, mesmo na Inglaterra, onde, desde 1966, a Câmara dos *Lords* passou a ter mais ductilidade na revisão de suas decisões".[119]

É dizer: hoje a técnica do *stare decisis* não mais pode ser vista como um *bloco monolítico*, a determinar inexoravelmente a aplicação do *precedente judiciário*, assim como o próprio sistema *common law* comporta algumas refrações especiais, na comparação entre o que se passa na prática forense da Inglaterra e dos Estados Unidos. Nesse sentido, Leonardo D. Moreira Lima colaciona trabalho de Ana Lúcia de Lyra Tavares, onde esta explica que "a expressão *common law* possui três acepções: a) *direito comum*, de alcance para todo o Reino da Inglaterra, em oposição ao direito local, das jurisdições senhoriais, no período de formação do sistema; b) *tipo de processo* originário dos Tribunais Reais, em que predomina a oralidade, o júri, a sanção em perdas e danos, o qual contrasta com o processo de *equity*, peculiar aos Tribunais de Chancelaria (...); c) *sistema jurídico anglo-americano*, cujo protótipo é o direito inglês, que exerce influência marcante no mapa jurídico contemporâneo, muitas vezes mesclando-se a direitos de natureza religiosa ou consuetudinária (Espírito da *common law* e os contratos, *Revista Brasileira de Direito Comparado*, n. 18, no prelo [publicada em jan.-jun. 2000])". A seu turno, Leonardo D. Moreira Lima, colacionando o saudoso Guido Fernando Silva Soares (*Common law. Introdução ao direito dos EUA*, 1. ed., 2.ª tir., São Paulo, RT, 1999), esclarece que "o direito inglês e o direito americano, embora integrantes desse mesmo sistema, apresentam hoje distinções essenciais, levando alguns autores a classificar o modelo americano como *misto*, pela aproximação em certos aspectos com a *civil law*".[120]

É de se augurar que o momento de *autoavaliação e revisão crítica* por que hoje passam as famílias *civil law* e *common law* seja aproveitado, no Direito brasileiro, para uma reflexão sobre o modelo de distribuição de justiça que

119. O Supremo Tribunal Federal e a nova fisionomia do Poder Judiciário, *Revista de Direito Público*, n. 75, p. 11.

120. *Stare decisis* e súmula vinculante: um estudo comparado, *Revista Direito, Estado e Sociedade*, n. 14, Departamento de Direito, PUC, Rio de Janeiro, jan.-jul.1999, p. 166, nota de rodapé 2.

aqui vem sendo praticado, compreendendo os vários aspectos que devem ser atendidos para que se possa alcançar uma *resposta judiciária de boa qualidade*, que, ao nosso ver deve apresentar seis predicados: ser justa, jurídica, econômica, tempestiva, razoavelmente previsível e idônea a assegurar a fruição prática do direito, valor ou bem da vida reconhecidos no julgado.[121] Estes dois últimos atributos aparecem expressamente recepcionados no vigente CPC: Art. 4.º. "As partes têm o direito de obter em prazo razoável a solução integral do mérito, incluída a atividade satisfativa"; Art. 139. "O juiz dirigirá o processo conforme as disposições deste Código, incumbindo-lhe: (...) IV – determinar todas as medidas indutivas, coercitivas, mandamentais ou sub-rogatórias necessárias para assegurar o cumprimento de ordem judicial, inclusive nas ações que tenham por objeto prestação pecuniária"; Art. 926, *caput*. "Os tribunais devem uniformizar sua jurisprudência e mantê-la estável, íntegra e coerente".

A hora é de reflexão serena e desapaixonada sobre a melhor técnica para se alcançar, na experiência judiciária brasileira, o ideal de uma "uniformidade contemporânea, que, todavia, não exclua a eventualidade, *justificada*, de uma alteração sucessiva". Para tal, não bastará o simples transplante da experiência anglo-americana do *stare decisis*, tomado esse regime como se fora uma panaceia para resolver, *em bloco*, todas as demandas cujas pretensões sejam assemelhadas. É preciso bem apreender as tipicidades e as nuances do sistema vigente na *common law*, para dele extrair o seu *princípio ativo*, o qual, com os cuidados devidos, poderá vir a ser gradualmente implantado em nosso ambiente jurídico-político, por modo a permitir que nossa cultura jurídica – há séculos centrada no primado do Direito escrito –, e, bem assim, nossos operadores do Direito, possam ir se adaptando, sem grandes traumas, ao ambiente do precedente jurisprudencial obrigatório. Caso contrário – como por vezes acontece nos procedimentos cirúrgicos – o corpo poderá rejeitar o implante...

Quanto à súmula vinculante do STF, o ideal é que ela seja acatada e aplicada, *não tanto por ser obrigatória*, mas, antes, por representar o extrato do entendimento replicado numa iterativa coleção de acórdãos consonantes sobre uma dada questão constitucional, provindos da Corte mais alta do país, o *guarda da Constituição* (CF, art. 102, *caput*), à semelhança, nesse ponto, do que se passa nos Estados Unidos, como observa Dalmo de Abreu Dallari: "Na prática, é comum o acolhimento geral dessa jurisprudência pacífica,

121. Para um desenvolvimento sobre esses seis qualificativos, v. o nosso *Acesso à Justiça – condicionantes legítimas e ilegítimas*, 2 ed., São Paulo: Thomson Reuters – Revista dos Tribunais, 2015, p. 390 e s.

pela autoridade moral da Suprema Corte. Os juízes aderem livremente, com independência, à jurisprudência estabilizada, o que é completamente diferente de serem coagidos a aplicá-la".[122] Um exemplo, dentre nós, dessa desejável *eficácia natural* da jurisprudência sumulada, está no enunciado 512 do STF: "Não cabe condenação em honorários de advogado na ação de mandado de segurança". Apesar do tempo já decorrido desde sua edição e das críticas que se lhe possam endereçar,[123] fato é que ela subsiste e é iterativamente aplicada pelos órgãos jurisdicionais de todo o país, a ponto de o STJ ter, depois, fixado entendimento semelhante (Súmula 105). O vigor de tais enunciados viria se reafirmar com a Lei 12.016/2009, sobre o mandado de segurança, cujo art. 25 exclui a condenação em honorária.

Entre nós, de há muito o *direito sumular* – mesmo antes de o constituinte revisor lhe agregar a nota da vinculação, na hipótese do art. 103-A, já operava, na prática, com elevada carga eficacial, evidenciada em tantos dispositivos do CPC que exacerbam a força da jurisprudência dominante ou sumulada. Essa tendência fora, à época dos trabalhos da Assembleia Constituinte revisora, assim avaliada por José Carlos Barbosa Moreira: "Sem precisão de emenda, a vinculação, para fins práticos, em boa medida vai-se insinuando, pé ante pé, sorrateiramente, como quem não quer nada, e não apenas em benefício de teses 'sumuladas', senão até das simplesmente bafejadas pela preferência da maioria dos acórdãos".[124]

Impende que essa recepção do precedente judiciário dentre nós se faça em boa técnica, observando-se a razoabilidade da solução excogitada, evitando-se, por exemplo, soluções como a antes positivada pela Lei 11.276/2006, ao inserir este parágrafo 1.º ao art. 518 do CPC/73: "O juiz não receberá o recurso de apelação quando a sentença estiver *em conformidade com súmula do Superior Tribunal de Justiça ou do Supremo Tribunal Federal*". Esse dispositivo afigurava-se de duvidosa constitucionalidade: (*i*) maltratava a garantia do contraditório (CF, art. 5.º, LV), em seu sentido *substancial*, a saber, a informação bilateral às partes, assistida pela possibilidade destas influírem no andamento e resultado do feito; (*ii*) apesar de cuidar-se de decisão retratável (§ 2.º daquele artigo), não havia negar que uma súmula,

122. Independência vinculada, *Jornal da Ajufe*, Associação dos Juízes Federais de São Paulo e Mato Grosso do Sul, nov. 1997, p. 13.

123. Cf. o nosso Da virtual superação da Súmula 512 do Supremo Tribunal Federal, *RT*, n. 569, p. 13.

124. Algumas inovações da Lei 9.756 em matéria de recursos civis. *In*: Nelson Nery Junior e Teresa Arruda Alvim Wambier (coord.), *Aspectos polêmicos e atuais dos recursos cíveis de acordo com a Lei 9.756/98*, São Paulo, RT, 1999, p. 329.

para obstaculizar, num primeiro momento, o acesso ao segundo grau, teria que vir qualificada com a nota da obrigatoriedade, porque as demais, ou seja, as súmulas simples, remanescem apenas persuasivas. À época, ponderara Dierle José Coelho Nunes: "Não se pode tolerar, então, as denominadas decisões de surpresa (*decisione di terza via – Überraschungsentscheidungen*), que são os provimentos judiciais fundados sobre a resolução de questões de fato e de direito não submetidas à discussão com as partes e não indicadas preventivamente pelo juiz (...) A colocação da súmula como fundamento da sentença, aplicada *ex officio* pelo juiz sem anterior debate com as partes, poderá gerar o aludido fenômeno da surpresa".[125] O art. 10 do novo CPC revela a devida atenção a esse aspecto ao vedar as decisões-surpresa.

Como alertava a Min. Ellen Gracie Northfleet, à época no STF, o sistema do *stare decisis* não implica em "mera repetição acrítica de julgamentos anteriores. Ao contrário, na afirmação do Prof. Brumbaugh, em seu livro *Legal Reasoning and Briefing*, 'os precedentes não se devem aplicar de forma automática. O precedente deve ser analisado cuidadosamente para determinar se existem similaridades de fato e de direito e para determinar a posição atual da Corte com relação ao caso anterior'" (...) "O exame dos fatos do caso-paradigma e daquele em julgamento definirá, em grande parte, a adequação ou não do precedente. Mas mesmo o fundamento de direito do precedente pode ser posto à prova. É o que afirma o Chanceler Kent em seus *Commentaries*: 'Uma decisão formal a respeito de uma questão de direito torna-se paradigma para caso semelhante, e os juízes devem acompanhar tal decisão enquanto ela não for superada, *a menos que possa ser demonstrado que a lei foi mal compreendida ou mal aplicada naquele caso específico*'".[126]

Em suma, conforme concluímos em estudo a respeito das novas perspectivas para o precedente judiciário, dentre nós: "(...) cabe reconhecer que o padrão jurídico-político do Brasil resta alterado sob a perspectiva do novo CPC, reposicionando-se a meio caminho entre o *civil law* e o *common law*, em simetria, de resto, com o tendencial movimento de aproximação entre essas famílias, devendo o juiz brasileiro capacitar-se para a identificação e manejo do precedente judiciário, cujas técnicas e singularidades vêm sendo apontadas pela doutrina especializada". [127]

125. Súmula impeditiva de recursos... cit., p. 444.

126. Ainda sobre o efeito vinculante, *Cadernos de Direito Tributário e Finanças Públicas*, n. 16, jul.-set. 1996, p. 12 e 13.

127 O direito brasileiro segue filiado (estritamente) à família *civil law* ? In *O novo Código de Processo Civil – questões controvertidas*, São Paulo: Gen-Atlas, 2015, p. 420.

2.4 MODELOS DE CONTROLE (PREVENÇÃO/CORREÇÃO) DO DISSÍDIO JURISPRUDENCIAL

2.4.1 Os assentos obrigatórios: origem portuguesa e sua recepção/evolução no Direito brasileiro

O exame dos modelos de controle da divergência jurisprudencial não pode dispensar uma breve incursão pelo Direito português. Primeiro, porque aí tiveram origem os *assentos obrigatórios*, que, potencializando a eficácia da jurisprudência, permitiram sua elevação à condição de fonte formal ou forma de expressão do Direito, na medida em que tais enunciados se expressavam em modo abstrato, geral e impositivo, apresentando, pois, características próprias das normas legais. Em segundo lugar, esses assentos aportaram no Brasil Colônia e aqui frutificaram, sendo recepcionados pelo Supremo Tribunal do Império. Enfim, vale mencionar que a ideia dos enunciados normativos nunca foi de todo abandonada ao longo da evolução do Direito pátrio, valendo lembrar que ao ensejo dos trabalhos legislativos que precederam à promulgação do atual CPC/73 voltou-se a cogitar sobre a adoção daquela técnica, já agora sob a denominação de *prejulgados*.

Ao propósito, José Rogério Cruz e Tucci lembra que o anteprojeto do CPC/73 "disciplinava, nos artigos 516 a 520, um procedimento de uniformização de jurisprudência, perante o Supremo Tribunal Federal, que se encerrava com a edição de assento, 'com força de lei em todo o território nacional' (art. 518)". (...) "É de ser relembrado que durante o desenrolar do processo legislativo esta orientação foi integralmente modificada, não tendo sido contemplada na versão definitiva do Código Buzaid, visto que o instituto regrado nos artigos 476 a 479 tem por escopo precípuo o de produzir *precedente* de uniformização da interpretação e aplicação do direito, embora despido de eficácia vinculante *inter alios*".[128]

A evolução do contexto histórico mostra uma preocupação recorrente no Direito pátrio e em sua *praxis* judiciária, na busca de uma fórmula que a um tempo assegure uma resposta judiciária *de boa qualidade* (= justa, jurídica, econômica, tempestiva, razoavelmente previsível e idônea a assegurar a fruição do direito, valor ou bem da vida reconhecidos no julgado) e ainda, de modo a preservar a independência funcional e a persuasão racional do julgador. O encontro da solução idônea a resolver essa equação passa pela questão premonitória da desejável *isonomia da resposta judiciária*: esse trata-

128. Eficácia do precedente judicial na história do direito brasileiro. *Revista AASP – Associação dos Advogados de São Paulo*, n. 78, set./2004, p. 48.

mento igualitário integra o direito subjetivo público de todo jurisdicionado a que a *expressão judiciária da lei* seja equânime e razoavelmente previsível, por modo a assegurar que casos assemelhados recebam solução jurídica análoga.

A questão apresenta uma dificuldade complementar, qual seja a de se alcançar a desejável uniformidade pretoriana, sem prejudicar a necessária evolução do Direito, quando assim venha imposto pela superveniente alteração das fontes substanciais que antes presidiram a edição da norma e a formação da jurisprudência a respeito, como se dá quando sobrevém relevante modificação nos fatos, valores, interesses, ou mesmo quando surge direito novo. No dizer de Rogério Lauria Tucci, o que se coloca é "a necessidade da conjugação de ambos os denominados princípios – da certeza do direito e da evolução do direito – cujas essencialidades, sobre não se chocarem, até se completam, uma à outra".[129]

Para bem se compreender a evolução do tema, é preciso partir do dado histórico. A ocupação da Península Ibérica remonta ao ano 200 a.C., com a dominação romana, que aí haveria de deixar fortes vestígios, e perduraria até que, nos séculos V e VI, os povos nórdicos (suevos, álanos, vândalos) vieram ocupar o território, sendo depois subjugados, ainda no século VI, pelos visigodos. Este último povo teve no Imperador Alarico um sistematizador do Direito originário das fontes romanas, ao depois alterado pelos costumes dos povos bárbaros, tudo resultando no *Breviarum Alaricianum*, por sua vez fonte inspiradora do Código Visigótico, ou ainda *Fuero Juzgo*, documento que, desde então, viria a reger os povos da Península Ibérica. Por volta do século VIII, os árabes invadiram o território e aí permaneceram longo tempo, até serem expulsos no século XV. No processo de expulsão dos sarracenos teve papel preponderante a resistência centrada no reino de Oviedo, do qual, na sequência, viria a se separar o Condado Portucalense.

Por essa época, o Direito reinante constituía-se de uma interação entre o *Fuero Juzgo*, as *Cartas d'El Rey*, ditas cartas de foro ou "Direito foraleiro", mais o Direito Canônico e, ainda, os costumes. Já nessas priscas eras podia-se identificar o que viria a se constituir num precedente remoto da uniformização da jurisprudência, a saber, o instituto das *fazañas y albedrios*, como informa Rogério Lauria Tucci.[130] A *façanha*, esclarecia Alfredo Buzaid, no antigo direito português significava "juízo ou assento que se tomava sobre algum feito notável e duvidoso que, por autoridade de quem o fez e dos que o aprovaram, fica servindo como de aresto para se imitar, quando outra

129. *Curso de direito processual civil*, São Paulo: Saraiva, 1989, vol. 3, p. 165.

130. Idem, p. 166.

vez acontecesse". Esclarece ainda o autor que o instituto vinha previsto no Direito espanhol, no *Código de las Siete Partidas* (Liv. III, Lei XIV): "Otrosy dezimos, que non deue valer ningun juyzio que fuesse dado por fazãnas de otro; fueras ende, si tomassen aquella fazãna de juyzio que el Rey ouiesse dado. Ca entonces bien pueden julgar por ella; porque la del Rey a fuerça, e deue valer como ley, en aquel pleyto sobre que es dado, e en los otros que fueren semejantes".[131]

Nessas primitivas normações já se denotava a semente da ideia que nos séculos vindouros viria vicejar, qual seja a busca incessante de uma fórmula que assegurasse a prática do Direito de modo a preservar o binômio *certeza-justiça*, certo que, para tanto, se impunha encontrar a técnica capaz de outorgar a desejável *uniformidade interpretativa*, em face dos casos assemelhados.

Por volta do século XIII, com a criação da Universidade de Lisboa, por Dom Diniz, que fizera traduzir a Lei das Sete Partidas, o Direito português e seu processo foram tomando forma e consistência próprias, evolução que culminaria, em 1446, com a promulgação da primeira das Ordenações, por Afonso V (ditas por isso *Afonsinas*), composta de cinco livros, sendo o terceiro dedicado ao processo civil. Em 1521, sobrevieram as Ordenações Manuelinas, no reinado de Dom Manuel, dito *O Venturoso* (sob cujo reinado se dera a descoberta do Brasil, em 1500), caracterizando-se tal obra por acréscimos e compilações sobre a *Ordenação* anterior. De especial interesse o que vinha disposto nessas Ordenações Manuelinas (Livro V, título 58, § 1.º): "E a determinação que sobre o entendimento da dita Ordenação se tomar, mandará o Regedor escrever no livrinho, para depois não vir em dúvida", ficando assim lançada a semente que ao depois germinaria sob a forma dos *assentos* da Casa da Suplicação.

Na sequência, subiria ao trono Filipe II, da Espanha (Felipe I, de Portugal), que iniciaria o processo de reforma das Ordenações preexistentes, tarefa que seria continuada e levada a termo por seu sucessor – Filipe III, da Espanha (Filipe II, de Portugal), promulgando-se, em 1603, as Ordenações Filipinas, também chamadas Ordenações do Reino. Nestas, as antes referidas *fazãnas y albedrios* vieram substituídas pelos *Assentos da Casa da Suplicação* (Livro I, título V, § 5.º). Informa Alfredo Buzaid, com apoio em Cândido Mendes de Almeida, que esses assentos "tinham, pois, por fim fixar a verdadeira inteligência da lei; e tomados na Mesa Grande tinham força de lei".[132]

131. Da uniformização da jurisprudência cit., p. 134 e nota de rodapé 2, citando bibliografia.

132. Idem, p. 136.

Impende realçar que, ao tempo das Ordenações Filipinas, o Rei, na condição de autoridade máxima, respondia, cumulativamente, pelas funções de Chefe de Estado e Chefe de Governo, sendo assim compreensível que participasse também do poder legiferante, como se colhe deste fragmento, eloquente por seus próprios termos: "O Rey he Lei animada sobre a terra, e pode fazer Lei e revogá-la, quando vir que convem fazer-se assi" (Livro III, título 75, 51, parte final). De outro lado, em ocorrendo que num caso concreto não houvesse *estilos e costumes* a regrar a espécie, dever-se-ia, alternativamente, recorrer ao Direito Canônico ou às leis imperiais; remanescendo a lacuna, abria-se o ensejo para a solução do caso pela intervenção do Rei, que o dirimia pelas chamadas *decretaes*.

Importante realçar que por meio dessas *decretaes* resolvia-se não só o caso concreto, mas – em virtude da incontrastável Autoridade Real – outras situações análogas por ali ficavam também dirimidas: para tal, os desembargadores estavam autorizados a proceder *de semelhante a semelhante*, assim resolvendo também os casos afins, posto que aqueles editos reais eram como "leis para desembargarem outros, semelhantes" (livro citado, títulos 52, 65, 69, *passim*).

Conquanto então se tratasse de uma jurisdição que hoje diríamos de tipo *singular* (= subsunção da norma de regência a cada caso concreto entre partes determinadas), era especialmente valorizado o dado consistente na *reiteração de julgados consonantes sobre um mesmo tema*, reconhecendo-se que, "sendo as sentenças da Relação muitas e conformes, induzem estilo", vale dizer, passavam a ter eficácia extra-autos e *ultra partes*, numa expansão geral e abstrata, semelhante à que se passava com as normas legais. Esses *estilos*, por seu turno, derivavam dos *assentos* das Cortes judicantes, a saber, as Casas da Suplicação e do Porto. É dizer: as fontes formais ou formas de expressão do Direito provinham de mais de uma origem de Poder, o que à época era compreensível, dado o consenso de que o Direito Positivo – codificado ou extravagante – não bastava para regular a extrema diversidade das possíveis situações conflituosas, donde a autorização para que os julgadores procedessem "de semelhante a semelhante" (título 69 do Livro III). Por isso, os *assentos* se ofereciam como fonte do Direito, operando como instrumento de controle da virtual ou efetiva divergência jurisprudencial e, paralelamente, contribuíam para a *integração* das lacunas do ordenamento positivo.

No tocante à totalização numérica desses arestos, informa Nelson de Souza Sampaio: "A julgar pela coleção de assentos anexa à edição vicentina das Ordenações Filipinas (feita pelo Mosteiro de São Vicente, em 1747), não houve farta produção de assentos. Salvo omissão do compilador, os assentos tomados pela Casa da Suplicação entre 1603 e 1747 – período quase sesquicentenário, pois – somam 139, o que representa a média de menos de um por ano. A Relação do Porto não elaborou mais de 25 assentos no mesmo lapso. No ano da referida edição, a Casa da Suplicação já estava no 8.º livro de registro de assentos, também chamado o Livro Verde".[133]

(Neste ponto, cabe um corte na exposição, para uma reflexão comparativa: as súmulas do nosso STF começaram a ser editadas a partir do ano judiciário de 1964, e, desde então, decorridos cerca de cinquenta anos, ultrapassaram as sete centenas; já o STJ começou a operar em 1990 e, passados pouco mais de vinte anos, suas súmulas aproximam-se das seiscentas. Já no âmbito trabalhista, embora o art. 902 e parágrafo [revogados pela Lei 7.033/82] da CLT [1943] autorizassem o TST a firmar *prejulgado* – que "todos os órgãos da Justiça do Trabalho ficam obrigados a respeitá-lo" –, fato é, esclarece Antônio Ernane Cacique de New York, que "a faculdade outorgada ao TST foi usada com parcimônia, tanto assim que o primeiro deles somente foi estabelecido 17 anos depois da regra que previa a sua elaboração".[134] Tornando às súmulas do STF, escrevia Alberto Nogueira, em estudo publicado em 1997, que "há mais de dez anos que o STF não edita súmulas [a última, n. 621, é de 17.10.1984, publicada em 29.10.1984"].)[135]

Retomando o fio histórico, vale ressaltar que as Ordenações Manuelinas mandavam que os assentos fossem averbados "no livrinho para depois não vir em dúvida" (Livro V, título 58, § 1.º); já as subsequentes Ordenações Filipinas

133. O Supremo Tribunal Federal e a nova fisionomia do Poder Judiciário cit., p. 12.

134. Súmula vinculante, *Revista LTr*, vol. 60, n. 10, out. 1996, p. 1.315. A propósito, esclarece Sérgio Pinto Martins: "Em 12.05.1977, o STF entendeu que o art. 902 era incompatível com a Constituição de 1946 (Representação 946/DF, Rel. Min. Xavier de Albuquerque, *Revista LTr* 41/1.037). Com a Lei 7.033, não há mais essa vinculação, podendo o juiz decidir de acordo com a sua livre convicção" (*Comentários à CLT*, 2. ed., São Paulo: Atlas, 1999, p. 890). Em outra sede, esclarece o autor: "Anteriormente, o TST editava os prejulgados que deveriam ser seguidos obrigatoriamente pelos Juízes. O art. 902 da CLT, que dava essa força aos prejulgados, foi revogado pela Lei nº 7.033, de 5-1-82. O TST passou a expedir súmulas e depois as denominou de enunciados, que mostram a jurisprudência predominante no TST, porém não mais são de observância obrigatória para os juízes. Na verdade, enunciado é o conteúdo da súmula. Esta é o resumo da jurisprudência predominante de determinado tribunal A Resolução nº 129/05 do TST voltou a denominar os enunciados de súmulas". (Direito Processual do Trabalho, 29 ed., São Paulo: Atlas, 2009, p. 31).

135. Segurança jurídica, liberdade e súmula vinculante, *Revista Ciências Sociais*, vol. 3, n. 2, Rio de Janeiro, Universidade Gama Filho, dez. 1997, p. 75. (Observe-se que pelo Adendo n. 7, aprovado pelo plenário do STF em 24.09.2003, foram baixadas as súmulas de n. 622 a 721, depois se estendendo, ao momento em que escrevemos (dezembro/2017), ao n. 736.

determinavam que ditas anotações se fizessem no "Livro da Relação" (Livro I, título V, n. 5). Alfredo Buzaid esclarece, com apoio em Cândido Mendes de Almeida, que desse texto das Ordenações Filipinas "resulta a força dos assentos da Casa da Suplicação, o que foi positivamente declarado pelos Decretos de 04.02.1684 e de 20.06.1703".[136]

Em verdade, a natureza e a finalidade dos *Assentos* derivavam diretamente de seu precedente histórico, a saber, as já referidas *fazañas e albedrios*, significando "juízo ou assento que se tomava sobre algum feito notável e duvidoso que, por autoridade de quem o fez e dos que o aprovaram, fica servindo como de aresto para se imitar, quando outra vez acontecesse".[137] A ideia recorrente era de dar destaque a um julgado diferenciado por sua singular qualificação jurídica e pela especialidade da matéria nele versada, por modo que assim ele passasse a operar como paradigma obrigatório para os casos análogos. Essa a inteligência que se pode colher deste trecho das Ordenações Manoelinas (Livro V, título 58, § 1.º): "E assim havemos por bem que, quando os Desembargadores que forem no despacho de algum feito, todos ou alguns deles tiverem alguma dúvida em alguma Nossa Ordenação do entendimento dela vão com a dita dúvida ao Regedor, o qual na Mesa Grande com os Desembargadores que lhe bem parecer a determinará e segundo o que aí for determinado se porá a sentença. E se na dita Mesa forem isso mesmo em dúvida, que ao Regedor pareça que é bom de no-lo fazer saber, para a nos logo determinarmos, no-lo fará saber, para nos nisso provermos. E os que em outra maneira interpretarem nossa Ordenação ou derem sentença em algum feito, tendo algum deles dúvida no entendimento da dita Ordenação, sem irem ao Regedor, como dito é, serão suspensos até nossa mercê. E a determinação que sobre o entendimento da dita Ordenação se tomar, mandará o Regedor escrever no livrinho para depois não vir em dúvida".

Perceba-se nessa parte final a previsão de uma *sanção funcional* – suspensão do juiz recalcitrante – constituindo-se, pois, num precedente remoto

136. Da uniformização da jurisprudência cit., p. 136.

137. Idem, p. 134. A palavra "façanha" aparece, igualmente, no antigo Direito espanhol (*fazaña*), com o sentido de "sentença dada em um pleito" (cf. Carlos de Uchoa, *Novissimo diccionario de la lengua castellana*, 1907, p. 662). O termo consta, ainda, no Código das *Siete Partidas* (Livro III, Lei XIV), aparecendo aí também o caráter da vinculação do julgado paradigma em face dos casos análogos: "Otrosy dezimos, que non deue valer ningum juyzio que fuesse dado por fazãnas de otro; fueras ende, si tomassen aquella fazaña de juyzio que el Rey ouiesse dado. Ca entonces bien pueden julgar por ella; porque la del Rey ha fuerça e deue valer como ley, en aquel pleyto sobre que es dado, e en los otros que fueren semejantes" (*Apud* Alfredo Buzaid, art. e loc. cits., nota 2).

do que entre nós chegou a ser cogitado no substitutivo à proposta de EC 96-A (jun./ 1992), na parte atinente ao Poder Judiciário, no § 4.º do art. 98: "O reiterado descumprimento de súmula com efeito vinculante, ou a desobediência às decisões de que tratam o parágrafo anterior e o § 2.º do art. 106, configurará crime de responsabilidade para o agente político e acarretará a perda do cargo para o agente da Administração, sem prejuízo de outras sanções". (Na sequência, porém, o parecer do relator, Dep. Aloysio Ferreira Nunes, não reteve aquela fórmula, optando pelo alvitre da *reclamação.*)[138] Na final positivação da matéria, acordou-se que as consequências do descumprimento da súmula vinculante do STF seriam, para o órgão judicial, a *cassação* da decisão, e, para a autoridade administrativa, a *anulação* do ato: § 3.º do art. 103-A da CF; § 2.º do art. 7.º da Lei 11.417/2006. O vigente CPC autoriza o manejo da *reclamação* para "garantir a observância de enunciado de súmula vinculante (...)" – art. 988, III, inciso com redação da Lei 13.256/2016.

É interessante notar que, no texto das *Ordenações Filipinas*, antes referido, restavam palpáveis não apenas a ideia da extração de um *julgado paradigma*, como também a de sua *aplicação obrigatória* para os casos pendentes e futuros nele subsumidos. Essa dupla eficácia dos assentos viria, na sequência, reafirmada pela famosa Lei da Boa Razão, de 18.08.1769, por modo que, no art. 4.º, *El Rey* decretava "(...) que os assentos já estabelecidos, que tenho determinado que sejam publicados e os que se estabelecerem daqui em diante sobre as interpretações das leis, constituam leis inalteráveis para sempre se observarem como tais, debaixo das penas estabelecidas".

Note-se que, no vigente direito brasileiro, o *descumprimento* de súmula vinculante (= recusa imotivada/inconsistente; aplicação indevida/equivocada), apurada na reclamação provida pelo STF, acarreta, para além da cassação da decisão judicial ou da anulação do ato administrativo, também a *determinação* para que *outra* decisão ou *outro* ato sejam prolatados, "com ou sem a aplicação da súmula, conforme o caso" (CF, art. 103-A, § 3.º; Lei 11.417/2006, § 2.º do art. 7.º); já o art. 992 do CPC dispõe: "Julgando procedente a reclamação, o tribunal cassará a decisão exorbitante de seu julgado ou determinará medida adequada à solução da controvérsia". A autoridade administrativa que em caso futuro e análogo recalcitre na conduta infringente à súmula vinculante fica sujeita à responsabilidade (também) *penal* (art. 64-B da Lei 9.784/99, acrescido pela Lei 11.417/2006), a qual, nos parece, tipificaria o crime de *prevaricação* (CP, art. 319) porque o de desobediência é praticável pelo *particular* contra a Administração Pública (CP, art. 330).

138. Sobre a *reclamação*: CF, arts. 102, I, *l (STF)*, e 105, I, *f (STJ)*.

Retomando o fio histórico, deve-se levar em conta que o Brasil Colônia estava integrado ao *Reino Unido de Portugal e Algarves*, de sorte que, mesmo proclamada nossa independência política (1822), aqui continuaram a projetar efeitos as Ordenações Filipinas e, juntamente com elas, os Assentos da Casa da Suplicação, conforme o autorizava um Decreto de 20.10.1823; e isso sem embargo de que a sobrevinda Constituição do Império (1824) não fizesse referência expressa às Ordenações, nem aos Assentos da Casa da Suplicação. Estes últimos viriam a ser recepcionados formalmente no direito pátrio pelo Decreto Legislativo 2.684, de 23.10.1875, o qual, sobre dar força de lei, no Brasil, àqueles Assentos da Casa da Suplicação (art. 1.º), autorizava o Supremo Tribunal de Justiça a levá-los na devida conta, "para inteligência das leis civis, comerciais e criminais, quando na execução delas ocorrerem dúvidas manifestadas por julgamentos divergentes havidos no mesmo Tribunal, Relações e Juízos de primeira instância nas causas que cabem na sua alçada". Tais assentos, assim incorporados ao direito pátrio, se tinham por "obrigatórios provisoriamente, até que derrogados pelo Poder Legislativo" (art. 2.º e §§ 1.º e 2.º).[139] Os parágrafos 2.º e 3.º daquele artigo tratavam, ainda, de temas complementares, a saber, a questão do *registro* dos assentos e sua *numeração* e, bem assim, a sua *irrevogabilidade*.

Na sequência, o Decreto 6.142, de 10.03.1876, viria regular "o modo por que devem ser tomados os assentos do Supremo Tribunal de Justiça", sendo de especial interesse a exigência de que, para tanto, era indispensável: "1.º Que os julgamentos tenham sido proferidos em processos que estejam findos, depois de esgotados os recursos ordinários facultados por lei. 2.º Que a divergência dos julgamentos tenha por objecto o direito em these ou a disposição da lei, e não a variedade da applicação proveniente da variedade dos factos". Outrossim, dispunha o art. 3.º: "Os assentos tomados não prejudicarão os casos julgados contra ou conforme a doutrina que estabelecerem". Desse contexto se pode inferir que: (*i*) o assento derivava de um procedimento instaurado para interpretação do *jus in thesi*, quando sua interpretação se revelasse controvertida; (*ii*) ao contrário do atual *incidente de resolução de demandas repetitivas*, que é instaurado na pendência de um processo em curso, com vistas à fixação de uma *tese jurídica* com finalidade paradigmática (CPC, art. 976 e incisos, c/c art. 985 e incisos), já o procedimento para a formulação do assento pressupunha que se tratasse de autos findos.

139. No processo brasileiro contemporâneo, a divergência *interna*, no âmbito do STF e do STJ, desafia o recurso de embargos de divergência (CPC, art. 1.042, incisos e parágrafos, tendo a Lei 13.256/2016 revogado os incisos II e IV e revogado o § 5º; art. 1.043 e §§).

No interregno entre a Independência (1822) e a República (1889), importantes textos legais, de espectro *nacional*, vieram ao lume: em 1832, uma reforma processual, em complemento ao Código de Processo Criminal do Império; em 1850, o Código Comercial e o Regulamento 737, este último destinado a disciplinar "o processo das causas comerciais"; em 1876, uma Resolução Imperial dava força de lei à Consolidação das Leis do Processo Civil, elaborada alguns anos antes pelo Conselheiro Antonio Joaquim Ribas (dita *Consolidação Ribas*), professor da Faculdade de Direito de São Paulo. De especial interesse, nessa Consolidação, o art. 156: "Ao Tribunal compete: (...) n. 3. Tomar assentos para a inteligência das leis civis, comerciais e criminais, quando na execução delas ocorrerem dúvidas manifestadas por julgamentos divergentes havidos no mesmo Tribunal, Relações e Juízes de primeira instância nas causas que cabem na sua alçada; procedendo-se na forma dos Decs. 2.684, de 23.10.1875, e 6.142, de 10.03.1876". Na sequência, o Decreto 763, de 1890, mandou aplicar também às causas cíveis aquele Regulamento 737, salvo no que concernia aos processos ali não abrangidos, os quais continuariam a reger-se pelas Ordenações.

Com a primeira Constituição Republicana, em 1891, adveio a dualidade das *Justiças* – Federal e Estadual (art. 34, n. 26), e também a dualidade de *processos* (art. 34, n. 23), já que cada Estado ficava autorizado a legislar sobre processo e organizar sua justiça. Paralelamente, findou-se a aplicação dos assentos portugueses em nosso país, o que bem se compreende, já que a Constituição Republicana previra outro *modus procedendi* para se alcançar o ideal da uniformidade jurisprudencial, dispondo no art. 59, § 2.º: "(...)nos casos em que houver de aplicar as leis dos Estados, a Justiça Federal consultará a jurisprudência dos tribunais locais e vice-versa, as justiças dos Estados consultarão a jurisprudência dos tribunais federais, quando houverem de interpretar as leis da União".

Esse critério viria reafirmado na Reforma Constitucional de 1926, a qual previa hipótese de cabimento do recurso extraordinário quando "dois ou mais tribunais estaduais interpretassem de modo diferente a mesma lei federal" (art. 60, § 1.º), fundamento esse mantido desde então nos sucessivos textos constitucionais: 1934, art. 76, 2, III, *d*; 1937, art. 101, III, *d*; 1946, art. 101, III, *d*; 1967, art. 114, III, *d*; EC 01/69, art. 119, III, *d*; 1988, art. 105, III, *c* (agora já sob a modalidade de recurso especial ao então criado STJ). Neste passo, observe-se que a EC 45/2004 promoveu alterações em algumas alíneas do inciso III do art. 102 da CF (recurso extraordinário ao STF) e 105 (recurso especial ao STJ), mas restou incólume a citada alínea *c* do art. 105, III.[140]

140. Ao propósito, v. o nosso *Recurso extraordinário e recurso especial*, 13 ed., São Paulo: Thomson Reuters _ Revista dos Tribunais, 2015, p. 300 e s.

Pouco antes da antes referida Reforma Constitucional de 1926, fora editado o Decreto 16.273, de 20.12.1923, inserindo o instituto do *prejulgado* na legislação processual do Distrito Federal, ideia que frutificaria em alguns Códigos Estaduais de Processo, como o de São Paulo (1930), art. 1.126: "Quando ao relator parecer que já existe divergência entre as Câmaras, proporá, depois da revisão do feito, que o julgamento da causa se efetue em sessão conjunta". Na sequência, a Lei Federal 319, de 25.11.1936, viria dar expansão nacional ao prejulgado, assim *pavimentando o caminho* para sua recepção no CPC de 1939, art. 861: "A requerimento de qualquer de seus juízes, a Câmara, ou turma julgadora, poderá promover o pronunciamento prévio das Câmaras reunidas sobre a interpretação de qualquer norma jurídica, se reconhecer que sobre ela ocorre, ou poderá ocorrer, divergência de interpretação entre Câmaras ou turmas".

No entretempo, o Decreto 23.055, de 09.08.1933, por um lado, potencializava a autoridade e a eficácia das decisões do STF, e, por outro, instituía um curioso incidente, de caráter híbrido, assim postado *entre* o reexame necessário e a avocatória: "Art. 1.º As justiças dos Estados, do Distrito Federal e do Território do Acre devem interpretar as leis da União de acordo com a jurisprudência do STF. § 1.º Sempre que os julgamentos das mesmas justiças se fundarem em disposição ou princípio constitucional, ou decidirem contrariamente a leis federais, ou a decretos ou atos do Governo da União, o presidente do Tribunal ou da Câmara respectiva, a quem couber, recorrerá *ex officio* para o STF, com efeito suspensivo, dentro do prazo de três dias contados da publicação do respectivo acórdão".

Poucos anos depois adviria o Código de Processo Civil de 1939, o qual, com a finalidade de uniformizar a jurisprudência, previu os recursos de *revista* (arts. 853 a 860) e o *extraordinário* (arts. 863 a 869, c/c art. 101, III, *d*, da CF de 1937). A *revista*, hoje suprimida do rol de recursos cíveis (cf. art. 994 do vigente CPC), todavia, remanesce no processo trabalhista (CLT, art. 896 e alíneas); já o *extraordinário*, embora hoje não seja manejável ao fundamento específico de divergência jurisprudencial (como o era ao tempo da EC 1/69, art. 119, III, *d*), de certo modo *sobrevive* sob a feição de recurso *especial*, ao STJ (CF, art. 105, III, *c*).

O vigente CPC, no objetivo de uniformização da jurisprudência e de tratamento isonômico aos jurisdicionados prevê mais de um instrumento ou técnica processual: os *embargos de divergência* no STF e no STJ (arts.1.043, incisos e parágrafos; 1.044 e §§); o *incidente de resolução de demandas repetitivas* (art. 985 e incisos), que, uma vez alçado ao STF ou ao STJ, propiciará que a tese jurídica ao final alcançada seja "aplicada no território nacional a todos os processos individuais ou coletivos que versem sobre idêntica questão de direito" (§ 2º do art. 987); o *incidente de assunção de competência*, cujo acórdão "vinculará todos os juízes e órgãos fracionários, exceto se houver revisão de tese" (§ 3º do art. 947); as *decisões-quadro* nos recursos extraordinário e especial repetitivos, afetados como representativos da controvérsia, as quais parametrizam a solução dos demais apelos sobrestados nos tribunais de origem (art. 1.040 e incisos); as *súmulas*, persuasivas e vinculantes e as *orientações* do plenário ou do órgão especial dos tribunais, consideradas padrões decisórios a serem observados pelos juízes e tribunais (arts. 332, I e IV; 927, II, IV, V).

Interessante, neste passo, o contraponto que se pode estabelecer entre o contexto histórico que ora se vai sumariando e o que hoje se passa no juízo de admissibilidade do recurso especial, manejado ao fundamento de *divergência jurisprudencial* (CF, art. 105, III, *c*), no qual se exige: 1) que o acórdão recorrido derive de *causa decidida* – vedação, pois, do julgamento *per saltum*, devendo a decisão recorrida ter sido proferida em "única ou última instância" (CF, art. 105, III); 2) que haja *demonstração analítica da divergência*, ônus a cargo da parte recorrente (CPC, § 1º do art. 1.029); 3) que o recurso se restrinja a matéria estritamente jurídica, vedada a pretensão quanto à revisão da matéria de fato, interpretação de cláusula ou simples reexame de prova – Súmulas 5 e 7 do STJ; 4) que se trate de divergência efetiva e atual, não servindo aquela já superada, seja porque a tese do julgado recorrido encontra respaldo em súmula ou outro padrão decisório impositivo (RISTJ, art. 34, XVIII, *c*, redação da ER 22/2016), seja porque a orientação do STJ se mostra consonante à do julgado recorrido – Súmula 83 do STJ.[141]

Retomando o panorama histórico, vale observar que a averbação dos assentos no Livro da Relação, à época das Ordenações Filipinas, configurava e formalizava a força obrigatória desses arestos, operando, na verdade, com dupla finalidade: de um lado, uma *função documental*, para a perpétua memória do que fora acordado como sendo a melhor inteligência a ser dada a certo dispositivo das Ordenações; e, de outro lado, uma *função operacional*, facilitando aos profissionais do foro a pesquisa e a utilização desses assentos para solução dos casos subsumidos em seu enunciado. (Uma reminiscência dessa função pode ser localizada nos Regimentos Internos do STF e do STJ, ao dizerem que a citação da súmula dispensa a indicação de acórdãos no mesmo sentido: respectivamente, arts. 102, § 4.º e 124).

141. No ponto, cf. o nosso *Recurso extraordinário e recurso especial* 13. ed., 2015, cit., especialmente capítulo VI.

Acerca da evolução histórica da jurisprudência sumulada, esclarece Alfredo Buzaid: "Os julgados, tendo por objeto dirimir dúvidas acerca da inteligência das ordenações, passaram a ser conhecidos como *assentos*, os quais, já ao longo do século XVI, eram escritos no chamado Livro Verde, assinados e numerados pelo Regedor da Casa da Suplicação. Posteriormente, o referido Livro passou a denominar-se Livro de Assentos. Cândido Mendes de Almeida publicou-os em ordem cronológica desde o assento n. 1, de 27.02.1523, até o de n. 436, de 30.08.1832".[142]

É digno de nota que aquelas finalidades antes enunciadas – *documental e operacional* – perseguidas com o registro dos *assentos* no *Livro da Relação* ou no *Livro Verde*, ainda hoje são buscadas em nosso *direito sumular*, como se colhe dos Regimentos Internos de nossos Tribunais Superiores: RISTF, art. 102 e parágrafos; RISTJ, arts. 122 e 124.

Com o advento da República extinguiu-se a competência do STF para baixar os assentos com força obrigatória, com isso se encerrando um longo ciclo histórico, que veio assim verberado por Pontes de Miranda: "Arrebentou-se este funcionamento autoritário da elaboração da lei, com que, certamente, ganhou a evolução social".[143] Mais tarde, a uniformidade antes buscada através dos Assentos viria a ser implementada, no processo comum, de um lado pelo recurso de *revista* (correção de divergência entre órgãos fracionários de um mesmo Tribunal) e, de outro, pelo *prejulgado* (prevenção/correção do dissídio prenunciado ou já ocorrente no julgamento em curso no órgão fracionário). Ambos os institutos vinham previstos na Lei de Organização Judiciária do antigo Distrito Federal (Dec. 16.273, de 20.12.1923, arts. 103 e 108), e foram recepcionados pelo Código de Processo Civil e Comercial do Estado de São Paulo (Lei 2.421, de 14.01.1930, art. 1.126), prestigiados pela Lei Federal 319, de 25.11.1936 (art. 2.º) e assim aportaram no Código de Processo Civil de 1939: arts. 853 (a *revista*) e 861 (o *prejulgado*).

A revista e o prejulgado eram institutos voltados à finalidade comum da uniformização da jurisprudência, o que, aliás, justificava sua proximidade topológica no CPC de 1939. Distinguiam-se, porém, nisso que a *revista* era propriamente um *recurso* e estava vocacionada à purgação dos dissídios *já verificados* no confronto entre os julgamentos dos órgãos fracionários, numa dada matéria, ao passo que o prejulgado reportava-se a um *incidente* do julgamento em curso no Tribunal, e destinava-se à *prevenção* de uma divergência *sinalizada* (ou mesmo já constatada), conforme acenado pelo número de votos tomados.

142. Da uniformização da jurisprudência cit., vol. LVIII, p. 135-136.

143. *Fontes e evolução do direito civil brasileiro*, Rio de Janeiro, Pimenta de Melo, 1928, p. 94.

A propósito, Moacyr Amaral Santos assim contrapunha esses institutos: "Tem o prejulgado acentuada analogia com a revista. Como esta, tem por finalidade um pronunciamento das Câmaras Civis reunidas sobre a *interpretação do direito em tese*, em face da divergência jurisprudencial quanto à inteligência de uma norma jurídica. Ambos têm por finalidade precípua a uniformização da jurisprudência. Ambos os institutos conferem às Câmaras Civis reunidas dar a interpretação da norma a se observar na espécie. Mas a revista é um recurso contra uma decisão, interposto pelo prejudicado. A decisão na revista é posterior à verificação da divergência jurisprudencial. Diversamente, pelo prejulgado não se impugna uma decisão, que ainda não foi proferida, *mas está sendo proferida*. Promovem-no os próprios juízes da Câmara ou Turma julgadora *no curso do julgamento* de um feito. A decisão no prejulgado é *prévia* à decisão a ser proferida pelos juízes que o promoveram".[144]

Neste passo, interessante paralelo pode-se traçar entre a técnica dos assentos obrigatórios, vigorantes no Brasil Império, e a inovação advinda com a EC 7/77, promulgada sob a vigência do AI 5/68, pela qual se alterara a alínea *l* do art. 119, I, da EC 06/69, dando ao STF competência para processar e julgar representação do Procurador Geral da República voltada à fixação da "interpretação de lei ou ato normativo federal ou estadual", valendo lembrar que o Regimento Interno do STF à época (Emenda 7, art. 9.º) dizia que tal interpretação tinha "força vinculante, implicando sua não observância negativa de vigência do texto interpretado" – (*aliter*, hoje, cf. art. 187 do RISTF).

A propósito, escrevia, então, Alfredo Buzaid: "À primeira vista pode parecer estranho que o STF exerça a função de *interpretar*. Mas, bem analisada a norma constitucional, facilmente se pode ver que ela está conforme à função do Poder Judiciário". Na sequência, reportando-se à doutrina de Aubry, Rau e Bartin, o autor concluía seu pensamento: "O STF não é órgão de consulta. Mas a ação judicial, de que parte legítima é o Procurador Geral da República, tem por objeto a interpretação de lei ou de ato normativo (federal ou estadual), mas o seu pressuposto é a divergência de entendimento dado pelos órgãos competentes. Ao dirimir a controvérsia, dá o STF interpretação autêntica".[145] Neste passo, de interesse observar que não estão muito distantes as finalidades buscadas nesse antigo remédio e aquela perseguida na vigente *arguição por descumprimento de preceito fundamental* (CF, § 1.º do art. 102),

144. *Primeiras linhas de direito processual civil*, 4. ed., São Paulo, Max Limonad, 1969, vol. 3, p. 187-188.

145. Da uniformização da jurisprudência cit., vol. LVIII, p. 139.

a teor do art. 1.º da Lei 9.882/99, onde se prevê que tal arguição pode ser manejada para "evitar ou reparar lesão a preceito fundamental, resultante de ato do Poder Público", ensejando ao STF o exercício de um *ius respondendi*,[146] como também o pode fazer o TSE, atendidas as condições indicadas no inciso XII do art. 23 da Lei 4.737/1965 - Código Eleitoral.

Como se sabe, a vigente Constituição não reteve, no rol da competência originária do STF (art. 102, I), aquela antiga modalidade de *consulta prévia* acerca da interpretação de um dado texto, mas vale lembrar que a EC 3/93 trouxe a ação declaratória de *constitucionalidade* de lei ou ato normativo federal (§ 2.º do art. 102, redação da EC 45/2004), operando assim como um verdadeiro *assento* em matéria constitucional. Assim é, porque as decisões de mérito do STF na ADIn e ADCon "produzirão eficácia contra todos e efeito vinculante, relativamente aos demais órgãos do Poder Judiciário e à administração pública direta e indireta, nas esferas federal, estadual e municipal". Aliás, essa *eficácia expansiva* e esse *caráter impositivo* são imanentes ao controle direto de constitucionalidade, dada a *natureza unitária* da matéria: uma lei ou ato normativo ou são constitucionais ou não; em qualquer das duas hipóteses a resposta judiciária será sempre igual *para todos*, tornando imperiosa a expansão *erga omnes* do julgado.

Justamente por causa dessa unitariedade, típica e inarredável da decisão judicial no controle da constitucionalidade das leis e atos do Poder Público, já antes afirmara o Min. Carlos Velloso, do STF: "Sempre sustentei que, não obstante inexistir norma expressa, também as decisões proferidas nas ações diretas de inconstitucionalidade são vinculantes".[147] Hoje, *legem habemus*, dispondo o parágrafo único do art. 28 da Lei 9.868/99: "A declaração de constitucionalidade *ou* de inconstitucionalidade, inclusive a interpretação conforme a Constituição e a declaração parcial de inconstitucionalidade sem redução de texto, têm eficácia contra todos e efeito vinculante em relação aos órgãos do Poder Judiciário e à Administração Pública federal, estadual e municipal".

Exemplo significativo do antes afirmado deu-se com uma repercutida decisão do STF em recurso extraordinário interposto pelo Estado de São Paulo, em mandado de segurança impetrado por servidor público, em

146. Cf. Georghio Alessandro Tomelin, Arguição de descumprimento de preceito fundamental: instrumento para uma remodelada "interpretação autêntica" dos direitos fundamentais. *In* Eros Roberto Grau e Sérgio Sérvulo da Cruz (coords.), *Estudos de Direito Constitucional em homenagem a José Afonso da Silva*, São Paulo, Malheiros, 2003, especialmente p. 676.

147. O Judiciário e o efeito vinculante, artigo publicado no jornal *Folha de S. Paulo*, de 04.08.1997

questão de cumulação de cargos (RE 163.204-6, rel. Min. Carlos Velloso). Dando pela inviabilidade da cumulação de provento com vencimento, o STF decidira para o caso concreto (jurisdição singular); todavia, por força da natural expansão extra-autos de um julgado de mérito prolatado pela Corte Constitucional em sede de recurso extraordinário (a que se agrega a tese da *objetivação* deste último), o entendimento fixado acabou se irradiando a situações afins, inclusive ensejando a inserção, em editais de concurso público, e em Resoluções de Tribunais, de cláusula vedando a inscrição de pessoas já aposentadas no serviço público, ou determinando prazo para a devida opção, por parte dos servidores em situação de tal acúmulo ilícito.[148]

Tal *eficácia expansiva* daquele julgado do STF no citado RE 163.204-6 viria a confirmar-se por sua expressa invocação nos *consideranda* do Decreto Federal 2.027, de 11.10.1996, pelo qual o ato de posse de servidor já aposentado depende de que ele faça "opção pela remuneração do cargo ou emprego" (art. 1.º). (Eis aí, pois, a jurisprudência de um Tribunal Superior operando como insumo para a nomogênese).

Ainda a propósito da decisão do STF naquele recurso extraordinário (verdadeiro *leading case* na matéria), assim se pronunciara o saudoso Domingos Franciulli Neto, à época desembargador do TJSP, depois alçado a Ministro no STJ: "É certo asseverar que esse desate não vincula este E. Tribunal [referindo-se ao TJSP]. Menos certo não é, contudo, que ele se impõe pela robustez de seus próprios fundamentos. Além disso, não impressionam os discursos de não ser o Excelso STF uma típica Corte Constitucional e o de tampouco conter o respeitabilíssimo pronunciamento, que plasmou o ato acometido, eficácia *erga omnes*. Resposta à primeira objeção: na solução dos litígios, mediante recurso extraordinário, ou originariamente em ação direta de inconstitucionalidade, toca ao Excelso STF falar como se a própria Constituição falasse, parafraseando o saudoso Des. Manuel Carlos; resposta à segunda objeção: de nada adianta uma lei ou um outro ato formal em sentido contrário".[149]

A gradativa conversão do recurso extraordinário em processo de natureza *objetiva* – e a consequente eficácia panprocessual do controle incidental de constitucionalidade que nele se faça – ganharam forte alento: (*i*) com o advento da súmula vinculante do STF (CF, art. 103-A: EC 45/2004), já tendo a doutrina prospectado um enfraquecimento, no sentido de diminuição da utilidade, da intervenção *a posteriori* do Senado, ao cabo do controle inci-

148. V. Domingos Franciulli Neto, Acumulação de proventos e vencimentos, *RT*, n. 734, p. 153.

149. Idem, p. 157.

dental procedido pelo STF (CF, art. 52, X), observando Fábio Martins de Andrade que "a edição de súmula vinculante poderá ser considerada como uma espécie de 'substituta' da resolução do Senado Federal, que atribui efeito vinculante e eficácia *erga omnes* à decisão definitiva do Supremo Tribunal Federal, quando suspende total ou parcialmente a execução de lei declarada inconstitucional, consoante dispõe o art. 52, inciso X, da Constituição da República. É que a súmula com efeito vinculante somente terá sentido lógico se for editada antes de eventual resolução do Senado Federal. Depois da resolução teria efeito apenas pedagógico, ou seja, para corroborar ainda mais uma vez que a orientação do Supremo Tribunal Federal é firme naquele sentido";[150] (*ii*) com a exigência da *repercussão geral da questão constitucional* para a admissão do recurso extraordinário (CF, art. 102, § 3.º – EC 45/2004), certo que, em caso de avaliação negativa a respeito, pelo STF, "o presidente ou o vice-presidente do tribunal de origem *negará seguimento* aos recursos extraordinários sobrestados na origem que versem sobre matéria idêntica" (CPC, § 8º do art. 1.035), o mesmo se passando no rito dos recursos extraordinários repetitivos (CPC, parágrafo único do art. 1.039).

Retomando o fio histórico, vale observar que a promulgação do CPC de 1939 veio *unificar* o processo civil em todo o território nacional, encerrando, assim, o *período de transição* que se instalou entre as Ordenações portuguesas, o Regulamento 737 e a Consolidação Ribas, de um lado e, de outro lado, os Códigos Estaduais de Processo. Sobre o CPC de 1939 cabe dizer que se tratou de texto bem elaborado para a época, pese a crítica de que ensejava excessivas possibilidades de resistência e de recursos, circunstâncias que, aliadas às carências da organização judiciária nacional, acabaram gerando um considerável acúmulo de processos e consequente retardamento na distribuição da justiça, situação que se agravaria enormemente nos anos subsequentes.

Escrevendo sobre a situação judiciária brasileira, nos idos da precedente Constituição Federal (1967), assim se pronunciava Moacyr Amaral Santos: "Pode-se dizer que o país atravessa uma grande crise, de processo e de justiça. Os processos se retardam cada vez mais e se vão amontoando, sem solução, no juízo de primeira instância, como nos tribunais, mui particularmente no STF. Essas razões, acrescidas do fato do Código se achar em muitos pontos alterado por leis extravagantes, posteriores à sua promulgação, e que lhe que-

150. Comentários sobre a regulamentação da súmula com efeito vinculante (EC 45/2004 e Lei 11.417, de 19.12.2006), *Revista de Informação Legislativa* (Senado Federal), n. 174, abr.-jun. 2007, p. 61-62.

braram a unidade e o sistema, levaram o governo da República, no propósito de renovar toda a legislação de direito material e processual, a encarregar o eminente processualista Prof. Alfredo Buzaid de elaborar um anteprojeto de Código de Processo Civil. Em poucos meses desincumbiu-se o douto jurista da missão, apresentando, em 08.01.1964, cuidadoso e original trabalho, que espelha a mais moderna orientação técnica e científica do Direito Processual Civil, a ser submetido à consideração e aprovação do Congresso Nacional".[151]

No anteprojeto oferecido por Alfredo Buzaid, revivia-se a tradição lusitana dos *assentos obrigatórios*, prevendo-se que a decisão tomada por maioria absoluta, no STF (questão federal) ou nos Tribunais de Justiça (direito local), seria obrigatória nos respectivos âmbitos, enquanto não viesse alterada por igual critério; editado o *Assento*, este teria força de lei após 45 dias de sua publicação no órgão oficial (arts. 518, 519 e 520, parágrafo único). Conforme esclarece José Carlos Barbosa Moreira, tal proposta "foi criticada em sede doutrinária, antes de mais nada, por inconstitucional. A comissão revisora sugeriu a supressão de todo o capítulo, entendendo que, a manter-se a eficácia vinculativa dos assentos, o futuro Código se poria em contraste com a Constituição da República (viria a ser preciso emendá-la para consagrar a chamada 'súmula vinculante'); e, a eliminar-se tal eficácia, quase nenhum alcance prático teriam – como de fato vem acontecendo – as disposições relativas à uniformização da jurisprudência. O Projeto abandonou a solução dos assentos com força de lei; não suprimiu o Capítulo, mas deu-lhe nova feição, inspirada na *Súmula da Jurisprudência Predominante* do STF e conservada, com alterações de pormenor, pelo Congresso Nacional".[152]

Essa alternativa técnica ao final adotada, nominada *incidente de uniformização de jurisprudência*, acabou, porém, revelando-se uma solução a *meio caminho*, mal ajambrada entre a *força persuasiva* (que a *jurisprudência*, de algum modo, sempre projeta) e a *força vinculativa*, que a súmula derivada daquele *incidente* não chega, propriamente, a alcançar. De fato, pelos arts. 476 a 479 do CPC/73, o julgamento de recurso ou ação de competência originária, perante órgão fracionário de Tribunal, ficava sobrestado, mercê da instauração de um *incidente*, do qual se extraía uma *tese*, que era submetida à apreciação do plenário (ou órgão especial). Em ocorrendo de aquela tese vir a ser votada por maioria absoluta, ficava autorizada sua conversão em súmula; se porventura viesse acolhida apenas por maioria simples, sua apli-

---

151. *Primeiras linhas de direito processual civil* cit., vol. 1, p. 82-83. (Das páginas precedentes extraímos, *passim*, os dados históricos resenhados no texto.)

152. *Comentários ao Código de Processo Civil*, 16. ed., Rio de Janeiro: Forense, vol. V, 2012, p. 7.

cação se restringiria ao caso concreto, cujo julgamento seria então retomado no órgão fracionário, onde fora suscitado o incidente.[153]

Importa salientar que naquela *melhor hipótese* - julgamento da tese, por maioria absoluta, no Plenário ou órgão especial - ainda assim a súmula daí resultante não se revestia de força vinculativa, mas apenas *persuasiva*, já que, na dicção legal, a tese assim firmada passava a operar como "*precedente* na uniformização da jurisprudência" (CPC/73, art. 479, *caput*). Por conta de uma ou outra dessas limitações tal incidente teve rara aplicação e parca a eficiência prática, o que possivelmente abriu espaço para a elaboração e positivação de outro incidente, a saber o de *assunção de competência (CPC/73, § 1º do art. 555, inserido pela Lei 11.352/2001)*, que, com alguma alteração, segue operante na atualidade, regulado no art. 947 e §§ do vigente CPC. Em verdade, como afirmam Nery & Nery, é o *interesse público* subjacente ao julgamento de "relevante questão de direito, com grande repercussão social" (CPC, art. 947, *caput*) que explica e justifica a deslocação de competência, do órgão fracionário para a seção, órgão especial ou plenário.[154]

Já o *direito sumular* segue exibindo notável prestígio e eficácia, inclusive panprocessual, valendo destacar que, além de ensejar a *improcedência liminar de pedido* que se mostre contrário a súmula (CPC, art. 932, I e IV), igualmente serve de fundamento para concessão, inclusive liminar, da *tutela da evidência* (CPC, art. 311, II e parágrafo único). Ao propósito, esclarecem Nery & Nery: "Em comparação com a tutela de urgência, a tutela da evidência igualmente exige a plausibilidade do direito invocado, mas prescinde da demonstração do risco de dano. Vale dizer, o direito da parte requerente é tão óbvio que deve ser prontamente reconhecido pelo juiz".[155]

Na experiência estrangeira, igualmente se tem buscado, por mais de um expediente, prevenir a excessiva dispersão jurisprudencial, valendo ter presente o que esclarecem Pires de Lima e Antunes Varela, escrevendo para o direito português: "(...) reveste o maior interesse para a *uniformização da jurisprudência* o poder que o n. 3 do art. 728 do CPC (editado pelo Dec.-lei 47.690, de 11.05.1967), confere ao presidente do STJ, no sentido de determinar que o julgamento do recurso de revista se faça com intervenção de todos os juízes de secção ou em reunião conjunta de secções". Esclarecem ainda os autores que no sistema atual, "os assentos só caducam quando forem

153. De modo geral, sobre o tema, o nosso *Incidente de Uniformização de Jurisprudência*, São Paulo: Saraiva, 1989, p. 67 e s.

154. *Comentários ao Código de Processo Civil...*, 2015, cit., notas 2 e 5 ao art. 947, p. 1.876.

155. Comentários ao Código de Processo Civil..., 2015, cit., nota nº 2 ao art. 311, p. 371.

revogados por um preceito legislativo posterior, visto ter sido abolida, já em 1961, a possibilidade de o STJ alterar os seus assentos".[156]

Como se sabe, na experiência portuguesa foi questionada a *constitucionalidade* desses assentos obrigatórios. Uma boa resenha a respeito é apresentada por Monica Jacqueline Sifuentes, lembrando que "foi somente em 1994 que o Tribunal Constitucional declarou formalmente a inconstitucionalidade do art. 2.º do Código Civil, ainda assim, somente na parte em que conferia aos assentos 'força obrigatória geral'. Isso significava a manutenção da doutrina esposada pelos assentos, mas com a sua força vinculativa restringida ao âmbito dos tribunais judiciais." Depois, prossegue, o "Dec.-lei 329-A de 12.12.1995 revogou totalmente não só o art. 2.º do Código Civil, como todos os artigos do CPC que disciplinavam a matéria (arts. 763 a 770)", por modo que os antigos assentos ficaram "substituídos, na Reforma, pelos acórdãos para uniformização de jurisprudência, proferidos nos casos em que o presidente do STJ determine que o julgamento do recurso se faça com intervenção do plenário das seções cíveis, quando tal se revele necessário ou conveniente para assegurar a uniformidade da jurisprudência' (art. 732-A, do CPC)". A questão ainda não está cabalmente resolvida, como relata a autora: "O que se discute atualmente em Portugal é se esses acórdãos de uniformização do Supremo Tribunal de Justiça têm ou não força vinculativa para os demais tribunais. Há os que defendem o seu caráter vinculativo para as instâncias e para o próprio STJ, enquanto este não alterar a sua jurisprudência. Uma outra corrente, claramente majoritária, é no sentido de que essa jurisprudência não seria vinculativa, mas apenas serviria de orientação para os outros tribunais".[157]

Ainda acerca da experiência portuguesa, observa Nelson de Souza Sampaio que a Constituição de 1976 "manda publicar no jornal oficial, Diário da República (que deve ser o nome atual do diário do Governo), 'as decisões dos tribunais a que a Constituição ou a lei confiram força obrigatória geral' (art. 122, n. 2, *g*)".[158] Nesse sentido, alerta Lenio Luiz Streck: "À evidência, *não se devem confundir os assentos expedidos pelo Supremo Tribunal de Justiça, cujo caráter vinculativo foi considerado inconstitucional (acórdão 810/93), com os acórdãos proferidos pelo Tribunal Constitucional de Portugal, estes sim com força obrigatória e geral*".[159]

---

156. *Apud* Alfredo Buzaid, Da uniformização da jurisprudência cit., vol. LVIII, p. 143.

157. A extinção da súmula vinculante no direito português. <file://U_transporte\Informativo Juridico.htm>, consultado em 24.11.2009.

158. O Supremo Tribunal Federal e a nova fisionomia do Poder Judiciário cit., p. 13.

159. *Súmulas no direito brasileiro* cit., 2003, p. 97, nota de rodapé n. 98, itálicos no original.

A questão segue controvertida, anotando J. J. Gomes Canotilho: "Os assentos autenticamente interpretativos das normas legais são hoje inconstitucionais porque são verdadeira *legislatio*, violando o princípio da tipicidade das leis (art. 115/5)".[160] De seu turno, sustenta José de Oliveira Ascenção: "Retira-se a qualificação exercida pelos tribunais superiores, quando emitem acórdãos com força obrigatória geral, como jurisprudencial. Eles realizam a declaração abstrata do direito que é." Mais adiante, prossegue: "Daqui resulta que a atribuição de força obrigatória geral a uma decisão jurisprudencial não lhe retira o caráter jurisprudencial. Em todos os casos, exprime o conjunto das fontes existentes, quando declara qual o direito, com força obrigatória geral".[161]

Os argumentos que sustentam a inconstitucionalidade da adoção de súmulas vinculativas em países não filiados à *common law* (como o Brasil) geralmente invocam a premissa de que, nos regimes jurídicos onde impera o primado da norma legal, o padrão de conduta – *obrigatório, geral, abstrato* e *impessoal* – é dado pela norma legal, ficando a resposta judiciária limitada à dicção do Direito para o caso concreto. Todavia, impende ter presente que a edição de súmula vinculante, pelo STF, só pode ser realizada nos casos e condições previstos no texto de regência (CF, art. 103-A e §§: EC 45/2004); logo, a emissão de súmula assim qualificada é ato praticado *secundum* ou, ao menos, *praeter legem*, e não *contra* ou em dissonância com a norma correspondente; afinal, tirante os casos subsumidos nas *cláusulas pétreas* (CF, § 4º do art. 60), ao constituinte revisor são reconhecidos os mesmos poderes que assistem ao constituinte originário.

Essa linha exegética já fora agitada na experiência portuguesa, para rebater as críticas contra a afirmada incompatibilidade entre a livre convicção do julgador e os assentos obrigatórios, na medida em que nestes já vinha adrede fixada a interpretação, por assim dizer, *oficial* do texto aplicável ao caso concreto. Assim, José Alberto dos Reis, escrevendo em face do pré-citado art. 768 do CPC português, afirmava: "(...) a interpretação formulada em assento vale como interpretação autêntica. Mas daqui não é lícito concluir que o assento é uma verdadeira lei interpretativa. Não o é pelo órgão de que emana; não o é pelo processo de sua formação; não o é pelo intuito com que surge". Mais adiante, prosseguia: "(...) o Tribunal Pleno formula o assento no mesmo espírito e com o mesmo desígnio com que decide qualquer litígio submetido à sua apreciação. O assento é, pois, um ato puramente

---

160. *Direito constitucional*, Coimbra, Almedina, 1991, p. 1012-1013.

161. *O direito* – Introdução e teoria geral, Coimbra, Almedina, 1991, p. 307.

jurisdicional; tem a mesma natureza e a mesma índole que qualquer outra manifestação da atividade judiciária".[162]

Dentre nós, Alfredo Buzaid recolheu o ensinamento e o formulou em termos incisivos: "O assento não é lei, é interpretação autêntica dada pelo STJ em face de exegeses antagônicas da mesma disposição legal. O STJ não legisla; limita-se a estabelecer a inteligência da lei, pondo cobro ao dissídio da jurisprudência. Logo, não elabora lei; mantém a lei existente; não inova; consolida a interpretação mais legítima; não altera a ordem jurídica; submete-se a ela".[163]

Bem sopesados os *prós e contras*, não nos parece configurada a incompatibilidade lógica ou prática entre os paradigmas jurisprudenciais vinculativos, e a garantia da livre convicção ou persuasão racional do julgador: *primeiro*, muita vez a solução do caso concreto não se faz apenas com aplicação da lei, senão que também através das demais fontes secundárias e subsidiárias (costume, princípios gerais, equidade, analogia, regras de experiência); *segundo*, não raro inexiste a norma específica para o caso concreto ou então é o próprio ordenamento que autoriza o julgador a cunhar a solução *in concreto* (CPC, art. 140 e parágrafo único; parágrafo único do art. 723); *terceiro*, se um julgado chega a se revestir de força *erga omnes*, ou de eficácia expansiva, é porque assim o autoriza um determinado texto de regência (*v.g.*, CF, art. 102, § 2.º; Lei 7.347/85, art. 16; Lei 8.078/90, art. 103 e incisos; CPC, § 3º do art. 947). Numa palavra, quando a *jurisprudência, dominante, assentada ou sumulada* se faz impositiva, é porque, *antes*, uma norma - Constituição Federal, Lei, Regimento de Tribunal - assim o autoriza, não havendo, de outra parte, qualquer laivo de "discricionariedade judicial" na sua edição, revisão ou cancelamento. Em senso consonante ao ora afirmado, prevê o art. 5.º da Lei 11.417/2006: "Revogada ou modificada a *lei em que se fundou* a edição de enunciado de súmula vinculante, o Supremo Tribunal Federal, de ofício ou por provocação, procederá à sua revisão ou cancelamento, conforme o caso", assim evidenciando, pois, a proeminência da norma legal em face da sua interpretação judicial.

Em fim de contas, quando se aplica o direito sumular o que se está a aplicar é a *própria norma subjacente*, após interpretada em modo reiterado e reduzida a um enunciado numerado. Quanto à potencialização dos efeitos da súmula, por modo a parametrizar o julgamento dos casos subsumidos em seu enunciado, é de se pressupor um texto legal prevendo tal possibilidade.

---

162. *Código de Processo Civil anotado*, Coimbra, Coimbra, 1953, vol. VI, p. 315.

163. Da uniformização da jurisprudência cit., vol. LVIII, p. 145.

Por outro lado, a aplicação da súmula obrigatória não dispensa o labor interpretativo, senão que até o pressupõe, seja para captar a exata compreensão e extensão do enunciado, seja para dele extrair o princípio que lhe constitui o cerne (a *ratio decidendi*, do Direito anglo-americano), seja, enfim, para *verificar se o caso concreto se enquadra na fórmula sumulada*. Nesse sentido, a clara dicção dos incisos V e VI do art. 489, § 1º do CPC.

Aliás, mesmo no regime *common law*, não se poupa nem se priva o juiz da tarefa de discernir quanto ao enquadramento ou não do caso concreto no *precedente judiciário*: nada pode restringir ou suprimir, diz Carleton Kemp Allen, "the right of a Judge to distinguish for himself between what was and what was not essential to a decision". Nesse sentido, esclarece Dínio de Santis Garcia, invocando aquele autor, "mesmo onde impera o princípio do *stare decisis*, desaparece a obrigação de obedecer ao precedente, quando este incorre em erro manifesto, posto que o juiz *owes a higher obligation to his mistress, the Law*".[164]

Numa palavra, se diria que dentre nós a obrigatoriedade da súmula configura um *posterius*, e não um *prius*, dado que sua aplicação a um caso concreto se dá na *etapa final* de todo um *iter* intelectivo percorrido pelo julgador, quando este conclui, assim a aferição do vero significado da súmula (extensão-compreensão) como o exame de sua adequação à espécie *sub judice*. Tome-se a Súmula 492 do STF: "A empresa locadora de veículos responde, civil e solidariamente, com o locatário, pelos danos por este causados a terceiros, no uso do carro locado". Tratando-se de veículo cedido em *leasing* (arrendamento mercantil – Lei 6.099/74) aplica-se, igualmente, aquele enunciado? Por aí se vê que a existência de súmula não dispensa o labor interpretativo, que é imanente à atividade do operador do Direito. Por isso, parece não resistir à análise o argumento de que o direito sumular provoca a estagnação da ciência jurídica ou prejudica a persuasão racional do julgador. Pode, isto sim – e muito – facilitar e abreviar a resolução das lides, de modo isonômico e aliviando a sobrecarga do serviço judiciário.

Nesse sentido pronuncia-se a Ministra Ellen Gracie Northfleet, do STF: "São ademais infundados os temores de que a adoção do efeito vinculante pudesse coactar de alguma forma a independência dos juízes, essa garantia constitucional que não se erige em privilégio para uma categoria, mas em garantia para o cidadão. Em países de extensa tradição democrática o sistema

---

164. *Law in the making*, Oxford, 1946, p. 228-252. *Apud* Dínio de Santis Garcia, Efeito vinculante dos julgados da Corte Suprema dos Tribunais Superiores cit., p. 41.

é utilizado sem qualquer arranhão ao devido processo legal e à garantia de um julgamento isento".[165]

De todo o evolver histórico antes sumariado, colhe-se uma *tendência indisfarçável* à uniformização jurisprudencial, iniciada na Península Ibérica, desde as vetustas *fazañas e albedrios*, prosseguindo com os lusitanos *assentos obrigatórios*, aqui aportados no Brasil Império, ainda sob a égide das Ordenações Filipinas, aqueles e estas integrados ao ordenamento pátrio, mercê da Consolidação Ribas.

Toda essa gradual valorização da jurisprudência e de sua eficácia panprocessual teve o seu ápice com a EC 45/2004, instituindo (*rectius*: ampliando) o efeito vinculativo das súmulas do STF, matéria regulamentada pela Lei 11.417/2006, sendo razoável esperar-se que seja igualmente exitoso o manejo do *incidente de resolução de demandas repetitivas*, idôneo à extração da tese jurídica capaz de parametrizar a solução dos casos massivos e seriais aí subsumidos. [166]

Não há como negar que tantas expressões legislativas voltadas a emprestar eficácia expansiva/vinculativa à jurisprudência dominante ou sumulada *só podem ser* uma resultante da aspiração presente na sociedade em geral e na comunidade jurídica em particular, no sentido de que o direito pretoriano efetivamente opere como instrumento idôneo para o tratamento judicial isonômico, e para que se tenha uma resposta judiciária mais ágil, sob uma *razoável previsibilidade*. A evolução histórica é bastante eloquente ao sinalizar que para a consecução desses objetivos muito podem contribuir as súmulas da jurisprudência predominante, especialmente nas questões exclusiva ou predominantemente jurídicas, assim prevenindo os males acarretados pelas demandas múltiplas ou repetitivas, que tanto sobrecarregam os Tribunais e ocupam o precioso tempo que poderia ser empregado no exame dos casos singulares ou mais complexos.

2.4.2 As Cortes de Cassação

Mesmo dentre os países da família romano-germânica, de vocação codicística, não se registra uniformidade no regime de controle (prevenção/correção) dos dissídios jurisprudenciais, através de órgãos colegiados de segundo grau. Esses ora aparecem como: (*i*) Cortes de *Cassação*, encarre-

---

165. Ainda sobre o efeito vinculante cit., p. 12.

166. V., ao propósito, nossas considerações in Incidente de resolução de demandas repetitivas, 2016, especialmente p. 89 e s.

gadas, portanto, do só *contraste objetivo* entre a tese albergada no julgado recorrido acerca da exegese de um texto legal, e aquela predominante no âmbito do Tribunal, sem formulação, portanto, de juízo de valor acerca do mérito, ou seja, do acerto ou desacerto da decisão recorrida; (*ii*) Cortes de *Revisão*, por aí se entendendo os chamados Tribunais *de grande instância*, ou Cortes de Apelação, que, ao conhecer de impugnações fundadas em divergência jurisprudencial, reexaminam o próprio fulcro da controvérsia, assim *rejulgando* a causa, em segundo grau.

Ambos os sistemas preveem instrumentos e remédios voltados à ideia nuclear de um controle da divergência jurisprudencial, seja no plano *preventivo* (dissídio virtual) ou *corretivo* (dissídio ocorrente). Efetivamente, dizia Alfredo Buzaid, "a experiência de vários países denota a preocupação de assegurar certeza na aplicação do direito, sem ofender o ideal de justiça".[167]

Vários países albergam aquelas duas modalidades de *Corte Superior* (ex., Itália, Alemanha, França), como também os há que, sem contarem, propriamente, com uma Corte de Cassação, preveem recursos cuja fundamentação e natureza faz com que o tribunal *ad quem* opere (também) com tal finalidade. No Brasil, conquanto nossos *Tribunais da Federação* – STF e STJ – se preordenem, em princípio, para atuarem como Cortes de *revisão* (competência recursal: CF, arts. 102, II e III; 105, II e III), podem, eventualmente, *cassar* a decisão recorrida – em casos de graves e insanáveis *errores in procedendo, fazendo retornar os autos ao Juízo ou tribunal recorrido, em atendimento ao duplo grau de jurisdição. Sem embargo, em certos casos, é dado ao tribunal ad quem avançar sobre o mérito da causa, se entender que se trata de causa madura* (*v.g.*, por falta de fundamentação do julgado recorrido – CPC, art. 489, § e incisos, c/c art. 1.013, § 3º, IV; por descumprimento de súmula vinculante – CPC, 988, III, redação do inciso cf. Lei 13.256/2016, c/c art. 992).

Com o advento da EC 45/2004, o exemplo emblemático da atuação do STF como órgão de cassação reside na hipótese de o acórdão recorrido ter *descumprido* (=inaplicação inconsistente/imotivada; aplicação indevida/ equivocada) enunciado de súmula vinculante, caso em que o STF, em decorrência do acolhimento de Reclamação, "*cassará* a decisão judicial reclamada, e determinará que outra seja proferida com ou sem a aplicação da súmula, conforme o caso" (§ 3.º do art. 103-A, acrescido pela EC 45/2004; § 2.º do art. 7.º da Lei 11.417/2006.)

167. Da uniformização da jurisprudência cit., vol. LVIII, p. 141.

Focando o direito estrangeiro, esclarece Nelson de Souza Sampaio: "A Constituição argentina de 1949 abraçou também o princípio do *stare decisis* em um dos preceitos do seu art. 95: 'A interpretação que a Corte Suprema de Justiça faça dos artigos da Constituição por RE, e dos códigos e leis por recurso de cassação, será aplicada obrigatoriamente pelos juízes e tribunais nacionais'.[168] Nesse país existe o *recurso de inaplicabilidade da lei* (Código de Processo Civil e Comercial, arts. 288-303) o qual, segundo Alcides de Mendonça Lima, é uma "espécie do recurso de cassação nos moldes europeus. Foi introduzido pelo atual Código argentino no foro federal e na justiça ordinária de Buenos Aires, porquanto, anteriormente, era previsto apenas nas províncias. Sua finalidade é a de manter a uniformidade da jurisprudência, pois é pertinente 'contra la sentencia definitiva que contradiga la doctrina establecida por alguna de las salas de la câmara en los diez anõs anteriores a la fecha del fallo recorrido'. É análogo ao nosso antigo recurso de revista do Código de 1939 e aos embargos de divergência no STF, anteriormente previstos no nosso art. 833, parágrafo único, e no atual art. 546, parágrafo único. Reveste-se, também, das características da nossa 'uniformização da jurisprudência', *ex vi* do art. 476 e segs. do Código de 1973".[169]

Aliás, no Direito português, o recurso de revista (CPC, atualizado pelo Dec.-lei 324, de 27.12.2003, art. 721, n. 1 e 2; art. 729, n. 3), igualmente se presta à finalidade de uniformização do Direito, e, ao propósito desse recurso, escrevia Alcides de Mendonça Lima: "Sua função é a de preservar a interpretação ou aplicação da lei *substantiva (sic)*. É um recurso limitado, porque abrange só matéria de direito. (...) Se for reconhecida a violação invocada, o processo é reenviado à Relação, quando o Supremo – órgão revisor – entender que a decisão de fato pode e deve ser ampliada em ordem a constituir base suficiente para a decisão de direito (art. 729, n. 3). Fora desta hipótese, o próprio Supremo aplica a interpretação que considera exata ao caso *sub judice*, sem que volte o processo ao juízo de origem".[170]

Na Itália, desde 1924, a Corte de Cassação vem publicando suas *massime consolidate*, que representam os extratos das teses assentadas pela Corte, após verificada a reiteração uniforme de julgados sobre um mesmo tema, e isso independentemente da aplicação a um caso concreto. Esclarece Alfredo Buzaid

168. O Supremo Tribunal Federal e a nova fisionomia do Poder Judiciário cit., p. 13. (Nota: não encontramos na atual Constituição argentina (1994) dispositivo exatamente correspondente ao citado no texto).

169. *Introdução aos recursos cíveis,* 2. ed., São Paulo, RT, 1976, p. 96-97.

170. Idem, p. 113-114.

que aquelas *máximas* da Cassação italiana "representam a súmula da sentença que, separada das circunstâncias próprias do caso concreto, constituem o precedente, do qual a Corte não deve afastar-se. Fica, portanto, determinado o valor do precedente, isto é, a *auctoritas rerum similiter judicatarum*".[171]

Essas "máximas consolidadas" são, naturalmente, vinculantes para a própria Corte, embora não necessariamente para as instâncias jurisdicionais ordinárias: estas podem, motivadamente, deixar de perfilhar a *máxima* num caso concreto; na prática, porém, tal dissidência tem remota ou mesmo nenhuma chance de sucesso, porque a Corte de Cassação, ao conhecer a espécie em via recursal, tenderá, naturalmente, a prestigiar a tese por ela mesma assentada. Nesse sentido, aliás, o art. 374 do Código Processual Italiano prevê que a Corte de Cassação pode reunir suas seções para julgamento de recursos que gravitam em torno de questão jurídica já decidida em sentido diverso pelas seções simples, ou, ainda, quando o confronto se dê entre a decisão *a quo* e uma *máxima consolidada*.

Segundo Francesco Galgano, a função nomofilácica (uniformizante) desempenhada pela Cassação italiana estende-se inclusive à interpretação das chamadas *norme elastiche* (conceitos jurídicos vagos, indeterminados); de outra parte, prossegue, a Corte "non può *ad libidum* mutare orientamento senza darne alcun conto, come spesso accade, di tale mutamento, ma deve procedere con tecniche analoghe al *distinguishing* e all'*overruling* del giudice di *common law*, ossia o mettendo in evidenza la novità del caso, essendo solo apparente l'analogia con il precedente, oppure motivando che è cessata la ragion d'essere del precedente".[172] Dispõe o art. 360 do *Codice di Procedura Civile*, redação do Decreto Legislativo 40/2006: "Le sentenza pronunciate in grado d'appello o in unico grado possono essere impugnate con ricorso per cassazione: 1) per motivi attinenti alla giurisdizione; 2) per violazione delle norme sulla competenza, quando non è prescritto il regolamento di competenza; 3) per violazione o falsa applicazione di norme di diritto e dei contratti e accordi collettivi nazionali di lavoro; 4) per nulllità della senten-

171. Da uniformização da jurisprudência cit., vol. LVIII, p. 147.

172. L'efficacia vincolante del precedente di Cassazione, *Revista Contratto e Impresa*, n. 3, 1999, p. 895. Também o nosso recurso especial, pela letra *c* do art. 105, III, da CF desempenha, a par da missão *paradigmática*, também a função nomofilácica, esclarecendo Francisco Cláudio de Almeida Santos, ex-ministro do STJ, a etimologia desta última expressão: "*Nomofilaquia*, em italiano, palavra derivada dos vocábulos gregos *nomos* e *phylásso*, que significam, respectivamente, lei e guarda, em vernáculo". (Recurso especial – Visão geral. *In*: Sálvio de Figueiredo Teixeira (coord.), *Recursos no STJ*, São Paulo: Saraiva, 1991, p. 94).

za o del procedimento; 5) per omesso esame circa un fatto decisivo per Il giudizio che è stato oggetto di discussione tra le parti".

Nesse particular, um cotejo se pode estabelecer com o processo brasileiro vigente, onde, por um lado, existem recursos a Tribunais Superiores, fundados em divergência jurisprudencial: revista trabalhista, ao TST (CLT, art. 896 e alíneas); recurso especial, ao STJ (CF, art. 105, III, *c*); embargos de divergência no âmbito do STF e STJ (CPC, art. 1.043, incisos e §§; 1.044 e §§); e, de outro lado, nos termos do art. 932, IV do CPC, o relator, em decisão agravável, pode desprover monocraticamente o recurso "que for contrário a: I – súmula do Supremo Tribunal Federal, do Superior Tribunal de Justiça ou do próprio tribunal".

Já anteriormente, esse controle ou prevenção da divergência jurisprudencial transparecia em certos textos (RISTF, art. 21, §§ 1.º e 2.º; Lei 8.038/90, art. 38; CPC/73, art. 557, *caput*) e, a propósito, Luiz Flávio Gomes traça uma comparação com o que se passa no âmbito do recurso de revista ao TST: "Estando a decisão recorrida em consonância com súmula do TST, poderá o ministro relator negar seguimento ao recurso. Isso nos parece o correto, porque efetivamente evita o seguimento de inúmeros recursos que dirimiram o litígio conforme a súmula existente. Não nega a possibilidade de o juiz decidir de maneira diferente. Não se lhe impõe nenhuma camisa de força. Não se estabelece nenhum leito de Procusto. Preserva-se a liberdade do juiz de decidir conforme o Direito e sua consciência. De outra parte, permite-se que o Tribunal conheça as novas razões da decisão que contrariou a súmula. Isso leva a novas ponderações, pode-se chegar a um novo dimensionamento da posição anterior. Não se congela a jurisprudência, em suma".[173]

No mesmo senso, igualmente focando a justiça trabalhista, aduz Patrícia Guimarães Notaroberto Barbosa: "Toda vez que uma orientação jurisprudencial pareça estar superada ou o que o Magistrado entenda estar a mesma incorreta, não deverá aplicá-la cegamente, fazendo prevalecer o seu entendimento e seu livre convencimento". E colaciona acórdão do TRT da 9.ª Região: "Súmulas. Efeitos. As Súmulas não são dispositivos de lei, tampouco fonte do direito. Revelam a orientação prevalente do Tribunal, sem efeito vinculante, buscando apenas agilizar a prestação jurisdicional e desafogar o Judiciário. Todavia, as súmulas não excluem o entendimento pessoal do julgador, o que vai iluminado pelo princípio da convicção racional" (4.ª T., ED RO 06920/93, rel. Juiz Tobias de Macedo Filho, *DJPR* 24.06.1994, p. 226).[174]

---

173. Súmulas vinculantes e independência judicial, *RT*, n. 739, p. 35.

174. O efeito vinculativo das súmulas no Direito do Trabalho, *Revista LTr, Suplemento Trabalhista*, n. 79, 1998, p. 335.

Dínio de Santis Garcia, colacionando André Tunc [175] traça interessante paralelo entre a Cassação Italiana e a Corte Suprema dos Estados Unidos: observa que esta última "conta com nove juízes que julgam cerca de 160 recursos por ano (cabendo a cada um 18 processos). Ela recebe cerca de 4.000 causas anualmente, mas, graças ao poder discricionário que tem de selecionar as que vai decidir, retém para exame apenas cerca de 350 processos, dos quais, perto de metade, são decididos sumariamente através de uma sentença *per curiam*, com simples referência a um precedente". No extremo oposto, prossegue, "vamos encontrar a Corte de Cassação Italiana, dotada de 352 magistrados que decidem perto de 35.200 causas por ano (tocando a cada um 97 feitos). Ao Tribunal não cabe a faculdade de selecionar os recursos, devendo conhecer de todos os que lhe são encaminhados em forma legal".[176]

Este último sistema é o que correspondia ao antes praticado em nosso STF, até o advento da EC 45/2004, instituidora do quesito da "repercussão geral da questão constitucional", no juízo de admissibilidade do recurso extraordinário (CF, § 3.º do art. 102), já que essa exigência adicional labora como um anteparo ou um filtro ao afluxo excessivo desses recursos, a teor do art. 322 do RISTF, redação da ER 21/2007: "O Tribunal recusará recurso extraordinário cuja questão constitucional não oferecer repercussão geral (...)". Registre-se que, tirante o período em que vigorou a exigência da *arguição de relevância* – 1975 a 1988 – não havia nenhum tipo de *seleção* dos feitos que seriam decididos, de sorte que, uma vez *conhecido* o recurso extraordinário (= presentes os pressupostos objetivos e subjetivos), a Corte deveria *julgar a causa*, "aplicando o direito à espécie" (RISTF, originária redação do art. 324).[177]

Presentemente, a crise numérica de processos que assola o STF está se amenizando, a partir do advento de *filtros* e *elementos de contenção* no acesso ao STF ("repercussão geral da questão constitucional" – CF, § 3.º do art. 102; CPC, art. 1.035 e § 1º; sobrestamento de RE's repetitivos na origem, até oportuno julgamento por amostragem daquele afetado como representativo da controvérsia – CPC, art. 1.037, II; art. 1.030 e parágrafo único), tudo a

175. *Synthèse*, trabalho publicado em *La cour judiciaire suprême – Une enquête comparative, Révue internationale de droit comparé*, jan.-mar. 1978, p. 5 e ss.

176. Efeito vinculante dos julgados da Corte Suprema dos Tribunais Superiores cit., p. 45 e nota de rodapé 26.

177. A redação desse art. 324 do RISTF foi alterada pela ER 31/2009. V., porém, súmula nº 456 do STF. V., ainda, do ex- Ministro Carlos Velloso, o estudo Poder Judiciário: como torná-lo mais ágil e dinâmico, *Revista Cidadania e Justiça*, n. 4, Associação dos Magistrados Brasileiros, 1.º sem. 1998, p. 99.

confirmar que uma Corte Constitucional não pode atuar como *mais uma* instância judiciária, sob pena de soçobrar num cúmulo insuperável de processos. Até porque, de outro modo, a saber, ao tentar superar a crise numérica *a qualquer custo*, incidiria a Corte no erro estratégico de *substituir a crise de quantidade pela de qualidade*, passando a ofertar justiça de baixa qualidade: lenta, massiva, imprevisível, onerosa e juridicamente inconsistente.

O Gabinete Extraordinário de Assuntos Institucionais do STF divulgara, em dezembro de 2007 relatório cujos dados confirmam a eficácia daquelas inovações processuais: revelou-se queda vertiginosa do afluxo de RE's em temas propícios às teses repetitivas, a partir dos julgamentos nos quais se determinou o sobrestamento, na origem, dos RE's atinentes ao mesmo tema, *v.g.*: *COFINS e ICMS* – Pleno, RE 559.607, rel. Min. Marco Aurélio; *execução fiscal* – Pleno, RE 560.626, rel. Min. Gilmar Mendes; *telefonia* – A.I. 685.066, Min. Gilmar Mendes.[178]

Outrossim, o *Relatório de Atividades* do STF, atinente ao ano judiciário de 2011 revelou dados relevantes acerca do impacto da exigência da *repercussão geral* no acervo de processos pendentes: "Em 2011, foi apreciada a preliminar de repercussão geral em 146 temas, dos quais 108 tiveram a repercussão geral reconhecida e, em 38, foi negada sua existência. Foram proferidos 38 julgamentos de mérito em temas de repercussão geral, o dobro dos 19 proferidos em 2010. Esse aumento pode ser atribuído à Emenda Regimental nº 42, de 2 de dezembro de 2010, que introduziu no art. 323-A do RISTF, a possibilidade de julgamento de mérito de questões com repercussão geral por meio eletrônico, em casos de reafirmação de jurisprudência dominante da Corte. Dos 38 julgamentos de mérito deste ano, 17 ocorreram no Plenário Virtual". De outra parte, uma relevante *externalidade positiva* acabou sendo revelada nesse Relatório: "O julgamento de mérito do Tema 4 (*termo a quo do prazo prescricional da ação de repetição de indébito relativa a tributos sujeitos a lançamento por homologação e pagos antecipadamente*) tornou possível ao Superior Tribunal de Justiça e ao Tribunal Regional Federal da 4ª Região julgar, de pronto, mais de 10 mil processos. Já o julgamento de mérito do tema 88 (*cálculo do salário-benefício da aposentadoria por invalidez*) possibilitou aos Juizados Especiais Federais decidir acerca de 40 mil recursos vinculados a essa matéria". (...) "Dados dos Juizados Especiais Federais mostram que, em 2012, decisões de mérito em menos de uma dezena de temas podem afetar mais de 150 mil processos atualmente sobrestados nesses juízos".

---

178. Cf. o citado Relatório, intitulado "Repercussão Geral no Recurso Extraordinário", publicado pelo Gabinete Extraordinário de Assuntos Institucionais do STF, especialmente p. 23.

O impacto da exigência da repercussão geral da questão constitucional na admissão do recurso extraordinário no STF põe em evidência duas aptidões operacionais desse pré-requisito: (*i*) atuar como elemento eficaz na contenção do afluxo excessivo de recursos extraordinários, aliviando, assim a sobrecarga do STF; (*ii*) parametrizar e agilizar os julgamentos dos casos análogos, pendentes nos demais Tribunais, inclusive no STJ, contribuindo, a um tempo, para o tratamento isonômico aos jurisdicionados e para a duração razoável dos processos. Assim se passa pela curial razão de que, uma vez *negada* a repercussão geral no recurso extraordinário afetado como representativo, "serão considerados automaticamente inadmitidos os recursos extraordinários cujo processamento tenha sido sobrestado" (CPC, parágrafo único do art. 1.039).

Tornando ao direito estrangeiro, segundo Alcides de Mendonça Lima, a cassação italiana é "um recurso estrito, porque no mesmo somente se discute matéria de direito, segundo a própria tradição do remédio italiano e do instituto similar em outros ordenamentos. Equipara-se à nossa antiga revista e ao nosso recurso extraordinário, se bem que mais com esse do que com aquela. Sua finalidade é assegurar 'l'exata osservanza de l'uniforme interpretazione della legge, l'unità del diritto oggettivo nazionale, il rispetto dei limiti delle diverse giurisdizioni', na forma do Ordenamento Judiciário de 30.01.1941, que ampliou a norma do art. 61 do diploma similar de 30.12.1923. Não é um terceiro grau, do ponto de vista técnico". Prossegue, esclarecendo: "No recurso de cassação, o procedimento se cinde em *iudicium rescindens* e *iudicium rescissorium*. Esta separação é marcada pelo fato de que o procedimento se divide em duas fases que se desenrolam ante dois órgãos diferentes: primeira fase ante um juízo superior ao que proferiu a sentença impugnada (tribunal de cassação); a segunda (*rescissorium*) ante um juízo de igual categoria do recorrido (juízo de reenvio). Por isso, o recurso é até chamado com dupla terminologia – *recurso de cassação e de reenvio*".[179]

O sistema de controle da divergência jurisprudencial, pela Cassação Italiana, foi posto em questão por Francesco Carnelutti, que objetou intrigante indagação: "Ocorre però, prima di tutto, accenare al bilancio dei suoi vantaggi e dei suoi inconvenienti. Facile bilancio, poichè i suoi termini sono quelli del solito contrasto tra la giustizia e la certezza; precisamente la c.d. uniformità della giurisprudenza serve alla certezza, ma quanto ne soffre la giustizia?"[180] Outros importantes doutrinadores também criticaram o siste-

179. *Introdução aos recursos cíveis*, 2. ed., p. 107-108.

180. *Sistema del diritto processuale civile*, Padova, CEDAM, 1938, vol. II, p. 647.

ma das "máximas consolidadas", com argumentos que vão desde a validade técnico-processual desse sistema até sua própria legitimidade político-institucional, passando por advertências quanto ao risco de estagnação do Direito e desestímulo aos juízes das instâncias ordinárias.[181]

Tais críticas foram detidamente examinadas por Alfredo Buzaid, que lhes contrapôs argumentos ponderáveis, em lúcida página, da qual destacamos estes excertos: *a)* "onde há sentenças conflitantes na aplicação da mesma norma legal, não sofre apenas a certeza senão também a justiça, porque não é justiça tranquila a que considera e aplica o mesmo preceito jurídico de modo diverso ou contraditório; nem a uniformização simultânea fecha os poros por onde respira a justiça, porque ela não exclui uma diversidade sucessiva, resultante de novas condições econômicas, políticas e sociais"; *b)* "se uma interpretação é a verdadeira porque corresponde ao imperativo da lei, está claro, lógico e evidente que a outra não o é, porque se divorcia do seu sentido autêntico. O escopo da máxima consiste não tanto em destilar a quintessência da lei quanto em determinar, entre duas ou mais interpretações, qual a que se ajusta ao espírito da lei"; *c)* "a defesa fundamental da máxima consolidada está em resolver uma *quaestio juris* relativa à interpretação de norma jurídica; para assim proceder não necessita a Corte de apreciar os fatos do caso concreto, mas tão-só dirimir divergência contemporânea acerca do entendimento da lei. Ao definir a solução adequada, exerce a Corte de Cassação função que lhe é própria, dissipando o dissídio jurisprudencial".[182]

Pela técnica da cassação, explica Francesco Carnelutti, "se obtiene, entre el mandamiento abstracto de la ley y el mandamiento concreto del juez, una especie de unión, que es precisamente la máxima de la Corte de casación; algo menos que la ley, pero algo más que la jurisprudencia de los jueces de mérito; menos abstracta que aquélla, pero menos concreta que ésta, y por tanto más flexible que la primera, más estable que la segunda". Na sequência, aduz: "La Corte de casación tiene esta naturaleza singular y un poco ambigua: es mitad juez y mitad maestro. No tanto juzga cuanto orienta para juzgar".[183]

---

181. Emilio Betti, *Interpretazione della legge e degli atti giuridicci*, Milão, Giuffrè, 1949, p. 131 e ss.; Virgílio Andrioli, Massime consolidate della Corte di Cassazione, *Rivista di Diritto Processuale*, vol. III, parte I, 1948, p. 252; Enrico Redenti, I nostri testimoni ovvero le "massime consolidate" della Corte Suprema, *Rivista Trimestrale di Diritto e Procedura Civile*, ano III, 1949, p. 121.

182. Da uniformização da jurisprudência, Boletim da Faculdade de Direito de Coimbra, vol. LVIII, 1.982, p. 148-152, *passim*.

183. *Estudios de derecho procesal*, trad. Santiago Sentis Melendo, 1952, vol. I, p. 151-152.

É interessante observar que, ao contrário do que se passa entre nós, onde o manejo dos recursos excepcionais (extraordinário e especial) pressupõe o esgotamento das instâncias precedentes, não podendo ser exercidos *per saltum* (súmulas 281 do STF e 207 do STJ), já na Itália (CPC, art. 360, *in fine*), tanto quanto na Alemanha (ZPO, §§ 545 a 566), existem o *ricorso di cassazione per saltum* e o *Sprungrevision*, por modo que, esclarece Nelson Nery Junior, referindo-se a este último, "o recorrente dispensa a apelação para o tribunal de segundo grau e a interpõe, diretamente no tribunal federal superior".[184]

A cassação alemã é precipuamente voltada à consecução da uniformidade jurisprudencial, "ainda que atenda aos interesses das partes", aduz Alcides de Mendonça Lima. Prossegue o autor, esclarecendo: "Assemelha-se ao nosso antigo recurso de revista de 1939; aos embargos *sui generis* no STF (art. 546, parágrafo único, do CPC [73]) e ao recurso extraordinário fundado no art. 119, n. III, *d*, da Constituição Federal" [EC 1/69]. Na sequência, o autor observa que tal recurso pode ser viabilizado "por salto, isto é, mediante concordância do adversário, pode ser interposta a cassação diretamente contra a sentença de primeiro grau, sem passar o feito pelo julgamento da apelação (§ 566). É medida útil, nos casos em que as partes somente discutem matéria de direito, porque, fatalmente, o caso irá ao conhecimento do órgão competente para o julgamento da cassação. Na zona britânica de ocupação, chegou a ser eliminado para, posteriormente, pela lei da unificação, ser restabelecido".[185]

Na França, à semelhança do que se passa na Itália, a *Cour de Cassation* é a mais alta instância jurisdicional, e, tanto quanto na Itália, ela também não se constitui em *mais um* grau de jurisdição, já que não é vocacionada à *revisão de fundo* dos julgados que lhe são submetidos, restringindo-se a *cassar* aqueles que a seu ver não deram ao texto de regência a melhor interpretação. Na verdade, esse papel reservado à *Cour de Cassation* tem razões históricas, deitando raízes desde a antiga monarquia, quando aparecia sob o nome de *Conseil de Parties*. Sobrevindo a revolução, pareceu aos constituintes, em

---

184. *Princípios fundamentais* – Teoria geral dos recursos, 5. ed., São Paulo, RT, 2000, p. 79.

185. *Introdução aos recursos cíveis* cit., 2. ed., p. 104. Nota: impende uma atualização sobre as três impugnações referidas no texto colacionado: o recurso de revista sobrevive na esfera trabalhista (CLT, art. 896, alíneas e parágrafos, tendo os §§ 3º, 4º, 5º e 6º sido revogados pela Lei 13.467/2017); os embargos de divergência são também exercitáveis no STJ, no âmbito do recurso especial (CPC, art. 1.043, I e III); a referência ao recurso extraordinário pelo art. 119, III, *d* (EC 1/69), *corresponde* ao art. 105, III, *c*, da CF de 1988 – recurso especial ao STJ.

sessão de 20.10.1789, que se deveria assegurar aos cidadãos um último apelo a uma Corte Superior, não para simples revisão do já antes decidido nas instâncias ordinárias, senão para melhor e definitivo resguardo dos textos legais, e isso sob tríplice enfoque: *a)* inteireza positiva do texto de regência; *b)* sua força coercitiva (cassação por *contravention expresse à la loi*); *c)* eficácia social. Na sequência, em maio de 1790, o Tribunal recém-criado recebeu contornos mais definidos, nominando-se, desde então, *Cour de Cassation*, e reafirmando-se a vedação para o julgamento do *mérito* das causas que, via recursal, lhe fossem submetidas.

Na opinião de Luiz Flávio Gomes, os subsídios históricos, reportados ao período revolucionário, não favorecem a origem da Cassação francesa, dado que "para fiscalizar a submissão do juiz, para controlar sua atuação, foram criadas tais famigeradas Cortes. Na Constituição de 25.12.1799, por exemplo, o Judiciário deixa de ser considerado um 'Poder'. O Ministro da Justiça tem poder de 'vigiar e repreender os juízes' (vigiar e punir, conforme Foucault)".[186]

Presentemente, o recurso que deflagra a competência dessa Corte Superior – o *pourvoi en cassation* – vem regulado nos arts. 604 a 639 e 973 a 1.037 do *Nouveau Code de Procédure Civile*, explicando Jean Vincent e Serge Guinchard que se trata de "une voie de recours d'une nature tout à fait particulière. C'est, il est vrai, une voie de recours extraordinaire, puis qu'elle n'est pas suspensive d'exécution et ne peut être formée que dans certains cas limitativement déterminés. Mais, par ailleurs, ce n'est ni une voie de rétractation, car l'affaire ne revient pas devant les mêmes juges, ni une voie de réformation, parce que la Cour de Cassation ne reprend pas dans son entier l'examen du procès. Elle ne peut pas substituer sa décision à celle des premiers juges. Le pourvoi en cassation (...) n'a pas d'effet dévolutif; en réalité, ce n'est pas le procès qui est déféré à la Cour suprême, c'est seulement la solution de ce procès, c'est le jugement ou l'arrêt, si bien que la Cour de cassation ne peut pas instruire le fonde de l'affaire".

O art. 627 do *Code de Procedure Civile*, na redação do Decreto de 20.01.2012, dispõe: "La Cour de Cassation peut casser sans renvoyer l'affaire dans les cas et conditions prévues para l'article L. 411-3 du code de l'organization judiciaire". Este último dispositivo, nos moldes da Ordonnance n. 673, de 08.06.2006, dispõe: "La Cour de Cassation peu casser sans revoi lorsque la cassation n'implique pas qu'il soit à nouveau statué sur le fond. Elle peut aussi, en cassant sans renvoi, mettre fin au litige lorsque les faits,

186. Súmulas vinculantes e independência judicial cit., p. 29.

tels qu'ils ont été souverainement constatés et apprécies par les juges du fond, lui permettent d'appliquer la règle de droit appropriée. En ce cas, elle se prononce sur la charge des dépens afférents aux instances devant les juges du fond. L'arrêt emporte exécution forcée. Les modalités d'application du present article son fixées par décret en Conseil d' Etat". Jean Vincent e Serge Guinchard informam que o *pourvoi en cassation* é uma via recursal "qui n'a pas exclusivement comme but l'intérêt des justiciables, mais aussi l'intérêt général de la société; la preuve en est qu'elle peut être exercée alors que les plaideurs y renoncent et uniquement dans l'intérêt de la loi".[187]

Como se vê, a Cassação francesa é um Tribunal que, em boa medida, sobrepaira aos demais órgãos jurisdicionais singulares e colegiados, nesse sentido de que não se destina a operar como *mais um* grau judiciário e, menos ainda, como uma instância para revisão de matéria de fato ou para correção de eventual injustiça decorrente da decisão *a quo*. Numa palavra, trata-se de um Tribunal encarregado de zelar, no plano nacional, pela *inteireza positiva*, *validade*, *eficácia* e *unidade interpretativa* da lei; para tanto, a cassação se volta para a aferição da higidez técnico-formal da decisão recorrida, frente ao contexto jurídico-institucional do país, não estando vocacionada à prolação de juízo de valor acerca do *thema decidendum*, tal como veio resolvido pelo juízo *a quo*.

Neste passo, um símile pode ser estabelecido com o que se passa com os nossos *Tribunais da Federação* – STF e STJ – postados na cúpula da organização judiciária brasileira: também eles não se constituem em *mais uma* instância jurisdicional (a rigor, não cabe falar em *terceiro* ou *quarto* grau de jurisdição), visto que neles se concentra o julgamento de matéria estritamente *jurídica* – a questão *constitucional* ou *federal*, respectivamente – como aliás se colhe das súmulas que trancam o acesso àquelas Cortes Superiores aos recursos que almejam revolver a matéria de fato, buscam nova interpretação de cláusula contratual ou, enfim, pretendem a revisão de afirmada *injustiça* decorrente do julgado recorrido (Súmulas: STJ, 5 e 7; STF, 279 e 454).

Cotejando dados concernentes a três tribunais superiores – Corte Suprema dos Estados Unidos, Cassação Italiana e Cassação Francesa – Dínio de Santis Garcia concluía que esta última "apresenta números menores: dispondo de 135 magistrados, julga anualmente cerca de 10.000 processos (atribuídas a cada juiz 75 causas). Falta-lhe, também, o poder seletivo de que dispõe a Corte Suprema dos Estados Unidos".[188]

---

187. *Procédure civile*, 20. ed., Paris, Dalloz, 1981, p. 907-908.

188. Efeito vinculante dos julgados da Corte Suprema dos Tribunais Superiores cit., p. 46.

O papel desempenhado pela *Cour de Cassation* vem assim descrito por François Terré: "La Cour de Cassation est saisie par un pourvoi, qui peut être formé contre toute décision rendue en dernier ressort. Elle n'est cependant pas un nouveau degré de juridiction et le pourvoi ne doit pas être confondu avec un appel. La Cour de Cassation ne rend pas elle-même des décisions concernant le fond de l'affaire et éxecutoires pour les parties en cause. Elle apprécie la valeur des décisions qui lui sont déférées. Si elle estime que la décision a été bien rendue, elle rejette le pourvoi en cassation; c'est la décision attaquée qui, étant maintenue, sera exécutée. Si elle considère que la décision a été mal rendue, elle la casse; mais la Cour de Cassation ne juge pas l'affaire, elle la renvoie devant une juridiction du même ordre que celle dont émane la décision cassée (...); elle ne peut apprécier les décisions qu'au point de vue de l'application de la loi; elle ne peut casser que pour une contravention à la loi. Ainsi, donc, alors que les juges du fond connaissent de tout le litige – constatation des faits et application de la règle de droit – la Cour de Cassation vérifie uniquement si les juges du fond on fait une application exacte de la règle de droit; elle juge, non pas le litige, mais la décision intervenue à son occasion, et qui lui est déférée".[189]

Verdade que, em sua longa linha evolutiva, a Cassação francesa experimentou mais de uma fase ou sistema, tanto em sua concepção enquanto Tribunal de cúpula na hierarquia judiciária como na natureza de sua atuação, podendo-se dizer que a partir de uma lei de 01.04.1837 ficaram definidas suas funções primordiais: por um lado, guardar a *inteireza positiva* dos textos legais e, de outro, preservar o *padrão hermenêutico* acerca dos textos controvertidos, tudo em modo *vinculativo* para as instâncias judiciárias recorridas. Conforme aduz Alfredo Buzaid, reportando-se a Gabriel Marty, inclui-se também nas atribuições da Corte, "cassar o aresto do juízo inferior que viola a lei, ainda que não esteja em jogo a unidade da jurisprudência".[190]

Dentre nós, à época em que tramitavam projetos legislativos anteriores à EC 45/2004 (Substitutivo à proposta de EC 96/92; PEC 29/2000), Luiz Flávio Gomes manifestara-se contrariamente à cassação da decisão contrária à súmula vinculante ou que a aplicasse indevidamente, "para evitar que nossos Tribunais superiores venham a cumprir o mesmo papel 'corretivo' ('sujo') que as abominadas *Cortes de Cassação* francesas tiveram que desempenhar logo após a Revolução. Como se sabe, consoante as primeiras Constituições francesas, o juiz foi impedido de interpretar as leis: julgava o caso 'pronunciando

189. *Introduction générale au droit* cit., p. 83.

190. Da uniformização da jurisprudência cit., *Boletim...*, cit., vol. LVIII, p. 156.

as palavras da lei'; a supremacia era do Legislativo-Executivo".[191] Todavia, tempos depois, o Relatório Final da Comissão de Constituição e Justiça (Senado/Câmara), em novembro de 1999, viria aprovar o parecer da relatora geral, Deputada Zulaiê Cobra, com vários destaques, inclusive os alvitrados pelo Deputado Fleury Filho, relator parcial para o tópico da súmula vinculante, por modo a ficar constando do então projetado § 3.º ao art. 103-A da CF a possibilidade da *reclamação* em face do "ato administrativo ou decisão judicial que contrariar a súmula aplicável ou que indevidamente a aplicar".

Esse instrumento – a *reclamação* –, previsto na competência originária do STF para os casos em que se afigure necessária a "preservação de sua competência e garantia da autoridade de suas decisões" (CF, art. 102, I, *l*), acabou prestigiado no § 3.º do art. 103-A da CF (EC 45/2004), e a ele se refere o art. 7.º da Lei 11.417/2006, como o meio hábil para impugnar decisão judicial ou ato administrativo "que contrariar enunciado de súmula vinculante, negar-lhe vigência ou aplicá-lo indevidamente (...)". Em simetria com aquele § 3.º do art. 103-A da CF, estabelece o § 2.º do art. 7.º da Lei 11.417/2006: "Ao julgar procedente a reclamação, o Supremo Tribunal Federal anulará o ato administrativo ou *cassará* a decisão judicial impugnada, determinando que outra seja proferida com ou sem aplicação da súmula, conforme o caso". Ainda ao propósito da reclamação, o art. 988 do CPC a autoriza para "(...) III – garantir a observância de enunciado de súmula vinculante (...)" (redação do inciso cf. Lei 13.256/2016), certo que, a teor do art. 992, em sendo ao final acolhida tal medida, "o tribunal cassará a decisão exorbitante de seu julgado ou determinará medida adequada à solução da controvérsia".

Quanto à natureza jurídica da *reclamação* – incidente processual? Recurso? Impugnação atípica? – não se alcançou um consenso, valendo registrar que, para Ricardo de Barros Leonel é "correta a conclusão da doutrina, ao que tudo indica majoritária, no sentido de que a reclamação constitucional configura verdadeiro exercício do direito de ação", visto que a reclamação "ostenta todos os dados que caracterizam a demanda judicial, ou seja, o exercício do direito de ação, pois: (a) é necessária a iniciativa da parte, fazendo-se presente, portanto, a regra da inércia judicial; (b) ostenta caráter substitutivo da vontade das partes; (c) tem por escopo a atuação do direito; (d) há subjacente lide; (e) a resposta judiciária nela obtida destina-se a tornar-se definitiva, por meio da coisa julgada; (f) é necessária a observância das garantias constitucionais do processo no procedimento instaurado para sua apreciação; (g) devem estar presentes, para que seu mérito seja julgado,

191. Súmulas vinculantes e independência judicial cit., p. 29.

os respectivos pressupostos de admissibilidade (pressupostos processuais e condições da ação); (h) inaugura uma relação processual autônoma, com o respectivo procedimento".[192]

Tornando à experiência estrangeira, impende considerar que, sendo a França uma República implantada num Estado unitário (o território é organizado em *Departamentos*, sendo que o de Paris toma o número 72), quando a *Cour de Cassation* constata que a decisão recorrida interpretou a norma legal de maneira *diversa* daquela prevalente nessa Corte, ela *cassa* a decisão *a quo*, inclusive com objetivo de reprimir o tratamento *anti-isonômico* que de outro modo se estabeleceria entre os jurisdicionados de um e de outro *Departamento*. Trata-se de um sistema que, além de preservar a higidez do Direito Positivo ao interno do país, ainda contribui para a defesa dos valores *segurança*, *certeza* e *justiça*, na medida em que os jurisdicionados contam com uma *dupla garantia*, em termos de controle judicial: uma, que se exerce sobre a inteireza positiva da lei, enquanto norma obrigatória, impessoal, abstrata e geral; e outra, que se revela quando da aplicação dessa lei no caso concreto, a qual será feita de maneira uniforme e equânime ao longo do território nacional, segundo os parâmetros adrede fixados pela Corte de Cassação.

Por aí se busca, pois, alcançar uma verdadeira e própria isonomia, já que esta não pode se restringir à *norma legislada*, senão que deve estender-se à *norma judicada*.

No modelo brasileiro, à semelhança do que se passa em alguns ordenamentos estrangeiros, não existe uma rígida dicotomia entre Tribunais de *revisão* (= de "grande instância", de "Apelação") e Tribunais de *cassação*, porque ambas essas funções aparecem deferidas aos nossos órgãos colegiados de segundo grau, se bem que, *prevalentemente*, eles atuem como instâncias de revisão, reavaliando a matéria de direito e de fato (juízo de valor sobre possíveis *errores in iudicando*), e, apenas excepcionalmente, operem no plano da *cassação; mesmo quando tal ocorra, pode dar-se que o tribunal ad quem constate que se trata de causa madura, caso em que fica autorizado a avançar sobre o mérito da causa, sem a pecha de supressão de instância (CPC, § 3º e incisos do art. 1.013)*. Ao propósito desse julgamento da *causa madura* esclarecem Teresa Arruda Alvim Wambier *et al.*: "O Tribunal *deverá* assim proceder ou *poderá* ? Nós nos inclinamos a dizer que se trata de dispositivo que encerra um *dever*, como aliás, ocorre com quase todo os dispositivos que dizem respeito à atividade do juiz".[193]

---

192. *Reclamação constitucional*, São Paulo, RT, 2012, p. 171 e 175.

193. Primeiros Comentários ao novo *Código de Processo Civil..., 2015, cit., p. 1.448.*

É preciso entender-se que o *duplo grau* é um princípio que se infere do sistema (*v.g.*, a CF prevê a competência *recursal* do STF e STJ: incisos II e III dos arts. 102 e 105), mas daí não se extrai que se trata de uma imposição incontornável, bastando considerar que a própria CF excepciona, dizendo que as decisões do TSE são irrecorríveis, salvo quando contrariarem o texto constitucional ou denegarem *habeas corpus* ou mandado de segurança – art. 121, § 3.º. A seu turno, o legislador ordinário também foi inserindo exceções ao *duplo grau* (art. 34 da Lei 6.830/80 – execuções fiscais; art. 41 da Lei 9.099/95 – Juizados Especiais); assim, Teresa Arruda Alvim Wambier *et al.* sustentam que "uma norma infraconstitucional que estabeleça que uma decisão não se sujeita a recurso, embora afaste, *para aquele caso*, a incidência do princípio do duplo grau de jurisdição, não viola a Constituição Federal, porquanto esta também albergou o princípio que é oposto àquele".[194] Já com relação aos Tribunais Superiores o contexto se altera em certa medida, porque eles conhecem de recursos interpostos contra *causas decididas* (CF, arts. 102, III, e 105, III), não podendo, pois, conhecer de seu mérito em primeira mão, o que implicaria em julgá-los *per saltum*.[195]

A cassação de julgado por ofensa a precedente judicial somente pode dar-se, ou quando o enunciado infringido foi prolatado pelo STF em ADIn/ADCon (CF, art. 102, § 2.º, redação da EC 45/2004), ou quando implicou em (*i*) recusa imotivada/inconsistente (*ii*) aplicação indevida/equivocada de súmula vinculante do STF (CF, art. 103-A, § 3.º: EC 45/2004; § 2.º do art. 7.º da Lei 11.417/2006; CPC, art. 988, III, redação do inciso cf. Lei 13.256/2016), porque num e noutro caso o que se tem é a infringência, *lato sensu*, a um pronunciamento do Tribunal de cúpula que é o *guarda da Constituição* (CF, art. 102, *caput*), acerca de um texto legal ou de um ato normativo. Em tais casos, por um imperativo lógico, a resposta judiciária há de ser *unitária*: o texto sindicado pelo STF só pode, ao final, merecer uma dentre duas possíveis avaliações, a saber, ou é ou não é constitucional (*tertium non datur*), e isso, em modo indivisível, em face do universo dos jurisdicionados. Aliás, se já houver pronunciamento do plenário do STF ou do Pleno/órgão especial do Tribunal local/regional acerca da querela constitucional *incidentemente* suscitada perante o órgão fracionário, atenua-se a exigência de declaração específica a que se refere o art. 97 da CF, nos moldes do autorizado pelo parágrafo único do art. 949 do CPC.

194. Idem, p. 1.013. .

195. No ponto, cf. o nosso *Recurso extraordinário e recurso especial*, 13. ed., 2015, cit., capítulo V, item 2.1.1.

Nos demais casos, inclusive quando a decisão recorrida não observou o enunciado de súmula *persuasiva*, a divergência não configura *error juris* nem vício formal que comprometa, de per si, o julgado (*non exemplis, sed legibus iudicandum est*), restando à parte interpor o recurso cabível, com base na afirmada divergência (embargos de divergência no STF ou no STJ - CPC, arts. 1.043, incisos e §§; art. 1.044 e incisos; recurso especial ao STJ - CF, art. 105, III, *c*; revista trabalhista - CLT, art. 896, *a*, redação da alínea cf. Lei 1.015/2004).

Tais recursos de base jurisprudencial ensejam ao Tribunal Superior, *ad quem*, dupla oportunidade: por um lado, restaurar a autoridade e a uniformidade interpretativa do texto questionado, e, por outro, outorgar a desejável justiça *in concreto*, dando ao recorrente resposta judiciária análoga à dispensada em casos semelhantes. Daí ser correto afirmar que os recursos de natureza excepcional, que deflagram a competência dos *Tribunais da Federação*, exigem para a configuração do interesse em recorrer a "sucumbência e um *plus*", ou seja, o prejuízo acarretado pela decisão recorrida, *mais* a demonstração analítica da alegada divergência jurisprudencial (Súmulas: STF, 286; STJ, 83).

Quando nossos Tribunais *cassam* o julgado recorrido, fazem-no ao pressuposto de que o julgado recorrido está inquinado de vício insuperável e, com isso, concorrem para a preservação da garantia constitucional do *duplo grau*, embora, como observa Ada Pellegrini Grinover, tal princípio não apareça, às expressas, no capítulo das garantias constitucionais.[196] Vale, ainda, o alerta de Nelson Nery Junior: "O objetivo do duplo grau de jurisdição é, portanto, fazer adequação entre a realidade no contexto social de cada país e o direito à segurança e à justiça das decisões judiciais, que todos têm de acordo com a Constituição Federal".[197] Ao passo que, quando nossos Tribunais acolhem recurso fundado em divergência jurisprudencial (*v.g.*, na hipótese da CF, art. 105, III, *c*), *dois* interesses são atendidos: o *imediato* ou *particular*, do recorrente, que quer ver prevalecer sua pretensão, e um *mediato* ou *público*, representado pelo interesse geral - porque de todos os jurisdicionados - a uma resposta judiciária equânime, na qual a *isonomia judiciária* venha completar a *isonomia legal*.

É sempre útil ter presente que a purgação da divergência jurisprudencial não implica, minimamente, em qualquer conotação censória ou

---

196. "O duplo grau de jurisdição, ainda que não configure - *ad argumentandum* - garantia constitucional autônoma, faz parte, sem dúvida alguma, daquele conjunto de garantias que configuram o 'devido processo legal'" (*Os princípios constitucionais e o Código de Processo Civil*, São Paulo: Bushatsky, 1975, p. 143).

197. *Teoria geral dos recursos*, 7. ed., São Paulo: Thomson Reuters - Revista dos Tribunais, 2014, p. 60.

repressiva em face do órgão *a quo*, mas tão somente significa o necessário reequilíbrio de uma delicada equação cujos termos são, de um lado, o respeito à *livre persuasão racional do magistrado* e, de outro, a preservação da *instrumentalidade do processo*, tudo sob a égide da *ordem jurídica justa*. E esse valor *justiça* fica maltratado ou desatendido quando casos análogos vêm, *contemporaneamente*, decididos em modo diverso, sem que uma relevante alteração nas fontes substanciais do Direito Positivo, ou a superveniência de *jus novum*, justifique a discrepância das respostas judiciárias. O processo, instrumentando a aplicação do Direito no caso concreto, e o Judiciário, a seu turno, viabilizando aquela função, devem ambos se irmanar na consecução de uma justiça de *boa qualidade*, a saber: *justa, jurídica, econômica, tempestiva, razoavelmente previsível e idônea a assegurar a fruição efetiva do direito, valor ou bem da vida reconhecidos no julgado.*

É dizer, quando nossos Tribunais dão provimento a recurso fundado em divergência jurisprudencial, não estão *censurando* a discrepância pretoriana em si, nem tampouco *desqualificando* o julgado recorrido, que perfilhou tese diversa, mas antes, buscam preservar a verdadeira isonomia, garantia constitucional que, como antes afirmado, deve abranger não só a *norma legislada*, mas também a *norma judicada*.

Por aí se compreende que, quando a ação rescisória vem ajuizada ao argumento de ter o julgado rescindendo violado "manifestamente norma jurídica" (CPC, art. 966, V), sob tal rubrica se há de entender que a exegese adotada no julgado se choca *frontalmente* com o real sentido do texto de regência, por vezes implicando mesmo em lhe negar vigência (lendo-se *preto* onde está escrito *branco*...), excluídos, pois, os casos de singela discrepância entre a interpretação adotada no aresto rescindendo e aquela constante de outros julgados, ou de jurisprudência predominante, mesmo já sumulada (excetuadas as antes lembradas hipóteses de incidir no caso decisão de mérito do STF no controle de constitucionalidade – CF, § 2.º do art. 102 –, ou de infringência à súmula vinculante – CF, § 3.º do art. 103-A; § 2.º do art. 7.º da Lei 11.417/2006). No ponto, prelecionam Nery & Nery que, dado o poder vinculante de tal súmula "em relação a todos os órgãos e Tribunais (CPC 927, II), a possibilidade de ação rescisória por desobediência à súmula acabaria por se estender aos demais entendimentos sumulados dos Tribunais brasileiros".[198]

A questão, como antes ressaltado, toma outra configuração quando a súmula descumprida ou aplicada indevidamente – no julgado rescindendo

198. Comentários ao *Código de Processo Civil..., 2015, cit., nota nº 39 ao art. 966, p. 1.922.*

seja de tipo *vinculante* e não apenas persuasiva, à semelhança do que se passa nos países da *common law*, onde se distinguem os *binding* e os *persuasive precedents*. Isso porque a súmula vinculante, além de atender às características comuns às normas legais - generalidade, abstração, impessoalidade, impositividade geral - e de expressar o extrato de um entendimento consonante e reiterado sobre uma dada questão constitucional, é ainda superlativamente qualificada pelo fato de que a recusa imotivada/inconsistente ou a aplicação indevida/equivocada acarretam a *cassação* do julgado (CF, § 3.º do art. 103-A).

É dizer, do ponto de vista pragmático, a desobediência à súmula vinculante acaba por se equiparar à infringência da própria norma, tornando pensável a possibilidade de ação rescisória em casos que tais. Tenha-se presente que a sanção pelo descumprimento de súmula vinculante ou sua aplicação indevida não é a "reforma" (*rectius*: revisão) do julgado e sim sua *cassação*, pressupondo, pois, que aí se trata de *error in procedendo*, ou, se se quiser, *erro de atividade*, vícios insanáveis, análogos aos ocorrentes em várias hipóteses de ação rescisória (CPC, art. 966 e incisos). Mais se reforça a exegese ora exposta quanto se considere que o julgado rescindendo há de ter transitado em julgado, em face do que dispõe a Súmula 734 do STF: "*Não cabe* reclamação quando já houver transitado em julgado o ato judicial que se alega tenha desrespeitado decisão do STF", enunciado recepcionado pelo CPC: art. 988, § 5º, I, inciso acrescido pela Lei 13.256/2016. Se em casos tais não cabe a reclamação (que serve para preservar a competência e garantir a autoridade das decisões do STF: CF, art. 102, I, *l; CPC, art. 988, III, redação do inciso cf. Lei 13.256/2016*) pergunta-se: qual outro instrumento seria manejável, senão a rescisória?

No ponto, escrevendo ao tempo do CPC/73, ponderava Izabelle Albuquerque Costa Maia: "Ainda que se dê interpretação restritiva à expressão 'literal disposição de lei' [CPC/73, inciso V do art. 985, V, correspondente ao art. 966, V, do CPC vigente] do CPC/73], no sentido de que apenas a lei em sentido estrito estaria nela abrangida, há outro argumento possível em prol da tese do cabimento da ação rescisória com base em violação de súmula vinculante, senão vejamos: se a súmula vinculante contém interpretação da lei constitucional emitida pelo órgão incumbido de zelar pela obediência aos seus preceitos, há de se considerar todas as outras interpretações inconstitucionais, portanto, contrárias à Constituição. Então, pode-se dizer que o desrespeito à súmula vinculante, ou por meio da sua aplicação quando não era cabível ou vice-versa, redunda na violação à Constituição, ainda que por via oblíqua. (...) Constitui a súmula vinculante uma norma jurídica geral e abstrata, pois vale para todos e não regula determinado caso concreto, mas todos que se enquadrem no seu enunciado. Considerar a súmula vinculante como norma que compõe o ordenamento implica dizer que a sua violação gera fundamento suficiente para o cabimento da ação rescisória com o fim de rescindir a decisão que a violou".[199]

A outro giro, a emissão de súmula vinculante enquanto ato normativo estatal de enorme repercussão ao interno do Judiciário e do Executivo , só se legitima se e quando atendidos cumpridamente os quesitos positivados no art. 103-A, *caput* e § 1.º, da CF, sujeitando-se, caso contrário, ao controle de sua própria constitucionalidade, como alerta José Carlos Barbosa Moreira: "(...) se alguma vez, por escusável distração (*quandoque bonus dormitat Homerus*), o STF vier a atribuir efeito vinculante a proposição que não preencha os requisitos acima enumerados [os do art. 103-A, *caput* e § 1.º, da CF] vale a pena saber que se poderá impugnar, como inconstitucional, a proposição supostamente vinculativa".[200]

Com efeito, a doutrina tem apontado casos de súmulas vinculantes cuja edição não atende, exatamente, os pré-requisitos indicados no art. 103-A da CF, seja por não representarem, exatamente, o extrato do entendimento esposado nos precedentes nelas invocados, seja por desatenderem a *exigência* de que a súmula vinculante deve reportar-se a "*reiteradas* decisões sobre matéria constitucional". Assim, Eduardo Henrique de Oliveira Yoshikawa, focando as súmulas vinculantes nºs 11 (uso de algemas) e 13 (nepotismo), afirma: "Quem se disponha a comparar o enunciado das súmulas dos tribunais com a *ratio decidendi* manifestada nos precedentes indicados como seu fundamento, não raro descobrirá que o enunciado foi além daquele que de fato foi decidido nos caso concretos (...)"; [201] a seu turno, Fernanda Figueiredo, focando a súmula vinculante nº 5 (defesa técnica por advogado em processo administrativo disciplinar), afirma: ""(...) foram mencionados como precedentes quatro acórdãos: o primeiro ainda não foi publicado [2008]; o segundo discute a defesa em processo administrativo fiscal; e o quarto e último discute defesa em tomada de contas especial. Sendo assim,

---

199. Violação à súmula vinculante e cabimento de ação rescisória. *Processo e Constituição* – Estudos em homenagem ao Prof. José Carlos Barbosa Moreira, São Paulo, RT, 2006, p. 243.

200. Súmula da jurisprudência predominante do STF, *Revista Fórum*, n. 16, Rio de Janeiro, Associação dos Magistrados do Estado do Rio de Janeiro – AMAERJ, jul.-ago. 2005, p. 31.

201. Uniformização de jurisprudência, *Revista Dialética de Direito Processual*, nº 108, mar./2012, p. 25.

temos apenas um precedente atualmente disponível, cujo cerne é questão semelhante à sumulada pelo STF".[202]

No modelo jurídico-político brasileiro nossos órgãos judiciais colegiados operam, em princípio, como Cortes de revisão, podendo, em certos casos, atuar como instâncias de *cassação*; nesta última hipótese, agindo numa sorte de *custos legis*, procedem a um *contraste objetivo de legalidade* acerca da estrutura formal do processo e da validade técnico-jurídica do julgado, delibação essa que pode levar ao descarte da decisão recorrida, reenviando-se os autos ao juízo *a quo*. Aliás, bem por isso, a cognição acerca dos pressupostos de existência e validade do processo, bem como das condições da ação, não precluem para o juiz enquanto não ocorrido o trânsito em julgado (CPC, § 3º do art. 485).

Portanto, enquanto a *reforma* do julgado recorrido, ao fundamento de divergência jurisprudencial, concorre para a desejável uniformidade na interpretação dos textos e, consequentemente, para o tratamento isonômico aos jurisdicionados, já a *cassação* do julgado, no modelo brasileiro, responde à necessidade preservação da *higidez técnico-processual*. O pano de fundo, nos dois casos, é a busca de uma resposta judiciária de melhor qualidade, e não a eliminação pura e simples da divergência. No ponto, observa José Ignácio Botelho de Mesquita: "A divergência na interpretação da lei não é, em si mesma, nenhum mal. Basta considerar que a evolução da jurisprudência se processa mercê de interpretações novas que se contrapõem às antigas. O que é um mal é a decisão errônea ou a divergência que não corresponda a nenhuma evolução dos fatos que presidiram a criação da norma interpretada".[203]

Ao judicarem no plano da *cassação* os Tribunais acabam, reflexamente, por dar azo a uma uniformização *verticalizada* da jurisprudência, porque, quando do retorno dos autos ao órgão *a quo*, para prosseguimento do feito, essa instância toma conhecimento do posicionamento reinante no Tribunal *ad quem* acerca da questão motivadora da cassação. Uma aplicação dessa *uniformização verticalizada, otimizada pelo direito sumular*, se dá no *conflito de competência*, cujo rito poderá ser abreviado a teor do parágrafo único do art. 955 do CPC: "O relator poderá julgar de plano o conflito de competência quando sua decisão se fundar em: I – súmula do Supremo Tribunal Federal, do Superior Tribunal de Justiça ou do próprio tribunal".

---

202. Súmula vinculante nº 5 do STF x Súmula nº 343 do STJ – contraditórias ou complementares ? *Repertório de Jurisprudência IOB*, 2ª quinzena de set./2008, vol. I, p. 745.

203. Uniformização de jurisprudência, *Lex*, Jurisprudência do STF, vol. 226, out. 1997, p. 7.

Já a uniformização *em sentido horizontal* verifica-se, por definição, na eficácia *erga omnes* das decisões de mérito do STF no controle direto (CF, §§ 1.º e 2.º do art. 102; § 2.º do art. 103), e, também, em certa medida, no plano do controle incidental, após o Senado suspender a execução do texto (CF, art. 52, X), supressão essa que, naturalmente, apresentará eficácia panprocessual. Considere-se ainda que, no âmbito do cumprimento de sentença, torna-se *inexigível* (e, pois, inexequível) "a obrigação reconhecida em título executivo judicial fundado em lei ou ato normativo considerado inconstitucional pelo Supremo Tribunal Federal, ou fundado em aplicação ou interpretação da lei ou ato normativo tido pelo Supremo Tribunal Federal como incompatível com a Constituição Federal, em controle de constitucional concentrado ou difuso" (CPC, § 12º do art. 525).

No tocante às súmulas vinculantes do STF, parece-nos que atuam em ambas as dimensões vertical e horizontal: no primeiro sentido, porque todos os órgãos judiciais se sujeitam a elas, sob pena de cassação da decisão, por força de acolhimento da Reclamação; no segundo sentido, porque também a Administração Pública a elas está jungida, pena de anulação do ato infringente ou do que as tenha aplicado equivocadamente (CF, § 3.º do art. 103-A), a par da responsabilização civil, administrativa e penal da autoridade recalcitrante (Lei 9.784/99, art. 64-B, inserido pela Lei 11.47/2006). A par disso, não há negar que, reflexa ou indiretamente, também acabam tocadas pela emanação da eficácia das súmulas vinculantes, em alguma medida, as pessoas físicas e jurídicas em geral, ao interagirem com o Judiciário e com a Administração Pública.[204]

A desejável uniformidade interpretativa é superiormente implementada quando os Tribunais operam no plano revisional, *reformando* a decisão recorrida, ao fundamento de divergência jurisprudencial, porque aí se opera o controle *preventivo* ou *corretivo* do dissídio pretoriano. Com efeito, tanto o STF, enquanto "guarda da Constituição" (CF, art. 102, *caput*), como o STJ, a quem cabe dar a última palavra sobre o Direito Federal comum (CF, art. 105 e incisos), e, bem assim, o TST, o TSE e o STM em suas respectivas áreas, ao interpretarem a parcela do Direito Positivo que lhes concerne, acabam por assegurar *uniformidade* em sua aplicação, ao longo do território nacional.

Em suma, a função controladora da *homogeneidade* na interpretação dos textos, inclusive no tocante à aferição de sua conformidade em face da

204. Sobre o *stare decisis*, nas linhas vertical e horizontal, v. Luiz Guilherme Marinoni, Ações repetitivas e julgamento liminar, *Revista Jurídica*, n. 354, abr. 2007, p. 53, 54 e nota de rodapé n. 1.

Constituição, é desenvolvida pelo STF nos planos da revisão / cassação, em simetria, de resto, com sua posição sobranceira na organização judiciária brasileira. A respeito, aduz Oscar Vilhena Vieira: "Em resumo, quatro podem ser as funções fundamentais de um tribunal constitucional numa democracia constitucional: assegurar a continuidade do regime democrático (no sentido procedimental) corrigindo-lhe eventuais distorções; garantir a supremacia das decisões constitucionais frente às decisões políticas ordinárias; resguardar direitos e valores fundamentais, frente a qualquer tipo de decisão política; e, nos Estados pós-liberais, assegurar a realização de uma justiça substantiva".[205]

2.4.3 O incidente de resolução de demandas repetitivas.

Em países de filiação romano-germânica, de tradição codicística, como o nosso, tradicionalmente se admite que as fontes das obrigações derivam do contrato, do quase contrato, do delito e do quase delito (ou, em última análise, da... *lei*, porque é esta que parametriza a tipologia identificadora daquelas situações jurígenas). Explica José Cretella Júnior que aquela divisão quadripartite provém das compilações de Justiniano a partir do que viera proposto por Gaio, certo ainda, prossegue, que Modestino "acrescenta as obrigações que nascem da lei (*ex lege*) ou do direito honorário (*ex jure honorario*)".[206]

Como de início se observou, essas fontes, acabam, em *ultima ratio*, subsumidas à própria *lei*, já que, em fim de contas, um contrato obriga quando se aperfeiçoou segundo os requisitos previstos na norma de regência (CCi, art. 104), assim como um delito se configura quando a conduta do agente, dolosa ou culposa, se enquadra na tipificação prevista na lei penal. Essa percepção mais sintética das fontes das obrigações se acomoda, em última análise, ao *princípio da reserva legall*: "Ninguém será obrigado a fazer ou deixar de fazer alguma coisa, senão em virtude de *lei*" (CF, art. 5.º, II).

Num Estado de Direito, a lei tem duas possibilidades de atuação prática: ou ela opera naturalmente, diríamos *espontaneamente*, como referencial genérico, abstrato e impessoal, assim regulando as pessoas, os bens e suas relações, ou pode ocorrer que ela não seja eficaz em determinados casos, o que ocorre quando a lei, apesar de vigente, mostra-se inoperante *in concreto*. Verificada esta última ocorrência, e se porventura os titulares dos interesses contrapostos não renunciam às suas pretensões, não se compõem suasoriamente, nem se submetem ao Juízo Arbitral ou a outra modalidade heterocompositiva,

---

205. *Supremo Tribunal Federal* – Jurisprudência política, São Paulo, RT, 1994, p. 38.

206. *Direito romano*, São Paulo, RT, 1963, p. 141.

caracteriza-se então a *lide*, ou seja, um confronto incompossível de interesses, ou, na conhecida fórmula *carneluttiana*, um "conflito de interesses qualificado por uma pretensão resistida". Uma vez vedado o exercício arbitrário das próprias razões (CP, art. 345), e não se enquadrando a espécie numa hipótese de autotutela autorizada pelo ordenamento (*v.g.*, CCi, 1.210, § 1.º), não restará alternativa senão submeter tal conflito à apreciação do Judiciário, certo que nem mesmo a lei pode excluir da apreciação jurisdicional lesão ou ameaça a direito: princípio da ubiquidade, da universalidade da justiça ou da inafastabilidade do controle jurisdicional – CF, art. 5.º, XXXV.

O juiz deve, em princípio, decidir a demanda segundo o critério de *legalidade estrita*, o que bem se compreende, dado que ele não é fonte criadora da norma (*jus dare*), e sim o agente estatal encarregado de interpretar e aplicar a norma ao caso concreto (*jus dicere*). As poucas exceções confirmam essa regra: em alguns casos, o legislador autoriza o julgador a cunhar a norma que resolverá a controvérsia *in concreto* (CPC, art. 140 e parágrafo único; parágrafo único do art. 723); admite o sorteio (CCi, art. 817); e, ante possível lacuna do ordenamento (já que a completude deste é apenas uma presunção) fica autorizado o uso dos *meios de integração* (analogia, costumes, equidade, princípios gerais de direito – *Lei de Introdução às Normas do Direito Brasileiro* –12.376/2010, art. 5.º: redenominação da antiga Lei de Introdução ao Código Civil – 1942), e ainda as regras da experiência comum (CPC, art. 375).

A tarefa do operador do Direito se enriquece, ainda, com o aporte dos *meios complementares* de integração do Direito, tais a doutrina e a própria jurisprudência, sobretudo quando esta última se apresenta dominante, assentada, ou, *a fortiori*, sumulada. De todo modo, constata-se que toda fonte de obrigação se respalda, remota ou proximamente, num texto normativo, donde se poder concluir que o paradigma fundamental, dentre nós, segue sendo a *lei*, tomada no sentido largo, ora proposto. Por isso, se é certo que a súmula vinculante do STF ombreia-se à norma legal, por também se revestir dos atributos de generalidade, abstração, impessoalidade e obrigatoriedade, não é menos verdade que se ela assim atua é porque textos normativos – CF, art. 103-A; Lei 11.417/2006 – o autorizam, o que faz com que, ao fim e ao cabo, tudo se reduza... à própria *lei* como forma principal de expressão do Direito. Aliás, não há negar que tal súmula otimizada apresenta-se condicionada à *lei*, a esta se integrando *a posteriori*, como se infere do art. 5º da Lei 11.417/2006: "Revogada ou modificada a lei em que se fundou a edição de enunciado de súmula vinculante, o Supremo Tribunal Federal, de ofício ou por provocação, procederá à sua *revisão ou cancelamento*, conforme o caso".

Na experiência brasileira, não se pode deixar de deplorar a baixa efetividade social da norma legal (ditas leis que *não pegam*), sua expansão exagerada (a fúria legislativa), e, mesmo em vários casos, sua deficiente redação, concausas que insuflam a contenciosidade ao interno da coletividade, e, em consequência, exacerbam o demandismo judiciário. José Eduardo Faria fala no "sistema legal incoerente e incapaz de gerar um mínimo de previsibilidade de expectativas e segurança nas relações sociais, dada a profusão de regras gerais editadas para dar conta de casos muito específicos e meramente conjunturais e de normas excessivamente singelas para serem aplicadas em situações altamente complexas; e por uma gradativa fragmentação das fontes formais de direito e uma progressiva afirmação das fontes materiais, resultantes dos processos de deslegalização e desconstitucionalização provocados pela transnacionalização dos mercados, pelo policentrismo decisório na economia globalizada, pela relativização das fronteiras geográficas e pelas metamorfoses em andamento nos princípios da soberania e da territorialidade".[207]

A aplicação da lei pelo juiz tanto pode dar-se para solver conflito intersubjetivo, no plano da jurisdição singular, como para dirimir controvérsias de maior espectro social (conflitos de massa, onde se entrechocam interesses metaindividuais), já agora no plano da jurisdição coletiva, e isso tanto na justiça comum (ação civil pública, ação popular, mandado de segurança coletivo) como na especializada (dissídios coletivos, ações de cumprimento, na Justiça do Trabalho).[208] Em qualquer caso, a matéria *sub judice* deverá ser subsumida a um texto de regência, seja na literalidade de sua formulação original, seja quando aperfeiçoado pelas fontes subsidiárias, meios de integração ou de complementação. Do todo defluirá uma resposta judiciária, um *comando*: para desconstituir uma situação preexistente e criar nova; para aclarar certa relação jurídica; para condenar a uma obrigação comissiva ou omissiva; ou, ainda, ordenar certa conduta. Com relação aos comandos mais ocorrentes, a saber, os *condenatórios ou prestacionais*, dispõe o art. 515 do CPC que são *títulos executivos judiciais*: "I – as decisões proferidas no processo civil que reconheçam a exigibilidade de obrigação de pagar quantia, de fazer, de não fazer ou de entregar coisa".

Esse ponto de *concreção judicial* da norma jurídica – o seu *momento judiciário* – ocorre quando ela é invocada para solver o conflito de interesses,

207. O Judiciário e seus dilemas, *Revista do Advogado* (AASP), n. 56, set. 1999, p. 65.

208. Sobre esse tema, v. o nosso *Jurisdição coletiva e coisa julgada – teoria geral das ações coletivas*, 3. ed., 2012, cit., especialmente capítulo III.

e é o que mais de perto concerne ao que ora se vai expondo: se é verdade que a fonte última das obrigações é a *lei*, que a todos se aplica, indistintamente (CF, art. 5.º, *caput*), não é menos verdade que essa isonomia não pode se reduzir a um simples enunciado formal, ainda que ao nível de garantia constitucional, senão que deve efetivar-se na prática, revelando-se num *real tratamento igualitário a situações análogas*. É dizer, a verdadeira isonomia é a que se opera tanto em face da *norma legislada* como da *norma judicada*.

Assim o reconhece Luiz Flávio Gomes: "O princípio da igualdade possui hoje uma dupla dimensão: 'igualdade na lei' (no tratamento dado pela lei) e 'igualdade na aplicação da lei' (os juízes devem decidir os litígios idênticos com consequências idênticas)". Na sequência, invocando Andrés Ollero Tassara, o autor afirma: "Em virtude desse último aspecto do princípio da igualdade, vem sendo construída a seguinte doutrina: '*Um mesmo* órgão jurisdicional não pode *modificar arbitrariamente* o sentido de suas decisões em *casos substancialmente iguais;* quando isso acontece, deve oferecer uma *fundamentação suficiente e razoável*'".[209] Esse posicionamento doutrinário aparece recepcionado no § 4º do art. 927 do CPC: "A *modificação* de enunciado de súmula, de jurisprudência pacificada ou de tese adotada em julgamento de casos repetitivos observará a necessidade de *fundamentação adequada* e específica, considerando os princípios da segurança jurídica, da proteção da confiança e da isonomia". Isso porque o vigente CPC apresenta claro perfil *precedentalista*, por modo que os padrões decisórios otimizados, listados no art. 927 e incisos, destinam-se justamente a agilizar os ritos e propiciar tratamento igualitário aos casos neles subsumidos, a par de o art. 10 assegurar o *direito à não-surpresa*.

A se entender de outro modo, a garantia constitucional da *igualdade* ficaria reduzida, por assim dizer, a uma sorte de *presunção juris tantum*, ou a uma singela *expectativa* de que a norma venha a ser espontaneamente cumprida pelos destinatários, o que, todavia, é falacioso, bastando observar o que se passa na vida em sociedade, onde o ambiente é notoriamente conflitivo, engendrando um elevado e crescente número de demandas judiciárias, para não falar da chamada *litigiosidade contida*. Por isso, é absolutamente indispensável que à igualdade teórica se agregue uma *isonomia prática*, representada por uma *razoável previsibilidade*, a ser oferecida ao jurisdicionado, no sentido de que sua pretensão receberá resposta judiciária qualitativamente análoga às demais de seu gênero e espécie. Por exemplo, o advogado poderá alertar o cliente de que sua pretensão contraria enunciado de súmula, assim evidenciando o risco de *improcedência liminar do pedido* – CPC, art. 332, I e IV.

---

209. Súmulas vinculantes e independência judicial cit., p. 38-39.

Neste ponto, impende enfrentar o possível contra-argumento de que tal previsibilidade se afiguraria inviável, por não ser o Direito uma ciência exata, mas um sistema organizado de valores normatizados e que, por outro lado, ao juiz deve ser assegurada a livre ponderação sobre as alegações e as provas constantes dos autos, o que tudo daria azo à virtual divergência jurisprudencial, consideradas, ainda, as peculiaridades de nossa organização judiciária e a própria extensão territorial do país. Por outras palavras, naquela linha argumentativa, restaria ao jurisdicionado *conviver* com a virtual discrepância entre decisões judiciais prolatadas sobre casos idênticos – e se resignar às injustiças daí defluentes – numa sorte de *karma* insuperável.

Tal raciocínio, sobre implicar o absurdo de que desse modo o Estado ficaria *desonerado* da prestação jurisdicional ao ofertar ao jurisdicionado uma *qualquer resposta* – precária, inconsistente, tardia e injusta –, ainda peca por uma petição de princípio: do fato de a jurisdição singular atuar isoladamente em cada caso concreto, daí *podendo* resultar decisões qualitativamente diferentes, em casos assemelhados (por exemplo, decisões discrepantes, dadas por Varas de Fazenda Pública, sobre processos análogos, envolvendo restituição de um mesmo tributo), não decorre a conclusão de que os jurisdicionados *devam* conformar-se em aceitar, passivamente, esse tratamento não isonômico, como se fora esse o triste fadário daqueles que buscam a prestação jurisdicional no Brasil.

Quando se examina o problema da divergência jurisprudencial, impende realizar desde logo o correto dignóstico do problema, a fim de *não tomar a nuvem por Juno*, baralhando os efeitos e as causas. A origem dos males não reside no dissídio pretoriano *em si*, porque, de um lado, essa é uma possibilidade sempre virtual, num país de dimensão continental, onde o primado recai na norma legal, interpretada e aplicada em cada caso concreto por *Justiças* organizadas nos planos federal e estadual. De outro lado, a jurisprudência representa o próprio Direito vivo, é a própria vida pulsando nos Tribunais, de sorte que, à semelhança do que se passa com a biodiversidade que caracteriza o mundo natural, também aquele produto final da atividade dos Tribunais pode bem se apresentar heterogêneo e mutante. Na conhecida lição de Piero Calamandrei, absurdo seria "desejar que a jurisprudência, que por sua mutabilidade no tempo é a mais sensível e a mais preciosa registradora das oscilações mesmo leves da consciência jurídica nacional, fosse cristalizada e contida em sua liberdade de movimento e de expansão".[210]

210. La cassazione civile, *Opere Giuridiche*, vols. II e VII, Nápoles, 1976, p. 74.

Descartada, assim, a divergência jurisprudencial *em si mesma* como *o vero problema,* impende prosseguir na busca da verdadeira *causa* do tratamento jurisdicional não isonômico, que hoje assombra o jurisdicionado brasileiro e engendra a pletora de ações e recursos que sobrecarrega nossos órgãos jurisdicionais. Na prospecção desse diagnóstico, tudo parece sinalizar para a ocorrência de um notório desvirtuamento no *modo* e na *intensidade* em que se vem revelando o dissídio pretoriano, extrapolando em muito os limites do que seria razoável, justificável e suportável, em termos de realidade judiciária brasileira, configurando a temível *loteria judiciária,* ou, em termos menos severos, a *dispersão jurisprudencial excessiva.* Nesse sentido, a Exposição de Motivos que acompanhava o anteprojeto do vigente CPC (junho/2010), revelava-se sensível a esse aspecto: "(...) haver, indefinidamente, posicionamentos diferentes e incompatíveis, nos Tribunais, a respeito da mesma norma jurídica, leva a que jurisdicionados que estejam em situações idênticas, tenham de submeter-se a regras de conduta diferentes, ditadas por decisões judiciais emanadas de tribunais diversos. Esse fenômeno fragmenta o sistema, gera intranquilidade e por vezes, verdadeira perplexidade na sociedade".

Colocada pois a questão sob seus veros parâmetros, verifica-se que o *verdadeiro problema* não está (e nem poderia estar) na divergência jurisprudencial *em si mesma,* mas no *excesso* e no *descontrole* dela, tornando a ação judicial um exercício de futurologia, fonte de prolongada angústia para as partes, seja quanto ao seu término, seja quanto ao resultado, seja, enfim, quanto à sua final exequibilidade, o que tudo reflui para o desprestígio da função jurisdicional e para a desconfiança social quanto ao próprio caráter científico do Direito.

O ponto foi bem focado por Donaldo Armelin, primeiro registrando a "outorga ao Judiciário, a par de uma ampliação de funções, que extravasam o simples dizer ou atuar o direito que já vinha explicitado no texto legal, aquela de completar a norma jurídica para aplicar o direito ao caso concreto, vale dizer a responsabilidade por essa criação". Na sequência, aduz que "tal expansão do âmbito tradicional da atividade jurisdicional repotencia a exigência de uniformidade possível das suas decisões, sem o que o valor justiça se esgarça e a confiança na prestação jurisdicional acaba por ser erodida pela imprevisibilidade de tais decisões. Porém, não apenas o valor justiça é vulnerado pela ocorrência de decisões díspares relativamente a matérias jurídicas atinentes aos mesmos fatos. O valor segurança jurídica resta, outrossim, afetado por esse indesejável fenômeno. Isto porque um mínimo de previsibilidade é indispensável à segurança, seja ela jurídica ou não, na medida em que se lastreia na normalidade do *id quod plerumque fit*. Não é, lamentavelmente, o que atualmente vem sucedendo com a jurisprudência nacional, a ponto de justificar a pertinência do adágio *lites habent sidera*".[211]

Portanto, a circunstância de o Direito não compor o rol das ciências ditas *exatas* não é razão suficiente para que a garantia constitucional do acesso à Justiça se considere *atendida* sempre que haja a prolação de *uma qualquer* resposta judiciária, mesmo descomprometida com a solução alcançada nos demais casos análogos, sem justificativa palpável para tal discrepância, ou seja, sem que se tenham alterado as *fontes substanciais* existentes ao tempo da edição da norma de regência e sem que tenham sobrevindo fatores ponderáveis que demandassem a alteração exegética.

É dizer: enquanto o direito de petição (CF, art. 5.º, XXXIV, *a*) é genérico e incondicionado, já o *direito de ação*, muito ao contrário, tem seu exercício balizado por específicas condições, requisitos e ônus, o que coloca para o Estado o poder-dever de ofertar uma resposta judiciária de qualidade, a saber: *justa, jurídica, econômica, tempestiva, razoavelmente previsível* e *idônea a assegurar a fruição efetiva do direito, valor ou bem da vida reconhecidos no julgado*. O valor *justiça* é o mais prejudicado pela desmesurada divergência jurisprudencial, porque, tirante as hipóteses de alteração no ordenamento positivo e/ou modificação relevante no quadro sociopolítico-cultural-econômico preexistente, *pode e deve* o Estado oferecer ao jurisdicionado uma jurisprudência o quanto possível estável, complementada por uma *razoável previsibilidade* de que o seu litígio receberá resposta judicial análoga à dos casos assemelhados.

É dizer: dado que a norma legal fixa, coercitivamente, uma dada conduta, é lícito ao jurisdicionado esperar que essa norma seja interpretada de modo uniforme em face dos demais casos concretos nela subsumidos. Nos dias de hoje, não mais se justifica que, por conta de uma exacerbada (e irrealista) leitura do princípio da *livre convicção*, fique o jurisdicionado relegado a uma sorte de *limbo judiciário*, cujo termo final e resultado prático remanescem insuspeitados. É nesse contexto que o *Direito Sumular* pode mostrar sua maior utilidade, como pondera José Eduardo Carreira Alvim: "Em que pese o pensamento dos contrários, a vinculação dos juízes – e, mormente, da Administração Pública – às súmulas predominantes nos tribunais, é, sem dúvida, a melhor proposta para acelerar a prestação jurisdicional, evitando que juízes recalcitrantes continuem, por absoluta falta de bom senso, a dar ensejo, com as suas sentenças, a recursos, cujo desfecho é, desde o início, identificável".[212]

---

211. Uma visão da crise atual do Poder Judiciário, *RePro*, n. 137, jul. 2006, p. 248 e 249.

212. Alternativas para uma maior eficácia da prestação jurisdicional, *Doutrina*, vol. I, coord. James Tubenchlak, Rio de Janeiro, Instituto de Direito, 1995, p. 29.

Bem por isso, em boa hora, veio dispor o art. 926, *caput*, do CPC: "Os tribunais *devem* uniformizar sua jurisprudência e mantê-la *estável, íntegra e coerente*". Essa padronização decisória permite, dentre outras externalidades positivas, que uma ação seja trancada *ab initio* quando a pretensão nela formulada chocar-se contra enunciado sumular (CPC, art. 332, I e IV), até mesmo por medida de economia processual e de racionalização dos trâmites, já que tal pleito estaria fadado ao insucesso, inclusive na instância recursal, a qual também está jungida a tal padrão decisório. Sem embargo, registre-se o posicionamento de Nery & Nery, que sustentam a inconstitucionalidade desse dispositivo, "por ferir as garantias da isonomia (CF 5º *caput* e I) da legalidade (CF 5º, II), do direito de ação (CF 5º, XXXV) e do contraditório em ampla defesa (CF 5º LV), bem como o princípio dispositivo, entre outros fundamentos (...)".[213]

O bom senso na análise do que se passa na experiência judiciária brasileira permite diagnosticar que o *verdadeiro problema* reside, pois, na *excessiva*, *descontrolada* e *injustificada* divergência contemporânea entre acórdãos sobre um mesmo tema, discrepância essa que se torna *ilegítima*, na medida em que não vem *respaldada* pelo advento de um direito novo, nem tampouco por uma superveniente alteração nas fontes *substanciais* do Direito preexistente, nem ao menos por uma exegese qualitativamente *superior* à anteriormente perfilhada. Nesse contexto, é relevante o adjetivo *contemporâneo*, porque, quando o dissídio vem a se configurar ao longo de um certo distanciamento temporal, lapso em que vem a se alterar o Direito posto, ou em que se modificaram suas *fontes substanciais*, ou mesmo sobrevém exegese superior à antes praticada, então a discrepância jurisprudencial pode validamente se instaurar, dado que a *praxis* judiciária deve se mostrar sensível às alterações relevantes, ocorridas nos valores e interesses da vida em sociedade, assim como em relação aos avanços da ciência. Por exemplo, a jurisprudência aplicada à família e ao casamento em seus formatos tradicionais, dificilmente se traslada às contemporâneas ocorrências de união estável e de famílias monoparentais, ou de relações conjugais homoafetivas.

Outros exemplos expressivos do antes afirmado podem ser encontrados nestas situações atualmente vivenciadas na realidade brasileira:

(i) invasões (ou ocupações) de propriedades rurais por grupos ditos *sem-terra*, fato social recorrente, induzem os operadores do Direito a repensar os conceitos de posse e domínio, frente à condicionante da *função social da propriedade* (CF, art. 5.º, XXIII) e, mesmo no tocante aos remédios

213. Comentários ao *Código de Processo Civil, 2015, cit., nota nº 3 ao art. 332, p. 908.*

processuais tradicionalmente utilizados nas moléstias possessórias, prevendo, ao propósito, o art. 565 do CPC: "No litígio coletivo pela posse de imóvel, quando o esbulho ou a turbação afirmado na petição inicial houver ocorrido há mais de ano e dia, o juiz, antes de apreciar o pedido de concessão da medida liminar, deverá designar audiência de mediação, a realizar-se em até 30 (trinta) dias, que observará o disposto nos §§ 2.º e 4.º. § 1.º Concedida a liminar, se essa não for executada no prazo de um 1 (um) ano, a contar da data de distribuição, caberá ao juiz designar audiência de mediação, nos termos dos §§ 2.º a 4.º deste artigo. § 2.º O Ministério Público será intimado para comparecer à audiência e a Defensoria Pública será intimada sempre que houver parte beneficiária de gratuidade de justiça. § 3.º O juiz poderá comparecer à área objeto do litígio quando sua presença se fizer necessária à efetivação da tutela jurisdicional. § 4.º Os órgãos responsáveis pela política agrária e pela política urbana da União, de Estado ou do Distrito Federal, e de Município onde se situe a área objeto do litígio poderão ser intimados para a audiência, a fim de se manifestarem sobre seu interesse no processo e sobre a existência de possibilidade de solução para o conflito possessório. § 5.º Aplica-se o disposto neste artigo ao litígio sobre propriedade de imóvel";

(*ii*) a superpopulação dos presídios, a par do recrudescimento da violência e da criminalidade, a repercutir na interpretação das normas penais, mormente as que dispõem sobre o regime progressivo do cumprimento das penas;

(*iii*) o índice de desemprego, fato social a ser devidamente ponderado pelo julgador, ao apreciar, por exemplo, a conduta tipificada como *vadiagem* (Lei das Contravenções Penais, art. 59);

(*iv*) o patamar do *PIB* nacional, que é um dado a ser considerado na interpretação das normas que regulam a demanda e oferta de emprego, a recuperação de empresas, os efeitos das obrigações civis e comerciais, especialmente no que concerne à inadimplência, mora e insolvência;

(*v*) a profunda alteração nos costumes, valores e interesses emergentes em sociedade, mormente no campo das relações afetivas, da família e do casamento, o que tem propiciado releituras que levaram à descriminalização do adultério, à atribuição de efeitos jurídicos a certas modalidades *alternativas* de vida conjugal, e mesmo sobre o atual conceito de *morte digna*, podendo tornar penalmente atípica a eutanásia por omissão (supressão de medicamento ou desligamento de aparelhos, consentidos pelo paciente terminal), dita *ortotanásia.*

No ponto, afirmava o saudoso J. J. Calmon de Passos que "o fixado em termos genéricos, frise-se, em termos genéricos, pelos tribunais superiores obriga aos tribunais e juízes inferiores, tanto quanto a lei. Falar-se em decisão de tribunal superior sem força vinculante é incidir-se em contradição manifesta. Seriam eles meros tribunais de apelação, uma cansativa *via crucis* imposta aos litigantes para nada, salvo o interesse particular do envolvido no caso concreto, muito nobre, porém muito pouco para justificar o investimento público que representam os tribunais superiores".[214]

É dizer: para além das hipóteses em que se alteraram as *fontes substanciais* da norma legal, ou em que sobreveio *direito novo*, ou ainda quando se ofereça exegese notoriamente *superior* à antes praticada, no mais não se justifica a divergência jurisprudencial acerca de casos análogos, decididos contemporaneamente. Além disso, tal discrepância ainda engendra graves externalidades negativas: ***a)*** compromete a própria base conceitual do Direito, que é a de ser instrumento do *justo* (*ars boni et aequo*), vocação que se deve resolver no tratamento isonômico aos casos análogos, corolário do princípio da igualdade de todos perante a lei (CF, art. 5.º, *caput*), aí se compreendendo tanto a norma *legislada* como a *judicada*; ***b)*** acarreta insegurança e instabilidade nas relações sociais, fazendo germinar a insatisfação ou, quando menos, um clima de revolta entre os jurisdicionados; ***c)*** desprestigia o trinômio básico "ação-processo-jurisdição", porque então o acesso à Justiça deixa de ser um apanágio do direito subjetivo público de cada cidadão a uma resposta judiciária de qualidade, para se converter numa angustiada espera por um provimento judicial imprevisível, que advirá num insuspeitado momento futuro; ***d)*** favorece o *cliente habitual* do Judiciário, em detrimento daquele eventual, porque o primeiro é mais abonado economicamente e trabalha seu acervo de processos em economia de escala (Departamento Jurídico próprio, advocacia *de partido* ou terceirizada), donde não lhe causarem grande mossa a demora do processo nem tampouco a imprevisibilidade do resultado final.

Não por acaso, as grandes corporações costumam incluir em suas planilhas de cálculo (*accountability*) o risco pelo pagamento de eventuais indenizações aos consumidores lesados por vícios dos produtos ou baixa qualidade dos serviços, de modo que esse custo futuro já fica contingenciado no orçamento contábil ou já é de algum modo *embutido* nos preços praticados, juntamente com os demais insumos. No ponto, Judith Martins Costa e Mariana Pargendler anotam que "muitas empresas cujos produtos são danosos em escala massiva amparam a continuidade de sua produção (e os danos causados) numa espécie de raciocínio por custo/benefício entre o lucro auferido pela disposição do produto no mercado e o custo da

214. Súmula vinculante cit., p. 632.

indenização a ser paga aos indivíduos que ingressarem em juízo, buscando ressarcimento pelos danos individualmente sofridos".[215]

José Carlos Barbosa Moreira explica que a problemática da uniformização da jurisprudência liga-se "ao fato da existência, no aparelho estatal, de uma *pluralidade* de órgãos judicantes que podem ter (e com frequência têm) de enfrentar iguais questões de direito e, portanto, de enunciar teses jurídicas em idêntica matéria. Nasce daí a possibilidade de que, num mesmo instante histórico - *sem* variação das condições culturais, políticas, sociais e econômicas que possam justificar a discrepância -, a mesma regra de direito seja diferentemente entendida e a espécies semelhantes se apliquem teses jurídicas divergentes ou até opostas. Assim se compromete a unidade do direito - que não seria posta em xeque, muito ao contrário, pela evolução *homogênea* da jurisprudência dos vários tribunais - e não raro se semeiam, entre os membros da comunidade, o descrédito e o cepticismo quanto à efetividade da garantia jurisdicional. Nesses limites, e somente neles, é que se põe o problema da uniformização da jurisprudência. Não se trata, nem seria concebível que se tratasse, de impor aos órgãos judicantes uma camisa de força, que lhes tolhesse o movimento em direção a novas maneiras de entender as regras jurídicas, sempre que a anteriormente adotada já não corresponda às necessidades cambiantes do convívio social. Trata-se, pura e simplesmente, de evitar, na medida do possível, que a sorte dos litigantes e afinal a própria unidade do sistema jurídico vigente fiquem na dependência exclusiva da distribuição do feito ou do recurso a este ou àquele órgão".[216]

Ao longo da evolução do Direito processual pátrio, utilizaram-se duas técnicas no que concerne ao tratamento da divergência jurisprudencial, a saber, uma voltada à prevenção do dissídio *virtual* (= aquele que se prenuncia), e outra à correção do dissídio já *ocorrente*. Na técnica da prevenção, busca-se obter a fixação de uma tese que, uma vez sumulada, deverá ter aplicação aos casos análogos, com isso se almejando cortar pela raiz o risco de uma anunciada prolação de julgados desarmônicos; já na técnica da correção, parte-se do fato de que o dissídio pretoriano já está instalado, restando então tentar superá-lo, ou quando menos, *administrá-lo* processualmente, da melhor maneira. Em palavras breves, a técnica da prevenção atua no plano *macro*, em contemplação de uma previsível dissidência; já a técnica da correção atua *in concreto*, ante divergência já configurada.

---

215. Usos e abusos da função punitiva ('punitive damages') e o direito brasileiro. *Revista Ajuris* - Associação dos Juízes do Rio Grande do Sul, n. 100, dez./2005, p. 233.

216. *Comentários ao Código de Processo Civil*, vol. V, 16. ed., 2012, cit., p. 4-5.

Os instrumentos para a técnica de *correção* são os *recursos*, cujo fundamento repousa, justamente, no dissídio jurisprudencial já verificado (revista trabalhista – CLT, art. 896 e alínea *a*, esta com redação da lei 13.015/2014; embargos de divergência no STF e STJ – CPC, art. 1.043, incisos e §§; art. 1.044 e §§; recurso especial ao STJ pela alínea *c* do art. 105, III, da CF; "embargos infringentes" *de ofício*, em caso de não ser unânime o julgamento da apelação – CPC, art. 942 do CPC); já na técnica da *prevenção* utilizam-se as formas de expressão da jurisprudência consolidada: assentos, prejulgados, enunciados normativos, súmulas *persuasivas*, na expectativa de que projetem um *efeito preventivo geral* em face de divergências *prenunciadas*. Dissemos súmulas *persuasivas* para distingui-las das *vinculantes*, restritas ao STF (CF, art. 103-A), porque estas últimas atuam em dupla frente: (***i***) *no plano preventivo*, "controlando" os órgãos judiciais e administrativos, induzindo-os a seguirem seus enunciados (por exemplo, o agente público fica jungido a declinar a razão da aplicação ou não da súmula vinculante: Lei 9.784/99, art. 64-A, inserido pela Lei 11.417/2006); (***ii***) *no plano corretivo*, visto que as decisões judiciais e os atos administrativos recalcitrantes ou que tenham equivocadamente aplicado aquelas súmulas serão, respectivamente, cassados ou anulados (CF, § 3.º do art. 103-A; Lei 11.417/2006, § 2.º do art. 7.º; CPC, art. 992).

Numa posição um tanto eclética, a meio-caminho daquelas duas frentes, situam-se:

(***i***) o *incidente de resolução de demandas repetitivas* (CPC, arts. 976, incisos e §§ – 987 e §§), instaurável pelos co-legitimados indicados no art. 977 e incisos, quando constatada, nos termos do art. 976, a coexistência de " I – "efetiva repetição de processos que contenham controvérsia sobre a mesma questão unicamente de direito; II – risco de ofensa à isonomia e à segurança jurídica"; tal incidente, não sendo recurso, nem ação autônoma de impugnação, permite a fixação de uma *tese jurídica* capaz de parametrizar a solução das ações múltiplas ou seriais, assim na jurisdição singular como na coletiva, envolvendo a mesma questão de direito, tanto nos processos em trâmite como nos futuros, de tal sorte que o eventual descumprimento desse padrão decisório desafia *reclamação* ao tribunal (CPC, arts. 976 e incisos; 985, incisos e §§; 988, IV, inciso com redação da Lei 13.256/2016; 992);

(***ii***) *o incidente de assunção de competência* (CPC, art. 947 e §§), instaurável pela parte, pelo relator, de ofício, pelo Ministério Público ou Defensoria Pública (§ 1º), "quando o julgamento de recurso, de remessa necessária ou de processo de competência originária envolver relevante questão de direito, com grande repercussão social, sem repetição em múltiplos processos" (art. 947, *caput*), inclusive quando tal questão de direito recomende "a prevenção ou a composição de divergência entre câmaras ou turmas do tribunal" (§ 4º), certo que o acórdão proferido nesse incidente "vinculará todos os juízes e órgãos fracionários, exceto se houver revisão de tese" (§ 4º). Camilo Zufelato avalia que tal instituto "opera uma verdadeira alteração de competência jurisdicional, deslocando-a para outro órgão no âmbito do próprio tribunal, de colegialidade mais expressiva, o qual, ao assumir a competência que lhe é atribuída por lei – art. 947 do CPC de 2015 – passa a ser legitimado a oferecer a todos os julgadores daquele mesmo tribunal – em se tratando de TJs, TRFs ou TRTs – , ou de todo o país, em se tratando de STF, STJ ou TST -, a única interpretação possível sobre a *quaestio iuris*, uma vez que se trata de formação de um precedente vinculante".[217]

A extração de enunciados pretorianos preordenados a formatar os julgamentos de casos análogos ou idênticos passa por instigante questão premonitória, qual seja a definição da competência para o correspondente processo legislativo, o que implica indagar se se trata de tema propriamente *processual* (caso em que se desenha a competência legislativa ordinária da União: CF, art. 22, I) ou se já imbrica com o contexto constitucional, ao argumento de que a inserção do precedente judicial *obrigatório* cria nova *fonte* ou forma de expressão do Direito Positivo, hipótese que induziria a necessidade de *emenda constitucional* (já que o primado dos direitos e obrigações repousa na *lei*: art. 5.º, II, da CF).

No histórico da experiência brasileira contemporânea foram experimentados esses dois caminhos: de um lado, a *PEC* 54/95, de autoria do Senador Ronaldo Cunha Lima (dava nova redação ao § 2.º do art. 102 da CF) e do Substitutivo oferecido em junho de 1996 pelo Deputado Jairo Carneiro à *PEC* 96/92 (especialmente art. 98 e parágrafos); e, de outro lado, o Projeto de Lei 3.804-A, de 1993 (alterava os arts. 478 e 479 do CPC/73), derivado de "estudos levados a efeito pelo Instituto Brasileiro de Direito Processual e pela Escola Nacional de Magistratura, com o objetivo declarado de democratizar, simplificar e atualizar o processo civil brasileiro".[218] De especial interesse, nesse PL 3.804-A, o previsto como alínea *d* do art. 479, § 4.º do CPC/73: "Nos processos pendentes e nos posteriores, com pretensão fundada na tese da súmula, poderá ser concedida a antecipação da tutela, prosseguindo o feito até final julgamento".[219]

---

217. Comentários ao Código de Processo Civil, coord. Cassio Scarpinella Bueno, v. 4, São Paulo: Saraiva, 2017, p. 91.

218. Cf. Djanira Maria Radamés de Sá, *Súmula vinculante* – Análise crítica de sua adoção, Belo Horizonte, Del Rey, 1997, p. 90.

219. *Apud* Petrônio Calmon Filho (org.), *Cadernos IBDP* – Instituto Brasileiro de Direito Processual, n. 4, set. 2005, p. 13.

No caso da súmula vinculante do STF, tratando-se de inovação que imbrica com nosso regime jurídico-político, tradicionalmente arraigado na *norma legal* como fonte das condutas comissivas e omissivas (CF, art. 5.º, *caput* e inciso II), parece-nos que sua inserção (*rectius*: ampliação) em nosso ordenamento positivo teria mesmo que ser feita por emenda constitucional – como veio a suceder: EC 45/2004 – a fim de que se ajustassem essas fontes primárias – lei e súmula obrigatória – no ambiente do pacto fundamental, já que o texto constitucional, em princípio, é *legicêntrico*: art. 5º e inciso II.

No ponto, aduz Christianne Boulos: "O dever ser dos enunciados do STF e do STJ é meramente descritivo, não obrigatório; e como existe norma constitucional dispondo que ninguém está obrigado a obedecer algo que não esteja previsto em lei, somente outra norma constitucional poderia prever qualquer forma de vinculação dos tribunais inferiores às decisões dos superiores; seria certamente inconstitucional qualquer previsão nesse sentido nos Regimentos Internos dos Tribunais".[220] A seu turno, Aymoré Roque Pottes de Mello entende que, com o sistema de súmulas vinculativas, o princípio da legalidade (art. 5.º, II, da CF vigente) "perde toda a sua histórica força, que sustenta o sistema jurídico romano-germânico adotado no país, pois a vida nacional não será só regrada por normas legais, mas, também, por preceitos sumulares. Com o mecanismo da súmula em análise, o modelo de Estado de Direito brasileiro será *sui generis*, pois ninguém será obrigado a fazer ou deixar de fazer alguma coisa senão em virtude de lei ou de súmula vinculante".[221]

Em senso consonante, aduz Rodrigo Jansen, analisando o teor do art. 103-A da CF: "Basta obrigar as Administrações Públicas e, especialmente o Poder Judiciário a cumpri-las [as súmulas vinculantes] para que, *ipso facto*, estejam obrigadas todas as pessoas sujeitas ao ordenamento jurídico brasileiro, e, em alguns casos, o próprio Poder Legislativo". (...) "Ora, se o Poder Judiciário – e antes mesmo deste, as Administrações Públicas – darão cumprimento ao Direito seguindo os ditames das súmulas vinculantes futuramente editadas, logicamente todos acabam se submetendo a elas. A lei que não pode ter seu cumprimento exigido perante o Poder Judiciário, segundo metáfora comum, é uma espada sem corte. O cumprimento da súmula, inequivocamente, poderá ser exigido perante o Judiciário, eis que a ela está vinculado, trata-se, portanto,

220. A força vinculante da jurisprudência e o papel do juiz no direito brasileiro, *Revista dos Anais do I Congresso de Iniciação Científica*, v. 1, São Paulo, USP-FAPESP, dez. 1996, p. 302.

221. A aplicação do efeito vinculante/súmula vinculante no sistema de controles da constitucionalidade brasileiro: as PECs 500/97 (PEC 54/96 – SF) e 517/97, *Revista Ajuris*, n. 72, mar. 1998, p. 144.

de uma espada com corte". (...) "(...) uma vez aplicado o ato legislativo contrário à súmula – pela edição de ato administrativo ou pela prolação de decisão judicial – estará aberta a via da reclamação; de onde se conclui que o Poder Legislativo está indiretamente vinculado à súmula, isto é, em grau menor a que estão a Administração Pública e o Poder Judiciário".[222]

Em simetria com tal entendimento, o art. 311 do CPC autoriza a *tutela da evidência*, "independentemente da demonstração de perigo de dano ou de risco para o resultado útil do processo", quando (...) "II – as alegações de fato puderem ser comprovadas apenas documentalmente e houver tese firmada em julgamento de casos repetitivos *ou em súmula vinculante*".

O modelo de uniformização de jurisprudência que vinha previsto nos arts. 476 a 479 do CPC/73 acabou por revelar parca eficácia, e isso, em boa medida, por conta da conotação um tanto *híbrida* da súmula que dali podia resultar, já que ela se apresentava bifronte: um *minus*, se comparada à eficácia obrigatória da norma legal, e um *plus*, se contrastada com o efeito singelamente persuasivo da *jurisprudência*. Nesses moldes, a súmula que *podia* resultar ao cabo daquele incidente ficou, como sugestivamente já se assinalou, *a meio-caminho*: mais do que um conselho, menos do que uma ordem...[223] De fato, a súmula a que se referia o art. 479 do CPC/73 era *menos* do que a lei, porque desprovida de obrigatoriedade ampla, geral e irrestrita, não projetando a desejável eficácia panprocessual *obrigatória*. Isso não a impedida de ficar postada num patamar acima da *jurisprudência dominante*, porque uma súmula, por definição, já é a *ementa* de um entendimento assentado em iterativos acórdãos consonantes sobre um mesmo tema, donde disporem o § 4.º do art. 102 do RISTF e o art. 124 do RISTJ: "A citação da Súmula, pelo número correspondente, dispensará, perante o Tribunal, a referência a outros julgados no mesmo sentido".

Pese a baixa receptividade no ambiente forense do incidente então previsto nos arts. 476-479 do CPC/73, seria, contudo, exagero afirmar que a tese ao

222. A súmula vinculante como norma jurídica, *Revista Forense*, vol. 380, jul.-ago. 2005, p. 206 e 207.

223. Cf. Lênio Luiz Streck: "(...) muito embora esteja claro que o ordenamento jurídico brasileiro esteja vinculado ao primado da lei, onde, como já se dizia da *auctoritas* do senado romano, 'a força da jurisprudência é mais do que um conselho e menos do que uma ordem', na pratica a jurisprudência – através de seu corolário, que são as súmulas – assume foro de obrigatoriedade e vinculariedade, mediante duas formas: primeiro, por disposições de leis e regimentos internos de discutível constitucionalidade, e, segundo, pelos mecanismos de funcionamento da justiça brasileira (...)" (*Súmulas no direito brasileiro – eficácia, poder e função*, 2. ed., Porto Alegre, Livraria do Advogado, 1998, p. 89).

final fixada por maioria *simples*, no Pleno ou no Órgão Especial, seria inócua para o fim de contribuir para a desejada isonomia jurisprudencial. No ponto, escrevemos à época: "*A uma*, porque o fato de o legislador ter atribuído um *plus* – o de servir como precedente – às teses fixadas por maioria absoluta não significa que as fixadas por menor *quorum* tenham diminuído seu valor: servirão para resolver o caso concreto e, em ocasiões futuras, poderão vir a ser retomadas, quiçá vindo a obter *quorum* qualificado; *a duas*, o entendimento em causa sempre terá a autoridade de ter sido assentado – embora sem maioria absoluta – pelo Órgão especial ou Plenário: os dois órgãos mais ponderosos do Tribunal". Prosseguíamos, dizendo: "Aliás, na obra em que o Des. Jurandyr Nilsson colacionou acórdãos tomados em uniformização de jurisprudência,[224] estão reunidos julgamentos tomados por maioria absoluta ou *simples*. Nesse sentido, o E. Tribunal de Justiça do Rio de Janeiro já decidiu que, mesmo nas teses fixadas por maioria simples, não cabe aos órgãos fracionários delas se distanciarem, restando-lhes, se for o caso, suscitar novo incidente, evitando-se, assim, a divergência jurisprudencial que no caso seria evidente (*RT* 525/208)".[225]

Um outro motivo para a baixa efetividade prática do incidente então previsto nos arts. 476-479 do CPC/73, residia nisso que o Tribunal não ficava adstrito a atender o pedido de uniformização, assim se reconhecendo à Corte uma certa "discricionariedade" na avaliação da *necessidade* da uniformização. O fato, dizia Vicente Greco Filho, "é que, na prática dos tribunais, o entendimento vigorante é o de que não é toda divergência sobre a tese jurídica que deve levar à uniformização da jurisprudência, mas apenas aquela que, pela reiteração e repercussão, bem como prognóstico futuro de repetição, convenha ver-se uniformizada e consagrada em súmula".[226] Por aí, aliás, se explicava a razão de a Lei 10.352/2001 ter buscado, de alguma forma, suprir as carências e a parca receptividade do incidente previsto nos arts. 476-479 do CPC, positivando a chamada *assunção de competência (CPC/73*, § 1.º do art. 555), hoje regulado no art. 947 e §§ do vigente CPC.

Os padrões decisórios otimizados – súmula; acórdão em assunção de competência; tese jurídica firmada em incidente de resolução de demandas repetitivas; decisões-quadro em recursos extraordinário e especial afetados como representativos da controvérsia; decisões de mérito do STF em ADIn e ADCon – exercem poderosa *força obrigatória* junto às demais instâncias judiciárias, e isso por expressa disposição dos textos legais que regem esses produtos judiciários.

---

224. *Uniformização de jurisprudência e prejulgados nos tribunais paulistas*, São Paulo, Lex, 1985.

225. *Incidente de uniformização de jurisprudência*, São Paulo: Saraiva, 1989, p. 75.

226. *Direito processual civil brasileiro*, 17. ed., São Paulo: Saraiva, 2006, vol. 2, p. 393.

O *incidente de resolução de demandas repetitivas* se insere nessa clara vocação precedentalista do novo CPC, cuidando-se de instrumento é claramente vocacionado a operar incisivamente como instrumento de no controle do dissídio pretoriano quando este e se prenuncia ante o afluxo desmesurado, num Juízo de primeiro grau ou num tribunal, de ações múltiplas e seriais envolvendo uma mesma questão de direito. Ao propósito desse fenômeno notoriamente ocorrente na atualidade, pondera Luiz Fux: "O excesso de demandas é fruto de cultura exorbitante do fenômeno processual e encartável no aspecto filosófico e cultural que marca a tendência à beligerância judicial do povo brasileiro. Acresce a esses fatores o direito inafastável de acesso à justiça, garantido pelo princípio constitucional de que nenhum direito ou ameaça a direito deve escapar à apreciação do Poder Judiciário. Esses possíveis entraves não impediram à Comissão [elaboradora do novo CPC] observar, por meio de dados empíricos, que o volume das demandas estava intimamente vinculado ao contencioso de massa, isto é, milhares de ações em trâmite no território nacional versavam a mesma questão jurídica. Revelavam-se ações homogêneas, mas que não poderiam ser tratadas como a litigiosidade de varejo nos dizeres de Sérgio Mencini, ao doutrinar sobre as pretensões isomórficas no cognominado Encontro de Pisa em 2007".[227]

A *tese jurídica* firmada ao final do IRDR, a par de sua notável expansão panprocessual e até extraprocessual (CPC, art. 985, incisos e §§; § 2º do art. 987) encontra várias aplicações ao longo do CPC:

(***i***) induz a *suspensão* do processo no qual esse incidente fora suscitado (art. 313, IV) e, uma vez admitido no tribunal, o relator "*suspenderá* os processos pendentes, individuais ou coletivos [envolvendo a mesma questão de direito], que tramitam no Estado ou na região, conforme o caso" (art. 982, I). sobrestamento esse limitado a um ano (art. 980 e parágrafo único), certo ainda que a suspensão dos processos termina em não sobrevindo recurso especial ou extraordinário contra o acórdão em IRDR (§ 5º do art. 982, c/c § 2º do art. 987);

(***ii***) autoriza a *liminar improcedência* dos pedidos formulados nas ações, quando eles se mostrem contrários àquela tese jurídica (art. 332, III);

(***iii***) no *conflito de competência*, a existência de tese jurídica firmada em IRDR permite ao relator julgar de plano (art. 955, parágrafo único, II, c/c art. 928, I);

227. O novo processo civil. In ______(coord.). O Novo Processo Civil Brasileiro – direito em expectativa, Rio de Janeiro: Forense, 2011, p. 8.

(***iv***) a *remessa necessária* da sentença proferida em desfavor de interesse fazendário é *dispensada* quando o julgado se tenha baseado em tese jurídica firmada em IRDR (art. 496, § 4º, III);

(***v***) a aplicação da tese jurídica fixada em IRDR é *impositiva* a juízes e tribunais do país (927, *caput* e inciso III, c/c art. 985 e incisos e § 2º do art. 987), inclusive pela Administração Pública quando seja o caso (§ 2º do art. 985);

(***vi***) o *descumprimento* (= recusa imotivada / inconsistente; aplicação indevida / equivocada) da tese jurídica firmada em IRDR desafia *reclamação* ao tribunal, a qual, sendo acolhida, levará à cassação da decisão recalcitrante (art. 988, IV, redação do inciso cf. Lei 13.256/2016), ou poderá o tribunal determinar "medida adequada à solução da controvérsia" (art. 992).

(***vii***) sendo a tese jurídica alcançada no bojo do IRDR um precedente judiciário de aplicação impositiva, a decisão judicial que recusa sua aplicação, sem demonstrar a *distinção* entre esse enunciado e o caso em julgamento ou mesmo a superação do entendimento esposado na referida tese, é considerada *não fundamentada* (art. 489, § 1º, VI), e, como tal, *nula* (CF, art. 93, IX), podendo, a depender da espécie, desafiar *ação rescisória* (art. 966, V e §§ 5º e 6º, estes últimos acrescidos pela Lei 13.256/2016).

(***viii***) o órgão fracionário, no tribunal, incumbido de julgar o IRDR, fica *prevento* para conhecer do recurso, da remessa necessária ou de qualquer processo de competência originária reportados à relação processual na qual fora suscitado o IRDR (parágrafo único do art. 978).

(***ix***) o relator, nos tribunais, está autorizado a, monocraticamente, *negar provimento* a recurso que se mostre contrário a entendimento fixado em IRDR ou, então, *dar provimento* a recurso, quando a decisão atacada se mostre contrária a tal enunciado de aplicação impositiva (art. 932, IV, *c* e V, *c*).

Uma distinção relevante entre o anterior incidente de uniformização de jurisprudência (CPC/73), é que ele se inseria na competência originária dos tribunais, ante a perspectiva de divergência, delineada, assim no ensejo da colheita dos votos como no dissídio configurado entre o julgamento recorrido e o entendimento de outro órgão fracionário (art. 476 e incisos), ao passo que o incidente de resolução de demandas repetitivas tanto pode ser suscitado (*i*) em 1º grau, pelo juiz, pelas partes, pelo Ministério Público ou Defensoria Pública (art. 977 e incisos), como, (*ii*) no próprio tribunal, pelo relator (art. 977, I), certo ainda que não basta à instauração do IRDR a mera suspeita ou perspectiva de divergência acerca da questão de direito, mas se exige a concreta configuração do dissídio, evidenciada pelo exacerbado afluxo de demandas seriais no Juízo ou no tribunal, donde referir-se o inciso I do art. 976 à "*efetiva* repetição de processos".

Ao propósito, escrevemos em outra sede: "Essa exigência de uma *real* constatação da situação base – expressiva dispersão de ações envolvendo uma mesma questão de direito – aplica-se, ao nosso ver, inclusive no tocante à *segunda* das condições de admissibilidade do IRDR – o risco para a isonomia e a segurança jurídica – dado que esse *dano temido* deve igualmente ser verossímel, palpável, evidenciado pela notória profusão de uma mesma questão de direito, não bastando, evidentemente, que *algumas* ações guardem afinidade entre si por um ponto comum, até porque para tais casos, o CPC disponibiliza outras técnicas, mormente a reunião para julgamento conjunto no Juízo prevento (CPC/2015, § 1º do art. 55; arts. 57, 58, 286; CPC/73, arts. 105, 106, 253)".

A instauração do incidente de resolução de demandas repetitivas prende-se ao direito subjetivo público a que a resposta jurisdicional seja uniforme em face dos processos reportados a uma mesma questão de direito, até por aplicação do princípio da *igualdade perante a lei* (CF, art. 5º e inciso II), que, por certo, não pode limitar-se à lei enquanto posta abstratamente no ordenamento, mas deve igualmente ser observada em face da *norma judicada*, isto é, aquela que teve o seu momento judiciário, sendo inaceitável que casos afins, envolvendo uma mesma *quaestio iuris*, sejam decididos diversamente, ao sabor da distribuição da causa ou do recurso a este ou aquele órgão jurisdicional.

Aplica-se ao IRDR o jargão "é melhor prevenir do que remediar", na medida em que, entre buscar a superação do dissídio interpretativo através de *recursos* – de trâmite prolongado e resultado nem sempre satisfatório – fundados em divergência jurisprudencial (revista trabalhista – CLT, art. 896, *a*, esta com redação da Lei 13.015/2014; embargos de divergência no STF e STJ – CPC, arts. 1.043, incisos e §§; 1.044 e §§; recurso especial ao STJ – CF, art. 105, III, *c*), afigura-se mais prático e racional atacar o problema em sua causa, ou seja: ante a proliferação de demandas seriais, envolvendo questão de direito em temas propícios à replicação massiva (cartões de crédito, seguro-saúde, financiamento, programas governamentais), busca-se alcançar, por meio do IRDR, a formulação de um enunciado (a *tese jurídica*, referida no art. 985, *caput* do CPC), capaz de parametrizar a solução homogênea dos numerosos processos – pendentes e futuros; na jurisdição singular e coletiva – envolvendo aquela mesma questão de direito.

Outrossim, ao contrário do que se passava com o anterior incidente de uniformização de jurisprudência (CPC/73), cuja instauração era comumente deixada à discrição ou ao "prudente arbítrio" dos tribunais, já o IRDR, ao nosso ver, *deve* ser instaurado, uma vez presentes os seus pressupostos subjetivos e objetivos, tendo em vista seu evidente interesse público, que transcende a órbita das partes, do mesmo modo como se passa com outros incidentes e ritos igualmente presididos pelo interesse público na preservação da higidez do ordenamento jurídico e ao tratamento igualitário dos jurisdicionados, tal como se passa no incidente de assunção de competência (CPC, art. 947, *caput* e § 3º); no conflito de competência (CPC, parágrafo único e incisos do art. 955); na afetação de recurso extraordinário ou especial como representativo da controvérsia, com vistas à emissão de decisão-quadro apta a parametrizar a solução dos recursos repetitivos (CPC, art. 1.040, incisos e parágrafos).

Esse ideário explica o fato de que, ao contrário do que se passava no anterior incidente de uniformização de jurisprudência, no qual, somente em caso de julgamento por maioria absoluta se dava a emissão de súmula, ainda assim de caráter persuasivo (CPC/73, art. 479, *caput*), já a *tese jurídica* alcançada ao cabo do IRDR é aplicação *impositiva e geral*, conforme a clara dicção dos dispositivos de regência no CPC: arts. 332, III; 489, § 1º, V e VI; 927, III; 985 e incisos; § 2º do art. 987; 988, IV, inciso com redação da Lei 13.256/2016, c/c art. 992.

Vale destacar que, uma vez alçada a *tese jurídica* firmada no TJ ou TRF à apreciação do STJ ou do STF, mercê de recurso especial ou extraordinário, o acórdão de mérito dessas Cortes superiores, ao substituir o acórdão local ou regional recorrido, passa a projetar notável eficácia espacial, irradiando-se "no território nacional a todos os processos individuais ou coletivos que versem sobre idêntica questão de direito" (CPC, § 2º do art. 987), confirmando, assim, o marcante perfil precedentalista do vigente CPC. [228]

228. Cf. Incidente de resolução de demandas repetitivas..., 2016, cit., p. 202, 203.

Capítulo 3

TÉCNICAS E INSTRUMENTOS PARA A UNIFORMIZAÇÃO DA JURISPRUDÊNCIA

Sumário: 3.1 Via recursal: 3.1.1 Uniformização interna; 3.1.2 Uniformização externa (contraste entre julgados exógenos) – 3.2 Fixação de julgado paradigma – 3.3 Avocatória – 3.4 Súmula vinculante: 3.4.1 Perguntas e respostas – 3.5 Súmulas persuasivas – 3.6 Controle de constitucionalidade de lei ou ato de Poder Público: 3.6.1 De ordem geral sobre controle de constitucionalidade; 3.6.2 Como instrumento para a uniformização da jurisprudência – 3.7 A jurisdição coletiva: 3.7.1 De ordem geral; 3.7.2 Como instrumento para a uniformização da jurisprudência.

3.1 VIA RECURSAL

Foi na Carta Imperial brasileira de 1824 que a exigência do *duplo grau* apareceu, claramente, em termos de "garantia constitucional", em seu art. 158: "Para julgar as Causas em segunda e última instância haverá nas Províncias do Império as Relações, que forem necessárias para comodidade dos Povos".

Nas Constituições seguintes, inclusive na vigente, a chamada *garantia do duplo grau de jurisdição* não veio prevista expressamente, embora se possa admitir que ela exsurge, *implicitamente*, de um conjunto de fatores: (*i*) o princípio do devido processo legal (CF, art. 5.º, LV) assegura o contraditório e a ampla defesa, "com os meios e *recursos* a ela inerentes"; (*ii*) nosso Poder Judiciário é uno, mas nele estão compreendidas várias *justiças* (comum – federal e estadual – e *especial federal – trabalhista, militar, eleitoral*), estruturadas verticalmente, conjugando: órgãos singulares, em primeiro grau (Juízos, Varas); colegiados locais/regionais (TJ's, TRF's, TER's, TRT's, TJM's) em segundo grau; Cortes superiores (STF, STJ, TSE, TST, STM), atuando os tribunais por *competência de derrogação*; (*iii*) salvo raríssimas exceções (embargos de alçada em execuções fiscais – Lei 6.830/80, art. 34; recurso nos Juizados Especiais – Lei 9.099/95, art. 41), as decisões comportam reexame por *outro* órgão, seja num mesmo Tribunal (*v.g.*, embargos de divergência no STF e STJ: CPC, art. 1.043, incisos e §§; art. 1.044 e §§), seja entre instâncias diversas (*v.g.*, apelação: CPC, art.

1.009), e isso, tanto para fim de uniformização de jurisprudência (*v.g.*, Lei 10.259/2001 – Juizados Especiais Federais, arts. 14 e 15; revista trabalhista – CLT, art. 896, *a*, esta com redação da Lei 13.015/2015), como para efeito de substituição do julgado recorrido (CPC, art. 1.008), vindo os recursos arrolados em *numerus clausus* (art. 994 e incisos); (*iv*) enfim, paralelamente ao interesse de agir, isto é, o de ajuizar uma ação (CPC, arts. 2.º, 17), existe o *interesse em recorrer*, que deflui de uma situação de prejuízo (sucumbência), provocada por ato judicial com algum conteúdo decisório (CPC, art. 203 e §§, c/c art. 1.001), certo ainda que alguns recursos exigem ainda um *plus*, tal o extraordinário para o STF, cuja admissibilidade exige demonstração da *repercussão geral da questão constitucional* (CF, § 3º do art. 102; CPC, art, 1.035 e § 1º).

No tocante à instância recursal, preleciona Nelson Nery Junior: "O objetivo do duplo grau de jurisdição é, portanto, fazer adequação entre a realidade no contexto social de cada país e o direito à segurança e à justiça das decisões judiciais, que todos têm de acordo com a Constituição Federal. Essa é a razão por que a nossa Constituição não garante o duplo grau de jurisdição ilimitadamente, como o fez a do Império, de 1824, regra que não foi seguida pelas demais Constituições brasileiras".[1]

A seu turno, aduz Luiz Guilherme Marinoni: "O duplo grau de jurisdição, compreendido como o direito à revisão da decisão proferida pelo juiz que teve, pela primeira vez, contato com a causa, não é garantido constitucionalmente, nem pode ser considerado um princípio fundamental de justiça. Mais importante que o duplo grau é o princípio que garante a todos o direito de acesso à justiça, o qual tem como corolário, como já foi dito, o direito à tempestividade da tutela jurisdicional. O direito à tempestividade da tutela jurisdicional dificilmente pode ser realizado em um sistema que exige, para a definição de todo e qualquer direito, um juízo repetitivo sobre o direito já declarado pelo juiz de primeiro grau". Adiante, prossegue o autor: "O cidadão que vê um juiz reconhecendo o seu direito e um outro denegando tende a desacreditar no sistema, pois não consegue compreender como dois juízes podem discordar sobre uma mesma situação. Além disso, a litigiosidade entre as partes, que dificilmente é extirpada através da decisão jurisdicional – ainda que definitiva – é acentuada quando dois órgãos do Poder Judiciário divergem sobre a situação concreta que foi levada a juízo".[2]

---

1. *Teoria geral dos recursos*, 7. ed., São Paulo: Thomson Reuters – Revista dos Tribunais, 2014, p. 60.
2. *Tutela antecipatória, julgamento antecipado e execução imediata da sentença*, São Paulo: RT, 1997, p. 213, 214 e 221.

Diferentemente do que se passa em países de menor dimensão territorial, com estrutura político-institucional menos complexa, o Brasil é uma República Federativa, instalada num território de dimensão continental, com um modelo compreensivo de múltiplas ordens normativas, oriundas de entes políticos autônomos (União, Estados, Municípios), que exercem, pela ordem, competência exclusiva, residual e local. O Distrito Federal detém situação peculiar, regendo-se por lei orgânica própria (CF, art. 32), parecendo a José Afonso da Silva cuidar-se de "*unidade federada* com autonomia parcialmente tutelada".[3] O Distrito Federal tem seu Poder Judiciário *organizado e mantido* pela União (CF, art. 21, XIII), ao passo que os municípios valem-se dos organismos judiciários existentes na organização judiciária estadual: Varas de Fazenda Municipal, ou de Fazenda Pública, conforme o caso.

No plano judiciário, é diferenciada a competência legislativa: para legislar sobre "procedimentos em matéria processual", ela é *concorrente* entre União, Estados e Distrito Federal (CF, art. 24, XI); já a organização judiciária *local* é atribuição dos Estados (CF, art. 125, *caput* e § 1.º); enfim, a competência para legislar sobre *processo*, propriamente dito, remanesce *exclusivamente* com a União (CF, art. 22, I), que o faz por meio dos Códigos e da legislação processual extravagante.

Essa complexa realidade judiciária coloca-se como um pano de fundo, necessário para bem se compreender certas contingências processuais que à primeira vista causam espécie, por exemplo: (*i*) a CF garante "o contraditório e a ampla defesa, com os meios e recursos a ela inerentes" (art. 5.º, LV), mas, inobstante, o sistema comporta mitigações a respeito, como a existência, antes lembrada, de decisões que são revistas pelo próprio órgão recorrido e de outras que apenas comportam *uma* impugnação, e mesmo assim a um Colégio Recursal, de juízes de primeiro grau (Lei 9.099/95, art. 41, *caput* e § 1.º), passando pelos casos de instância única, no âmbito da chamada competência originária (*v.g.*, CF, art. 102, I) e pela virtualidade de um recurso ser desde logo desprovido pelo relator por se revelar contrário a súmula (CPC, art. 932, IV, *a*) ; (*ii*) o recurso extraordinário é dirigido ao STF, órgão de cúpula na organização judiciária (CF, art. 102, *caput* e inciso III), mas ele pode ser tirado de decisão no âmbito dos Juizados Especiais, se ela for a *decisão final* e estiver pré-questionada a querela constitucional;[4]

3. *Curso de direito constitucional positivo*, 19. ed., São Paulo: Malheiros, 2001, p. 633.
4. Esclarecem NERY & NERY: "Para o cabimento do RE, o texto constitucional não exige que a decisão de única ou última instância tenha sido proferida por tribunal, como ocorre com o REsp (CF 105 III). Assim, mesmo decisão de juiz singular, monocrático,

(***iii***) a existência de voto vencido, no julgamento da apelação, enseja uma sorte de "embargos infringentes de ofício", nos moldes do previsto no art. 942 e §§ do CPC; (***iv***) se a sentença apelada não tiver julgado o mérito, e ainda nas demais hipóteses descritas nos incisos II, III e IV do art. 1.013, e entendendo o tribunal cuidar-se de *causa madura*, poderá "decidir desde logo o mérito".

Nosso modelo republicano-federativo, implantado num país-continente, impõe que nossa estrutura judiciária se expresse nos planos horizontal e vertical. Sob o primeiro enfoque, os Estados, autorizados a organizar sua justiça (CF, art. 125), distribuem-se em *comarcas*, agrupadas em entrâncias, ao passo que a União distribui suas Justiças, comum e especializada, em *seções*, por sua vez agrupadas em *regiões*, estas últimas compreensivas de mais de um Estado (*v.g.*, a seção judiciária de São Paulo – Capital – é a sede da Justiça Federal da 3.ª Região, cuja competência abrange ainda o Mato Grosso do Sul). Sob o segundo enfoque – perspectiva *vertical* – tanto os Estados como a União dispõem os seus órgãos jurisdicionais em forma piramidal – hierarquizada –, colocando à base os órgãos singulares (juízes de Direito, Varas do Trabalho, Auditorias Militares, Juntas Eleitorais) e, nos patamares subsequentes, as instâncias colegiadas, tanto as postadas no plano intermediário (TJ's, TRF's, TRT's, TRE's, TJM's) como aquelas situadas na cumeeira do sistema, como órgãos de cúpula, tanto na linha da Justiça Federal *comum* (STF, STJ) como na *especializada* (TST, TSE, STM).

O acesso aos níveis judiciários colegiados faz-se através dos *meios de impugnação*, tanto as chamadas *ações autônomas*, que ali aportam em competência *originária* (*v.g.*, ação rescisória, mandado de segurança contra ato judicial, ações diretas de inconstitucionalidade) como através dos *recursos* (de tipo comum, em devolutividade ampla, como a apelação), ou de tipo excepcional (restritos à matéria jurídica, como o extraordinário ou o especial), uns e outros deflagrando a competência *recursal* dos Tribunais. A diferença específica entre os *recursos* e as *ações autônomas* está em que aqueles primeiros, manejados na *mesma* relação processual, *protraem a instância*, adiando para um ponto futuro o final do processo, ao passo que estas últimas instauram *nova* instância processual, *v.g.*, embargos de terceiro, mandado de segurança contra ato judicial, ação rescisória.

---

está sujeita à impugnação pela via do RE, se de única ou última instância (STF 640)". (Constituição Federal comentada e legislação constitucional, 3 ed., São Paulo: Thomson Reuters – Revista dos Tribunais, 2012, nota nº 56 ao art. 102, p. 599. Notas: 1) V. art. 15 da Lei 10.259, de 12.07.2001, sobre os Juizados Especiais Federais; 2) Está revogada, *ipso facto*, a súmula STF 527; 3) V. súmula STJ 203.

Conquanto o interesse de agir inclua, a par do binômio *interesse-necessidade*, também a *adequação* do meio processual escolhido, admite-se, em nome do instrumentalismo, uma certa flexibilidade no juízo de admissibilidade das ações e incidentes processuais, autorizada pelo próprio ordenamento (*v.g.*, CDC, art. 83, abrindo para "todas as espécies de ações (...)"; CPC, art. 554, *caput*, franqueando uma *fungibilidade* no manejo das possessórias. Todavia, no campo dos recursos, esse juízo de admissibilidade é mais rigoroso, seja pela *tipicidade*, que leva à sua previsão em *numerus clausus* (CPC, art. 994 e incisos), seja pelo *interesse em recorrer*, que deflui de uma situação concreta de *sucumbência* – determinada, não pela motivação do julgado, mas por seu dispositivo ou conclusão – seja, enfim, pelo fato de que quem recorre já obteve *alguma* resposta judiciária.

O direito de ação, ao contrário do de *petição* (CF, art. 5.º, XXXIV, *a*), não é genérico e incondicionado, e sim assegurado a quem apresente um histórico de lesão efetiva ou virtual, insuperada nas vias suasórias (ou insuscetível de resolução por elas),[5] donde se compreender que o exame judicial do *meritum causae* dependa do implemento de certas *condições*, concernentes à ação escolhida e, bem assim, de certos *pressupostos*, atinentes à existência e validade da relação processual (CPC, art. 267, IV e VI). Paralelamente, também os recursos apresentam certos quesitos necessários ao seu *conhecimento*, sendo alguns *objetivos* (tempestividade, preparo, adequação, regularidade procedimental) e outros *subjetivos* (interesse, legitimidade).

Sob o enfoque do *interesse*, em sentido largo, vale observar que, enquanto o *de agir* (CPC, art. 3.º) repousa numa necessidade de segurança (processo cautelar, tutela provisória), ou na eliminação de uma situação de incerteza (processo de conhecimento), ou na satisfação de um direito estabelecido mas não atendido voluntariamente pela contraparte (processo de execução, cumprimento de sentença) já o interesse em *recorrer* funda-se num histórico de prejuízo resultante de uma dada decisão, de natureza interlocutória ou que tenha extinto o processo, resolvendo-lhe ou não o mérito (v. o conceito de *sentença*: CPC, § 1.º do art. 203). Essa característica confere contornos mais nítidos ao interesse em recorrer, comparado ao de agir, o que se exterioriza na *tipicidade* das vias recursais e também na *unirrecorribilidade*.

Pode dar-se que o fundamento do prejuízo alegado pelo recorrente não resida na decisão em si mesma (*error in procedendo, error in judicando*), mas

5. Por exemplo, nos conflitos desportivos, exige-se o prévio esgotamento da instância competente nesse campo (CF, art. 217 e § 1º); na área trabalhista, a CLT prevê a composição da lide por acordo extrajudicial (art. 855-B, acrescido pela lei 13.467/2017).

num *referencial externo*, a saber, a desconformidade entre a tese albergada no julgado e aquela tomada alhures: tanto em outros órgãos fracionários do Tribunal (embargos de divergência no STF e STJ – CPC, arts. 1.043, incisos e §§; art. 1.044 e §§) como em outro Tribunal (recurso especial pela alínea *c* do art. 105, III, da CF; revista trabalhista – CLT, art. 896, *a*, alínea com redação da Lei 13.015/2014). Outrossim, não se pode olvidar que uma pretensão executória pode vir a ser impugnada (deflagrando, depois, o recurso cabível), quando o título exequendo se tiver fundado em lei ou ato normativo declarados inconstitucionais pelo STF, ou ainda quando àqueles tenha sido dada aplicação ou interpretação consideradas pelo STF como incompatíveis com a CF, autorizando o manejo de uma *exceção de pré-executividade* (CPC, § 12 do art. 525).

Nos recursos fundados em dissídio jurisprudencial – preordenados à consecução de uma uniformização pretoriana – sobreleva o quesito *interesse em recorrer*, justificando, pois, alguma digressão a respeito. O *interesse de agir* (CPC, art. 17) pressupõe uma situação ocorrente na vida em sociedade, onde se verifica uma lesão ou ameaça a um afirmado direito ou posição de vantagem (= prejuízo efetivo ou virtual), donde a necessidade e a utilidade do acesso ao Judiciário, onde se buscará a eliminação da incerteza (*conhecimento*), a satisfação do direito (*execução*, ou *cumprimento de sentença*) ou ainda a segurança de coisa, pessoa, situação jurídica ou do próprio processo (*cautelar, tutela provisória*). Já no campo recursal, essa afirmada lesão ou ameaça tem por base um alegado prejuízo – virtual ou já consumado – mas referenciado a uma *decisão judicial* (interlocutória, terminativa ou de mérito) e não a um fato de terceiro ou alguma ocorrência da vida em sociedade. Portanto, o *interesse em recorrer* advém, justamente, da necessidade e utilidade da impugnação, tanto para buscar a reparação/prevenção, como para impedir que a decisão hostilizada se estabilize, pela agregação da *imutabilidade*, tanto aquela introjetada nos autos (preclusão, coisa julgada formal) como aquela que se projeta *erga omnes* (coisa julgada material).

É dizer, entre o interesse de agir e o interesse em recorrer, existe um *núcleo comum*, que é a afirmação de uma situação de prejuízo; e uma *diferença específica* que repousa na *causa* dessa situação desvantajosa, a saber: enquanto no *interesse de agir* o prejuízo reporta-se a uma situação pré-processual, originária da vida em sociedade ou da conduta da contra-parte, configurando a recusa da submissão de interesse alheio ao próprio (= conflito, lide), já no campo recursal o afirmado prejuízo tem origem num ato jurisdicional, deflagrador de uma situação de *sucumbência* (decisão interlocutória, sentença, acórdão).

Dada a conhecida fórmula *chiovendiana* de que *o processo deve dar, no limite do possível, a quem tem um direito, tudo aquilo e exatamente aquilo a que faz jus*, compreende-se que para a configuração do interesse em recorrer deva a parte demonstrar a existência de alguma *frustração* entre o que esperava obter da resposta judiciária e aquilo que ao final restou alcançado, e isso tanto no enfoque quantitativo como no qualitativo. Essa demonstração de prejuízo é feita de modo *irrestrito* nos recursos de tipo comum (máxime a apelação, onde toda a matéria de fato e de direito é *devolvida* ao Tribunal, *v.g.*, cerceamento de defesa, má apreciação da prova, errônea interpretação do contrato), enquanto em outros o interesse em recorrer impõe a demonstração da *divergência jurisprudencial*, ou seja: tais recursos requerem, além da sucumbência, esse *plus*. Essa divergência tanto pode ter-se registrado entre órgãos fracionários (embargos de divergência no STF e STJ - CPC, arts. 1.043, incisos e §§; 1.044 e §§) como pode derivar de contraste *externo, isto é, entre tribunais diversos:* revista trabalhista - CLT, art. 896, *a* alínea com redação da Lei 13.015/2014; recurso especial ao STJ pela alínea *c* do art. 105, III, da CF.

Nos casos de recursos fundados em divergência jurisprudencial, verifica-se que o interesse em recorrer repousa em *dupla motivação*: num primeiro plano, há o interesse primário, do recorrente, em modificar o julgado que lhe foi adverso, e assim eliminar ou amenizar a situação de sucumbência; num segundo plano, há o interesse superior, do próprio Estado-juiz, em conhecer as diversas interpretações que um dado texto legal vem suscitando, em ordem à consecução de uma desejável *harmonização* entre as exegeses sustentadas, inclusive, se possível, chegando-se a uma uniformização, mediante a emissão de certos extratos da jurisprudência assentada. Nesse sentido, o vigente CPC incumbe os tribunais não só do *dever de uniformizar*, como do *dever de sumular* - art. 926 e § 1º.

O que se constata nos recursos fundados em dissídio pretoriano é que neles sobreleva o aspecto da divergência jurisprudencial, não só como pressuposto básico de sua admissibilidade, mas, principalmente, como uma ocorrência processual a ser prevenida ou superada, em ordem à consecução de um valor transcendente, qual seja o da uniformização da resposta jurisdicional a ser ofertada aos jurisdicionados, em nome da segurança jurídica e da isonomia. Assim, é possível afirmar que: (*i*) para o Estado, o dissídio pretoriano é um fato relevante (e preocupante), pois de outro modo não se compreenderia a previsão de recursos calcados nesse fundamento; (*ii*) a finalidade dos recursos dessa natureza não se esgota na revelação da divergência jurisprudencial, senão que se busca sua *purgação*, ou, no mínimo, o seu *controle/prevenção*; (*iii*) se, de um lado, o dissídio pretoriano exsurge inevitável, num sistema basicamente calcado em jurisdição singular, por outro lado esse mesmo sistema sinaliza claramente que *prefere* a harmonização, a pacificação entre os entendimentos dissonantes, e para tal indica os meios para o controle/prevenção da divergência prenunciada ou a superação daquela já instalada.

No ponto, esclarece Alfredo Buzaid: "Na verdade, não repugna ao jurista que os Tribunais, num louvável esforço de adaptação, sujeitem a mesma regra jurídica a entendimento diverso, desde que se alterem as condições econômicas, políticas e sociais; mas lhe repugna que sobre a mesma regra jurídica deem os tribunais interpretação diversa e até contraditória, quando as condições em que ela foi editada continuem as mesmas. O dissídio resultante de tal exegese debilita a autoridade do Poder Judiciário, ao mesmo passo que causa profunda decepção às partes que postulam perante os tribunais".[6]

Exemplo claro do que ora se expõe foi dado pelo STJ, em sua missão de uniformizar o direito federal comum, ao aprovar as Súmulas de n. 245 ("A notificação destinada a comprovar a mora nas dívidas garantidas por alienação fiduciária dispensa a indicação do valor do débito") e de n. 246 ("O valor do seguro obrigatório deve ser deduzido da indenização judicialmente fixada"). Quanto à primeira, comentou o editorial do *Jornal da Ajufe*: "O Ministro Cesar Asfor Rocha, membro da Segunda Seção, no início, contrário à decisão, aderiu à aprovação, em razão da unanimidade dos outros colegas. 'Havia dúvida quanto à obrigatoriedade de o credor comunicar o valor da dívida no ato da notificação', declarou". Quanto à segunda daquelas súmulas, prossegue a notícia: "Desse modo, o valor do seguro obrigatório não servirá para abater a indenização que o infrator terá de pagar à vítima, em acidentes de carro. Segundo o Ministro César Rocha, alguns juízes consideravam o seguro obrigatório como parte do ressarcimento, outros não".[7] Como se verifica, sobreleva no STJ a missão de *uniformizar a exegese do direito federal comum*, no exercício da *função paradigmática*, finalidade que não seria alcançável se cada Ministro ficasse irredutível em *sua* posição individual, em detrimento da desejável *colegialidade*.

Impende agora verificar o *dado axiológico*, isto é, saber se uma afirmada *discrepância* entre a tese albergada no julgado recorrido ou na corrente vencedora e outra (perfilhada noutro Tribunal, noutro órgão fracionário, ou

---

6. Da uniformização da jurisprudência, *Boletim da Faculdade de Direito de Coimbra*, v. LVIII, Coimbra, 1982, p. 131.

7. *Jornal da Ajufe* – Associação dos Juízes Federais de São Paulo, n. 30, maio 2001, p. 5.

na votação minoritária) justifica-se como *fundamento* de recurso. Considerando-se que na jurisdição singular cada caso é apreciado de per si, segundo a livre convicção ou persuasão racional do julgador (CPC, art. 140, *caput*), não constituindo vício formal ou substancial a eventual exegese menos feliz (salvo o caso de interpretação *contra legem*, delirante, que implique em "violar manifestamente norma jurídica" – CPC, art. 966, V), impende indagar se a simples existência do dissídio pretoriano bastaria à configuração de um *prejuízo adicional*, que assim viria complementar, ou *qualificar*, o interesse em recorrer.

A divergência jurisprudencial é, em si mesma, uma ocorrência *axiologicamente neutra*, ou seja, não é um bem nem um mal, e sim uma contingência decorrente da jurisdição singular, ou, se se quiser, uma *virtualidade* numa organização judiciária complexa como a nossa, implantada num território de dimensão continental. É lícito especular que a existência de recursos calcados naquele fundamento só pode justificar-se na medida em que se reconheça haver interesse público num certo *controle* sobre essa divergência, por modo que o Estado-juiz possa conhecer dos conflitos interpretativos e assim disponibilizar meios de promover sua superação ou, ao menos, sua mitigação.

Por outras palavras, a uniformização pretoriana por via recursal parte do pressuposto de que ao Estado interessa que a divergência jurisprudencial não extrapole certos limites, vale dizer, que ela ocorra quando haja *justificativa plausível*, a saber: quando sobrevenha importante alteração nas fontes *substanciais* do Direito Positivo (costumes, subsídios históricos, políticos, econômicos, sociais, culturais); quando o dissídio tenha origem em ocorrências que envolvem a própria norma (sua derrogação, a superveniência de *jus novum*); ou, enfim, se porventura sobreveio exegese notoriamente superior à antes praticada. Mesmo neste último caso, a tendência, no limite do possível, revela-se *conservadora*, apenas afastada quando não haja mais condições de seguir prestigiando a precedente exegese. Sob essa diretriz, de resto, se aninha a atribuição ao STF para *modular* os efeitos de suas decisões no controle direto de constitucionalidade: "tendo em vista razões de segurança jurídica ou de excepcional interesse social", a Corte poderá "restringir os efeitos daquela declaração ou decidir que ela só tenha eficácia a partir de seu trânsito em julgado ou de outro momento que venha a ser fixado" (arts. 27 da Lei 9.868/99 e 11 da Lei 9.882/99).

A divergência jurisprudencial, que pode autorizar o manejo de recursos sob tal fundamento, pode ser visualizada em três planos:

1) Ao interno de um dado órgão jurisdicional colegiado, quando se verifique o dissenso no âmbito de uma de suas frações (Turma, Câmara, Grupo, Seção) ou mesmo do Plenário/Órgão Especial, ou ainda entre aquelas e estes, podendo ainda registrar-se contraste entre decisão de órgão singular (Relator, Presidente) e o Plenário ou Órgão Especial; interessante observar que decisões do Plenário ou do Órgão Especial são, *ex lege*, consideradas paradigmáticas (CPC, art. 927, V), permitindo, por exemplo, que a arguição incidental de inconstitucionalidade tenha normal seguimento no órgão fracionário, dispensando o sobrestamento para observância da reserva de plenário (CF, art. 97; CPC, parágrafo único do art. 949).

2) Entre Tribunais diversos, caso em que o dissídio pode ocorrer: a) na projeção *horizontal*, tanto nas Justiças estaduais (*v.g.*, Tribunais de Justiça de São Paulo e de Minas Gerais) ou na Justiça Federal, comum (*v.g.*, Tribunais Regionais Federais de regiões diversas) ou, ainda, na especializada (Tribunais Regionais do Trabalho de regiões diversas); b) na perspectiva *vertical*, tanto na Justiça comum (*v.g.*, TJ e STJ) como na especializada (*v.g.*, TRT e TST).

3) Entre Juízos, ou entre estes e os Tribunais, em matéria de competência, configurando o chamado *conflito*, positivo ou negativo (CPC, art. 66, incisos e parágrafo único), a ser dirimido na competência originária dos Tribunais (CPC, arts. 951 e parágrafo único – 955, parágrafo único e incisos; CF, art. 102, I, *o*; 105, I, *d*). Vale lembrar que não se confundem o conflito de competência e o de *atribuição*, este último factível entre autoridade judiciária e administrativa, sobre matéria não jurisdicional – CPC, art. 959; CF, art. 105, I, *g*.

No caso *sub* (**1**), supra – *divergência interna* –, a purgação do dissenso pretoriano se fundamenta, de um lado, na necessidade de assegurar, nos casos análogos, uma resposta judiciária justa e isonômica às partes, e, de outro, na conveniência da própria Corte em harmonizar as teses jurídicas em debate ao interno de seus órgãos fracionários ou de seu Plenário/Órgão Especial. Em primeiro lugar, se *todos são iguais perante a lei*, não há razão para que se entenda diversamente quando se trata da lei *judicada*, ou seja, daquela que tem o seu *momento judiciário*, mormente em se considerando que o processo judicial deve operar como vetor de consecução de uma ordem jurídica *justa*. Em segundo lugar, embora na jurisdição singular os casos sejam decididos *de per si*, e o juiz forme livremente sua convicção (*rectius*: persuasão racional), nem por isso os Tribunais se forram ao poder-dever de buscar a harmonização das teses debatidas em seus órgãos internos. Nesse sentido, dispõe o § 3.º do art. 896 da CLT que os TRT's "procederão, obrigatoriamente, à uniformização de sua jurisprudência (...)"; por esse diapasão se afina o vigente CPC, art. 926, *caput*: "Os tribunais *devem* uniformizar sua jurisprudência e mantê-la estável, íntegra e coerente".

Ainda em se concedendo que a verdade buscada no âmbito do processo não seja absoluta, e em que pese seja *abstrato e autônomo* o direito de ação, daí não se extrai que as lides devam ficar sujeitas a decisões aleatórias e de todo insuspeitadas, destarte *surpreendendo* as partes, como se fosse o processo um barco à deriva, ficando seu destino final sujeito à eventualidade de seu encaminhamento a este ou àquele órgão judicial, ou da distribuição do recurso a este ou àquele órgão fracionário de Tribunal; de resto, esse ideário está presente no chamado *direito à não-surpresa*: CPC, art. 10. Mesmo quando o tribunal vislumbre a possibilidade ou a virtualidade de alteração no entendimento antes assentado (*prospective overruling*, na nomenclatura do *common law*), impende que tal se faça em boa técnica e com a devida cautela, alertando o CPC que em tal caso deve a Corte observar "a necessidade de fundamentação adequada e específica, considerando os princípios da segurança jurídica, da proteção da confiança e da isonomia" (§ 4º do art. 927).

Por outras palavras, sendo legítima a pretensão do jurisdicionado a uma *ordem jurídica justa*, e, por outro lado, consultando ao interesse do próprio Tribunal a harmonização das exegeses dos textos legais ao interno de seus próprios órgãos, por aí se explica a existência de recursos voltados à purgação desse dissídio interpretativo.

Assim como a garantia do *juiz natural* é de ser entendida no sentido de que o jurisdicionado tem o direito (subjetivo público) de saber de antemão que *seu caso* será apreciado em tal ou qual foro ou em tal ou qual Juízo, em virtude de regras de competência e de organização judiciária adrede estabelecidas (proibição da fixação do foro *post factum*), parece-nos que, em harmonia com essa diretriz, ao jurisdicionado deve também ser franqueada informação confiável quanto às *chances* de acolhimento ou de rejeição de sua pretensão, o que se traduz num *direito à informação* quanto ao estágio atual da jurisprudência num dado Tribunal. Essa nota da *previsibilidade* está ganhando corpo no Direito Processual e na *praxis* judiciária, valendo lembrar a chamada *tutela judicial da evidência*, que é um *plus* na comparação com a tutela cautelar ou provisória, permitindo, já em sede liminar, a resposta jurisdicional cabível no caso, numa cognição por *verossimilhança* - CPC, art. 311, incisos e parágrafo único.

No ponto, anota Donaldo Armelin: "A imprevisibilidade das decisões judiciais, que deveria manter-se em um mínimo razoável concernente a um fator aleatório, provoca, de um lado, a insegurança dos litigantes e, de outro, o que é mais grave, o esgarçamento do prestígio do Judiciário, perante os usuários dos serviços jurisdicionais".[8] Vai ao encontro dessa linha de pensamento o chamado *direito à não surpresa* (CPC, art. 10), que também

8. Uma visão da crise atual do Poder Judiciário, *RePro* 137, jul. 2006, p. 249.

se aplica à *jurisprudência* em suas formas otimizadas, na medida em que permite ao jurisdicionado avaliar o grau de receptividade de sua pretensão nas instâncias decisórias.

Daí a necessidade de a jurisprudência dos Tribunais ser uniformizada e, sempre que possível, *sumulada*, visto ser *previsível* que o julgamento no Tribunal *ad quem* tende a se pautar pelo enunciado da súmula que rege a matéria, assim como serve a iluminar as decisões das instâncias precedentes, às quais cabe consultar os repositórios de jurisprudência do tribunal que irá conhecer de seus julgados. Esse labor é particularmente potencializado ante a possibilidade de o pedido inicial ser julgado *liminarmente improcedente* a partir do contraste com o direito sumular (CPC, art. 332, I e IV). De observar-se que, apesar de tal trancamento *ab initio* poder ocorrer ainda sem citação do réu, não se vislumbra contrariedade ao disposto no art. 9º do CPC (vedação de decisão contra a parte sem que ela seja antes ouvida), como anotam Teresa Arruda Alvim Wambier *et al.*: "Não se trata, aqui, de exceção ao princípio encampado no art. 9º, já que a decisão não é tomada contra o réu, mas a seu favor".[9]

O antes afirmado aplica-se também à instância recursal, estando o relator autorizado a desprover recurso contrário a súmula ou a dar provimento àquele interposto contra decisão que se mostra divorciada do direito sumular (CPC, art. 932, IV, *a* e V *a*), o que bem se compreende, seja porque tais dispositivos estão em sintonia com o perfil claramente precedentalista do vigente CPC, seja porque na instância recursal também deve ser ofertada à parte uma certa *previsibilidade* quanto às *chances* de seu recurso, papel a ser desempenhado pelos padrões decisórios pré-estabelecidos, mormente as súmulas. No ponto, anotam Teresa Arruda Alvim Wambier *et al.* que tais disposições legais vão "ao encontro de uma das tendências mais marcantes do NCPC, que é a de criar condições para que se concretize de modo mais pleno o princípio da isonomia, proporcionando condições e criando técnicas para uniformização e estabilização da jurisprudência".[10]

Na hipótese *sub* (**2**) antes enunciada – *divergência entre Tribunais diversos* –, a colimada uniformização pretoriana justifica-se não apenas por motivos técnicos, ou de tratamento isonômico aos jurisdicionados, mas também por razões de ordem *política*. De fato, na repartição constitucional das competências legislativas, avulta a importância da *legislação federal*, como facilmente se infere à simples leitura do rol das matérias cuja competência legislativa é

9. Primeiros Comentários ao novo Código de Processo Civil..., 2015, cit., p. 561.
10. Idem, comentário ao art. 932, p. 1.327.

afetada privativamente à União (CF, art. 22 e incisos), tendo-se sempre presente que o Brasil é uma República Federativa, implantada num território de dimensão continental. A lei federal, conquanto derive de processo legislativo cuja iniciativa é da União, e venha concluído pela sanção presidencial, tem sua eficácia social irradiada em face de todos os demais entes políticos e de todos os cidadãos, como se dá, *v.g.*, com os Códigos de direito material e processual, os quais, posto *federais* na origem, acabam aplicados (também) nas Justiças locais, sem embargo de caber aos Estados *organizar* suas Justiças (CF, art. 125) e de poderem legislar, em concorrência com a União e o Distrito Federal, sobre "procedimentos em matéria processual" (CF, art. 24, XII).

Sendo assim, é de *interesse nacional* que a exegese do Direito Federal seja uniformizada, propiciando um trato judiciário mais célere, na medida em que resta facilitada a pesquisa e a pronta aplicação da jurisprudência assentada, o que tudo resulta numa resposta judiciária igualitária, tempestiva e de boa qualidade para todos os brasileiros, indiscriminadamente. É no sentido da busca de uma interpretação unitária do Direito Federal, ao nível nacional, que laboram os recursos fundados em *divergência externa*, a saber, aquela que se registra entre Tribunais diversos, como a revista trabalhista, dirigida ao TST (CLT, art. 896, *a*, alínea com redação da Lei 13.015/2014), ou o recurso especial sob a alínea *c* do art. 105, III, da CF, dirigido ao STJ. Embora a CF vigente não mais preveja, *expressis verbis*, recurso extraordinário fundado em divergência jurisprudencial como *fundamento autônomo* (como se dava na EC 1/69: art. 119, III, *d*), é bem de ver que, ao prover tal recurso por *qualquer* dos motivos indicados nas alíneas do art. 102, III, o STF acaba por assentar o entendimento sobre a *quaestio juris*, ao nível *nacional*, até pelo fato dele emitir a última palavra na interpretação da Constituição.[11] É também por isso que o acórdão de mérito do STF, que conheceu do recurso extraordinário tirado de incidente de resolução de demandas repetitivas antes decidido por TJ ou TRF, projeta eficácia "*no território nacional* a todos os processos individuais ou coletivos que versem sobre idêntica questão de direito" (CPC, § 2º do art. 987).

Em qualquer das duas hipóteses antes mencionadas – divergência interna e externa –, é indeclinável a provocação da parte para que o Tribunal, conhecendo e provendo o apelo, possa rever e harmonizar o dissídio existente sobre o texto legal questionado. Assim se dá por conta da *inércia* da jurisdição (*ne procedat iudex ex officio* – CPC, art. 2.º), que se conjuga com

11. Sobre a divergência jurisprudencial no âmbito dos recursos excepcionais, ver o nosso *Recurso extraordinário e recurso especial*, 13. ed., São Paulo: Thomson Reuters-Revista dos Tribunais, 2015, capítulo VI.7.

o *princípio dispositivo (CPC, art. 492, caput)*, de modo que eventual revisão pelo Tribunal *ad quem* só se justifica mediante (nova) provocação, e nos limites dela (*tantum devolutum quantum appellatum: CPC, art. 1.013 e §§*). A exceção a essa diretriz da *voluntariedade* dos recursos fica por conta dos casos de *remessa necessária* (CPC, art. 496, incisos e §§), valendo lembrar que tal não se aplica, porém, quando a decisão em desfavor do interesse fazendário se tenha fundado em qualquer dos padrões decisórios impositivos listados nos incisos I, II e III do § 4º desse dispositivo. .[12]

Enfim, na hipótese *sub* (**3**), antes gizada (conflito de competência entre órgãos judiciais, singulares e colegiados), conquanto aí não se trate de *recurso*, muita vez essa ocorrência processual dá ensejo a que se supere uma divergência pretoriana, como se deu, há algum tempo, em duas hipóteses emblemáticas: *a*) no Conflito de Competência 19.686/DF (97.0026159-0), o STJ, rel. Min. Demócrito Delgado, diante da multiplicidade de ações populares ajuizadas sobre um mesmo tema (venda da empresa estatal *Vale do Rio Doce*) firmou entendimento de que nesses casos a competência se resolve por conexão, ensejando a *prevenção*;[13] *b*) no Conflito de Competência 89.04.00708-9, o TRF da 4.ª Região, rel. Juiz Osvaldo Álvarez, inclinou-se pela mesma tese, esclarecendo ainda que a reunião das ações civis públicas incidentes sobre um mesmo objeto litigioso (preservação do ecossistema do rio Jacuí) se impunha, porque "uma decisão uniforme deve repercutir sobre uma mesma biodiversidade".[14] Cumpre ter presente que o conflito de competência pode ser, de plano, resolvido pelo relator, no tribunal, quando sua decisão venha roborada por súmula do STF, do STJ ou do próprio tribunal, ou ainda em "tese firmada em julgamento de casos repetitivos ou em incidente de assunção de competência" (CPC, parágrafo único e incisos do art. 955), valendo lembrar que a expressão "julgamento de casos repetitivos" abrange os acórdãos em incidente de resolução de demandas repetitivas e as decisões-quadro do STF e do STJ firmadas nos recursos extraordinário e especial afetados como representativos da controvérsia (CPC, art. 928 e incisos).

---

12. Em simetria, dispõe o art. 12 da Med. Prov. 2.180-35/2001: "Não estão sujeitas ao duplo grau de jurisdição obrigatório as sentenças proferidas contra a União, suas autarquias e fundações públicas, quando a respeito da controvérsia o Advogado-Geral da União ou outro órgão administrativo competente houver editado súmula ou instrução normativa determinando a não interposição de recurso voluntário", o que vem ao encontro do disposto no inciso IV do § 4º do art. 496 do CPC.
13. Despacho de 05.05.1997, reproduzido, no dia seguinte, no jornal *O Estado de S. Paulo*.
14. *Lex*, Jurisprudência STJ e TRF, vol. 43, p. 520.

Ao propósito, o PL n 5.139/2009, à época preordenado a regular a nova Lei da Ação Civil Pública, previa, no art. 5.º: "A distribuição de uma ação coletiva induzirá litispendência para as demais ações coletivas que tenham o mesmo pedido, causa de pedir e interessados e prevenirá a competência do juízo para todas as demais ações coletivas posteriormente intentadas que possuam a mesma causa de pedir ou o mesmo objeto, ainda que diferentes os legitimados coletivos (...)". Dispunha o § 1.º: "Na análise da identidade da causa de pedir e do objeto, será preponderantemente considerado o bem jurídico a ser protegido".[15] No vigente CPC vale lembrar que a reunião de processos para julgamento conjunto, no Juízo prevento, abrange "os processos que possam gerar risco de prolação de decisões conflitantes ou contraditórias caso decididos separadamente, mesmo sem conexão entre eles" (§ 3º do art. 55).

O núcleo comum, que identifica os recursos fundados em divergência jurisprudencial, reside num pressuposto específico de admissibilidade, qual seja o ônus da cabal demonstração do afirmado dissenso, tarefa que pode se apresentar um tanto trabalhosa, como ocorre nos embargos de divergência no STF ou STJ, ou no recurso especial ao STJ pela alínea *c* do art. 105, III, da CF, onde impende fazer a demonstração *analítica* da discrepância entre as teses perfilhadas nos julgados em confronto. Nesse sentido, o § 1.º do art. 255 do RISTJ (redação da ER 22/2016), começa por dizer que a comprovação da divergência será feita "com a certidão, cópia ou citação do repositório de jurisprudência, oficial ou credenciado, inclusive em mídia eletrônica, em que houver sido publicado o acórdão divergente, ou ainda com a reprodução de julgado disponível na internet, com indicação da respectiva fonte, devendo-se, em qualquer caso, mencionar as circunstancias que identifiquem ou assemelhem os casos confrontados Tais exigências, pertinentes ao recurso especial pela alínea *c* do art. 105, III da CF, aparecem reafirmadas no vigente CPC (§ 1º do art. 1.029), e, igualmente, no tocante aos embargos de divergência no STF e STJ (§ 4º do art. 1.043). Percebe-se aí que a condição legitimante para o manejo desse tipo de recurso requer "a sucumbência e um *plus*", sendo este último exatamente a demonstração objetiva e detalhada do dissenso, em mais uma aplicação da regra pela qual o ônus processual incumbe *ei qui agit*.

E nem se poderia entender de outra forma, porque, sendo o Estado-juiz o *destinatário* do recurso, é claro que só lhe cabe *apreciá-lo*, e nunca de algum

15. Dito projeto acabou arquivado na Comissão de Constituição, Justiça e Cidadania da Câmara Federal.

modo *participar* de sua formulação técnica, como ocorreria se restasse ao julgador a tarefa de interpretar os julgados trazidos a confronto, buscando surpreender a acenada divergência. Assim já se entendia no período anterior à CF de 1988, ao tempo em que o recurso extraordinário era manejável sob fundamento de divergência jurisprudencial (EC 1/69, art. 119, III, *d*: STF, Súmula 291).

Descabe, no exame do controle da divergência jurisprudencial por via de recursos, trazer à berlinda os instrumentos utilizáveis no contencioso de constitucionalidade, porque, embora daí resulte uma *uniformização* (do fato de que uma lei ou ato de Poder Público só podem *ser ou não ser* constitucionais, excluída terceira alternativa), por certo de recurso não se trata, podendo configurar, conforme o caso, ou um *incidente processual* (no caso do controle difuso, via de exceção – CPC, art. 948), ou uma *ação autônoma* (no caso do controle concentrado, via ações diretas – ADIn e ADCon, ADPF – CF, arts. 102, I, *a*, e §§ 1.º e 2.º; Leis 9.868/99 e 9.882/99). É de ressaltar que, no caso do controle difuso ou incidental, sobreleva a importância da jurisprudência assentada, porque os órgãos fracionários dos Tribunais estão autorizados a não sobrestar o julgamento em curso, para instaurar o procedimento, quando já houver, sobre a questão, pronunciamento do Pleno ou do órgão especial do próprio Tribunal, ou do Plenário do STF (CPC, parágrafo único do art. 949). No ponto, incide a Súmula 513 do STF: "A decisão que enseja a interposição de recurso ordinário ou extraordinário não é a do plenário, que resolve o incidente de inconstitucionalidade, mas a do órgão (Câmaras, Grupos ou Turmas) que completa o julgamento do feito". Essa súmula deve ser lida à luz da súmula vinculante nº 10, do STF: "Viola a cláusula de reserva de plenário (CF, artigo 97) a decisão de órgão fracionário de Tribunal que, embora não declare expressamente a inconstitucionalidade de lei ou ato normativo do poder público, afasta sua incidência, no todo ou em parte".

A uniformização jurisprudencial, que pode ser buscada através de recursos dirigidos às Cortes Superiores, passa por uma questão premonitória, onde imbricam o modelo jurídico-político e a organização judiciária, a saber o fato de nossos Tribunais da Federação – STF e STJ – não disporem de *poder discricionário* para assim *escolher* os recursos de que conhecerão. De fato, uma vez presentes os pressupostos de admissibilidade (inclusive um de natureza *negativa*, qual seja o de *não* estar o recurso em confronto com jurisprudência sumulada – CPC, art. 932, IV, *a* – e, no tocante ao recurso extraordinário, um de natureza *positiva*, a saber, a demonstração da *repercussão geral da questão constitucional* – CF, art. 102, § 3.º; CPC, art. 1.035 e § 1º) *deve* o Tribunal passar ao exame do mérito recursal. Ante o excessivo afluxo de processos ao STF, observava o Min. Carlos Mário da Silva Velloso:

"No ano de 1995, a Suprema Corte americana recebeu cerca de 4.000 propostas de recursos, admitiu 300 e julgou 180. Em 1996, o Supremo Tribunal recebeu 30.706 processos e julgou 29.000. Mais de 80% desses recursos são repetidos".[16]

O *poder de escolha – discricionary review* – reconhecido à Corte Suprema dos Estados Unidos, remonta, segundo Eugenio Raúl Zaffaroni, "ao *Judiciary Act* de 1925, que aumentou a jurisdição discricionária e diminuiu a de apelação". O excesso de trabalho nos Tribunais Superiores, observa esse autor, "provoca que as cúpulas tenham que se valer de equipes, às quais se delegam funções, tanto jurisdicionais (secretários e auxiliares que 'redigem' as sentenças), quanto administrativas (exercício do poder verticalizador). Por fim, cai-se em uma ficção, pois a cúpula não detém o poder, senão que na cúpula se encontra um conjunto de empregados e funcionários sem jurisdição, que são os que exercem o verdadeiro poder e que têm realmente mais arbítrio que os próprios juízes, que materialmente lhes estão subordinados".[17]

É o problema da *funcionarização do Judiciário*, para o qual a comunidade jurídica brasileira precisa estar alerta, inclusive para denunciar os excessos, presente o princípio de que a função jurisdicional é *indelegável*, como transparece no inciso XIV do art. 93 da CF, inserido pela EC 45/2004. Nesse sentido, o alerta de E. D. Moniz de Aragão: "Nada se faz com vistas ao pessoal subalterno, cuja atuação é também essencial. Não me consta que alguém tenha se preocupado com a formação e o aprimoramento dos funcionários dos juízos e tribunais, muito embora a alguns deles – os assessores e secretários de magistrados, por exemplo – tenham sido atribuídas missões que ultrapassam o que o bom senso e a prudência recomendam".[18]

Como antes assinalado, o constituinte revisor – EC 45/2004 – mostrou-se sensível a esse problema, inserindo no art. 93 este inciso XIV: "Os servidores receberão delegação para a prática de *atos de administração* e *atos de mero expediente sem caráter decisório*". Oxalá, com o tempo, o dispositivo não perca efetividade, transmudando-se em singela *norma programática*, valendo lembrar que ao Conselho Nacional de Justiça – igualmente criado pela EC 45/2004 – compete "o controle (...) do cumprimento dos deveres funcionais dos juízes" (§ 4.º do art. 103-B).

16. Poder Judiciário: como torná-lo mais ágil e dinâmico ?, *Revista Cidadania e Justiça*, n. 4, Associação dos Magistrados Brasileiros, 1.º sem. 1998, p. 99.
17. *Poder Judiciário* – Crise, acertos e desacertos, trad. Juarez Tavares, São Paulo, RT, 1995, p. 161-162.
18. As tendências do processo civil contemporâneo, *Revista Forense*, vol. 346, abr.-jun. 1999, p. 58.

Descartados os alvitres do aumento do número de ministros ou da criação de novos Tribunais (estratégias que sobrecarregam o erário e superdimensionam o Judiciário), o bom senso sinaliza no sentido da adoção de medidas que possibilitem uma *triagem* razoável no afluxo de recursos excepcionais, dirigidos aos Tribunais da Federação, para o que muito pode contribuir o *direito sumular*, no âmbito do juízo de admissibilidade , a par do incremento da jurisdição coletiva, esta última por sua aptidão para prevenir os malefícios da *pulverização dos conflitos de massa* em múltiplas e repetitivas demandas individuais.

A EC 45/2004 inseriu o pré-requisito da "repercussão geral da questão constitucional" no juízo de admissibilidade do recurso extraordinário (CF, art. 102, § 3.º), como tal se configurando a presença de "questões relevantes do ponto de vista econômico, político, social ou jurídico, que ultrapassem os interesses subjetivos da causa"; uma *ponte* entre esse quesito da *repercussão geral* e o processo coletivo podia ser antevista no § 1.º do art. 2.º do PL 5.139/2009, à época voltado a regular a nova Lei da Ação Civil Pública: "A tutela dos interesses ou direitos difusos, coletivos e individuais homogêneos *presume-se de relevância social, política, econômica ou jurídica*". Vale observar que, na esfera trabalhista, a Lei 13.467/2017 veio especificar o sentido da *transcendência da questão*, para efeito de admissão do recurso de revista no TST: § 1º e incisos do art. 896-A da CLT, inseridos por essa lei.

Presente esse contexto, parece lícito inferir que o só fato de se tratar de recurso tirado de acórdão local/regional prolatado em *ação coletiva* já deveria bastar para configurar a "repercussão geral", para efeito de admissibilidade do recurso extraordinário no STF, pela boa razão de que na jurisdição coletiva os sujeitos concernentes são *indeterminados* e o objeto litigioso mostra-se indivisível (conflitos de massa), donde a inevitável *expansão* da resposta judiciária ao interno de um grupo, categoria ou classe de pessoas, senão já pela coletividade como um todo (Lei 8.078/90, arts. 81, 103 e respectivos incisos, c/c art. 117 – *ações consumeristas*; Lei 7.347/85, art. 16 – *ação civil pública*; Lei 4.717/65, art. 18 – *ação popular*). No ponto, José Miguel Garcia Medina: "Pensamos, aliás, que essa repercussão geral deverá ser pressuposta em um número considerável de ações coletivas, só pelo fato de serem coletivas. Repercussão econômica haveria em ações que discutissem, por exemplo, o sistema financeiro da habitação ou a privatização de serviços públicos essenciais, como a telefonia, o saneamento básico, a infraestrutura etc. Repercussão política haveria quando, por exemplo, de uma causa pudesse emergir decisão capaz de influenciar relações com Estados estrangeiros ou organismos internacionais".[19] Todavia, *de lege lata*, o CPC só *presume* a repercussão geral quando o acórdão recorrido tenha contrariado súmula ou jurisprudência dominante do STF ou quando tenha reconhecido, incidentalmente, a inconstitucionalidade de tratado ou lei federal, observada a reserva de plenário (incisos I e III do § 3º do art. 1.035).

Um modo idôneo de enfrentar – na sua verdadeira *origem* – a sobrecarga de processos em nossos Tribunais da Federação está em prevenir a formulação de recursos repetitivos ou *de massa*, sobretudo pelos chamados *clientes habituais* do Judiciário, por modo que assim possam os Ministros dedicar-se ao estudo dos casos efetivamente singulares e complexos. O *Governo*, em sentido largo, responde pela maior percentagem daqueles recursos repetitivos ou de massa (matéria tributária, previdenciária), como já há tempos vinha exposto por Cláudio Baldino Maciel, à época Presidente da Associação dos Magistrados Brasileiros, considerando o período de 1991 a 1998: "O número de processos recebidos pelo Supremo Tribunal Federal em 1998 foi de 223.717, sendo que 91,97% desse total, ou seja, 205.770, corresponderam aos recursos extraordinários e agravos ajuizados. Desses 205.770, 25,8% (52.036) foram ajuizados pela União Federal, 19,85% (40.864), pelo INSS, 9,43% (19.405), pelo Estado de São Paulo, 4,84% (9.974) pela Caixa Econômica Federal, e 2,52% pelo Banco do Brasil. Esses dados falam por si: hoje, *o maior responsável pelo comprometimento da prestação jurisdicional da mais alta Corte do país é a União Federal*". Adiante, conclui: "(...) *podemos afirmar que o Governo Federal é responsável por 52,49% (108.059) dos recursos extraordinários e agravos que chegam ao Supremo Tribunal Federal*".[20]

Essa preocupante situação ainda persiste nos primeiro e segundo graus da Justiça Federal (especialmente frequentada por *clientes habituais*, como o próprio Governo, Bancos, Previdência Social, Caixas Econômicas, empresas de telefonia e de seguro-saúde etc.), conforme dados constantes do Relatório apresentado em junho de 2009 pelo CNJ,[21] onde se revela uma taxa de conges-

---

19. Variações recentes sobre os recursos extraordinário e especial. Breves considerações, *in* Luiz Fux, Nelson Nery Junior e Teresa Arruda Alvim Wambier (coords.), *Processo e Constituição* – Estudos em homenagem ao Professor José Carlos Barbosa Moreira. São Paulo, RT, 2006, p. 1058-1059.

20. Súmula administrativa da Advocacia-Geral da União: por que o Poder Executivo não a utiliza? <http://www.pt.org.br/assessor/voto.pdf>. No item 4.º do texto ora colacionado informa-se que os números constaram do "Voto em separado da Bancada do Partido dos Trabalhadores, proferido em 1999, na Comissão Especial da Câmara dos Deputados que analisou a PEC 96, de 1992". Grifos no original.

21. "Justiça em números": <www.cnj.jus.br.>, consultado em 08.07.2009, p. 63 do documento.

tionamento de processos da ordem de 59,8%. Já a situação no STF, mercê dos vários *filtros e elementos de contenção* recentemente implantados (repercussão geral da questão constitucional; represamento na origem de recursos repetitivos e julgamento por amostragem; súmula vinculante), sinaliza evidente melhoria, conforme repercutido pelo jornal *O Estado de São Paulo*, de 02.07.2009, cad. A-14, matéria intitulada "'Filtro' diminui em 42% carga de trabalho no STF". Em contrapartida, é preocupante o fato, repercutido noutra matéria, por esse mesmo veículo, de que "o número de processos em tramitação em todos os tribunais passou de 67,7 milhões, em 2007, para 70,1 milhões, no ano passado, entre casos novos e pendentes". (...) "Dos 70,1 milhões de processos que tramitaram em 2008 em todas as instâncias e braços especializados da Justiça, entre causas novas e pendentes, apenas 25 milhões foram julgados" (...) "É por isso que os tribunais, apesar dos avanços já obtidos com as reformas do Judiciário, realizadas entre 2004 e 2008, continuam congestionados". Já o *Jornal do Brasil* (Rio de Janeiro) de 29.10.2012 (edição digital), repercutiu as cifras constantes do Relatório do CNJ *Justiça em Números*, alusivo ao ano judiciário de 2011, salientando o texto jornalístico: "Ao longo de 2011, tramitaram em toda a Justiça do país quase 90 milhões de processos. Deste quantitativo 71% (63 milhões) já estavam pendentes desde o início do ano, e os 26 milhões restantes ingressaram durante o ano. Foram baixados aproximadamente outros 26 milhões de processos, e proferidas 23,7 milhões de sentenças e decisões. O total de processos baixados no mesmo período apresentou um aumento de 7,4% em relação a 2010, o que, no entanto, não foi suficiente para gerar uma redução do estoque de feitos".[22]

Presentemente, informa o boletim Justiça em Números, do CNJ, 2017, ano-base 2016: "O Poder Judiciário finalizou o ano de 2016 com 79,7 milhões de processos em tramitação, aguardando alguma solução definitiva. Desses, 13.1 milhões, ou seja, 16.4% estavam suspensos ou sobrestados ou em arquivo provisório, aguardando alguma situação jurídica futura. Durante o ano de 2016 ingressaram 29,4 milhões de processos e foram baixados 29,4 milhões. Um crescimento em relação ao ano anterior na ordem de 5,6% e 2,7% respectivamente. Mesmo tendo baixado praticamente o mesmo quantitativo ingressado, com índice de atendimento à demanda na ordem de 100,3% o estoque de processos cresceu em 2,7 milhões ou seja, em 3,6% e chegou ao final do ano de 2016 com 79, 7 milhões de processos em tramitação aguardando alguma solução definitiva".[23]

22. Fonte: <http://www.bj.com.br/pais/noticias/2012/10/29/cnj-90milhões-de-processos--tramitaram-na-justica-em-2011/. Acesso em: 03.07.2013.

23 Fonte: www.cnj.jus.br, consultado em 13.11.2017.

Isto posto, examinemos agora como se pode alcançar a desejável uniformização jurisprudencial, pelo manejo de certos recursos fundados no dissenso revelado ao *interno* de um órgão judicial colegiado.

3.1.1 Uniformização interna

A unificação da jurisprudência pela via recursal, ao interior de certo órgão colegiado, justifica-se a mais de um título: *1)* permite ao próprio Tribunal (Pleno, ou Órgão Especial, onde haja) ou a alguma de suas frações (Turma, Seção, Câmaras, Grupo de Câmaras) conhecer e, eventualmente, rever os posicionamentos que estão sendo tomados, com evidente proveito para os seus integrantes, na medida em que se abre o debate acerca de pontos ainda controvertidos nas diversas matérias que compõem a competência da Corte; *2)* esse processo de *decantação* a que ficam submetidas as matérias sob julgamento aproveita também ao jurisdicionado, na medida em que o prolongamento do debate permite melhor depuração dos argumentos num sentido e noutro, com isso propiciando maior aproximação entre os valores do *justo* e do *jurídico*, tudo concorrendo para uma resposta judiciária de melhor qualidade.

A diferença específica que se pode estabelecer entre os recursos baseados na especificidade da divergência jurisprudencial e aqueles *de tipo comum* (onde basta o prejuízo decorrente da sucumbência) reside em que nestes últimos, de modo geral, e sobretudo na apelação, o recorrente descreve um histórico de *injustiça do julgado* (má apreciação da prova, interpretação equivocada do contrato ou da declaração de vontade, incorreta subsunção da norma aos fatos), ao passo que nos recursos fundados em divergência pretoriana esta aparece como um *plus,* a qualificar a relação de *prejuízo/sucumbência*, assim potencializando o interesse em recorrer; ou seja, além do prejuízo direto, decorrente do fato mesmo da sucumbência, o recorrente experimenta *outro*, ao constatar que noutro processo, envolvendo a mesma questão de direito, foi distinta a resposta jurisdicional.

Por outro lado, enquanto nos recursos de tipo comum o espectro da devolutividade é amplo (= todo o fato e todo o direito), já nos recursos fundados em dissídio pretoriano o que resta devolvido ao Tribunal *ad quem* são os pontos em torno dos quais se formou o alegado dissenso, donde a exigência de sua *demonstração analítica*. Nesse sentido, a Súmula 291 do STF, exigia que no recurso extraordinário (à época manejável sob o fundamento de divergência jurisprudencial – EC 1/69, art. 119, III, *d*) se faça "a transcrição do trecho que configure a divergência, mencionadas as circunstâncias que identifiquem ou assemelhem os casos confrontados", dicção que depois foi aproveitada no art. § 1º do 255 do RISTJ (redação da ER 22/2016), e, agora, no § 1º do art. 1.029 do CPC, com relação ao recurso especial, manejado pela alínea *c* do art. 105, III, da CF. A admissibilidade desse recurso por esse fundamento exige ainda que a divergência entre os acórdãos trazidos a confronto não se tenha estabelecido entre frações de um mesmo Tribunal (STJ, Súmula 13) e, além disso, que seja de atualidade (STJ, Súmula 83).

A uniformização *interna*, pela via recursal, vem a ser aquela que pode ser alcançada através do contraste entre os posicionamentos dos órgãos fracionários de um mesmo Tribunal. Essa finalidade pode ser alcançada em mais de uma circunstância:

a) na eventualidade do julgamento da apelação, da ação rescisória ou do agravo de instrumento não ser unânime, o órgão fracionário passa a colher votos de outros julgadores, visando inverter aquele resultado inicial (CPC, art. 942, §§ e incisos), no que se poderia chamar "embargos infringentes *de ofício*" ou ainda *automático*, como prefere Bruno Dantas [24] ;

b) quando da apreciação, pelo Plenário, Órgão Especial ou parcela do Tribunal, de *agravo interno* contra decisão monocrática do relator que desprovera recurso ao argumento de ser contrário a súmula (CPC, art. 932, IV, *a*, c/c art. 1.021 e § 2º) e bem assim do *agravo, tout court*, contra decisão do presidente ou vice-presidente do tribunal de inadmissão de recurso extraordinário ou especial (CPC, art. 1.042 e §§) ;

c) quando, no STF e no STJ, o recorrente confronta decisões discrepantes, provindas de seus órgãos fracionários, ocorrência que desafia *embargos de divergência* (CPC, art. 1.043, incisos e §§;art. 1.044 e §§).

A) Embargos infringentes de ofício.

Acerca dos embargos infringentes enquanto recurso voluntário (CPC/73, art. 530), explicava José Carlos Barbosa Moreira: "Figura peculiar ao direito luso-brasileiro, evolveram os embargos a partir do simples pedido de reconsideração ao órgão que decidira. Durante muito tempo, eram oponíveis apenas à *execução* da sentença, como os atuais embargos do devedor, não tendo, assim, o caráter de *recurso*. A partir de determinada época, passaram a coexistir as duas modalidades, que o direito brasileiro acolheu. Tivemos, desde então, embargos contra decisões judiciais ainda não transitadas em julgado (recurso) e embargos à execução. No ordenamento português, o

---

24. *Comentários ao Código de Processo Civil*, coord. Cassio Scarpinella Bueno, v. 4, São Paulo: Saraiva, 2017, p. 86

recurso de embargos desapareceu com o Código de Processo Civil de 1939; entre nós, subsistiu a dualidade, que o vigente estatuto manteve".[25]

Com a supressão desses embargos antes previstos no CPC/73, acabou-se positivando, no vigente CPC, uma modalidade *de ofício*, ou automática, em verdade uma técnica de julgamento, valendo observar desde logo que o âmbito de devolução desses novos embargos tanto pode abranger toda a extensão do voto vencido como apenas parte dele, dada a incidência, também aí, do princípio dispositivo. Essa modalidade impugnativa é, em verdade, informada menos pelo interesse da parte prejudicada pelo fato da votação não unânime, e, mais, ou até precipuamente, pelo interesse da própria Corte em uniformizar seus entendimentos, por modo a alcançar uma resposta tecnicamente consistente e isonômica; é dizer, por essa via o Tribunal tem o ensejo de promover a uniformização da exegese, *pro domo sua*, acerca do *thema decidendum*.

Com efeito, por essa técnica de julgamento permite-se que um órgão colegiado mais numeroso promova um debate mais amplo da matéria sobre a qual se registrara dissenso no julgamento da apelação, da ação rescisória ou do agravo de instrumento. Verdade que, do ponto de vista prático, o resultado final acabará, naturalmente, por favorecer uma das partes, mas isso é uma contingência desse julgamento que é "repassado" a um colegiado mais numeroso, em nada descaracterizando a finalidade última dessa técnica, que é a de possibilitar a uniformização da jurisprudência ao interno do tribunal, em consonância com o art. 926, *caput*, do CPC, que incumbe os tribunais de "uniformizar sua jurisprudência e mantê-la estável, íntegra e coerente"..

Naturalmente, no plano do custo-benefício, há de se computar um certo retardo, com o prolongamento da permanência dos autos no segundo grau, a par da eventualidade de que as razões do voto vencido acabem por não seduzir os julgadores agregados ao *quórum* inicial, que bem podem inclinar-se pela corrente majoritária, mas aí se trata de uma eventualidade imprevisível ao tempo da formação da nova estrutura do órgão julgador. A par disso, na comparação com o que se passava com os embargos infringentes ao tempo do CPC/73, é razoável entender-se a interposição desse recurso, mais o prazo para as contra-razões e a reinclusão em pauta, por certo demandavam mais tempo do que hoje se passa com a técnica estabelecida no novo CPC. Aliás, ao tempo do CPC/73, boa parte da doutrina propugnava a supressão dos embargos infringentes do rol dos recursos, afirmando, ao

25. *Comentários ao Código de Processo Civil*, 16. ed., Rio de Janeiro: Forense, 2012, vol. V, p. 516.

propósito, Luiz Guilherme Marinoni: "Os embargos infringentes, que já eram injustificáveis há 20 anos, são insuportáveis nos dias atuais. Atualmente, em vista das peculiaridades da sociedade contemporânea – que exige eficiência e rapidez –, o direito à tempestividade da tutela jurisdicional não pode ceder diante da mera ilusão de que quanto mais se decide sobre uma causa mais perfeita é a tarefa da jurisdição. Os embargos infringentes são o sinal mais vivo da falta de sensibilidade para a necessidade de celeridade da justiça".[26]

À época já se havia tentado reduzir, em alguma medida, o âmbito de aplicação dos embargos infringentes, com a nova redação dada pela Lei 10.352/2001 ao art. 530 do CPC/73, passando tal apelo a ser interponível "quando o acórdão não unânime houver reformado, em grau de apelação, a sentença *de mérito*, ou houver julgado *procedente* ação rescisória. Se o desacordo for parcial, os embargos serão restritos à matéria objeto da divergência". Embora concedendo que tais embargos infringentes constituíam recurso "sem paralelo no direito comparado", os mentores do Anteprojeto que se converteria na lei supra – os saudosos Min. Sálvio de Figueiredo Teixeira e o Min. Athos Gusmão Carneiro – obtemperavam cuidar-se "de meio de impugnação amplamente acolhido na tradição brasileira, e com bons resultados no sentido do aperfeiçoamento da prestação jurisdicional. Pareceu, no entanto, altamente conveniente, além, de eliminá-lo no procedimento sumário (art. 280), [restringi-lo] aos casos: a) em que o acórdão, não unânime, tenha reformado a sentença, a exemplo do sistema previsto originalmente no Código Processual de 1939; b) em que a divergência tenha surgido em matéria de mérito, não simplesmente em tema processual. Com tais limitações, adequadas a reduzir bastante a sua incidência, o recurso é mantido".[27]

Escrevendo à luz do art. 942, §§ e incisos do vigente CPC, obtemperam Nery & Nery: "Talvez a prática mostre que o andamento dos processos como um todo seja prejudicado em razão da instauração dessa sessão especial, mas só a prática e a adaptabilidade dos tribunais poderão afirmar com certeza qual futuro se reserva a essa técnica de julgamento". 28

B) Agravos nos Tribunais.

Enquanto as ações buscam acompanhar em número e variedade os próprios direitos materiais (CCi, art. 189; CDC, art. 83), inclusive comportando

26. *Tutela antecipatória, julgamento antecipado e execução imediata da sentença* cit., p. 228.
27. Cf. publicação do texto pelo editorial da *Revista de Direito Processual Civil – Genesis*, n. 5, maio-ago. 1977, p. 564, 568-569.
28. *Comentários ao Código de Processo Civil...*, 2015, cit., nota nº 2 ao art. 942, p. 1.870.

certa flexibilidade em seu ajuizamento (v.g., ações possessórias: CPC, art. 554, *caput*), já outra coisa se passa com os recursos, porque seu exercício pressupõe que alguma resposta judiciária *já foi fornecida*, de sorte que o interesse em recorrer acaba, em certo modo, sendo aferido mais rigorosamente do que o interesse de agir, por aí se explicando a previsão dos recursos, em *numerus clausus*, no art. 496 do CPC e a exigência de estritos requisitos a serem cumpridos, tais o prazo, o preparo, a adequação da via eleita. Mesmo assim, o *agravo* segue sendo uma expressão que abrange mais de uma modalidade, a saber:

(*i*) o de *instrumento*, reportado às decisões interlocutórias (CPC, arts. 203, § 2º e 1015 e incisos);

(*ii*) o *agravo interno*, contra decisões monocráticas do relator (CPC, art. 1.021 e §§), mas que é também cabível da decisão do presidente ou vice-presidente que *nega seguimento* a recurso extraordinário ou especial (CPC, art. 1.030, I e alíneas, cf. Lei 13.256/2016, c/c § 2º do art. 1021, cf. Lei 13.256/2016), e, também daquela que sobrestá tais recursos na pendência do julgamento do recurso afetado como representativo da controvérsia, no rito dos recursos repetitivos (CPC, § 2º do art. 1.030);

(*iii*) o agravo contra decisão do presidente ou vice presidente do tribunal que *inadmite* recurso extraordinário ou especial (CPC, § 1º do art. 1.030, cf. Lei 13.256/2016; art. 1.042 e §§).

O agravo interno As duas últimas modalidades (*ii*) e (*iii*) apresentam, como externalidade positiva, o fato de operarem em prol da como uniformização da jurisprudência, na medida em que possibilitam que o entendimento esposado por um órgão monocrático do Tribunal (Relator, Presidente, Vice-Presidente) venha a ser debatido por um colegiado, assim contribuindo para a coesão e estabilização *interna* da jurisprudência.

O agravo interno é exercitável, em regra, em face dos pronunciamentos as monocráticoas do relator, a saber, decisões interlocutórias (CPC, § 2º do art. 203), as quais se estendem por número expressivo de situações, o que bem se compreende, tendo em vista a configuração do relator como um *manager* do processo, incumbindo-lhe "dirigir e ordenar o processo no tribunal" (CPC, art. 932, *caput*). Dentre ; dentre essas decisões, destacam-se as que: homologam autocomposição entre as partes; resolvem sobre pedido de tutela provisória; não conhecem de recurso "inadmissível, prejudicado ou que não tenha impugnado especificamente os fundamentos da decisão recorrida" (incisos I a III daquele artigo); proveem ê ou desproveemê recurso em função de sua conformidade ou não com certos padrões decisórios impositivos, listados nos incisos IV e V e respectivas alíneas daquele artigo; isso, a par de outras atribuições de origem regimentalque lhe são atribuidas regimentalmente. Tratando-se de decisões singulares, impõe-se, à vista do princípio da colegialidade, que, em não sobrevindo retratação do relator, este coloque o agravo interno em pauta, para julgamento pelo órgão colegiado (CPC, § 2º do art. 932).

Dissemos, antes, que o agravo interno cabe, *em regra*, de decisões do relator, porque ele é também cabível da decisão do presidente ou vice-presidente no tribunal *a quo*, que *nega seguimento* ao RE ou ao REsp, e ainda daquela que sobresta recurso na pendência do julgamento daquele afetado como representativo da controvérsia, no rito dos recursos repetitivos (CPC, § 2º do art. 1030, acrescido pela Lei 13.256/2016, c/c arts. 1.036 e §§ – 1.041 e §§)

A outra modalidade de agravo, no tribunal, que igualmente labora para a preservação da uniformidade jurisprudencial, é a que vem manejada em face da decisão do presidente ou vice-presidente do tribunal *a quo* que *inadmite* (juízo de admissibilidade negativo) recurso extraordinário e especial (inciso V e alíneas do art. 1.030, c/c § 1º desse artigo), agravo esse que vem regulado em sede apartada no art. 1.042 e §§ do CPC, valendo observar que tal impugnação é incabível quando a inadmissão do recurso se tenha fundado em "aplicação de entendimento firmado em regime de repercussão geral ou em julgamento de recursos repetitivos" (CPC, art. 1042, *caput*), o que bem se compreende, porque tais padrões decisórios são *impositivos* para juízes e tribunais, como se colhe do art. 927, *caput* e inciso III do CPC e do § 8º do art. 1.035. não só das que lhes negam seguimento (inciso I e alíneas do art. 1.030 do CPC, o *caput* com redação e os incisos e alíneas acrescidos pela Lei 13.256/2016), como em face dos demais encaminhamentos, mormente a decisão de *inadmissibilidade* daqueles recursosnão os admitem ou seja, (. em segundo graucasosvalendo observar que, no regime do vigente CPC,

A potencialização dos poderes do relator não se iniciou a partir do vigente CPC, mas em verdade já se delineava desde as alterações promovidas no CPC/73 pela Lei 9.756/98, então registrando Cândido Rangel Dinamarco uma "tendência atual brasileira a ampliar os poderes do relator", lembrando as inovações advindas a vários dispositivos daquele Código: parágrafo único do art. 120; § 3.º do art. 544; *caput* do art. 557; § 1.º-A deste art. 557. E escrevia: "A crescente opção pela singularidade no julgamento em diversas situações representa uma legítima tentativa de inovar sistematicamente na luta contra a lentidão dos julgamentos nos tribunais (...). Por outro lado, a também crescente valorização dos precedentes indica uma caminhada que se endereça a passos firmes a um resultado inevitável – que é a adoção do sistema de *súmulas vinculantes*. À medida que os tribunais e os relatores venham a praticar com empenho e sem timidez o sistema até agora implantado, o caminho estará aberto para que as resistências se enfraqueçam e finalmente os temerosos se convençam de que esse efeito vinculante é a única solução capaz de desafogar os tribunais. Nessa escalada, a nova lei generaliza em diversos dispositivos o manejo do binômio *súmula e jurisprudência dominante.* Antes, o poder do relator confinava-se, em muitos casos, ao campo do confronto com a jurisprudência sumulada. Hoje, ainda que não sumulada, a jurisprudência reiterada dos tribunais é fator que também o autoriza a decidir monocraticamente".[29] De fato, o art. 927 do vigente CPC, ao listar o rol dos padrões decisórios impositivos faz menção não só ao direito sumular, mas também à "jurisprudência dominante" e à "jurisprudência pacificada" (§§ 3º e 4º desse artigo).

Eis aí a especial relevância que a *jurisprudência* – sumulada, dominante, pacífica – passa a ter no plano do julgamento dos recursos excepcionais (especial e extraordinário) nos tribunais superiores, porque tais recursos são de *direito estrito* e de base procedimental bipartida entre os tribunais *ad quem* e *a quo*, donde se justificar a busca pelo tratamento isonômico às partes, propiciado pelos enunciados pretorianos que regem a espécie. Tenha-se presente que o STJ, encerrando antiga controvérsia quanto à admissibilidade do recurso especial quando o acórdão recorrido haja decidido questão incidente (CPC, art. 203, § 2.º), emitiu a Súmula 86: "Cabe recurso especial contra acórdão proferido no julgamento de agravo de instrumento".

C) Embargos de divergência.

A Lei 8.038/90 (dita Lei dos Recursos) houvera criado os embargos de divergência no STJ, não prevendo igual impugnação no âmbito do STF, omissão que, depois, viria suprida pela Lei 8.950/94 que, para tanto, acrescera o inciso VIII ao art. 496 do CPC/73.

Nery & Nery afirmam que o objetivo de tais embargos "é uniformizar o entendimento do tribunal (STF e STJ) acerca da matéria posta em causa, quando existir divergência entre seus órgãos fracionários. Por essa razão é que as turmas não podem julgá-los, sendo competentes para tanto os órgão superiores do STF e do STJ: I – STF: plenário (RISTF 336); II – STJ: a) Corte Especial (RISTJ 11 XIII), quando a divergência for entre Turmas de Seções diversas, ou entre Turma e outra Seção ou com a Corte Especial (RISTJ 266);

29. O relator, a jurisprudência e os recursos. *In*: Nelson Nery Junior e Teresa Arruda Alvim Wambier (coords.), *Aspectos polêmicos e atuais dos recursos cíveis, de acordo com a Lei 9.756/98*, São Paulo, RT, 1999, p. 131.

b) Seção (RISTJ 12 par. ún. I), quando as Turmas divergirem entre si ou de decisão da mesma Seção (RISTJ 266)".[30]

A seu turno, pondera Nelson Luiz Pinto: "Uma vez firmada a jurisprudência pelos tribunais superiores, por meio de súmulas, deve ela ser observada por todos os juízes e tribunais, como determina o art. 927, IV do CPC/2015. É entretanto, pondera ser "muito comum que ainda dentro dnetro de um mesmo tribunal superior haja controvérsia e dissenso entre seus membros, levando um órgão fracionário a adotar uma tese jurídica divergente daquela adotada por outro órgão do mesmo tribunal, ou , ainda, levando um mesmo órgão fracionário, com composição diversa, a decidir de forma divergente do que já tenha decidido anteriormente o órgão, em sua antiga composição". reoiro haja.[31]

Ao tempo do CPC/73 os embargos de divergência enfrentaram certa resistência doutrinária, ao argumento de que através deles não se alcançava uma vera uniformização de jurisprudência ao interno dos tribunais superiores, já que o julgado proferido nesses embargos, como observava Alcides Mendonça Lima, focando o caso do STF, não tendo "eficácia fora do caso concreto, não valendo com a força dos antigos assentos, nem mesmo dentro do próprio órgão, para suas duas turmas, aquele remédio é uma inutilidade, servindo, apenas, como mais um meio de protelação e de sobrecarga para a efetiva prestação jurisdicional".[32] Já Nery & Nery faziam avaliação menos severa: "Para a fixação da nova tese jurídica sobre matéria sobre a qual até então divergiam os órgãos fracionários do STF e do STJ, o tribunal poderá prestigiar um ou outro entendimento daqueles órgãos, ou ainda criar um novo entendimento com outros fundamentos. Por isso é que, nos EDiv., o tribunal, depois de afirmar a existência da divergência, *fixará a nova tese jurídica e a aplicará ao caso concreto*. É nisso que reside o comando previsto no STF 456 e no RISTJ 257, quando se refere a 'aplicar o direito à espécie', porque os EDiv são uma espécie de *continuação* do julgamento do RE e do REsp".[33]

No plano da legislação ordinária, vale mencionar o Código Eleitoral (Lei 4.737, de 15.07.1965), cujo art. 263 autoriza que se tomem por parâmetro os julgamentos proferidos em casos análogos, assim prevenindo a divergência interna no Tribunal e ensejando a desejável uniformização: "No julgamento

---

30. *Comentários ao Código de Processo Civil...*, 2015, cit., nota nº 5 ao art. 1.043, p. 2.224.
31. *Comentários ao Código de Processo Civil, coord. Cassio Scarpinella Bueno, vol. 4, São Paulo: Thomson Reuters – Revista dos Tribunais, 2015, p. 613.*
32. *Introdução aos recursos cíveis*, São Paulo, RT, 1976, p. 153.
33. *Código de Processo Civil...*, 11. ed., 2010, cit., nota 11 ao art. 546, p. 992.

de um mesmo pleito eleitoral, as decisões anteriores sobre questões de direito constituem prejulgados para os demais casos, salvo se contra a tese votarem dois terços dos membros do Tribunal".

Em linha consonante, a Lei Orgânica da Magistratura Nacional - LC 35/79 – prevê, por um lado, que os órgãos especiais, nos Tribunais de Justiça, podem receber atribuição para "uniformização da jurisprudência no caso de divergência entre suas Seções" (parágrafo único do art. 16) e, de outro lado, na parte em que dispunha para o extinto Tribunal Federal de Recursos, aquela lei autorizava o relator a negar seguimento a recurso "que contrariar, nas questões predominantemente de direito, súmula do Tribunal ou do Supremo Tribunal Federal" (§ 2.º do art. 90). Essa fórmula reapareceria na parte final do art. 38 da *Lei dos Recursos* – 8.038/90 – e, depois, no art. 557, *caput*, do CPC, redação da Lei 9.756/98, vindo agora igualmente recepcionada, com alguma diferença redacional, no art. 932, IV, *a* do vigente CPC.

No plano constitucional, a EC 1/69 previa recurso extraordinário ao STF, fundado em divergência jurisprudencial, abrangendo o *Direito Federal*, como um todo (art. 119, III, *d*). Com o advento da CF de 1988, o desenho se alterou, atribuindo-se ao então criado STJ competência para conhecer, em recurso especial, de questão envolvendo divergência interpretativa sobre lei federal, verificada entre tribunais locais ou regionais (art. 105, III, *c*).

Na sequência, a Lei dos Recursos (8.038/90) viria alterar o contexto: de um lado, criou embargos de divergência no âmbito do STJ (art. 29), não mais os mencionando no que concerne ao STF; de outro, revogou expressamente o art. 546 e parágrafo único do CPC, onde tinham sede aqueles embargos no STF. Com isso, deu-se um período – de 1990 a 1994 – em que esses embargos desapareceram do cenário recursal no âmbito do STF, malgrado continuassem previstos no RISTF, art. 330, o que não bastava, porque, como observam Nery & Nery, disposição regimental "é norma administrativa, não legal, de sorte que, pela proibição da CF 22 1, não pode o STF criar recursos em seu regimento interno".[34]

Essa peculiar *vacatio legis* perdurou até 1994, quando, ao influxo da *Reforma* do CPC, a Lei 8.950/94 reintroduziu o art. 546 e seu parágrafo único, prevendo, nas duas Cortes Superiores, embargos de divergência: entre Turmas, ou destas com seção ou órgão especial (no STJ) ou entre Turmas, ou destas com o Plenário (no STF). Completando o quadro, aquela Lei deu nova redação ao art. 496 do CPC, inserindo no rol dos recursos os embargos de divergência, manejáveis "em recurso especial e em recurso extraordinário" (inciso VIII). O recurso segue previsto nos regimentos internos do

34. Comentários ao *Código de Processo Civil..., 2015, cit., nota nº 2 ao art. 1.043, p. 2.223.* 201

STF (arts. 330 a 332) e do STJ (arts. 11, XIII, redação da ER 24/2016; 12, parágrafo único, I, redação a ER 24/2016; 266 e §§, cf. ER 22/2016), com precípua função de promover a uniformização *interna* da jurisprudência, até porque, de outro modo, não se compreenderia um recurso fundado em dissídio aflorado entre órgãos fracionários de um mesmo Tribunal.

Quanto ao quesito da *atualidade da divergência* – de interesse tanto nesta sede como na do recurso especial pela alínea *c* do art. 105, III, da CF – esclarece Theotonio Negrão que, "se a Turma alterou sua orientação, suas decisões anteriores já não servem como padrões de confronto para justificar o cabimento de embargos de divergência".[35] Em simetria com esse entendimento dispõe a súmula STJ nº 168: "Não cabem embargos de divergência quando a jurisprudência do tribunal se firmou no mesmo sentido do acórdão embargado".

A questão da atualidade da divergência também se coloca, naturalmente, em face dos *embargos no TST* (CLT, art. 894), sendo significativo o disposto no inciso II (redação da Lei 13.015/2014), o qual prevê o seu cabimento das "decisões das Turmas que divergirem entre si ou das decisões proferidas pela Seção de Dissídios Individuais, ou contrárias a súmula ou orientação jurisprudencial do Tribunal Superior do Trabalho ou súmula vinculante do Supremo Tribunal Federal". Note-se que para a admissibilidade desses embargos é de rigor a *demonstração analítica da divergência* (TST, Súmula 337). É dizer: existindo súmula, respaldando a tese do acórdão recorrido, é o quanto basta para a mantença deste, não importando a eventual existência de julgados discrepantes. Nesse sentido, assiste razão a Antonio Maurino Ramos: "Relativamente aos Embargos de natureza extraordinária, buscam a uniformização da jurisprudência no âmbito do TST, ou seja, visam harmonizar as decisões divergentes entre suas Turmas (5 – cinco), e divergências entre Turmas e Secção de Dissídios Individuais, daí ter surgido *forte corrente doutrinária defendendo o efeito vinculante das decisões superiores*" (grifamos).[36]

3.1.2 Uniformização externa (contraste entre julgados exógenos)

Do mesmo modo que ao juiz singular cabe apenas decidir o caso concreto que tem diante de si, mediante a subsunção da norma de regência aos

---

35. *Código de Processo Civil e legislação processual em vigor*, 37. ed., São Paulo, Saraiva, 2005, colab. José Roberto Ferreira Gouvêa, nota 6ª ao art. 546 do CPC.

36. Atenta contra a efetividade do processo do trabalho o acesso recursal de natureza extraordinária? Tese, III Congresso Nacional dos Procuradores do Trabalho, Brasília, abr. 1999 (*Jornal do Conclave*, p. 55).

fatos, também assim procede o Tribunal, nas causas que são submetidas à sua competência recursal ou originária, certo que em ambos os casos a jurisprudência, mesmo predominante ou até sumulada, aparece como um elemento de natureza persuasiva, reservada a eficácia realmente *vinculativa* a poucas hipóteses: decisão de mérito do STF em ADIn, ADCon ou ADPF – art. 102, §§ 1.º, 2.º c/c parágrafo único do art. 28 da Lei 9.868/99 e art. 11 da Lei 9.882/99; decisão monocrática do Relator nos casos do art. 932, IV, *a* e V, *a*; e, por definição, a *súmula vinculante*, que, nos termos do art. 103-A da CF (EC 45/2004) tem força obrigatória "em relação aos demais órgãos do Poder Judiciário e à administração pública direta e indireta, nas esferas federal, estadual e municipal (...)", vindo, outrossim, listada dentre os padrões decisórios impositivos: CPC, art. 927, II.

Nessa tarefa judicante há ainda um *plus*, porque os Tribunais desempenham um papel suplementar, que vai além do poder-dever de revisar o julgado recorrido (CPC, art. 1.008) ou de prover sobre ação de sua competência originária. É que a garantia constitucional da igualdade de todos perante a *lei* (= norma obrigatória, abstrata, geral e impessoal – CF, art. 5.º, *caput*) comporta o corolário de que igual isonomia é de ser observada também em face da *norma judicada*, ou seja, a lei que tem o seu *momento judiciário*. Dessa necessidade de tratamento igualitário dos jurisdicionados ante a norma *interpretada* pelos Tribunais nasce o fundamento para que alguns recursos venham exercitados ao argumento de que a exegese do Direito Federal, em sentido largo, realizada no acórdão recorrido, discrepa daquela perfilhada em outro Tribunal, igualmente competente na matéria.

Por outras palavras, nesse tipo de recurso, em que se promove o embate entre acórdãos de Tribunais distintos, o interesse em recorrer aparece bifronte, abrangendo uma fundamentação de ordem *subjetiva* (= o prejuízo que a decisão recorrida trouxe à parte, donde o seu interesse em recorrer – CPC, art. 996, *caput*), e outro de ordem *objetiva*, a saber, a demonstração da discrepância das teses jurídicas entre o acórdão *a quo* e outro(s) proferido(s) alhures; neste segundo argumento está subjacente o apelo à *isonomia*, visto que se intenta aplicar, ao caso concreto, a solução conferida por outro Tribunal a uma hipótese análoga, paradigma este considerado pelo recorrente como o melhor na espécie, e que por isso deve prevalecer.

Esse tipo de recurso propicia, pois, a consecução de duas finalidades: (*i*) uma, perseguida pela parte, que intenta livrar-se da situação de sucumbência causada pela decisão recorrida; (*ii*) outra, de interesse *da própria Justiça*, que assim colhe o ensejo para harmonizar a interpretação dos textos legais sob sua órbita de competência. Ainda uma vez se constata que a isonomia não pode ficar restrita apenas à norma *legislada*, senão que se deve estender à *norma judicada*, a fim de que a desejada igualdade abranja os dois planos: o *teórico – formal* e o *prático – substancial*.

A não se entender assim, ficariam sem justificativa convincente os recursos fundados no contraste entre acórdãos de Cortes diversas, se considerarmos, por um lado, que em nosso sistema jurídico-político o paradigma segue sendo a norma legal, e, por outro lado, não teria sentido a simples previsão de *mais um recurso*, quando se sabe que a exigência do *duplo grau* fica atendida com a possibilidade de *uma* revisão, por órgão colegiado, faculdade já antes oferecida ao sucumbente, via recursos de amplo espectro, como a apelação, na justiça comum, ou o recurso ordinário, na esfera trabalhista. Como dizia Pimenta Bueno, "se duas instâncias podem laborar em erro, ou parcialidade, nada evitaria que uma terceira fosse quem nesse defeito incorresse. O último julgado seria sempre obra dos homens, e como tal, sujeita à sua falibilidade e imperfeição".[37]

Há que se ter presente que a busca da verdade absoluta não é finalidade precípua do Direito, sendo antes objeto da filosofia (= ciência das primeiras causas e dos últimos fins); basta considerar as tantas presunções e indícios (provas indiretas) existentes, para se inferir que a verdade perseguida pelo Direito é de natureza *relativa*, pela boa razão de que o ordenamento positivo não tem como abranger, efetivamente, *toda* a realidade objetiva, falando-se, por isso mesmo numa *presunção* de completude da ordem jurídica. Passando esse quadro para o contexto processual, verifica-se que a *lide* vem a ser a *porção* da controvérsia que foi judicializada, donde bem se compreender que na jurisdição singular a eficácia do julgado fica restrita aos *limites da lide* (CPC, art. 490); é dizer: o que não está nos autos é como se *não existisse*. Essa *relatividade* do Direito e de sua *praxis* judiciária confere apoio logístico para a delimitação, em *numerus clausus*, das faculdades recursais (CPC, art. 994 e incisos), posto que debalde se buscaria, numa *enésima decisão*, a almejada perfeição na resposta judiciária.

Por exemplo, a tutela de urgência (CPC, art. 300, *caput*) é fundada numa cognição por *verossimilhança*, e, pois, num critério de *plausibilidade*. Esta última nota é relevante para o tratamento isonômico que é devido aos jurisdicionados, por se afigurar *irrazoável* que casos análogos recebam respostas judiciárias discrepantes, ou, pior, contraditórias. Cremos que foi a partir da premissa de que a isonomia consiste em tratar desigualmente as

37. *Direito público brasileiro e análise da Constituição do Império*, Rio de Janeiro, Ed. Ministério da Justiça e Negócios Interiores, 1958, p. 335.

situações desiguais, que o legislador entendeu que a posição jurídica da parte, *presumivelmente* assistida pelo bom Direito (inclusive quando respaldada em jurisprudência dominante ou sumulada!), deva beneficiar de um tratamento processual diferenciado, donde se lhe *anteciparem* os efeitos da tutela pretendida, a qual, de outro modo, somente lhe seria outorgada ao final. Trata-se, pois, de aplicação da diretriz posta por Chiovenda, de que "la durata del processo non deve andare a danno dell'attore che ha ragione", ou, no dizer de Luiz Guilherme Marinoni, impende " evitar que a sentença final não dê ao autor tudo aquilo e precisamente aquilo que ele tem o direito de obter".[38]

Essa necessidade de tratamento isonômico aos jurisdicionados, inclusive nas suas relações com a *norma judicada*, manifesta-se sobretudo nos recursos dirigidos aos *Tribunais da Federação (STF e STJ)*, onde sobrelevam as questões federais ou constitucionais, visto que aí convivem, por um lado, o *dado político*, consistente no fato de o Brasil ser uma República Federativa, instalada num país de dimensões continentais, com o Poder partilhado entre União, Estados e Municípios, e, de outro lado, o *dado técnico-jurídico*, a saber, que a maior porção da competência legislativa recai no Direito Federal, como exsurge à leitura do art. 22 da CF. Esse contexto respalda e legitima a busca de uma *uniformidade* na interpretação do Direito Federal, ao longo do território nacional, inclusive para a realização *prática* da igualdade de *todos* perante a lei (CF, art. 5.º, *caput*) e consequente estabilidade das relações sociais.

Já no plano das Justiças *locais/regionais* inexiste impugnação fundada exclusivamente em divergência jurisprudencial *externa*, sem embargo de que a invocação de julgados e súmulas provenientes de outros Tribunais sempre terá sua *força persuasiva*, como reforço de argumentação.

No contexto ora exposto, devem ser destacados três recursos fundados no ideal de uniformização jurisprudencial derivada de contraste entre julgados prolatados por Tribunais diversos, sobre uma mesma matéria: ***a)*** na Justiça comum, o recurso especial ao STJ, com fulcro na alínea *c* do art. 105, III, da CF; ***b)*** na Justiça do Trabalho, o recurso de revista, dirigido ao TST, com base no art. 896, *a* (redação da Lei 13.015/2014) e *b (redação da Lei 9.756/98)*, da CLT; ***c)*** na Justiça Eleitoral, o recurso especial (Lei Federal 4.737/65 – Código Eleitoral – art. 276, I, *b*). Na sequência se tratará, pela ordem, essa pontuação.

A) O *recurso* especial, pelo fundamento previsto na alínea *c* do art. 105, III, da CF, é cabível a partir de decisão final (*causa decidida*) proferida em única ou última instância por um dos cinco Tribunais Regionais Federais

38. *Tutela antecipatória, julgamento antecipado e execução imediata da sentença* cit., p. 61.

(Justiça Federal, *linha comum*) ou, ainda, pelos Tribunais de Justiça dos Estados e do Distrito Federal (Justiça Estadual), quando aquela decisão "der à lei federal interpretação divergente da que lhe haja atribuído outro tribunal". Essa tarefa de dar a *ultima ratio* na exegese do Direito Federal, comum (= infraconstitucional, na linha da Justiça Federal não especializada), vinha, antes da CF vigente, exercida pelo STF, quando conhecia do recurso extraordinário exercitado pelo art. 119, III, *d*, da EC 1/69: "Compete ao STF: (...) III – julgar, mediante recurso extraordinário, as causas decididas em única ou última instância por outros tribunais, quando a decisão recorrida: (...) *d*) der à lei federal *interpretação divergente* da que lhe tenha dado outro Tribunal ou o próprio Supremo Tribunal Federal". Depois, a EC 45/2.004 promoveria uma *reengenharia* das atribuições recursais excepcionais entre STF e STJ, resultando que a função paradigmática, no plano do direito federal comum, fecasse repassada ao STJ (citada alínea *c* do art. 105, III, da CF).

O recurso especial constitui, juntamente com o *extraordinário*, espécie do gênero "recursos excepcionais", os quais se identificam por este contexto comum: (*i*) seus pressupostos específicos de admissibilidade estão na Constituição Federal, e não na legislação ordinária federal; (*ii*) não bastam ao seu exercício as simples alegações de injustiça do julgado, má apreciação da prova ou errônea interpretação do contrato ou da declaração de vontade; vale dizer, não é suficiente a mera alegação de sucumbência estribada naquelas ocorrências, senão a absoluta necessidade de demonstração da *questão federal* ou *constitucional*, conforme o caso, visto serem recursos de *direito estrito*; (*iii*) não podem ser exercitados *per saltum*, isto é, pressupõem o esgotamento das instâncias recursais precedentes (= *causa decidida*), nas quais o tema objeto do recurso tenha sido adrede debatido (*prequestionamento*); (*iv*) apresentam juízo de admissibilidade bipartido, ocorrendo na primeira etapa uma sorte de *delibação* perante o Tribunal recorrido (CPC, art. 1.030, incisos § §§, com as alterações da Lei 13.256/2016) e, na segunda etapa, no âmbito do Tribunal *ad quem*, a prolação do juízo definitivo da admissibilidade, por modo que, resultando positivo este último, segue-se o julgamento do mérito. Nesse sentido, a Súmula 456 do STF põe à calva os dois momentos dessa segunda etapa – o da admissibilidade e o do mérito recursal: "O Supremo Tribunal Federal, *conhecendo* do recurso extraordinário, *julgará a causa* aplicando o direito à espécie"; análoga dicção se encontra no art. 257 do RISTJ; o CPC recepcionou tais disposições no art. 1.034, *caput*: "Admitido o recurso extraordinário ou o recurso especial, o Supremo Tribunal Federal ou o Superior Tribunal de Justiça julgará o processo, aplicando o direito".

A par daqueles requisitos de admissibilidade, o recurso extraordinário, de per si, reclama ainda outro, que opera como um pré-requisito de caráter includente, mas não suficiente, porque permite a aferição das demais exigências; mas, *quando ausente, tem caráter absolutamente excludente*, qual seja a "demonstração da repercussão geral da questão constitucional" (CF, art. 102, § 3.º, regulamentado pela Lei 11.418/2006), a teor do art.1.035, *caput*, do CPC: "O Supremo Tribunal Federal, em decisão irrecorrível não conhecerá do recurso extraordinário quando a questão constitucional nele versada não tiver repercussão geral, nos termos deste artigo".

O juízo de admissibilidade dos recursos excepcionais está, em boa medida, condensado em matéria sumulada, tanto no STF quanto no STJ, o que nos parece adequado, dada a necessária unidade exegética, nesse campo. Especificamente no que concerne ao recurso especial fundado em divergência jurisprudencial, vale ressaltar: **1**) o relator pode "*negar provimento* a recurso que for *contrário à súmula* do Supremo Tribunal Federal, do Superior Tribunal de Justiça ou do próprio tribunal", a acórdão do STF em recursos repetitivos, a entendimento fixado em incidente de resolução de demandas repetitivas ou de assunção de competência (CPC, art. 932, IV e alíneas; RISTJ, art. 34, XVIII, *b*, redação da ER 22/2016) ou a *dar provimento* a recurso manifestado contra decisão contrária a tais padrões exegéticos impositivos (CPC, art. 932, V e alíneas; RISTJ, art. 34, XVIII, *c*, redação da ER 22/2016); **2**) os enunciados constantes das seguintes súmulas do STJ: n. 13 – "A divergência entre julgados do mesmo Tribunal não enseja recurso especial"; n. 83 – "Não se conhece do recurso especial pela divergência, quando a orientação do Tribunal se firmou no mesmo sentido da decisão recorrida"; **3**) a comprovação da divergência deve ser *analítica*, sendo ônus do recorrente "mencionar as circunstâncias que identifiquem ou assemelhem os casos confrontados" (§ 1.º do art. 255 do RISTJ, redação da ER 22/2016).

Com o advento da CF/88, preservou-se o STF para operar como Corte Constitucional ("guarda da Constituição" – CF, art. 102, *caput*) e, assim, a missão de manter a uniformidade da interpretação do Direito Federal, comum, deslocou-se para o então criado STJ, ao qual se atribuiu o zelo pela higidez do Direito Federal infraconstitucional, excluídas as matérias que, pela especialização das respectivas *Justiças* (trabalhista, militar, eleitoral), são submetidas às outras Cortes Superiores, a saber, respectivamente, TST, STM e TSE. Cabe ressaltar que o STJ não surgiu como um *sucedâneo* do extinto Tribunal Federal de Recursos, porque as competências antes concernentes a este último resultaram deslocadas para o âmbito dos cinco Tribunais Regionais Federais advindos com o novo desenho constitucional (cf. art. 122

da EC 1/69, c/c art. 108, incisos e alíneas da CF vigente), ao passo que as competências do STJ derivam, em linhas gerais, das matérias subsumidas no Direito Federal comum, que antes vinham afetas ao STF, nos incisos do art. 119 da EC 1/69.

É importante ressaltar que as duas outras hipóteses de cabimento do recurso especial (alíneas *a* e *b* do art. 105, III, da CF) tangenciam um *contencioso objetivo de legalidade*, instaurado a partir do histórico de um vício substancial ou formal, existente no julgado recorrido, a saber, a afirmada *contrariedade* ou *negativa de vigência* à Lei Federal, ou, ainda, a afirmada preterição do Direito Federal em prol da normação local. Diversamente, no caso da alínea *c* daquele dispositivo, o recorrente não lamenta um vício de atividade (*error in procedendo*) ou de avaliação jurídica (*error in iudicando*), mas aponta fundamento autônomo – e extrínseco ao julgado –, qual seja, a contingência deste se apresentar *divergente* de acórdão(s) de outro(s) Tribunal(is), assim dando ensejo ao STJ para emitir a *ultima ratio* sobre a controvérsia, como guardião do Direito Federal comum, no exercício de sua relevante *função paradigmática*.

Por aí se vê que essa alínea *c* do art. 105, III, da CF tipifica hipótese de recurso especial que se pode dizer, com José Carlos Barbosa Moreira, *axiologicamente neutra*,[39] dado que alça a divergência jurisprudencial, de per si, em fundamento autônomo, o que é digno de nota, se considerarmos que o só dissenso pretoriano, em si mesmo, não configura falha, vício, nem mesmo *error juris*, que merecesse vir *purgado*, via recursal. Aliás, o fenômeno da divergência jurisprudencial é, até mesmo, *previsível* no modelo judiciário brasileiro, onde a regra é a *persuasão racional* do julgador (CPC, art. 131), exercida, em regra, no plano da jurisdição singular. Bem por isso, inexiste ação rescisória fundada em desconformidade entre a tese acolhida no julgado e aquela predominante na jurisprudência, mesmo sumulada, salvo a hipótese de a interpretação feita no julgado rescindendo ter sido tão aberrante, ou delirante, que se equipare a "violar manifestamente norma jurídica" (CPC, art. 966, V). Mesmo nesta última hipótese, é preciso atentar para a Súmula 343 do STF: "Não cabe ação rescisória por ofensa a literal disposição de lei, quando a decisão rescindenda se tiver baseado em *texto legal de interpretação controvertida nos tribunais*". Impende, ainda, ressaltar a inserção de *mais uma hipótese* de ação rescisória, em certo modo agregada ao citado inciso V do art. 966 e ao inciso VI do § 1º do art. 489, a saber quando o julgado transitado em julgado fundara-se em súmula ou em decisão-quadro firmada no rito

39. *Comentários ao Código de Processo Civil*, vol. V, 16. ed., 2012, cit., p. 589.

de recursos repetitivos, sem que tenha sido feita a "distinção [*distinguishing*, na terminologia do *common law*] entre a questão discutida no processo e o padrão decisório que lhe deu fundamento" – § 5º do art. 966, inserido pela Lei 13.256/2016, que igualmente acresceu o § 6º.

Se o constituinte considerou a divergência jurisprudencial sobre *questão federal* como fundamento para o acesso ao STJ, via recurso especial, é porque julgou imperioso que a igualdade de todos os brasileiros perante a lei deve ser válida também no âmbito judiciário, isto é, quis que a igualdade se realizasse *também* em face da lei quando esta tenha o seu *momento judicial*, vindo interpretada para a resolução dos casos concretos. Por outras palavras, a *segunda leitura* do princípio constitucional da igualdade permite inferir que o fato de a jurisdição singular realizar-se em cada caso concreto, pela subsunção do fato à norma, não implica a conclusão de que os cidadãos devam conformar-se com a prolação de respostas judiciárias discrepantes, acerca de um mesmo texto legal, na ausência de motivos ponderosos e supervenientes que justifiquem tal diversidade.

É dizer: a mensagem deixada pelo constituinte é no sentido de que os Tribunais devem laborar pela uniformização de sua jurisprudência, assim buscando a aproximação entre os valores do *jurídico* e do *justo*, de tal arte propiciando que o princípio da igualdade se realize em toda sua plenitude. No ponto, afirmara José Ignácio Botelho de Mesquita: "Essa uniformidade contemporânea é uma exigência óbvia da igualdade de todos perante a lei. Não será igual para todos a lei que, para alguns, seja interpretada num sentido e, para outros, seja interpretada em sentido oposto. A unidade do sentido da lei é pressuposto da igualdade perante a lei. Por esta razão, constitui imperativo constitucional e dever indeclinável dos tribunais uniformizar a sua própria jurisprudência".[40] Esse posicionamento encontra-se acolhido no art. 926, *caput*, do CPC: "Os tribunais *devem* uniformizar sua jurisprudência e mantê-la *estável, íntegra e coerente*".

A se entender de outro modo, se chegaria a um *non sense*: a lei enquanto norma abstrata e geral seria oponível de maneira isonômica, indiscriminadamente, a todas as pessoas físicas e jurídicas ao longo do território nacional; mas, já não assim quando uma controvérsia viesse judicializada, caso em que então a norma consentiria diversas inteligências, ao sabor de cada órgão jurisdicional, ou de cada instância judiciária, chegando-se, no plano horizontal, ao paroxismo de a mesma lei federal merecer diversos significados, conforme se trate da

40. Uniformização de jurisprudência, *Lex – Jurisprudência do STF*, seção de doutrina, vol. 226, out. 1997, p. 8.

interpretação *paulista*, por sua vez diversa da *mineira*, esta a seu turno distinta da *gaúcha;* no plano vertical, teria o jurisdicionado que aceitar uma interpretação de 1.º grau, totalmente descompromissada daquela de 2.º grau, e assim sucessivamente pelas instâncias subsequentes, sem um *oásis de consenso* onde se recompusesse a vera inteligência da norma legal. Em breves palavras, é como se a uniformidade jurisprudencial fosse uma utopia inalcançável, e a divergência uma sorte de *karma* insuperável a que se devessem resignar os jurisdicionados!...

Muito ao contrário, sendo o Brasil uma República Federativa, instalada em território de dimensões continentais, cujo modelo político se triparte entre União, Estados e Municípios, com a jurisdição de tipo unitária, sobreleva o *interesse nacional* em que a inteligência das leis seja uniformizada, como exigência de justiça e de paz social. A competência reconhecida ao relator, no STJ, para dar ou negar provimento a a recurso, conforme esteja ou não em simetria com certos padrões exegéticos de caráter impositivo (RISTJ, art. 34, XVIII, *b* e *c*, cf. ER 22/2016), indica claramente a expectativa dessa Corte Superior em que seu direito sumular - a par de outros padrões exegéticos impositivos - opere, desde logo, na eliminação da divergência sobre a interpretação do Direito Federal comum, sinalização essa que igualmente se endereça às instâncias precedentes, quando devam interpretar e aplicar o Direito Federal aos casos concretos, *v.g.*, o *indeferimento liminar de pedido* que se mostre contrário a súmula (CPC, art. 332, I).

Nem sempre os Tribunais Superiores conseguem desempenhar na plenitude desejável a uniformização exegética do direito federal em sentido largo (comum, no caso do STJ; constitucional, no caso do STF), não raro se registrando dissenso entre as Turmas sobre um mesmo tema, pese o fato de tal ocorrência desafiar embargos de divergência - CPC, arts. 1.043, incisos e §§; 1.044 e §§). Robson Renault Godinho colaciona, ao propósito, expressivo exemplo, em tema de legitimidade ativa do MP para a judicialização de interesses indisponíveis alusivos a fornecimento de medicamento/tratamento de saúde a pessoas carentes, colacionando decisões do STF dispondo em sentido diverso. Em senso afirmativo: RE, AgR 554.088/SC, rel. Min. Eros Grau, *DJe* n. 112, de 20.06.2008; em senso negativo: RE 496.718/RS, rel. orig. Min. Marco Aurélio, rel. p/ o acórdão Min. Menezes Direito, j. 12.08.2008, DJ*e* 30.10.2008). Comenta o autor: "(...) estamos diante de mais um exemplo de indesejável oscilação jurisprudencial e, sobretudo, de um lamentável retrocesso na interpretação constitucional".[41]

41. O Ministério Público e a defesa dos interesses individuais indisponíveis, *Revista MP – MG Jurídico*, n. 12, abr.-jun. 2008, p. 15.

Um exemplo expressivo fora mencionado pelo saudoso J. J. Calmon de Passos: "Se o Tribunal Superior, em decisão plenária (não necessariamente unânime), fixou o entendimento de que as ações meramente declaratórias são imprescritíveis, apenas suscetíveis de prescrição as pretensões condenatórias que delas derivem, esse entendimento vincula todos os julgadores, em todos os níveis, e já não pode ser contraditado, exigindo-se modificação legislativa para afastá-lo, ou revogação do entendimento por subsequente, e fundamentada decisão plenária do tribunal que fixou o entendimento".[42] Sim, porque, a se entender de outro modo, não se justificaria a atribuição para o STF operar como o *guarda da Constituição* – CF, art. 102, *caput* – (incluindo-se nesse zelo a interpretação final e definitiva do texto constitucional), nem se justificaria a competência do STJ para emitir a *ultima ratio* na exegese do Direito Federal, comum.

Exemplo da desejável *eficácia expansiva* que deve projetar um entendimento sumulado no STJ deu-se na municipalidade paulistana, que emitiu a Orientação Normativa n. 1 (*DOM* 15.12.1998), cujos *consideranda* remetiam ao "entendimento jurisprudencial cristalizado na Súmula 125 do STJ", a par da necessidade de harmonização dos procedimentos judicial e administrativo do poder municipal e, ainda, "o interesse público em preservar a Municipalidade dos ônus da sucumbência", determinando, em sua parte dispositiva: "O pagamento de férias não gozadas por necessidade de serviço, inclusive o acréscimo constitucional de 1/3, deve ser efetivado sem a retenção do Imposto sobre a Renda e Proventos de qualquer natureza". Realmente, tratando-se de questão jurídica federal, e sendo o STJ o órgão máximo na interpretação desse direito, não haveria sentido na luta (inglória) de sustentar tese diversa do entendimento sumulado nesse órgão de cúpula. Mais recentemente, a mesma capital paulista promulgou a Lei 15.690/2013, dando nova redação a dispositivos da Lei 14.107/2005, inclusive o § 9º do art. 49 desta última, por modo que o Secretário de Finanças e Desenvolvimento Econômico pode autorizar "a não interposição de recursos de revisão com fundamento em decisões definitivas de mérito, proferidas pelo Supremo Tribunal Federal em matéria constitucional ou pelo Superior Tribunal de Justiça em matéria infraconstitucional, em consonância com a sistemática prevista nos arts. 543-B e 543-C do Código de Processo Civil"]1973], certo ainda que o *caput* do art. 44-A da Lei 14.107/2005, inserido por aquela Lei 15.690/2013, autoriza o Conselho Municipal de Tributos a, com base em sua jurisprudência, emitir "*súmula, que terá caráter vinculante* para todos os órgãos da Administração Tributária (...)".

42. Súmula vinculante, *Genesis, Revista de Direito Processual Civil*, n. 6, set.-dez. 1997, p. 633.

No plano federal, dispõe a Lei 9.469/97: "Não havendo súmula da Advocacia-Geral da União (arts. 4º, XII, e 43 da Lei Complementar n. 73, de 1993), o Advogado-Geral da União poderá dispensar a propositura de ações ou a interposição de recursos judiciais quando a controvérsia jurídica estiver sendo *iterativamente decidida pelo Supremo Tribunal Federal ou pelos Tribunais Superiores*".

Especificamente no tocante ao STF, embora ele tenha perdido, em prol do STJ, sua anterior competência para uniformizar a interpretação do Direito Federal comum (art. 119, III, *d*, da EC 1/69) e, ainda que no atual desenho constitucional do recurso extraordinário, a só divergência jurisprudencial não constitua fundamento autônomo, é forçoso admitir que, ao provê-lo sob qualquer de seus pressupostos (CF vigente, art. 102, III e alíneas), o STF acaba realizando, indireta ou reflexamente, uma uniformização interpretativa acerca dos dispositivos constitucionais agitados no caso concreto; interpretação essa que, por derivar da mais alta Corte do país, expandirá sua *eficácia natural* ao longo do território nacional.

Exemplo desse fenômeno deu-se em difundida decisão prolatada pelo STF em recurso extraordinário, sendo partes o Estado de São Paulo e servidor público (RE 163.204-6, rel. Min. Carlos Velloso), onde a Colenda Corte deu pela inviabilidade de cumulação de proventos de aposentadoria com vencimentos do serviço ativo: a tese, posto firmada em jurisdição singular, logo difundiu-se pelo país, a ponto de alguns editais de concurso público passarem a vedar a inscrição de candidato já aposentado. E, de outra parte, o Executivo Federal baixou o Decreto 2.027, de 01.10.1996, cujos *consideranda* invocam expressamente aquela decisão do STF no citado RE 163.204-6, prevendo o art. 1.º que o servidor aposentado, ao tomar posse em cargo efetivo ou emprego permanente, deve assinar termo de *opção*.

Ainda em testemunho dessa *eficácia expansiva* daquele acórdão, esclarecia o saudoso Min. Domingos Franciulli Netto, à época Desembargador do TJSP: "Perfilhando a tese do RE 163.204-6, de São Paulo, no âmbito do Executivo, veio a lume o Decreto 40.297, de 04.09.1995, do governador do Estado, e, no Tribunal de Justiça de São Paulo, foi expedido o Comunicado 42/95 da E. Presidência, vedando a acumulação, salvo as exceções previstas na própria Constituição, e determinando a opção por uma das remunerações". Adiante, embora concedendo que o citado aresto não era formalmente vinculante para o TJSP, prosseguia o autor: "Menos certo não é, contudo, que ele se impõe pela robustez de seus próprios fundamentos. Além disso, não impressionam os discursos de não ser o Excelso STF uma típica Corte Constitucional e o de, tampouco, conter o respeitabilíssimo pronunciamento, que plasmou o ato acometido, eficácia *erga omnes*. Resposta à primeira objeção: na solução de litígios, mediante recurso extraordinário, ou originariamente em ação direta de inconstitucionalidade, toca ao Excelso STF falar como se a própria Constituição falasse, parafraseando o saudoso Des. Manuel Carlos; resposta à segunda objeção: de nada adianta uma lei ou um outro ato formal em sentido contrário".[43]

Eis aí um sugestivo exemplo de como a jurisprudência de Corte Superior (ainda que não sumulada!) pode fazer escola e projetar influência junto a outro Poder, numa sorte de *eficácia natural* ou *efeito expansivo* do Direito pretoriano. Assim se passa, e até por maior razão, perante a *súmula vinculante* do STF, que, às expressas, é obrigatória "aos demais órgãos do Poder Judiciário e à administração pública direta e indireta, nas esferas federal, estadual e municipal" (CF, art. 103-A – EC 45/2004). As sanções para o caso de infringência – comissiva ou omissiva – à súmula vinculante são graves: acolhida a reclamação, a decisão judicial é *cassada* e o ato administrativo é *anulado* (CF, § 3.º do art. 103-A – EC 45/2004); neste último caso, agrega-se ainda um encargo para a Autoridade, que deverá "adequar as futuras decisões administrativas em casos semelhantes, sob pena de responsabilização nas esferas cível, administrativa e penal" (art. 64-B da Lei 9.784/1999, cf. Lei 11.417/2006).

Ainda tendo presente aquele julgado antes mencionado (RE 163.204-6), Affonso Aragão Peixoto Fortuna considera que "o STF é o guardião do Texto Constitucional (CF, art. 102), de modo que suas decisões possuem peso considerável, muito embora se possa considerar 1) que a ementa citada refere-se a um Recurso Extraordinário, que só alcança as partes envolvidas; 2) que o sistema judiciário brasileiro concede ampla autonomia aos juízes, que decidem sempre com base em convicção própria; 3) mas que todo processo que for levado à decisão do STF será julgado, provavelmente, nos mesmos termos, salvo se o STF reconsiderar a decisão tomada".[44]

Esta terceira alternativa é a que nos parece mais ponderosa: se o STF detém o monopólio de dar a derradeira e definitiva avaliação sobre a constitucionalidade das leis e atos do Poder Público, a lógica e o bom senso indicam que essa interpretação há de ser respeitada pelas demais instâncias judiciárias, porque de outro modo apenas se acumulariam os prejuízos: ao

43. Acumulação de proventos e vencimentos, *RT*, n. 734, p. 157.

44. Servidor. Acumulação de proventos com vencimentos. Interpretações divergentes. Julgado do STF. Alternativas da Administração, *Revista Advocacia Pública*, Boletim do Instituto Brasileiro de Administração Pública, n. 5, maio 1997, p. 28.

jurisdicionado, que debalde se insurgiria contra o entendimento do STF; à *prestação jurisdicional*, porque o processo teria sua duração inutilmente protraída; ao *serviço judiciário*, assoberbado de recursos e impugnações, desde logo fadadas ao insucesso, por esposarem entendimento diverso daquele assentado nesse *Tribunal da Federação*. Essa é a *mens legis* subjacente ao art. 927 do CPC, ao elencar os padrões decisórios impositivos, dentre os quais se incluem os produtos judiciários otimizados, proferidos pelo STF: acórdãos no controle direto de constitucionalidade; súmulas (não só as vinculantes); decisões-quadro nos recursos extraordinários afetados como representativos da controvérsia, no rito dos recursos repetitivos (incisos I, II e III daquele artigo), a par, naturalmente, dos acórdãos nos recursos extraordinário afetados com repercussão geral, já que em sucedendo avaliação *negativa* quanto a esse quesito, os demais recursos sobrestados nos tribunais de origem envolvendo o mesmo tema, são descartados (CPC, § 8º do art. 1.035).

No tocante à sumula vinculante do STF, à época em que viera proposta na PEC 96-A/92, chegou-se a argumentar que ela interferia com a "livre convicção do juiz" (hoje dita persuasão racional), mas a crítica fora, com vantagem, enfrentada pelo Dep. Fleury Filho, então relator parcial do projeto: "Também é falso o argumento segundo o qual a súmula vinculante representa interferência na independência dos demais órgãos jurisdicionais simplesmente porque a parte, por meio de recursos, acaba levando a causa ao órgão que proferiu a súmula e dele obterá a sua aplicação, ainda que não seja ela vinculante".[45] Sim, porque, mesmo as súmulas *persuasivas* (= não vinculantes) do STF têm o condão de balizar a recepção dos recursos extraordinários nessa Corte, a teor do § 3º do art. 1.035 do CPC, estabelecendo uma presunção de repercussão geral quando o acórdão recorrido "contrarie súmula ou jurisprudência dominante do Supremo Tribunal Federal".

Bem por isso, em vários países o recurso denominado extraordinário serve para fixar a *interpretação* do texto constitucional, a ser doravante seguida pelas demais instâncias judiciárias. Assim, esclarece Cândido Rangel Dinamarco: "Na Argentina, a Corte Suprema de Justiça da Nação, de âmbito nacional e situada na capital política da nação, faz o controle constitucional dos julgados definitivos dos tribunais superiores federais e das províncias, mediante o recurso extraordinário de inconstitucionalidade". Adiante, prossegue: "O acolhimento do recurso extraordinário de inconstitucionalidade determina a remessa (*reenvio*) da causa à instância de origem para novo

45. Cf. parecer oferecido à Comissão Especial, p. 21, texto gentilmente a nós encaminhado pelo Gabinete do nobre Deputado, em junho de 2001.

julgamento – sendo vinculante para o órgão que irá proferi-lo, a tese jurídica fixada pela Corte Suprema".[46]

No caso do STF, a situação de sobrecarga de processos segue preocupante, mesmo após o advento da *súmula vinculante* e da exigência da *repercussão geral* para admissão do recurso extraordinário, notando-se apenas uma amenização no quadro pré-existente, conforme a análise de especialistas: "(...) apenas aproximadamente metade dos recursos com preliminar de repercussão geral deve ter sido julgada desde o segundo semestre de 2007 (39.461 processos). A outra metade dos casos (39.250 processos) ainda dependeria de julgamento. Ou seja, o STF, apesar de muito beneficiado com a repercussão geral, ainda encontra dificuldades para lidar com o volume de casos. Apenas metade dos processos relacionados à repercussão geral foram julgados de 2007 até 2010. Isso nos mostra que o STF tem capacidade para lidar com apenas 50% dos processos que chegam com preliminar de repercussão geral. O número máximo de casos que ele poderia receber hoje seria, portanto, metade dos mais de 30 mil processos que está recebendo. Do contrário, poder-se esperar novo acúmulo de processos futuramente".[47]

No tocante à situação de sobrecarga no STJ, relatava o Min. José Augusto Delgado, em palestra proferida em 1997: "Segundo a previsão dos nossos assessores, vamos receber 120.000 processos, quase o dobro de 1996. Julgamos, até o dia 30 de setembro, 66.303 processos. Mas de todo esse volume fabuloso que estou a lhes demonstrar, *70 ou 80% são causas repetidas, em que vamos apenas confirmar entendimentos que estão postos*"[48] (grifamos). Mais recentemente, o relatório "Justiça em Números", publicado em 2012, reporta que "em 2011 entraram no STJ 295.102 casos novos, sendo 54.368 criminais e 240.734 não criminais" (p. 30 do documento). [49] Em 2016 consta a distribuição de 335.779 processos no STJ, tendo sido julgado nesse ano 386.910. [50]

Embora a exigência da repercussão geral da questão constitucional, para admissão do recurso extraordinário no STF (CF, § 3º do art. 102) não

46. A função das Cortes Supremas na América Latina, *Revista Forense*, v. 342, p. 6 da separata.

47. Cf. Joaquim Falcão, Pablo de Camargo Cerdeira e Diego Werneck Arguelhes, *I Relatório Supremo em Números – o múltiplo Supremo*, apoio Fundação Getúlio Vargas – Direito – Rio, abril/2011, p. 61 do documento. .

48. A súmula vinculante e a Administração Pública, *Boletim de Direito Administrativo*, n. 6, jun. 1998, p. 358.

49. Fonte: <http://www.cnj.jus.br/imagespesquisas-judiciarias/Publicacoes/rel_completo_stj.pdf>.

50. Fonte: www.stj.jus.br, consultado em 23.11.2017.

tenha sido implantada com o propósito *declarado* de operar como filtro ou barreira do afluxo excessivo desses recursos, não há dúvida de que ela acaba operando para aliviar a sobrecarga da Corte e agilizar os trâmites, como o reconhecem Eduardo Cambi e Aline Regina das Neves: "Se não bastasse a redução esperada do número de recursos efetivamente submetido à apreciação do Poder Judiciário em última instância, a repercussão geral também propiciou celeridade processual, ao diminuir o tempo despendido na análise dos recursos admitidos, e o aumento, ao menos numérico, das estatísticas referentes à produtividade do STF e dos seus Ministros componentes".[51]

Em números globais, é realmente impressionante o que se pode considerar como efeito do demandismo judicial exacerbado, segundo se colhe do boletim *Justiça em Números*, divulgado pelo CNJ em 2017, ano-base 2016: "Durante o ano de 2016 ingressaram 29,4 milhões de processos e foram baixados 29, 4 milhões. Um crescimento em relação ano anterior na ordem de 5,6% e 2,7%, respectivamente. Mesmo tendo baixado praticamente o mesmo quantitativo ingressado, com índice de Atendimento à Demanda na ordem de 100,3%, o estoque de processos cresceu em 2,7 milhões, ou seja, em 3,6% e chegou ao final do ano de 2016 com 79,7 milhões de processos em tramitação aguardando alguma solução definitiva"..[52]

A *crise numérica* de processos judiciais pendentes vem se agravando, consentindo inferir que é um *terrível erro estratégico* insistir no crescimento físico da Justiça estatal, insuflada pela exacerbação da demanda, numa *corrida* sôfrega e infindável que, há tempos, vai desenhando um quadro estarrecedor: *desserviço aos jurisdicionados*, ante a morosidade e a imprevisibilidade do processo judicial, especialmente em face dos clientes *eventuais* (porquanto os *habituais* beneficiam-se das deficiências do sistema judiciário, *usando-o*, no pior sentido, para postergar o cumprimento de suas obrigações); *desprestígio social da função judicial*, revelada pela desconfiança da população no serviço judiciário estatal; *empenhamento crescente* de parcelas orçamentárias, provocando resistências e atritos na relação com o Executivo. O *erro estratégico*, dentre outras concausas, reside no estímulo ao demandismo judiciário (insuflado por uma leitura irrealista e ufanista do contido no art. 5.º, XXXV da CF) e no consequente desestímulo à busca pelos meios alternativos de solução dos conflitos.

O próprio CNJ já reconheceu esse preocupante quadro, ao estabelecer, na Res. 125/2010 (*DJe* 01.12.2010, republicada no *DJe* 01.03.2011), a *Política*

51. Repercussão geral e PEC 209/2012. RePro nº 220, jun./2013, p. 192.

52. Os dados constam à p. 65 do documento impresso.

Judiciária Nacional, colhendo-se de seus *consideranda* que aquele dispositivo constitucional – o direito de acesso à Justiça – "além da vertente formal perante os órgãos judiciários, implica acesso à ordem jurídica justa"; por isso mesmo, "cabe ao Judiciário estabelecer política pública de tratamento adequado dos problemas jurídicos e dos conflitos de interesses, que ocorrem em larga e crescente escala na sociedade, de forma a organizar, em âmbito nacional, não somente os serviços prestados nos processos judiciais, como também os que possam sê-lo mediante outros mecanismos de solução de conflitos, em especial dos consensuais, como a mediação e a conciliação".

B) O *recurso de revista* remonta às Ordenações Filipinas, explicando Moacyr Amaral Santos que ali aparecia "com finalidade inteiramente diversa do que no sistema do Código pátrio vigente tomou esse nome" (ele escrevia na vigência do CPC de 1939). "Duas eram as suas modalidades – revista de Justiça e revista de Graça. Destinava-se a primeira ao reexame das causas cujas sentenças, proferidas pelas Relações do Reino, fossem atacadas dos vícios de se fundarem em *falsa prova ou falsas escrituras*" ou emanarem de *juízes subornados ou suspeitos*; a segunda se destinava ao reexame das causas, independentemente daqueles vícios, por especial favor do Rei (Ord., Liv. 3, tít. 95). Suprimida a primeira pela Lei de 03.11.1768, manteve-se a segunda, admissível contra sentenças arguidas de *manifesta nulidade ou injustiça notória*".[53]

Na sequência, o recurso de revista aportou no direito brasileiro (Constituição Imperial, art. 164, I), sendo recurso de competência do Supremo Tribunal de Justiça. A partir da República, embora mantivesse a denominação, a *revista* perdeu sua conotação originária, salientando-se que, no Estado de São Paulo, a Lei 2.222, de 1927 (Projeto Costa Manso) previu o recurso, já agora voltado à finalidade de uniformização da jurisprudência.

Foi com esse escopo que a *revista* apareceu, na sequência, no Código Processual de São Paulo. Tendo a Constituição de 1934 concentrado em mãos da União a competência para legislar em matéria de processo, a Lei Federal 319, de 1936, veio regular aquele recurso nos moldes em que o concebera a legislação paulista, e foi assim, com o claro propósito de ensejar a unificação da jurisprudência, que a revista acabou recepcionada no CPC de 1939, art. 853: "Conceder-se-á recurso de revista nos casos em que divergirem, em suas decisões finais, duas ou mais Câmaras, turmas ou grupos de Câmaras, entre si, quanto ao modo de interpretar o direito em tese. Nos mesmos casos, será o recurso extensivo à decisão final de qualquer das Câmaras, turmas

53. *Primeiras linhas de direito processual civil*, São Paulo, Max Limonad, 1969, vol. 3, p. 173.

ou grupos de Câmaras, que contrariar outro julgado, também final, das Câmaras Cíveis reunidas".

Duas inferências se extraem desse conceito da *revista*, no Direito processual comum: 1) o recurso era dirigido aos Tribunais locais, pois só em relação a eles caberia falar em "grupos de Câmaras" ou "Câmaras Cíveis Reunidas", além do que, no plano federal, a divergência jurisprudencial desafiava recurso extraordinário ao STF, pelo art. 101, III, *d*, da CF de 1937, então vigente; 2) buscava-se, pois, a unificação *interna* da jurisprudência, possibilitando a interpretação, *em tese*, do direito controvertido. Sem embargo, como é natural, havia o subjacente interesse do próprio recorrente em que essa tese viesse a favorecê-lo, com a reforma da decisão recorrida. Ou, como escrevia, à época, Moacyr Amaral Santos: "Há, assim, na revista, ao lado da finalidade pública, uma finalidade secundária, que consiste na obtenção da reforma de uma decisão pela aplicação do direito conforme a interpretação que se uniformizar".[54]

Essa *finalidade pública*, que transcende o interesse das partes, está ainda hoje presente na *revista trabalhista*, já que o TST "examinará previamente se a causa oferece *transcendência* com relação aos reflexos gerais de natureza econômica, política, social ou jurídica" (art. 896-A da CLT, acrescido pela Med. Prov. 2.226/2001), certo que a Lei 13.467/2017 acresceu parágrafos a esse artigo, sendo que o § 1º e incisos, trazem os "indicadores da transcendência". Nota-se, aí, um claro símile com o pré-requisito genérico da "repercussão geral da questão constitucional", no juízo de admissibilidade do recurso extraordinário (CF, art. 102, § 3.º; CPC, art. 1.035 e § 1º), o que bem se compreende, porque ambos são espécies do gênero *recursos excepcionais*, isto é, de direito estrito, direcionados a Tribunais de cúpula e não vocacionados à revisão de matéria de fato ou singela reapreciação da prova.

Tornando ao veio histórico, se num julgamento em curso no órgão fracionário seus integrantes se apercebessem, pela própria sequência de tomada dos votos, que a divergência se prenunciava virtual ou mesmo já ocorrera, lhes era dado solicitar o "pronunciamento prévio das Câmaras Reunidas", sobre a interpretação da norma controvertida, sobrestando-se, então, o julgamento em curso. Essa particularidade permite alguma aproximação com o que se passa nos chamados "embargos infringentes de ofício", técnica pela qual, inexistindo unanimidade no julgamento da apelação (ou, sob certas condições, também da ação rescisória ou do agravo de instrumento), "o julgamento terá prosseguimento em sessão a ser designada com a presença de outros julgadores (...)" – CPC, art. 942, *caput* e § 3º.

54. Idem, p. 177.

À época do CPC de 1939, o recurso de revista, em seu propósito precípuo de promover a unificação *interna* da jurisprudência, dividia as opiniões doutrinárias, como relatava Moacyr Amaral Santos: para uns, a pretendida unificação tornaria a jurisprudência "tão dura quanto a própria lei, o que impediria a evolução do direito"; para outros, "a excessiva oscilação da jurisprudência desprotege a lei e as autoridades, os juízes e a própria justiça". Entre as duas posições, Moacyr Amaral Santos apontava a virtude do meio termo: "Em verdade, seria erro fazer-se a jurisprudência estagnada, imutável. Terá ela, com efeito, de prosperar conforme as novas doutrinas, de acompanhar a evolução das ciências, das artes, das indústrias e dos fenômenos sociais. Mas insta se lhe impeçam variações desnorteantes e ininterruptas, consagradoras de afirmações antagônicas ou diversas a casos perfeitamente análogos (cf. José Alberto dos Reis)".[55]

Ambos os institutos – a revista e o prejulgado – ao menos com a nomenclatura e desenho originais – não vieram recepcionados no CPC entrado em vigor em 1974. Quanto ao prejulgado, como antes dito, acabou, em certo modo, substituído pelo "incidente de uniformização da jurisprudência" (arts. 476 a 479); já a *revista*, a se buscar um possível sucedâneo nesse CPC/73, guardaria algum símile com os *embargos de divergência*, embora estes fossem exercitáveis no âmbito dos Tribunais da Federação (art. 546).[56]

A revista trabalhista, antes referida, tem a finalidade de unificar a jurisprudência, em dois planos, a saber: *internamente,* entre parcelas de um mesmo Tribunal Regional, e, *externamente*, entre Tribunais Regionais diversos ou entre estes e o TST. Seu cabimento vem assim explicitado por Wagner Giglio: "Para dar lugar à revista, a divergência jurisprudencial (CLT, art. 896, letra *a*) deve estabelecer-se entre acórdãos do mesmo Tribunal Regional, ou entre os de diferentes Tribunais Regionais, ou, ainda, entre os de um Tribunal Regional e acórdão do Tribunal Superior do Trabalho, Pleno. Assim sendo, a divergência entre acórdãos de Tribunais Regionais e de Turmas do TST não dão lugar ao apelo em questão. É que a decisão da Turma pode ser reapreciada pelo Pleno do TST, e por este reformada, eliminando a divergência jurisprudencial".[57]

Impende ter presente que a divergência que autoriza a interposição do recurso de revista ao TST, além de vir cumpridamente demonstrada, deve,

55. *Primeiras linhas de direito processual civil*, 1969, vol. 3, p. 177.

56. Para Lênio Luiz Streck, "a partir do exame dos dois extintos institutos – revista e prejulgado –, a doutrina brasileira conceitua a uniformização da jurisprudência como um misto de ambos, dotado, porém, de fisionomia própria" (*Súmulas no direito brasileiro* – Eficácia, poder e função, 2. ed., Porto Alegre, Livraria do Advogado, 1998, p. 102).

57. *Direito Processual do Trabalho*, 6. ed., São Paulo: LTr, 1.986, p. 363.

ainda, ser de *atualidade*, "não se considerando como tal a ultrapassada por súmula do Tribunal Superior do Trabalho ou do Supremo Tribunal Federal, ou superada por iterativa e notória jurisprudência do Tribunal Superior do Trabalho" (CLT, § 7º do art. 896, inserido pela Lei 13.015/2014).[58]

Essa valorização do direito sumular, para o Min. Wagner Pimenta, do TST, representa "um passo importante no sentido da tão almejada reforma do Poder Judiciário". Para ele, "*chega-se muito próximo da chamada súmula vinculante*, ao se estabelecer que o relator negará seguimento a recurso que esteja em confronto com súmula ou com jurisprudência dominante"[59] (grifamos).

Além do papel desempenhado pela revista trabalhista na superação da divergência jurisprudencial, vale ainda ressaltar sua importante contribuição no processo de formulação das súmulas do TST, cujo prestígio e eficácia são notórios no foro trabalhista, tanto no âmbito das Varas do Trabalho como dos Tribunais Regionais do Trabalho, assim se alcançando, na prática, uma verdadeira e substancial uniformização, malgrado a inexistência de disposição expressa no sentido de que tais assentos sejam *vinculativos*. Conforme esclarece Lênio Luiz Streck, no TST "foram criadas as súmulas por proposta elaborada pelos Ministros Raymundo de Souza Moura, Tostes Malta e Lima Teixeira, cuja iniciativa foi incorporada pelo Regimento Interno daquela Corte, publicado no *DJU* de 18.12.1979, cujo texto atual repete que as teses sobre as quais haja jurisprudência uniforme no Tribunal Pleno serão consubstanciadas em súmulas, para os efeitos dos arts. 894, *b*, e 896, da Consolidação das Leis do Trabalho [Cf. art. 157 do RITST]".[60]

No tocante à demonstração da divergência jurisprudencial, para fundamentar o recurso de revista, merece destaque a Súmula TST 337, I, *b*, exigindo que o recorrente "transcreva, nas razões recursais, as ementas e/ou trechos dos acórdãos trazidos à configuração do dissídio, demonstrando o conflito de teses que justifique o conhecimento do recurso, ainda que os acórdãos já se encontrem nos autos ou venham a ser juntados com o recurso" (= *demonstração analítica*). No mesmo senso, o Súmula 296, I, do TST,

58. Ao propósito, dispõe a súmula TST nº 333: "Não ensejam recurso de revista decisões superadas por iterativa, notória e atual jurisprudência do Tribunal Superior do Trabalho" (redação cf. Res 155/2.009).

59. Cf. Nova lei acelerará julgamentos no TST, periódico *Tribuna do Direito*, São Paulo, fev. 1999.

60. *Súmulas no direito brasileiro* – Eficácia, poder e função cit., 1998, p. 111. (Nota: na configuração atual, o art. 894 não contém alíneas, e sim dois incisos, tratando do cabimento dos embargos no TST).

exigindo que a divergência jurisprudencial "há de ser específica, revelando a existência de teses diversas na interpretação de um mesmo dispositivo legal, embora idênticos os fatos que as ensejaram".[61]

Ao longo do tempo foi se configurando um excesso terminológico para designar a jurisprudência assentada no TST, registrando Patrícia Guimarães Notaroberto Barbosa "sucessivas transformações de nomenclatura dos resumos da jurisprudência do TST, passando de prejulgados, com força obrigatória, para Súmulas e depois Enunciados, os dois últimos sem esse efeito".[62] Ao propósito, informa Paulo Kim Barbosa: "Os antigos enunciados passaram agora a ser chamados de 'Súmulas'. E houve mudança em vários conteúdos. Tem-se atualmente: 1. Súmulas do Tribunal Superior do Trabalho; 2. Orientação Jurisprudencial do Tribunal Pleno; 3. Orientação Jurisprudencial da Seção de Dissídios Individuais 1; 4. Orientação Jurisprudencial da Seção de Dissídios Individuais 1 – Transitória; 5. Orientação Jurisprudencial da Seção de Dissídios Individuais 2; 6. Orientação Jurisprudencial da Seção de Dissídios Coletivos; 7. Precedentes Normativos".[63]

Importante, nesse juízo de admissibilidade da revista, a observação do Min. Vantuil Abdala, do TST, no sentido de que "é fundamental que as Turmas fundamentem o porquê da especificidade ou da inespecificidade. O que não se pode é simplesmente afirmar: 'Conheço do recurso porque os arestos divergem diametralmente da decisão recorrida'. Ou, 'não conheço porque os acórdãos não eram específicos'. Ora, a parte tem direito à prestação jurisdicional completa e as decisões têm que ser fundamentadas (CF, art. 93, IX)".[64] O vigente CPC revela-se particularmente atento a esse aspecto, ao considerar *não fundamentada* (e, portanto, nula: CF, art. 93, IX) a decisão que "se limitar a invocar precedente ou enunciado de súmula, sem identificar seus fundamentos determinantes nem demonstrar que o caso sob julgamento se ajusta àqueles fundamentos" (§ 1º, inciso V, do art. 489).

A enorme importância prática das súmulas trabalhistas no âmbito do juízo de admissibilidade do recurso de revista (*pressupostos específicos*)

61. A Res. 129/2005 do TST alterou a denominação "Enunciado" para "Súmula".

62. O efeito vinculativo das súmulas no direito do trabalho, *LTr – Suplemento Trabalhista*, n. 79, 1998, p. 335.

63. Súmulas do TST. *Revista da Amatra*, Associação dos Magistrados da Justiça do Trabalho, abr.-maio 2006, p. 12. V. Res. 129/2005 do TST, que alterou a denominação "Enunciado" para "Súmula".

64. Pressupostos intrínsecos de conhecimento do recurso de revista, *Revista do Ministério Público do Trabalho*, vol. XII, set. 1996, p. 193.

é claramente demonstrada nas Súmulas abaixo reproduzidas, conforme trabalho elaborado pelo Min. Ives Gandra da Silva Martins Filho, do TST:[65]

"*Prequestionamento:* inclusão da matéria específica na decisão recorrida (S. 184 e 297).

"*Matéria Fática:* sua discussão é vedada em RR (S. 126).

"*Admissibilidade Parcial:* não impede o conhecimento integral da revista (S. 285).

"*Divergência Jurisprudencial:* acórdãos de TRT's ou SDI-TST (CLT, art. 896, *a*).

"Se for em relação à lei estadual, cláusula normativa ou regulamentar, apenas se a norma for de aplicação em mais de um TRT (CLT, art. 896, *b*)". (Nota: A redação dessa alínea é dada pela Lei 9.756/98, dispondo caber recurso de revista quando decisões de TRT's "derem ao mesmo dispositivo de lei estadual, Convenção Coletiva de Trabalho, Acordo Coletivo, sentença normativa ou regulamento empresarial de observância obrigatória em área territorial que exceda a jurisdição do Tribunal Regional prolator da decisão recorrida, interpretação divergente na forma da alínea *a*").

"Acórdãos de turmas do TST são imprestáveis para divergência em RR (*a*).

"Se a questão já está sumulada não cabe RR (*a*, *in fine*).

"Se a questão já está pacificada pela SDI não cabe RR (S. 42 e 333) [a Súmula 42 foi cancelada pela Res. 121/2003 do TST].

" Os acórdãos devem ser autenticados ou com fonte de publicação (S. 38 e 337) [a Súmula 38 foi cancelada pela Res. 121/2003 do TST].

" Jurisprudência deve abranger todos os fundamentos do acórdão (S. 23).

" A divergência deve ser específica (S. 296); transcrição no recurso (S. 337).

"*Violação Legal:* da Constituição ou de lei federal (CLT, art. 896, *c*) – Interpretação razoável não enseja RR (S. 221)".

É de se augurar que a vasta experiência da Justiça do Trabalho com o direito sumular seja devidamente considerada e aproveitada na Justiça comum, para o manejo das súmulas do STF e do STJ, ante os dispositivos do vigente CPC que aludem ao direito sumular para diversos e relevantes efeitos: *indeferimento liminar do pedido* (art. 932, I e IV); *desprovimento de*

65. Recurso de revista: pressupostos de admissibilidade, *Revista do Ministério Público do Trabalho*, vol. 12, set. 1996, p. 202.

recurso pelo relator: art. 932, IV, *a*; *presunção de repercussão geral da questão constitucional*: § 3º, I, do art. 1.035; *dispensa de remessa necessária*: § 4º, I, do art. 496.

As súmulas trabalhistas vêm assegurando o *tratamento isonômico* aos jurisdicionados, e, de outro, emprestam a desejável *previsibilidade* aos julgamentos, assim evitando surpresa às partes, às quais fica dado conhecer previamente os entendimentos assentados no TST. Essa efetividade do direito sumular trabalhista ao longo do tempo não ficou comprometida pelo caráter não vinculativo, a saber, apenas *persuasivo* dessas súmulas, numa demonstração de que a credibilidade e prestígio do entendimento assentado em Tribunal Superior dependem mais da mentalidade e conscientização dos magistrados do que de uma formal agregação de força vinculativa a tais assentos.

A *praxis* judiciária trabalhista permite, assim, formular esta indagação: os assentos da jurisprudência predominante de uma Corte Superior devem ser acatados e aplicados pelas instâncias precedentes, *por causa* de sua *expressa* obrigatoriedade, ou, diversamente, sua eficácia prática deveria decorrer, simplesmente, do próprio *prestígio* e da natural *ascendência* do Tribunal que as emitiu, na medida em que as súmulas representam o extrato da jurisprudência ali predominante?

A resposta a essa indagação passa pela observação do que ordinariamente acontece na natureza das relações sociais: a experiência revela que é inútil moldar uma conduta humana a partir de um ato de força, de um comando potestativo unilateralmente imposto, divorciado do dado cultural e da *maneira de ser* da comunidade (*la nature se rit des decrets*...); quando se *força* uma conduta social, o resultado não perdura (*écartez le naturel, il revient au galop*), dando ensejo ao fenômeno, muito ocorrente no Brasil, das leis que, no jargão popular, simplesmente... *não pegam*. Daí o conhecido aforisma: já se viu a sociedade mudar lei, mas nunca se viu lei que mudou a sociedade...

Assim também, a eficácia prática de um enunciado normativo jurisprudencial deveria exsurgir, *naturalmente*, do fato mesmo dele representar a suma do entendimento firmado no Tribunal hierarquicamente superior, que tanto deveria bastar para induzir os órgãos judiciais a ele vinculados a aplicarem tal súmula nos casos concretos, conduta espontânea que tornaria supérflua ou despicienda a agregação do qualificativo *vinculante*. E isso, quanto mais não seja, pelo curial motivo da virtual *inutilidade* da resistência à súmula, dado ser previsível que o Tribunal que a emitiu tenderá a prestigiá-la, e assim irá indeferir ou desprover os recursos interpostos em sentido contrário à sua jurisprudência sumulada.Note-se que essa notável eficácia – *praticamente vinculante* – da jurisprudência assentada no TST é ainda robustecida pelo entendimento dominante no sentido de que ela, não sendo lei, não está sujeita à vedação da aplicação retroativa, exegese respaldada pelo STF, conforme acórdão colacionado por Estevão Mallet: "Súmula do TST – Aplicação retroativa. (...) As súmulas dos tribunais não se submetem às regras de vigência impostas às leis. Nada impede que os magistrados e tribunais dirimam controvérsia com fundamento em orientação sumular fixada após a instauração do litígio" (1.ª T., AIAgRg 137.619/DF, rel. Min. Celso de Mello, j. 04.08.1993, *DJU* 18.03.1994, p. 5.153). Estevão Mallet demonstra, porém, que nosso sistema jurídico comporta restrições a essa tese predominante, citando exemplos no Direito Positivo e na própria jurisprudência: a Lei 9.784/99 (sobre o processo administrativo no âmbito federal), cujo art. 2.º, XIII, veda a "aplicação retroativa de nova interpretação"; a Súmula 83 do TST; o art. 27 da Lei 9.868/99 (sobre o processo da ADIn e ADCon); o art. 100, III, do CTN. Ao final, conclui o autor: "Tal como não pode a lei nova comprometer o ato jurídico perfeito, o direito adquirido e a coisa julgada, a mudança da jurisprudência não deve ser aplicada, indiscriminadamente e sem ressalvas, de forma retroativa, de modo a frustrar expectativas legitimamente criadas ou a infirmar comportamentos induzidos pelas decisões anteriores dos Tribunais. Há casos em que não é possível sujeitar à nova jurisprudência situações já consolidadas. Quais são esses casos é algo que, depois de aceita a tese do caráter não necessariamente retroativo da jurisprudência, será preciso examinar com mais atenção".[66]

A *modulação temporal* da eficácia da súmula vinculante do STF, à semelhança do que se passa com igual técnica no âmbito da ADIn e da ADCon (art. 27 da Lei 9.868/99~; art. 11 da Lei 9.882/99, esta última alusiva à ADPF) vem igualmente contemplada na Lei 11.418/2.006, que regulamenta a edição, revisão e cancelamento de tais enunciados obrigatórios, nos termos do art. 4º.

Anteriormente à edição dessa Lei 11.418/2.006, analisava Rodrigo Jansen: "Se partirmos da ficção de que ela [a súmula vinculante] apenas declara uma situação jurídica preexistente no ordenamento, ela teria aplicação indistinta no tempo, limitada apenas pela vigência das normas que lhe dariam fundamento. Se vista como uma norma nova, como uma norma que constitui direito novo (perspectiva que acredito ser a mais correta), fica mais difícil aceitar a sua retroatividade em qualquer hipótese. Questão afim e não menos complexa é a dos efeitos da revisão da súmula, quer dizer, se ela

66. A jurisprudência sempre deve ser aplicada retroativamente? *Revista do Advogado* – AASP, Homenagem a Otávio Bueno Magano, n. 86, p. 35, São Paulo, jul. 2006.

atinge os fatos realizados na 'vigência' dela ou não. São questões relevantes, que talvez mereçam tratamento específico do legislador, estando aberta a discussão na doutrina. Acredito, de toda sorte, que, antes dela, cumpre decidir sobre a natureza da súmula, se ela é uma norma, como sustento, ou não".[67]

Andou bem o legislador ao autorizar, no art. 4º da Lei 11.418/2.006, a modulação temporal na aplicação da súmula vinculante, prevenindo, assim, controvérsias que, de outro modo, seriam suscitadas acerca desse relevante aspecto do direito sumular.

C) O recurso especial, *no âmbito eleitoral.* O art. 121 da CF prevê, sob diversos fundamentos, recursos ao TSE, contra decisões regionais nessa justiça especializada (§ 4.º, I a V), interessando-nos de perto o disposto no inciso II: quando "ocorrer divergência na interpretação de lei entre dois ou mais Tribunais Eleitorais". Assim, o constituinte, em 1988, veio recepcionar o disposto no Código Eleitoral (Lei Federal 4.737/65), cujo art. 276 dispõe: "As decisões dos Tribunais Regionais são terminativas, salvo os casos seguintes em que cabe recurso para o Tribunal Superior: I – *especial*: (...) b) quando ocorrer divergência na interpretação de lei entre dois ou mais Tribunais Eleitorais".

Como se vê, também nessa importante matéria remanesce o interesse público na eliminação da divergência entre Tribunais diversos, na interpretação da lei eleitoral, o que bem se compreende, se considerarmos que o exercício dos direitos políticos diz com a própria *soberania popular*, "exercida pelo sufrágio universal e pelo voto direto e secreto" (CF, art. 14, *caput*), donde se justificar que em matéria de tal relevância se busque alcançar uma *instância uniformizadora*, que vem a ser exercida pelo TSE, mercê do recurso em questão.

O que se colhe, no presente tópico, sobre os meios de controle (prevenção/correção) da divergência jurisprudencial *exógena* (entre Tribunais diversos) é que, tanto a revista trabalhista, como o recurso especial fundado na alínea *c* do art. 105, III, da CF, ou o recurso especial eleitoral, seguem como instrumentos hábeis a ensejar ao Tribunal *ad quem* (TST, STJ, TSE, nessa ordem), oportunidade para a purgação do dissídio alegado (e comprovado), permitindo a essas Cortes superiores exercitarem suas missões constitucionais de preservação da higidez, autoridade, validade e uniformidade da interpretação do Direito Federal, comum ou especial.

De outra parte, parece lícito inferir que, se o ordenamento processual segue mantendo impugnações que têm a divergência jurisprudencial como fundamento precípuo, há de ser porque o legislador considera que esse dis-

67. A súmula vinculante como norma jurídica, *Revista Forense*, vol. 380, jul.-ago. 2005, p. 200, rodapé n. 23.

senso, quando extrapola os lindes da razoabilidade ou não venha justificado por importante alteração superveniente nas fontes substanciais ou formais do Direito, então *deixa de ser tolerável*, passando a contrariar valores e interesses particularmente relevantes, a saber: 1) o sentimento comum de *justiça*, dominante na sociedade civil, o qual não se compadece com a desigualdade contemporânea nas respostas judiciárias sobre um mesmo assunto; 2) a respeitabilidade do Direito, do Processo e da Jurisdição, trinômio necessário à estabilidade das relações entre os jurisdicionados e na interação destes com o Estado; 3) a imperiosidade de uma resposta judicial *de qualidade*, vale dizer, *justa, jurídica, tempestiva, econômica, razoavelmente previsível e idônea a assegurar a fruição do direito, valor ou bem da vida reconhecidos no julgado*, poder-dever indeclinável, que a Constituição Federal atribui ao braço judiciário do Estado. Nesse sentido, dispõe o art. 4º do vigente CPC: "As partes têm o direito de obter em prazo razoável a solução integral do mérito, incluída a atividade satisfativa".

3.2 FIXAÇÃO DE JULGADO PARADIGMA

Sob a expressão *julgado paradigma* estão abrangidas ocorrências processuais diversas, sob diferentes denominações, mas que apresentam um *núcleo comum*, qual seja a fixação, pelos Tribunais, de certos padrões ou referenciais interpretativos, que servem como guia ou diretriz para a solução dos casos análogos, pendentes ou futuros, subsumidos na *ratio decidendi* do enunciado ou decisão-quadro: precedentes, assentos, enunciados, prejulgados, questões de ordem, súmulas. O denominador comum – *julgado paradigma* – aproxima essas palavras, por sinonímia, embora não impeça que por vezes a terminologia se revele cambiante, como no âmbito trabalhista (antigos *prejulgados*, depois *súmulas, enunciados, orientações jurisprudenciais*), nomenclatura depois uniformizada nos termos da Res. 129/2005 do TST.

Dentre os enunciados trabalhistas vale transcrever o de n. 190, que procura harmonizar, de um lado, o *poder normativo* do TST, e, de outro lado, a *natural ascendência* do STF, como órgão de cúpula, sobre as demais instâncias judiciais: "Ao julgar ou homologar ação coletiva ou acordo nela havido, o Tribunal Superior do Trabalho exerce o poder normativo constitucional, não podendo criar ou homologar condições de trabalho que o Supremo Tribunal Federal julgue iterativamente inconstitucionais".

É importante o depoimento de Wagner Giglio acerca da experiência judiciária trabalhista, afirmando a existência de uma *tendência sumular*. Embora lamente a ocorrência de alguns exageros, que levaram à edição de súmulas *contra legem* (ns. 172, 114, 183), o autor ressalta, porém, algumas notórias virtudes do Direito sumular, naquela justiça especializada: "(...) não há recurso que deixe de citar os precedentes judiciais, nos processos trabalhistas. Decisões apoiadas em súmulas vedam, na prática, a possibilidade de reforma, assegurando, por antecipação, o indeferimento da revista (CLT, art. 896, letra *a, in fine*) e dos Embargos ao Pleno (CLT, art. 894, letra *b, in fine*), o seu não conhecimento ou desprovimento, se porventura conhecido".

Na sequência, Wagner Giglio registra "a repulsa a qualquer alteração nas súmulas que possa vir a causar o aumento de recursos diante da avalanche de processos que assoberba o C. TST". Enfim, conclui o autor: "As súmulas são, hoje, imprescindíveis para a simplificação do procedimento recursal, e o Direito Processual do Trabalho delas não poderia abrir mão. A perspectiva é de que aumentem em número, ampliem sua função e restrinjam, ainda mais, o acesso ao TST. Antevemos até a criação de súmulas nos Tribunais Regionais, para padronizar sua jurisprudência, com os mesmos objetivos de simplificação e celeridade, no julgamento dos recursos ordinários e de agravo de petição".[68]

O Tribunal de Justiça de São Paulo, em seu Regimento Interno, aprovado em sessão do Órgão Especial de 25.09.2013, dispõe, no § 2º do art. 191: , "A súmula ou enunciado indicará a tese de direito aprovada e a situação a que se aplica"; de interesse, outrossim, o disposto no art. 192 desse Regimento Interno: "Só por relevante razão de direito, assim reconhecida pelo Órgão Especial ou pela Turma Especial, a questão poderá ser submetida a nova uniformização". Tais disposições regimentais encontram-se em simetria com os requisitos indicados no § 4º do art. 927 do vigente CPC para a hipótese de "modificação de enunciado de súmula, de jurisprudência pacificada ou de tese adotada em julgamento de casos repetitivos".

No CPC de 1939, a jurisprudência assentada constituía-se num *prejulgado* (art. 861), ao passo que no e CPC/73 a tese fixada por maioria absoluta, ao cabo do incidente de uniformização de jurisprudência, formalizava-se como *súmula* e constituía " precedente na uniformização da jurisprudência" (art. 479). Já no vigente CPC o direito sumular vem expressivamente potencializado:

(***i***) juízes e tribunais *devem* observar as súmulas, assim as persuasivas como as vinculantes do STF (art. 927, II e IV);

68. *Direito processual do trabalho*, 6. ed., p. 466-468. Notas: 1) a Súmula 183 foi cancelada pela Res. TST 121/2003; 2) o art. 894, I, da CLT, tem suas alíneas: a e b, acrescidas pela Lei 11.496/2.007; o inciso II desse artigo, que trata da divergência entre Turmas do TST ou das decisões da Seção de Dissídios Individuais contrárias a súmula ou orientação jurisprudencial do TST ou súmula vinculante do STF, tem redação dada pela Lei 13.015/2014.

(*ii*) o juiz está autorizado a julgar *liminarmente improcedente* o pedido contrário a súmula do STF, do STJ ou do tribunal de justiça em direito local (art. 332, I e IV);

(*iii*) a *remessa necessária* da sentença proferida em desfavor do interesse fazendário fica *dispensada* quando se tiver baseado em súmula de tribunal superior (art. 496, § 4º, I);

(*iv*) o *conflito de competência* pode ser resolvido *de plano* pelo relator quando houver, na matéria, súmula do STF, do STJ ou do próprio tribunal (art. 955, parágrafo único, I);

(*v*) o relator, no tribunal, pode *desprover recurso* que for contrário a súmula do STF, do STJ ou do próprio tribunal (art. 932, IV, *a*);

(*vi*) a decisão de mérito, trânsita em julgado, que se tiver baseado em súmula, sem ter feito a devida *distinção* entre o caso julgado e aquele padrão decisório, fica subsumida à hipótese do inciso V do art. 966 (decisão que "violar manifestamente norma jurídica"), autorizando o manejo de ação rescisória (§§ 5º e 6º do art. 966, acrescidos pela Lei 13.256/2016);

(*vii*) a sentença baseada em súmula, que não identifica seus *fundamentos determinantes* nem demonstra a subsunção do caso àquele padrão decisório, considera-se *não fundamentada* (e, pois, nula: CF, art. 93, IX), a teor do art. 489, § 1º, V do CPC.

A *jurisprudência*, por sua vez, há de ser entendida em sentido estrito, técnico-jurídico, como proposto por Roberto Rosas: "A reiteração de casos análogos passados para o rol dos fatos consumados, que somente podem ser revistos em virtude de motivos relevantes ou alterações das suas origens ou fontes emanadoras: a lei, a doutrina etc. Somente neste ponto vislumbramos o entendimento da jurisprudência, já consolidada e incorporada aos repertórios jurisprudenciais, qual um código norteador das decisões a seguir".[69] Saliente-se, ainda uma vez, o previsto no art. 926, *caput*, do vigente CPC: "Os tribunais *devem* uniformizar sua jurisprudência e mantê-la estável, íntegra e coerente".

A jurisprudência – esse produto otimizado da atividade jurisdicional – quando suficientemente iterativa e estabilizada, enseja a emissão das súmulas, as quais, vistas em conjunto, compõem o chamado *Direito Sumular*. Esse direito, aduz Ivan Lira de Carvalho, "vem galgando prestígio a partir da segurança jurídica que oferece aos seus invocadores e a partir da complexidade

69. Direito sumular, *Revista Jurídica Lemi*, n. 148, São Paulo, mar. 1980, p. 44.

do processo legislativo brasileiro. Tem como nascedouro as mais repetidas posições dos pretórios, que julgam as lides em derradeira instância".[70]

Neste passo, a expansão numérica das súmulas, dentre nós, pode até ser considerada parcimoniosa: o STF emitiu, desde 1963, 736 súmulas (simples ou persuasivas) e, até o momento – dezembro/2017 – 56 vinculantes; o Tribunal Regional Federal da 3.ª Região (seções de São Paulo e Mato Grosso do Sul), até o presente (dezembro/2017), elenca 37 súmulas[71]. A exceção a esse contexto seria o STJ que, desde 1.990 até o presente (dezembro/2017) emitiu nada menos do que 592 súmulas, o que bem se compreende, em se considerando, de um lado, que a Corte recepcionou vários enunciados do extinto TFR, e, de outro lado, que pela CF de 1988 a essa Corte ficou atribuído o mister de uniformizar *todo o direito federal comum, em sua extensa amplitude*. Antevendo a sobrecarga de trabalho que por certo assoberbaria a Corte, o constituinte fixou o número de Ministros do STJ em "*no mínimo* trinta e três" (art. 104, *caput*). Na avaliação do Min. Antonio de Pádua Ribeiro, o STJ, "através dos seus dirigentes, tem se preocupado em estimular a edição de súmulas da sua jurisprudência. Com esse intuito, aumentou, recentemente, os integrantes da sua Comissão de Jurisprudência, que passou a ser constituída de seis Ministros, dois de cada uma das suas três Seções. A perspectiva é de que, em pouco tempo, o número de verbetes aumente consideravelmente".[72]

O regime jurídico de nosso país, fiel à tradição da família romano-germânica, segue referenciado à norma legal, enquanto forma de expressão principal do Direito, primado esse que se expressa sob forma de duas garantias constitucionais: de um lado, a *reserva legal* (art. 5.º, II) e, de outro, a *isonomia* (art. 5.º, *caput*). Assim, a *norma legal* segue sendo o parâmetro – obrigatório, geral, impessoal e abstrato – que regula as condutas em sociedade, impõe sanções e reveste de exigibilidade os atos jurídicos. Assim, por exemplo, um negócio jurídico se configura como tal e projeta os efeitos que lhe são imanentes desde que observados os quesitos estabelecidos pela *norma de regência* – o art. 104 do Código Civil: "agente capaz, objeto lícito, possível, determinado ou determinável e forma prescrita ou não defesa em *lei*".

Já no que concerne aos *julgados-paradigma*, sem embargo de sua credibilidade e prestígio junto à comunidade jurídica, não se revestem, a rigor,

---

70. Decisões vinculantes, *RT*, n. 745, p. 52.

71. Fonte: www.trf3.jus.br, consultado em 21.11.2.107.

72. Apresentação à obra de Lourival Gonçalves de Oliveira, *Comentários às súmulas do Superior Tribunal de Justiça*, São Paulo, Saraiva, 1993, vol. I.

de obrigatoriedade, isto é, não são de per si atributivos de direitos em modo coercitivo e genérico, como sucede com as normas legais. Por outro lado, não existe uma equiparação perfeita entre a eficácia *panprocessual* que a jurisprudência dominante ou sumulada projeta em face das demandas judiciais, efetivas ou virtuais, subsumidas ao seu enunciado e a eficácia *obrigatória, geral, abstrata e impessoal* que caracteriza a norma legal. A exceção, nesse contraste, fica por conta da *súmula vinculante* do STF (CF, art. 103-A – EC 45/2004; Lei 11.417/2006), porque sua eficácia é *erga omnes*, e não apenas *inter* ou *ultra partes*; depois, na medida em que ela se estende não só aos órgãos judiciais mas também à Administração Pública, vai em larga medida se projetar em face das pessoas físicas e jurídicas que integram a coletividade, já que aquelas e estas se relacionam, em maior ou menor dimensão, com os órgãos administrativos. (Justamente por isso, o agente público está jungido a declinar os motivos que o levam a aplicar ou não a súmula vinculante do STF ao caso concreto: art. 64-A da Lei 9.784/99, sobre o processo administrativo federal, inserido pela Lei 11.417/2006). Não por outro motivo, dentre os padrões decisórios *impositivos* a juízes e tribunais encontra-se a súmula vinculante do STF: CPC, art. 927, II

Ao propósito do direito sumular, Rodrigo Jansen distingue entre vinculações *diretas* (Judiciário e Executivo: CF, art. 103-A) e *indiretas*, estas últimas abrangendo: (*i*) o *Legislativo* ("uma vez aplicado o ato legislativo contrário à súmula – pela edição de ato administrativo ou pela prolação de decisão judicial – estará aberta a via da reclamação; de onde se conclui que o Poder Legislativo está *indiretamente* vinculado à súmula, isto é, em grau menor a que estão a Administração Pública e o Poder Judiciário") e, (*ii*) os *particulares*, porque, "se atos privados contrários às súmulas não dão lugar à interposição de reclamação no Supremo Tribunal Federal, os conflitos levados ao Poder Judiciário serão – aí sim, sob pena de reclamação – julgados em conformidade com elas".[73] Nesse sentido, o CPC concede *reclamação* em caso de inobservância de certos padrões decisórios, inclusive, *a fortiori*, de súmula vinculante do STF, compreendendo-se, nessa recalcitrância, "a aplicação indevida da tese jurídica e sua não aplicação aos caso que a ela correspondam" (art. 988, III, redação da Lei 13.256/2016 e § 4º).

Observe-se que as decisões de mérito do STF no controle direto de constitucionalidade (CF, art. 102, § 2.º), produzem "eficácia contra todos e efeito vinculante, relativamente aos demais órgãos do Poder Judiciário e à

73. A súmula vinculante como norma jurídica, *Revista Forense*, vol. 380, jul./ago. 2005, p. 194, 206, 207, 209, *passim*.

administração pública direta e indireta, nas esferas federal, estadual e municipal"; e isso mesmo se colhe do parágrafo único do art. 28 da Lei 9.868/99. Dada a potencialização da eficácia do Direito sumular, impulsionada desde a Lei 9.756/98, não seria exagerado dizer que hoje as súmulas (persuasivas ou simples) tornaram-se *praticamente vinculativas*, ao passo que a súmula vinculante, atribuída ao STF, é obrigatória *também in iure*, porque a decisão judicial que a recusa, imotivada ou equivocadamente, ou que a aplica indevidamente fica sujeita à cassação (§ 3.º do art. 103-A – EC 45/2004, c/c CPC, § 4º do art. 988).

A eficácia prática que um paradigma jurisprudencial pode apresentar depende, em grande parte, do desenho jurídico-institucional que tenha sido pactuado na Lei Maior do país, ou seja, se aí se estabeleceu o primado do *precedente judiciário* (regime da *common law*, com a regra do *stare decisis*), ou, como se dá entre nós, onde o padrão de conduta é dado pelo direito *positivado*, ou seja, pela *lei* (regime da *civil law*, com a subsunção da norma a cada caso concreto). Em qualquer das duas hipóteses, parece-nos ser ainda de atualidade a fórmula *kelseniana*[74] de que o *poder de exigir*, num certo ordenamento jurídico, pressupõe uma cláusula não escrita (*norma fundamental hipotética*), que sobrepaira e confere logicidade e coesão a todo o sistema, revelando-se na premissa *pacta sunt servanda*: o combinado deve ser cumprido, podendo esse *combinado* tanto recair no *precedente judiciário* como na norma legal, conforme o modelo jurídico-político que tenha sido pactuado. Por isso, não haveria excesso em que, numa futura revisão constitucional, se estabelecesse às claras o binômio *lei-súmula vinculativa*, como as nossas *formas principais de expressão* do Direito.

Assim, compreende-se que tenha Kelsen visto na decisão judicial não apenas uma função *declarativa*, mas a própria "continuação do processo de criação jurídica", vale dizer, reconhecendo a jurisprudência como *fonte do Direito*. Diz o autor: "Um tribunal, especialmente um tribunal de última instância, pode receber competência para criar, através da sua decisão, não só uma norma individual, apenas vinculante para o caso *sub judice*, mas também normas gerais. Isto é assim quando a decisão judicial cria o chamado precedente judicial, quer dizer: quando a decisão judicial do caso concreto é vinculante para a decisão de casos idênticos. Uma decisão judicial pode ter um tal caráter de precedente quando a norma individual por ela estabelecida não é predeterminada, quanto ao seu conteúdo, por uma norma geral criada por via legislativa ou consuetudinária, ou quando essa determinação não é

74. *Grundnorm*, na terminologia do autor.

unívoca e, por isso, permite diferentes possibilidades de interpretação. No primeiro caso, o tribunal cria, com a sua decisão dotada de força de precedente, Direito material novo; no segundo caso, a interpretação contida na decisão assume o caráter de uma norma geral. Em ambos os casos, o tribunal que cria o precedente funciona como legislador, talqualmente o órgão a que a Constituição confere poder para legislar".[75]

O Estado brasileiro, todavia, fiel às fontes romano-germânicas, estabelece no pacto fundamental que o padrão jurídico a ser observado é o da *norma legal*, entendida em sentido largo e substancial, compreensivo das várias modalidades hierárquicas da *lei*, nos três entes políticos, e também das ordens jurídicas *menores* (decretos, resoluções, regulamentos, portarias etc.), certo que cada espécie normativa haure sua condição legitimante e sua carga eficacial a partir da conformidade com aquela que lhe é imediatamente superior, e assim sucessivamente, até chegar ao paradigma maior, que é a norma constitucional.

É imperioso que assim seja, porque num Estado de direito as regras de convivência fazem interagir os sujeitos entre si e estes, em face dos Poderes constituídos, donde a necessidade de um *ponto de referência*, a partir do qual o julgador possa aferir a legitimidade, ou não, da conduta investigada. Conforme alerta Enrico Tullio Liebman: "As sentenças decidem sobre a liberdade, sobre direitos e interesses das pessoas e a força da lei é a única defesa, a única garantia e proteção que lhes é assegurada, na medida do possível, a *certeza do direito*, e que exclui, o quanto viável, o arbítrio do juiz no momento em que julga o seu semelhante em assuntos que dizem respeito à sua personalidade e aos seus bens".[76]

Escrevendo ainda antes da positivação constitucional da súmula vinculante, pela EC 45/2004, ponderava José Rogério Cruz e Tucci: "Ademais, cabe aos magistrados outorgar aos precedentes dos tribunais superiores, revestidos da marca de definitividade, o valor e a influência aptos a orientar os órgãos inferiores e não desrespeitar, sem justificação plausível, a função nomofilácica àqueles atribuída pela Constituição Federal. A despeito da inexistência de fundamento legal explícito para embasar tal raciocínio, dúvida não há de que decorre ele de nosso sistema jurídico que não pode conviver com tamanho desvio das decisões provindas das mais altas Cortes do país,

---

75. *Teoria pura do direito*, trad. João Baptista Machado, 3. ed., Coimbra, Armênio Amado, 1974, p. 330-343.

76. A força criativa da jurisprudência e os limites impostos pelo texto da lei, *RePro*, n. 43, p. 59.

justamente encarregadas pela Lei maior de desenvolver a tarefa de controle da constitucionalidade (STF) e da legalidade infraconstitucional (STJ)".[77]

Por outro lado, é preciso considerar o *modo* pelo qual a norma vem a ser formada, a saber, a *nomogênese*, explicada por Miguel Reale em sua conhecida "teoria tridimensional do Direito" (fato + valor = norma). Efetivamente, pode-se dizer que esse *processus* parte da identificação de um fato que, contrastado com valores reputados relevantes num dado contexto sócio-político-econômico-cultural, resulta num enunciado, que tanto pode apresentar caráter *permissivo / autorizativo* (recepciona o fato e indica como deve ser formalizado para ganhar eficácia jurídica) ou *repressivo / desconstitutivo* (prevê uma sanção ou nega / retira efeito jurídico à conduta do agente). Normas daquele primeiro grupo estão espraiadas pelo Direito Privado (*v.g.*, o Código Civil, cognominado "a Constituição do homem comum"); normas do segundo grupo permeiam o Direito Penal, onde as condutas sancionadas devem ser típicas, culpáveis e puníveis, encontrando-se também normas de tipo repressivo / desconstitutivo no Direito Administrativo, *v.g.*, o poder-dever da Administração de anular seus próprios atos (Súmula 473 do STF) e de apurar os ilícitos perpetrados por seus agentes.

O Direito vem a ser, pois, uma ciência *nomotética*, isto é, que se expressa através de regras, as quais, por sua vez, pressupõem uma força estatal subjacente que lhes assegure impositividade, e, consequentemente, efetividade e credibilidade social. No Brasil contemporâneo, verifica-se que a jurisprudência está em franca evolução, desde o estágio de fonte subsidiária ou meio exegético de integração, para, nas modalidades sumulada ou dominante, ir gradativamente tomando foros de fonte formal, operando *em paralelo* à norma legal, como se vem demonstrando.

Esse contexto sugere que o problema da fixação de julgados paradigmas (assentos, precedentes, prejulgados, enunciados, súmulas, questões de ordem) seja examinado sob dois enfoques básicos, a saber: 1) a natureza e eficácia desses *padrões pretorianos*, no modelo jurídico-político nacional; 2) o *processus* legiferante mais adequado para sua inserção (*rectius*: ampliação) em nosso ordenamento positivo. São os pontos que, em seguida, examinaremos, nessa ordem.

1) Numa síntese, pode-se dizer que a *impositividade* da normação jurídica brasileira se expressa em quatro princípios (ou garantias) constitucionais, a saber: o da *reserva legal* – art. 5.º, II (ninguém será obrigado a fazer ou deixar de fazer alguma coisa, senão em virtude de lei); o da *isonomia* – art.

77. *Precedente judicial como fonte do direito*, São Paulo, RT, 2004, p. 277-278.

5.º, *caput* ("todos são iguais perante a lei"); o da *ubiquidade da Justiça* – 5.º, XXXV ("a lei não excluirá da apreciação do Poder Judiciário lesão ou ameaça a direito"); e, enfim, o princípio da *separação* entre os Poderes – art. 2.º ("são Poderes da União, independentes e harmônicos entre si, o Legislativo, o Executivo e o Judiciário"). Quando se estabelece, no pacto fundamental, que a jurisprudência sumulada pelo STF passa a ter *efeito vinculativo em face do Judiciário e da Administração Pública* (art. 103-A, *caput e §§*, cf. EC 45/2.004), isso implica, *ipso facto*, alteração no *registro* jurídico-político antes existente, na medida em que, a partir de então, a avaliação das condutas e a exigibilidade das posições jurídicas passam a ser aferidas não mais *só* em função de uma norma de regência, mas *também* de um entendimento pretoriano, exteriorizado num verbete, representativo da jurisprudência dominante ou sumulada. Só dessa forma se pode entender que os enunciados sumulares (não só os vinculantes, do STF, mas também os persuasivos, desse e de outros tribunais) possam se apresentar impositivos para juízes e tribunais, como estabelecido no art. 927, II e IV do CPC.

Visto que tais enunciados pretorianos passam, portanto, a projetar eficácia *erga omnes,* pode-se figurar a seguinte ocorrência: um administrador público insere cláusula em edital de licitação, restritiva do universo dos possíveis interessados, respaldando-se no estabelecido numa certa súmula que mitiga a exigência da ampla publicidade para determinada prestação de serviço. Judicializada a questão por um licitante que se considerou preterido, e uma vez demonstrado que a indigitada cláusula tem respaldo em súmula, restará ao juiz apenas aferir a *ratio* daquele precedente e sua efetiva aplicabilidade ao caso concreto (CPC, art. 489, § 1º, V), feito o que, resultando positiva a subsunção, pautará sua decisão pelo referido enunciado, até porque ele já representa uma *simbiose* entre a norma de regência e sua interpretação ,assim *oficialmente* assentada pelo tribunal competente na matéria. Na sequência, o advogado da parte sucumbente por certo se convencerá de que o recurso, em tese cabível, na verdade não tem *chance* de ser provido, pelo fato mesmo de o julgado estar confortado por súmula aplicável à espécie (CPC, art. 932, IV, *a*). .

Questão instigante e controversa é a de saber qual deva ser o enquadramento processual de uma pretensão inicial contrária ao enunciado de uma súmula vinculante: falta de interesse de agir? falta de possibilidade jurídica? Falta de fundamento jurídico ? *julgamento antecipadíssimo do mérito*? Ao tempo do CPC/73 Sérgio Sérvulo da Cunha argumentara a partir das hipóteses de indeferimento liminar da petição inicial (art. 295), invocando o inciso I do *caput* (inépcia da inicial) e o inciso III do parágrafo único daquele dispositivo (pedido juridicamente impossível). "Essa também parece a disposição incidente em caso de gritante contrariedade à súmula. Nesse caso caberá apelação por parte do autor, e o processo prosseguirá em seus trâmites, segundo o previsto no art. 296 do CPC".[78] Tais dispositivos correspondem, no CPC vigente, ao art. 330, I, c/c § 1º e incisos (inépcia da inicial), certo que a hipótese de "pedido juridicamente impossível", embora não recepcionada sob essa fórmula, todavia, ao nosso ver, encontra sucedâneo na exigência de que a petição inicial deve indicar "os fundamentos jurídicos do pedido" (art. 319, III), sendo que, constatada a omissão e não suprida no prazo para tal assinado, segue-se o indeferimento da petição inicial (art. 321 e parágrafo único), decisão essa apelável (art. 331, *caput*).

Embora seja ainda incipiente a experiência brasileira com os precedentes obrigatórios (*binding precedents*) inclusive as técnicas do *distinguishing* e do *overruling*, de livre curso nos países de *common law*), fato é que o legislador brasileiro houve por bem autorizar o julgamento pela *liminar improcedência do pedido* que se apresenta contrário a súmula do STF e do STJ ou ainda do TJ em matéria de direito local (art. 332, I e IV), o que reforça expressivamente o entendimento de que o registro jurídico-político do país se alterou, doravante consentindo o precedente judiciário como paradigma para avaliação das condutas comissivas e omissivas, *ao lado* da norma legal, assim constituindo um ordenamento jurídico de desenho híbrido, e não mais apenas legicêntrico, como antes.

Com efeito, parece que, dessa maneira, resulta alterado o modelo jurídico-político tradicionalmente estabelecido entre nós, que assim deixa de ser estritamente centrado na *norma legal* (família *civil law*), dada a recepção de uma característica básica da *common law*, qual seja o *precedente judiciário*, a operar como paradigma nas relações entre os indivíduos, e na interação destes com o Estado, seja com o Judiciário, seja com a Administração Pública. Corolariamente, restará admitir que a *jurisprudência*, sob a modalidade sumulada ou dominante, alcança novo patamar, passando a atuar como um comando geral, abstrato e impessoal, de sorte que, no rol das *fontes das obrigações*, caberia então elencar, ao lado da lei, do contrato e do ato ilícito, também a *súmula vinculativa* e, para certos efeitos processuais, a *jurisprudência dominante*.

A elevação da jurisprudência ao patamar de fonte formal do Direito, quando qualificada pela nota da obrigatoriedade, já fora antes sustentada na concepção nomogenética formulada por Hans Kelsen. Para ele, cabe

78. Aplicação da súmula vinculante, *Revista Trimestral de Direito Público*, n. 46, 2004, p. 99.

ao Estado, num ato de vontade política, fixar o parâmetro normativo que operará, a um tempo, como guia para ordenar as relações sociais e para outorgar coercibilidade às demais normas hierarquicamente subordinadas. Impende ter presente que, exceto quanto às matérias enquadradas como *cláusulas pétreas* (CF, art. 60, § 4.º), no mais o poder constituinte derivado é equiparado ao originário, donde ser lícito ao Estado deliberar pela alteração do *registro* jurídico-político antes existente, como o fez no bojo da EC 45/2.004, inserindo o *precedente pretoriano* no ambiente normativo pátrio, pondo-o a conviver *em paralelo* à lei.

Nesse sentido, lê-se em Kelsen: "A decisão de um tribunal num caso concreto assume caráter de precedente obrigatório para as decisões futuras de todos os casos similares por meio de uma generalização da norma individual criada pela primeira decisão. É a força de obrigatoriedade da norma geral assim obtida que é a essência de um chamado precedente. Apenas com base nessa norma geral é possível estabelecer que outros casos são *similares* ao primeiro, cuja decisão é considerada o *precedente* e que, consequentemente, esses outros casos devem ser decididos da mesma maneira. A norma geral pode ser formulada pelo próprio tribunal que criou o precedente. Ou pode ser deixada para outro tribunal, obrigado pelo *precedente* a derivar dele a norma geral, sempre que surja um caso pertinente".[79]

Lênio Luiz Streck, reportando-se ao pensamento desse jusfilósofo, observa que a função criadora do Direito "surge com particular evidência quando um tribunal, designadamente um tribunal de última instância, recebe competência para produzir também normas gerais com força de precedente, que vem a ser aquela *vinculante para a decisão de casos idênticos*".[80] Em outra passagem, Streck analisa o pensamento de Alf Ross, para quem 'o Direito vigente é o aplicado pelos tribunais',e assim, prossegue aquele autor: "(...) a partir de Ross, pode-se dizer que 'as Súmulas se apresentam como modelos ou sugestões para a resolução de controvérsias cuja validade (isto é, cuja natureza normativa) dependerá do reconhecimento de que elas correspondam à ideologia normativa prevalecente entre nós, de modo a vincular juízes e tribunais à sua observância'".[81]

É, pois, legítimo a um Estado de Direito, num determinado momento de sua evolução sócio-político-econômica, alterar seu *registro jurídico-político*, estabelecendo que a jurisprudência *sumulada* passa a operar como fonte do

79. *Teoria pura do direito* cit., p. 151.

80. *Súmulas no direito brasileiro* – Eficácia, poder e função cit., 1998, p. 118.

81. Idem, p. 125.

Direito, juntamente com a norma legal, visto ser o pacto fundamental a sede apropriada para a fixação do critério *nomogenético*, isto é, o parâmetro a partir do qual defluem os direitos e as obrigações, assim, dos cidadãos entre si, como nas relações destes com o Estado. No caso brasileiro, do mesmo modo como, historicamente, se tem pactuado que o primado repousa na norma legal, não se vê impedimento jurídico-político a que, num momento superveniente, a vontade política dos governantes e representantes do povo se direcione no sentido de alterar o *statu quo ante*, de sorte a incluir como fonte do Direito Positivo a jurisprudência, quando assentada em súmula de caráter vinculativo.

2) A franca atribuição, no ordenamento jurídico nacional, de força obrigatória a um precedente, mesmo do STF, efetivamente dependia de *emenda constitucional*, porque não poderia um tema de tal transcendência confinar-se ao registro apenas *processual* (o que conduziria à competência legislativa ordinária da União – CF, art. 22, I). Assim se passa porque, antes e além das repercussões no *processo*, tal inovação toca ao próprio modelo político-institucional do país, alterando, pois, o *padrão* nomogenético, há séculos estabilizado no primado da norma legal. Aliás, é um dado muito significativo que, historicamente, alterações nessa linha tenham sido feitas sob a forma de *emenda constitucional*: *a*) a EC 7/77 inseriu, na competência originária do STF, o conhecimento da representação formulada pelo Procurador Geral da República para interpretação de lei em tese (art. 119, I, *l*, da EC 1/69), caso em que, pelo art. 9.º do RISTF da época (ER 7), a exegese fixada pelo STF tinha "*força vinculante*, implicando sua não observância negativa de vigência do texto interpretado" (hoje, v. art. 187 do RISTF); b) a EC 3/93 criou a ação direta de constitucionalidade (ADCon), no âmbito da competência originária do STF, dispondo que a decisão de mérito se projeta *erga omnes* e se reveste de caráter obrigatório para os demais órgãos do Judiciário e do Executivo (CF, art. 102, § 2.º, redação da EC 45/2004).

Por isso, entendemos acertada a modalidade de *emenda* à Constituição Federal pela qual veio positivada a *súmula vinculante* do STF (EC 45/2004 – CF, art. 103-A e §§), o mesmo se podendo desde logo adiantar no tocante à cogitada *súmula impeditiva de recurso que não raro vem excogitada para o* STJ, como antes se propusera na PEC 358/2005. Verdade que sobejam para a competência do legislador ordinário federal (CF, art. 22, I) certos aspectos formais, complementares ou elucidativos, e isso mesmo veio sinalizado no art. 7.º da EC 45/2004, ao mencionar "os projetos de lei necessários à regulamentação da matéria nela tratada" (o que veio a se consubstanciar pela Lei 11.417/2006), a par de estabelecer, no art. 8.º, que as "atuais súmulas do Supremo Tribunal

Federal somente produzirão efeito vinculante após sua *confirmação* por dois terços de seus integrantes e publicação na imprensa oficial".

Por isso, foi sempre em termos de *emenda constitucional* que se foram configurando os projetos de *ampliação ou institucionalização* da súmula vinculante, desde a Proposta de EC 96, de 1992, do Dep. Jairo Carneiro, passando pela Proposta de Emenda 54, de 1995, do Sen. Ronaldo Cunha Lima (PEC 500 e apenso 517/97), texto analisado em sede doutrinária por José Anchieta da Silva.[82]

Aymoré Roque Pottes de Mello analisara as citadas PEC's 517/97 e 500/97, observando que elas "rigorosamente não se excluem, embora o enunciado da PEC 517/97 seja mais restritivo e esteja todo subsumido no preceito da PEC 500/97, basicamente na medida em que esta última permite que o STF, mediante decisão singular proferida por dois terços de seus membros em um único processo tramitante, em qualquer das vias do sistema de controles da constitucionalidade ou no âmbito de sua competência esparsa, atribua efeito vinculante à matéria de direito material e/ou processual objeto do julgamento, ao passo que aquela pressupõe, no mesmo âmbito de competência e para a aprovação de súmula com efeito vinculante por três quintos de seus membros, a existência de reiteradas decisões do STF, sobre questão processual controvertida, ainda assim excluídas as questões processuais relativas aos direitos e garantias individuais".[83]

3.3 AVOCATÓRIA

Nossos Tribunais Superiores, na linha da Justiça Federal *comum* – o STF e o STJ –, operam, *principalmente*, como *Cortes de Revisão*, isto é, como instâncias postadas na cúpula da hierarquia judiciária, cuja competência recursal vem indicada na CF (arts. 102, II e III; 105, II e III, respectivamente). É dizer: resultando positivo o juízo de admissibilidade do recurso, a Corte "julgará a causa, aplicando o direito à espécie", como dizem o art. 257 do RSTJ e a Súmula 456 do STF; se, nesse julgamento do mérito, for *provido* o recurso, isso implicará no descarte do acórdão *a quo*, ficando "em seu lugar"

82. *A súmula de efeito vinculante amplo no direito brasileiro*, Belo Horizonte, Del Rey, 1998, p. 39-40 e nota de rodapé 2.

83. A aplicação do efeito vinculante/súmula vinculante no sistema de controles da constitucionalidade brasileiro: as PECs ns. 500/97 (PEC n. 54/95-SF) e 517/97, *Revista Ajuris*, n. 72, mar. 1998, p. 143. Um histórico sistematizado das várias propostas já formuladas pode ser visto no parecer do Dep. Fleury Filho, relator adjunto para o tópico da súmula vinculante, p. 2-3. (Nossos agradecimentos ao seu Gabinete, que, gentilmente, nos enviou o citado trabalho.)

(*efeito substitutivo* – CPC, art. 1.008) o acórdão do Tribunal da Federação. No ponto, esclarecem Nery & Nery: "Para aplicar o direito à espécie, na esteira do STF 456, vale dizer, para exercer o *juízo de revisão*, o tribunal superior deverá ultrapassar primeiro o *juízo de cassação*, vale dizer, deve *dar provimento* ao recurso excepcional, *cassando* a decisão recorrida. Esse verbete aplica-se também, por extensão, ao STJ quando do julgamento do REsp, conforme previsto no RISTJ 257. O juízo de revisão do RE corresponde ao *iudicium rescissorium* da ação rescisória".[84]

Em senso consonante às precedentes considerações, dispõe o art. 1.034, *caput*, do CPC: "*Admitido* o recurso extraordinário ou o recurso especial, o Supremo Tribunal Federal ou o Superior Tribunal de Justiça *julgará o processo, aplicando o direito*".

Sem embargo, a incidência de certos fatores, como a peculiar natureza jurídica de algumas causas; a particular relevância de certas matérias; ou, ainda, a elevada qualificação de certos agentes públicos laboram como fatores determinantes para que nossas Cortes Superiores, por vezes, atuem em modo *originário*, vale dizer, sem que a controvérsia lhes venha devolvida por via recursal (CF, arts. 102, I, e 105, I).

Assim, dispõe o art. 102, I, da CF que compete ao STF processar e julgar, originariamente: "*a*) a ação direta de inconstitucionalidade de lei ou ato normativo federal ou estadual e a ação declaratória de constitucionalidade de lei ou ato normativo federal" (= contencioso objetivo de constitucionalidade); ou ainda: "*l* – a reclamação para a preservação de sua competência e garantia da autoridade de suas decisões" (= o equivalente ao *contempt of Court*, dos países da *common law*); "*n* – a ação em que todos os membros da Magistratura sejam direta ou indiretamente interessados (...)" (= uniformidade da resposta judiciária a conflito superindividual, confrontando o Estado e os agentes de certa classe funcional). E, *last, but not least*, compete originariamente ao STF conhecer e julgar as reclamações que noticiam descumprimento (= recusa inconsistente / imotivada; aplicação indevida / equivocada) da súmula vinculante (CF, § 3.º do art. 103-A; CPC, art. 988, III, inciso com redação da Lei 13.256/2016).

Mutatis mutandis, algo semelhante se passa com a competência originária do STJ: art. 105, I, *f*, *g* e *h*.

No rol da competência originária do STF (CF, art. 102, I e alíneas) não mais consta o poder de *avocação* de causa pendente em outro Tribunal. É

84. *Constituição Federal comentada e legislação constitucional*, 3. ed., São Paulo, RT, 2012, nota 51 ao art. 102, p. 598.

sugestivo lembrar, com Nelson Nery Junior, que, historicamente, o instituto da avocação de causas pelo STF veio ao lume no âmbito de nossa Corte Suprema, a partir de sugestão alvitrada "por uma comissão do STF encarregada de fazer *diagnóstico* dos mais graves problemas que afligiam a justiça no Brasil, cujo resultado foi encampado pelo Presidente da República e introduzido no texto da Constituição pela não menos controvertida Emenda 7/77 (denominada pejorativamente de 'pacote de abril'). A Comissão era formada pelos ministros Thompson Flores (presidente), Rodrigues de Alckmin (relator) e Xavier de Albuquerque".[85]

A avocatória foi, à época, alvo de grande controvérsia na comunidade jurídica, celeuma exacerbada pelo fato de a inovação vir instituída diretamente pelo Presidente da República, valendo-se dos poderes excepcionais que então lhe eram outorgados pelo AI 5/68, durante o período em que o Congresso estava fechado, como se colhe do próprio preâmbulo daquela Emenda 7/77. Como assevera Nelson Nery Junior: "O insurgimento contra referida alteração do texto constitucional decorre, portanto, da ilegitimidade de o Presidente da República poder emendá-lo, havendo manietado o Poder Legislativo. Hoje, a CF de 1988 não mais prevê a figura".[86]

A citada Emenda 7/77 inserira no texto constitucional então vigente (EC 1/69) dois importantes instrumentos que, à parte as evidentes conotações de ordem política, poderiam atuar eficazmente na uniformização da jurisprudência, ficando o STF autorizado a processar e julgar, originariamente (art. 119, I, *o*): "as causas processadas perante quaisquer juízos ou tribunais, cuja avocação deferir, a pedido do Procurador Geral da República, quando decorrer imediato perigo de grave lesão à ordem, à saúde, à segurança ou às finanças públicas, para que se suspendam os efeitos de decisão proferida e para que o conhecimento integral da lide lhe seja devolvido". Outrossim, numa linha político-jurídica consonante, ficava o STF autorizado a processar e julgar, originariamente (art. 119, I, *l*): "a representação do Procurador Geral da República, por inconstitucionalidade ou para *interpretação* de lei ou ato normativo federal ou estadual".

No depoimento de Ives Gandra da Silva Martins, a avocatória "era instrumento processual utilizado, em casos excepcionais, para levar ao STF questões de relevante interesse nacional ou que pudessem pôr em risco as finanças públicas, cabendo à Corte Máxima chamar o processo para exame, suspendendo a eficácia de decisão judicial proferida até aquele momento.

85. *Teoria geral dos recursos* 7. ed., cit., 2014, p. 124, nota de rodapé 195.
86. Idem, p. 124.

Entenderam, os constituintes, ao elaborar a Carta atual, que tal veículo maculava a independência do Judiciário, sobre permitir a suspensão da eficácia das decisões das instâncias inferiores independentemente do exame da densidade jurídica das questões, bastando, apenas, a alegação – de difícil comprovação, muitas vezes – de que a sentença ou o acórdão avocados punham em risco a estabilidade do país, das instituições ou das finanças públicas".[87]

A aptidão dos dois instrumentos – avocatória e ADIn – para contribuírem na uniformização da jurisprudência ficava evidenciada no Regimento Interno do STF, tanto na redação vigorante à época (art. 9.º, cf. Emenda Regimental 7/78) como nos dispositivos regimentais que ainda hoje fazem menção à representação para interpretação de lei ou ato (art. 179) e à própria avocatória (art. 252), embora ambos os textos tenham hoje interesse apenas histórico, já que a vigente Constituição não recepcionou tais institutos. De todo modo é sempre útil ter presente que pelo art. 187 do RISTF a interpretação fixada se revestia de "*força vinculante* para todos os efeitos".

Escrevendo sobre aquela ação direta *interpretativa*, trazida no bojo da EC 7/77, José Carlos Barbosa Moreira então se pronunciava: "Trata-se, é óbvio, de expediente importante na perspectiva da uniformização da jurisprudência. Embora não se diga *expressis verbis*, uma vez enunciada pelo STF a interpretação da norma, no julgamento da representação, o entendimento que a Corte houver adotado será vinculativo para todos os outros órgãos judiciais do país: a não ser assim, mostrar-se-ia inócua, no particular, a Emenda".[88] No ponto, o Min. Moreira Alves tivera a oportunidade de votar no sentido de que o STF, ao assim proceder, estava "integrando-se no processo legislativo, dando interpretação autêntica, à semelhança, aliás, do que o nosso direito anterior conhecia com relação aos assentos da Casa de Suplicação" (*RTJ* 108/485).[89]

O *poder avocatório* então atribuído ao STF fora muito questionado pela inteligência jurídica nacional da época, em razão de afirmada contrariedade a princípios e garantias constantes do texto constitucional (EC 1/69), em argumentos que iam desde o comprometimento à garantia do juiz natural até o risco de desequilíbrio entre os Poderes, passando pela afronta à ubiquidade da justiça. Sem embargo, havia muitas vozes favoráveis à medida, como

87. Violação do preceito fundamental, jornal *O Estado de S. Paulo*, seção Espaço Aberto, 06.01.1998.

88. *Comentários ao Código de Processo Civil*, 1985, vol. V, p. 8.

89. Acórdão colacionado pelo Min. José Celso de Mello Filho, *Constituição Federal anotada*, 2. ed., São Paulo, Saraiva, 1986, p. 363.

informa Nelson Nery Junior: "Abstraindo o problema político, verificamos que a avocatória já possuía defensores dentro do STF, que invocavam em sua defesa a Regra n. 20 do regimento interno da Suprema Corte dos Estados Unidos da América, a qual previa a possibilidade de avocação das causas ainda pendentes de julgamento nos tribunais federais americanos de apelação".[90]

Hoje, superado o contexto político vigente à época da EC 7/77, parece válida a avaliação de que a resistência oferecida à época contra a avocatória residia mais no temor de sua utilização exacerbada ou arbitrária do que no próprio instituto em si, enquanto instrumento processual. Com efeito, este poderia se mostrar *útil* a mais de um título, seja contribuindo para a uniformização da jurisprudência (na medida em que ensejava uma prévia interpretação do texto controvertido, através do órgão postado na cúpula da hierarquia judiciária), seja operando no controle do afluxo dos recursos extraordinários, na medida em que correspondia, como refere Nelson Nery Junior, a uma "antecipação do julgamento de eventual recurso extraordinário ao STF".[91]

Escrevendo para a época, José Carlos Barbosa Moreira assinalava como *aspecto positivo* da avocatória sua "utilidade como meio de *prevenção* de dissídios jurisprudenciais". Na sequência, expendia ponderações que, trazidas ao contexto atual, vêm ao encontro da tendência à ampliação do efeito vinculante das súmulas: "Deve o instrumento, porém, ser manejado com extrema cautela, para afastar-se o risco de pronunciamentos menos oportunos, prematuramente emitidos, antes que a norma haja tido a oportunidade de submeter-se ao crivo da discussão doutrinária e da aplicação prática a um número razoável de casos concretos. Seria grave erro ter pressa em fixar entendimentos vinculativos de normas jurídicas recém-editadas, prescindindo da contribuição da ciência e, sobretudo, da experiência. Apenas circunstâncias verdadeiramente excepcionais, que reclamem atuação pronta a fim de evitar consequências de superlativa gravidade, justificarão o recurso ao novo expediente sem que a *quaestio iuris* tenha atingido certo grau de amadurecimento".[92]

A avocatória não configurava um *recurso*: não vinha incluída no rol do art. 496 do CPC/73, não tinha como pressuposto objetivo a *sucumbência*, nem tampouco ocasionava o protraimento de instância pendente. Também não era assimilável aos *sucedâneos de recurso* (como o pedido de reconsi-

---

90. *Princípios fundamentais – Teoria geral dos recursos*, 5. ed., São Paulo, RT, 2000, p. 90.

91. Idem, p. 116 e nota de rodapé 125, invocando a doutrina de José Frederico Marques.

92. *Comentários ao Código de Processo Civil* cit., 1985, vol. V, p. 9.

deração, ou o reexame necessário). A rigor, nem mesmo configuraria uma ação autônoma de impugnação (como a rescisória, o mandado de segurança, os embargos de terceiro), porque a avocatória não constituía processo *inter partes*, senão, antes, configurava um *contencioso objetivo*, instaurado para aferição, pelo STF, do afirmado risco representado pela querela constitucional para os valores relevantes indicados no art. 119, I, *o*, da EC 1/69 - com as alterações da EC 7/77 (ordem, saúde, segurança, finanças públicas).

Tratar-se-ia, então, de uma ação atípica, de índole constitucional, cujo pronunciamento final do STF – como órgão de cúpula na organização judiciária – acabava por projetar efeitos em direção às demais instâncias, numa eficácia que se revelava *praticamente vinculativa*, em face dos feitos pendentes e futuros, em que se cogitasse da matéria ali dirimida. Sob o enfoque da *praxis judiciária*, porém, o instituto acabou não correspondendo à expectativa inicial, vindo a ser muito pouco utilizado, ao que se colhe do relatado pelo Min. Thompson Flores, em trabalho específico a respeito.[93]

Em que pese toda a controvérsia surgida em torno da avocatória e de sua escassa utilização, esse instituto acabou deixando sua marca, porque o mote da uniformização da jurisprudência, que lhe era subjacente, viria depois retomado sob novo enfoque, através de uma proposta inicialmente idealizada por Ives Gandra da Silva Martins, oportunamente encampada pelo senador Roberto Campos e depois aproveitada em substitutivo formulado pelo deputado Benito Gama. A proposição acabou culminando (alterada, é verdade, em sua concepção inicial) na promulgação da EC 3/93, introduzindo, como § 2.º ao art. 102, a ação direta de constitucionalidade de lei ou ato normativo federal (ADCon), depois objeto de regulamentação pela Lei 9.868/99. A decisão de mérito aí prolatada pelo STF produz, segundo reza o texto constitucional, na redação da EC 45/2004, "eficácia contra todos e efeito vinculante, relativamente aos demais órgãos do Poder Judiciário e à administração pública direta e indireta, nas esferas federal, estadual e municipal".

Ives Gandra da Silva Martins esclarece que sempre teve "receio do abuso na utilização da avocatória, tendo proposto, em artigo jornalístico, a instituição de uma ação declaratória de constitucionalidade, quando o Ministro Antônio Kandir, então servindo ao governo Collor, pretendeu reintroduzi-la para sustar as inúmeras ações contra o plano econômico da Ministra Zélia Cardoso de Mello".[94] No ponto, esclarece Djanira Maria Radamés de Sá: "Após

93. A avocação de causas pelo STF: a avocatória, *Revista de Informação Legislativa*, vol. 89, 1986, p. 233.

94. Ives Gandra da Silva Martins, Violação do preceito fundamental cit., 1998.

tentativa frustrada de reinstituição da avocatória, em 1991, prontamente rechaçada pelos meios jurídicos nacionais, foi apresentada pelo Deputado Roberto Campos Emenda Constitucional criando a *ação declaratória de constitucionalidade*, instrumento de controle abstrato da constitucionalidade inspirado pelos estudos e sugestões dos juristas Ives Gandra da Silva Martins e Gilmar Ferreira Mendes".[95]

Para este último autor, não há como confundir a avocatória com a ADCon: aquela primeira "está marcada pelo estigma do regime totalitário e é utilizada para suspender *decisões jurídicas*, à luz de *argumentos políticos*, como os de grave lesão à ordem pública, econômica ou financeira". Na sequência, Ferreira Mendes aludia às vantagens na utilização da ADCon, em comparação com a antiga avocatória: "a) a competência do STF será originária e não decorrencial; b) os motivos para sua proposição serão *jurídicos* e não meramente *políticos*; c) não haverá interferência direta nas decisões de 1.ª instância suspendendo sua eficácia sem fundamentos jurídicos, mas decisão definitiva sobre a questão suscitada".[96]

Ainda assim, dado o largo espectro – abrangente e vinculativo – da decisão proferida pelo STF na ADCon, ela já foi vista como um *sucedâneo* da antiga avocatória, entendendo Nery & Nery que ela "funciona como avocatória branca. O STF ao julgá-la procedente, na verdade, profere decisão *normativa* para os demais órgãos do Poder Judiciário". Em outra passagem, questionam os autores a própria *constitucionalidade* dessa inovação: "Se o particular alega que determinada lei, declarada constitucional pelo STF, ofende direito seu, o juiz não pode examinar essa lesão de direito, porque já se sabe o único resultado possível do julgamento. Há, portanto, ofensa ao princípio do direito de ação. De consequência, como a EC 3/93 restringiu e apequenou garantia fundamental estatuída na CF, art. 5.º, XXXV, é inconstitucional por ferir o art. 60, § 4.º, IV, da CF (cláusula pétrea), já que, conquanto não tenha abolido, foi editada *tendente* a abolir garantia fundamental".[97]

Igualmente nessa linha se coloca Oscar Vilhena Vieira: "Esta emenda à Constituição reabriu a possibilidade de uma avocatória por parte do STF, desde que provocado por aquelas autoridades inscritas no § 4.º, do art.

95. *Súmula vinculante* – Análise crítica de sua adoção, Belo Horizonte, Del Rey, 1996, p. 69.

96. Gilmar Ferreira Mendes, A ação declaratória de constitucionalidade: a inovação da Emenda Constitucional 3, de 1993. *In*: Gilmar Ferreira Mendes e Ives Gandra da Silva Martins (coords.), *Ação declaratória de constitucionalidade*, São Paulo: Saraiva, 1996, p. 82.

97. Constituição Federal comentada e legislação constitucional, 3 ed., 2012, cit., notas 35 e 36 ao art. 102, p. 595..

103 da CF. O seu objetivo é transferir para o Supremo a decisão sobre a constitucionalidade de um dispositivo legal que esteja sendo duramente atacado pelos juízes e tribunais inferiores, suspendendo assim o controle difuso da constitucionalidade, uma vez que, declarada a constitucionalidade da norma, todos os juízes e também o Poder Executivo ficam obrigados à decisão proferida pelo Tribunal".[98] (O citado § 4.º do art. 103 da CF veio a ser revogado pela EC 45/2004, a qual deu nova redação para o *caput*, que traz o rol dos legitimados ativos para a propositura de ADIn e ADCon; observe-se que esses legitimados ativos podem também propor a edição, revisão ou cancelamento de *súmula vinculante*, juntamente com os Tribunais Superiores, TJ's, TRF's, TRT's, TRE's e Tribunais Militares, e, ainda – já aqui no âmbito do controle incidental –, os Municípios (Lei 11.417/2006, art. 3.º, I a XI e § 1.º).

É significativo registrar que o mesmo Ives Gandra da Silva Martins, inspirador original da citada Emenda 7/77, acabou por censurar a fórmula que ao final veio promulgada, considerando-a "de manifesta inconstitucionalidade".[99] Outros juristas também se mostraram críticos quanto à fórmula final da ADCon. Assim, Marcelo Figueiredo: "Instaura-se uma espécie de *dependência* entre Legislativo e Judiciário, pois o mesmo fará a lei sob condição; aguarda-se a chancela, o crivo do Judiciário. Acaso a possibilidade não fere o equilíbrio de Poderes?".[100] E Vicente Greco Filho: "Este efeito vinculante a meu ver extermina a função jurisdicional enquanto tal. Assim é, pois implica retirar de todos os demais órgãos do Poder Judiciário a aptidão para formar um convencimento diverso daquele contido na decisão de mérito proferida na ação declaratória ou direta".[101]

No ponto, todavia, Nagib Slaib Filho obtempera que "a despeito de seus aspectos controvertidos, e de sua discutida legitimidade (...), a ação declaratória de constitucionalidade, que nasce fustigada pelas intempéries da crise brasileira, caso consiga escapar das moléstias naturais à sua tenra infância, representará poderoso instrumento de racionalização dos conflitos

98. *Supremo Tribunal Federal* – Jurisprudência política, São Paulo, RT, 1994, p. 89.

99. Ação declaratória de constitucionalidade. *In*: Gilmar Ferreira Mendes e Ives Gandra da Silva Martins (coord.). *Ação declaratória de constitucionalidade*. São Paulo, Saraiva, 1996, p. 123.

100. Ação declaratória de constitucionalidade. Inovação infeliz e inconstitucional. *In*: Gilmar Ferreira Mendes e Ives Gandra da Silva Martins (coord.), *Ação declaratória de constitucionalidade* cit., p. 169.

101. *Tutela constitucional das liberdades*, São Paulo, Saraiva, 1989, p. 131.

de interesses que, hoje, não mais se restringem ao individual, mas abarcam, cada vez mais, até mesmo milhões de indivíduos".[102]

É importante lembrar que, há algum tempo, a *AMB* – Associação dos Magistrados Brasileiros – ingressou no STF com ação direta de *inconstitucionalidade* (ADIn 913-3) contra a ADCon, então recém-criada. Embora o STF não tenha, por maioria, conhecido da citada ADIn, dando pela carência de legitimidade ativa, a Corte colheu o ensejo para anexar aos autos uma ADCon cujo objeto envolvia o tributo dito COFINS; ao julgar esta última causa, o STF acabou reconhecendo a *constitucionalidade* da EC 3/93 (Rel. Min. Moreira Alves, julgamento por *maioria*).[103] Comentando a decisão nessa ADCon, Ives Gandra da Silva Martins afirmou que o STF "acabou por estabelecer que o requisito para a propositura dessa ação é a existência de conflito de jurisprudência nas instâncias inferiores, a justificar o seu ajuizamento pelo poder público, conforme minha sugestão inicial e o sustentado na ADIn 913-3".[104] Essa exegese viria a prevalecer, porque a Lei 9.868/99, regulamentadora da ADIn e da ADCon, inscreve dentre os requisitos da petição inicial da ADCon a indicação da "existência de controvérsia judicial relevante sobre a aplicação da disposição objeto da ação declaratória" (inciso III do art. 14).

Na verdade, esse debate envolvendo a ADCon configura uma *reentrée*, no cenário jurídico, do tema da *avocatória*, dado que as críticas endereçadas à ADCon correspondem, em linhas gerais, àquelas que anteriormente fustigavam a avocatória. Embora esta última, em sua original concepção, não seja mais de atualidade, impende reconhecer que remanesce a ideia da necessidade de um certo *controle* acerca da tutela judicial dos *conflitos de massa*, e, bem assim, sobre aquelas lides que, por sua natureza, exigem resposta judiciária *pronta e unívoca*, por versarem temas de relevante e premente interesse social. Considere-se, por exemplo, o art. 4.º da Lei Federal 8.437/92, permitindo ao Presidente do Tribunal *ad quem* a suspensão de liminar concedida em ações contra o Poder Público ou seus agentes, "em caso de manifesto interesse público ou de flagrante ilegitimidade, e para evitar grave lesão à ordem, à saúde, à segurança e à economia públicas" (disposição que se aplica aos casos de antecipação dos efeitos da tutela – CPC/73, arts. 273 e 461, § 3.º; CPC vigente, arts. 355 e incisos; 356 incisos e §§; 536 e §§ – mercê do art. 1.º da Lei Federal 9.494/97).

---

102. Cf. *Ação declaratória de constitucionalidade* cit., 1996, p. 87.

103. Para uma visão global dos votos aí proferidos, v. Lênio Luiz Streck, *Súmulas no direito brasileiro* – Eficácia, poder e função cit., 1998, p. 155-158.

104. Violação do preceito fundamental cit., jornal *O Estado de S. Paulo*, 06.01.1998.

A natureza *unitária* de certas ocorrências, em que os sujeitos são indeterminados e o objeto é indivisível, faz com que não se legitime, *socialmente*, e não seja indicado, *tecnicamente*, o tratamento judicial fragmentado, atomizado, mostrando-se francamente ineficiente, por exemplo, a interdição de propaganda enganosa de um produto ou serviço *apenas* num certo ponto do território nacional, ou a proibição da dejeção de poluente *apenas* num determinado trecho de um rio (como se passa com o Rio Tietê, que banha a cidade de São Paulo, trecho onde se conseguiu razoavelmente despoluí-lo, mas que, antes e depois desse trecho, recebe dejetos não biodegradáveis de outras cidades, o que, com o tempo, pode pôr a perder o longo trabalho de despoluição até agora implementado). Há tempos Galeno Lacerda já se preocupara com o problema, ponderando: "Se o Tribunal de Justiça do RS, no julgamento de uma ação popular, ou numa ação dessas, proíbe o emprego de determinado agrotóxico, porque nocivo à vida humana, animal ou vegetal, essa decisão terá eficácia apenas neste Estado. Entretanto, o agrotóxico proibido continua a ser veneno para todos, em todo o território nacional". Na sequência, deixava formulado o seguinte alvitre, *de lege ferenda*: "Compete à Corte Constitucional, entre outras atribuições, julgar, em reexame de ofício, as ações populares e ações civis públicas, para proteção dos direitos da comunidade, podendo imprimir às suas decisões eficácia sobre todo o território nacional ou parte dele".[105]

(Neste passo, é interessante registrar que o PL n. 5.139/2009, à época preordenado a regular a nova ação civil pública, previa no art. 37: "O ajuizamento de ações coletivas não induz litispendência para as ações individuais que tenham objeto correspondente, mas haverá a suspensão destas, até o julgamento da demanda coletiva em primeiro grau de jurisdição". Outrossim, previa o § 1.º do art. 5.º: "Na análise da identidade da causa de pedir e do objeto, será preponderantemente considerado o bem jurídico a ser protegido". Não tendo prosperado o citado projeto, vale porém ressaltar que o art. 139, X, do vigente CPC, dispõe que é dado ao juiz, ao se deparar com o afluxo numeroso de "demandas individuais repetitivas", oficiar aos co-legitimados ativos das ações coletivas para que examinem a viabilidade da propositura da ação coletiva adequada ao caso.

Numa zona *periférica* à antiga avocatória situa-se a *arguição por descumprimento de preceito fundamental* (CF, art. 102, § 1.º), regulamentada pela Lei 9.882/99, dispondo esta última que tal ação tem por objeto "evitar ou reparar

105. Conferência proferida em 17.10.1985, sobre o tema Ação civil pública (*Revista do Ministério Público do Rio Grande do Sul*, n. 19, 1986, p. 29).

lesão a preceito fundamental, resultante de ato do Poder Público", podendo igualmente ser manejada "quando for relevante o fundamento da controvérsia constitucional sobre lei ou ato normativo federal, estadual ou municipal, incluídos os anteriores à Constituição", tendo a decisão "eficácia contra todos e efeito vinculante relativamente aos demais órgãos do Poder Público" (arts. 1.º e parágrafo único; § 3.º do art. 10).[106] Realmente, urgia tal regulamentação para viabilizar a prática desse remédio constitucional, conforme vinha encarecido por Ives Gandra da Silva Martins, ressaltando que "nem a ação declaratória representou solução para questões relevantes julgadas das mais variadas formas pela Justiça de primeira instância, nem foi criado instrumento capaz de preservar, via STF, os alicerces fundamentais da Carta Magna".

Esse autor, que integrou Comissão criada pelo Ministério da Justiça para oferecer anteprojeto de lei a respeito (presidida por Celso Bastos e constituída ainda por Oscar Dias Corrêa, Arnoldo Wald, Gilmar Ferreira Mendes e Fernando Passos), lembra que o texto ao final alcançado se afigura adequado para dirimir ocorrências de largo espectro nacional, como foi o da venda da estatal Vale do Rio Doce, onde ficou "evidente a necessidade de normatizar o princípio constitucional, visto que mais de uma centena de liminares foram concedidas e revogadas alguns dias depois pelos Tribunais Regionais Federais, dando a impressão, ao leigo, de absoluta falta de coerência do Judiciário, além do prejuízo econômico causado à nação pela paralisação de recursos financeiros nas instituições e atraso no planejamento macroeconômico estatal".[107]

Presentemente, é remota a possibilidade de reinserção do instituto da avocatória no ordenamento pátrio, ao menos nos moldes como se apresentou outrora, e isso, em boa medida, pelo estigma que lhe ficou de ser um resíduo do chamado *entulho autoritário*, dado haver sido concebido numa fase de exceção, na história política brasileira. Em seu lugar, hoje, se buscam sucedâneos que permitam a formulação de um *referencial pretoriano*, para

---

106. A constitucionalidade do inciso I do parágrafo único do art. 1.º da Lei 9.882/99 foi questionada na ADIn 2.231-MC/DF, proposta pelo Conselho Federal da OAB. Esclarece Pedro Lenza que o Min. Néri da Silveira, Relator, "proferiu voto no sentido de dar ao texto interpretação conforme à CF a fim de excluir de sua aplicação controvérsias constitucionais concretamente já postas em juízo (*INF. 253/STF*) (matéria pendente). Apesar de não julgada referida ADI, parece, em razão de alguns precedentes do STF, que essa tese não deve prosperar". (*Direito Constitucional esquematizado*, 17. ed., São Paulo, Saraiva, 2013, p. 384). (Nota: em pesquisa no sítio do STF, em 04.01.12.018, verifica-se que o citado processo segue pendente de julgamento).

107. Violação do preceito fundamental cit., *O Estado de S. Paulo*, 06.01.1998.

o desejável tratamento judicial *uniforme*, em face de conflitos de relevante interesse social e para controvérsias *de massa*, aqueles e estas hoje dando margem às demandas múltiplas e repetitivas, que tanto sobrecarregam os órgãos jurisdicionais.

Assim, no espaço deixado pela supressão da avocatória acabaram se positivando técnicas e instrumentos mais hábeis e menos impactantes, no propósito de obter-se uma unidade exegética em temas de elevada repercussão e interesse social, como se passa com a arguição por descumprimento de preceito fundamental (§ 1.º do art. 102 da CF, regulamentado pela Lei 9.882/99), a qual comporta dupla apresentação: (*i*) *ação direta* (art. 1.º, *caput*), proposta pelos mesmos colegitimados da ADIn/ADCon (art. 2.º, I, dessa Lei, c/c art. 103 da CF, redação da EC 45/2004), tendo por fim "evitar ou reparar lesão a preceito fundamental resultante de ato do Poder Público"; (*ii*) *arguição incidental*, "quando for relevante o fundamento da controvérsia constitucional sobre lei ou ato normativo federal, estadual ou municipal, incluídos os anteriores à Constituição" (parágrafo único, I, do art. 1.º daquela Lei). Explicam Nery & Nery: "Não se trata de avocatória, pela qual o STF requisitaria o processo e decidiria a lide, por inteiro, subtraindo do juiz natural o exame da causa. Ao contrário, o incidente funciona como uma espécie de juízo prévio acerca da interpretação, pelo STF, do preceito constitucional fundamental questionado no juízo ordinário. Assemelha-se mais ao incidente de inconstitucionalidade (ou prejudicial de inconstitucionalidade) dos países europeus que têm corte constitucional. Não fosse assim o incidente seria inconstitucional como inconstitucional se nos afigura a avocatória".[108]

3.4 SÚMULA VINCULANTE

Em junho de 1996, o Deputado Jairo Carneiro, Relator da Comissão Especial destinada a oferecer parecer à proposta de EC 96/92, ofereceu texto substitutivo, que se caracterizava por ser bastante abrangente, englobando todo o Capítulo III – "Do Poder Judiciário" – (inserido no Título IV – "Da Organização dos Poderes") e mesmo ampliava aquele capítulo, que na vigente CF apresenta oito seções, ao passo que na versão do substitutivo passava a ter nove, pelo acréscimo de uma seção dedicada ao *Conselho Nacional de Justiça*. (Este último acabaria recepcionado na EC 45/2004, juntamente com o *Conselho Nacional do Ministério Público*, um e outro desses órgãos preordenados a funções de planejamento, fiscalização funcional e controle

108. Constituição Federal comentada e legislação constitucional, 3 ed., 2012, cit., nota nº 11 à Lei 9.882/99, p. 1.179.

administrativo-financeiro de cada qual dessas Instituições – CF, arts. 103-B, § 4.º; 130-A, § 2.º).

Originalmente, fora autor da PEC 96/92 o Deputado Hélio Bicudo. Na sequência, após a relatoria do Deputado Jairo Carneiro, sucederam-no os Deputados Aloysio Nunes Ferreira e Zulaiê Cobra, tendo sido relator adjunto na Comissão Especial para o tópico da súmula vinculante o Deputado Luiz Antonio Fleury Filho. O texto aprovado na Câmara Federal depois passou para exame e votação no Senado, sendo Relator o Senador Bernardo Cabral (PEC 29/2000), podendo esse texto ser lido na publicação do Instituto Brasileiro de Direito Processual, *Cadernos IBDP*, vol. II, ago./2001, org. Petrônio Calmon Filho.

Tratava-se, pois, de uma proposta de *reforma constitucional* na parte alusiva ao Poder Judiciário, onde a questão da súmula vinculante vinha tratada na seção I – "Disposições Gerais" –, de modo precípuo no *caput* do art. 98 e seus parágrafos, mas figurando, igualmente, em outros dispositivos. Assim: inciso III do art. 96 – competência do STF e demais Tribunais Superiores para "processar e julgar as reclamações para a preservação de suas competências e a garantia da autoridade de suas decisões e *súmulas vinculantes*, podendo a decisão reformar ou cassar o ato judicial e anular o ato administrativo reclamado"; inciso IV, § 3.º, do art. 96: leis de iniciativa do STJ "instituirão órgãos com poderes correcionais e de supervisão administrativa, orçamentária, financeira, contábil e patrimonial, cujas decisões terão *efeito vinculante*"; inciso I, *a*, do art. 106: competência originária do STF para processar e julgar ADIn e ADCon em face "de lei ou ato normativo federal ou estadual e de *súmula vinculante*"; inciso I, *o*, do art. 106: competência originária do STF para processar e julgar "a reclamação para preservação de sua competência e garantia da autoridade de suas decisões e *súmulas vinculantes*"; § 2.º do art. 106: as decisões de mérito do STF em ADIn, ADCon e no controle incidental, "a partir de sua publicação oficial, serão oponíveis a todos e terão *efeito vinculante*, relativamente aos demais órgãos do Poder Judiciário e à Administração Pública Direta e Indireta da União, dos Estados, do Distrito Federal ou dos Municípios"; § 5.º do art. 107: "suscitada em determinado processo questão relevante sobre a constitucionalidade de lei ou ato normativo federal, estadual ou municipal (...) o STF "poderá processar o incidente e determinar a suspensão do processo a fim de proferir decisão com *efeito vinculante* exclusivamente sobre a matéria constitucional".

(Essa resenha vai ora apresentada apenas pelo interesse histórico que possa merecer, já que as redações propostas foram alteradas, o mesmo se passando com as numerações dos artigos.)

Paralelamente, tramitou a PEC 54/95, com origem em texto do Senador Ronaldo Cunha Lima, em que se propunha a seguinte redação para o § 2.º do art. 102 da CF: "As decisões definitivas de mérito, proferidas pelo STF, *após sumuladas*, produzirão eficácia contra todos e *efeito vinculante*, relativamente aos demais órgãos do Poder Judiciário e ao Poder Executivo" (grifamos). Após os debates parlamentares, e nos termos do Parecer 385/97 da Comissão de Constituição, Justiça e Cidadania do Senado, o texto ao final aprovado nessa Casa em 12.08.1997 (PEC 500/97), ficou com esta redação: "Terão eficácia contra todos e *efeito vinculante*, relativamente aos demais órgãos do Poder Judiciário e à Administração Direta e Indireta da União, dos Estados, do Distrito Federal e Municípios, as decisões proferidas pelo STF nas ações diretas de inconstitucionalidade e nas ações declaratórias de constitucionalidade de lei ou ato normativo, e as definitivas de mérito, se o STF assim o declarar, pelo voto de dois terços de seus membros".

Comentando seu projeto de Emenda, o Senador Ronaldo Cunha Lima aduzia que sua proposta fundava-se em três pontos: "Harmonizar a jurisprudência a partir da jurisdição constitucional - o que é diferente de formá-la; permitir o acesso à justiça a quem, mesmo não dispondo de recursos processuais, não os consegue à falta de recursos financeiros; e desafogar o Supremo Tribunal Federal, do excesso de causas que lhe são postas a exame - cerca de 30 mil processos/ano".[109]

Ambas essas PEC's vieram assim sumariadas por Aymoré Roque Pottes de Mello: "(1: PEC 500/97) a atribuição de efeito vinculante, relativamente aos demais órgãos do Poder Judiciário e à Administração Direta e Indireta da União, dos Estados, do Distrito Federal e Municípios, das decisões definitivas de mérito do STF na via difusa (recurso extraordinário) do sistema de controles da constitucionalidade; e (2: PEC 517/97) a edição de súmula com efeito vinculante no referido sistema de controles".[110]

Tornando ao projeto substitutivo do Deputado Jairo Carneiro, ao início referido, vale destacar a redação então proposta para o *caput* do art. 98 da CF: "O STF, sem prejuízo do disposto no art. 107, § 2.º, e os Tribunais Superiores, após decisões reiteradas da questão e mediante o voto de três quintos dos seus membros, poderão editar *súmula com efeito vinculante* em relação aos demais órgãos do Poder Judiciário submetidos à sua jurisdição e à Administração Pública Direta e Indireta, da União, dos Estados,

109. Harmonizar a jurisprudência, *Revista da Procuradoria Geral do INSS*, jan. 1998, p. 10.

110. A aplicação do efeito vinculante/súmula vinculante... Revista *Ajuris*, nº 72, mar./1998, cit., p. 142.

do Distrito Federal e dos Municípios, bem como proceder a sua revisão ou cancelamento". De interesse, outrossim, o disposto no § 1.º desse artigo, no qual a *súmula vinculante* vinha conceituada por um *critério finalístico*, a saber, em contemplação dos valores a serem preservados e dos malefícios a serem prevenidos a partir da uniformização jurisprudencial, propiciada pela técnica do parâmetro judicial obrigatório: "A súmula vinculante terá por objeto a *validade*, a *interpretação* e a *eficácia* de normas determinadas, acerca das quais haja *controvérsia* atual entre órgãos judiciários ou entre esses e a administração pública, que acarrete *grave insegurança jurídica* e *relevante multiplicação de processos* sobre questão idêntica".

Salta aos olhos que nos textos antes transcritos aparecem as expressões: *i*) *súmula vinculante*, ou *com efeito vinculante*, e *ii*) decisão *com efeito vinculante*, registrando-se, todavia, um certo consenso em torno da expressão *efeito vinculante*. Aparentemente, tratar-se-ia de simples questão semântica ou de mera preferência vernacular entre expressões equivalentes, mas, no rigor terminológico, não é assim. É dizer: (*i*) se é a *súmula que vincula*, então somente quando o STF "escolha" ("confirmar" é o verbo empregado no art. 8.º da EC 45/2004) alguns dentre os seus enunciados e os invista dessa qualidade superlativa é que se terá o dito *efeito vinculativo*, a potencializar a tese assentada, alvitre acolhido na disciplina da súmula vinculante, lendo-se no art. 103-A da CF – EC 45/2004 – que ela, a *súmula*, é que tem efeito vinculante em face do Judiciário e da Administração Pública; (*ii*) se certas *decisões* é que têm *efeito vinculante*, então o espectro da eficácia obrigatória *se alarga*, porque será possível que uma decisão de mérito, *ainda que não extratificada em súmula*, tomada pelo STF em julgamento por maioria qualificada, passe a operar como precedente, de aplicação obrigatória para os casos aí subsumidos. Esta última alternativa opera na carga eficacial das decisões de mérito do STF nas ADIns e ADCons (CF, art. 102, § 2.º – EC 45/2004), porque elas, as *decisões*, é que projetam eficácia *erga omnes* e *efeito vinculante*, *à semelhança do que se passa no incidente de assunção de competência, no qual o acórdão aí proferido "vinculará todos os juízes e órgãos fracionários, exceto se houver revisão de tese" (CPC, § 3º do art. 947)*.

A potencialização da eficácia do direito sumular, por se tratar de tema processual, tem sido tratada em leis ordinárias federais, no âmbito da competência legislativa da União – CF, art. 22, I (*v.g.*, CPC, art. 332, I e IV; 311, II; 489, § 1º, V; 496, § 4º, I; 927, II e IV; 955, parágrafo único, I; 966, §§ 5º e 6º, estes últimos acrescidos pela Lei 13.256/2016; 988, III, inciso com redação da Lei 13.256/2016; Lei 9.784/99, art. 64-A, acrescido pela Lei 11.417/2.006).

Especificamente no caso da súmula vinculante, constata-se que ela projeta uma *eficácia expandida panprocessual*, estendendo-se a todos os órgãos judiciais e à Administração Pública direta e indireta, certo ainda que seu descumprimento, demonstrado em reclamação atendida pelo STF, leva à cassação da decisão judicial ou à anulação do ato administrativo. A par disso, a súmula vinculante apresenta algumas singularidades que a distinguem da jurisprudência dominante e das súmulas comuns ou persuasivas (não obrigatórias), valendo observar que a jurisprudência dominante está à base da emissão das súmulas, já que estas nada mais são do que o extrato da jurisprudência prevalecente sobre um dado tema; nesse sentido, o § 1º do art. 926 do CPC atribui aos tribunais o poder-dever de editar "enunciados de súmula correspondentes a sua *jurisprudência dominante*".

Outrossim, a súmula vinculante apresenta uma gênese diferenciada: (*i*) só pode ser emitida, revista ou cancelada pelo STF; (*ii*) incide sobre validade, interpretação ou eficácia de norma determinada, de conteúdo constitucional; (*iii*) sobre a qual se registra controvérsia atual entre órgãos judiciais ou entre estes e a Administração Pública, (*iv*) de tal sorte a poder provocar "grave insegurança jurídica e relevante multiplicação de processos sobre questão idêntica" (CF, art. 103-A e §§). Presentes essas particularidades, que colocam a súmula vinculante num patamar sobranceiro, compreende-se a opção pelo trato da matéria no texto constitucional, até porque o efeito vinculante – *erga omnes* – de tais enunciados vinculativos pouco fica a dever à impositividade da norma legal, e é sobre esta que repousa o primado de nosso sistema jurídico-político (CF, art. 5.º, II). Compreende-se, assim, a opção pela regulação do tema no próprio texto constitucional.

Para melhor compreensão do tema, oferecemos esta visão, esquematizada, da súmula vinculante do STF, a partir dos elementos constantes do art. 103-A e parágrafos da CF (EC 45/2004) e Lei 11.417/2006:

controvérsia atual entre órgãos judiciais ou destes com a Administração Pública

↓

grave insegurança jurídica e relevante multiplicação de processos sobre questão idêntica

↓

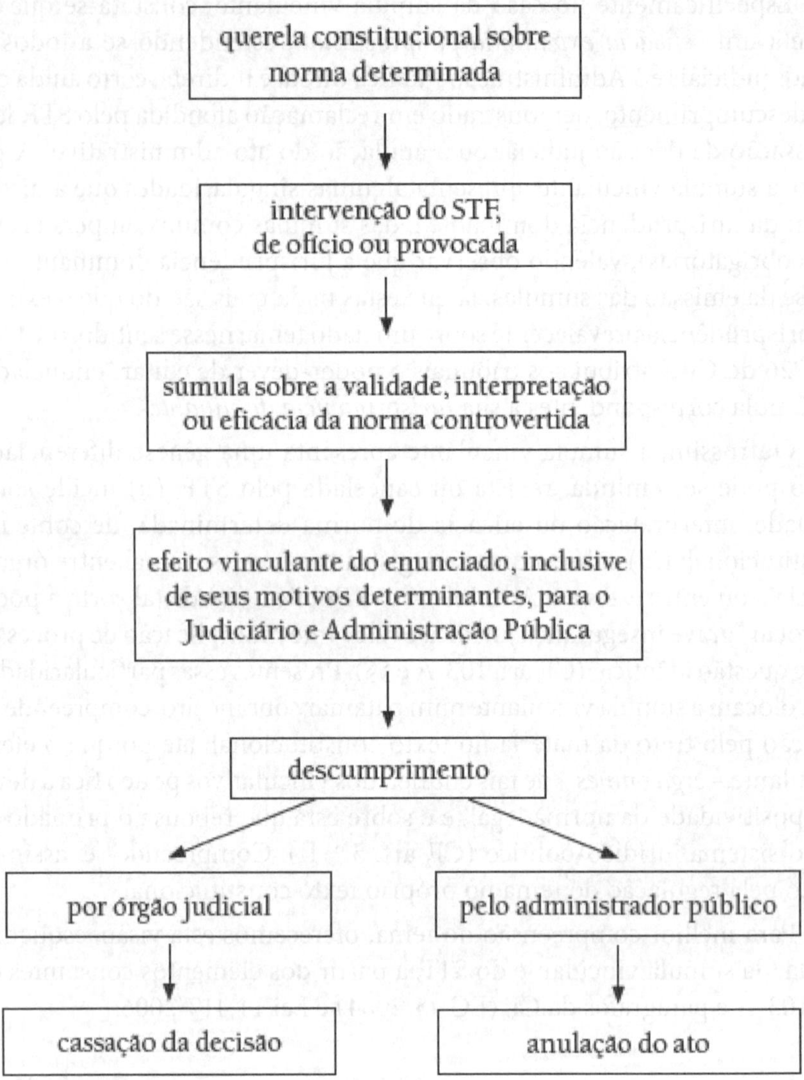

Como se vê, o tema, a um tempo, imbrica questões de (***i***) *técnica legislativa* e, (***ii***) *vontade política*.

(***i***) A *técnica legislativa* precisa ser rigorosa, e nisso se empenhava o Projeto de Lei 6.636/2006 (antes, no Senado, PL 13/2006), indicando as técnicas redacionais voltadas à obtenção de *clareza e precisão* nos enunciados vinculativos (art. 8.º, I e II); sem embargo, aqui e ali tal texto revelava cuidado excessivo, mormente em se considerando que o seu destinatário precípuo era o próprio STF, que nos idos de 1963 abrira caminho para o direito sumular, pelas mãos do saudoso Min. Victor Nunes Leal. Assim, *v.g.*, as recomendações do citado projeto para que fossem usadas "frases curtas e concisas"; "orações na ordem direta, evitando preciosismo, neologismo e adjetivações dispensáveis"; evitar "o emprego de sinonímia com propósito meramente estilístico" (art. 8.º e incisos, *passim*);[111]

(*ii*) A *vontade política, a seu turno,* deflui, de um lado, do fato de a EC 45/2004 ter deixado por conta do Congresso Nacional a instalação "imediatamente após a promulgação desta Emenda Constitucional" de uma "comissão especial mista, destinada a elaborar, em cento e oitenta dias os projetos de lei necessários à regulamentação da matéria nela tratada"; e, de outro lado, de ficar o STF incumbido de dizer, *oportuno tempore*, quais, dentre suas súmulas, "produzirão efeito vinculante" (arts 7.º e 8.º, nessa ordem).

Dessas duas programações, verifica-se que sobreveio a lei regulamentadora – n. 11.417, de 19.12.2006; de outra parte, o STF, ao invés de "confirmar" (*sic*: art. 8.º da EC 45/2004) *quais*, dentre as suas mais de setecentas súmulas ficariam vinculativas, houve por bem iniciar um elenco apartado, com numeração própria, que até o momento (dezembro/2017) alcança cinquenta e seis enunciados, sendo que a súmula de nº 30 está com a publicação suspensa, por sugestão do Min. Dias Toffoli na sessão de 03.02.2010.[112] Sem embargo, a súmula (simples) 648 foi *confirmada* (*sic*: art. 8º da EC 45/2004) como *vinculante*, sob o n. 7.

A extrema relevância do tema e sua relativa novidade fizeram com que muitas questões aflorassem ao espírito dos operadores do Direito, como por exemplo: sobre quais temas jurídicos deverão, precipuamente, incidir as súmulas vinculantes? Também o STJ e os demais Tribunais Superiores – TSE, TST, STM – deveriam receber atribuição para emitir enunciados vinculativos? A súmula impeditiva de recurso, antes cogitada para o STJ, no bojo da PEC 358/2005, seria um subtipo de súmula vinculante? O efeito *erga omnes* se projeta, indistintamente, ao largo e ao longo do território nacional, em face de todas as pessoas físicas e jurídicas, de direito privado e de direito público, ou essa força obrigatória opera apenas perante o Judiciário e o Executivo? O Brasil segue filiado à família romano-germânica (*civil law*, direito codicístico, com o primado na norma legal – CF, art. 5.º e II) ou, ao recepcionar a súmula vinculante, análoga ao *binding precedent*, dos países da família *common law*, nosso regime jurídico-político tornou-se híbrido? A

---

111. Não estranha, assim, que na formulação final da Lei 11.417/2006 não tenham sido recepcionadas tais recomendações estilísticas.

112. Cf. Pedro Lenza, *Direito Constitucional esquematizado*, 17. ed., 2013, cit., p. 880.

súmula vinculante, enquanto "ato do Poder Público", sujeita-se ao controle de constitucionalidade?

Questão intrigante vem posta por William Santos Ferreira: "Assim que a súmula for publicada, o efeito vinculante gera para a Administração Púbica um dever imposto por decisão judicial, e como tal ter-se-á a interrupção do prazo prescritivo para as questões idênticas, fenômeno natural em consequência da natureza coletiva desta situação, porque a súmula vinculante decidirá nos moldes do direito individual homogêneo, os casos em que os beneficiários forem identificáveis (e não identificados!) como no caso de todos os aposentados, incidindo o disposto no art. 202 do CC: 'Art. 202. A interrupção da prescrição, que somente poderá ocorrer uma vez, dar-se-á: (...) V – por qualquer ato judicial que constitua em mora o devedor'".[113]

Outras questões igualmente instigantes vieram suscitadas por Sérgio Seiji Shimura, escrevendo anteriormente ao advento da Lei 11.417/2006: "Se a decisão judicial – que contrariou a súmula ou não a aplicou corretamente – estiver ainda sujeita a recurso, seria interponível a reclamação? [114] E se a decisão judicial já transitou em julgado, caberia reclamação? Em outras palavras, a reclamação encerraria forma indireta de invalidação das decisões, independentemente de ação rescisória? Se o juiz julgar em desfavor da Fazenda Pública, curvando-se à súmula, estar-se-ia impedindo o chamado reexame necessário?"[115] (...) "Se a parte já postulou tal pedido na *esfera administrativa*, mas teve indeferido o seu pedido, caberia *reclamação* diretamente ao STF (§ 3.º do art. 103-A da CF). Esta reclamação (baseada no vício do ato administrativo) obstaria a propositura da ação perante o juízo de primeiro grau? Ou o contrário, o ajuizamento desta ação constituiria

113. Súmula vinculante – Solução concentrada: vantagens, riscos e a necessidade de um contraditório de natureza coletiva (*amicus curiae*). *In*: Teresa Arruda Alvim Wambier *et al.* (coords.), *Reforma do Judiciário – Primeiras reflexões sobre a Emenda Constitucional 45/2004*, São Paulo, RT, 2005, p. 809-810.

114. A respeito dessa indagação, considere-se a Súmula 734 do STF: "Não cabe reclamação quando já houver transitado em julgado o ato judicial que se alega tenha desrespeitado decisão do Supremo Tribunal Federal".

115. Súmula vinculante, in Teresa Arruda Alvim Wambier *et al.* (coords.), *Reforma do Judiciário* cit., p. 765. (Algumas dessas indagações vieram enfrentadas na Lei 11.417, de 19.12.2006, *v.g.*, o art. 7.º, dispondo que a reclamação ao STF é manejável "*sem prejuízo* dos recursos ou outros meios admissíveis de impugnação". Outrossim, nos termos do vigente CPC, fica dispensada a remessa necessária da sentença proferida em desfavor do interesse fazendário quando tal decisão "estiver fundada em súmula de tribunal superior" – art. 496, § 4º, I).

hipótese de prejudicialidade para a reclamação?".[116] Adiante, aduz o autor: "Levantam-se tais inquietações como forma de lembrar o legislador que há necessidade de a lei ordinária a ser editada contemplar e regulamentar esses aspectos, sob pena de, como adiantado, a súmula de efeito vinculante ser apenas mais um enunciado principiológico, sem nenhuma aplicação real e, pior, naufragando todas as expectativas de melhoria da prestação do serviço jurisdicional".[117]

À luz dos critérios objetivos indicados no art. 103-A e § 1.º da CF, é lícito inferir que o efeito vinculante não poderá revestir *todas* as súmulas do STF, e isso por mais de um motivo: (*i*) algumas delas não tratam de matéria constitucional, pela boa razão de que, até o advento da CF de 1988, o STF dava a última palavra *também* no direito federal comum, tarefa que, a partir de então, passou para o então criado STJ. Assim, considerem-se estas matérias sumuladas no STF: 449 – valor da causa na consignação em pagamento; 641: prazo em dobro para recorrer no litisconsórcio; 713: efeito da apelação contra decisões do Júri; (*ii*) as súmulas defasadas, seja porque adveio direito novo, com elas incompatível,[118] seja porque superadas por novo entendimento pretoriano, seja porque o STF veio a perder competência para conhecer da matéria de que tratam, não se justifica que sigam *vinculantes*, até porque essa eficácia obrigatória só pode incidir sobre norma legal idônea a propiciar "controvérsia atual entre órgão judiciários ou entre esses e a administração pública que acarrete grave insegurança jurídica e relevante multiplicação de processos sobre questão idêntica" – § 1.º do art. 103-A, redação similar à do § 1.º do art. 2.º da Lei 11.417/2006 – ao passo que as súmulas defasadas, tendo perdido sua efetividade e atualidade, não têm como acarretar aquelas consequências.

Outro quesito – um tanto intuitivo – diz com a necessidade de as súmulas incidirem sobre questões já *reiteradamente decididas* num mesmo sentido e, portanto, já amadurecidas e estabilizadas. A propósito, observa Marco Antonio Botto Muscari, "com a responsabilidade do cargo que ocupam e a prudência que os têm caracterizado, podemos supor que os integrantes do

---

116. Sobre essa indagação, considere-se o teor do § 1.º do art. 7.º da Lei 11.417/2006: "Contra omissão ou ato da administração pública, o uso da reclamação só será admitido *após esgotamento das vias administrativas*".

117. Súmula vinculante cit., p. 766.

118. No ponto, atente-se para o disposto no art. 5.º da Lei 11.417/2006: "Revogada ou modificada a lei em que se fundou a edição de enunciado de súmula vinculante, o Supremo Tribunal Federal, de ofício ou por provocação, procederá à sua revisão ou cancelamento, conforme o caso".

Supremo Tribunal Federal não irão conferir eficácia vinculante a uma primeira decisão de mérito sobre dado tema, aguardando um debate profundo, com a participação de toda a comunidade jurídica. A partir daí, quando houver jurisprudência *sedimentada* na Corte, terá lugar o efeito vinculativo".[119] Adiante, prossegue o autor: "Para preservar a segurança jurídica, agilizar o curso dos processos, desafogar o Poder Judiciário e melhorar a qualidade da prestação jurisdicional, ideal seria que os chamados Tribunais Superiores (STJ, TST, TSE e STM) também fossem autorizados a emitir precedentes vinculantes, *relativamente às matérias sobre as quais dão a última palavra.* Dissenso pretoriano e demandas repetitivas não se limitam a temas constitucionais e frequentes vezes tribunais locais e cortes superiores adotam entendimento diametralmente oposto quanto ao mesmo assunto".[120]

A outro giro, é razoável esperar-se que a súmula vinculante incida sobre ocorrências de diversa natureza: (***i***) controvérsia acerca da inteireza positiva, validade e vigência da norma sindicada, assim como para fixar a exegese a ser seguida, de modo a prevenir/corrigir dissídio exegético envolvendo órgãos judiciais entre si ou destes em face da administração (= a *interpretação*), ou, ainda, para prover acerca da coercibilidade jurídico-social da norma questionada (= a sua *eficácia*); (***ii***) dita controvérsia não pode já estar superada (à semelhança de análoga exigência antes prevista para o recurso extraordinário – Súmula 286 do STF – e hoje indicada para o recurso especial, quando fundado em dissídio jurisprudencial – Súmula 83 do STJ); (***iii***) a divergência sobre a interpretação do texto pode ter origem num "conflito de atribuição", já que como tal se entende aquele onde se confrontam autoridade judicial e administrativa (CPC, art. 959; CF, art. 105, I, *g*); (***iv***) a controvérsia não pode incidir sobre questões menores (*de minimis non curat praetor*), mas deve ser de molde a pôr em risco a estabilidade de valores sociais relevantes para a população e/ou para o Estado, tais como a saúde, segurança, economia, à semelhança do que se passa com a "repercussão geral da questão constitucional", para a admissão do recurso extraordinário no STF (CF, § 3º do art. 102), a qual se configura quando presentes "questões relevantes do ponto de vista econômico, político, social ou jurídico que ultrapassem os interesses subjetivos do processo" (CPC, § 1º do art. 1.035); (***v***) dita controvérsia deve, pois, apresentar espectro bastante expandido (sócio-político-econômico-jurídico), por modo a tornar previsível o risco de pulverização do conflito coletivo em plúrimas e repetitivas ações individuais (as chamadas *demandas múltiplas ou seriais*).

---

119. *Súmula vinculante*, São Paulo, Juarez de Oliveira, 1999, p. 80 (grifos no original).

120. Idem, p. 78 (grifo no original).

Uma das mais importantes, senão a principal aptidão do direito sumular está na *previsibilidade* que ele projeta sobre a atividade jurisdicional, como salientado por Sérgio Seiji Shimura: "Ainda, se as partes tiverem alguma *previsibilidade* no resultado do litígio ou do processo, evitar-se-á o ajuizamento de muitas demandas ou a interposição de recurso, em razão de já saberem que, ao final, terão ou não sucesso. A súmula, nesse ponto, serviria também como vacina à multiplicação de demandas de idêntico teor".[121] No ponto, como que se antecipando ao que depois viria previsto no art. 285-A do CPC/73, mercê da Lei 11.277/2006 [com alguma correspondência no art. 332, *caput*, do vigente CPC], indagava Rodrigo Jansen: "por que prolongar um pleito até o 'terceiro' ou o 'quarto' graus de jurisdição para um desfecho previsível desde o ajuizamento da ação? Não há qualquer motivo plausível".[122]

Como antes já assinalado, parece acertada a escolha da *Emenda à Constituição* como instrumento para a inserção (*rectius*: ampliação) do efeito vinculante das súmulas, e não através de legislação infraconstitucional, porque aí não se trata de matéria apenas *processual* (quando então se configuraria a competência legislativa da União - CF, art. 22, I), mas antes se cuida de inovação que imbrica com o nosso próprio modelo jurídico-político, no qual foi pactuado o *primado da norma legal* como fonte reguladora das relações entre os cidadãos e destes em face do Estado (CF, art. 5.º, II: "Ninguém será obrigado a fazer ou deixar de fazer alguma coisa senão em virtude de *lei*"). É dizer: dado que o pacto fundamental estabelece a norma *legislada* como o padrão de conduta obrigatório, geral, abstrato e impessoal (forma de expressão principal do Direito), então, por *simetria* e *paridade da forma*, só o poder constituinte derivado é que poderia alterar esse registro político-jurídico, para inserir a norma *judicada* como a *outra* fonte do Direito.

Nesse sentido, o Min. Celso de Mello, do STF, votando na ADIn 594-DF/92, assim se pronunciara: "Cumpre registrar, neste ponto, a autorizada advertência de José Frederico Marques (*Manual de Direito Processual Civil*, vol. 3, p. 206) - que recebeu a prestigiosa adesão de José Carlos Barbosa Moreira (*Comentários ao Código de Processo Civil*, vol. V, p. 38-39) - no sentido de que os precedentes e as súmulas, desprovidos do conteúdo eficacial do ato legislativo, (...) não passam de indicações úteis para uniformizar-se a jurisprudência, a que, entretanto, juízes e Tribunais não se encontram presos", eis que - consoante acentua o mestre paulista - "vinculação dessa ordem, só a Constituição poderia criar" (*RTJ* 151/44).

---

121. Súmula vinculante cit., in *Reforma do Judiciário*... cit., p. 762.

122. A súmula vinculante como norma jurídica cit., p. 213.

Sobre esse aspecto, Aymoré Roque Pottes de Mello sustenta que, a partir de tal inovação, aquele princípio da legalidade "perde toda a sua histórica força, que sustenta o sistema jurídico romano-germânico adotado no país, pois a vida nacional não será só regrada por normas legais, mas, também, por preceitos sumulares. Com o mecanismo da súmula em análise, o modelo de estado de direito brasileiro será *sui generis*, pois "ninguém será obrigado a fazer ou deixar de fazer alguma coisa senão em virtude de lei ou de súmula vinculante".[123]

Para bem se compreender o alcance da matéria ora tratada, é útil considerar que na jurisdição singular os efeitos da decisão se restringem às *partes*, isto é, aos sujeitos que participaram do *contraditório* (= limites subjetivos do julgado – CPC, art. 506), tema processual esse erigido em garantia constitucional, ao lado da ampla defesa, compondo o *devido processo legal* (CF, art. 5.º, LV). Já no plano da jurisdição coletiva – onde se lobrigam conflitos metaindividuais –, o legislador cuidou de imprimir um *efeito expansivo* à coisa julgada, potencializando sua projeção extra-autos, por modo que ela vem a se aplicar em diversa carga eficacial: *erga omnes, secundum eventum litis* (ação popular – Lei 4.717/65, art. 18); *ultra partes* (interesses coletivos em sentido estrito – Lei 8.078/90, art. 103, II); *erga omnes*, nos limites da competência territorial do órgão prolator (ação civil pública – Lei 7.347/85, art. 16); ou ainda *erga omnes*, e *in utilibus*, no caso dos interesses individuais homogêneos (Lei 8.078/90, art. 103, III); *erga omnes*, com possibilidade de *modulação temporal*, na ADIn e ADCon – Lei 9.868/99, art. 27 – e na ADPF – Lei 9.882/99, art. 11.

É dizer: o *efeito expansivo* da coisa julgada, próprio das situações enquadradas na jurisdição coletiva, insere-se num contexto específico, distinto do sistema processual básico, no qual impera a regra geral, pela qual *res iudicata aliis nec prodest nec nocet, notando-se que até mesmo este primado, que parecia assentado, resultou um tanto alterado no vigente CPC, ao dispor no art. 506 que a "sentença faz coisa julgada às partes entre as quais é dada, não prejudicando terceiros", e, assim silenciando quanto à eventualidade de a coisa jugada inter alios vir a beneficiar terceiros, ocorrência que, de fato, pode vir a suceder.* Já outra coisa se dá com a inserção (*rectius*: ampliação) da súmula vinculante no plano constitucional, porque isso implica em alteração no *statu quo ante*, estabelecido no pacto fundamental, de sorte que a partir daí o *referencial jurídico do país* passa a fundar-se no binômio: *norma legal-precedente judiciário obrigatório.*

---

123. A aplicação do efeito vinculante/súmula vinculante... cit., p. 144.

Portanto a súmula vinculante não se contém nos lindes de uma singela questão processual, concernente a quem seja *parte* numa relação processual, mas antes se trata de um problema jurídico-político, atinente *a todo o povo brasileiro* (em cujo nome o Poder é exercido – CF, art. 1.º, parágrafo único), valendo lembrar que a Administração Pública, *com a qual interagem as pessoas físicas e jurídicas*, já antes recepcionava a jurisprudência – sumulada ou dominante – como fundamento para suas condutas normativas (*v.g.*, Lei Complementar Federal 73, de 1993, art. 4.º, XII), e, agora, com mais razão a isso está jungida a Autoridade, quando se trate de súmula vinculante do STF, "sob pena de responsabilização pessoal nas esferas cível, administrativa e penal" (art. 64-B da Lei 9.784/99, inserido pela Lei 11.417/2006).

Bem por isso, Cândido Rangel Dinamarco assim demarca os lindes entre a *jurisprudência*, mesmo dominante (que opera como insumo para geração das súmulas simples ou persuasivas) e as *súmulas vinculantes*: "A repetição razoavelmente constante de julgados interpretando o direito positivo de determinado modo (jurisprudência) exerce algum grau de *influência* sobre os futuros julgadores mas não expressa o exercício do *poder*, com os predicados de generalidade e abstração inerentes à lei. A diferença entre *poder* e *influência*, que são temas de ciência política, reside igualmente nisso – que enquanto o primeiro se impõe sem possibilidade de recusa, a segunda somente *sugere* condutas ou, como no caso da jurisprudência, linhas de interpretação jurídica. A *influência* que os precedentes jurisprudenciais exercem sobre os juízes é somente um fato e não vincula".[124]

Por outras palavras, antes do advento da súmula vinculante no contexto constitucional, a *jurisprudência*, isto é, a sucessão de acórdãos de análogo teor acerca de um mesmo assunto, continha-se nos lindes de um *meio suplementar exegético do Direito*, ainda quando pudesse dar ensejo a uma súmula, ou seja, a um extrato do entendimento predominante num dado Tribunal. É que, tirante a hipótese de súmula vinculante, a jurisprudência, *tout court*, ainda que sumulada, se torna impositiva apenas sob dois enfoques: para o próprio Tribunal e suas frações (que, logicamente, tendem a prestigiar sua própria súmula), na chamada vinculação *horizontal*, e em face dos demais órgãos agregados a esse tribunal (dita vinculação *vertical*), como se dá com a súmula de TJ em matéria de direito local, a qual parametriza, em primeiro grau, a improcedência liminar de pedido contrário a esse enunciado (CPC, art. 332, IV).

Não há negar que em face dos casos subsumidos a uma dada súmula (simples), esta opera uma notável *força persuasiva*, até pela curial razão de

124. *Instituições de Direito Processual Civil*, vol. I, 6. ed., São Paulo: Malheiros, 2009, p. 84.

que a resistência a ela se revelará inócua, já que, na instância recursal, a tendência do tribunal emissor da súmula será, naturalmente, no sentido de prestigiá-la, descartando a decisão proferida em senso contrário, como se passa com a atribuição conferida ao relator, pelo art. 932 do CPC, para "(...) IV – *negar provimento* a recurso que for *contrário* a: *a*) *súmula* do Supremo Tribunal Federal, do Superior Tribunal de Justiça ou do próprio tribunal".

Nesse sentido, comentando o art. 932, incisos e alíneas do CPC, Bruno Dantas explica que ao otimizar os poderes do relator, o legislador apresentou "mais situações nas quais se realiza o *dever dos tribunais de uniformizar e concretizar a estabilidade, integridade e coerência da jurisprudência*, noutras palavras, um dever de *potencializar os resultados* obtidos por meio de entendimentos sumulados, julgamento de casos repetitivos e assunção de competência".[125]

Em linha consonante, afirma José Carlos Barbosa Moreira, evocando o previsto no RISTF (arts. 21, § 1.º, e 102 e parágrafos): "Podem os regimentos internos dos outros tribunais, no âmbito de competência de cada um, adotar regras análogas, que prestigiem, nos limites compatíveis com a feição do nosso sistema constitucional, as proposições incluídas nas *Súmulas*; por exemplo, estabelecer que, mesmo reconhecido o dissídio jurisprudencial, seja rejeitável de plano, pelo órgão fracionário, a solicitação de pronunciamento prévio do tribunal, se a respeito já houver tese constante de *Súmula*: assim dispõe o art. 123 do Regimento Interno do Tribunal de Justiça do Estado do Rio de Janeiro. Nos termos dessas regras, constituirão tais proposições 'precedentes na uniformização da jurisprudência'".[126]

Os múltiplos e relevantes efeitos processuais reconhecidos às súmulas, tanto nos Regimentos dos Tribunais (*v.g.*, RISTF, arts. 21, § 1.º, e 102, § 4.º, e RISTJ, arts. 34, XVIII, e 124) como na legislação ordinária (CPC, arts. 332, I e IV; 496, § 4º, I; 927, II e IV; 988, III, redação do inciso cf. Lei 13.256/2016; CLT, art. 896 e alíneas; Lei Orgânica da Magistratura Nacional – LC 35/79, art. 90, § 2.º), sempre impressionaram fortemente os operadores do Direito, levando alguns a vislumbrarem um valor *quase normativo* a tais enunciados.

Assim, Lênio Luiz Streck colaciona o contributo de Anete Vasconcelos de Borborema, no qual esta alude que vários autores reconhecem "um caráter normativo à jurisprudência contida na súmula, entendendo-a obrigatória para todos os juízes e tribunais do país. Explicam que, constituindo o STF

125. Comentário ao art. 932 do CPC, in Cassio Scarpinella Bueno (coord.), Comentários ao Código de Processo Civil, v. 4, São Paulo: Saraiva, 2017, p. 67.

126. *Comentários ao Código de Processo Civil*, vol. V, 16. ed., 2012, cit., p. 27, 28.

(e acrescentaria o STJ) os mais altos sodalícios da justiça brasileira e sendo suas decisões, consequentemente e respectivamente, irreformáveis por outro tribunal, não se pode conceber que juízes de primeiro grau e outros tribunais julguem à revelia das proposições constantes na súmula. Em face da autoridade que a Constituição outorga ao Supremo (e ao STJ), não dar força de lei à jurisprudência dominante firmada em Súmula seria afrontar sua soberania, reconhecer a imperfeição do Poder Judiciário e, finalmente, impedir a certeza jurídica".[127]

Em posição consonante, Christianne Boulos observa que "a possibilidade de proferir decisões em sentido diverso do fixado pelas súmulas, com base não em diferenças de fato, mas de direito, é o mesmo que esvaziar a finalidade da previsão de efeito vinculante das súmulas. Pois se estas existem justamente para pôr fim a dúvidas quanto à interpretação de uma norma, permitir que a questão se reabra a todo instante é como criar subterfúgios para não aplicar o teor das súmulas, perdendo assim a razão de ser do efeito vinculante".[128]

Mesmo antes que se cogitasse do advento da súmula com efeito vinculante, já era possível sustentar que, ainda na ausência da força obrigatória expressa, as súmulas, *na prática*, operavam em modo impositivo, e isso por argumentos diversos: (***i***) pela lógica do sistema, não faria sentido a extração de um enunciado representativo da jurisprudência assente numa Corte Superior, se não fosse para servir como um *guia*, para ela mesma e como uma *diretriz*, em face das demais instâncias; (***ii***) a súmula vinculante apresenta, em fim de contas, uma estrutura semelhante à da norma legal (= enunciado geral, abstrato, impessoal e impositivo), e, tanto quanto a norma, não dispensa o *labor interpretativo*, seja para se apurar sua perfeita inteligência, seja para aferir sua exata subsunção ao caso concreto; (***iii***) o reconhecimento da obrigatoriedade da súmula não atrita com o princípio da *reserva legal*, já que, em última análise, é na Constituição, nas leis e nos regimentos internos que vêm previstos e disciplinados os Tribunais - em sua feição institucional e em suas atribuições - sendo as súmulas o *produto final*, potencializado, de sua atividade precípua, de *interpretar e dizer o Direito. De tudo se extrai que inexiste* qualquer extrapolação ou excesso na emissão daqueles assentos, devendo, contudo, o tribunal atentar para que tais enunciados efetivamente representem o extrato do entendimento reiterado acerca de uma dada questão

127. *Súmulas no direito brasileiro*... cit., 1998, p. 142-143.

128. A força vinculante da jurisprudência e o papel do juiz no direito brasileiro, *Revista dos Anais do I Congresso de Iniciação Científica*, vol. I, USP/Fapesp, 1996, p. 304.

de direito, como, aliás, adverte o § 1º do art. 926 do CPC, ao dispor cabe aos tribunais editar súmulas "*correspondentes a sua jurisprudência dominante*".

Nesse sentido, Sérgio Seiji Shimura entende que "não está havendo invasão de competência normativa, muito menos um cerceamento da convicção do juiz. É do sistema processual e constitucional que, em determinada hipótese concreta, o juiz de hierarquia jurisdicional inferior tenha de obedecer ao decidido pela Corte Superior, pelas vias recursais normais; com maior razão, se o caso *sub judice* se enquadra no mesmo paradigma já traçado pela mais alta Corte, decorrente da repetição de casos idênticos".[129]

O saudoso Min. Victor Nunes Leal, inspirador da *Súmula* do STF, nos idos dos anos 60, considerava que ela representava *o ideal do meio termo*: "(...) ficou entre a dureza implacável dos antigos assentos da Casa de Suplicação, *para a inteligência geral e perpétua da lei* e a virtual inoperância dos prejulgados. É um instrumento flexível, que simplifica o trabalho da justiça em todos os graus, mas evita a petrificação, porque a Súmula regula o procedimento pelo qual pode ser modificada (...). Apenas exige, para ser alterada, mais aprofundado esforço dos advogados e juízes. Deverão eles procurar argumentos novos, ou aspectos inexplorados nos velhos argumentos, ou realçar as modificações operadas na própria realidade social e econômica. Com essa precaução, a súmula substitui a loteria judiciária das maiorias ocasionais pela perseverança esclarecida dos autênticos profissionais do Direito".[130]

Em modo consonante, Alfredo Buzaid advertia que "a Súmula é estabelecida não para impor cega obediência ao primado da exegese, estancando, desvanecendo ou estiolando o espírito criador dos juristas em busca de fórmulas novas que atendam ao objetivo da justiça. A sua finalidade é pôr um clima de segurança na ordem jurídica, sem a qual fenecem as esperanças na administração da justiça. (...) Seguir uma orientação uniforme é um bem para a estabilidade da ordem jurídica. Inspira confiança, guarda acatamento aos órgãos superiores da Justiça e mantém autoridade".[131]

Mesmo com o reconhecimento doutrinário de uma certa *eficácia natural* das súmulas simples, ou seja, de sua aptidão para prevenir os excessos da divergência jurisprudencial – ainda que sem a expressa agregação da nota da

129. Súmula vinculante cit., in *Reforma do Judiciário*... cit., p. 763.

130. Passado e futuro da súmula do STF, *Revista de Direito Administrativo*, n. 145, jul.-set. 1981, p. 10 (no texto, o saudoso Ministro do STF reportava-se à conferência que pronunciara em Belo Horizonte, em 12.08.1964).

131. Uniformização da jurisprudência, *Revista Ajuris*, n. 34, Porto Alegre, 1985, p. 212.

obrigatoriedade – ainda assim remanesce um entendimento de que, para se chegar a um *ponto ótimo* no ideal da uniformização, impende que as súmulas efetivamente *obriguem* sua aplicação nos casos nelas subsumidos. Segundo essa ideia, o só acoplamento do adjetivo *dominante*, à jurisprudência, pode não se revelar suficiente, para fim da almejada uniformização, numa cultura jurídica tradicionalmente radicada na norma legal; há, pois que dotar o *precedente judiciário* de *algo mais*, um *plus* na sua carga eficacial: exatamente a nota da *vinculação* de seu enunciado.

Nesse sentido, José de Moura Rocha afirma que "a súmula não é uma jurisprudência predominante sob o aspecto meramente formal; vemos nela sentido dogmático (quase normativo). A súmula não é, simplesmente, a jurisprudência dominante ou predominante. É a jurisprudência possuidora de caráter, repetindo, quase normativo".[132] Pontes de Miranda também se afinava nesse diapasão: "A expressão *precedente* na uniformização da jurisprudência de modo nenhum pode ser entendida como simples ocorrência sem eficácia. Outra expressão, *predominante*, que adjetiva a jurisprudência inserida em súmula, conforme o Regimento Interno do STF, revela que há eficácia, contra a qual só se há de advertir fundamentação tal que leve a mudança de atitude por parte de nova maioria absoluta".[133]

Nessa inteligência se enquadra antigo aresto do STF (RE 104.898-RS), onde o relator, Min. Oscar Corrêa, às tantas reportava-se a voto antes proferido no RE 101.214-5-RS, onde ressaltara a necessidade de um *efetivo* – e não apenas virtual – cumprimento ao enunciado da Súmula: "(...) se se conhece a Súmula – e o juiz brasileiro não a pode desconhecer – e se não a aplica, autoriza-se a interposição do remédio processual para repor a orientação da Corte Maior; e se obriga, desnecessariamente, a iniciativa da parte, exigem-se ônus injustificáveis e requere-se prestação jurisdicional que se poderia e deveria evitar". Adiante, concluindo o voto naquele RE 104.898-RS, anotara: "(...) que mantenha o juiz sua convicção contrária à decisão da sua Corte, ou mesmo da Corte Suprema, admite-se, nem importa rebeldia; mas aplicando-a, enquanto se não muda. Que se recuse a aplicar a diretriz firmada pela maioria, ou, como no caso, que insista em inaplicá-la – consubstanciada em Súmula e aplicada, sem discrepância, pelo STF – não se justifica" (*RTJ*, vol. 113, p. 458-459).

É também como pensa Fernando da Costa Tourinho Neto: "Não se pode conceber que uma questão decidida pelo STF, a Corte mais alta do

---

132. A importância da súmula, *Revista Forense*, n. 25, 1977.

133. *Comentários ao Código de Processo Civil*, Rio de Janeiro: Forense, 1974, t. VI, p. 40.

País, o Tribunal que dá a última palavra, receba decisão diferente, em causas idênticas, nos tribunais e juízes inferiores, obrigando o vencido a interpor recursos, percorrendo um caminho difícil, penoso, demorado, para, depois de anos e anos, chegar ao Supremo, a fim de obter a reforma daquela decisão".[134]

Por esse diapasão também se afina Luiz Guilherme Marinoni: "Se o juiz de primeiro grau diverge de entendimento contido em súmula do Tribunal, a parte que sustenta a tese consagrada na súmula é obrigada a recorrer. No caso de demandas múltiplas, isto pode significar milhares de recursos. O que significa, entretanto, milhares de recursos? Significa, antes de mais nada, retardo na prestação jurisdicional e, portanto, prejuízo à parte que tem razão. Significa, ainda, mais custos e, também, um acúmulo intolerável de processos em segundo grau de jurisdição. Ora, é óbvio que a interposição exagerada de recursos resulta na lentidão do serviço jurisdicional e, portanto, aprofunda a crise do Poder Judiciário, que tem o grave compromisso de atender ao Direito constitucional de todo cidadão a uma resposta jurisdicional tempestiva".[135]

Percebe-se dos subsídios doutrinais antes colacionados que o advento da súmula vinculante vem alterar, em profundidade, o contexto jurídico-político preexistente, não se reduzindo, pois, a uma inovação de natureza tão somente processual. Com efeito, a eficácia expandida da súmula vinculante do STF enseja que o paradigma jurídico nacional, regulador das condutas comissivas e omissivas atuais e futuras, passa a ser *não apenas a norma legal*, mas também os enunciados dessa súmula obrigatória. Vale notar que essa eficácia expandida não opera apenas no plano dos conflitos judicializados, mas impende reconhecer que as súmulas vinculantes projetam um *efeito preventivo geral* ao interno da coletividade, já que, por intermédio dos operadores do Direito, os entendimentos assentados chegam ao conhecimento dos jurisdicionados – pessoas físicas e jurídicas, no setor público e privado – assim influenciando ou até condicionando os comportamentos de uns e outros.

Figure-se que o STF venha a qualificar (*confirmar*, diz o art. 8.º da EC 45/2004) como vinculante a Súmula 684: "É inconstitucional o veto não motivado à participação de candidato a concurso público". Tanto os candidatos ao certame como a Comissão de Concurso ficam sujeitos, obrigatoriamente, a tal enunciado; aqueles primeiros passam a usufruir de um autêntico direito subjetivo, ao passo que a autoridade competente fica jungida a efetivá-lo,

---

134. Efeito vinculante das decisões do STF: uma solução para o Judiciário, *Revista de Informação Legislativa*, n. 128, Brasília, out.-dez. 1995, p. 186.

135. *Tutela antecipatória, julgamento antecipado e execução imediata da sentença* cit., 1997, p. 181.

sob pena de ter seu ato anulado (CF, § 3.º do art. 103-A), cabendo-lhe ainda adequar suas futuras decisões àquele enunciado, sob pena de "responsabilização pessoal nas esferas cível, administrativa e penal" (Lei 9784/99, art. 64-B, inserido pela Lei 11.417/2.006) .

Noutro exemplo, suponha-se que o STF considere (*confirme*, segundo o art. 8º da EC 45/2.004) como *vinculante* a Súmula 668 (estabelece que o IPTU cobrado por alíquota progressiva só é inconstitucional se instituído antes da EC 29/2000 e ainda se não for preordenado ao cumprimento da função social da propriedade urbana): isso desestimularia o ajuizamento de ações de repetição de indébito cujas pretensões fossem *contrárias* a tal enunciado obrigatório, as quais estariam virtualmente fadadas à *improcedência liminar*, a teor do art. 932, I, do CPC, interpretado *a fortiori*, no caso de súmula vinculante.

Poder-se-ia contra-argumentar que o *poder preventivo geral*, desempenhado pela súmula vinculativa, não operaria, socialmente, com a mesma eficácia social ou com a mesma credibilidade da norma legal, como, por exemplo, se dá com aquelas que buscam regular o trânsito de veículos e a ocupação, por estes, dos espaços públicos. Mesmo assim, pensamos que é apenas na *fonte de onde promanam* e no seu *âmbito de abrangência* que súmula vinculante e norma se podem distinguir, porque, *em substância*, ambas têm aptidão para balizar condutas em modo impositivo: a norma, emanada do ambiente parlamentar, é direcionada aos cidadãos e pessoas jurídicas de direito público e privado; a súmula, proveniente do ambiente judiciário, é dirigida aos órgãos judiciais e à Administração Pública, mas, através desta e daqueles acaba alcançando, reflexamente, os jurisdicionados e, de modo geral, todos que tratam com o serviço público em sua amplitudee.

Os *clientes* do Judiciário, eventuais ou habituais, ou seja, os jurisdicionados efetivos ou virtuais, provêm todos da sociedade civil, como pessoas físicas e jurídicas, e assim, quer integrem *ou não* um processo judicial, sujeitam-se ao raio de incidência das súmulas vinculantes, na medida em que estas projetam, além dos efeitos *endoprocessuais*, *também* efeitos *panprocessuais* (em face de todos os processos subsumidos ao seu enunciado) e ainda reflexos *extraprocessuais* ao interno da coletividade, como antes assinalado. Logo, é só por uma *redução de complexidade* (intencional ou não) que o art. 103-A da CF (EC 45/2004) diz que as súmulas vinculam o Judiciário e a Administração Pública; o constituinte revisor *dixit minus quam voluit*, porque na verdade, por extensão, as pessoas físicas e jurídicas integrantes da coletividade também são alcançadas pela irradiação dos efeitos do direito sumular vinculativo.

Percebeu-o Sérgio Seiji Shimura, quando viu na súmula vinculante um "outro caminho para se chegar ao efeito expansivo da coisa julgada, como ocorre no processo coletivo (art. 103, I e III, do CDC) ou na ação direta de inconstitucionalidade (art. 102, § 2.º, da CF), para albergar outras pessoas, não integrantes do contraditório formado na relação jurídica processual posta em juízo. Quer dizer, conquanto o indivíduo não tenha sido parte, pode se beneficiar do efeito vinculante da súmula, produto de reiteradas decisões. Outrossim, o direito reconhecido na súmula há de ser estendido àqueles que se encontrem na mesma situação fática e jurídica daqueles cujas decisões renderam ensejo à edição da súmula. A súmula se aproxima da tendência de coletivização do processo, com otimização e potencialização do serviço judiciário e alargamento do âmbito de abrangência da decisão judicial revelada pelo STF".[136]

Tenha-se presente a tendência, registrada de tempos a esta parte, da edição de textos legais que autorizam a Administração Pública a pautar suas condutas a partir da jurisprudência dominante ou sumulada nos Tribunais, a exemplo da Lei Complementar Federal 73/93, cujo art. 4.º, XII, autoriza o Advogado Geral da União a "editar enunciados de súmula administrativa, resultantes de jurisprudência iterativa dos Tribunais"; em senso consonante, o art. 4.º da Lei 9.469/97, dispõe que, inexistindo súmula da AGU, o Advogado-Geral "poderá dispensar a propositura de ações ou a interposição de recursos judiciais quando a controvérsia jurídica estiver sendo iterativamente decidida pelos Supremo Tribunal Federal ou pelos Tribunais Superiores".

No âmbito da municipalidade paulistana, a súmula vinculante do STF fez escola, tendo a Lei 15.690/2013 inserido o art. 44-A na Lei 14.107/2005, dispondo que "a jurisprudência firmada pelo Conselho Municipal de Tributos será objeto de *súmula, que terá caráter vinculante* para todos os órgãos da Administração Tributária (...)"; ainda, pelo § 2.º desse art. 44-A, tal súmula, assim qualificada, também poderá derivar de "(...) decisões definitivas de mérito, proferidas pelo Supremo Tribunal Federal em matéria constitucional ou pelo Superior Tribunal de Justiça em matéria infraconstitucional, em consonância com a sistemática prevista nos arts. 543-B e 543-C do Código de Processo Civil (...)" [arts. 1.036 – 1.041 do vigente CPC].

A súmula vinculante do STF, ao irradiar efeitos em direção à Administração Pública (CF, art. 103-A e § 3º), depassa e alarga o espaço precípuo e tradicional do Judiciário, que é o de atuar como instância de *substituição* (nesse sentido de responder a uma provocação da parte ou interessado e

---

136. Súmula vinculante cit., in *Reforma do Judiciário*... cit., p. 766.

nos limites dela – CPC, art. 2.º, 490, 492), mas passa a projetar influência também sobre a instância primária, que atua *de ofício*, por sorte que a súmula vinculante acaba por condicionar as relações entre a Administração e seus agentes, assim como entre ela e as pessoas físicas e jurídicas em geral. Exemplifica Rodrigo Jansen: "Caso uma súmula vinculante prescrevesse que o serviço de iluminação pública não pode ser remunerado por taxa (Súmula 670 do STF), o contribuinte poderia, em caso de cobrança efetuada pelo fisco, recorrer ao Poder Judiciário para não pagá-la, tal como faria se uma lei o dissesse, com a vantagem de poder, diretamente, fazer uso da reclamação ao Supremo Tribunal Federal (vinculação direta)".[137]

Poder-se-ia objetar, *gratia argumentandi*, que a súmula vinculante não atua *do mesmo modo* ou com a *mesma intensidade* em face da Administração Pública e dos cidadãos em geral: Marco Aurélio Costa Moreira de Oliveira observa que os particulares "não podem sofrer os efeitos da reiteração de julgados, a impedi-los de buscar a solução justa para os casos que submetem ao juízo", ao passo que a Administração Pública, prossegue, vem "defendida em conformidade com uma linha global, apresentando argumentações semelhantes e, muitas vezes, até mesmo unificadas".[138] De todo modo, exceto os casos em que a Administração pratica atos voltados à sua economia interna, quando normatiza *pro domo sua* (*v.g.*, quando reorganiza um Ministério), de modo geral as condutas administrativas são implementadas em contemplação – direta ou reflexa – da coletividade em geral, até porque a legitimidade do Administrador advém de mandato popular, que o autoriza a realizar escolhas primárias, em nome dos administrados; é nessa dimensão que o Administrador vem a ser – *pró ou contra* – alcançado pelos enunciados vinculativos do STF. É o que aconteceria, por exemplo, se ficasse vinculante a Súmula STF 688: "É legítima a incidência da contribuição previdenciária sobre o 13.º salário", com óbvios reflexos nas folhas de pagamento do serviço público.

A necessidade de que casos iguais recebam análoga resposta judiciária é particularmente sentida nos *Juizados Especiais Federais*, foro precípuo das causas previdenciárias e de outras cuja alçada não ultrapassa 60 salários mínimos (art. 3.º e incisos da Lei 10.259/2001), umas e outras dando margem a grande número de processos repetitivos. Compreende-se, assim, a preocupação do legislador com a *uniformização da jurisprudência*, nessa sede, com destaque para estes dispositivos: "Art. 14. Caberá pedido de uniformização de interpretação de lei federal quando houver divergência entre decisões sobre

137. A súmula vinculante como norma jurídica cit., p. 201.

138. As súmulas e o efeito vinculante, *Revista Ajuris*, n. 71, nov. 1997, p. 349.

questões de direito material proferidas por Turmas Recursais na interpretação da lei. (...) § 4.º Quando a orientação acolhida pela Turma de Uniformização, em questões de direito material, contrariar súmula ou jurisprudência dominante no Superior Tribunal de Justiça – STJ, a parte interessada poderá provocar a manifestação deste, que dirimirá a divergência". Comentando, diz Bruno Mattos e Silva: "Assim, é preciso vincular a Administração Pública às súmulas do STJ que não tenham sido julgadas inconstitucionais pelo STF, bem como às súmulas do STF posteriores a 05.10.1988. A esmagadora maioria das ações que o INSS vence no STJ e no STF se referem a não mais do que vinte ou trinta teses, que os juízes e tribunais inferiores julgaram de forma distinta à orientação das cortes supremas".[139]

Outro aspecto de destaque nos Juizados Especiais Federais, igualmente informado pelo objetivo de imprimir *tratamento igual aos iguais e desigual aos desiguais*, consiste na particular disciplina estabelecida nos parágrafos do art. 14 da Lei 10.259/2001: sem embargo de a Súmula 203 do STJ vedar o recurso especial tirado de decisões dos Juizados Especiais, criou-se, em contrapartida, um incidente de uniformização da jurisprudência, que poderá vir a ser dirimido pelo STJ, quando "a orientação acolhida pela Turma de Uniformização [nos Juizados Especiais], em questões de direito material, contrariar súmula ou jurisprudência dominante no Superior Tribunal de Justiça". Em breve síntese, o STJ decide um dos processos, tomado como paradigma, e a tese aí fixada irá parametrizar o julgamento dos demais casos análogos, sobrestados na origem. O mesmo se aplica ao recurso extraordinário ao STF, nos termos do art. 15 dessa lei, c/c súmula STF 640.

Alinha-se, também, ao ideário de uniformização da jurisprudência a técnica de *julgamento em bloco*, dos RE's e RESp's repetitivos, por modo que no recurso afetado como representativo da controvérsia é emitida a decisão-quadro que irá parametrizar a solução isonômica dos recursos sobrestados nos tribunais de origem, como se colhe do art. 1.040, incisos e parágrafos do CPC A propósito dessa técnica procedimental, vale relembrar a observação feita, em fins de 2004, por José Carlos Barbosa Moreira, quando da chegada ao Congresso de projetos de lei que "reforçam, em termos enérgicos, a tendência a prestigiar ao máximo a jurisprudência e os precedentes". Um deles, prosseguia o autor, "visa a inserir no Código [de 1973] um art. 543-A, para instituir mecanismo a que não cairá mal a denominação de 'recurso extraordinário por amostragem'. 'Quando se verificar multiplicidade de recursos com fundamen-

139. Juizados Especiais Federais: notas sobre o projeto de lei, *Jus Navigandi*, <www.jus.com.br/doutrina/jef2.html>, p. 8-9. (O comentário reporta-se à época do Anteprojeto.)

to em idêntica controvérsia', reza o *caput*, 'caberá ao Presidente do Tribunal de origem selecionar um ou mais recursos representativos da controvérsia, que serão encaminhados ao Supremo Tribunal Federal, ficando suspensos os demais processos até o pronunciamento definitivo dessa Corte' (§ 1.º)".[140]

Ainda sobre essa técnica recursal, pronunciara-se, à época, a Min. Fátima Nancy Andrighi, do STJ, acerca do projeto de Lei 4.723/2004, "de autoria do Ministro da Justiça, Márcio Thomas Bastos, que introduzia o pedido de 'uniformização de interpretação' no âmbito dos Juizados Especiais Cíveis e Criminais, regulados pela Lei 9.099/95. O projeto do Min. Márcio Thomas Bastos repete, portanto, o procedimento já implementado nos Juizados Especiais Federais pela Lei 10.259/2001. De acordo com o art. 5.º, *caput*, da CF, todos são iguais perante a lei. Por isso, o mandamento constitucional implica a adoção de decisões iguais para demandas da mesma natureza, não se admitindo que o Poder Judiciário trate uns diferentemente dos outros, quando houver identidade de situações jurídicas". Com tudo isso, concluía a culta e operosa Ministra, "busca-se a unidade nacional e contemporânea da interpretação das questões de direito material neles decididas, o que não exclui uma divergência sucessiva, uma vez que a unificação realizada poderá ser revista pelo próprio órgão uniformizador".[141]

Ainda em prol da eficácia da súmula vinculante labora a circunstância de que, enquanto a norma legal se exterioriza num comando que pressupõe uma prévia interpretação (mesmo a *clareza* da lei precisa ser demonstrada...), já a interpretação da súmula resta *facilitada*, por isso que ela – ao contrário da lei, que provém do ambiente dialético-majoritário do Parlamento – deriva de um longo processo de *decantação* de muitos julgados uniformes, prolatados sobre um mesmo tema, restando ao juiz do caso concreto, basicamente, duas operações: (*i*) apreender a exata compreensão e extensão do enunciado, ou seja, sua vera inteligência; (*ii*) aferir se o caso concreto nele está subsumido, para, conforme o caso, aplicar *ou não* a súmula (sim, porque *aplicar indevidamente* a súmula é, também, um modo de... descumpri-la, ficando a decisão equivocada sujeita à cassação pelo STF). Esse *modus procedendi* de lidar com os padrões decisórios impositivos é tão relevante que o CPC considera *não fundamentada* (e, pois, nula: CF, art. 93, IX) a decisão judicial que "se limitar a invocar precedente ou

140. Súmula, jurisprudência, precedente: uma escalada e seus riscos, *Revista Dialética de Direito Processual*, n. 27, jun. 2005, p. 52-53.

141. Primeiras reflexões sobre o pedido de uniformização de interpretação no âmbito dos Juizados Especiais Cíveis e Criminais. *In*: Luiz Fux, Nelson Nery Junior e Teresa Arruda Alvim Wambier (coord.), *Processo e Constituição – Estudos em homenagem ao Professor José Carlos Barbosa Moreira*, São Paulo: RT, 2006, p. 462 e 467.

enunciado de súmula, sem identificar seus fundamentos determinantes nem demonstrar que o caso sob julgamento se ajusta àqueles fundamentos" (art. 489, § 1º, VI), sendo que, em casos mais severos, tal vezo pode mesmo desafiar ação rescisória, a teor dos §§ 5º e 6º do art. 966, acrescidos pela Lei 13.256/2016.

Enquanto no processo de formação da norma (nomogênese) suas fontes substanciais, ou seus *insumos*, radicam nos fatos socialmente relevantes, de natureza econômica, social, política, cultural, já na formação da súmula sua estrutura remonta aos iterativos e consonantes julgados do STF sobre uma dada matéria; nesse sentido é claro o art. 103-A, *caput*, da CF, ao dispor que a súmula vinculante deve reportar-se a "*reiteradas decisões* sobre matéria constitucional". A partir do momento em que é concluído o processo de formação, assim da norma como da súmula, ambas se nivelam no *modus* em que vêm aplicadas aos casos concretos, já que ambas operam por um processo lógico-dedutivo, que *desce* do geral (o enunciado, *normativo* ou *sumulado*) para o particular, resolvendo a espécie. Nos dois casos o resultado deve ser um só: o tratamento isonômico devido aos destinatários, diretos e indiretos. Por exemplo: a Lei 8.009/90 dispõe sobre a impenhorabilidade do bem de família; a súmula STJ 364 estabelece que tal impenhorabilidade "abrange também o imóvel pertencente a pessoas solteiras, separadas e viúvas": ambos os enunciados se completam, apesar de serem distintas suas fontes, e devem ser aplicados em modo igualitário aos casos neles enquadrados.

Ao contrário do que possa parecer à primeira vista, o direito sumular não existe para exacerbar a função judicante, mas, antes, para colocá-la em parâmetros seguros, que impeçam o arbítrio e a injustiça ocorrentes quando respostas discrepantes são dadas a casos substancialmente análogos. Nesse sentido, Leonardo D. Moreira Lima colaciona a doutrina de John P. Dawson, onde este esclarece que "a compulsão para que o precedente seja respeitado e seguido é, na sua essência, um meio de limitação de poder. Significa que uma Corte não pode julgar um caso obedecendo à tendência do momento, sem primeiramente agir em coerência com as decisões judiciais que antecederam aquele caso. Assim, pois, uma decisão do passado, cujas razões foram expostas, deve ser aplicada em casos similares e futuros onde caibam as mesmas razões, e somente novas e persuasivas razões poderão ditar uma decisão que não seja similar às decisões antecedentes. Parece-nos ser este um meio de evitar arbitrariedades, que deve ser um dos principais objetivos de todo o sistema jurídico".[142]

---

142. *Stare decisis* e súmula vinculante: um estudo comparado, *Revista Direito, Estado e Sociedade*, Depto. de Direito da PUC-RJ, n. 14, jan.-jul. 1999, p. 167 e rodapé 4. (A obra

Deve-se, contudo, refletir sobre o pensamento de Elival da Silva Ramos que, sob o registro da *atividade normativa atípica do STF*, não nega "os ganhos proporcionados pelas súmulas vinculantes em termos de uniformização jurisprudencial" (...), mas, sem embargo, alerta para "dois efeitos colaterais perversos", a saber, de um lado, "o enrijecimento exacerbado da interpretação em matéria constitucional" e, de outro, "o fato de vir a se converter a atribuição do STF *sub examine* em elemento impulsionador do ativismo judicial, porquanto se observa aqui uma aproximação excessiva (e, a meu juízo, desnecessária) da atividade legiferante, a qual, embora compatível com o princípio da separação dos Poderes, uma vez contemplada em nível constitucional, se prestará a ir, lenta e progressivamente, solapando-lhe as bases".[143]

Em termos práticos, a consecução de uma resposta judiciária isonômica depende de que o paradigma jurisprudencial não se apresente como simples *conselho* ou *sugestão* para o julgamento dos casos assemelhados. Ou, no dizer de José Ignácio Botelho de Mesquita : "A uniformização, por sua vez, implica a atribuição de eficácia vinculante à interpretação que se pretende seja adotada uniformemente. Uniformização sem efeito vinculante é o mesmo que uniformização sem efeito uniformizante".[144]

A formulação de uma súmula vinculativa, justamente por seu efeito *erga omnes* em face do Judiciário, da Administração Pública e dos jurisdicionados, exige do Tribunal emissor um cuidado extremo, seja no que concerne à própria *deliberação* quanto à sua emissão, seja quanto à sua redação, tudo para prevenir que ela, ao invés de concorrer para a melhoria da resposta judiciária e para o tratamento isonômico dos jurisdicionados, não venha porventura a se constituir em mais um óbice. É que, enquanto a norma legal resulta de uma vontade política, expressada pelos que detêm um *mandato popular* ("todo o poder emana do povo" – CF, art. 1.º, parágrafo único), já a súmula vinculativa resulta de um consenso entre magistrados integrantes do tribunal que é o *guarda da Constituição* (CF, art. 102, *caput*), recrutados por critério de capacitação técnica e prestígio social ("notável saber jurídico e reputação ilibada" – CF, art. 101, *caput*). Assim, a original investidura para *judicar* é reforçada pelo predicativo para fixar o *entendimento panprocessual* a ser observado em certa matéria. Dada essa particular *condição legitimante*

---

de John P. Dawson, colacionada, é As funções do juiz, *Aspectos do direito americano*, Rio de Janeiro, Forense, 1963, trad. de *Talks on american law*, coletânea organizada por Harold Berman, p. 25-26.)

143. *Ativismo judicial – parâmetros dogmáticos*, São Paulo, Saraiva, 2010, p. 298-300, *passim*.

144. Uniformização de jurisprudência cit., p. 8.

que está à base da súmula vinculativa, a sua emissão deve ocorrer nos casos absolutamente necessários, ou mesmo inadiáveis, e com o máximo de atenção, técnica e sensibilidade jurídica em sua formulação verbal.

Como observado por Marco Antonio de Barros, "a súmula vinculante, por sua gênese, jamais poderá ser aplicada ao chamado caso *privado puro*, pois é de sua essência o caráter genérico e reiterativo das relações jurídicas postas em confronto, já que ela deve funcionar como eficiente antídoto à coletivização dos conflitos".[145] Ou, como ponderado pelo Deputado Jairo Carneiro, relator do substitutivo ao projeto de EC 96/92, precedente remoto da PEC 29/2000: "A súmula vinculante constitui, assim, eficaz instrumento para impedir a pletora repetitiva em relação a determinada questão de direito, já decidida pelos Tribunais Superiores por remansosa jurisprudência, como, por exemplo, as causas que tratam de devoluções de empréstimos compulsórios e as relativas à correção monetária dos salários de contribuição, para efeito de cálculo de aposentadorias, entre outras. E o Judiciário precisa ser liberado dessas questões, notadamente o STF, que, tendo a missão precípua de guarda da Constituição, vê-se obstado do cumprimento oportuno, como necessário, dessa mais relevante competência, envolvendo-se no enfrentamento de toda a sorte de irracionalidades de milhões de processos praticamente iguais, cujo julgamento nenhum progresso resultará para a ciência jurídica, já que se trata de um amontoado de peças padronizadas".[146]

Sob esse prisma, a Ministra do STF, Ellen Gracie Northfleet, trouxe expressivo depoimento: "A maior parte das questões trazidas ao foro, especialmente ao Foro Federal, são causas repetitivas, onde, embora diversas as partes e seus patronos, a lide jurídica é sempre a mesma". Exemplifica com "as devoluções de empréstimos compulsórios, as causas em que se busca a correção monetária dos salários de contribuição, para efeito de cálculo das aposentadorias, aquelas em que os depositantes reivindicam a aplicação de índices expurgados ao cálculo de seus saldos em cadernetas de poupança, entre inúmeras outras. É impossível sustentar que processos dessa natureza devam prosseguir congestionando o Judiciário e percorrendo suas diversas instâncias na sucessão, quase interminável, dos recursos colocados à disposição das partes pela legislação processual. Nenhum progresso para a ciência jurídica resultará do julgamento desses feitos. Eles nada mais são que uma reprodução de peças padronizadas. Da petição inicial ao acórdão derradeiro, nada será acrescentado ao entendimento que já se cristalizou a respeito da matéria. É inútil e custoso manter a máquina judiciária

145. Anotações sobre o efeito vinculante, *RT* n. 735, p. 106.

146. Apenso à PEC 112/95, p. 45-46 do relatório, 17.06.1996.

ocupada com questões que já não oferecem relevo ou dificuldade. Mais que isso tal atitude desvia atenção e recursos do Judiciário, os quais deveriam estar melhor aplicados nas questões que têm maior atualidade e demandam reflexo e atividade criativa por parte dos magistrados".[147]

Para se alcançar esse *efeito controlador* ou *regulador* que a súmula vinculativa está apta a exercer na pletora de processos que hoje assola o Judiciário, impende que a emissão desses enunciados seja precedida dos cuidados necessários, a fim de que eles não desbordem os limites do razoável, dispondo sobre temas ainda não suficientemente maturados nas instâncias judiciais precedentes ou no próprio Tribunal. Tanto mais se justifica esse cuidado premonitório quanto se considere que a deliberação sobre a agregação de força vinculativa à súmula fica entregue à prudente *discrição* de dois terços dos integrantes do STF (art. 8.º da EC 45/2004), cabendo-lhes ponderar sobre a conveniência e oportunidade da agregação desse *plus*, justamente por conta das relevantes consequências processuais (*et extra*!) que promanam desses assentos.[148]

A propósito do cuidado redobrado, exigido para a emissão de uma súmula, mesmo persuasiva, aduz Luiz Flávio Gomes: "Dois recentíssimos exemplos de súmulas que não deveriam ser editadas, conforme nosso ponto de vista, são as de ns. 171 e 174 do STJ (a primeira proíbe a substituição da prisão por multa, no art. 16 da Lei de Tóxicos [atual art. 28 da nova Lei de Drogas – 11.343/2006]; a segunda diz que a arma de brinquedo é razão suficiente para aumentar a pena do roubo). São temas controvertidos. Existem várias interpretações a respeito. Nem sequer existe a garantia de que foi eleita a melhor. Se fossem vinculantes, estaríamos diante de um dirigismo judicial sem precedentes".[149]

Ademais, impende que o Tribunal adote toda cautela a fim de que a súmula porventura não se ponha em rota de colisão com a normação positiva, como adverte Lênio Luiz Streck, escrevendo, genericamente, para o direito sumular brasileiro: "Na prática, porém, as Súmulas passaram a ter valor superior às próprias leis, sendo que, em muitos casos, muito além de serem

---

147. Efeito vinculante, *Informativo Brasília Express*, jun. 1996, p. 7. *Apud* Luiz Guilherme Marinoni, *Tutela antecipatória, julgamento antecipado e execução imediata da sentença* cit., p. 181-182, nota de rodapé 22. Também publicado nos *Cadernos de Direito Tributário e Finanças Públicas*, n. 16, jul.-set. 1996, p. 12.

148. No ponto, v. Nery & Nery, *Código de Processo Civil comentado* e legislação extravagante, 11. ed., 2010, cit., notas ao art. 479 do CPC/73, com jurisprudência.

149. Súmulas vinculantes e independência judicial, *RT* n. 739, p. 25, nota de rodapé 34. [Nota: a súmula 174 foi cancelada pelo STJ, REsp 213.054-SP, 3.ª Seção, j. 24.10.2001, rel. Min. José Arnaldo da Fonseca, m. v., *DJU* 06.11.2001.]

interpretativas das normas vigentes, passam a ser (...) *fontes criadoras de leis*, editadas contra as leis vigentes (súmulas *contra legem*) e contra a Constituição Federal (súmulas inconstitucionais)". Em outra passagem, invocando doutrina (José Eduardo Faria, Tércio Sampaio Ferraz Júnior), Lênio Streck conclui: "O poder de violência simbólica exercido pelas Súmulas sobre os juristas em sua prática cotidiana é resultado de uma situação que se pode chamar de controlabilidade difusa do sistema jurídico sobre os operadores do Direito. Esse controle difuso funciona como poder normativo. Essa característica de controlabilidade difusa pode ser vista, enfim, como uma espécie de *panóptico jurídico*. Em consequência, toda edição de súmula corresponde à formação de um *arbitrário juridicamente prevalecente*. A súmula tem o poder de produzir sentido. Mais do que isso, a súmula dita o sentido da norma jurídica. A súmula define e redefine sentidos jurídicos. Em tais (re)definições são estabelecidos critérios de relevância visando a convencer o receptor a compartilhar o juízo valorativo postulado pelo emissor para o caso. Trata-se, pois, de uma definição persuasiva".[150]

É preciso ter presente que a súmula, quando potencializada com a nota da *obrigatoriedade*, pouco ou nada fica a dever, em termos de eficácia jurídica e social, à própria norma legal, podendo-se demonstrar essa força coercitiva da súmula vinculante num sumário de 10 pontos: ***a***) exerce pressão e controle sobre as condutas das pessoas físicas e jurídicas, na medida em que torna público o estereótipo daquilo que o Judiciário, numa dada matéria, considera *certo* ou *errado*; *justo* ou *injusto*; *válido ou inválido*; *jurídico* ou *antijurídico*; ***b***) permite a previsibilidade do resultado das demandas pendentes e mesmo virtuais, assim *antecipando* o teor provável da futura decisão (como se passa, dentre outros casos, na *tutela da evidência*, que, nos termos do art. 306 do CPC "será concedida, independentemente da demonstração de perigo de dano ou de risco ao resultado útil do processo, quando: (...) II – as alegações de fato puderem ser comprovadas apenas documentalmente e houver tese firmada em julgamento de casos repetitivos ou em *súmula vinculante*");[151] ***c***) passa a atuar como fonte de direitos e obrigações entre as pessoas físicas e jurídicas e nas suas relações com o Estado, por exemplo, servindo como diretriz para a inserção/supressão de cláusulas contratuais ou nos conflitos entre Fisco e contribuinte; ***d***) influi, poderosamente, na formação da *persuasão racional* do magistrado, de forma ainda mais decisiva

150. *Súmulas no direito brasileiro...* cit., 1998, p. 220, 227-228, respectivamente.

151. Vale lembrar que a inobservância, em decisão judicial, de súmula vinculante do STF, desafia reclamação: CPC art. 988, III, redação do inciso cf. Lei 13.256/2016, c/c art. 992..

do que as fontes secundárias e os meios de integração (costumes, analogia, equidade, regras de experiência, princípios gerais, doutrina); ***e***) simplifica ou sumariza o discurso jurídico, na medida em que se torna a *premissa menor* do silogismo da decisão judicial, que, de outro modo, seria composta pela norma legal, a qual, todavia, demandaria interpretação, podendo destarte alcançar mais de uma inteligência; ***f***) reduz ou praticamente anula o risco de decisões conflitantes sobre um mesmo assunto, assim contribuindo para o tratamento isonômico aos jurisdicionados, ao tempo em que harmoniza os valores *justiça* e *certeza*; ***g***) agiliza as decisões, na medida em que a súmula já incorpora em seu texto o extrato do entendimento predominante no tribunal competente, acerca da matéria, num dado espaço-tempo, superando possíveis argumentos contrários ao seu enunciado; ***h***) atua eficazmente na desobstrução do serviço judiciário, economizando o tempo entre as fases postulatória e decisória no primeiro grau e entre a fase recursal e o trânsito em julgado; ***i***) simplifica e agiliza o juízo de admissibilidade dos recursos – e em certos casos até a decisão sobre o mérito da pretensão recursal, como disposto no art. 932, IV, *a* e V, *a*, do CPC; ***j***) *last, but not least*, propicia a *uniformização contemporânea da jurisprudência*, pela aplicação de um único juízo de valor aos casos análogos – pendentes e futuros – sem embargo de eventual alteração ou mesmo revogação da súmula, se e quando tal se justifique: pela superveniente alteração das *fontes substanciais* da norma de regência, pela modificação/supressão desse texto, ou, enfim, pelo advento de exegese superior, que se avantaje sobre a precedente ou a torne superada(o *overruling*, praticado nos países do *common law*).[152]

É tal a importância do direito sumular na *praxis* judiciária brasileira contemporânea que Wagner Giglio, escrevendo para o Direito do Trabalho, afirma: "Atingem as súmulas, assim, um *status* superior ao da Lei, pois no entrechoque entre lei e súmula prevalece esta sobre aquela".[153] Sob esse prisma, escreve Djanira Maria Radamés de Sá: "Na hipótese da edição de súmulas vinculantes, no entanto, o poder legislativo do Judiciário torna-se mais abrangente que o atribuído àquele que exerce a função de forma preponderante; norma de caráter geral mais poderosa que a regra legislada é criada, posto que praticamente insuscetível de discussão".[154]

---

152. Desta última hipótese se ocupa o art. 5.º da Lei 11.417/2006: "Revogada ou modificada a lei em que se fundou a edição de enunciado de súmula vinculante, o Supremo Tribunal Federal, de ofício ou por provocação, procederá à sua revisão ou cancelamento, conforme o caso".

153. *Direito processual do trabalho* cit., 6. ed., p. 467.

154. *Súmula vinculante*: análise crítica de sua adoção cit., p. 97.

De outra parte, a inserção (*rectius*: ampliação) da súmula vinculante em nosso desenho constitucional permite intuir que nosso modelo jurídico-político, antes restrito ao primado da norma legal, fica agora a meio-caminho, realocado *entre* o regime *civil law* (prioridade à norma *legislada*) e o regime *common law* (prioridade ao *precedente judiciário*, ou à norma *judicada*).

Não vemos como se possa entender diversamente, em face da *impositividade* e da eficácia *erga omnes* da súmula vinculante, implicando, pois, na sua oponibilidade, qual um Janus bifronte, em *dupla direção*: ao próprio Estado (Judiciário, Executivo) e aos jurisdicionados, entre si e nas suas relações com o Poder Público. Isso, sem falar em dois importantes *efeitos reflexos ou indiretos*: um, projetado em face do Legislativo, sendo fácil intuir que um projeto de lei encontrará dificuldades em sua tramitação, quando seu objeto se contraponha ao enunciado de súmula vinculante;[155] outro, projetado sobre a própria sociedade civil, em face da qual a súmula vinculante projetará um *efeito preventivo geral* nas pendências e controvérsias, efetivas e virtuais.

Todo esse formidável evolver otimizado do direito sumular, porém, não autoriza concluir que o Brasil assim se desfilia da família jurídica romano-germânica, dado que remanescem fortes laços que ligam nosso ordenamento à norma positivada e ao direito codicístico. Antes, se diria que ambas as famílias jurídicas – *civil law* e *common law* – estão em *rota de aproximação*, já que, dentre nós, o *precedente judiciário* encontra cada vez mais espaço, tanto no ordenamento positivo como na *praxis* judiciária, ao passo que na Inglaterra e Estados Unidos o direito escrito está cada vez mais valorizado. Segundo Rodrigo Jansen, tudo isso "é reflexo da tendência universal de aproximação dos sistemas da *common law* e romano-germânico. Tanto de um lado se tem a disseminação de leis (*statutes*) nos países da *common law*, como a jurisprudência vem ganhando espaço nos países que adotam o sistema romano-germânico".[156]

Do até agora exposto infere-se que, sob o ponto de vista formal, a súmula vinculante não poderia, mesmo, vir inserida no bojo de legislação complementar, e menos ainda como lei ordinária, já que sua positivação representa

155. Escreve Rodrigo Jansen: "Uma vez aplicado o ato legislativo contrário à súmula – pela edição de ato administrativo ou pela prolação de decisão judicial – estará aberta a via da reclamação; de onde se conclui que o Poder Legislativo está *indiretamente* vinculado à súmula, isto é, em grau menor ao que estão a Administração Pública e o Poder Judiciário" (A súmula vinculante como norma jurídica cit., p. 207).

156. Idem, p. 194.

uma manifestação do poder constituinte derivado, via Congresso Revisor. Assim pensamos porque aí não se trata, singelamente, de uma inovação de natureza técnico-processual, senão que antes implica em relevante *escolha política*, resultando em profunda alteração no desenho jurídico-institucional do país, alçando-se o *precedente judiciário* a um grau de eficácia semelhante ao da norma legal, passando a operar como um paradigma obrigatório, geral, abstrato e impessoal, ou - passe o neologismo - uma sorte de *paranorma*. Nesse sentido, dispõe o art. 927, *caput*, do CPC: "Os juízes e tribunais *observarão*: (...) II – os enunciados de súmula vinculante".

Sob o prisma *axiológico*, sem embargo de certos contra-argumentos, como por exemplo o da escolha, no texto constitucional, da norma legal como critério de avaliação de condutas comissivas e omissivas, ou o afirmado risco à independência funcional do juiz, parece-nos que sobrepaira e há de ser priorizada a dramática situação da *realidade judiciária brasileira contemporânea*, onde é notória a sobrecarga de trabalho dos operadores do Direito e dos órgãos auxiliares da Justiça, com óbvias *repercussões negativas*: na qualidade do produto final, na duração do processo, no atendimento ao jurisdicionado e, por consequência, na própria credibilidade da Justiça estatal.

De outro lado, deve-se dar a devida ponderação ao fato de que o ambiente judiciário brasileiro é cada vez mais ocupado pelos *conflitos de massa* (demandas múltiplas ou seriais; ações coletivas), em que se entrechocam vastos interesses metaindividuais, não mais redutíveis aos clássicos (e para esse fim acanhados) esquemas de litisconsórcio ou de reunião de ações. Nesse passo, pondera José Carlos Barbosa Moreira: "O processo recebe o impacto desta propensão do mundo contemporâneo para os fenômenos de massa: produção de massa, cultura de massa, distribuição de massa, e por que não, processo de massa?".[157]

É sintomático que o legislador processual tenha autorizado o juiz a coartar a formação do litisconsórcio facultativo que se apresente muito numeroso (dito multitudinário, ou *monstrum: CPC, § 1º do art. 113*), numa clara indicação de que, mesmo as ocorrências caracterizadas pela *soma* ou pelo *cúmulo* de posições jurídicas *individuais*, quando se revelem muito numerosas, podem (ou mesmo devem) ser conduzidas para o trato processual de tipo coletivo, como se dá com os interesses *individuais homogêneos* (CDC, Lei 8.078/90, art. 81, parágrafo único, III), para os quais se indica a *ação coletiva*, conducente a uma sentença de *condenação genérica* (art. 95 desse Código); bem por isso o juiz, em se deparando com o afluxo expres-

---

157. Ações coletivas na Constituição Federal de 1988, *RePro* n. 61, p. 187.

sivo de demandas seriais, está autorizado a oficiar ao Ministério Público e aos demais co-legitimados às ações versadas nas Lei 7.347/85 (art. 5º) e 8.078/90 (art. 82), para que deliberem sobre a propositura da ação coletiva adequada – CPC, art. 139, X.

Não há negar que a súmula vinculante se coloca em sintonia com essa tendência contemporânea à gradativa *priorização* da jurisdição de tipo coletivo, na medida em que o enunciado vinculante possibilita e agiliza o julgamento de *blocos* de demandas, coalizadas pelo mesmo *thema decidendum*. Um reconhecimento disso vinha no bojo do PL n. 5.139/2009, à época preordenado a regular a nova ação civil pública, cujo art. 63 previa: "As ações coletivas terão tramitação prioritária sobre as individuais".

No ponto, é significativo o depoimento de José Augusto Delgado, ex-Ministro do STJ: "Outrora, talvez influenciado pelo ardor da mocidade e ainda querendo vibrar com as tertúlias acadêmicas, cheguei a brigar muito contra a Súmula Vinculante. Mas, quando comecei a viver com 4.000 processos recebidos, por mês, no STJ; 4.000 processos recebidos, por ano, no TRF, mudei completamente de opinião. Os fatos estão a demonstrar, de modo inequívoco, que mais de 80% das questões apresentadas ao foro, e resistidas pela Administração Pública, são decisões maturadas e meditadas. Observa-se que a resistência adotada, pela Administração Pública, tem sentido único de procrastinar a solução do feito, ou melhor, resolver problema de caixa, criando apenas entraves à entrega da prestação jurisdicional à qual o cidadão tem direito".[158] O vigente CPC intenta, em certa medida, enfrentar essa situação, ao dispor que a *tese jurídica* alcançada ao final do incidente de resolução de demandas repetitivas (art. 985, *caput*), quando envolva "questão relativa a prestação de serviço concedido, permitido ou autorizado", deverá ser comunicada "ao órgão, ao ente ou à agência reguladora competente para fiscalização da efetiva aplicação, por parte dos entes sujeitos a regulação, da tese adotada".

A *boa razão*, pois, sinaliza para o trato processual de tipo *molecular*, que é o antídoto indicado para fazer frente à atomização das macrolides, justamente porque nesses casos a tese jurídica discutida é substancialmente *una*, apenas *multiplicada ou reproduzida* em demandas múltiplas e repetitivas. Por aí se compreende que o *objeto* da súmula vinculante incida, nos termos do § 1.º do art. 103-A da CF, sobre "a validade, a interpretação e a eficácia de normas determinadas, acerca das quais haja controvérsia atual

158. A súmula vinculante e a Administração Pública cit., p. 357.

entre órgãos judiciários ou entre esses e a administração pública que acarrete grave insegurança jurídica e *relevante multiplicação de processos* sobre questão idêntica".[159]

Dentre os *motivos determinantes* do implemento da súmula vinculante, encontra-se, pois, o propósito de conter a caótica dispersão de ações judiciais sobre um mesmo tema, prática que projeta efeitos perversos, tanto para o Estado-juiz, que se vê assoberbado com a sobrecarga do serviço, quanto para o jurisdicionado, que recebe uma resposta tardia e de conteúdo imprevisível.

A propósito, merece transcrito o pronunciamento de Miguel Reale, em conferência proferida no STJ: "Entendo que, também, as súmulas do Superior Tribunal de Justiça não são súmulas abstratas estabelecidas para todo o sempre, e é este o receio da minha classe, a classe dos advogados, quando insistem na luta contra a súmula vinculante. Eu sou favorável à súmula vinculante, tanto no STF como nesta alta Corte, não apenas por motivos de ordem pragmática, ou seja, para atender à mera economia de meios, mas também porque o Direito tem 'horizontes de juridicidade', que são comuns e imperativos a todos os graus de jurisdição, sem o que a experiência jurídica de um povo perderia o seu sentido unitário da compreensão do justo. Se as súmulas, em suma, forem permanentemente revistas, à vista do progresso da doutrina e do trabalho dos operadores do Direito, não haverá com elas estancamento da experiência jurídica, mas sim a sua dinâmica e prudente concreção".[160]

A proposta da súmula vinculante – que não é, nem pretende ser uma panaceia para as deficiências crônicas da Justiça brasileira – vem ao encontro da notória tendência contemporânea para o trato processual em modo coletivo, idôneo a potencializar a eficácia do julgado, projetado *erga omnes* ou ao menos *ultra partes*, numa perspectiva *panprocessual*. A casuística revela que essa modalidade de jurisdição tem guarida justamente naquelas situações nas quais a decisão deve mostrar-se *qualitativamente unitária*, devendo estender-se, conforme o caso, ou à coletividade como um todo (caso dos interesses difusos – CDC, art. 81, parágrafo único, I) ou, ao menos, a expressivos segmentos dela (casos dos interesses coletivos em sentido estrito e dos individuais homogêneos – CDC, art. 81, parágrafo único, II e III), dispositivos esses aplicáveis à ação civil pública, conforme art. 117 do CDC.

159. O texto vem repetido, com ligeiro reposicionamento de palavras, no § 1.º do art. 2.º da Lei 11.417/2006.

160. O modelo jurisdicional e o STJ, *STJ 10 anos, obra comemorativa, 1989-1999*, Brasília, STJ, 1999, p. 143.

Um precedente remoto desse *efeito expansivo* do julgado encontrava-se já na CLT (1943), esclarecendo Fernando Crespo Queiroz Neves que "o primeiro texto positivo a emprestar força normativa geral à interpretação judicial da lei foi o do art. 902, § 1.º, da CLT (hoje revogado), que fazia compulsório para os Tribunais Regionais e as Juntas o respeito aos prejulgados do Tribunal Superior do Trabalho".[161] Pode também ser lembrado o precedente da Lei da Ação Popular – Lei 4.717/65 –, cujo art. 18 dá efeitos *erga omnes* à decisão de mérito, salvo em caso de improcedência por insuficiência de prova.[162] Exemplo mais próximo dessa técnica encontra-se na Lei da Ação Civil Pública (7.347/85, art. 16),[163] remédio idôneo à tutela coletiva de valores metaindividuais, como meio ambiente, consumidor, patrimônio cultural, ordem econômica, podendo ainda essa ação ser manejada para proteção de outros interesses metaindividuais, mencionados em outros textos legais, como os relativos à criança e ao adolescente, deficientes físicos, investidores no mercado mobiliário, improbidade administrativa, patrimônio genético, comunidades indígenas, idosos, *torcedores* de agremiações desportivas.

No direito estrangeiro, mesmo em países estranhos à família *common law*, registra-se essa tendência à *eficácia vinculativa* da jurisprudência assentada. Segundo afirma Cueto Rua, "las visibles ventajas de la especificación jurisprudencial de las significaciones legislativas ha llevado al surgimiento de un pujante movimiento de reforma legislativa con la finalidad de atribuir a la jurisprudencia un cierto carácter obligatorio, utilizando diversas técnicas procesales. Se reduce, así, la incertidumbre asociada al carácter genérico de los textos legislativos".[164] No ponto, o Min. Gilmar Ferreira Mendes, do STF, concedendo embora que as nações anglo-americanas são o *ambiente natural* para o precedente vinculativo, obtempera: "isso no entanto não impede de se ver o precedente vinculante também em países de tradição romanista, embora aí mais formalizado".[165]

---

161. A influência das súmulas do STF e do STJ na admissibilidade dos recursos extraordinário e especial. *In*: Teresa Arruda Alvim Wambier (coord.), *Aspectos polêmicos e atuais do recurso especial e do recurso extraordinário*, São Paulo: RT, 1997, p. 224.

162. V. o nosso *Ação popular*, 8. ed., São Paulo: Thomson Reuters – Revista dos Tribunais, 2015, cap. 7.

163. V. o nosso *Ação civil pública*, 14. ed., São Paulo: Thomson Reuters-Revista dos Tribunais, 2016, cap. 12.

164. La ley en el mundo contemporaneo, *Anuário de Filosofia Jurídica y Social*, Buenos Aires, Abeledo-Perrot, 1986, n. 6, p. 250. *Apud* Lênio Luiz Streck, *Súmulas no direito brasileiro...* cit., 1998, p. 70, nota de rodapé 67.

165. A ação declaratória de constitucionalidade... cit., p. 83.

No sentido dessa *tendência ao caráter vinculativo da jurisprudência assentada*, podem ser considerados estes exemplos no direito estrangeiro: (*i*) a *Constituição cubana* prevê no art. 121 que o "Tribunal Supremo Popular, a través de su Consejo de Gobierno, toma decisiones y dicta normas de obligado cumplimiento por todos los tribunales, y, sobre la base de la experiencia de éstos, imparte instrucciones de carácter obligatorio para establecer una práctica judicial uniforme en la interpretación y aplicación de la ley";[166] (*ii*) em *Portugal*, a par do art. 768, n. 3, do CPC, dispor que havendo "conflito de jurisprudência, deve o Tribunal resolvê-lo e lavrar assento", o art. 2.º do Código Civil previa: "Nos casos declarados na lei, podem os tribunais fixar, por meio de assentos, doutrina com força obrigatória geral";[167] enfim, o art. 122, n. 2, *g*, da Constituição Federal (1976) determina que se publiquem no órgão oficial "as decisões dos tribunais a que a Constituição ou a lei confiram força obrigatória geral"; (*iii*) a *Constituição Argentina* (1949) prevê em seu art. 95: "A interpretação que a Corte Suprema de Justiça faça aos artigos da Constituição por RE, e dos códigos e leis por recursos de cassação, será aplicada obrigatoriamente pelos juízes e tribunais nacionais";[168] (*iv*) a *Constituição do México* (1951) dispõe em seu art. 107, XIII: "La ley determinará los términos y casos en que sea obligatoria la jurisprudencia de los tribunales del Poder Judicial de la Federación, así como los requisitos para su modificación";[169] (*v*) no *Peru*, informa Christianne Boulos, o diploma processual "prevê que as decisões tomadas pela maioria absoluta dos membros da Sala Plena constituem *doctrina jurisprudencial*, que, diferentemente de nossas súmulas, vinculam obrigatoriamente a atuação dos demais órgãos judiciais do país";[170] na experiência dos países da *common law*, informa Márcia Regina Lusa Cadore que "o *stare decisis* conserva papel essencial e determina a forma

166. Cf. Luiz Flávio Gomes, Súmulas vinculantes e independência judicial cit., p. 13.

167. Esclarece, porém, Sérgio Shimura que "em 1994, o Tribunal constitucional declarou formalmente a inconstitucionalidade do dispositivo, na parte em que conferia aos assentos 'força obrigatória geral'. E, na reforma processual de 1995, o Dec.-lei 329-A, de 12.12.1995, revogou totalmente não só o art. 2.º do CC, como todos os artigos do Código de Processo Civil que tratavam da obediência aos assentos (arts. 763 a 770)" (Súmula vinculante cit., in *Reforma do Judiciário...* cit., p. 762).

168. Cf. Nelson de Souza Sampaio, O Supremo Tribunal Federal e a nova fisionomia do Poder Judiciário cit., *RDP* n. 75, p. 13.

169. Cf. Jorge Ulises Carmona Tinoco, La jurisprudencia obligatoria de los Tribunales del poder judicial de la Federación, *Boletín Mexicano de Derecho Comparado* n. 83, Universidad Nacional Autónoma de México, maio-ago. 1995, p. 535.

170. A força vinculante da jurisprudência e o papel do juiz no direito brasileiro cit., p. 301.

e o modo do *judicial reasoning*. A referência a precedentes continua a ser ponto de partida obrigatório, passagem típica do *iter* decisório e os casos de *overruling* são limitados, se considerada a massa de julgamentos".[171]

Na experiência brasileira, valeria inserir nesse rol os casos em que a jurisprudência, dominante, assentada ou sumulada, apresenta efeito vinculativo, em maior ou menor intensidade: na ADIn e na ADCon (CF, art. 102, I, *a*, e § 2.º, este com redação da EC 45/2004, c/c parágrafo único do art. 28 da Lei 9.868/99); na ADPF (CF, art. 102, § 1.º, c/c § 3.º do art. 10 da Lei 9.882/99); no juízo de admissibilidade dos recursos (CPC, art. 932, IV, *a* e V, *a*); no processo trabalhista (CLT, art. 896, alíneas e §§); no RISTF, art. 21 e §§ 1.º e 2.º; no RISTJ, art. 34, XVIII; na liminar improcedência de pedido que se mostra contrário a súmula (CPC, art. 932, I e IV); na dispensa de remessa necessária da decisão em desfavor do interesse fazendário, quando ela se tenha baseado em súmula de tribunal superior (CPC§ 4º, I, do art. 496); na previsão de que a tese jurídica, alcançada no bojo do *incidente de resolução de demandas repetitivas (CPC, art. 985, caput)*, seja aplicada: "I – a todos os processos individuais ou coletivos que versem sobre idêntica questão de direito e que tramitem na área de jurisdição do respectivo tribunal, inclusive àqueles que tramitem nos juizados especiais do respectivo Estado ou região; II – aos casos futuros que versem idêntica questão de direito e que venham a tramitar no território de competência do tribunal, salvo revisão na forma do art. 986". Ainda, já agora em modo *virtualmente vinculativo*, nos procedimentos de controle incidental de constitucionalidade e de conflito de competência (CPC, parágrafo único do art. 949; parágrafo único, I, do art. 955, nessa ordem).

O caminho para a ampliação da súmula vinculante, dentre nós, foi consideravelmente ampliado desde que a EC 3/93 criou a ação direta de constitucionalidade (CF, art. 102, § 2.º), prevendo-se que as decisões de mérito do STF têm "eficácia contra todos e efeito vinculante, relativamente aos demais órgãos do Poder Judiciário e à administração pública federal, estadual e municipal" (cf. EC 45/2004), tendo o Pretório Excelso se pronunciado pela *compatibilidade* dessa ação direta com o texto constitucional (ADCon 1/DF, Rel. Min. Moreira Alves, j. 27.10.1993 - *RTJ* 157).[172] No ponto, a incisiva argumentação constante do voto do Min. Francisco Rezek: "De modo que me pergunto: faz sentido não ser vinculante uma decisão da Suprema Corte

171. *Súmula vinculante e uniformização de jurisprudência*, São Paulo: Atlas, 2007, p. 78, evocando a doutrina de Adele Anzon.

172. V., todavia, a redação atual, cf. EC 45/2004.

do país? Não estou falando, naturalmente, de fatos concretos, cada um com seu perfil, reclamando o esforço hermenêutico da lei pelo juiz que conhece as características próprias do caso. Estou me referindo a hipóteses de pura análise jurídica. Tem alguma seriedade a ideia de que se devam fomentar decisões expressivas de rebeldia? A que serve isso? Onde está o interesse público em que esse tipo de política prospere?".

Na sequência do julgamento dessa ADCon, o voto do Min. Sepúlveda Pertence trazia à colação Eduardo Garcia de Enterría, dando notícia "de que os Tribunais Constitucionais europeus caminham em direção ao sistema de controle americano, que tem base no princípio da supremacia constitucional, procurando adotar o efeito vinculante para a decisão. O Sr. Min. Moreira Alves acabou de apontar, em aparte, esse efeito das decisões do Tribunal Constitucional da Alemanha. Essas questões, hoje, não têm sabor de novidade, já que a eficácia *erga omnes* e o efeito vinculante das decisões são procuradas como aperfeiçoamento do sistema judicial" (cf. *RTJ* 157, p. 393-402, respectivamente).

A utilidade maior que se pode alcançar através da súmula vinculante é a realização prática do binômio *justiça-certeza*, que constitui o cerne do próprio Direito e a razão de ser da atividade judiciária do Estado. Se não for para eliminar a incerteza, e se não houver uma razoável previsibilidade no julgamento, a partir dos parâmetros que o próprio Direito oferece, então não se justifica a mantença da vasta e onerosa máquina judiciária estatal. Assim se dá porque, ao contrário da Filosofia, onde os grandes temas são abordados abstratamente, e até hipoteticamente, já ao Direito não basta a singela digressão teórica, sendo absolutamente necessária uma *política de resultados*, em que o Estado-juiz desempenhe o poder-dever de outorgar, em tempo razoável, e de modo isonômico, *a cada um o que é seu*, ensejando, ainda, uma certa *previsibilidade* acerca do resultado final, como forma de combate à temível *loteria judiciária*.

Por isso mesmo, das três dimensões do Judiciário – *Poder*, *Função* e *Atividade* – hoje vem se avantajando a segunda, porque um serviço público, como o da distribuição da justiça, só se justifica e se legitima pelos resultados positivos que apresente na relação custo-benefício, inclusive no quesito da *razoável duração do processo* (CF, art. 5.º, LXXVIII). Por isso, parece-nos aplicável à dimensão *funcional* do Judiciário a *ratio* do art. 22 do Código de Defesa do Consumidor (Lei 8.078/90), colocando-se o jurisdicionado enquanto *consumidor, efetivo ou virtual, do serviço judiciário*: "Os *órgãos públicos*, por si ou suas empresas, concessionárias, permissionárias ou sob qualquer outra forma de empreendimento, são obrigados a fornecer serviços *adequados, eficientes, seguros e, quanto aos essenciais, contínuos*".[173] Alinha-se a esse objetivo o disposto no art. 926, *caput*, do CPC: "Os tribunais *devem* uniformizar sua jurisprudência e mantê-la estável, integra e coerente".

O binômio *certeza-justiça* veio bem abordado pelo Procurador da República, Moacir Antonio Machado da Silva, oficiante na ADCon 1/93, antes referida (*RTJ* 157, Rel. Min. Moreira Alves): "Na acepção corrente, a certeza consiste na previsibilidade das consequências jurídicas das ações humanas. Os homens têm a necessidade de saber como serão qualificadas objetivamente suas ações e a norma jurídica, no dizer de Lopes de Oñate, visa a garantir a ação, de maneira certa e inequívoca, de modo que seus destinatários possam contar com o que haverá de ocorrer (*La certezza del diritto*, Milão, A. Giuffrè, 1968, p. 47). A certeza vem ainda considerada em relação à outra necessidade fundamental da experiência jurídica, a *justiça*, princípio ao mesmo tempo imanente e transcendente do Direito. Se a justiça pressupõe uma certa ordem, a certeza é condição para sua realização, de modo que, sob esse prisma, esses valores se integram, como aspectos complementares de uma mesma realidade. Sendo a certeza um elemento essencial à norma jurídica, uma lei ou ato normativo incerto conduz a uma situação contrária ao direito, que impõe todo esforço no sentido de sua superação (cf. Miguel Reale, *Filosofia do direito*, 6. ed., 1972, v. 2, p. 530; Lopes de Oñate, op. cit., p. 22-25). Além de tudo, como conclui Radbruch, um direito incerto é também um direito injusto, pois não é capaz de assegurar a fatos futuros tratamento igual (*Le but du droit, apud* Theóphilo Cavalcanti Filho, *O problema da segurança do direito*, RT, 1965, p. 81)".[174]

Por exemplo: a Lei 8.009/90 instituiu o *bem de família*, tornando-o impenhorável, mas, apesar das precisões depois advindas com o Código Civil (2.002) – arts. 1.711-1.722 – ainda restaram dúvidas com relação a certas situações insuspeitadas pelo legislador; essa *zona cinzenta* deu ensejo ao direito sumular do STJ, colmatando os vazios da legislação e assim agregando a necessária certeza a certas questões controvertidas: a súmula 364 veio estender o conceito de bem de família ao "imóvel pertencente a pessoas solteiras, separadas e viúvas"; a de 449 veio excluir de tal qualificação "a vaga de garagem que possui matrícula própria no registro de imóveis". Essa, pois,

173. No tocante à conceituação contemporânea do Judiciário, e sua atuação nos processos coletivos, v. o nosso *Jurisdição coletiva e coisa julgada*, 3. ed., São Paulo: RT, 2012, cap. III, ns. 1 e 2.

174. Parecer transcrito no voto do Min. Rel. Moreira Alves, na ADCon 1-1/DF. *In*: Gilmar Ferreira Mendes e Ives Gandra da Silva Martins (coords.), *Ação declaratória de constitucionalidade* cit., 1996, p. 186.

a grande contribuição que a jurisprudência – dominante e, principalmente, sumulada – pode agregar ao binômio *certeza-segurança*.

O Direito é uma ciência que não pode restar *in fieri*, mas deve justificar-se *in actu*. Essa realização prática do Direito não pode ser alcançada fora dos parâmetros da *justiça* e da *certeza*, justamente porque é esse binômio que imprime *legitimidade* à função judicante do Estado. É dizer: a existência do braço judiciário do Estado só se justifica, social e funcionalmente, enquanto vetor para a preservação do *justo*, valor este que deve ser atribuído em modo *certo*, para *todos* que se encontram em situação *análoga*.

Nesse sentido, o reclamo de José Maria Rosa Tesheiner: "É um escândalo que a vitória ou a sucumbência da parte se determine pela sorte, conforme a distribuição de seu processo se faça a esta ou aquela Câmara. Se todos são iguais perante a lei (Constituição, art. 5.º), não se concebe que o Tribunal trate uns diferentemente dos outros, em identidade de circunstâncias".[175] Afinado nesse diapasão, escreve Eduardo Cambi: "Ora, quando uma mesma regra ou princípio é interpretado de maneira diversa por Juízes ou Tribunais em casos iguais, isso gera *insegurança jurídica*, pois, para o mesmo problema, uns obtêm e outros deixam de obter a tutela jurisdicional. Desse modo, tendo um órgão jurisdicional julgado de um jeito e outro de outro, instaura-se uma atmosfera de *incerteza*, com a consequência de retirar a credibilidade social da administração da justiça. Portanto, se é necessário assegurar aos juízes liberdade para interpretar o Direito, essa liberdade não pode ser absoluta, porque dá margem à existência do fenômeno da *jurisprudência lotérica*, o qual compromete a legitimidade do exercício do poder jurisdicional pelo Estado-Juiz".[176]

Impende que os conflitos de massa, donde se originam as chamadas demandas múltiplas ou seriais recebam respostas judiciárias qualitativamente uniformes. Para essa finalidade muito pode contribuir a súmula vinculante, ao imprimir tratamento igualitário às controvérsias plurissubjetivas, coartando o risco da *atomização* dos conflitos eminentemente coletivos.

Nessa *potencialização da eficácia* da súmula, que permite estendê-la, obrigatoriamente, aos demais casos subsumidos em seu enunciado, não se vislumbra qualquer desvirtuamento ou superfetação da atividade judiciária, bastando considerar, *a uma*, que o valor *jurídico* completa-se com o *justo*, e este não pode ser alcançado quando, sem motivo consistente, conflitos iguais vêm a receber soluções diversas, senão já antagônicas ou contraditórias; *a*

175. Uniformização de jurisprudência, *Revista Ajuris*, vol. 50, nov. 1990, p. 179.

176. Jurisprudência lotérica, *RT* n. 786, abr. 2001, p. 111.

duas, é notório que hoje a função jurisdicional já não mais se deve limitar à singela subsunção do fato à norma, num caso concreto, senão que em nossa República Federativa, onde opera uma democracia *participativa*, é lícito esperar que o trinômio "ação-jurisdição-processo" opere sob uma *óptica sociológica*, engajando-se no esforço geral para a boa gestão da coisa pública. Para que esse valor do *justo* venha preservado, impende que a igualdade de todos perante a lei (CF, art. 5.º, *caput*) também se estenda à *norma judicada*, ou seja, àquela que tem o seu *momento judiciário*.

Um exemplo sugestivo é dado por Marco Antonio Botto Muscari, com base em sua experiência judicante no Estado de São Paulo: "Logo após o advento da Constituição de 1988, inúmeros cidadãos ajuizaram ações visando ao reconhecimento da aquisição de terrenos por força do usucapião especial urbano, instituído pelo art. 183 da Carta Magna. Desde o primeiro instante adotamos a orientação de que a *Cidadã* criara direito novo, de sorte que a norma constitucional não poderia retroagir em prejuízo do titular do domínio. No Tribunal de Justiça formaram-se duas correntes a respeito do tema, entendendo alguns que o lapso prescricional aquisitivo só poderia fluir a partir da promulgação da Lei Maior, ao passo que outros sustentavam a possibilidade de se levar em conta a posse anterior ao advento da Constituição. Pois bem. Vários autores sucumbentes apelaram, argumentando que não tinham de esperar até 05.10.1993 (quando a CF completaria um quinquênio) para o ajuizamento das ações de usucapião. Algumas das sentenças por nós proferidas foram 'reformadas', enquanto outras subsistiram na Corte. Imagine-se, agora, a situação daqueles perdedores que viram seus vizinhos obterem ganho de causa, com direito ao tão sonhado *registro* na Serventia Predial. Como explicar-lhes que, apesar de haverem ocupado os terrenos na mesma época, em situações fáticas idênticas, a orientação jurisprudencial era dividida?"[177]

Como pondera Nelson de Souza Sampaio, na "divisão tripartida dos Poderes, todo Judiciário, além das atribuições que lhe são materialmente específicas, desempenha outras que, por sua natureza, são próprias dos outros dois Poderes". Adiante, prossegue o autor: "No desempenho de sua missão, o Judiciário pode praticar atos que vão desde a sentença clássica até atos propriamente legislativos. Poder-se-ia fazer um escalonamento entre os atos dos juízes quanto à crescente extensão dos seus efeitos: a sentença clássica, o precedente, a sentença normativa, a *jurisprudência vinculante*, os atos quase legislativos e os plenamente legislativos" (grifamos).[178]

177. *Súmula vinculante* cit., 1999, p. 55-56.

178. O Supremo Tribunal Federal e a nova fisionomia do Judiciário cit., *RDP* n. 75, p. 8.

Dos termos do *caput* do art. 103-A da CF (EC 45/2004), infere-se que o efeito vinculante não é imanente a *toda* súmula do STF, mas é uma eficácia *adicional* que pode se agregar a algumas delas, se e quando como tal forem *confirmadas* (art. 8.º da EC 45/2004), ficando a Corte autorizada, "de ofício ou por provocação, mediante decisão de dois terços dos seus membros, após reiteradas decisões sobre matéria constitucional, aprovar súmula que, a partir de sua publicação na imprensa oficial, terá efeito vinculante em relação aos demais órgãos do Poder Judiciário sujeitos à sua jurisdição e à administração pública direta e indireta, nas esferas federal, estadual e municipal, bem como proceder à sua revisão ou cancelamento, na forma estabelecida em lei". O pressuposto para emissão de tal precedente, completa o § 1.º do art. 103-A da CF, é que "haja controvérsia atual entre órgãos judiciários ou entre esses e a administração pública que acarrete grave insegurança jurídica e relevante multiplicação de processos sobre questão idêntica".[179]

Como observa Ivan Lira de Carvalho, "a necessidade da ocorrência de repetidas decisões sobre a validade, a interpretação e a eficácia de certas normas ou de matérias especificadas afasta por todo o *fantasma* da indébita invasão legislativa, dita perpetrável pelo Judiciário. Consolidar julgados reiteradamente discutidos pelo órgão ápice do Poder Judiciário não pode ser confundido com atividade legislativa anômala".[180] Sobre este último tópico, vale cotejar o pensamento de Elival da Silva Ramos, que, embora enquadre a súmula vinculante e o mandado de injunção sob a rubrica da *atividade legislativa atípica do STF*, obtempera que "a liberdade de conformação (criação) normativa conferida ao órgão emissor da súmula vinculante é bem mais reduzida do que a que se reconhece ao legislador, o qual, por sua vez, já se movimenta menos livremente do que o Constituinte, originário ou de reforma".[181]

No tocante à anteriormente cogitada *súmula impeditiva de recursos*, vale mencionar que o Relator do Projeto Substitutivo de Emenda Constitucional (PEC 96-A, de 1992, a que se apensaram as PECs 112-A/95; 127-A/95; 215-A/95; 368-A/96 e 500-A/97), Deputado Aloysio Nunes Ferreira, em seu Relatório Final (31.05.1999), considerou o alvitre "mero paliativo para a avalanche de processos repetitivos que hoje atulham o STF e os Tribunais Superiores". Nesse passo, esclareceu o D. Relator estar de acordo com a posi-

179. O texto vem repetido, com ligeiro reposicionamento de palavras, no § 1.º do art. 2.º da Lei 11.417/2006.

180. Decisões vinculantes cit., *RT* n. 745, p. 57.

181. *Ativismo judicial...*, cit., p. 296.

ção declarada por Geraldo Brindeiro, então Procurador Geral da República, em palestra proferida na Comissão Especial: "Obviamente, quando se vai recorrer a um recurso extraordinário, a um recurso para o Supremo Tribunal Federal ou para o Superior Tribunal de Justiça, se aquele acórdão foi fundado numa súmula daquele Tribunal, não faz sentido esse recurso ser admissível. Penso que também é uma alternativa como solução para o problema. Mas é uma alternativa parcial, porque não evita que as ações sejam reiniciadas".

Ainda no Relatório desse Projeto Substitutivo, o Deputado Aloysio Nunes Ferreira prosseguia, transcrevendo outro trecho da palestra do Procurador Geral da República, onde S. Exa., após lembrar que as normas têm natureza abstrata, enquanto produtos da atividade legislativa, "não têm vários conteúdos, apenas um. Isso é que importa. Agora, em relação àquele comando normativo, o juiz decidirá. O que não pode é cada pessoa, cada juiz entender, compreender uma norma feita pelo Congresso Nacional de forma completamente variada (...). Então tem que ter o mesmo tratamento dado pela lei. Como dizem os constitucionalistas americanos: *equal protection of the law*, igual proteção da lei para todos. A lei vale para todos de maneira isonômica e não variada, diversificada".[182]

Ainda naquele ensejo, o Deputado Aloysio Ferreira Nunes descartava o argumento de que a súmula vinculante viria *engessar* o Direito, lembrando "a possibilidade do estabelecimento, pela lei ordinária, de mecanismos de revisão e cancelamento dos enunciados vinculantes".[183] Prosseguindo, anotava o parlamentar que "caberá reclamação contra ato administrativo ou decisão judicial que contrariar a súmula vinculante ou que indevidamente a aplicar para o Tribunal que a houver editado". Com base em números fornecidos em 04.05.1999 pelo Min. José Celso de Mello Filho, acerca das *reclamações*

182. Páginas 16 a 18 do Relatório Final, oferecido pelo Deputado Aloysio N. Ferreira (publicação da Câmara dos Deputados).

183. À guisa de exemplo, no *DJU* de 10.06.1999, seção I, p. 49, o STJ informava que em sessão de 12.05.1999 a 2.ª Seção decidiu pelo *cancelamento* da Súmula 142 ("Prescreve em vinte anos a ação para exigir a abstenção do uso de marca comercial"), enunciado esse que remontava a 1995. Em épocas distintas, foram também canceladas, ou perderam a eficácia, as súmulas 57, 91, 157, 174, 183, 217, 230, 262. Observe-se que o § 3.º do art. 2.º da Lei 11.417/2006, regulamentadora do art. 103-A da CF, dispõe: "A edição, a revisão e o cancelamento de enunciado de súmula com efeito vinculante dependerão de decisão tomada por 2/3 (dois terços) dos membros do Supremo Tribunal Federal, em sessão plenária". Quanto à súmula vinculante nº 30, informa Pedro Lenza: "o STF, por sugestão do Ministro Dias Toffoli suspendeu a publicação da edição da referida súmula aprovada na sessão de 03.02.2010". (*Direito Constitucional esquematizado*, 17. ed., São Paulo: Saraiva, 2013, p. 880).

oferecidas em sede de ADCon (CF, art. 102, § 2.º, cf. EC 3/93), concluía: "Se apenas duas centenas de reclamações foram ajuizadas, fácil imaginar quantas mil ações restaram plenamente resolvidas no primeiro e segundo graus de jurisdição, com maior celeridade, proporcionando segurança jurídica e isonomia de tratamento aos demandantes. Vê-se portanto que o efeito vinculante vem provando ser salutar ao sistema".[184]

Não obstante, na sequência, a ideia da *súmula impeditiva de recursos* voltaria a ganhar fôlego, desta vez com a nova relatora, Deputada Zulaiê Cobra, que anotara em seu parecer: "Certamente diminuirá o volume de recursos nas instâncias superiores. Não se trata da adoção das súmulas vinculantes dos tribunais nos moldes sugeridos pelo relator-parcial Deputado Luiz Antonio Fleury Filho, mas de mecanismo que também dimana da mesma ideia de impedir o excesso de recursos nos tribunais. Consiste na inadmissibilidade de recurso interposto contra decisão que tenha como fundamento principal ou que tenha dirimido o conflito de acordo com súmula do tribunal (STF, STJ ou TST)".[185]

Na sequência, um *Destaque*, calcado no relatório parcial do Deputado Fleury Filho, viria assentar a "supressão dos arts. 102, § 5.º, 105, § 3.º e 112, § 4.º, da Constituição Federal, na redação proposta pela relatora, que dispõem sobre a súmula impeditiva de recursos, e inclusão de artigos sobre as súmulas vinculantes do Supremo Tribunal Federal e dos Tribunais Superiores".

Sem embargo, a então cogitada *súmula impeditiva de recurso* remanesceu no bojo da PEC 358/2005, constituída pela parte da PEC 29/2000 que retornou à Câmara dos Deputados. A redação proposta era a seguinte: "Art. 105-A. O Superior Tribunal de Justiça poderá, de ofício ou por provocação, mediante decisão de dois terços dos seus membros, após reiteradas decisões sobre a matéria, aprovar súmula que, a partir de sua publicação, constituir-se-á em impedimento à interposição de quaisquer recursos contra a decisão que a houver aplicado, bem como proceder à sua revisão ou cancelamento, na forma estabelecida em lei. § 1.º A súmula terá por objetivo a validade, a interpretação e a eficácia de normas determinadas, acerca das quais haja controvérsia atual entre órgãos judiciários ou entre esses e a administração pública que acarrete grave insegurança jurídica e relevante multiplicação de processos sobre questão idêntica. § 2.º Sem prejuízo do que vier a ser estabelecido em lei, a aprovação, revisão ou cancelamento de súmula poderá

184. Página 18 do Relatório Final do Deputado Aloysio Nunes Ferreira, citado no texto.

185. Cf. <http://www.camara.gov.br//intranet/comissao/index/esp/PEC 09692-pret.htm>, p. 18-49.

ser provocada originariamente perante o Superior Tribunal de Justiça por aqueles que podem propor a ação direta de inconstitucionalidade. § 3.º São insuscetíveis de recurso e de quaisquer meios de impugnação e incidentes as decisões judiciais, em qualquer instância, que deem a tratado ou lei federal a interpretação determinada pela súmula impeditiva de recurso".

(Em certa medida, a súmula impeditiva de recurso *já vinha prevista* no plano infraconstitucional, desde a *Lei Orgânica da Magistratura* – LC 35/79 – a teor do § 2.º de seu art. 90: "O Relator julgará pedido ou recurso que manifestamente haja perdido objeto, bem assim, mandará arquivar ou negará seguimento a pedido ou recurso manifestamente intempestivo ou incabível, ou, ainda, que *contrariar, nas questões predominantemente de direito, súmula do Tribunal ou do Supremo Tribunal Federal*". Depois, com ligeiras alterações, tal disposição reapareceria no art. 38 da chamada *Lei dos Recursos* (Lei 8.038/90), e, mesmo presentemente, esse ideário pode ser identificado no art. 932 do vigente CPC, autorizando o relator a "(...) IV – negar provimento a recurso que for contrário a: *a*) súmula do Supremo Tribunal Federal, do Superior Tribunal de Justiça ou do próprio tribunal".

. Não há negar que a questão da força vinculante das súmulas constitui matéria particularmente propícia à controvérsia, à semelhança do que se passa, em outros campos, com certos temas propícios a debates acalorados, nos quais não se alcança consenso, tais as discussões sobre a pena de morte, a legalização de certas drogas, a descriminalização de algumas condutas, a ortotanásia, a legalização do aborto. Nesse sentido, é bastante significativa a resenha que Luiz Flávio Gomes elaborou, relacionando os operadores do Direito que são favoráveis e os que são desfavoráveis à súmula vinculativa; vale a consulta a tal pesquisa, que de per si é eloquente, evidenciando a intensidade da polêmica.[186]

A seu turno, Álvaro Melo Filho, refletindo acerca da etiologia da crise na prestação jurisdicional, identifica "dois problemas recorrentes: a multiplicação de demandas com a mesma *causa petendi* e a quantidade absurda de recursos interpostos para os tribunais versando sobre temas reiteradamente decididos no mesmo sentido. Estes problemas são os responsáveis maiores pelo estrangulamento do Poder Judiciário, conduzindo a uma vexatória situação onde os magistrados reclamam, os advogados lamentam e o povo desacredita da Justiça". Na sequência, o autor pesquisou os "fundamentos favoráveis e contrários às súmulas vinculantes, fruto das paixões e ódios que balizam, em lados opostos, posições equidistantes e equilibradas", assim

---

186. Súmulas vinculantes e independência judicial cit., *RT* n. 739, p. 13-14, nota de rodapé 7.

alinhando nessa resenha nada menos do que *trinta e três* argumentos pró e contra aquela proposta, o que dá bem uma ideia da extrema conflituosidade do tema.[187]

Muitas e respeitáveis vozes se levantam contra a súmula vinculativa. João Carlos Pestana de Aguiar Silva lamenta a reprise daquela ideia no cenário jurídico brasileiro, "agora sob o pretexto de ser um mecanismo para reduzir a multiplicação de processos, sem se importar de manietar, engessar, robotizar ou despreparar toda a magistratura nacional, exceto a elitizada, que editará as súmulas, assim também se mumificando, involuindo ou estereotipando a resplandecente jurisprudência nacional". Adiante, o autor pondera que, muita vez, ocorrerá dúvida quanto ao enquadramento do caso concreto no enunciado sumulado, tal como ocorre em face da norma legal. E prossegue: "só após a tramitação da controvérsia por todos os graus de jurisdição e esgotados todos os recursos, se chegará ao resultado sobre sua aplicação. Então perguntamos: Como tais súmulas desafogarão a pletora de demandas judiciais?".[188]

Também em linha crítica se posicionou Hermenegildo Fernando Gonçalves, para quem a proposta da súmula vinculativa é "incompatível com o ordenamento jurídico, porque petrifica, cristaliza decisões, eliminando exatamente a válvula respiratória de nosso sistema, que é a liberdade de questionamento da lei e da possibilidade de revisão da jurisprudência com vistas aos novos valores vigentes na sociedade". Adiante, pondera que tal inovação "não resolveria o problema das pautas dos Tribunais sobrecarregadas de feitos repetitivos e traria a enorme desvantagem de engessar o direito existente, privando-o da flexibilidade que as decisões de juízes de instâncias inferiores produzem, muitas vezes aperfeiçoando o direito e contribuindo para a reformulação da jurisprudência dos Tribunais Superiores".[189]

Em linha consonante, Djanira Maria Radamés de Sá obtempera que os três fatores usualmente indicados como justificativas para a adoção da súmula vinculante (a multiplicação de demandas repetitivas, a sobrecarga dos tribunais e a existência de decisões conflitantes sobre a mesma questão de direito), em verdade, são *consequências* de um contexto assaz complexo, cujas verdadeiras causas residem alhures: "O número excessivo de demandas, portanto, deve-se menos à vontade dos litigantes e, muito mais, às mazelas

187. Súmulas vinculantes: os dois lados da questão, *RePro* n. 87, jul.-set. 1997, p. 103 a 109.

188. A súmula vinculativa, *Boletim Legislativo Adcoas*, n. 10, p. 288, abr. 1997.

189. A súmula e seu efeito vinculante, *Revista da Escola Superior da Magistratura do Distrito Federal*, n. 1, jan.-abr. 1996, p. 151-152.

causadas pelos sucessivos planos econômicos – na sua maior parte desastradas improvisações a causarem danos de difícil reparação à população – e pela quantidade exagerada de leis, medidas provisórias e atos normativos editados sem preocupação com o impacto que possam causar no cotidiano das relações sociais".[190]

Ives Gandra da Silva Martins Filho alerta para o que entende ser a verdadeira *etiologia* da sobrecarga do Judiciário: "Como depois da Constituição de 1988 o STF passou a apreciar, em recurso extraordinário, apenas matéria constitucional, temos que os ramos de direito que mais têm ensejado pronunciamentos do STF em sede do apelo extremo são o *Tributário* e o *Previdenciário* (cerca de 80% ou mais dos acórdãos publicados semanalmente em relação ao STF), o que demonstra que o principal desrespeito aos direitos e garantias individuais previstos na Constituição tem vindo do próprio Estado. Nesse sentido, o caráter constitucional da controvérsia decorre da própria natureza dos conflitos que nela subjazem: conflito entre o cidadão e o Estado, que arrecada mais do que tem direito (questões tributárias) ou dispende menos do que aquilo a que se comprometeu com os segurados (questões previdenciárias). Somadas às questões de *Direito Administrativo* e de *Direito Penal*, tem-se quase a totalidade das causas apreciadas pelo Supremo em recurso extraordinário, mostrando o denominador comum entre elas, que é o fato de envolverem questão de *Direito Público*. Nesse sentido, raras são as questões de direito privado que logram receber a atenção do Pretório Excelso".[191]

Também contrariamente à súmula vinculante se posiciona Luiz Flávio Gomes: "Nossa posição contrária às súmulas vinculantes tem fundamento no seguinte: a) viola o princípio da independência judicial, que deve ser entendida como independência de cada juiz, *uti singuli*, seja perante poderes externos, seja perante poderes internos, principalmente superiores (CF, art. 2.º); b) conflita com o princípio da separação dos poderes (arts. 2.º e 60, § 4.º, III), visto que o Judiciário não pode ditar regras gerais e abstratas, com validade universal; falta legitimação democrática para isso; c) faz 'tábula rasa' do princípio do juiz natural imparcial (que inexiste nos sistemas de jurisprudência superior vinculante); d) ilude o princípio do pluralismo político (art. 1.º, V), que é a base de sustentação das várias interpretações

190. *Súmula vinculante*: análise crítica de sua adoção cit., p. 81 e 85-86.

191. Recurso extraordinário no processo trabalhista, *1.º Ciclo de Estudos em Direito do Trabalho,* Escola Nacional da Magistratura, Salvador, Instituto Brasileiro de Ciência Bancária, 1995, p. 63.

válidas do mesmo texto normativo; e) ofende o princípio da dignidade da pessoa humana (art. 1.º, III) na medida em que retira do juiz o que existe de essencial na atividade judicial, que é a autodeterminação (liberdade de decisão), pois tratar o juiz como incapaz de autodeterminar-se é ofender sua dignidade; f) pode impedir o acesso ao Judiciário (violando o art. 5.º, XXXV) ou o duplo grau de jurisdição (com ofensa ao princípio do devido processo legal); g) é de eficácia prática muito discutível".[192]

Em consonante posicionamento crítico, escrevendo à época da PEC 517/97, apensada à de n. 500/97, Aymoré Roque Pottes de Mello sustentava que "a súmula com efeito vinculante consagra princípio de anti-isonomia na medida em que só obriga o Poder Judiciário e a Administração Pública, não incidindo sobre as relações da órbita privada. Fere, além disso, o princípio da irretroatividade das leis (art. 5.º, XXXVI da CF/88), pois passa a regular inclusive as relações jurídicas constituídas antes de sua edição".[193]

Enfrentando o argumento *descongestionamento da Justiça – fortalecimento dos Tribunais Superiores*, que, em tese, favoreceriam a proposta da súmula vinculante, Dalmo de Abreu Dallari é incisivo: "Esse argumento contém uma distorção grave, pois demonstra que se pretende suprir com a força a falta de autoridade. De fato, obrigar Juízes e tribunais a decidirem acolhendo plena e automaticamente as decisões do Supremo Tribunal, mesmo quando estiverem convencidos de que tais decisões foram erradas e injustas, é negar a própria razão de ser do Poder Judiciário".[194] Em linha consonante, indaga Luis Carlos Alcoforado: "Qual a virtude de um sistema com jurisprudência uniforme, se os Juízes julgam sem liberdade, garroteados e manietados pela súmula vinculante? *Preferimos um Juiz que julgue, ainda que errado, mas com liberdade, a um Juiz que julgue, mesmo que certo, mas sem liberdade*. Ao lado da vida, a liberdade constitui um bem insubstituível, muito caro, que não pode ser trocado por um produto cujas alardeadas qualidade e eficiência resultam de propaganda maquiada, com preço muito caro a ser pago pelo consumidor".[195]

Igualmente crítico revelou-se Eros Roberto Grau, depois Ministro do STF: "A atribuição de efeito vinculante às decisões de que se trata implica a imposição de uma espécie de censura ou limitação ao exercício, pelos 'demais órgãos do Poder Judiciário', da função de intérprete autêntico do

192. Súmulas vinculantes e independência judicial cit., *RT* n. 739, p. 4.

193. A aplicação do efeito vinculante/súmula vinculante... cit., *Revista Ajuris* n. 72, p. 144.

194. *O poder dos juízes*, São Paulo, Saraiva, 1996, p. 63-64.

195. Súmula vinculante, *RT* n. 783, jan. 2001, p. 61 (itálicos no original).

direito. Pois não é outro, senão o seguinte, o conteúdo dessa imposição: fica proibido aos 'demais órgãos do Poder Judiciário' o exercício de sua função (função de interpretar/aplicar o direito) com relação às matérias que o STF, por maioria de dois terços, indicar".[196]

Vale ressaltar que o efeito vinculante para o Executivo e o Judiciário, que reveste as decisões de mérito do STF na ADCon (CF, art. 102, § 2.º, cf. EC 3/93, depois com redação da EC 45/2004), fora objeto de debate por ocasião do julgamento da ADCon n. 4, Rel. Min. Sydnei Sanches (*DJU* 13.02.1998, seção 1), tendo a ação sido apresentada pelos Chefes do Executivo e Legislativo, em face do art. 1.º da Lei Federal 9.494/97, que veda, em certos casos, a concessão de antecipação dos efeitos da tutela (CPC/73, art. 273). Em votação majoritária, a corte concedeu liminar, e o Presidente, Min. Celso de Mello, houve por bem colher o ensejo para atender a certos pedidos de esclarecimento, aduzindo que "o Plenário do STF, ao deferir o pedido de medida cautelar na ADC 4-DF, expressamente atribuiu, à sua decisão, eficácia vinculante e subordinante, com todas as consequências jurídicas daí decorrentes, inclusive aquelas de natureza processual concernentes ao emprego do instituto da reclamação" (*apud* matéria publicada no jornal *Gazeta Jurídica*, Brasília, 16.03.1998, p. 2).

Em contraponto, o Min. Antonio Pádua Ribeiro, do STJ, assim se posicionara sobre as súmulas vinculantes: "(...) se aprovadas, ao contrário do que vem sendo sustentado por certos magistrados, vêm em proveito do Judiciário, isto é, em prol da eficácia das suas decisões, porquanto a elas ficarão vinculados os entes públicos" (entrevista concedida em 25.02.1998, ao boletim informativo *AMAERJ Notícias*, da Associação dos Magistrados do Rio de Janeiro, n. 36, jan.-fev. de 1998, p. 9). Em análoga linha argumentativa situara-se Ivan Lira de Carvalho: "(...) tendo o STF sumulado um conjunto de decisões e ordenado que os juízos inferiores a ele rendam obediência, nada mais estará fazendo do que aquilo que faria, de forma fracionada, nos processos *a, b, c*... E por qual razão o magistrado da instância inferior cumpre uma decisão isolada, sem opor discussões, e terá receios de cumprir um *conjunto sumulado de decisões*?".[197]

O ponto veio tocado, em cores fortes, pelo saudoso J. J. Calmon de Passos: "(...) o fixado em termos genéricos, frise-se, em termos genéricos, pelos tribunais superiores obriga aos tribunais e juízes inferiores, tanto quanto a lei.

196. Sobre a produção legislativa e sobre a produção normativa do direito oficial: o chamado "efeito vinculante", *Revista Trimestral de Direito Público*, n. 16, 1996, p. 38.

197. Decisões vinculantes cit., *RT* n. 745, p. 57-58.

Falar-se em decisão de tribunal superior sem força vinculante é incidir-se em contradição manifesta. Seriam eles meros tribunais de apelação, uma cansativa *via crucis* imposta aos litigantes para nada, salvo o interesse particular do envolvido no caso concreto, muito nobre, porém muito pouco para justificar o investimento público que representam os tribunais superiores".[198] Em linha consonante, Edgard Silveira Bueno Filho propunha que "para não levar o sistema jurídico a um atitude suicida, as instâncias inferiores devem adaptar suas decisões às das Cortes Superiores – STF e STJ – quando estas atuem como controladoras da constitucionalidade dos atos normativos, ainda que na via de exceção (art. 102, II) ou guardiã da validade e interpretação uniforme da lei federal (art. 105, III)".[199]

No outro polo da controvérsia, juristas expuseram argumentos *em prol* da súmula vinculante, expondo aspectos diferenciados do tema. Sidnei Agostinho Beneti, antes Desembargador do TJSP, depois Ministro do STJ, escrevia, ao tempo da PEC da Reforma do Judiciário: "Não se poderá negar a importância do efeito da súmula vinculante quanto à administração pública (art. 97-A, *caput*) no tocante à dinamização do aparelhamento de justiça. O poder público, por administração direta ou indireta, é o maior usuário da jurisdição. O Poder Judiciário está tendo de administrar casos concretos, vindos da falência da solução administrativa – o que é péssimo, pois, nem o Judiciário foi preparado para isso, com o imprescindível *political legal thinking* e órgãos técnicos de base, nem a Administração pode tranquilizar-se e formar diretriz uniforme diante da obrigatoriedade de atendimento da multiplicidade de decisões judiciais, muitas vezes discrepantes, que substituem os atos administrativos. Espera-se que tal disposição subsista e que se acertem, na aplicação prática, mecanismos de imediata absorção (CF, art. 97-A, §§ 1.º e 2.º). Se por mais não fosse, essa consequência da súmula vinculante bastaria para a sua aceitação, em que pesem pontos de eventual discordância".[200] Em sintonia, aduzia o Ministro do STF, Carlos Mário da Silva Velloso: "(...) a eficácia *erga omnes* e o efeito vinculante são considerados modos de aperfeiçoamento do sistema judicial, porque eliminam a massa inútil de recursos repetidos e impedem a eternização das demandas judiciais. (...) Na verdade,

198. Súmula vinculante, *Revista Genesis*, n. 6, set.-dez. 1997, p. 632.

199. Os precedentes no direito brasileiro, *Revista da Procuradoria Geral do Estado de São Paulo*, n. 43, jun. 1995, p. 86.

200. A reforma do Judiciário vai melhorar os processos judiciais? *Revista do Advogado* (AASP), n. 56, set. 1999, p. 106.

os que não gostariam da súmula vinculante seriam a administração pública e as grandes corporações, campeãs dos recursos repetidos".[201]

O manejo dos enunciados obrigatórios exige do operador do Direito proficiência em técnicas que têm sido desenvolvidas nos países do *common law*, tais como o *distinguishing* (aferição quanto ao enquadramento do caso concreto ao *binding precedent*) ou o *overruling* (demonstração da superação ou defasagem do *holding* existente na matéria). É preocupante, ante a notória ascensão do direito sumular dentre nós, que nossas Faculdades de Direito não disponibilizem disciplina voltada a capacitar o operador do Direito a lidar *especificamente* com a jurisprudência, por modo que futuros juízes, promotores e advogados possam, satisfatoriamente, realizar tarefas como (*i*) identificar, com segurança, qual o entendimento pretoriano *realmente* predominante num Tribunal ou numa *Justiça*, sobre dada matéria; (*ii*) distinguir, num rol de acórdãos, o que neles constitui o núcleo essencial, separando-o das demais considerações periféricas (o que, no sistema *common law*, corresponde à distinção entre a *ratio decidendi* e o *obiter dicta*); (*iii*) alcançar, com exatidão, toda a extensão-compreensão do enunciado de uma súmula vinculante, para, em seguida, aferir se o caso *sub judice* realmente nela se enquadra.

Nesse sentido, alerta Hermes Zaneti Júnior: "o requisito das *reiteradas decisões* revela-se fundamental para que se identifique a *ratio decidendi*, afastando a sua confusão com os *obiter dicta* – considerações desenvolvidas a propósito do caso em debate, sem que delas decorra necessariamente a decisão, portanto, sem efeito de precedente vinculante; as súmulas (...) não podem ser aplicadas como normas, trata-se da cristalização, em enunciado, da razão de decidir de vários (reiterados) precedentes (aqui não importa tanto que sejam muitos, no sentido de variados, mas que sejam bem pensados, no sentido de solucionar bem o 'problema' posto, ou seja, formar uma 'jurisprudência dominante', uma convicção firme e também satisfatória do *thema in decidendum*); tem-se, como consequente, a *necessidade de uma controvérsia de direito* (observe-se que a controvérsia de direito não fazia sentido no paradigma legalista, no qual o direito era 'certo') que deverá apresentar os contornos bem definidos, nas decisões, para possibilitar a formação da súmula; a aplicação será por analogia, obtida da razão de decidir, e não só pelo enunciado da *súmula*, que serve apenas como guia e *fórmula sintética*,

201. Poder Judiciário: controle externo e súmula vinculante, *Revista do Advogado* n. 75, abr. 2004, p. 27.

jamais como regra abstrata, até porque, na sua formação, tem como *premissa* casos concretos, dos quais não pode se distanciar sem perder substância".[202]

Sem esses cuidados, o manejo incorreto do precedente obrigatório, dentre nós, poderá acarretar, como efeito colateral, uma *resistência* à aplicação da súmula vinculante, ao risco de degenerar numa sorte de *discricionariedade* na aplicação de tal enunciado, o que, sobre configurar uma contradição nos próprios termos, implicaria num mal ainda maior, porque então a divergência sobre a interpretação da norma apenas seria *substituída* pela divergência sobre a interpretação... da súmula, gerando uma profusão de recursos e, sobretudo, de *reclamações* ao STF. Focando estas últimas, Miguel Reale Junior chegou a temer pela virtual conversão do STF no... *STR, Supremo Tribunal da Reclamação.* "De duas uma: ou se passará por cima, resolvendo as Reclamações de afogadilho, ou se examinará cada caso e o Supremo estará assoberbado, decidindo questões para firmar com fundamento a autoridade de sua súmula".[203]

A respeito das técnicas conhecidas como *distinguishing* e *overruling*, antes referidas, explica Natacha Nascimento Gomes Tostes: "No primeiro – *distinguishing* – aprecia-se, através da profunda cognição do caso posto em exame, e da pesquisa dos casos anteriores, se a situação fática-jurídica é diversa da anteriormente decidida. Em sendo diversa, afasta-se a aplicação do precedente (até mesmo em razão do princípio da isonomia, que impede que se tratem igualmente os desiguais), surgindo uma nova decisão. Em relação ao *overruling* esse é o mecanismo utilizado para que se reconheça a existência de fundamento para o abandono do precedente anteriormente estabelecido, por haverem sido alteradas as razões que autorizaram sua edição". A autora colaciona excerto da palestra que o Prof. norte-americano Charles D. Cole proferiu em 1997, na cidade de Santos (SP): "The precedent case will be determined to be binding when the relevant facts in the precedent case are sufficiently similar to justify the application of the same rule of law as was used in the precedent case to the case before the court for adjudication" (*Tradução livre: o caso precedentemente julgado só tem força vinculativa quando os pontos relevantes que o caracterizaram forem suficientemente semelhantes ao caso concreto sub judice, por modo a justificar a extensão, a este, do mesmo princípio jurídico antes aplicado ao caso paradigma*).

202. *Processo constitucional: o modelo constitucional do processo civil brasileiro*, Rio de Janeiro: Lumen Juris, 2007, p. 259, 260.

203. Valores fundamentais da reforma do Judiciário, *Revista do Advogado* (AASP), n. 75, abr. 2004, p. 80.

Na sequência, a autora reflete sobre a postura a ser adotada pelo juiz brasileiro – usualmente *treinado* para interpretar a norma legal e depois subsumi-la aos fatos da causa – e que, agora, terá que se capacitar para o correto manejo dos enunciados vinculativos; sob esse prisma, adverte a autora: "A não se apreciar com profundidade se o caso *sub judice* é positivamente idêntico ou muito similar aos anteriores, repetindo-se pura e simplesmente o que já foi decidido anteriormente, sem cuidado na verificação da adequação, corre-se o risco de, ao invés de tratar diferentemente os iguais, tratar de forma igual os desiguais".[204]

Vale ter presente que o vigente CPC, em algumas passagens, recepciona em certa medida o *distinguishing* e o *overruling*, de uso corrente no regime do *common law*, como se observa em alguns dispositivos: (*i*) art. 489, cujo § 1º considera *não fundamentada* (e, pois nula: CF, art. 93, IX) a decisão judicial que: "(...) VI – deixar de seguir enunciado de súmula, jurisprudência ou precedente invocado pela parte, sem demonstrar a existência de *distinção* no caso em julgamento ou a *superação* do entendimento", omissões que, em casos mais severos, pode mesmo desafiar ação rescisória: §§ 5º e 6º do art. 966, acrescidos pela Lei 13.256/2016; (*ii*) art. 947, versando sobre o incidente de assunção de competência, cujo § 3º afirma que o acórdão aí proferido "vinculará todos os juízes e órgãos fracionários, *exceto se houver revisão de tese*"; (*iii*) art. 985, pelo qual a *tese jurídica* firmada ao final do incidente de resolução de demandas repetitivas será aplicada (também) "aos casos futuros que versem sobre idêntica questão de direito (...) *salvo revisão* na forma do art. 986". De resto, o CPC fornece as coordenadas técnicas para a hipótese de eventual revisão ou alteração dos precedentes, por modo a que restem preservadas a segurança jurídica e a isonomia (§§ 2º, 3º e 4º do art. 927), o que serve, ademais, para rebater o recorrente argumento de que a impositividade dos precedentes implica o risco de engessamento da evolução do Direito ou que labora contra a livre convicção do juiz; antes, o que se pretende com a força obrigatória de certos padrões decisórios indicados *ex lege* (CPC, art. 927 e incisos) é o controle da dispersão jurisprudencial excessiva e a prevenção de seus deletérios efeitos.[205]

O ideal seria que a singela *força persuasiva* dos enunciados sumulados bastasse para a desejável uniformidade jurisprudencial, assecuratória do

---

204. Uniformização de jurisprudência, *RePro* n. 104, out.-dez. 2001, p. 21, 215 e 217.

205. V., ao propósito, nossas considerações in Incidente de resolução de demandas repetitivas – a luta contra a dispersão jurisprudencial excessiva, São Paulo: Thomson Reuters-Revista dos Tribunais, 2016, p. 81 e s.

tratamento isonômico aos jurisdicionados, sem necessidade do recurso a precedentes obrigatórios, com finalidade dissuasória. Mas, como observava o saudoso Min. Sálvio de Figueiredo Teixeira, do STJ, "tal persuasão não basta, considerando não só a repetição de ações e recursos em temas já assentes, inclusive nos Tribunais Superiores, como também o descaso da Administração com a orientação reiterada dos tribunais, a aumentar abusivamente o volume do serviço forense. Ademais, não se pode igualmente desconsiderar, dado o desprestígio que isso acarreta para a ordem jurídica, que, mesmo quando declarada pela Suprema Corte, centenas ou milhares de vezes, a inconstitucionalidade de uma lei, na via indireta, essa lei pode vir a ser aplicada nas instâncias inferiores, e gerar efeitos jurídicos se a decisão transitar em julgado".[206]

Aquele *efeito dissuasório* que se almeja alcançar com a súmula vinculante do STF é, por ora, apenas uma *expectativa*, não uma certeza ou garantia (que não as há na ciência processual, e menos ainda em sua *praxis*). Ao propósito, aduzia José Carlos Barbosa Moreira que através daquela dissuasão se espera "que as pessoas se abstenham de propor ações, ou se abstenham de interpor recursos quando verificarem que a tese da ação, ou a tese do recurso, colide com algumas das proposições às quais o Supremo Tribunal Federal houver atribuído efeito vinculante. Espero que isso aconteça; não tenho certeza absoluta da eficácia dessa tentativa dissuasória, dessa tentativa de desestimular a propositura de ações e/ou a interposição de recursos (...)".[207]

Em fim de contas, ninguém, seriamente, poderia sustentar que a súmula vinculativa representa um *ovo de Colombo* ou uma panaceia capaz de resolver tantos problemas *crônicos* que, há tempos, vêm comprometendo a qualidade e a presteza na distribuição da justiça em nosso país. Trata-se, antes, de uma proposta que vem *somar* a muitas outras que *podem e devem* ser analisadas e porventura implementadas, para se atacar as *causas* (e não só os efeitos!) do represamento de processos nos órgãos jurisdicionais, causas que provêm de diversa origem, como se colhe do depoimento de Maria Cristina Barongeno Cukierkorn: "A morosidade do Poder Judiciário decorre, a título de problematização, do grande número de ações ajuizadas contra a Administração Pública, principal favorecida pelo atravancamento da máquina judiciária; da divisão entre o processo de conhecimento e de execução, nos casos em que esse critério

206. As tendências brasileiras rumo à jurisprudência vinculante, *Informativo Jurídico da Biblioteca Ministro Oscar Saraiva*, vol. 10, n. 2, jul.-dez. 1998, p. 151.

207. Reflexos da Emenda Constitucional 45, de 2004, no Processo Civil, *Revista da EMERJ – Escola da Magistratura do Estado do Rio de Janeiro*, vol. 8, n. 32, 2005, p. 42-43.

se impõe, procrastinando desnecessariamente o direito de determinada parte; do duplo grau de jurisdição obrigatório e da concessão de efeito suspensivo às apelações contra sentenças proferidas em desfavor da Administração Pública direta e Autarquias; da falta de ética dos advogados e da má-fé das partes que se valem do processo e dele se utilizam para retardar o cumprimento de obrigação contratual ou legal; dos magistrados que não se veem como 'práticos' e sim como 'teóricos' do direito, decidindo a lide de forma magistral, mas sem resolver de fato o problema das partes demandantes".[208]

A propósito, no tocante à procrastinação do andamento do feito, provocado por impugnações iterativas e/ou descabidas, vale lembrar que o CPC intenta coibir tais condutas de cunho meramente protelatório, como pode dar-se nos *embargos de declaração* (§§2º, 3º e 4º do art. 1.026), no *agravo interno* (§ 4º do art. 1.021), nos *embargos à execução* (art. 918, III e parágrafo único), ficando o juiz incumbido de "velar pela duração razoável do processo" (inciso II do art. 139). Trata-se da positivação de técnicas tendentes a fazer com que a *duração do processo* não labore *contra* a parte à qual assiste o bom direito, o que vem ao encontro da garantia constitucional à *razoável duração do processo*, em boa hora trazida pela EC 45/2004 (art. 5.º, LXXVIII).

Nesse sentido, o devido destaque deve ser dado à tendencial *potencialização dos poderes do Relator*, cujo histórico remonta a dispositivos regimentais (RISTF, art. 21, §§ 1.º e 2.º; RISTJ, art. 34, XVIII), passando pela *Lei Orgânica da Magistratura* (Lei Complementar 35/79, § 2.º do art. 90); pela *Lei dos Recursos* (Lei 8.038/90, art. 38), encontrando campo fértil no vigente CPC (art. 932, incisos e alíneas; § 4º do art. 1.021; parágrafo único e incisos do art. 955), e ainda no processo trabalhista (CLT, § 14 do art. 896, cf. Lei 13.467/2017; art. 896-C, §§ 5º a 8º).

Cândido Rangel Dinamarco, escrevendo ainda antes da EC 45/2004, reconhecia que a "crescente valorização dos precedentes indica uma caminhada que se endereça a passos firmes a um resultado inevitável – que é a adoção do sistema de *súmulas vinculantes*. À medida que os tribunais e os relatores venham a praticar com empenho e sem timidez o sistema até agora implantado, o caminho estará aberto para que as resistências se enfraqueçam e finalmente os temerosos se convençam de que esse efeito vinculante é a única solução capaz de desafogar os tribunais".[209] Retomando o tema, já sob a égide do direito

---

208. Uma nota sobre a adoção da súmula vinculante, *Jornal da Ajufesp*, n. 4, São Paulo, fev.-mar. 1998, p. 11.

209. O relator, a jurisprudência e os recursos. *In*: Nelson Nery Junior e Teresa Arruda Alvim Wambier (coord.), *Aspectos polêmicos e atuais dos recursos cíveis*, São Paulo, RT, 1999, p. 131.

novo, preconizava o autor: "As súmulas vinculantes, autorizadas pela emenda constitucional n. 45, de 8 de dezembro de 2004, são fontes de direito processual sempre que disponham sobre temas desse ramo jurídico".[210]

Com vistas a imprimir efetividade às sumulas vinculantes, o constituinte revisor houve por bem prever que a *recusa* (inconsistente / imotivada) ou a aplicação indevida/equivocada desses enunciados, autorizam o manejo da *reclamação*, remédio voltado à correção de *errores in procedendo* que impliquem em invasão de competência ou desacato a decisões ou ordens de órgão judicial superior (os chamados *erros de atividade*). A reclamação deflagra a competência originária do STF, sendo remédio idôneo "para a preservação de sua competência e garantia da autoridade de suas decisões" (CF, art. 102, I, *l*), vindo a espécie assim referida no § 3.º do art. 103-A, cf. EC 45/2004: "Do ato administrativo ou decisão judicial que contrariar a súmula aplicável ou que indevidamente a aplicar, caberá reclamação ao Supremo Tribunal Federal que, julgando-a procedente, anulará o ato administrativo ou cassará a decisão judicial reclamada, e determinará que outra seja proferida com ou sem a aplicação da súmula, conforme o caso".

A Lei regulamentadora – 11.417/2006 – refere-se a esse tópico no art. 7.º: "Da decisão judicial ou do ato administrativo que contrariar enunciado de súmula vinculante, negar-lhe vigência ou aplicá-lo indevidamente caberá reclamação ao Supremo Tribunal Federal, sem prejuízo dos recursos ou outros meios admissíveis de impugnação". Esse texto merece algumas reflexões: (*i*) acrescentou-se a expressão "negar-lhe vigência", que assim se agrega às locuções constantes do § 3.º do art. 103-A – "contrariar" e "indevidamente a aplicar", parecendo-nos, todavia, que não havia necessidade de tal inserção, porque as condutas "contrariar" ou "aplicar indevidamente" a súmula vinculante já representam modos de *negar-lhe vigência*, tomada esta expressão no senso de *recusar* ao enunciado obrigatório sua autoridade, inteireza positiva, validade e efetividade; por outro lado, tratando-se de lei regulamentadora de texto constitucional, caberia ser mantida estrita fidelidade às palavras constantes do citado § 3.º do art. 103-A, sem adendos ou supressões; (*ii*) a cassação da decisão judicial ou a anulação do ato administrativo refratários à súmula vinculante, sendo *efeitos* do acolhimento da reclamação pelo STF (§ 3.º do art. 103-A da CF), deveriam ter sido mantidas no corpo do *caput* do art. 7.º da Lei regulamentadora, porém, sem que se atine o motivo ou a utilidade, aparecem deslocadas no § 2.º desse artigo; (*iii*) o citado *caput* do art. 7.º da Lei 11.417/2006, em sua parte final, revela que não há óbice ao manejo de recursos

---

210. *Instituições...*, cit., vol. I, 6. ed., 2.009, p. 86, 87.

e impugnações na pendência da reclamação dirigida ao STF, deixando claro que está é exercitada "*sem prejuízo* dos recursos ou outros meios admissíveis de impugnação"; esta última expressão torna palpável o manejo, concomitante – e sendo o caso –, das chamadas ações autônomas de impugnação (mandado de segurança, rescisória, embargos de terceiro, ações no controle direto de constitucionalidade). Aliás, ao propósito, dispõe a súmula STF nº 734: "Não cabe reclamação quando já houver transitado em julgado o ato judicial que se alega tenha desrespeitado decisão do Supremo Tribunal Federal".

O citado art. 7.º, *caput*, da Lei 11.417/2006 não esclarece se há alguma *precedência* (como se dá com o recurso extraordinário em face do especial – CPC, §§ 2.º e 3.º do art. 1.031 do CPC) ou alguma *prejudicialidade externa* (como se dá no caso do art. 313, V, *a* do CPC) da reclamação em face dos possíveis recursos ou impugnações. Não há negar, porém, essa virtualidade, na *praxis* forense, como na hipótese lembrada por José Carlos Barbosa Moreira: "Suponhamos que antes que o Supremo se pronuncie sobre a reclamação concernente à contrariedade à súmula, o Tribunal de Justiça julgue a apelação e lhe dê provimento, anulando ou reformando a sentença de 1.º grau. Evidentemente isso terá o efeito de tornar prejudicada a reclamação, porque esta se estará voltando contra uma sentença que não existe mais, que foi anulada ou reformada. Penso que, de qualquer maneira, haverá a possibilidade de trabalho perdido, energia desperdiçada, porque um dos dois remédios vai ficar prejudicado".[211]

Aliás, também pode dar-se a hipótese inversa: se a reclamação é provida pelo STF, e, em consequência, *cassada* a sentença, *antes* do julgamento da apelação no TJ ou TRF, é claro que esta perderá objeto, ou, se se quiser, haverá *perda ulterior do interesse em recorrer*, que sempre pressupõe necessidade e utilidade na impugnação manifestada.

É significativo o fato de que o *descumprimento* de súmula vinculante, nas conotações antes indicadas, autorize o manejo de *reclamação* e não de um recurso: é que este último é voltado a *infringir* um julgado increpado de *erro de avaliação* (apreciou mal a prova; interpretou equivocadamente a norma de regência: *error in iudicando*), ao passo que a *reclamação*, segundo Pontes de Miranda, é uma ação, de natureza *constitutiva negativa* e, portanto, *mandamental*,[212], indicada, pois, àquele caso que já configura *erro de atividade* ou *in procedendo*. Aplicando a fórmula à reclamação prevista no § 3.º do art. 103-A da CF, observa Leonardo Lins Morato que pode o STF "determinar, ordenar, que a autoridade reclamada

211. Reflexos da Emenda Constitucional 45, de 2004, no Processo Civil, *Revista da EMERJ – Escola da Magistratura do Estado do Rio de Janeiro*, vol. 8, n. 32, 2005, p. 40.

212. *Comentários ao Código de Processo Civil*, Rio de Janeiro, Forense, 1974, t. V, p. 384 e ss., *passim*.

promova o cumprimento da decisão desacatada, ou o respeito da norma de competência desrespeitada, ou a aplicação (adequada) ou a inaplicação da súmula vinculante, dependendo do caso submetido em questão. E, para tanto, a Corte poderá se valer de todas as medidas necessárias para atingir esse fim".[213] Nesse senso, dispõe o art. 992 do CPC: "Julgando procedente a reclamação, o tribunal *cassará* (*iudicium rescindens*) a decisão exorbitante de seu julgado ou determinará medida adequada à solução da controvérsia".

Cotejando a súmula vinculante com a cogitada *súmula impeditiva de recursos*, Leonardo D. Moreira Lima observava que "a opção da súmula vinculante, atrelada ao mecanismo da reclamação, parece garantir, ao menos em tese, uma maior eficiência do sistema. Isto porque o descumprimento da súmula ensejaria efetivamente a anulação do ato ou da decisão e, consequentemente, a sua substituição, ao passo que a súmula obstativa – à semelhança da alteração já empreendida no art. 557 do CPC [de 1973, correspondente ao art. 932, IV, a do vigente CPC] – apenas impede a proliferação de recursos procrastinatórios interpostos contra decisões proferidas no sentido da súmula, mas não a efetividade da orientação nela adotada".[214]

Note-se que, ainda no período anterior à promulgação da EC 45/2004, enquanto fluíam os acalorados debates em torno da proposta da súmula vinculante, foi o legislador ordinário, paulatinamente, positivando a força obrigatória da jurisprudência dominante ou sumulada, especialmente com a edição da Lei 9.756/98, que alterou vários dispositivos do CPC/73 e mesmo da CLT. O fato não passou despercebido à argúcia de José Carlos Barbosa Moreira, que observou, com fina ironia: "Sem precisão de emenda, a vinculação, para fins práticos, em boa medida vai-se insinuando, pé ante pé, sorrateiramente, como quem não quer nada, e não apenas em benefício de teses 'sumuladas', senão até das simplesmente bafejadas pela preferência da maioria dos acórdãos. Emenda constitucional, para estabelecer que as Súmulas, sob certas condições, passarão a vincular os outros órgãos judiciais? Ora, mas se já vamos além, e ao custo – muito mais baixo – de meras leis ordinárias (será que somente na acepção técnica da palavra?). O mingau está sendo comido pelas beiradas, e é duvidoso que a projetada emenda constitucional ainda encontre no prato o bastante para satisfazer seu apetite...".[215]

---

213. A reclamação e a sua finalidade para impor o respeito à súmula vinculante, *Reforma do Judiciário* cit., 2005, p. 399.

214. *Stare decisis* e súmula vinculante: um estudo comparado cit., p. 180.

215. Algumas inovações da Lei 9.756 em matéria de recursos cíveis. *Aspectos polêmicos...* cit., São Paulo, RT, 1999, p. 329.

Não há negar que a realidade judiciária brasileira, com milhões de processos em andamento, cujo desfecho é *indefinido no tempo e imprevisível quanto ao resultado*, caminha a passos largos para uma situação quiçá inadministrável. A situação fora severamente avaliada pela saudosa Ada Pellegrini Grinover: "A crise da Justiça está na ordem do dia: dissemina-se e serpenteia pelo corpo social, como insatisfação dos consumidores de Justiça, assumindo as vestes do descrédito nas instituições; atinge os operadores do direito e os próprios magistrados, como que impotentes perante a complexidade dos problemas que afligem o exercício da função jurisdicional; desdobra-se em greves e protestos de seus servidores; ricocheteia, enfim, pelas páginas da imprensa e ressoa pelos canais de comunicação de massa, assumindo dimensões alarmantes e estimulando a litigiosidade latente. A Justiça é inacessível, cara, complicada, lenta, inadequada. A Justiça é denegação de Justiça. A Justiça é injusta. Não existe justiça".[216]

O ambiente estava, assim, preparado para uma intervenção severa, um verdadeiro *choque de gestão* na função jurisdicional do Estado, em modo de uma *última cartada* a ver se ainda se conseguiria *virar o jogo*, mormente em face do alarmante volume de processos nos Tribunais Superiores, em risco de soçobrar em meio aos milhares de recursos repetitivos acerca de matérias já suficientemente assentadas, senão até já sumuladas, a par dos inúmeros processos envolvendo questões de pouca ou nenhuma complexidade jurídica, como os exemplos, até prosaicos, que têm sido lembrados: o *despejo do botequim*;[217] a controvérsia envolvendo o fabricante de botões de roupas, que pretendia vender seu produto em *grosas* – 12 dúzias – (diz o jornal *O Estado de S. Paulo*, de 09.03.2001, que o processo tramitou de 1993 a 2001, mas os ministros do STJ "não levaram nem meia hora para dar ganho de causa à indústria"); ou ainda, como noticiado por esse mesmo jornal (ed. 29.10.2000, p. A-8), os casos, afinal dirimidos no STJ após longa tramitação nas instâncias inferiores, envolvendo desde a venda de *unhas postiças* a uma senhora, até a pendenga sobre *quatro minhocas* utilizadas numa pescaria, passando por disputa entre vizinhos provocada por uma refrega entre *cachorro e papagaio*. Enfim, como hoje se vem referindo, a *judicialização do cotidiano*.

Para Diogo de Figueiredo Moreira Neto, impende "reconhecer que a adoção da vinculação judiciária (e administrativa) a decisões erigidas como

216. A crise do Poder Judiciário, *Revista da Procuradoria Geral do Estado de São Paulo*, n. 34, dez. 1990, p. 11-12.

217. Caso referido pelo Min. Carlos Velloso, do STF, Poder Judiciário: como torná-lo mais ágil... cit., p. 77.

precedentes vinculativos pelo STF e pelo STJ, geralmente em razão da reiteração *ad nauseam* de decisões idênticas, o que amiúde ocorre em matéria administrativa e tributária, não só desobstruiria o trabalho desses tribunais, permitindo que seus juízes pudessem se concentrar sobre processos não homogêneos, como agilizaria os feitos em primeira instância, trazendo, em suma e sobretudo, maior segurança para os jurisdicionados". Adiante, o autor enfrenta o argumento do afirmado "risco da subordinação intelectual dos juízes", afirmando que ele "não resiste todavia à desapaixonada apreciação do que ocorre no direito comparado, sendo certo que o sistema do *stare decisis* obriga o juiz a ser ainda mais criativo quando necessitar sê-lo, deixando de ser fatuamente obstinado quando esta postura a nada conduzir senão a uma sucessão de recursos inúteis".[218]

Bem ponderados os *prós e contras* em face da instituição da *súmula vinculante* do STF, e com a devida vênia dos valiosos entendimentos em contrário, passamos a expor, no articulado a seguir, nosso pensamento a respeito:

1) A súmula vinculante não causa mossa à "separação de Poderes" ou aos "direitos e garantias individuais" (incisos III e IV). A tríade – Legislativo, Executivo, Judiciário – não mais remanesce com a rigidez de outrora, ocorrendo evidente *atuação integrada* daqueles Poderes, todos devendo se irmanar na persecução do bem comum. Nesse sentido, a prestação jurisdicional acaba por se integrar, como um *posterius*, ao processo legiferante, fechando o arco nomogenético, ao aperfeiçoar a norma, nisso que a vem interpretar, atualizar, explicar, humanizar, e, enfim, dar-lhe a necessária concreção, trazendo-a do plano formal para o ambiente das relações sociais e das lides judicializadas. Por outro lado, o direito subjetivo público de acesso à justiça, mediante o devido processo legal (CF, art. 5.º, XXXV e LV) igualmente não fica afrontado, porque: *a)* remanesce garantida a apreciação judicial dos afirmados danos ocorridos ou temidos, avaliação essa que só tem a ganhar com a jurisprudência dominante ou sumulada; *b)* a súmula vinculativa veio inserida através de emenda à Constituição (Congresso Revisor, poder constituinte derivado) e, portanto, não agride o pacto jurídico-político do país, assim se aplicando, em modo homogêneo, tanto aos *destinatários diretos* – Judiciário e Executivo – quanto, em certa medida, aos *destinatários indiretos* – Legislativo e pessoas físicas e jurídicas, de direito privado e público; *c)* não se perscruta afronta a alguma *cláusula pétrea* (CF,

218. Reformas e Poder Judiciário, *Revista da Associação dos Magistrados Brasileiros*, n. 6, 1.º sem. 1999, p. 83-84.

art. 60, § 4.º) que resulte infringida pela inserção da súmula vinculante no texto constitucional.

2) A súmula vinculativa não implica em *capitis diminutio* para a atividade judicante, porque não altera, *em substância*, a tarefa do julgador de interpretar e aplicar o texto de regência aos fatos da lide, certo que esse *texto* (= o ordenamento positivo) agora abrange o precedente judicial obrigatório, o qual, por sua vez, não dispensará a devida interpretação, para que se alcance seu melhor significado (extensão-compreensão), mormente com vistas a aferir sobre sua efetiva adequação ao caso *sub judice*. Esse trabalho hermenêutico é particularmente relevante, considerando-se que o *descumprimento* (= recusa imotivada / inconsistente; aplicação indevida/ equivocada) da súmula vinculante levam à *cassação* do julgado, por efeito do acolhimento da reclamação ao STF. O ordenamento positivo sabidamente não se reduz à norma (assim como a resolução dos conflitos não é monopólio da justiça estatal), senão que o próprio legislador reconhece a insuficiência do ordenamento escrito, autorizando a aplicação de outros subsídios, fontes secundárias do Direito e/ ou meios de integração, tais o costume, a equidade, os princípios gerais, a analogia, a interpretação sócio-teleológica e até mesmo as "regras de experiência comum subministradas pela observação do que ordinariamente acontece" (CPC, art. 375). Nesse largo contexto agora se insere a súmula vinculante do STF, que se espera venha contribuir para que a resposta judiciária se faça em modo isonômico e num *tempo razoável* (CF, art. 5.º, LXXVIII), sob a égide da ordem jurídica *justa*. Inexiste, pois, antinomia entre norma legal e súmula vinculante, mas ambas as categorias devem agora se irmanar na persecução de uma *resposta judiciária de qualidade,* a saber aquela revestida de seis atributos: *justa, jurídica, econômica, tempestiva, razoavelmente previsível e idônea a assegurar a efetiva fruição do direito, valor ou bem da vida reconhecidos no julgado.*

3) A *ação judicial*, entendida como direito subjetivo público, abstrato e autônomo, de pleitear um dado provimento jurisdicional num caso concreto, em nada se enfraquece com a existência das súmulas vinculativas. O direito de ação, ao contrário do de petição (CF, art. 5.º, XXXIV, *a*), não é genérico e incondicionado, mas, por um lado, concerne a quem afirme um direito subjetivo lesado ou ameaçado (CF, art. 5º, XXXV) e, por outro, depende do atendimento a certos requisitos, ditos, *pour cause*, condições da ação (CPC, art. 17; 319, III); essa ação, por sua vez, precisa ser veiculada através de uma uma relação jurídica existente e válida, isto é, num processo judicial, que à sua vez reclama atendimento a certos *pressupostos de existência e validade* (CPC, art. 485, IV). Na medida em que o ordenamento positivo brasileiro, em sua base constitucional, passa a albergar o precedente judicial obrigatório, a pretensão veiculada na ação haverá de ser cotejada *também* em face daquele paradigma, porque este *passou a integrar* o Direito Positivo, juntamente com as demais fontes subsidiárias e os meios de integração. Nesse sentido, Humberto Theodoro Júnior aduz que "o enunciado de um julgamento de tribunal a que a Constituição atribui força vinculante representa preceito geral e abstrato que deve figurar, dentro do respectivo alcance, ao lado das fontes ordinárias do direito positivo (lei e regulamentos). Como, entretanto, a atividade do Judiciário não é, de ordinário, de criação, mas de aplicação da norma legal, a força vinculante da jurisprudência, quando cabível, atua basicamente na esfera de interpretação do direito positivo. Ter-se-á, então, como vinculante (obrigatória) a declaração do julgamento sobre 'a validade, a interpretação e a eficácia' de determinada norma (CF, art. 103-A, § 1.º, acrescentado pela EC 45, de 08.12.2004)".[219] Segundo pensamos, o direito de ação remanesce íntegro, devendo entender-se que a pretensão por meio dele exercida pode agora ter como referencial um precedente judicial obrigatório, o que, aliás, vem emprestar *previsibilidade* à resposta judiciária; o contrário é igualmente verdadeiro, por modo que, em sucedendo de o pedido inicial revelar-se contrário a súmula, fica autorizada sua *liminar improcedência* (CPC, art. 332, I e IV), assim como, noutra hipótese, estando a pretensão fundada em prova documental e vindo alinhada com súmula vinculante, poderá ser concedida a a *tutela da evidência (CPC, art. 311, II e parágrafo único).*

4) A utilização da súmula vinculativa não compromete nem dispensa a necessária motivação/fundamentação das decisões judiciais, quesito esse que, de resto, é pressuposto de validade do provimento judicial (CF, art. 93, IX, redação da EC 45/2004). O juiz decide segundo o alegado e provado, nos termos do pedido (CPC, arts. 2.º, 128, 460), mas a lide não é necessariamente resolvida tão-só pela exclusiva subsunção a uma norma de regência, senão que a *todo o ordenamento positivo* aplicável à espécie. Nesse contexto ampliado encontram-se, *além* da norma, as demais formas de expressão e de integração do Direito (costume, equidade, analogia, princípios gerais, doutrina, jurisprudência, regras da experiência comum) e, agora, *também* a súmula vinculante, quando seja aplicável ao caso concreto. A súmula não é um elemento exógeno ou anômalo, assim ao nosso sistema jurídico como em face do conteúdo da função judicial, mas antes integra essas duas dimensões, operando como enunciado impositivo, abstrato, geral e impes-

---

219. Alguns reflexos da Emenda Constitucional 45, de 08.12.2004, sobre o processo civil, *Revista da Faculdade de Direito da Universidade Federal de Minas Gerais*, n. 47, jul.-dez. 2005, p. 89.

soal. Ao invocar a súmula para decidir o caso concreto, o juiz *fundamentará* tal aplicação: primeiro, buscará alcançar o real sentido do enunciado (sua extensão e compreensão); segundo, demonstrará que o objeto litigioso do processo enquadra-se na indigitada súmula; enfim, cuidará de subsumir o enunciado aos fatos da causa, dirimindo a lide. Análoga motivação caberá quando, invocada a súmula vinculante por qualquer das partes, entender o juiz que ela não se aplica ao caso concreto, pelas singularidades deste em face do conteúdo daquele enunciado. O § 1º do art. 489 do CPC recepciona esse ideário, ao considerar *não fundamentada* (e, pois, nula: CF, art. 93, IX) a decisão judicial que: " (...) V – se limitar a invocar precedente ou enunciado de súmula, sem identificar seus fundamentos determinantes nem demonstrar que o caso sob julgamento se ajusta àqueles fundamentos".

5) A livre convicção do juiz (*rectius*, sua persuasão racional - CPC, art. 371) não é prejudicada nem limitada pela aplicação da súmula vinculativa. À parte os casos em que a própria lei autoriza um distanciamento do critério de legalidade estrita (CPC, parágrafo único do art. 140; parágrafo único do art. 723; CCi, art. 858), no mais, e como regra geral, o juiz atua como *aplicador* do ordenamento positivo, tomado em sua integralidade. O Direito brasileiro, que antes já albergava as súmulas *persuasivas*, passou a contar, desde a EC 45/2.004 com outra modalidade, as súmulas *vinculativas*. No *iter* intelectivo percorrido pelo juiz para a formação de seu convencimento, cabe-lhe ter presente todas as formas de expressão do Direito que lhe pareçam cabíveis na espécie, *inclusive*, pois o Direito Sumular. Parecendo ao juiz que determinada súmula vinculativa *não rege* ou *não abrange* o objeto litigioso do processo, poderá, *fundamentadamente*, deixar de aplicá-la, valendo-se, pois, de processo exegético semelhante ao que utilizaria para afastar a incidência de uma norma legal invocada nos autos, mas que em verdade não se aplica ao caso vertente. De resto, mesmo no regime da *common law*, pode o juiz demonstrar que o caso concreto não é *precisely similar* ao *precedente judiciário* (a técnica do *distinguishing*, que pode autorizar o *overruling*, ou seja, o descarte do precedente jurisprudencial). No ponto, observa William dos Santos Ferreira: "A liberdade do julgador para decidir não é uma garantia para este, mas sim para o jurisdicionado, para aquele que será, positiva ou negativamente, atingido pela decisão".[220] De observar-se que o CPC recepciona a técnica do *distinguishing* no inciso VI do § 1º do art. 489.

6) A ampliação do espaço reservado à súmula vinculativa, em nosso ordenamento, não é bastante para se ter o Brasil como *desfiliado* da família

220. Súmula vinculante – Solução concentrada..., *in Reforma do Judiciário*, cit., 2005, p. 805.

jurídica romano-germânica, cujo primado está no Direito escrito. Aquela ampliação veio posta em sede de *emenda constitucional* (art. 103-A e parágrafos: EC 45/2004), de sorte que, ao aplicar a súmula vinculativa, o juiz está *preservando e aplicando* – e não infringindo – o princípio da *reserva legal*, já que é *no próprio pacto fundamental* que se encontra a autorização para o emprego do *precedente judiciário* obrigatório. A hipótese não difere, pois, essencialmente, do *efeito expansivo* autorizado pela Constituição Federal para as decisões de mérito do STF na ADIn e ADCon (art. 102, § 2.º, redação da EC 45/2004; parágrafo único do art. 28 da Lei 9.868/99), em que o julgado passa, obrigatoriamente, a ser aplicado aos demais casos ali subsumidos, e isso tanto no âmbito do Judiciário como da Administração Pública. Em suma, ao dar aplicação *in concreto* à súmula vinculante, o juiz dá cumprimento *ao texto constitucional* que a prevê e lhe confere legitimidade, operacionalidade e carga eficacial expansiva. Algo semelhante se passa com o julgamento dos RE's e REsp's *repetitivos*: não são o STF e o STJ que, *pro domo sua*, imprimem eficácia pan-processual ao decidido no recurso tomado como *representativo da controvérsia*: é o próprio sistema processual que, sob a técnica do *julgamento por amostragem*, otimiza a resposta jurisdicional dos Tribunais da Federação (CPC, arts. 927, III; 1.040 e incisos), valendo lembrar que compete ao legislador federal dispor sobre matéria processual – CF, art. 22, I.

7) A súmula vinculante, a par de não infringir ou mitigar o duplo grau de jurisdição, guarda simetria com a organização judiciária brasileira, que é de corte *piramidal*, estruturada em instâncias superpostas, tendo aquela situada no plano superior *competência derrogatória* em face das precedentes, donde o efeito *devolutivo* do recurso (CPC, art. 1.013 e § 1º8) e a virtual *substituição* do julgado recorrido por aquele prolatado no Tribunal *ad quem* (CPC, art. 1.008). É natural que este último órgão, ao sumular sua jurisprudência predominante, tenda a prestigiá-la quando instado a julgar recurso no qual se debata matéria prevista num de seus enunciados (RISTF, art. 21 e parágrafos). A legislação infraconstitucional seguiu essa diretriz, desde a Lei Orgânica da Magistratura Nacional – LC 35/79 –, art. 90, § 2.º, passando pela Lei 8.038/90, art. 38, pelo CPC/73 (art. 557 e § 1.º-A; parágrafo único do art. 120; parágrafo único do art. 481), chegando ao vigente CPC (art. 932, IV, *a* e V, *a*). Com maior razão, essa *competência de derrogação* se faz sentir quando o paradigma é uma súmula vinculativa, seja porque de outro modo *não faria sentido* a uniformização, seja para preservar o desejável tratamento isonômico aos jurisdicionados. Note-se que a consequência do *descumprimento* à súmula vinculante (recusa imotivada / inconsistente; aplicação indevida / equivocada) não é a singela revisão ou *reforma* do julgado (como

ocorreria, se se tratasse de *error in iudicando*), mas sim, em verdade, uma sanção: a *cassação* da decisão reclamada, para que "outra seja proferida com ou sem a aplicação da súmula, conforme o caso" (CF, § 3.º do art. 103-A; Lei 11.417/2006, § 2.º do art. 7.º), permitindo inferir que aí se trata de *error in procedendo*, ou *erro de atividade* na conduta judicial.

8) A aplicação da súmula vinculante na *praxis* judiciária brasileira apresenta-se como uma *contribuição* para o controle da excessiva proliferação dos feitos repetitivos, nas chamadas *demandas múltiplas ou seriais*, que empolgam conflitos de massa e, também, servem a conferir estabilidade e credibilidade à jurisprudência assentada no STF acerca de questões constitucionais reiteradamente debatidas, para os casos em que *não se justifique* o prolongamento da instância, seja porque não sobreveio direito novo, seja porque as fontes substanciais que presidiram a criação da norma de regência remanescem inalteradas, seja, enfim, por se afigurar conveniente e oportuno manter a exegese sumulada. Não se trata de instrumento ou técnica com pretensões à solução cabal e definitiva dos males – crônicos e notórios – que assolam a distribuição da justiça no país, donde não se poder dispensar o implemento de outras medidas, tais como a melhoria das técnicas de recrutamento dos juízes; reestruturação das carreiras jurídicas no serviço público; incentivo ao aprimoramento profissional de seus integrantes; fomento aos Juizados Especiais; maior divulgação do trabalho dos Tribunais Arbitrais, instâncias conciliatórias e demais formas alternativas de resolução dos litígios, incentivadas pelo vigente CPC (§§ 1º, 2º e 3º do art. 3º); incremento à assistência judiciária, gratuita e integral; criação de varas especializadas em conflitos metaindividuais, como os atinentes aos consumidores e ao meio ambiente; crescente informatização do processo e da máquina judiciária.[221] Tudo isso, sob a égide da *Política Judiciária Nacional*, estabelecida na Res. CNJ 125/2010 (*DJe* 01.12.2010, republicada no *DJe* 01.03.2011), constando dentre seus *consideranda* que o sentido contemporâneo do acesso à Justiça (CF, art. 5.º, XXXV) "além da vertente formal perante os órgãos judiciários, implica acesso à ordem jurídica justa", donde caber ao Judiciário "organizar, em âmbito nacional, não somente os serviços prestados nos processos judiciais como também os que possam sê-lo mediante outros mecanismos de solução de conflitos, em especial dos consensuais, como a mediação e a conciliação".[222]

221. Este último tópico veio a ser objeto da Lei 11.419, de 19.12.2006.

222. Sobre o tema, em modo amplo, v. o nosso *Acesso à justiça – condicionantes legítimas e ilegítimas*, 2 ed., São Paulo: Thomson Reuters-Revista dos Tribunais, 2015, itens 4.5 e 4.7. Em modo resumido, v. o nosso estudo O direito à tutela jurisdicional: o novo enfoque do art. 5º, XXXV, da Constituição Federal, *RT* n. 926, dez./2012, p. 135-176.

9) Para que os benefícios do efeito vinculativo das súmulas se expandam em toda a extensão da estrutura judiciária nacional, parece-nos que também os demais Tribunais Superiores (STJ, TST, STM, TSE) deveriam contar com a possibilidade de emissão de enunciados obrigatórios, especialmente o STJ, por lhe caber a uniformização, em último grau, da exegese do direito federal comum, como antes fora cogitado na PEC 358/2.005, acerca da *súmula impeditiva de recurso, proposta que hoje poderia ser otimizada, em se aproximando tal enunciado do modelo da* súmula vinculante do STF.[223] Aliás, já no vigente CPC a súmula do STJ se preordena a operar como filtro ou elemento de contenção da recorribilidade excessiva, na medida em que ao relator, nos tribunais (art. 932, *caput*), é dado "(...) IV – *negar provimento* a recurso que for *contrário* a: *a*) súmula (...) do Superior Tribunal de Justiça (...)", em decisão sujeita a agravo interno (CPC, art. 1.021, *caput*).

10) A atribuição de efeito vinculante às súmulas do STF – assim as emitidas com tal qualificativo, como aquelas antes existentes que a Corte venha *confirmar* (*sic*) como vinculantes (EC 45/2004, art. 8.º) – não poderá, *isoladamente*, resolver todas as mazelas e carências crônicas que há muito vêm solapando e comprometendo a outorga da prestação jurisdicional de boa qualidade (= *justa, jurídica, econômica, tempestiva, razoavelmente previsível e idônea a assegurar a efetiva fruição do direito, valor ou bem da vida reconhecidos no julgado*), mas não é menos verdade que a súmula vinculante se preordena a dar relevante contributo aos esforços que vêm sendo feitos de tempos a esta parte buscando alcançar relevantes objetivos, tais a agilização dos trâmites, o tratamento isonômico aos jurisdicionados, a amenização da sobrecarga dos tribunais. Vale sempre lembrar que tanto a estrutura judiciária, como a própria relação jurídica processual, existem e se justificam não em si mesmos, mas se e enquanto *servem ao jurisdicionado*, seu destinatário final: o *consumidor* do serviço estatal de distribuição da justiça, dispondo o art. 22 da Lei 8.078/90 que os órgãos públicos "*são obrigados* a fornecer serviços adequados, eficientes, seguros e, quanto aos essenciais, contínuos", na esteira, pois, da *eficiência* exigida do serviço público em geral (CF, art. 37, *caput*), custeado pelo contribuinte.

223. Nesse sentido, a proposta de Luiz Guilherme Marinoni: "(...) a eficácia vinculante também deveria ser estendida às súmulas que definem a interpretação da lei federal, isto é, às súmulas do Superior Tribunal de Justiça. Ainda que não haja previsão legal para tanto, os argumentos que justificam a eficácia vinculante das decisões do Supremo Tribunal Federal também teriam inteira aplicação aqui, autorizando – ao menos *de lege ferenda* – a outorga de força vinculante às súmulas do Superior Tribunal de Justiça" (Ações repetitivas e julgamento liminar, *Revista Jurídica* n. 354, abr. 2007, p. 55).

A súmula vinculante vem a ser, pois, mais um instrumento – quiçá o mais poderoso – para, de um lado, atuar na prevenção das demandas múltiplas, repetitivas, que sobrecarregam o serviço judiciário; e, de outro lado, ofertar uma resposta judiciária isonômica que, em tempo razoável, assegure os valores *certeza* e *justiça*, em substituição às demandas infindáveis e de resultado imprevisível. Numa palavra, a súmula vinculante do STF mostra-se idônea a desempenhar relevante papel na luta contra os malefícios da assim chamada *loteria judiciária*.[224]

Estando a súmula vinculante do STF inserida no ordenamento positivo (CF, art. 103-A e §§ – EC 45/2004; Lei 11.417/2006; CPC, arts. 311, II; 927, II; 988, III, redação do inciso cf. Lei 13.256/2016), há interesse histórico em registrar, neste passo, excerto do parecer então exarado pelo Senador Bernardo Cabral, relator da PEC 29/2000:

> "A súmula vinculante constitui um instituto típico do direito anglo-saxão que se pretende adaptar ao nosso direito romanista. Somos favoráveis à sua introdução, com as cautelas de procedimento, decisão e revisão adotadas na *PEC*. Sua principal função será evitar a protelação em matérias jurídicas já pacificadas no STF e nos Tribunais Superiores. Se não finda com o excesso de causas sobre o mesmo assunto, pelo menos diminui o objetivo protelatório permanente das procuradorias e advocacias públicas. A protelação no andamento dos processos é um ponto de suma importância na reforma. Já houve um caso levado ao Supremo que recebeu o inacreditável número de 600 recursos" (Revista *Cidadania e Justiça*, n. 10, 1.º sem. 2001, p. 55, da Associação dos Magistrados Brasileiros).

Escrevendo para o direito posto, José Carlos Barbosa Moreira, após enunciar os pressupostos de atribuição de efeito vinculativo às súmulas do STF, observa que ele "está obrigado a respeitar escrupulosamente os limites postos ao poder de atribuir efeito vinculante a proposições que sua jurisprudência consagre. Não lhe é lícito – e sem dúvida alguma se absterá de fazê-lo – atribuir aquele efeito a proposições relativas à matéria de índole não constitucional ou afirmadas apenas em dois ou três julgamentos isolados, ou a respeito das quais inexista 'controvérsia atual'

224. Escreve Eduardo Cambi: "Com a adoção do efeito vinculante das decisões desses Tribunais [Superiores] o problema da *jurisprudência lotérica* seria remediado, porque, tendo sido a questão de direito sumulada, todos os órgãos judiciais teriam o dever de respeitar essa súmula, evitando que a parte que tem razão se obrigue a recorrer para obter a tutela jurisdicional e, destarte, diminuindo o número de recursos, reduzindo o serviço dos Tribunais e dando maior celeridade à prestação jurisdicional" (Jurisprudência lotérica, *RT* n. 786, abr. 2001, p. 115).

(isto é, contemporânea à vinculação, excluídas, portanto, as hipóteses de controvérsia já morta e sepulta)". Adiante, observa o mestre que o STF não se forra de "fundamentar a atribuição de efeito vinculante, explicando por que lhe pareceu grave a insegurança jurídica, ou relevante a multiplicação de processos; não lhe bastará dizer que se configura uma ou outra - o que de jeito algum satisfaria a exigência de motivação do art. 93, IX, da carta federal" (...). Adiante, remata: "se alguma vez, por escusável distração (*quandoque bônus dormitat Homerus)*, o STF vier a atribuir efeito vinculante a proposição que não preencha os requisitos acima enumerados, vale a pena saber que se poderá impugnar, como inconstitucional a proposição supostamente vinculativa".[225]

De interesse destacar na Lei 11.417/2.006, regulamentadora da súmula vinculante, alguns dispositivos que incidem sobre pontos controvertidos em sede doutrinária: "*Art. 6.º* A proposta de edição, revisão ou cancelamento de enunciado de súmula vinculante não autoriza a suspensão dos processos em que se discuta a mesma questão".[226] "*Art. 4.º* A súmula com efeito vinculante tem eficácia imediata, mas o Supremo Tribunal Federal, por decisão de 2/3 (dois terços) dos seus membros, poderá restringir os efeitos vinculantes ou decidir que só tenha eficácia a partir de outro momento, tendo em vista razões de segurança jurídica ou de excepcional interesse

---

225. Súmula da jurisprudência dominante do STF, *Revista Fórum*, da Associação dos Magistrados do Estado do Rio de Janeiro - AMAERJ, n. 16, ago. 2005, p. 30-31.

226. Esse dispositivo autoriza inferir que o trâmite do procedimento voltado à formação, alteração ou extinção de súmula vinculante (tratado nos arts. 1.º a 5.º da Lei 11.417/2006) não configura uma *prejudicialidade externa*, ou impedimento de outra ordem, ao livre curso dos feitos em andamento (CPC, art. 313, V, a), os quais prosseguem sem solução de continuidade. *Aliter*, no tocante à *reclamação* ao STF, fundada em recusa ou aplicação indevida da súmula vinculante (CF, § 3.º do art. 103-A), prevendo o art. 158 do RISTF: "O Relator poderá determinar a suspensão do curso do processo em que se tenha verificado o ato reclamado, ou a remessa dos respectivos autos ao Tribunal", certo ainda que o Relator "poderá julgar a reclamação quando a matéria for objeto de jurisprudência consolidada do Tribunal" (parágrafo único do art. 161). No ponto, esclarece Leonardo Lins Morato: "Tratando-se de ação de conhecimento, com natureza mandamental, o processo da reclamação comporta a concessão de liminar. É a própria lei que prevê essa possibilidade, ao estabelecer que o relator 'ordenará, se necessário, para evitar dano irreparável, a suspensão do processo ou do ato impugnado' (Lei 8.038/90, art. 14, II)" (*Reclamação e sua aplicação para o respeito da súmula vinculante*, São Paulo, RT, 2007, p. 280, 281, conclusão n. 76). [Nota: o art. 1.072 do vigente CPC revogou vários dispositivos legais, dentre eles alguns da Lei 8.038/90, tais os de nºs 13 a18]. De interesse, ainda, a súmula STF 734: "Não cabe reclamação quando já houver transitado em julgado o ato judicial que se alega tenha desrespeitado decisão do Supremo Tribunal Federal".

público".[227] "*Art. 5.º* Revogada ou modificada a lei em que se fundou a edição de enunciado de súmula vinculante, o Supremo Tribunal Federal, de ofício ou por provocação, procederá à sua revisão ou cancelamento, conforme o caso".[228] "*Art. 7.º (...) § 1.º* Contra omissão ou ato da administração pública, o uso da reclamação só será admitido após esgotamento das vias administrativas.[229] *§ 2.º* Ao julgar procedente a reclamação, o Supremo Tribunal Federal anulará o ato administrativo ou cassará a decisão judicial impugnada, determinando que outra seja proferida com ou sem aplicação da súmula, conforme o caso".[230]

---

227. A eficácia imediata, com incidência sobre os processos pendentes, é típica das normas de natureza processual (CPC, art. 1.211). A *flexibilização* ou *modulação temporal* dos efeitos vinculativos e do termo inicial de sua vigência, por deliberação do STF, tem precedente nas decisões de mérito na ADIn e ADCon (art. 27 da Lei 9.868/99), e na ADPF (art. 11 da Lei 9.882/99).

228. Portanto, a súmula vinculante, apesar de se ombrear, em eficácia prática, à norma legal (ambas são comandos gerais, abstratos, impessoais e obrigatórios), todavia não guarda uma autonomia isolada (não é *autopoietica ou autorreferente*), mas, assim como o acessório segue o principal, a súmula vinculante sujeita-se a ser alterada, ou mesmo revogada, se e quando o mesmo venha a acontecer à norma legal que lhe é subjacente. Nunca é demais recordar que o *efeito vinculativo* incide sobre a *declaração* do STF sobre a *validade*, *interpretação* e *eficácia* de uma dada norma incidente sobre matéria constitucional (CF, art. 103-A e § 1.º).

229. O dispositivo se explica nisso que, enquanto não esgotada a via administrativa, não estará cabalmente configurada a *recusa*, pela Autoridade, em aplicar a súmula vinculante, assim como poderá ela ainda retratar-se quanto à sua anterior aplicação indevida (súmula STF 473; art. 64-A da Lei 9.784/99, inserido pela Lei 11.417/2006); ou seja, enquanto pendente esse contexto, faltaria *interesse* (necessidade mais utilidade) para o manejo da reclamação ao STF. Sem embargo de o direito de ação ser público, abstrato e autônomo, ele não é incondicionado e genérico, mas depende do atendimento de certos quesitos, tanto *positivos* (condições da ação, pressupostos processuais) como *negativos* (ausência de impedimentos, como coisa julgada, litispendência, convenção de arbitragem). Aliás, a própria Constituição Federal traz o precedente dos *litígios de natureza desportiva*, que só podem ser judicializados após o esgotamento das instâncias da justiça desportiva (§ 1.º do art. 217).

230. O efeito vinculante é melhor visualizado na dupla perspectiva *vertical-horizontal*, na medida em que ficam jungidos ao enunciado da súmula – *e aos seus motivos determinantes*: (*i*) todos os órgãos judiciais, singulares ou colegiados, enumerados no art. 92 da CF, pela boa razão de ser o STF o *guarda da Constituição* (art. 102, *caput*), posicionado à cumeeira da organização judiciária nacional; (*ii*) toda a Administração Pública, em sentido largo, valendo lembrar que o Dec. Federal 2.346/97 dispõe: Art. 1.º "As decisões do Supremo Tribunal Federal que fixem, de forma inequívoca e definitiva, interpretação do texto constitucional deverão ser uniformemente observadas pela Administração Pública federal direta e indireta (...)", certo que já antes o art. 4º da LC 73/93 elencava, dentre as atribuições do Advogado-Geral da União: "(...) XII – editar enunciados de súmula administrativa, resultantes de jurisprudência

A par disso, dispõe o art. 64-A da Lei 9.784/99 (rege o processo administrativo na esfera federal), acrescido pelo art. 9.º da Lei 11.417/2006: "Se o recorrente alegar violação de enunciado da súmula vinculante, o órgão competente para decidir o recurso explicitará as razões da aplicabilidade ou inaplicabilidade da súmula, conforme o caso".[231]

Em estudo a que procedemos há alguns anos sobre a situação judiciária brasileira , incluímos um tópico sobre a súmula vinculante, que estava ainda em fase incipiente, o qual ora pedimos vênia para transcrever, desde já substituindo os artigos do CPC/73 ali citados pelos correspondentes no CPC vigente: "(*i*) até que o STF se disponha 'por dois terços de seus integrantes e publicação na imprensa oficial' (art. 8.º da EC 45/2004) a confirmar (*rectius*: discriminar) quais dentre suas súmulas ficarão vinculantes, elas continuarão

---

iterativa dos tribunais". Já a eficácia *erga omnes* (antônimo de *inter partes*, como se dá com a coisa julgada na jurisdição singular – CPC, art. 506) é própria de decisões sobre controvérsias de largo espectro social, e, por isso ela é aplicada na ADIn, ADCon (CF, § 2.º do art. 102), na ação popular (art. 18 da Lei 4.717/65), na ação civil pública (art. 16 da Lei 7.347/85), nas ações coletivas consumeristas (art. 103, I da Lei 8.078/90). O efeito vinculante das súmulas do STF alcança, como destinatários *diretos*, os juízes, desembargadores, Ministros de Tribunais Superiores e os administradores públicos em geral; e, como destinatários *indiretos*, as pessoas físicas e as jurídicas de direito privado (*v.g.*, no tocante às obrigações que venham a celebrar), e *em certa medida* até o Legislativo, porque, se é verdade que ele não está impedido de editar norma em sentido diverso do enunciado sumulado, todavia, como observa Rodolfo Kronemberg Hartmann, "nada impede que estas posteriores espécies normativas sejam declaradas inconstitucionais pelo STF, o que, nesta hipótese, também acabaria por adstringir o Poder Legislativo, ainda que indiretamente, aos termos da súmula vinculante" – A súmula vinculante e a Lei 11.417/2006, *Revista da Escola da Magistratura do Estado do Rio de Janeiro*, n. 39, 2007, p. 283). Assim como o juiz e o administrador público têm em regra que observar a norma legal de regência (princípio da legalidade estrita, atividade vinculada), o mesmo deve ocorrer quando seja de rigor a incidência de súmula vinculante no caso concreto. Sua recusa ou aplicação indevida, apuradas na reclamação dirigida ao STF, são sancionadas ou com *cassação* (se se tratar de decisão judicial) ou com *anulação* (no caso de decisão administrativa), como, aliás, previsto no § 3.º do art. 103-A da CF. O administrador público é ainda mais agravado, porque recebe ordem para que, de futuro, ajuste suas decisões ao enunciado vinculante, "sob pena de responsabilização pessoal nas esferas cível, administrativa e penal" (art. 64-B, acrescido à Lei 9.784/99 pelo art. 9.º da Lei 11.417/2006).

231. É que pelo art. 50 da Lei 9.784/99 os atos administrativos "deverão ser motivados, com indicação dos fatos e dos fundamentos jurídicos", completando o § 1.º que a motivação "deve ser explícita, clara e congruente (...)". Observe-se que a força da súmula vinculante opera nos dois sentidos, a saber, tanto quando for impositiva sua incidência, quanto na hipótese de a súmula não se aplicar ao caso vertente; uma e outra dessas circunstâncias devem ser explicitadas pela Autoridade a quem caiba apreciar o recurso administrativo, sob pena de o seu ato ou omissão virem a ser questionados via reclamação ao STF (CF, art. 103-A, § 3.º, c/c art. 64-B da Lei 9.784/99, inserido pela Lei 11.417/2006).

a exercer a eficácia que sempre tiveram – ou seja, persuasiva –, porque dentre nós o fundamento de direitos e obrigações repousa (ainda) na lei, como forma principal de expressão do direito (CF, art. 5.º, II), suplementada pelos meios de integração (CPC, arts. 140 e parágrafo único; 375; Lei 12.376/2010 – *Lei de Introdução às normas do Direito Brasileiro* (redenominação da antiga *Lei de Introdução ao Código Civil*, de 1942), art. 4.º); (*ii*) a par disso, as súmulas – vinculantes ou não – continuarão a projetar relevantes efeitos, *in concreto* e também panprocessuais (RISTF, art. 102, § 4.º; CPC, arts. 332, I e IV; 927, II e IV; 932, IV, *a* e V, *a*);[232] (*iii*) uma minoria das súmulas do STF deverá ficar vinculante, porque muitos enunciados versam sobre direito infraconstitucional, campo, que desde a Constituição Federal de 1988, ficou a cargo do STJ; além disso, várias súmulas se defasaram por fatores diversos, como as alusivas a tributos não mais existentes, ou as que se incompatibilizaram com legislação superveniente; (*iv*) só poderão ficar vinculantes as súmulas que reúnam, cumulativamente, os quesitos mencionados no art. 103-A da CF (EC 45/2004), a saber: atinentes à matéria constitucional; escolhidas por *quorum* de no mínimo dois terços dos Ministros; representativas de tese jurídica extraída de reiteradas decisões; que tenham por objeto a validade, interpretação e eficácia de normas determinadas; que haja controvérsia atual sobre tais normas, envolvendo órgãos judiciários entre si ou destes e a administração pública; que a controvérsia seja tal capaz de provocar 'grave insegurança jurídica e relevante multiplicação de processos sobre questão idêntica'".[233]

3.4.1 Perguntas e respostas

As questões que se seguem prendem-se aos aspectos conceitual e operacional da súmula vinculante, no intuito de esclarecer, objetivamente, algumas dentre as tantas indagações que o tema vem suscitando junto aos operadores do Direito e estudantes.

---

232. O Min. Celso de Mello, do STF, posicionara-se contrariamente à instituição da súmula vinculante ("*não é* uma pauta vinculante de julgamentos. *Nem deve* constituir modelo impositivo de uma inaceitável *hermenêutica de submissão*"), assim propugnando pela *valorização* da súmula simples ou persuasiva: "*deve ser* valorizada *processualmente, para que dela* possam ser extraídas diversas consequências de ordem formal, *sem*, contudo, *jamais inibir* a livre atividade jurisdicional dos *demais* juízes e tribunais" (Algumas reflexões sobre a questão judiciária, *Revista do Advogado* (AASP), n. 75, abr. 2004, p. 46, 47).

233. A realidade judiciária brasileira e os *Tribunais da Federação* – STF e STJ: inevitabilidade de elementos de contenção dos recursos a eles dirigidos. *In* Luiz Fux *et al.* (coords.), *Processo e Constituição: estudos em homenagem ao Professor José Carlos Barbosa Moreira*, São Paulo: RT, 2006, p. 1.077. (No excerto ora colacionado foram feitas algumas inserções de atualização).

1) O que é a súmula vinculante?

R.: É a potencialização da eficácia das súmulas do STF, as quais, até a EC 45/2004 (CF, art. 103-A e parágrafos) tinham força tão só *persuasiva* perante os órgãos jurisdicionais brasileiros, além do efeito de dispensarem, perante o STF, "a referência a outros julgados no mesmo sentido" (RISTF, § 4.º do art. 102). O efeito vinculante – que a nosso ver alcança os *motivos determinantes* – opera sobre a *declaração* do STF acerca da *validade*, *interpretação* e *eficácia* de normas determinadas, em matéria constitucional. Não se coloca, portanto, uma *vera antinomia* entre norma legal e súmula vinculante, na medida em que esta última decorre de uma *avaliação estritamente jurídica* acerca de reiteradas decisões envolvendo uma norma, de tal sorte a permitir a extração de um enunciado obrigatório a respeito da exegese assentada. Nesse sentido, Sérgio Bermudes: "É preponderantemente jurisdicional a função, conferida pela Emenda ao Supremo, de baixar súmulas vinculantes porque elas não constituem leis em si mesmas, porém modo obrigatório de aplicar a lei".[234] A súmula vinculante tem como *destinatários*: (*i*) *diretos*, todos os órgãos jurisdicionais (CF, art. 92 e incisos) e todos os administradores públicos, em sentido largo; (*ii*) *indiretos*, ou por via reflexa, as pessoas físicas e jurídicas de direito privado – em suas relações com o Judiciário e o Executivo – e, *em certa medida* (*infra*, resposta à pergunta n. 3), o Poder Legislativo, nisso que, embora não lhe seja vedado editar norma em senso diverso do enunciado vinculativo, tal hipótese se afigura remota, ante a notável influência projetada pelo entendimento da Corte à qual compete a *guarda da Constituição* (CF, art. 102, *caput*).

2) Em que medida a súmula vinculante pode estender-se às pessoas físicas e jurídicas em geral?

R.: À primeira vista o efeito vinculativo da súmula alcançaria somente os juízes e os administradores públicos (CF, art. 103-A, *caput*), mas essa perspectiva é parcial e reducionista. Tirante o *ato privado puro*, estabelecido entre duas ou mais partes capazes, para consecução de certo negócio envolvendo interesse disponível, no mais, e de ordinário, as pessoas físicas e jurídicas, de direito privado e público, relacionam-se com os Poderes constituídos, formulando pretensões ou opondo resistências junto às instâncias administrativa e judicial; assim, de modo *indireto ou reflexo*, cidadãos e pessoas jurídicas privadas e públicas colocam-se sob a irradiação dos efeitos

234. *A reforma do Judiciário pela Emenda Constitucional n. 45*, Rio de Janeiro, Forense, 2005, p. 118.

das súmulas vinculantes. Por exemplo, determinada cláusula poderá deixar de ser inserida num edital de concurso público, por se revelar desconforme ao enunciado de súmula vinculante, assim afetando os interessados no certame; um contrato praticado massivamente poderá ter sua redação reformulada, para conformá-lo ao enunciado de certa súmula vinculante, por modo a preservar sua higidez, caso venha a ser judicializada a controvérsia. No ponto, observa Rodolfo Kronemberg Hartmann: "Embora os particulares não estejam impedidos de propor demandas ou de recorrerem sustentando teses contrárias ao verbete sumular, certo é, a princípio, que os magistrados não poderão decidir contra estes mesmo precedentes".[235] Bem por isso, o juiz está autorizado a julgar *liminarmente improcedente* o pedido contrário a súmula - CPC, art. 332, I e IV- (e, *a fortiori*, em se tratando de súmula vinculante), assim como pode conceder *tutela da evidência* quando a pretensão vier forrada documentalmente e estiver afinada com súmula vinculante (CPC, art. 311, II).

3) Em que medida a súmula vinculante pode afetar a atividade legiferante?

R.: Embora a Constituição Federal estabeleça a separação entre os Poderes (art. 2.º) é notório que essa tripartição não mais opera com a rigidez de outrora, bastando considerar casos em que o Legislativo *julga* (art. 49, IX; art. 52, I e II) e *administra* (art. 52, XII e XIII); o Executivo *julga* (art. 84, XII) e *legisla* (art. 84, III, IV e XXVI); o Judiciário administra (art. 96 e incisos), e, em certa medida, *legisla* (arts. 93 e 125, § 1.º). Assim, hoje prevalece o aspecto *funcional* do Estado Social de Direito (*dimensão dinâmica*), sobre o aspecto da soberania ou do Poder (*dimensão estática*), devendo todos os entes políticos interagir na consecução do bem comum. O STF é o órgão de cúpula do Judiciário, cabendo-lhe a "guarda da Constituição" (CF, art. 102, *caput*), e, ao emitir a súmula vinculante, ele *fixa* - no espaço e no tempo - a validade, *interpretação* e eficácia de uma dada norma em matéria constitucional, a partir de reiteradas decisões sobre o tema. Pode dar-se que um projeto de lei, ao passar pela Comissão de Constituição, Justiça e Cidadania do Parlamento, venha, *também*, avaliado quanto à sua conformidade - formal ou material - em face de um enunciado vinculativo do STF existente sobre a matéria (*v.g.*, a súmula vinculante n. 11, sobre o uso de algemas), e, conforme o resultado dessa aferição, poderá dito pro-

---

235. A súmula vinculante e a Lei 11.417/2006. *Revista da Escola da Magistratura do Estado do Rio de Janeiro*, n. 39, 2007, p. 283, rodapé 21.

jeto ter prosseguimento, ser reformulado, ou mesmo arquivado. Não se pode olvidar que, *se a súmula vinculante não é a própria norma de extração constitucional*, ela é a *interpretação obrigatória sobre tal norma*,[236] o que se estende, ao nosso sentir, aos seus *motivos* determinantes.[237] Até porque, a norma promulgada em assimetria com o conteúdo de súmula vinculante virá a ser, oportunamente, aplicada, ou por um juiz, num caso concreto, ou por um agente público, na relação com o administrado, e, tanto a decisão judicial quanto o ato administrativo poderão vir a ser objeto de *reclamação* que, acolhida pelo STF, levará à *cassação* da decisão judicial ou à *anulação* do ato administrativo (CF, § 3.º do art. 103-A; Lei 11.417/2006, § 2.º do art. 7.º). É assim, com esses delineamentos, que o Legislativo sofre emanação – indireta ou reflexa que seja – dos enunciados vinculativos do STF, o que não implica qualquer ingerência indevida ou alguma *capitis diminutio* para a atividade parlamentar. Ao contrário, o próprio texto constitucional reporta-se ao que dispuser *a lei*, em matéria de emissão, revisão ou cancelamento da súmula (§ 2.º, parte inicial, do art. 103-A), com o que se afina o art. 5.º da Lei 11.417/2006, prevendo que, modificada ou revogada a lei subjacente à súmula, iguais providências deverátomar o STF quanto ao correspondente enunciado vinculativo. Por fim, um aspecto singular é aquele das atribuições ao Senado para *processar e julgar* determinadas Autoridades (CF, art. 52, I, II): nesse campo, entendemos que a súmula vinculante do STF não tem como projetar efeito algum – inibitório ou injuncional – porque, do contrário, atritaria o poder *judicante* (atípico, embora), que o próprio texto

---

236. Cf. Humberto Theodoro Júnior: "O teor da súmula obriga como lei, mas só atua em campo de interpretação de norma legal já existente. O STF não está autorizado a proceder como órgão legislativo originário. Não pode criar, pelo mecanismo sumular, norma que não tenha sido instituída pelo Poder Legislativo, nem mesmo a pretexto de suprir lacuna do direito positivo. Na verdade, o que obriga é a lei interpretada pelo STF em súmula de seus julgados. A súmula apenas revela o sentido que tem a norma traçada pelo legislador. Como a Constituição confere autoridade ao STF para tanto, descumprir o enunciado de uma súmula vinculante equivale a violar a lei que a inspirou. Daí falar-se em súmula com efeitos vinculantes (ou obrigatórios)" [Repercussão geral no recurso extraordinário (Lei n. 11.418) e Súmula vinculante do Supremo Tribunal Federal (Lei n. 11.417)], *Revista IOB de Direito Civil e Processual Civil* n. 48, jul.-ago. 2007, p. 122, 123.

237. Cf. Gilmar Ferreira Mendes: "(...) O efeito vinculante, que deflui dos fundamentos determinantes (*tragende Gründe*) da decisão, obriga o legislador a observar estritamente a interpretação que o tribunal conferiu à Constituição" (O efeito vinculante das decisões do Supremo Tribunal Federal nos processos de controle abstrato de normas. *Jus Navigandi*, n. 43, Teresina, ano 4, jul. 2000. Disponível em: <http://jus2.uol.com.br/doutrina/texto.asp?id=108>).

constitucional estabeleceu em prol do Parlamento, o que infringiria o equilíbrio entre os Poderes.[238]

4) Há alguma sanção prevista para o juiz que descumpre a súmula vinculante ou a aplica indevidamente?

R.: Em Portugal, ao tempo das Ordenações Filipinas, a interpretação das leis era fixada nos *assentos obrigatórios*, tomados em *Mesa Grande*, na Casa da Suplicação; em caso de dúvida, os juízes deveriam dirigir-se ao Regedor, prevendo-se que os recalcitrantes seriam "suspensos até nossa mercê" (L. I, t.V, § 5.º). No Brasil, o Substitutivo n. 13 à *PEC* 96-A/1992 chegara a prever que o "descumprimento das decisões sumuladas pelo Supremo Tribunal Federal e pelo Superior Tribunal de Justiça, por agente político ou por agente público, é motivo para a perda do cargo e responsabilização pelos danos patrimoniais provocados, decretação de indisponibilidade dos bens, sem prejuízo das demais sanções previstas em lei" (projetado § 5.º ao art. 111 da CF). Tal proposição não prosperou e, no direito posto, a decisão que *descumpre* (= recusa imotivada ou inconsistente; aplicação indevida ou equivocada) uma súmula vinculante, sujeita-se à *cassação*, em decorrência do acolhimento de *reclamação* apresentada ao STF, o qual determinará "que outra [decisão] seja proferida com ou sem aplicação da súmula, conforme o caso" (CF, § 3.º do art. 103-A; Lei 11.417/2006, § 2.º do art. 7.º); dicção um tanto diversa daquela constante do art. 992 do CPC: "Julgando procedente a reclamação, o tribunal cassará a decisão exorbitante de seu julgado ou determinará medida adequada à solução da controvérsia". Sem embargo, parece-nos que a cassação da decisão viciada por qualquer daquelas falhas não tem caráter censório ou correcional, assim como não o tem, *v.g.*, o acórdão que decide conflito de competência negativo, o que tudo vem ao encontro do disposto no art. 41 da LC 35/79: "Salvo os casos de impropriedade ou excesso de linguagem, o magistrado não pode ser punido ou prejudicado pelas opiniões que manifestar ou pelo teor das decisões que proferir". Vale ressalvar que o caso focado na pergunta é *diverso* daquele que enseja a *Correição Parcial*, vocacionada, no processo penal, à "emenda de erro ou abuso que importe

---

238. No ponto, Arthur Mendes Lobo: "(...) a aplicação da súmula interferiria diretamente no ato de *processar e julgar*, por exemplo, as autoridades mencionadas no art. 52, I e II, da Constituição Federal, eis que vincularia a fundamentação das decisões do Senado Federal, o que desvirtuaria o *princípio da divisão dos poderes*" (Breves comentários sobre a regulamentação da súmula vinculante, *Revista IOB de Direito Civil e Processual Civil*, n. 45, jan.-fev. 2007, p. 99). No excerto colacionado o autor reporta-se a Nery & Nery: *Constituição Federal comentada e legislação constitucional*, São Paulo, RT, 2006, p. 300.

inversão tumultuária dos atos e fórmulas processuais, quando não previsto recurso específico", podendo, a depender da gravidade da conduta funcional, ensejar aplicação de pena disciplinar (arts. 211 e 215 do RITJSP, aprovado em sessão do Órgão Especial de 25.09.2013).[239]

5) Quais as sanções previstas para a autoridade administrativa que recusa, imotivadamente, ou de modo inconsistente aplicação à súmula vinculante, ou a aplica em modo equivocado ou indevido?

R.: Convém desde logo distinguir o caso posto em questão daquele que pressupõe controvérsia *entre autoridades judiciária e administrativa acerca de questão eminentemente administrativa* (*v.g.*, Juiz Federal e Inspetor da Alfândega, acerca da *quarentena* no desembaraço de produtos importados), a qual se resolve pelo *conflito de atribuições* (CPC, art. 959), cabendo ao STJ processar e julgar, originariamente, "os conflitos de atribuições entre autoridades administrativas e judiciárias da União, ou entre autoridades judiciárias de um Estado e administrativas de outro ou do Distrito Federal, ou entre as deste e da União" (CF, art. 105, I, *g*). No caso da pergunta, tenha-se presente que o efeito vinculante da súmula do STF estende-se "à administração pública direta e indireta, nas esferas federal, estadual e municipal" (CF, art. 103-A, *caput*; art. 2.º da Lei 11.417/2006), tratando-se, pois, de um comando normativo de cunho injuncional, endereçado à Administração Pública, o qual, a nosso ver, abrange os *motivos determinantes*, subjacentes ao enunciado. O agente público que *descumpre* (= recusa imotivada / inconsistente; aplicação indevida / equivocada) a súmula vinculante do STF fica sujeito: (*i*) à *anulação* do ato impugnado, em decorrência do acolhimento de *reclamação* pelo STF (CF, § 3.º do art. 103-A; Lei 11.417/2006, § 2.º do art. 7.º); (*ii*) a ter que adequar suas futuras decisões ao enunciado vinculativo, "sob pena de responsabilização pessoal nas esferas cível, administrativa e penal" (art. 64-B da Lei 9.784/99, acrescentado pelo art. 9.º da Lei 11.417/2006).

6) O que se entende pela *força vinculativa* da súmula do STF e o que constitui seu objeto?

O *caput* do art. 103-A da CF fala em "súmula que (...) terá *efeito vinculante*", fórmula repetida no art. 2.º da Lei 11.417/2006, e que, antes, constara

---

239. Esclarece Leonardo Lins Morato: "A reclamação é bem diferente da correição parcial. Com esta última, a persistir o abuso, o erro, a omissão, não pode o órgão corregedor interferir no processo, para alterar a decisão, ou cassá-la, decidir o que não foi decidido etc., o que pode perfeitamente, resultar da propositura e apreciação da reclamação" (*Reclamação e sua aplicação...* cit., p. 265, conclusão n. 12).

no § 2.º do art. 102 da CF, no tocante à decisões de mérito em ADIn e ADCon (EC 3/93, depois com redação dada pela EC 45/2004). Todavia, no corpo da Lei 11.417/2006, prevalece a nomenclatura *enunciado de súmula vinculante* (art. 1.º, § 2.º do art. 2.º; art. 3.º e §§; arts. 5.º a 8.º), havendo mesmo referência a *enunciado de súmula com efeito vinculante* (§§ 3.º e 4.º do art. 2.º; art. 10). Dado que o STF (ressalvado certo *ativismo* ou *protagonismo* que vai ganhando corpo), não pode atuar como legislador *positivo*, isto é, produzindo normas gerais abstratas e impessoais, deve-se entender que é o *elemento declaratório*, decorrente de atividade tipicamente jurisdicional (avaliação sobre a validade, interpretação, eficácia de uma norma de conteúdo constitucional) que projeta *força obrigatória*, em direção aos destinatários *diretos e indiretos* aos quais se fez referência nas respostas às perguntas de ns. 1 a 3.[240] Esse *efeito vinculativo*, a nosso ver, abrange os *motivos determinantes*, pressupostos no enunciado e subjacentes a este, à semelhança da *ratio decidendi* dos *binding precedents*, na experiência dos países de *common law*. Para que tal ocorra, as súmulas vinculantes devem atender, *cumulativamente*,[241] estas exigências: (*i*) serem *confirmadas* com tal qualificativo pelo STF dentre as pré-existentes – art. 8.º da EC 45/2004 – ou virem a ser emitidas como tal em rol específico e numerado, ficando as demais súmulas consideradas, *contrario sensu*, como *persuasivas*, *simples* ou *não vinculantes*; (*ii*) devem versar sobre *quaestio iuris* de extração constitucional, envolvendo validade, interpretação ou eficácia

240. Arthur Mendes Lobo assim se manifesta: "Constata-se, pois, que em razão do efeito vinculante, tanto os princípios extraídos da parte dispositiva da Súmula, quanto os fundamentos determinantes da decisão, vinculam todos os tribunais e autoridades administrativas nos casos futuros, razão pela qual ela não pode ser aplicada indevidamente, ou seja, é inadmissível interpretação diversa daquela proferida nos votos vencedores dos Ministros do Supremo Tribunal Federal, salvo na hipótese de revisão ou cancelamento por esta Corte Constitucional" (Breves comentários... cit., p. 86).

241. Assim pensa Oscar Valente Cardoso: "(...) não é suficiente para a aprovação de uma súmula vinculante a preexistência de julgados similares do STF; faz-se necessário ainda, além do *quorum* de 2/3 de votos, a existência de controvérsia sobre a hermenêutica da norma, seja entre órgãos do Judiciário, seja entre estes e a Administração Pública. Logo o § 1.º [do art. 103-A da CF] não afasta o exigido no *caput*, de que a súmula vinculante deva representar reiteradas decisões do STF, sobre a matéria constitucional, tratando-se de requisitos *cumulativos*" (Súmulas vinculantes e desvinculação da jurisprudência, *Revista Dialética de Direito Processual*, n. 77, ago. 2009, p. 82). De fato, a se entender de outro modo, se chegaria a uma dupla categoria ou dupla tipicidade de súmulas vinculantes, conforme sua gênese derivasse de um ou outro dos fundamentos indicados no *caput* e no § 1.º do art. 103-A da CF, exegese que não se respalda na letra nem no espírito desses dispositivos, e, ademais, se constituiria em mais um *complicador* para a *praxis* judiciária com esses enunciados.

de norma determinada, sobre a qual perdure controvérsia atual entre órgãos jurisdicionais ou entre estes e a administração pública; (*iii*) essa controvérsia deve apresentar intensidade capaz de acarretar grave insegurança jurídica[242] e relevante multiplicação de processos sobre idêntica questão; (*iv*) o enunciado da súmula deve espelhar o extrato de reiteradas decisões do STF sobre a matéria; (*v*) a *confirmação* da súmula como vinculativa deve ser tomada por 2/3 dos membros do STF, isto é, oito Ministros; (*vi*) o verbete da súmula deve ser publicado no órgão oficial. De observar-se que o art. 927 do CPC, ao elencar os padrões decisórios impositivos, dispõe que juízes e tribunais os *observarão*, valendo-se, pois, do verbo em modo imperativo.

7) A súmula vinculante comporta *interpretação* pelo juiz e pelo administrador público?

R.: A súmula vinculante do STF, na medida em que constitui um enunciado geral, abstrato, impessoal e obrigatório, participa da mesma natureza – nomotética – reconhecida à lei, ficando a esta *praticamente* equiparada, e, como tal, sujeita à "interpretação"; impende, porém, observar os temperamentos a seguir expostos. A exegese possível sobre a súmula vinculante – provinda de ambiente técnico-jurídico (e não do calor dos debates parlamentares, como a norma legal), e extraída de reiteradas decisões do STF

242. A insegurança jurídica, dentre outros malefícios, engendra o tratamento anti-isonômico dos jurisdicionados, compromete a credibilidade no serviço judiciário estatal e fomenta a contenciosidade social, instalando a temível *loteria judiciária*. Desse perverso contexto tiram proveito os que intentam postergar o cumprimento de suas obrigações, notadamente os chamados *clientes habituais* (*repeat players*, na terminologia norte-americana) e, de modo geral, os interessados em prolongar o trâmite dos processos, mediante a interposição de sucessivos recursos e impugnações, não raro com finalidade apenas protelatória. Além disso, fica comprometida a imagem do país aos olhos do capital estrangeiro, afetando, portanto, as relações de mercado. Luciana Gross Cunha observa que "a falta de segurança jurídica afeta o sistema de preços, desencoraja investimentos e a utilização do capital disponível, estreita a abrangência da atividade econômica e diminui a qualidade da política na área econômica, prejudicando o crescimento do País". (...) "Com base na análise da sociologia jurídica, Joaquim Falcão afirma que os desafios para o desenvolvimento nos países emergentes está na existência de padrões desviantes na aplicação do princípio da segurança jurídica. Esses países se caracterizam pela existência de (i) insegurança administrativa; (ii) inefetividade das decisões judiciais, na medida em que as decisões do Judiciário não são cumpridas; e (iii) inflação legislativa" (Segurança jurídica: performance das instituições e desenvolvimento, *Poder Judiciário e desenvolvimento do mercado de valores mobiliários brasileiro*, São Paulo, Saraiva, 2007, p. 135, 139). (Nota: o estudo de Joaquim Falcão, citado, denomina-se Insegurança jurídica, disponível em: <http://www1.folha.uol.com.br/fsp/opiniao/fz29042 00709.htm>, acessado pela autora em 23.08.2007, cf. rodapé n. 15).

sobre um mesmo tema – não pode ter a mesma intensidade e latitude da interpretação a que, ordinariamente, se submete a lei, votada e aprovada por representantes do povo, que, por isso mesmo, fazem, em nome deste, escolhas primárias e opções políticas.[243] O ambiente eminentemente dialético- majoritário do Parlamento acaba impregnando o produto daí derivado, ensejando que a exegese da lei venha a consentir diversas inteligências em sua ulterior aplicação aos casos concretos, assim na atividade judicante como na esfera administrativa, inclusive em face dos vários métodos interpretativos: gramatical, histórico, lógico-sistemático, teleológico. Nem por outro motivo cabe ao STJ a tarefa de *uniformizar a exegese* do direito federal comum (CF, art. 105, III, *c*), embora o dissídio possa subsistir até entre suas Turmas (CPC, art. 1.043, I e III). Já a "interpretação" da súmula vinculante, ao nosso ver, não se vocaciona ao mesmo elastério a que se sujeitam as normas legais, pela boa razão de que aquele enunciado já *constitui o extrato* de reiterados julgamentos do STF sobre uma dada matéria, onde o tema foi exaustivamente debatido, até alcançar um consenso, extratificado no verbete. Dado que o *descumprimento* à súmula vinculante, no sentido antes indicado nas respostas anteriores, acarretam sérias consequências (CF, § 3.º do art. 103-A; Lei 11.417/2006, § 2.º do art. 7.º; CPC, arts. 988, III, redação da Lei 13.256/2016, e 992), a "interpretação" de tal enunciado obrigatório há de ser *parcimoniosa e restrita*: (***i***) o juiz, na formação de sua persuasão racional (CPC, arts. 140, *caput*, 371), se limitará a fixar o alcance (extensão – compreensão) do enunciado vinculativo, mormente com vistas a verificar se o caso concreto nele se enquadra: em caso positivo, aplicará a súmula; caso contrário, *motivadamente*, declinará – *não por dela discordar ou por questionar seu acerto ou oportunidade* –, mas por estar convencido de sua inaplicabilidade à espécie; a não se entender assim, se incidiria numa interminável "interpretação da interpretação", que retiraria toda funcionalidade ao instituto[244] e engendraria o risco de deflagrar na Excelsa Corte uma *nova*

243. O que não impede, segundo José Maria Rosa Tesheiner, possam tais súmulas ser "objeto de interpretação e, portanto, de controvérsia. Haverá questões a responder: É constitucional a súmula que se pretende aplicar? Incidiu no caso concreto? Qual seu exato significado? Ocorreram transformações no mundo dos fatos ou do direito a impor sua desconsideração?" (*Reforma do Judiciário*. Disponível em: <www.tex.pro.br>).

244. Naturalmente, não se pode descartar a hipótese de que a redação, acaso imprecisa, da súmula vinculante traga dificuldades para a percepção de seu real significado e alcance (*v.g.*, a de n. 2, dispondo sobre consórcios, sorteios, bingos e loterias: tal enunciado alcançaria todo e qualquer jogo de azar?). Alexandre Sormani e Nelson Luis Santander ponderam que em casos tais, "o uso de uma interpretação não aceita pelo Supremo Tribunal Federal, porém, dentro do espaço de interpretação que a súmula adita, não

crise numérica, já agora de *reclamações* por descumprimento ou aplicação equivocada de súmula vinculante;[245] (*ii*) o administrador, cuja competência já é, ordinariamente, *vinculada* (CF, art. 37, *caput*), avisado da existência de enunciado vinculativo sobre a matéria que lhe está submetida, "explicitará as razões da aplicabilidade ou inaplicabilidade da súmula, conforme o caso" (§ 3.º do art. 56 e art. 64-A da Lei 9.784/99, cf. Lei 11.417/2006). Ainda assim, caso sobrevenha reclamação acolhida pelo STF, a Corte, além de *anular* o ato, cientificará a autoridade para que de futuro parametrize suas decisões pelo enunciado vinculante (art. 64-B da Lei 9.784/99, cf. Lei 11.417/2006). É interessante ter presente que o modelo da súmula vinculante do STF vai fazendo escola, influenciando até mesmo o plano legislativo, de que é exemplo a Lei paulistana 15.690 de 15.05.2013, que inseriu na Lei 14.107/2005 o art. 44-A, cujo *caput* prevê que "a jurisprudência firmada pelo Conselho Municipal de Tributos será objeto de *súmula que terá caráter vinculante* para todos os órgãos da Administração Tributária (...)".

8) A interposição de reclamação sobresta ou impede o manejo de recurso ou outra impugnação cabível? Há relação de prejudicialidade entre esses instrumentos?

A primeira pergunta remete ao art. 7.º da Lei 11.417/2006, dizendo que o oferecimento da reclamação se dá "*sem prejuízo* dos recursos ou outros meios admissíveis de impugnação". *Recursos cíveis* são os elencados, em *numerus clausus*, no art. 994 do CPC; *impugnações* têm uma acepção mais larga, abrangendo, por exemplo, pedidos de reconsideração, cautelar de atentado, ações autônomas, como o mandado de segurança, os embargos de terceiro, a rescisória. À vista daquele art. 7.º da Lei 11.417/2006, pode ter ficado *parcialmente* inaplicável o art. 158 do RISTF – ao menos quanto às reclamações fundadas em infringência à súmula vinculante – porque ali se dá ao Relator poder de "determinar a *suspensão* do curso do processo

---

autoriza o uso da reclamação, pois, aí, estar-se-ia impingindo indevidamente de desacato a hermenêutica tecnicamente correta, mas não aceita ou até ignorada pelo STF. Nessa hipótese, resvalar-se-ia no famigerado 'crime de hermenêutica'" (*Súmula vinculante – Um estudo à luz da Emenda Constitucional 45, de 08.12.2004*, Curitiba, Juruá, 2008, p. 175).

245. Vanice Lírio do Vale alerta para o "caráter profiláctico de 'relevante multiplicação de processos sobre questão idêntica', ao qual se associa também a edição de súmula vinculante. Também seria desarrazoado que um instrumento voltado para a prevenção da multiplicação de feitos tivesse por consequência autorizar justamente a apresentação de incontáveis reclamações, dirigidas – como são – ao órgão de cúpula da estrutura do Poder Judiciário" (Impasses sistêmicos da versão brasileira de precedentes vinculantes, *Revista Forense*, vol. 384, mar.-abr. 2006, p. 513).

em que se tenha verificado o ato reclamado, ou a remessa dos respectivos autos ao Tribunal", aproximando tal disposição da *ratio* subjacente aos casos de *prejudicialidade externa* indicados no art. 313, V, *a* do CPC. A segunda questão não é enfrentada pela Lei 11.417/2006, mas há de ser respondida afirmativamente: tanto pode dar-se que a apelação seja provida no TJ ou TRF, para reformar ou anular a sentença, *antes* que a reclamação seja apreciada no STF, e então esta ficará prejudicada, por não ser possível *cassar* uma sentença que já não subsiste. O contrário também pode ocorrer, e então a apelação é que terá perdido seu objeto, por ser inviável que o TJ ou o TRF julguem apelação contra sentença que antes já foi cassada pelo STF. Atente-se, sobretudo, para o disposto na súmula do STF n. 734: "Não cabe reclamação quando já houver transitado em julgado o ato judicial que se alega tenha desrespeitado decisão do Supremo Tribunal Federal".

9) Com o advento da súmula vinculante o Brasil segue filiado à família romano-germânica, dos direitos codicísticos, próprios dos países do *civil law*?

R.: Embora a ordem jurídica se *presuma plena* (a chamada *plenitude* ou *completude* do Direito), o ordenamento positivo não tem como ser preenchido tão somente pelas normas legais, e por isso mesmo o próprio Direito disponibiliza elementos ou subsídios voltados a colmatar as lacunas: são as fontes secundárias ou meios de integração (analogia, costumes, princípios gerais, equidade, regras da experiência comum – *Lei de Introdução às normas do Direito* Brasileiro – redenominação dada pela Lei 12.376/2010 à *Lei de Introdução ao Código Civil* (1942), art. 4.º; CPC, parágrafo único do art. 140; art. 375). Nesse rol não figura a jurisprudência (como antes previa a nossa primeira Constituição Republicana de 1891 – art. 59, § 2.º, e, muito depois, viria a dispor o art. 8.º da CLT). Sem embargo, a jurisprudência vem galgando patamares cada vez mais altos e ocupando espaços cada vez mais largos, desde a LC 35/79, § 2.º do art. 90, passando pela Lei 8.038/90, art. 38. Na sequência, o CPC/73 veio sendo alterado no sentido de ser dada eficácia panprocessual à jurisprudência dominante ou sumulada: Lei 9.756/98 – parágrafo único do art. 120; parágrafo único do art. 481; art. 557 e § 1.º-A; Lei 10.352/2001 – § 3.º do art. 475; Lei 11.276/2006 – § 1.º do art. 518; Lei 11.418/2006, art. 543-B e §§; Lei 11.672/2008 – art. 543-C e §§; Lei 12.322/2010 – art. 544, § 4.º, II, alíneas *a* e *b*; assim, também, a CLT: art. 896, *a*, *b* e § 4.º, cf. Lei 9.756/98. O CPC vigente é pródigo em ocorrências reveladoras da eficácia panprocessual da jurisprudência em suas formas otimizadas (arts. 332, I e IV; 927, II e IV; § 3º do art. 947; 988, III, redação do inciso cf. Lei 13.256/2016; §§ 5º e 6º do art. 966, aqueles acrescidos pela Lei 13.256/2016; 1.040 e incisos. Daí não haver como negar que a jurisprudência, em suas formas qualificadas, deu um *salto de qualidade*, até atingir sua marca máxima, com a constitucionalização da súmula vinculante do STF (art. 103-A – EC 45/2004; Lei 11.417/2006). Tal súmula apresenta atributos análogos aos da norma legal (geral, abstrata, impessoal, obrigatória, projetando efeitos diretos e também reflexos), mas vai *ainda além*, porque, enquanto a norma preordena-se a ser interpretada, não raro alcançando mais de um entendimento, já a súmula vinculante beneficia de uma sorte de interpretação que se diria *implícita*, ou *autorreferente*, dado que ela já representa o extrato de reiterados julgamentos consonantes sobre um dado tema, como exposto na resposta à indagação de n. 7, supra. Não seria um excesso ou exagero tivesse o constituinte revisor acrescido ao art. 5.º, II da CF (princípio da *reserva legal*) o apêndice "(...) ou de súmula vinculante do STF". Parece-nos que a filiação jurídica do Brasil tornou-se híbrida ou eclética, a meio-caminho entre o *common law* (o *binding precedent*, sistema do *stare decisis*) e o *civil law* (direitos codicísticos), ou seja, a fonte de direitos e obrigações dentre nós deixou de ser apenas a *norma*, para também incluir a *súmula vinculante.* [246] Dessa *rota de aproximação* entre as duas famílias jurídicas há exemplos emblemáticos na experiência estrangeira, como o advento do Código de Processo Civil inglês, em 1999, e o prestígio, nos Estados Unidos, do *Uniform Commercial Code*; ainda, neste país, registre-se o advento, em 2005, do *Class Action Fairness Act*. Trata-se, em verdade, de um movimento ou de uma tendência mundial contemporânea, na observação de Michele Taruffo: "Verifica-se complexo intercâmbio de modelos, inclusive entre sistemas de *common law* e sistemas de *civil law*. São numerosíssimos os exemplos, sobretudo se se observa a influência do modelo norte-americano, mas bastará citar alguns para estabelecer o discurso: vários sistemas de *civil law* extraíram daquele modelo o júri penal (como aconteceu recentemente na Espanha), a técnica do interrogatório cruzado, a ideia de pôr limites ao recurso às cortes supremas, a *class action*, o uso de depoimentos escritos".[247]

10) O *quorum* de 2/3 dos membros do STF para a aprovação de súmula vinculante (CF, art. 103-A), assim como para sua revisão, cance-

---

246. V., ao propósito, nossas considerações no estudo "O direito brasileiro segue filiado (estritamente) à família *civil law* "? In *O novo Código de Processo Civil – questões controvertidas*, São Paulo: Gen-Atlas, 2015, p. 387-420.

247. Observações sobre os modelos processuais de *civil law* e de *common law*, *RePro* n. 110, 2003, p. 153.

lamento e para a fixação da eficácia temporal (Lei 11.417/2006, § 3.º do art. 2.º; art. 4.º) tem como base a composição plenária – 11 Ministros – ou o número dos Ministros presentes à seção?

R.: Pelo art. 102, § 1.º, do RISTF, a inclusão, alteração ou cancelamento de súmula, demandam deliberação "em Plenário, por maioria absoluta", vale dizer, *seis* Ministros. Mesmo assim, parece-nos que esse dispositivo não fica revogado pela superveniência do art. 103-A da CF, falando em "dois terços dos seus membros", podendo-se tentar conciliar ambos os textos (cf. § 2.º do art. 2.º da *Lei de Introdução às normas do Direito Brasileiro*): aquele *quorum* regimental – seis Ministros – fica para o caso das súmulas *simples* ou *persuasivas* (= as que remanescem não vinculantes, à míngua dos pressupostos objetivos para tal, *v.g.*, por não tratarem precipuamente de matéria exclusivamente constitucional), ficando como tal excluídas do rol das *confirmadas* como vinculativas, nos termos do art. 8.º da EC 45/2004; já o *quorum* de 2/3 – oito Ministros – fica para a emissão, revisão, cancelamento e fixação da eficácia temporal das súmulas efetivamente *vinculantes* (art. 2.º, § 3.º e art. 4.º da Lei 11.417/2006), isto é, daquelas com finalidade *dissuasória*.[248]

11) Qual a natureza jurídica da reclamação ao STF, cabível em caso de *descumprimento* à súmula vinculante (= recusa imotivada / inconsistente; aplicação indevida / equivocada) ?

R.: Embora se trate de matéria até hoje controvertida, estamos em que a reclamação é uma *ação*,[249] de competência originária dos Tribunais (no caso do

248. É também como pensa Gustavo Santana Nogueira: "(...) entendemos que não foi revogado o quórum previsto no art. 102, § 1.º do RISTF, que exige maioria absoluta, ou seja, a aprovação depende de seis Ministros. O quórum mais qualificado deve-se ao efeito vinculante, porém defendemos a existência de súmulas não vinculantes, que podem ser aprovadas com o voto de seis Ministros". (Das súmulas vinculantes – uma primeira análise, *in* Teresa Arruda Alvim Wambier *et al.* (coords.), *Reforma do Judiciário – Primeiras reflexões sobre a Emenda Constitucional 45/2004*, São Paulo, RT, 2005, p. 272).

249. Assim pensa Leonardo Lins Morato: "A reclamação não é medida administrativa; não é procedimento de jurisdição voluntária; não constitui processo objetivo; não é recurso nem sucedâneo recursal; não pode ser qualificada como incidente processual; não se caracteriza por exercício do direito de petição; e não é simples remédio processual. A reclamação é ação com sede na Constituição, de caráter mandamental, com procedimento expedito – dependente de prova pré-constituída da usurpação ou do desacato, tanto quanto possível de ser apresentada –, com vistas a tutelar direito fundamental. É ação de conhecimento, sendo certo que o seu intuito é alcançar um decisão de mérito, que julgue a lide existente entre o reclamante – o qual alega ter sofrido uma lesão a direito seu – e a autoridade reclamada, à qual se imputa a prática de desacato ou de usurpação. E essa decisão de mérito que vier a

STF, para "a preservação de sua competência e garantia da autoridade de suas decisões" – CF, art. 102, I, *l*). A depender do caso concreto que lhe deu origem, o acolhimento da reclamação leva: (*i*) a um comando *desconstitutivo* (no caso de descumprimento de súmula vinculante ou de sua aplicação indevida, o STF *cassa* a decisão judicial ou *anula* o ato administrativo – CF, § 3.º do art. 103-A) ou, (*ii*) *mandamental, injuncional*, como aquele dirigido à autoridade administrativa que recusou aplicação da súmula vinculante ou a aplicou indevidamente, no sentido de "adequar as futuras decisões administrativas em casos semelhantes, sob pena de responsabilização pessoal nas esferas cível, administrativa e penal" (art. 64-B da Lei 9.784/99, inserido pela Lei 11.417/2006). Saliente-se que a *reclamação* aparece no RISTF dentre os *processos* de competência originária (Título V – arts. 156 a 162), ali tratado como um incidente processual autônomo, com breve instrução probatória, contraditório sumário e possibilidade de liminar. Como gênero, integra o *processo de conhecimento*, já que tal incidente vocaciona-se a um acórdão de mérito (o art. 161 do RISTF fala em *julgar procedente* a reclamação, mesma terminologia usada no § 3.º do art. 103-A da CF e no art. 992 do CPC). Destarte, o julgamento da reclamação possibilita a formação de coisa julgada e, consequentemente, desafia ação rescisória, se presentes os pressupostos do art. 966 e incisos do CPC. Ainda de interesse na espécie a súmula 734 do STF, mostrando que a reclamação não é sucedâneo de rescisória: "Não cabe reclamação quando já houver transitado em julgado o ato judicial que se alega tenha desrespeitado decisão do Supremo Tribunal Federal", enunciado recepcionado no § 5º, I, do art. 988 do CPC, parágrafo com redação e inciso acrescido pela Lei 13.256/2016.

12) A dicção do § 3.º do art. 103-A da CF, no sentido de que o STF "*cassará* a decisão judicial reclamada, e *determinará que outra seja proferida* (...)", aplica-se, por simetria, ou por extensão, à autoridade administrativa que teve seu ato anulado em decorrência do acolhimento de reclamação?

R.: Uma leitura menos atenta do citado dispositivo poderia levar à apressada conclusão de que também a autoridade administrativa seria *oficiada*

ser alcançada revestir-se-á dos efeitos da coisa julgada, sendo rescindível, apenas, por ação rescisória" (*Reclamação e sua aplicação...* cit., p. 269, conclusões ns. 27 e 28). Em modo análogo entende Ricardo de Barros Leonel: "Parece-nos correta a conclusão da doutrina, ao que indica majoritária, no sentido de que a reclamação constitucional configura verdadeiro exercício do direito de ação. Essa posição foi adotada tanto em manifestações doutrinárias mais antigas, como ainda, com maior amplitude de razões, em elaborações mais recentes"(*Reclamação constitucional*, São Paulo: RT, 2012, p. 171).

pelo STF para proferir outra decisão, "com ou sem a aplicação da súmula, conforme o caso". Essa exegese, contudo, não pode prevalecer, por dois motivos: (*i*) a locução "outra seja proferida" está no feminino, e, portanto, não tem como se estender à precedente expressão "ato administrativo", que está no masculino; (*ii*) depois, e principalmente, uma determinação do STF dirigida à autoridade administrativa obrigando-a a emitir outro ato atritaria a separação entre os Poderes (CF, art. 2.º), podendo representar ingerência indevida na esfera de atribuições do administrador público (diversamente do que se passa com os órgãos judiciais, sujeitos a uma *vinculação vertical* em face do STF). A se entender diversamente, haveria o risco de um impasse sistêmico-institucional, ou ao menos de uma descontinuidade ou turbação na prestação do serviço público questionado, podendo-se figurar o caso de um despacho decisório do IBAMA, anulado pelo STF, por ser incompatível com a súmula vinculante: a radical *determinação* do STF para que a Autoridade necessariamente emitisse outro ato poderia chocar-se com o próprio conteúdo ocupacional do cargo por ela exercido, tratando-se de atividade vinculada a um espectro de atribuições estabelecido na lei de regência (no setor público, *quem pode, deve*).[250] Outrossim, não se pode descartar a hipótese de as partes envolvidas virem a se compor através de uma solução negociada, firmando, *v.g.*, no campo ambiental, um termo de ajustamento de conduta (Lei 7.347/85, § 6.º do art. 5.º), tanto mais que a Lei 13.140/2015 autoriza a *mediação* no âmbito da administração pública, inclusive quando verse "sobre direitos indisponíveis que admitam transação" (art. 3º, *caput*); nesse caso, como se compatibilizaria tal solução consensual com a *ordem* emanada do STF? Já diversamente se passa no ambiente judiciário, quanto à determinação do STF para que seja proferida outra *decisão*, porque aí a ordem se dirige ao interno do *mesmo Poder*, estando o STF no ápice do Poder Judiciário, como *guarda da Constituição* (CF, arts. 92, I e 102, *caput*). Por análoga razão – já agora nas relações entre STF e Legislativo -, o entendimento da Corte, no mandado de injunção, é no sentido de que ele não pode suprir a norma faltante, porque isso o converteria num legislador positivo (MI-QO 107-3-DF, *DJU* 21.09.1990, rel. Min. Moreira Alves). Por todo o antes exposto, compreende-se que, no capítulo *mandamental ou injuncional* da decisão do STF, na reclamação fundada em resistência por parte do agente

---

250. A hipótese em causa, ao nosso ver, não se confunde com as de outros comandos judiciais de cunho mandamental ou injuncional, emitidos ao final de processos de cognição ampla (sentido da extensão) e exauriente (sentido da compreensão), como se dá, por exemplo, nos precatórios encaminhados à Administração Pública, para inserção na ordem cronológica e oportuno cumprimento.

público recalcitrante, a Corte limita-se a adverti-lo de que deverá "adequar as *futuras* decisões administrativas em casos semelhantes, sob pena de responsabilização pessoal nas esferas cível, administrativa e penal" (art. 64-B da Lei 9.784/99, acrescido pelo art. 9.º da Lei 11.417/2006).[251]

13) As súmulas vinculantes operam força obrigatória também em face do próprio STF e do STJ?

R.: Embora diga o art. 103-A, *caput*, da CF que a súmula terá efeito vinculante "em relação aos *demais* órgãos do Poder Judiciário" – o que à primeira vista parece excluir o STF, órgão de cúpula, emissor da súmula –, a interpretação não pode ser assim literal, devendo sofrer os temperamentos cabíveis. Enquanto estiverem em plena vigência e eficácia, as súmulas que o próprio STF *confirmar* como vinculantes (art. 8.º da EC 45/2004) por óbvio serão cumpridamente perfilhadas e prestigiadas pela Excelsa Corte, não fazendo sentido que o STF tergiversasse sobre os extratos de sua própria jurisprudência assentada, ou desprestigiasse tais enunciados que ele mesmo dotou de força vinculativa. Tal não impede que, sobrevindo circunstâncias relevantes, deliberem 2/3 dos seus membros em revisar ou mesmo cancelar um dado enunciado; isso pode ocorrer se, ulteriormente, vem a se formar melhor exegese, ou, principalmente, se advém direito novo, incompatível com o enunciado assentado (Lei 11.417/2006, § 3.º do art. 2.º; art. 5.º). Quanto ao STJ, embora componha, com o STF, os "Tribunais da Federação", aquela Corte inclui-se, naturalmente, na rubrica "demais órgãos do Poder Judiciário" e, assim, também, fica sob a irradiação da carga eficacial das súmulas vinculantes do STF. Tal conclusão é também roborada pelo fato de as atribuições do STJ terem sido extraídas do plexo daquelas que, antes da CF de 1988, concerniam ao STF. Um resquício dessa

251. Esclarecedor o magistério de Sérgio Bermudes: "O provimento da reclamação interposta contra ato administrativo contrário à súmula vinculante limitar-se-á, conforme o parágrafo [3.º do art. 103-A da CF], à anulação. Apagado o ato, fica a critério da Administração praticar outro, obediente da súmula, ou optar por critério diferente, da escolha dela, como, *v.g.*, pura e simplesmente deixar de praticar qualquer ato. Provendo, no entanto, a reclamação contra ato jurisdicional, o Supremo Tribunal cassará o ato, como diz o § 3.º, usando verbo em sentido precário, em todo caso significativo de anular. Mas o Supremo Tribunal Federal não profere outro ato. Num juízo de reenvio, determina que outra decisão (o pronome outra, no feminino, refere-se à decisão judicial) seja proferida 'com ou sem aplicação da súmula, conforme o caso'. Casos pode haver em que a cassação do ato seja suficiente para assegurar a efetividade da súmula, como quando a anulação do ato contrário à súmula fizer com que prevaleça outro, proferido de acordo com ela (imagine-se a hipótese de provimento de recurso intempestivo para reformar a decisão dada segundo a súmula, e substituída por outra, contrária ao enunciado)" (*A reforma do Poder Judiciário pela Emenda Constitucional 45*, Rio de Janeiro: Forense, 2005, p. 125).

antiga "comunicação" se percebe no *redirecionamento*, ao STF, dos recursos extraordinários tirados contra acórdão que "julgar válida lei local contestada em face de lei federal" (alínea *d* ao art. 102, III, cf. EC 45/2004), por se entender que aí remanesce como pano de fundo uma querela constitucional. De resto, o STJ sói invocar em seus acórdãos súmulas do STF – que (ainda) as há em matéria infraconstitucional – e mesmo, registra-se uma *correspondência* entre algumas das súmulas de ambos os Tribunais: STF 282 e STJ 211; STF 286 e STJ 83. *De lege ferenda*, em prosperando a positivação das chamadas *súmulas impeditivas de recursos, antes cogitadas para o STJ* (PEC 358/2005), a Corte deverá rever, no limite do que seja possível, as súmulas que demandem reavaliação de fundo ou de forma, em face daquelas que o STF vier a confirmar como vinculativas, a fim de preservar a harmonia necessária entre os dois Tribunais da Federação.[252]

14) Os órgãos decisórios não jurisdicionais (= excluídos do rol do art. 92 da CF), tais como os Tribunais de Arbitragem, de Impostos e Taxas, Desportivos, de Contas, Conselho Administrativo de Defesa Econômica – CADE, equiparam-se às instâncias administrativas, para o fim de ficarem os seus atos e decisões sujeitos à anulação pelo STF, por conta de recusa injustificada ou aplicação indevida de súmula vinculante?

R.: O efeito vinculante das súmulas como tal emitidas ou *confirmadas* pelo STF (art. 8.º da EC 45/2004) projeta-se em face de todos os órgãos *jurisdicionais* (CF, art. 103-A; art. 2.º da Lei 11.417/2006), os quais constam, em *numerus clausus*, no art. 92 da CF. É que, por um lado, o STF é o órgão de cúpula em nossa organização judiciária, e, de outro lado, é ele o *guarda da Constituição* (CF, art. 102, *caput*). Na medida em que as súmulas vinculantes integram o corpo da Constituição, é natural que caiba ao STF zelar por sua impositividade e credibilidade, para tanto conhecendo de *reclamação* (§ 3.º do art. 103-A) fundada em recusa injustificada / inconsistente ou aplicação equivocada / indevida de tais súmulas, sendo aquele instituto voltado à "garantia da autoridade de suas decisões" (CF, art. 102, I, *l*). A garantia de acesso à Justiça – indeclinabilidade da função jurisdicional: CF, art. 5.º, XXXV – deve, hoje, consentir uma releitura atualizada e contextualizada, passando a operar como uma *cláusula de reserva*, por modo que controvérsias sejam compostas/resolvidas perante outras instâncias estabelecidas no ordenamento ou com

---

252. Contrastem-se, *v.g*, a súmula vinculante do STF n. 5 e a súmula STJ 343. Diz aquela primeira: "A falta de defesa técnica por advogado no processo administrativo disciplinar não ofende a Constituição"; e esta última: "É obrigatória a presença de advogado em todas as fases do processo administrativo disciplinar".

ele compatíveis (donde o prestígio crescente das *ADR's – alternative dispute resolutions* e dos chamados *equivalentes jurisdicionais*),[253] o que vem ao encontro da *Política Judiciária Nacional* estabelecida na Res. STJ 125/2010 (*Dje* 01.02.2010, republicada no DJ*e* de 11.03.2001). Assim, os órgãos decisórios parajurisdicionais são, por exclusão, *instâncias administrativas, em sentido largo*, já que não integram a estrutura do Judiciário (*v.g.*, a Justiça de Paz – CF, art. 98, II), nem a do Legislativo (com refração especial para os Tribunais de Contas, que são órgão de auxílio técnico desse Poder – CF, art. 71e incisos). Sob tal enquadramento conceitual, os órgãos decisórios parajurisdicionais sujeitam-se, ao nosso ver, a terem seus atos e decisões sindicados, via reclamação, pelo STF, que acolhendo-a, poderá *anulá-los*, inclusive avisando tais colegiados de que "deverão adequar as futuras decisões administrativas em casos semelhantes, sob pena de responsabilização pessoal nas esferas cível, administrativa e penal" (art. 64-B da Lei 9.784/99, inserido pelo art. 9.º da Lei 11.417/2006). No tocante ao Juízo Arbitral (Lei 9.307/96), Georges Abboud entende que "não é correto afirmar-se que o árbitro possui plena liberdade para ignorar decisões interpretativas do STF e suas súmulas vinculantes, principalmente pelo fato de que esse provimentos veiculam questões de direito constitucional cujo desatendimento, em regra, poderá acarretar a posterior anulação da sentença arbitral. Nesse ponto, pode-se afirmar que, no mínimo, existe uma vinculação indireta do árbitro a essas decisões".[254] Ainda no tocante à arbitragem, tenha-se presente que a Lei 13.129/2015, dentre outras alterações promovidas na Lei 9.307/96, inseriu este § 1º no art. 1º desta lei: "A administração pública direta e indireta poderá utilizar-se da arbitragem para dirimir conflitos relativos a direitos patrimoniais disponíveis". De outra parte, não se pode descartar possam tais instâncias parajurisdicionais intervir no processo de reclamação na qualidade de *amicus curiae*, como parecem sinalizar os textos de regência (Lei 11.417/2006, § 2.º do art. 3.º; CPC, art. 990).

253. O Conselho Nacional de Justiça, no Anexo I à Resolução n. 70, de 18.03.2009 (dispõe sobre o Planejamento e Gestão estratégica do Judiciário), estabelece, no campo concernente à *Atuação Institucional*, item *Linha de Atuação*, a "prevenção de litígios judiciais" e, no item *Ações Sugeridas*: "Fortalecer o relacionamento com órgãos e entidades públicas e privadas para prevenir demandas repetitivas e *impedir o uso abusivo e desnecessário da Justiça*, sobretudo em matérias já pacificadas". Sobre a tese da Justiça estatal sob registro subsidiário, receptiva das crises jurídicas relevantes, complexas e não resolúveis por outros meios, v. o nosso *A resolução dos conflitos e a função judicial no contemporâneo Estado de Direito*, São Paulo: RT, 2010.

254. Jurisdição constitucional vs. arbitragem: os reflexos do efeito vinculante na atividade do árbitro. *RePro* 214, dez./2012, p. 290.

15) A súmula confirmada como *vinculante* pelo STF (art. 8.º da EC 45/2004) que, todavia, não tenha atendido aos *pressupostos objetivos* para sua emissão (de ofício ou por iniciativa dos colegitimados; *quorum* de 2/3 dos integrantes do STF;[255] incidência sobre a validade, interpretação e eficácia de norma determinada, de natureza constitucional; sobre a qual haja controvérsia atual envolvendo órgãos judiciários ou estes e a administração pública; capaz de acarretar grave insegurança jurídica e relevante multiplicação de processos sobre questão idêntica), ainda assim terá que ser *necessariamente* aplicada pelos órgãos judiciais e administrativos?

R.: A súmula vinculante do STF representa o extrato da jurisprudência assentada, ficando *praticamente* equiparada à norma legal, com a qual tem em comum os traços de abstração, generalidade, impessoalidade e impositividade. (Dizemos *praticamente* equiparada porque, sob o enfoque do *núcleo essencial* ou da *natureza jurídica*, a súmula vinculante *não é a norma* e, sim, representa o extrato da declaração do STF sobre a validade, interpretação ou eficácia de uma dada norma de extração constitucional, interpretação essa reduzida a um enunciado numerado que se impõe aos órgãos judiciais e administrativos). Além disso, tal súmula reveste-se de um *plus* em sua carga eficacial, porque, enquanto a norma – por derivar do ambiente político – dialético – majoritário do Parlamento – vocaciona-se a ser interpretada, não raro alcançando mais de um entendimento, já a súmula vinculante – por derivar do ambiente técnico-jurisdicional (STF), reportando-se a reiteradas decisões – traz imanente o seu próprio significado, sendo autoexplicável ou autorreferente (*autopoiese*), deixando reduzida margem exegética ao aplicador: aferição quanto à exata extensão-compreensão do enunciado vinculativo e quanto à vera subsunção do caso concreto naquele enunciado. Nesse labor, bem pode ocorrer de o juiz se dar conta de que, por falta de um daqueles pressupostos objetivos, acima indicados, a súmula não comportaria o qualificativo vinculante (eficácia dissuasória) mas deveria ficar no plano das *persuasivas*, ou seja, não vinculantes. Apresentam-se, então, duas opções: (*i*) o juiz demonstra e ressalva, na *motivação* do julgado, seu entendimento de que *em tese* o enunciado não reúne os requisitos constitucionais para se revestir de força vinculativa; todavia, aplica-o ao caso dos autos, atendendo a que, em última análise, tal súmula fora incluída pelo STF no rol das *vinculantes* (art. 8.º da EC 45/2004, c/c art. 103-A e § 3.º da CF); (*ii*) o juiz,

255. Márcia Regina Lusa Cadore, reportando-se a Sérgio Bermudes, observa que a fração de 2/3 dos membros da Corte "deve ser calculada sobre o número de juízes investidos, abstraindo-se eventuais vagas abertas" (*Súmula vinculante*... cit., p. 138).

motivadamente, deixa de aplicar a súmula ao caso concreto, à semelhança do que faria diante de norma legal de cuja inconstitucionalidade estivesse convencido (controle difuso ou incidental). Note-se que: 1) nenhum desses alvitres pode ser *arbitrariamente* adotado (CF, art. 93, IX), nem a súmula vinculante pode ser questionada quanto a valores como *justiça, acerto, oportunidade, conveniência*, ficando – apenas nesses lindes – mitigada a livre convicção/persuasão racional do juiz ; 2) em ambos os casos *sub* (***i***) *e* (***ii***) supra, a parte interessada (*rectius*: prejudicada) ou o Ministério Público (CPC, art. 988, *caput*; RISTF, arts. 156-162),[256] podem questionar a conduta judicial, via reclamação ao STF (CF, § 3.º do art. 103-A), inclusive por modo a propiciar à Corte oportunidade para deliberar quanto à mantença ou não do qualificativo *vinculante*, agregado à indigitada súmula (Lei 11.417/2006, art. 2.º e § 3.º). O antes exposto estende-se, *mutatis mutandis*, à Administração Pública.

16) No caso da pergunta precedente, a súmula vinculante poderá ser objeto de controle de constitucionalidade?

R.: A conformidade à Constituição é uma *condição de validade e eficácia* de todos os atos estatais em sentido largo, e por isso sujeitam-se ao controle de constitucionalidade, na dupla via direta e incidental, as normas legais e os atos normativos, isto é, os *produtos finais* do Estado-legislador e do Estado-administrador. A súmula vinculante é o produto final, potencializado, do Estado-juiz, assim participando, a um tempo, da natureza da *lei* – enquanto enunciado geral, abstrato, impessoal e impositivo – e dos *atos do Poder* Público, haja vista sua função paradigmática, panprocessual, voltada à resolução isonômica das lides, projetando efeitos diretos e reflexos, como visto nas respostas às perguntas de n. 1 a 3.[257] Assim como as decisões de

---

256. O Min. Gilmar Mendes esclarece: "Ressalte-se que a expansão do efeito vinculante no controle concentrado (ADI, ADC, ADPF) e, mais recentemente, a adoção da súmula vinculante contribuíram (e ainda hão de contribuir) para ampliar a legitimação para propositura da reclamação. É que, nos termos do entendimento hoje dominante, especialmente a partir da Rcl 1.880 [Rel. Min. Maurício Corrêa, *DJ* 19.03.2004], toda e qualquer pessoa afetada pela decisão contrária à orientação com efeito vinculante poderá questionar esse ato em reclamação perante o Supremo Tribunal Federal" (A reclamação constitucional perante o Supremo Tribunal Federal, *Fórum Administrativo - Direito Público*, n. 100, jun. 2009, p. 111).

257. Atente-se, todavia, ao quanto ponderado por Elival da Silva Ramos: "A doutrina tem reconhecido de modo praticamente uníssono a natureza normativa da súmula vinculante. Manoel Gonçalves Ferreira Filho vê na nova atribuição do STF uma 'função paralegislativa". (...) "Importa, contudo, precisar melhor a natureza dos enunciados

mérito, transitadas em julgado, quando eivadas de vícios graves e insanáveis sujeitam-se a serem desconstituídas via ação rescisória (CPC, art. 966 e incisos); assim como uma resolução do Conselho Nacional de Justiça – órgão integrante do Judiciário: art. 92, I-A – pode ter sua constitucionalidade questionada; assim como uma norma constitucional *derivada* pode ser declarada inconstitucional (*JSTF* 185/69; *RDA*: 191/214; 198/123), também uma súmula vinculante do STF, uma vez emitida em desconformidade com algum dos seus pressupostos constitutivos, indicados na resposta de n. 6, poderá ter sua constitucionalidade sindicada. É como pensam Nery & Nery: "Dada a natureza jurídica da súmula vinculante ser de *disposição legislativa*, porque tem caráter geral e vincula o Poder Judiciário e o Poder Executivo, pode ser objeto de controle concentrado de constitucionalidade, por via de ação direta (ADIn). (...) Em razão da natureza legislativa da súmula vinculante, como o juiz pode controlar, *in concreto*, a constitucionalidade da lei, complementar ou ordinária, ou de ato normativo contestado em face da CF, a ele é possível também, fazer o controle da constitucionalidade de verbete da súmula vinculante do STF, que tem *caráter geral e normativo*".[258] O entendimento do STF, contudo, tem sido o de que as súmulas, em sentido estrito, não se equiparando a ato normativo, não são controláveis na via direta (*RTJ* 151/20; *RDA* 196/204), informando, a propósito, Pedro Lenza: "De acordo com a ADI 594-DF [j. 19.02.1992, DJ 15.04.1992], só podem ser objeto de controle perante o STF leis e atos normativos federais ou estaduais. Súmula de jurisprudência não possui o grau de normatividade qualificada, não podendo, portanto, ser questionada perante o STF através do controle concentrado. (...) Assim, tendo em vista o fato de a súmula não ser marcada pela generalidade e abstração, diferentemente do que acontece com as leis, não se pode aceitar a técnica do 'controle de constitucionalidade' de súmula, mesmo no caso da súmula vinculante".[259] Resta saber se o STF manterá seu anterior entendimento restritivo quanto ao controle de constitucionalidade

---

sumulares vinculativos. Não se trata aqui de ato legislativo, quer em sentido formal, quer em sentido material, por atuarem as súmulas em nível hierárquico inferior àquele em que se manifesta o exercício da função legislativa. Por estar a Administração Pública a eles submetida, gozam os enunciados vinculantes de supremacia hierárquica no tocante aos regulamentos de execução, com os quais, aliás, guardam maior afinidade do que em relação aos atos de porte legislativo" (*Ativismo judicial – parâmetros dogmáticos*, São Paulo, RT, 2012, p. 254). [A obra do Prof. Ferreira Filho, citada no excerto ora colacionado, é o *Curso de Direito Constitucional*, 34. ed., São Paulo, Saraiva, 2008, p. 268].

258. *Constituição Federal comentada e legislação constitucional*, 3. ed., São Paulo, RT, 2012, nota 15 e 16 ao art. 103-A, p. 669.

259. *Direito constitucional esquematizado*, 17. ed., São Paulo, Saraiva, 2013, p. 309, 310.

das súmulas, *tout court*, ante o advento da súmula vinculante. Por exemplo, pode dar-se que a *norma determinada*, interpretada nas decisões que deram ensejo à súmula vinculante, não seja de cunho constitucional, ou não derive de reiteradas decisões, ou então que sua emissão tenha sido deliberada por maioria simples, casos em que se instaura a querela constitucional, a ser dirimida tanto na via direta (ADIn – CF, § 2.º do art. 102; Lei 9.868/99; ADPF – CF, § 1.º do art. 102; Lei 9.882/99, art. 1.º, *caput*), como na via incidental (§ 1.º do art. 3.º da Lei 11.417/2006),[260] valendo observar a proximidade do rol dos colegitimados àquelas ações diretas e dos que podem propor a emissão, revisão ou cancelamento de súmula vinculante (art. 3.º da Lei 11.417/2006).[261]

17) Quais temas ou assuntos, deverão, presumivelmente, ser objeto das súmulas vinculantes do STF?

R.: A resposta pode ser extraída analisando-se a *mens legis*, isto é, a motivação e a finalidade dos textos de regência (CF, § 1.º do art. 103-A; Lei 11.417/2007, § 1.º do art. 2.º), quando incluem dentre os pressupostos objetivos (cumulativos) para emissão da súmula vinculante a existência de *controvérsia atual* sobre uma dada norma, ocorrente entre órgãos judiciais ou entre estes e a administração pública, devendo tal dissídio ser de magnitude capaz de acarretar *grave insegurança jurídica e relevante multiplicação de processos sobre questão idêntica*. Esta expressão destacada permite identificar os *dois tipos de controle* que se espera venham desempenhados pela súmula vinculante: (*i*) prevenção/correção da divergência sobre uma dada matéria constitucional, ao pressuposto de que esse dissídio está a gerar "grave insegurança jurídica", significando, pois, que, dentre os valores *justiça* e *certeza*,

---

260. Pedro Lenza, ressalvando sua opinião em senso diverso, informa que, "em algumas decisões, a Min. Ellen Gracie entendeu que o mecanismo para se rever a súmula vinculante seria a própria ADI". (...) Tratava-se de hipótese na qual se discutia impetração de *habeas corpus* tendo em vista a edição da SV n. 11 sobre o uso de algemas (HC 96.301, de 06.10.2008, Min. Ellen Gracie)" (*Direito constitucional...* , 17. ed., cit., p. 310).

261. No ponto, afirma Carlos Mário da Silva Velloso, ex-Ministro do STF: "Como consequência do efeito vinculante das súmulas, seriam estas objeto do controle concentrado de constitucionalidade" (Poder Judiciário: controle externo e súmula vinculante, *Revista do Advogado* (AASP), n. 75, abr. 2004, p. 27). A seu turno, Fábio Martins de Andrade abre instigante perspectiva: "Se as súmulas vinculantes forem tratadas como espécies de atos normativos, então serão impugnáveis por meio de ação direta de inconstitucionalidade. Caso não se tratem disso, mas de atos emanados pelo Poder Público, então serão impugnáveis por meio de arguição de descumprimento de preceito fundamental, desde que o teor da súmula evidencie descumprimento de preceito fundamental" (Comentários sobre a regulamentação da súmula com efeito vinculante, *Revista de Informação Legislativa* (Senado Federal) n. 174, abr.-jun. 2007, p. 62, 63).

o constituinte revisor optou por este último, assim *apostando* na capacidade paradigmática e uniformizadora dessa súmula; (*ii*) prevenção/correção dos malefícios das demandas múltiplas, repetitivas, resultantes da pulverização ou atomização dos conflitos de massa, engendrando a "relevante multiplicação de processos sobre questão idêntica", fenômeno que antes se intentou aplacar, no nascedouro, com a (impropriamente) chamada *sentença vinculante (CPC/73, art. 285-A, cf.* Lei 11.277/2006), e hoje se almeja controlar, mais tecnicamente, através do incidente de resolução de demandas repetitivas (CPC, arts. 976 e incisos; 985 e incisos). Esse contexto sinaliza para o gênero de litígio em cujo âmbito a divergência ao interno do Judiciário ou entre este e a Administração Pública se revela deletéria, justamente por envolver contingente bastante expressivo e às vezes até indeterminado de pessoas, as quais, à míngua de um precedente jurisprudencial estável e constante, acabam envolvidas na chamada *loteria judiciária*, ou, quando menos, numa dispersão jurisprudencial excessiva. Por esse diagnóstico é possível prever que as súmulas vinculantes incidirão sobre matéria tributária, previdenciária, consumerista, de servidores públicos, de conflitos de massa e outros temas de larga repercussão, propícios à formação de macrolides, nas quais a questão jurídica, de extração constitucional, predomine sobre a matéria de fato (*v.g.*, é compatível com o conceito de existência digna a cláusula dos contratos de seguro-saúde que fixa limite temporal para permanência na UTI?) e diga respeito a um número importante de sujeitos ou de situações replicadas ao interno da coletividade. Aliás, essa *transcendência* das questões submetidas ao STF já constitui pré-requisito no juízo de admissibilidade do recurso extraordinário (CF, § 3.º do art. 102; CPC, art. 1.035 e § 1º) e, também, para a admissibilidade do recurso de revista ao TST (CLT, art. 896-A e § 1º, este último e seus incisos inseridos pela Lei 13.467/2017). Bem por isso, presume-se a citada *repercussão geral*, segundo o § 3º do art. 1.035 do CPC, quando o recurso extraordinário "impugnar acórdão que: I – contrarie súmula ou jurisprudência dominante do Supremo Tribunal Federal".[262]

---

262. Em outra sede, afirmamos: "No que mais de perto concerne ao inciso I do art. 1.035 do CPC/2015 em comento, o RISTF dispensa a aferição quanto à repercussão geral quando se trate de matéria subsumida em tema já reconhecido com repercussão geral pela Corte, e, bem assim, quando o acórdão recorrido contrariou 'súmula ou jurisprudência dominante, casos em que se presume a existência de repercussão geral' (§ 2º do art. 323) [do RISTF]". (Comentários ao art. 1.035 do CPC, in Comentários ao Código de Processo Civil, coord. Cassio Scarpinella Bueno, v. 4, São Paulo: Saraiva, 2017, p. 533). Nota: em 30.04.2008, foram julgados dois recursos extraordinários e, para ambos os casos, os ministros decidiram editar súmulas vinculantes (Súmula 4, aprovada na própria sessão de julgamento, e Súmula 6, aprovada em 07.05.2008). Segundo o presidente do STF, Min. Gilmar Mendes,

18) É possível um prognóstico sobre a quantidade de súmulas (simples) do STF com aptidão para se converterem em vinculantes?

R.: Tudo indica que um número reduzido das súmulas (simples) do STF (736, até dezembro/2017) ficará vinculante, porque parte expressiva daquelas *não é mais de atualidade*, por razões diversas: (*i*) *superveniência de entendimento contrário* (*v.g.*, n. *14* – *RTJ* 68/463; n. *74* – *RTJ* 56/462 e súmula 583; n. *301* – *RTJ* 61/619); (*ii*) *extinção dos tributos referidos nos enunciados* (*v.g.*, n. *90, 91* – indústrias e profissões; n. *537* – selo; n. *541* – vendas e consignações); (*iii*) *revogação da legislação de regência* (*v.g.*, n. *26* – servidores do extinto IAPI; n. *342* – agravo no auto do processo e agravo de petição; *620* – dispensa de reexame necessário das sentenças contra autarquias); (*iv*) assunção, pelo STJ (CF de 1988, art. 105 e incisos), da competência sobre a matéria sumulada (*v.g.*, n. *472* e *512* – direito processual: honorários de sucumbência; n. *484* – locação; n. *621* – embargos de terceiro (súmula STJ 84). Seria absolutamente importante que o STF, ao relacionar as súmulas que ficarão vinculantes (art. 8.º da EC 45/2004), já adotasse, no ato, algumas providências complementares, tais o *descarte*, expresso, dos enunciados superados; a *renumeração* dos verbetes remanescentes; a *revisão*, de fundo e de forma, das súmulas aproveitáveis, quando necessário. Dentre estas últimas, somente as *confirmadas* por dois terços dos integrantes do STF ficarão vinculativas (CF, art. 103-A, *caput*; § 3.º do art. 2.º da Lei 11.417/2006; EC 45/2.004, art. 8.º); as demais, por exclusão, seguirão como súmulas simples, ou *persuasivas*. A opção da Corte, ao menos até agora, tem sido no sentido de emitir um rol apartado das súmulas vinculantes em numeração própria, somando, no momento (dezembro/2017), 56 enunciados, sendo que o de n. 30 está com a publicação suspensa, por força de questão de ordem suscitada pelo Min. José Antonio Dias Toffoli, em 04. 02. 2010.[263]

19) A *súmula impeditiva de recurso*, que fora prevista para o STJ no bojo da PEC 358/2005, é uma modalidade de súmula vinculante?

R.: Entre essas modalidades de súmula – impeditivas e vinculantes – há um núcleo comum e algumas diferenças específicas, o que em boa parte se explica pelo fato de que ambas vinham previstas na PEC 29/2000, que,

---

'a nova prática de unir a repercussão geral com a súmula vinculante será utilizada em julgamentos futuros' (Notícia da AASP – Associação dos Advogados de São Paulo, divulgada em 02.05.2008, no site: www.aasp.org.br)" (Sobre repercussão geral e os recursos especiais repetitivos, e seus reflexos nos processos coletivos, *RT*, n. 888, abr. 2009, p. 30, rodapé n. 11).

263. Cf. nota a essa súmula, *in Código de Processo Civil – Constituição Federal – Legislação*, Org. Anne Joyce Angher, 18. ed., Rideel: São Paulo, 2012, p. 581.

depois, desmembrou-se, ficando uma parte aprovada como EC 45/2004, e outra parte (PEC 29-A, dita "PEC paralela do Judiciário") que retornou à Câmara dos Deputados, sob o n. 358/2005 contendo um art. 105-A, voltado a instituir no STJ a súmula impeditiva de recurso. Cássio Scarpinella Bueno chega a afirmar que "as chamadas 'súmulas vinculantes' e as 'súmulas impeditivas de recursos' são, na verdade, as duas faces de uma mesma moeda, quando menos, que são institutos com finalidades irremediavelmente complementares".[264] O *núcleo comum* consiste neste contexto: ambas são precedentes judiciários, representando extratos da jurisprudência dominante ou iterativa nos *Tribunais da Federação*, e como tal desempenham relevantes funções processuais – máxime no tocante à agilização dos ritos e ao tratamento isonômico dos casos afins – buscando, embora em diversa dimensão, prevenir ou corrigir controvérsia atual entre órgãos judiciais ou entre estes e a administração pública, capaz de acarretar grave insegurança jurídica e relevante multiplicação de processos sobre questão idêntica; ambas essas modalidades de súmulas são, portanto, *dissuasórias*, e situam-se num grau acima daquelas ditas *simples* ou apenas *persuasivas*; corolariamente, as súmulas vinculante e impeditiva de recurso expressam-se como manifestação de *poder estatal*, sendo impositivas nos casos a elas subsumidos.[265] As principais diferenças situam-se neste contexto: (*i*) a súmula vinculante do STF apresenta destinatários *diretos* (Judiciário e Administração Pública) *e indiretos* (pessoas físicas e jurídicas, de direito privado e público, e *em certa medida* o Legislativo, conforme respostas às perguntas de ns. 1 a 3 deste questionário), tendo, portanto, eficácia panprocessual e extra-autos, ao passo que a súmula impeditiva de recurso confina-se ao interno dos processos – eficácia *endoprocessual* – a exemplo do que sucede com os poderes do Relator no juízo de admissibilidade de recursos (CPC, art. 932, IV, *a* e V, *a*), ou com a dispensa da remessa necessária da sentença proferida contra interesse fazendário (CPC, ar. 496, § 4º, I); ; (***ii***) a súmula impeditiva de recurso preordena-se, portanto, a ser "mais" do que uma súmula persuasiva, *tout court*, porém "menos" do que uma súmula vinculante, porque esta última projeta também efeitos extra-autos, numa eficácia *erga omnes* próxima à da norma legal, ademais de provir do Tribunal que é o *guarda da Constituição* (CF, art. 102, *caput*), ao passo que a *impeditiva de recurso* destina-se a operar como *elemento de contenção* do afluxo excessivo de recursos e demais impugnações judiciais, atuando portanto ao nível endoprocessual; (***iii***) a súmula vinculante do STF,

264. *Curso Sistematizado de Processo Civil*, vol. V, 2. ed., São Paulo, Saraiva, 2010, p. 75.

265. No ponto, v. as considerações de Cândido Rangel Dinamarco, *Instituições...*, vol. I, 6. ed., cit., p. 84-87, *passim*.

na medida em que é obrigatória para os "demais órgãos do Poder Judiciário" (CF, art. 103-A) o é também para o STJ, mas a recíproca não é verdadeira, até porque o STF atua no plano constitucional, ao passo que o STJ o faz no campo do direito federal comum.[266] De observar-se que o CPC, ao elencar os precedentes judiciários impositivos, menciona a súmula vinculante do STF e as súmulas, *tout court*, dessa Corte e do STJ (art. 927, II e IV).

20) Como devem interagir a súmula vinculante e a norma legal? Há uma hierarquia ou precedência entre essas formas de expressão do Direito Brasileiro?

R.: A *jurisprudência* não aparece arrolada dentre as fontes secundárias ou meios de integração do Direito (art. 4.º da *Lei de Introdução às normas do Direito Brasileiro* – Lei 12.376/2010, redenominação da Lei de Introdução ao Código Civil – 1942)), pelo fato dela representar, não a lei, mas a *interpretação* dela feita pelos órgãos judiciais, donde a norma legal seguir sendo a fonte ou forma principal de expressão do Direito, numa sorte de premissa maior do silogismo que culmina na produção do direito sumular. É dizer, a jurisprudência – no sentido de coleção harmônica de acórdãos sobre determinada matéria, num dado espaço-tempo, ao interno de um Tribunal ou mesmo de uma dada *Justiça* – não surge *ex novo*, mas deriva de textos legais que, aplicados a processos pendentes, vêm a ser iterativamente interpretados em modo consonante; assim, ao lado da norma "legislada", tem-se a norma "judicada", a saber, aquela que vem a ter o seu *momento judiciário*. Embora o art. 5.º, II, da CF consagre o primado da norma legal, fato é que, em termos de carga eficacial, ela e a súmula vinculante distinguem-se apenas pela origem – Legislativo e Judiciário – porque no mais apresentam os mesmos atributos de impessoalidade, generalidade, abstração e impositividade, (cf. respostas às perguntas de ns. 1 a 3), sendo que tal súmula ainda beneficia do fato de já representar o extrato de reiterados pronunciamentos judiciais sobre uma mesma *quaestio juris* de extração constitucional – sendo assim autoexplicável ou autorreferente – ao passo que a norma legal vocaciona-se a ser interpretada, não raro alcançando mais de uma inteligência. Dessa forma, redefine-se a filiação do sistema jurídico brasileiro, agora postado a meio caminho entre o *civil law* (primado da norma) e o *common law* (*precedente judiciário*), devendo a *norma legal*, enquanto direito estático, e a *súmula vinculante*, enquanto produto final e potencializado do direito aplicado no STF, se integrarem harmoniosamente, descabendo falar em hierarquia ou

---

266. De interesse o disposto no art.124 do RISTJ: A citação da súmula pelo número correspondente dispensará, perante o Tribunal, a referência a outros julgados no mesmo sentido".

precedência entre uma e outra. Não ilide o ora afirmado o previsto no art. 5.º da Lei 11.417/2006 ("Revogada ou modificada a lei em que se fundou a edição de enunciado de súmula vinculante, o Supremo Tribunal Federal, de ofício ou por provocação, procederá à sua revisão ou cancelamento, conforme o caso"): é que a súmula vinculante *não é a norma*, e sim a percepção do STF sobre os aspectos da *validade*, *interpretação* e *eficácia* da norma de extração constitucional, avaliação essa que se torna obrigatória *erga omnes*, donde ser compreensível que, alterado o *antecedente* (a norma) deva ser modificado o *consequente* (a súmula vinculante), por simetria e imposição lógica. Assim se explicam, no direito sumular, os enunciados que, nos termos da resposta à pergunta de n. 18, *perderam atualidade,* por vários motivos, dentre eles a revogação ou alteração da lei que lhes era subjacente, como no caso de tributos que vieram a ser extintos.[267]

21) A ação cuja pretensão contradiz o enunciado de súmula vinculante se preordena à carência ou à improcedência? *Quid iuris* quanto à ação cuja pretensão está respaldada por enunciado de súmula vinculante?

R: A cognição *plena* (no sentido horizontal, da extensão) e *exauriente* (no sentido vertical, da profundidade) é alcançada pela decisão de mérito, após instrução probatória distendida ou sumarizada, a depender do caso concreto (ritos *comum* – ordinário ou especial – e *sumário*). O rito pode ser compactado e antecipado, seja por julgamento conforme o estado do processo (CPC, arts. 354 e parágrafo único; 355 e incisos; 356, incisos e §§), seja na hipótese de improcedência liminar do pedido (CPC, art. 332 e incisos), seja, na instância recursal, quando se dá o trancamento do recurso no TJ ou TRF por incompatibilidade entre seu objeto e a decisão-quadro do STF ou do STJ firmada no rito dos recursos repetitivos (CPC, art. 1.040, I, c/c art. 927, III). Fora dessas hipóteses, faltando alguma condição da ação ou um pressuposto de existência e validade do processo, e a depender da intensidade dessa falta, pode dar-se que a relação processual venha abortada inicialmente (CPC, art. 485, I, IV, VI), ou mesmo num momento subsequente, dado que para o juiz não preclui o exame desses quesitos (CPC, § 3º do art. 485). Embora o parâmetro básico para a aferição do mérito das demandas siga sendo o da norma legal que rege a espécie (CF, art. 5.º, II; CPC, arts. 140, *caput*; 487, I), fato é que o precedente jurisprudencial, em suas formas otimizadas (CPC, art. 927 e incisos), vem galgando posições proeminentes,

---

267. Para uma visualização das súmulas do STF e do STJ que não são mais de atualidade, v. Nery & Nery, *Código de Processo Civil comentado e legislação extravagante*, 11. ed., São Paulo: RT, 2010.

sendo utilizado como parâmetro decisório em muitas ocorrências, como indicado nas respostas anteriores. Com o advento da súmula vinculante do STF (CF, art. 103-A e §§: EC 45/2004), a eficácia processual do *direito jurisprudencial* mais se potencializou, ensejando a cassação, pelo STF, da decisão judicial que, equivocadamente, recuse aplicação à sumula vinculante ou a aplique indevidamente (CF, § 3.º do art. 103-A; Lei 11.417/2006, art. 7.º, § 2.º; CPC, art. 992). Nesse contexto, não há negar a influência direta e frontal que o direito sumular do STF e do STJ passa a exercer sobre as pretensões judicializadas, inclusive consentindo a *improcedência liminar do pedido* contrário a tais enunciados (CPC, art. 332, I) ou ainda a concessão de *tutela* da *evidência, quando o pedido, provado documentalmente, encontra respaldo em súmula vinculante (CPC, art. 311, II).*[268]

Considerando-se que a *praxis* judiciária contemporânea aponta para a necessidade de um *processo civil de resultados*, sob o pálio de uma *jurisdição integral*, conclui-se que, no limite máximo possível, as decisões judiciais devem, a um tempo, resolver o *processo e o seu mérito*, com isso prevenindo a repropositura dos pleitos e o acirramento das tensões sociais insufladas pela perenização das lides.[269] Nesse sentido, o CPC, prevê no art. 4º: "As partes têm o direito de obter em prazo razoável a *solução integral do mérito*, incluída a atividade satisfativa". Não se pode minimizar o fato de que, em fim de contas, o órgão judicial a quem está entregue o exame do objeto litigioso está jungido ao enunciado vinculativo do STF, restando-lhe apenas buscar seu exato significado (extensão-compreensão) e aferir acerca da efetiva subsunção do caso concreto àquele assento obrigatório; em caso positivo, há que acolher-se a pretensão nele respaldada, até porque seria inócua a resistência, ao risco da cassação da decisão recalcitrante (CF, § 3.º do art. 103-A). É preciso ter presente que a súmula vinculante tenciona alcançar mais de uma finalidade: tratamento isonômico aos jurisdicionados; redução da duração

268. No ponto, afirmam Nery & Nery: "A vinculação de juízes e tribunais ao teor da súmula vinculante do STF não decorre do CPC 927 II – nem poderia -, mas da CF 103 caput. Esta é a razão pela qual estão obrigados a aplicar a súmula vinculante às suas decisões ou a dizer porque não a aplicam. V. CPC 489 § 1º". (Comentários ao Código de Processo Civil..., 2015, cit., nota nº 14 ao art. 927, p. 1.839).

269. No ponto, previa o art. 9.º do PL n. 5.139/2009, à época preordenado a regular a nova ação civil pública: "Não haverá extinção do processo coletivo, por ausência das condições da ação ou pressupostos processuais, sem que seja dada oportunidade de correção do vício em qualquer tempo ou grau de jurisdição ordinária ou extraordinária, inclusive com a substituição do autor coletivo, quando serão intimados pessoalmente o Ministério Público e, quando for o caso, a Defensoria Pública, sem prejuízo de ampla divulgação

dos processos; desestímulo às pretensões iniciais e recursais divorciadas do entendimento assentado em tais súmulas (por isso ditas *dissuasórias*);[270] fomento à *previsibilidade* da resposta judiciária.[271]

22) Em que medida a súmula vinculante pode operar como *elemento regulador*, *filtro* ou *elemento de contenção* de processos e recursos judiciais?

R.: Não se deve, em boa lógica, confundir o *objeto* (conteúdo) e o *objetivo* (finalidade) da súmula vinculante.

O primeiro desses aspectos é deflagrado a partir da situação de "grave insegurança jurídica e relevante multiplicação de processos sobre questão idêntica" (CF, § 1.º do art. 103-A: EC 45/2004), fomentada pelo dissenso acerca de querela constitucional, sobre a qual o STF, instado por alguns dos co-legitimados, ou mesmo de ofício (Lei 11.417/2.006, arts. 2º, *caput* e 3º e incisos), vem a se pronunciar sobre a interpretação, validade ou eficácia de determinado tema constitucional, ficando tal exegese revestida de força obrigatória.

O segundo daqueles aspectos é o *desiderato* que, através de tais enunciados, se espera alcançar. Um deles é o fomento à *previsibilidade* dos

---

pelos meios de comunicação social, podendo qualquer legitimado adotar as providências cabíveis, em prazo razoável, a ser fixado pelo juiz".

270. Ao propósito, a Res. CNJ n. 70, de 18.03.2009 (dispõe sobre o planejamento e gestão estratégica do Judiciário), em seu Anexo II, no campo *Atuação Institucional*, item *Ações Sugeridas*, preconiza: "Fortalecer o relacionamento com órgãos e entidades públicas e privadas para *prevenir demandas repetitivas e impedir o uso abusivo e desnecessário da Justiça, sobretudo em matérias já pacificadas*". Sobre a proposta de uma Justiça estatal em registro subsidiário, residual, como resultado do fomento aos meios alternativos de solução de controvérsias, e, outrossim, de uma releitura, atualizada e contextualizada, do sentido de "Jurisdição", v. os nossos *A resolução dos conflitos e a função judicial no contemporâneo Estado de Direito*, São Paulo: Thomson Reuters – Revista dos Tribunais, 2014; *Acesso à Justiça – condicionantes legítimas e ilegítimas*, 2 ed., São Paulo: Thomson Reuters – Revista dos Tribunais, 2015.

271. Observam José Miguel Garcia Medina, Luiz Rodrigues Wambier e Teresa Arruda Alvim Wambier: "São comuns notícias de jornal às quais se dá relevo que informam à população da posição dos Tribunais Superiores sobre diversos assuntos. O destaque dado pelos jornais a este tipo de notícia demonstra de modo inequívoco que uma das funções sociais do direito tem de ser gerar segurança, no sentido de proporcionar aos jurisdicionados a possibilidade de *prever* o que deva ocorrer. Assim, a posição dos tribunais superiores já é levada em conta pelo *homo medius* para pautar sua conduta, contando com as respectivas consequências" (A súmula vinculante, vista como meio legítimo para diminuir a sobrecarga de trabalho dos tribunais brasileiros, *Revista do Advogado* (AASP) n. 92, jul. 2007, p. 12, rodapé n. 4).

julgamentos,[272] até porque as decisões judiciais infringentes a tais súmulas podem vir a ser cassadas pelo STF, em atendimento a uma Reclamação da parte prejudicada (lei supra, art. 7º e §§); outro objetivo é o da preservação do *sentido unitário do justo e do jurídico*, que se impõe num Estado de Direito, como afirmação do tratamento isonômico perante a lei, em contraposição à instabilidade e insegurança acarretadas pelos efeitos deletérios da chamada *loteria judiciária*, ou da dispersão excessiva da jurisprudência; um terceiro móvel reside na presumível contenção de ações e recursos, mormente sobre matérias propícias à repetição de teses já assentadas (questões tributárias, previdenciárias, de funcionalismo público, planos governamentais, serviços públicos concedidos, consumerismo etc.).[273]

Aliás, o *direito sumular* já projeta relevantes efeitos processuais, *v.g.*, autorizando o juízo de admissibilidade – positivo ou negativo – do recurso a partir do contraste com súmula do STF ou do STJ (CPC, art. 932, IV, *a* e V, *a*); a inadmissibilidade do recurso de revista quando se revele contrário a súmula do TST (CLT, art. 896, *a*); a dispensa da remessa necessária da sentença proferida em desfavor de interesse fazendário, quando esteja afinada com "súmula de tribunal superior" (CPC, § 4º, I, do art. 496).

23) O que se entende por *contrariar* ou *descumprir* a súmula vinculante?

Em primeiro lugar, cabe registrar que a súmula vinculante do STF *não é a norma legal*, não a substitui, não a supre, e menos ainda a ela se sobrepõe, mas está *adjacente* à norma, enquanto exegese obrigatória fixada pela Excelsa Corte, veiculada como verbete representativo da jurisprudência iterativa sobre uma dada matéria de extração constitucional. A eficácia dessa súmula[274]

---

272. Para nós, a *resposta judiciária de qualidade* – a que fazem jus todos os jurisdicionados – deve atender a seis requisitos: justa, jurídica, econômica, tempestiva, *razoavelmente previsível* e idônea a assegurar a efetiva fruição do direito, valor ou bem da vida reconhecidos no julgado.

273. José Carlos Barbosa Moreira observa que "a maior aposta da Emenda n. 45, em tema de desobstrução dos canais judiciais, e por conseguinte de agilização processual, é sem sombra de dúvida a chamada 'súmula vinculante'. Simples o raciocínio subjacente: convencendo-se os potenciais litigantes (ou melhor, seus advogados) de que não vale a pena postular em sentido contrário ao adotado na súmula, dada a enorme improbabilidade de vitória, muitas ações deixarão de ser propostas, e muitos recursos de ser interpostos. Consideravelmente aligeirada a carga de trabalho, juízes e tribunais poderão dar conta de suas tarefas com mais celeridade" (A Emenda Constitucional n. 45 e o processo, *Revista Forense*, vol. 383, jan.-fev. 2006, p. 189).

274. Alerta o Min. Gilmar Mendes: "A súmula vinculante somente será eficaz para reduzir a crise do Supremo Tribunal Federal e das instâncias ordinárias se puder ser adotada em

projeta-se *erga omnes*, assim no sentido de uma vinculação *vertical*, jungindo os órgãos judiciais (CF, art. 92 e incisos), como no *horizontal*, estendendo-se à Administração Pública, e, ainda, em modo indireto ou reflexo, alcançando em boa medida as pessoas físicas e jurídicas se e na medida em que se relacionam com aqueles Poderes. A ideia-força da súmula vinculante trifurca-se nestes objetivos: (*a*) conferir previsibilidade às decisões; (*b*) assegurar tratamento isonômico aos jurisdicionados e administrados; (*c*) operar como filtro ou elemento de contenção de ações e recursos, abreviando, outrossim, o rito daquelas e destes. Ante esse contexto, e considerando ainda que a súmula vinculante, para sua subsunção ao caso concreto, depende, em qualquer caso, de uma exata percepção quanto à sua extensão-compreensão, a par da devida motivação (CF, art. 93, IX; CPC, art. 489, § 1º, V e VI), pode-se dizer que a súmula vinculante tem-se por *descumprida*: (*i*) *comissivamente*, quando a decisão judicial ou administrativa a aplica indevida ou equivocadamente, seja porque contrariou seu enunciado, dando-lhe leitura errônea, seja porque o caso concreto se excluía ao seu âmbito; (*ii*) *omissivamente*, quando é recusada a aplicação do verbete vinculativo, assim por uma singela "negativa de vigência", como em virtude de raciocínio inconsistente / imotivado. Saliente-se que, no caso de ato ou omissão da Administração,[275] a reclamação ao STF pressupõe o prévio esgotamento das vias administrativas (Lei 11.417/2006, § 1.º do art. 7.º), e, no caso de julgado recalcitrante, não pode ter havido o trânsito em julgado da decisão reclamada (CPC, § 5º, I, do art. 988, parágrafo com redação e inciso acrescentado pela Lei 13.256/2016).

Enfim, numa ponderação que se aplica de modo geral aos tópicos constantes do precedente questionário, e, bem assim, a outros pontos que

tempo social e politicamente adequado. Em outras palavras, não pode haver um espaço muito largo entre o surgimento da controvérsia com ampla repercussão e a tomada de decisão com efeito vinculante. Do contrário, a súmula vinculante perderá o seu conteúdo pedagógico institucional, não cumprindo a função de orientação das instâncias ordinárias e da Administração Pública em geral. Nesse caso, sua eficácia ficará restrita aos processos ainda em tramitação" (A reclamação constitucional no Supremo Tribunal Federal, *Fórum Administrativo – Direito Público*, n. 100, jun. 2009, p. 108).

275. Prossegue, ainda, o Min. Gilmar Mendes: "De qualquer sorte, tem-se aqui a clara convicção de que a Administração Pública contribui, decisivamente, para o incremento das demandas judiciais de caráter homogêneo. Daí situar-se na seara da Administração Pública o grande desafio na implementação da súmula vinculante em toda a sua amplitude. A adoção da súmula vinculante para a Administração Pública vai exigir a promulgação de normas de organização e procedimento que permitam assegurar a observância por parte desta dos ditames contidos na Súmula sem que se verifique uma nova e adicional sobrecarga de processos – agora de reclamação – para o Supremo Tribunal Federal" (A reclamação... cit., p. 107).

por certo se irão apresentando na *praxis* judiciária, pode-se dizer que os problemas envolvendo a súmula vinculante do STF devem ser enfrentados e dirimidos à luz das *premissas e dos objetivos* que presidiram e justificaram sua criação, a fim de que o novel instituto preserve sua identidade, funcionalidade e credibilidade.

3.5 SÚMULAS PERSUASIVAS

A divergência jurisprudencial, enquanto fenômeno jurídico visto isoladamente, não pode ser considerada um mal em si mesma. Primeiro, a interpretação dos textos é uma tarefa imanente à *praxis* do Direito, que, sendo ciência nomotética (expressa-se através de normas), pressupõe uma prévia indagação acerca do real significado dos textos, por mais claros que sejam; em segundo lugar, toda norma é um extrato dos valores prevalecentes num certo momento histórico, numa dada coletividade, o que coloca para o aplicador a necessidade de prévia aferição quanto à *atualidade* da norma (vigência temporal e espacial; eficácia social), interessando saber se ela comporta simples subsunção literal aos fatos, ou se exige operação hermenêutica mais complexa, invocando-se critérios outros, como o teleológico, o histórico, o sistemático. Nesse sentido, o art. 5.º da *Lei de Introdução às normas do Direito Brasileiro* (Lei 12.376/2010: redenominou a Lei de Introdução ao Código Civil (1942): "Na aplicação da lei, o juiz atenderá aos fins sociais a que ela se dirige e às exigências do bem comum".

Dado que nosso regime político-jurídico prioriza a norma legal (CF, art. 5.º e inciso II), e considerando-se que cada magistrado forma livremente sua convicção em cada caso concreto (CPC, art. 140, caput; art. 375; Lei 9.099/95, art. 6.º), torna-se inevitável, e mesmo previsível, que controvérsias análogas venham, porventura, a receber respostas judiciárias qualitativamente diversas. Por exemplo, pode ocorrer que em ações expropriatórias de duas áreas próximas se utilizem métodos avaliatórios diversos e até mesmo critérios diferenciados para a incidência de juros moratórios/compensatórios, o que tudo levará a valores indenizatórios discrepantes; noutro exemplo, figurem-se duas ações de despejo para uso próprio, incidindo sobre imóveis de um mesmo proprietário, numa mesma rua: elas podem, eventualmente, ter desfecho diverso, a depender da argumentação, das provas, das respostas dos réus e da interpretação que venha a ser dada aos dispositivos legais de regência. Na verdade, a preocupação maior do processo civil não é com as contradições situadas no plano lógico, e sim no sentido de prevenir (ou corrigir) as que possam ocorrer no *plano prático*, quando um comando judicial outorga um bem ou valor que outro comando judicial, concomitante e em sentido oposto, vem a subtrair ou comprometer em sua eficácia. Aliás, esse é um dos motivos pelos quais o Direito Processual leva em conta a intercorrência das chamadas *prejudiciais externas*, de que é exemplo a repercussão da sentença penal sobre a órbita civil (CPC, arts. 313, IV, *a*; 515, VI), onde se nota a preocupação do legislador em evitar o *choque* entre os comandos oriundos de instâncias distintas.

Análoga finalidade está subjacente ao sistema de transporte, *in utilibus*, da coisa julgada coletiva em prol das demandas individuais (Lei 8.078/90, arts. 103, § 3.º e 104). Ao propósito, o PL n. 5.139/2009, à época preordenado a regular a nova ação civil pública, previa no § 1.º do art. 34: "Não serão admitidas novas demandas individuais relacionadas com interesses ou direitos individuais homogêneos, quando em ação coletiva houver julgamento de improcedência em matéria exclusivamente de direito, sendo *extintos os processos individuais anteriormente ajuizados*". Já o CPC, revelando o zelo pela congruência entre decisões adjacentes a uma mesma *fattispecie*, dispõe no § 3º do art. 55: "Serão reunidos para *julgamento conjunto* os processos que possam gerar risco de prolação de decisões conflitantes ou contraditórias casos decididos separadamente, mesmo sem conexão entre eles".

Na intersecção da jurisdição penal com a civil, verifica-se que, se a causa da absolvição do acusado de um crime foi a constatação de que *não houve* o fato delituoso a ele imputado, é claro que essa circunstância – a inexistência do fato – deve *comunicar-se,* no que aproveite à esfera civil, até porque, no plano do *ser*, uma coisa não pode "existir e não existir", contemporaneamente. É o que justifica, também, o pleito de declaração incidental acerca de questão prejudicial (CPC, § 1º incisos e § 2º do art. 503), porque, *v.g.*, se vem demonstrada a inexistência da relação de parentesco, é claro que a pretensão a alimentos, calcada naquele fundamento, não pode prosperar. Igualmente, declarada inconstitucional uma norma, o Senado é oficiado para suspender sua execução (CF, art. 52, X), pela boa razão de que ela perdeu sua condição legitimante, e isso deve operar em face de *todos* os (que eram) seus destinatários, efetivos e virtuais. Com alguns temperamentos, análoga preocupação com a contradição entre julgados se encontra subjacente em institutos como a prevenção, a conexão, a continência, a litispendência, a assunção de competência e, em certa medida, a própria coisa julgada.

A contradição prática entre julgados é ainda mais temível na jurisdição coletiva, porque nesse plano a eficácia da coisa julgada projeta-se *ultra partes* ou mesmo *erga omnes* (Lei 8.078/90, art. 103 e incisos). Por isso, previa o pré-citado PL n. 5.139/2009, sobre a nova ação civil pública, a *prevenção* do Juízo que recebeu a "primeira" ação coletiva, certo ainda que, na aferição da "identidade da causa de pedir e do objeto" das ações cotejadas, "será preponderantemente considerado o bem jurídico a ser protegido", critério, pois, algo diverso do clássico *tria eadem* (mesmas partes, pedido e causa), próprio da jurisdição singular.[276]

Partindo da diretriz de que a solução outorgada através do processo deve resultar a mais aproximada possível daquela a que se chegaria se o conflito fosse composto, ou prevenido, pela voluntária submissão dos interessados ao texto de regência, e considerando-se, de outro lado, que a garantia constitucional da isonomia deve abranger não somente a norma *legislada* (= produto final da atividade parlamentar), mas igualmente a norma *judicada* (aquela que tem o seu *momento judiciário*), segue-se que a eficácia da atividade jurisdicional depende de que os operadores do Direito se conscientizem de que o ordenamento positivo deve ser não apenas e formalmente *jurídico*, mas precípua e substancialmente *justo*.

Nesse sentido, afirma Luiz Flávio Gomes: "O princípio da igualdade possui hoje uma dupla dimensão: 'igualdade na lei' (no tratamento dado pela lei) e 'igualdade na aplicação da lei' (os juízes devem decidir os litígios idênticos com consequências idênticas)". Na sequência, invocando Andrés Ollero Tassara, prossegue o autor: "Em virtude desse último aspecto do princípio da igualdade, vem sendo construída a seguinte doutrina: '*Um mesmo órgão* jurisdicional não pode *modificar arbitrariamente* o sentido de suas decisões em *casos substancialmente iguais*; quando isso acontece, deve oferecer uma *fundamentação suficiente e razoável*'"[277] (grifos no original). Nem outra coisa se colhe do previsto no § 4º do art. 927 do CPC: "A *modificação de enunciado de súmula, de jurisprudência pacificada ou de tese adotada em julgamento de casos repetitivos* observará a necessidade de *fundamentação adequada e específica*, considerando os princípios da segurança jurídica, da proteção da confiança e da isonomia".

Para tanto, impende que o trinômio "ação-processo-jurisdição" seja apto à consecução destes objetivos básicos: (*i*) dar, efetivamente, a cada um o que é seu, segundo o previsto na norma de regência, a fim de que o Direito cumpra sua finalidade precípua e possa preservar a paz social; (*ii*) prevenir, ou então corrigir, as iniquidades e desigualdades ocorrentes quando respostas judiciárias discrepantes são, injustificadamente, outorgadas a casos análogos, num mesmo contexto histórico-espacial-cronológico.

---

276. Sobre o tema, v. a obra coletiva coordenada por Ada Pellegrini Grinover, Aluísio Gonçalves de Castro Mendes e Kazuo Watanabe, *Direito processual coletivo e o anteprojeto do Código Brasileiro de Processos Coletivos*, São Paulo: RT, 2007.

277. Súmulas vinculantes e independência judicial cit., p. 38-39.

Conforme exposto por José Carlos Barbosa Moreira, o verdadeiro problema com a divergência jurisprudencial deriva, pois, "da existência, no aparelho estatal, de uma *pluralidade* de órgãos judicantes que podem ter (e com frequência têm) de enfrentar iguais questões de direito e, portanto, de enunciar teses jurídicas em idêntica matéria. Nasce daí a possibilidade de que, num mesmo instante histórico – sem variação das condições culturais, políticas, sociais, econômicas, que possa justificar a discrepância – a mesma regra de direito seja diferentemente entendida, e a espécies semelhantes se apliquem teses jurídicas divergentes ou até opostas. Assim se compromete a unidade do direito – que não seria posta em xeque, muito ao contrário, pela evolução *homogênea* da jurisprudência dos vários tribunais – e não raro se semeiam, entre os membros da comunidade, o descrédito e o cepticismo quanto à efetividade da garantia jurisdicional".[278]

De maneira que, embora a divergência jurisprudencial não seja em si mesma um mal – e, *em certa medida*, se revele útil à renovação do pensamento jurídico –, fato é que a desarrazoada discrepância das respostas judiciárias, principalmente no caso das chamadas *demandas múltiplas*, não se compatibiliza com a certeza jurídica, nem com o tratamento isonômico, valores que devem ser assegurados aos jurisdicionados. No ponto, Eduardo Cambi: "Parte-se da seguinte premissa: – se a Constituição contempla o princípio da isonomia, sendo todas as pessoas iguais (art. 5.º, *caput*), para a mesma *situação jurídica*, a lei deve ser aplicada do mesmo modo. A situação inversa, contida no fenômeno da *jurisprudência lotérica*, proporciona a falta de certeza do direito, sendo causa de *crise*, pois é a certeza quanto à aplicação do direito que dá segurança à sociedade e aos indivíduos que a compõem, na medida em que *sub incerto enim iure nemo bonorum aut animae securus vivit* (sob um direito incerto, ninguém vive seguro dos bens ou da vida)".[279]

É nesses lindes que se coloca o problema da emissão, pelos Tribunais, de certos produtos jurisprudenciais otimizados (súmulas, assentos, enunciados, decisões-quadro), voltados a parametrizar o julgamento dos casos enquadrados nesses precedentes, buscando a consecução de três utilidades ou finalidades básicas: *a)* outorga de tratamento judicial isonômico a casos semelhantes, com isso assegurando a igualdade no sentido substancial; *b)* redução da carga de processos nos Tribunais, possibilitando o agrupamento das

278. *Comentários...* cit., 16. ed., vol. V, 2012, p. 4-5.

279. Jurisprudência lotérica, *RT* n. 786, abr. 2001, p. 112, invocando, na passagem, a doutrina de Flavio López de Oñate.

ações pela afinidade da questão jurídica debatida, de sorte que todas possam receber análoga solução, de acordo com o enunciado da súmula aplicável, ou, ao menos, com o sinalizado na jurisprudência dominante; *c)* economia na duração dos processos, na medida em que a existência de súmula sobre a matéria litigiosa torna razoavelmente *previsível* o resultado da demanda, inclusive ensejando, conforme o caso, a *improcedência liminar do pedido* ou a concessão de *tutela da evidência* (CPC, arts. 332, I e IV; 311, II).[280]

Ao propósito, comentam Nery & Nery: "Em comparação com a tutela de urgência, a tutela da evidência igualmente exige a plausibilidade do direito invocado, mas prescinde da demonstração do risco de dano. Vale dizer, o direito da parte requerente é tão óbvio que deve ser prontamente reconhecido pelo juiz".[281]

Da conjugação daquelas três utilidades antes enunciadas surge um benefício adicional, qual seja a possibilidade de os julgadores, assim aliviados da sobrecarga de processos, disporem de maior tempo útil para o estudo de casos mais complexos e singulares, ou seja, aqueles que não comportam redução à técnica de agrupamento para *julgamento conjunto*, mediante a aplicação de súmula. Assim se passa com o STF e o STJ, autorizados a emitir decisão-quadro no RE ou REsp afetado como representativo da controvérsia, assim parametrizando e agilizando o deslinde dos demais recursos massivos e repetitivos sobrestados nos tribunais de origem, que se enquadram no entendimento assentado (CPC, art. 927, III; art. 1.040 e incisos).

Em nosso modelo político-jurídico a *lei* segue sendo o parâmetro fundante para a aferição da conformidade e da exigibilidade das condutas comissivas e omissivas (CF, art. 5.º, e inciso II), donde se segue que, tirante as hipóteses legais em que a resposta judiciária qualificada é alçada à condição de fonte formal do Direito (decisões de mérito do STF em ADIn, ADCon e ADPF – CF, §§ 1.º e 2.º do art. 102; Lei 9.868/99, art. 28 e parágrafo único; Lei 9.882/99, art. 10 e § 3.º; súmula vinculante do STF – CF, art. 103-A; decisão de mérito em ação coletiva por interesses individuais homogêneos – Lei 8.078/90, art. 81, parágrafo único, III, c/c arts. 95 e 103, III), no mais a jurisprudência, mesmo predominante ou sumulada, não se reveste de força obrigatória, ficando sua eficácia a depender da *natural proeminência* que o

---

280. A tutela da evidência é calcada num juízo de verossimilhança, ao passo que a tutela cautelar remete ao direito provável, evidenciado no *fumus boni iuris* e no *periculum in mora, estando ambos os instrumentos regulados no Livro V do CPC – "Da tutela provisória" – arts. 294 a 311, § único.*

281. Comentários ao Código de Processo Civil..., 2015, cit., nota nº 2 ao art. 311, p. 871.

Tribunal emissor exerça junto às demais instâncias a ele reportadas. Nesse sentido, pronunciou-se Roberto Rosas acerca de enunciado assentado pelo STF: "Ao contrário do prejulgado trabalhista, ele não vincula os juízes de instância inferior. Ele se torna obrigatório na razão do bom senso do magistrado, que não fica impedido de interpretar o Direito como bem lhe aprouver".[282]

É lícito, pois, falar-se em *súmulas persuasivas* ou *não vinculantes*, porque se destinam a influir na convicção do julgador, induzindo-o a perfilhar o entendimento assentado, seja pelo fato de aí se conter o extrato do entendimento prevalecente, seja pela virtual inutilidade da resistência, já que o Tribunal *ad quem* tenderá, naturalmente, a prestigiar sua própria súmula, quando instado a decidir recurso que sustente tese diversa. No ponto, Nelson de Souza Sampaio fala que a súmula, mesmo não vinculativa, "goza, porém, de uma espécie de *stare decisis de facto*, decorrente do prestígio do Supremo Pretório, da quase inutilidade de as instâncias inferiores decidirem contra a súmula, e porque nenhum julgador gosta de ver reformada sua sentença".[283] Essa argumentação está subjacente na *ratio* da potencialização dos poderes do relator, nos tribunais, na medida em que fica autorizado, em decisão agravável, a desprover recurso contrário ao direito sumular ou prover aquele manifestado contra decisão discrepante do direito sumular (CPC, art. 932 IV *a* e V, a).

Algumas matérias mostram-se particularmente propícias a serem sumuladas, pelo fato de se apresentarem *repetidas* em múltiplas demandas: é o caso das ações em *infortunística*, nas quais as indenizações comportam uma sorte de *tarifamento*, graduado segundo a extensão da lesão ou a incapacidade resultante do acidente do trabalho; ou as ações de *inquilinato*, em que há temas recorrentes, como as purgações de mora em valores insuficientes, a insinceridade do motivo para a retomada do imóvel; ou as *execuções fiscais*, em que os embargos opostos pelo contribuinte muita vez se fundam em argumentos jurídicos recorrentes e bem conhecidos dos Tribunais; assim também as *ações previdenciárias*, mormente na Justiça Federal, tão volumosas que hoje delas se ocupam os chamados *Fóruns Sociais*.

Numa evidência de que o direito sumular, bem manejado, não acarreta o risco de estagnação da jurisprudência, tanto o STF como o STJ já alteraram ou mesmo já revogaram diversas súmulas, e isso por mais de um motivo: perda de competência da Corte na matéria; alteração do entendimento antes assentado; modificação dos elementos substanciais (sócio-econômico-cul-

282. Dos assentos e do prejulgado à súmula do STF, *RT* n. 404, p. 20.

283. O Supremo Tribunal Federal... cit., p. 14.

turais) existentes ao tempo da emissão da súmula; superveniência de direito novo em sentido incompatível com o enunciado sumulado. Evidentemente, como a súmula já representa o extrato de um entendimento predominante no tribunal, compreende-se que sua alteração só possa ser feita com o devido apuro técnico e com base em elementos consistentes, ou seja, atentando-se para as cautelas indicadas nos §§ 2º e 4º do art. 927 do CPC. deva ser precedida de zelo e cautela

Razões de isonomia no tratamento judiciário e de celeridade no trâmite dos processos no segundo grau militam no sentido de que se forneçam respostas judiciárias qualitativamente uniformes aos casos repetitivos, nas chamadas *demandas múltiplas*, enfim, naquelas ações de algum modo *padronizadas*, como as *acidentárias*, envolvendo um mesmo tipo de sinistro, ou de que derive um mesmo grau de incapacitação; as *expropriatórias*, nas quais se controverta sobre certo item que deva compor o montante indenizatório, por exemplo, o termo inicial dos juros compensatórios; as ações concernentes a certas classes de *servidores públicos*, nas quais se debata, por exemplo, sobre a gratificação de produtividade dos agentes fiscalizadores, ou o rateio da verba honorária derivada de sucumbência entre os Procuradores Fazendários, ou, ainda, sobre o critério de aferição do *teto* remuneratório no serviço público. Em casos desse gênero, não há como, em nome de uma (exacerbada e irrealista) *livre convicção,* ou de uma (mal compreendida) *jurisdição singular,* tentar-se *justificar* a discrepância jurisprudencial.

Esse ponto veio bem colocado no STF, no voto do Min. Paulo Brossard, por ocasião do julgamento do incidente de inconstitucionalidade na ADCon 1-1/93-DF, Rel. Min. Moreira Alves: "Entre nós, por esta ou por aquela razão, durante decênios se controverte sobre um tema, e não chega a termo o dissenso. Dou um exemplo: o Banco do Brasil está sujeito aos impostos municipais ou não está. É possível arrolar mil decisões num sentido e mil e uma em sentido inverso. Ora, isto não pode continuar indefinidamente. O princípio da utilidade tem de se fazer sentir, ainda que isso importe, aqui ou ali, em certas situações menos confortáveis, mas é como o limite dos recursos: um, três, cinco, dez recursos; esgotados os recursos, o feito tem de ter fim e com ele as divergências. É um princípio de utilidade jurídica, social, política, utilidade no seu sentido mais amplo" (*RTJ* 157/404).

Esse princípio da utilidade jurídica viria *naturalmente* implementado caso as súmulas *persuasivas* de fato atuassem como tal, influindo naturalmente no intelecto do julgador – sem descarte dos demais elementos de convicção – de modo a convencê-lo, sem qualquer constrangimento, de que a aplicação da súmula ao caso concreto é medida eficaz e justa. *Eficaz*, porque atende ao interesse público na eliminação da incerteza acarretada pela lide pendente; *justa*, porque representa o extrato do entendimento predominante na matéria, devendo assim aplicar-se aos casos ali subsumidos.

O Min. Celso de Mello, do STF, escrevendo ainda antes da positivação da súmula vinculante, propugnara pela *valorização das súmulas persuasivas*, o que a seu ver tornaria desnecessário agregar ao direito sumular a nota da obrigatoriedade. "*Insisto*, portanto, em que, *mantida* a Súmula com o seu atual perfil jurídico, dela sejam extraídas todas as suas *potencialidades* no plano processual, *a fim* de que, preservadas as funções inerentes ao *modelo sumular* (funções que conferem estabilidade às relações de direito *e* que outorgam *previsibilidade* às decisões judiciais) – e *sempre* respeitada a *essencial* independência do Magistrado -, venha este, por efeito de persuasão racional (e não de imposição estatal), a aplicar, *facultativamente*, na solução da controvérsia, o critério jurisprudencial consubstanciado no enunciado sumular".[284]

Exemplo significativo é dado pela controvérsia acerca do pagamento de direitos autorais pelos estabelecimentos comerciais (bares, clubes, restaurantes, *shopping centers*), quando difundem a transmissão radiofônica de músicas, incidindo na matéria a Súmula STJ nº 63. Assim, também, a controvertida questão de saber se o contrato de *leasing* é compatível com a cláusula do "valor residual garantido", veio resolvida pela súmula STJ 293; ou ainda, a momentosa questão da aplicação do Código do Consumidor às instituições financeiras, resolvida pela súmula STJ 297; enfim o vero sentido de *bem de família* (CCi, arts. 1.711- 1.722) veio em certa medida aclarado pelo advento das súmulas STJ nº 364 ("O conceito de impenhorabilidade de bem de família abrange também o imóvel pertencente a pessoas solteiras, separadas e viúvas") e STJ nº 449: "A vaga de garagem que possui matrícula própria no registro de imóveis não constitui bem de família para efeito de penhora".

Bem feitas as contas, pois, os termos "jurisdição singular" e "súmula persuasiva" não são incompossíveis, nem na dogmática conceitual, nem na *praxis* forense. E assim, o fato de os casos concretos virem, ordinariamente, julgados *de per si*, não justifica que devam os jurisdicionados se resignarem à virtualidade dos julgamentos discrepantes, em casos afins, afetados à mesma *quaestio iuris*. A ninguém, seriamente, ocorreria pretender uma *sumulação genérica e irrestrita*, posto ser evidente que muitas matérias não se adaptam aos contornos do direito sumular: algumas não têm a interpretação ainda bem sedimentada nos Tribunais; em outras, preponderam as questões de fato e as

284. Algumas reflexões sobre a questão judiciária, *Revista do Advogado* (AASP) n. 75, abr. 2004, p. 47, destaques em negrito no original.

singularidades de cada espécie; em outras, enfim, não se consegue extrair um núcleo conceitual bem definido, que permita extensão aos demais casos afins (a *ratio decidendi* dos precedentes judiciários, nos países do *common law*).

Na formação de sua convicção, o juiz não se vale exclusivamente da norma legal de regência, mas lhe é igualmente lícito lançar mão dos demais subsídios para a formação de seu convencimento e consequente prolação de uma resposta judiciária de melhor qualidade: os costumes, a analogia, a equidade, os princípios gerais, as regras de experiência, o escólio doutrinário. Nesse rol de fontes subsidiárias ou complementares, há de haver espaço para a jurisprudência assentada em súmula – *ainda que não expressamente vinculativa* –, seja porque ela representa o resultado final de uma longa *depuração* do tema jurídico no Tribunal que a emitiu, seja porque, ordinariamente, este é que conhecerá do recurso contra a decisão do órgão *a quo*, sendo previsível e compreensível que o Tribunal *ad quem* tenda a prestigiar sua própria súmula. Daí a virtual inocuidade de o julgado recorrido esposar tese discrepante da súmula, a que se acrescem outros efeitos deletérios: perda de tempo e dinheiro, para o recorrente; sobrecarga de processos no Tribunal; retardamento no desfecho da demanda.

De observar-se que o art. 927 do CPC, ao listar os precedentes judiciários impositivos, não se refere apenas à súmula vinculante do STF (inciso II), mas, dentre outros padrões decisórios, igualmente credencia "(...) IV – os enunciados das súmulas [simples ou persuasivas] do Supremo Tribunal Federal em matéria constitucional e do Superior Tribunal de Justiça em matéria infraconstitucional". Além disso, o relator pode, com base em tais súmulas, e também as do próprio tribunal, decidir a admissibilidade do recurso (CPC, art. 932, IV, *a* e V, *a*); apesar de cuidar-se de decisão sujeita a agravo interno (CPC, art. 1.021, *caput*), se este vier a ser declarado "manifestamente inadmissível ou improcedente em votação unânime, o órgão colegiado , em decisão fundamentada, condenará o agravante a pagar ao agravado multa fixada entre um e cinco por cento do valor atualizado da causa" (§ 4º desse artigo), o que bem se compreende, seja à luz do art. 80 do CPC que tipifica como litigante de má-fé aquele que "(...) VII – interpuser recurso com intuito manifestamente protelatório", seja porque, tendo a decisão agravada se fundado em súmula, ela beneficia de uma certa presunção de consistência técnica e respeitabilidade. Ao propósito, esclarecem Nery & Nery: Trata-se de medida inibitória tendente a evitar a interposição irresponsável do agravo interno, com caráter procrastinatório". [285]

---

285. Comentários ao *Código de Processo Civil...*, 2015, cit., nota nº 16 ao art. 1.021, p. 2.116.

Acerca da resistência ou rebeldia em face da jurisprudência assentada nas Cortes Superiores, o Min. Francisco Rezek, então no STF, deu significativo depoimento, ao votar no incidente de inconstitucionalidade suscitado na ADCon 1-1-DF, a propósito de certa matéria em que a Corte mantinha posição conhecida e assentada: "(...) certo Tribunal de Justiça, porque pensava diferentemente, dava-se à prática de decidir nos termos de sua própria convicção, valorizando a chamada 'liberdade de convencimento', própria de todo juiz ou tribunal. Resultado: todas essas decisões eram, mediante recurso, derrubadas por esta casa. Aquilo que deveria acabar na origem, à luz da jurisprudência do Supremo, só acabava aqui, depois de um lamentável dispêndio de recursos financeiros, de tempo e de energia, num Judiciário já congestionado e com tempo mínimo para cuidar de coisas novas" (*RTJ* 157/393).

Como se vê, no presente momento histórico urge *potencializar*, mediante a emissão de súmulas, a eficácia prática dos entendimentos já assentados, assim agilizando os julgamentos e prevenindo a discrepância de decisões em casos assemelhados. A experiência forense tem revelado que é inócua e até perversa a singela resistência aos entendimentos sumulados: *inócua*, porque o julgado recalcitrante acabará não prevalecendo na instância recursal, perante o Tribunal emissor da súmula; *perversa*, porque traz para o jurisdicionado a falsa esperança de que o *seu caso* se diferencia dos demais, incutindo-lhe a inútil expectativa de que ele será *poupado* da incidência da tese sumulada.

Bem diversa, todavia, é a realidade judiciária brasileira contemporânea, assim revelada neste depoimento do Min. Sepúlveda Pertence, à época no STF: "Continuamos a viver uma ilusão; a de tratar os processos de massa como se fossem processos individuais de conflitos *inter partes*, como se fosse o desquite de João com Maria ou o homicídio de Antônio, que matou Joaquim" (...). Prossegue, aduzindo: "(...) tem-se que questões decididas pelo Tribunal há três, quatro, cinco anos continuam a congestionar suas pautas, em homenagem à independência do juiz das instâncias inferiores, que não se vincula à decisão e pode, então, por amor à sua própria convicção, permanecer anos, anos e anos a decidir contrariamente à decisão absolutamente tranquilizada no Supremo Tribunal. Isso é o que chamo de uma 'visão romântica' que se recusa a ver os mecanismos do processo e da jurisdição para as questões individuais. Pode haver acerto, consenso sobre esta ou aquela questão jurídica, mas a questão de fato é necessariamente única. Não se pode transplantar para esta litigiosidade de massa, sobretudo na área previdenciária, que tem trazido, a cada ano, centenas de milhares de processos que nenhuma máquina judiciária comporta. O que chega ao

Supremo – nesses números absolutamente astronômicos, indecentes – é uma parcela do que congestiona a Justiça Federal".[286]

A seu turno, há tempos, o Des. Pedro Aurélio Rosa de Farias identificava na figura do *improbus litigator* a origem da sobrecarga do serviço judiciário: "Há situações em que as partes, mesmo sabendo que os Tribunais já tomaram posição definida em um determinado sentido doutrinário acerca de um tema, teimam em acionar a pesada, cara, ineficiente e antiquada máquina judiciária visando simplesmente procrastinar a decisão final da questão, evitando por intermédio de expedientes judiciais o cumprimento de uma simples obrigação. E isso nada mais é do que a chicana processual, com a utilização inadequada de expedientes legais previstos em lei para a solução dos conflitos e que existem para a promoção e solução dos conflitos entre as partes e não para a eternização das lides". Adiante, prossegue: "Em vez de punir-se os juízes pelo delito de opinião tal como previsto no Projeto de Reforma Constitucional do Poder Judiciário, do Dep. Jairo Carneiro, que prevê a prática do crime de responsabilidade para o magistrado que não obedecer ao comando emanado da súmula vinculante, que se faça um elastério na conceituação da litigância de má-fé definida no art. 17 do CPC[1.973], para ali inserir-se também como ato de improbidade processual o ajuizamento repetido de demandas cujo mérito já foi decidido definitivamente pelo STF, ou pelos demais Tribunais Superiores em suas áreas de atuação constitucional".[287]

Em certa medida, o legislador vem se mostrando sensível ao clamor doutrinário para que seja posto um freio nas *impugnações sistemáticas*, tanto as que são interpostas inutilmente, porque em confronto com súmula ou jurisprudência dominante, como aquelas simplesmente oferecidas ao propósito de procrastinar o desfecho da causa. Assim, no âmbito federal, a Lei Complementar 73, de 1993, autorizou o Advogado-Geral da União a "editar enunciados de súmula administrativa, resultantes de *jurisprudência iterativa* dos Tribunais" (art. 4.º, XII), assentos esses que têm caráter *obrigatório* (art. 43); a sentença proferida em desfavor de interesse fazendário (CPC, art. 496 e incisos) fica dispensada de *remessa necessária* ao tribunal, quando, a teor do § 4º, "estiver fundada em: I – súmula de tribunal superior"; na municipalidade paulistana, o Presidente do Conselho Municipal de Tributos "poderá propor *súmula de caráter vinculante* para todos os órgãos da Administração Tribu-

286. Trecho de palestra na Escola Superior de Guerra, transcrito por Fernando da Costa Tourinho Neto, do TRF da 1.ª Região. Efeito vinculante das decisões do STF... cit., p. 187.

287. A súmula vinculante e a litigância de má-fé, *Revista da Escola Superior da Magistratura*, n. 2, p. 232-236, maio-ago. 1996.

tária, decorrente de decisões definitivas de mérito, proferidas pelo Supremo Tribunal Federal em matéria constitucional ou pelo Superior Tribunal de Justiça em matéria infraconstitucional, em consonância com a sistemática prevista nos arts. 543-B e 543-C do Código de Processo Civil [1.973] (...)", sendo que a "vinculação da Administração Tributária dar-se-á a partir da publicação da súmula aprovada pelo Secretário Municipal de Finanças e Desenvolvimento Econômico no Diário Oficial da cidade" (§§ 2.º e 5.º do art. 44-A da Lei 14.107/2005, inseridos pela lei 15.690/2013).

Também ecoaram no Poder Executivo as críticas contra a iterativa interposição de recursos apenas por *dever de ofício*, fadados ao não conhecimento ou ao desprovimento, tendo o Presidente da República editado Medida Provisória (n. 1.561-6, de 12.06.1997), na sequência convertida na Lei 9.469/97, cujo art. 4.º assim dispõe: "Não havendo súmula da Advocacia-Geral da União (arts. 4.º, inciso XII, e 43, da Lei Complementar 73/93), o Advogado-Geral da União poderá dispensar a propositura de ações ou a interposição de recursos judiciais quando a controvérsia jurídica estiver sendo *iterativamente decidida* pelo STF ou pelos Tribunais Superiores".

Nessa linha, dispõe o art. 1.º do Dec. Federal 2.346/97: "As decisões do Supremo Tribunal Federal que fixem, de forma inequívoca e definitiva, interpretação do texto constitucional deverão ser uniformemente observadas pela Administração Pública Federal direta e indireta, obedecidos os procedimentos estabelecidos neste Decreto". Por aí se pavimentara o caminho para a extensão, à Administração Pública, da observância às súmulas vinculantes do STF (CF, § 3.º do art. 103-A: EC 45/2004), matéria depois regulada nos moldes do art. 7.º e §§ da Lei 11.417/2006, a qual, igualmente, inseriu artigos (64-A e B) e um § 3.º ao art. 56 à Lei 9.784/99, texto legal atinente aos processos administrativos federais.

Aí está, portanto, o reconhecimento de que a jurisprudência assentada é um bem jurídico *relevante por si mesmo*, idôneo a justificar o não exercício das faculdades impugnativas, quando previsível que estas apenas procrastinarão o final da demanda, com inútil dispêndio de tempo e dinheiro, a teor do que dispõe o art. 927 do CPC: "Os juízes e os tribunais *observarão*: (...) IV – os enunciados das súmulas do Supremo Tribunal Federal em matéria constitucional e do Superior Tribunal de Justiça em matéria infraconstitucional". Há que se ter ainda na devida conta que a dilação excessiva do processo não pesa de modo igual para ambas as partes, mas ela implica numa *perversa distribuição desigual* do ônus pela duração irrazoável do processo, porque a parte mais abonada é por certo menos atingida por essa distorção .

Vale observar que, se a perspectiva de sucesso para o recorrente já é reduzida nos casos em que a tese perfilhada no julgado recorrido é consonante àquela esposada na *jurisprudência dominante* no Tribunal *ad quem*, a chance de reforma se torna ainda mais remota – senão virtualmente nula – quando tal contraste se dá em relação a entendimento *já sumulado* naquele órgão colegiado, como se colhe, *a contrario sensu*, do art. 932, V, *a*, do CPC. Aliás, o Regimento Interno do STF autoriza o relator, "em caso de manifesta divergência com a Súmula, prover, desde logo, o recurso extraordinário" (§ 2.º do art. 21, atualizado segundo a ER 2/85). Igualmente, no âmbito do STJ, o art. 34 do Regimento Interno inclui dentre as atribuições do relator, uma vez a ele distribuídos os autos (inciso XVIII): "(...) *b*) "negar provimento ao recurso ou pedido que for contrário (...) a súmula do Supremo Tribunal Federal ou do Superior Tribunal de Justiça ou ainda, a jurisprudência dominante acerca do tema" (dispositivo incluído pela ER nº 22/2016). É que a súmula já traz implícita ou pressuposta sua própria motivação jurídica (é autopoiética, ou autorreferente), na medida em que representa o extrato da jurisprudência dominante e reiterada; a decisão fundada em súmula é, portanto, *automotivada* (CF, art. 93, IX), a teor do que já decidiu o STF, relator o Min. Moreira Alves: "Acórdão que se baseia, para decidir, em indicação da súmula aplicável está motivado, pois basta o interessado examinar os arestos em que esta se estriba para saber quais os fundamentos do enunciado da súmula" (*RT* 735/204). Essa *ratio* está à base do disposto no § 4.º do art. 102 do RISTF: "A citação da Súmula, pelo número correspondente, dispensará, perante o Tribunal, a referência a outros julgados no mesmo sentido". O mesmo vem previsto, por igual razão, no art. 124 do RISTJ.

É importante ter presente que o art. 21, § 1.º, do RISTF, dispondo que o relator pode "negar seguimento a pedido ou recurso manifestamente inadmissível, improcedente ou contrário à *jurisprudência dominante ou à súmula* do Tribunal", já teve questionada sua constitucionalidade (ADIn 531-6 – AgRg – DF), tendo na oportunidade o Min. Celso de Mello observado que a matéria já houvera sido objeto da Representação 1.299-GO, na qual o rel. Min. Célio Borja assim votara: "Podem, portanto, os tribunais, através de norma regimental, atribuir competência própria e singular aos seus membros. Mas não podem declinar a favor deles a competência que a Constituição investiu nos próprios tribunais, como órgão de deliberação coletiva. Sobretudo, não podem emprestar o atributo de decisão definitiva aos despachos de seus membros" (*RTJ* 119/980-985). E o Min. Carlos Velloso, ao votar no Mandado de Injunção 375 (AgRg – PR), completou aquele pensamento: "A regra de competência em apreço é legítima na medida em que poderão as decisões do relator, no uso da competência inscrita no art. 21, § 1.º, do RISTF, e ao art. 38 da Lei 8.038/90, ser submetidas ao controle do Plenário ou das Turmas mediante o agravo regimental, tal como ocorre no presente caso" (*RTJ* 139/53-57).[288] (No vigente CPC, o art. 1.021, *caput*, dispõe que das decisões do relator "caberá agravo interno para o respectivo órgão colegiado (...)".

No que concerne à área trabalhista, o Min. Sepúlveda Pertence já teve oportunidade de lembrar o pioneirismo da Justiça do Trabalho na utilização de *prejulgados vinculativos*, averbando em seu voto na ADIn 594/DF (*RTJ* 151/34): "(...) o primeiro texto positivo a emprestar força normativa geral à interpretação judicial da lei foi o do art. 902, § 1.º, da CLT, que fazia compulsório para os Tribunais Regionais e as Juntas o respeito aos prejulgados do TST. Significativamente, a norma fora editada sob a Carta do Estado Novo, infensa à ortodoxia do dogma da separação dos poderes e ao corolário da indelegabilidade da competência de um a outro deles. Por isso mesmo, o Supremo Tribunal viria a declarar a perda de vigência da regra de força vinculante dos prejulgados do TST, a partir do advento da Constituição de 1946, precisamente para não admitir o controle abstrato, mediante representação, da constitucionalidade de um prejulgado específico (STF, Representação 946, 12.05.1977, Xavier de Albuquerque, *RTJ* 82/44)".[289]

Posteriormente, o citado art. 902 da CLT, que dava embasamento àqueles assentos normativos, veio a ser revogado pela Lei 7.033/82. Na sequência, prejulgados e súmulas trabalhistas, no âmbito dos dissídios individuais, receberam a denominação de *Enunciados* (Resolução Administrativa TST 44/85), ao passo que as súmulas concernentes aos dissídios coletivos tomaram a denominação de *precedentes*. Hoje, a teor do art. 896, *a* da CLT, redação da Lei 13.015/2014, fala-se em *súmula de jurisprudência uniforme do TST, a qual, uma vez contrariada por acórdão do TRT, desafia recurso de revista ao TST (CLT, art. 896, caput), desde que presente a transcendência da questão (art. 896-A), requisito elucidado pelo § 1º e incisos desse dispositivo, acrescidos pela Lei 13.467/2017*. Embora *oficialmente* tais precedentes não tenham força vinculativa, na prática é como se o tivessem, dado seu inegável prestígio junto aos Magistrados, podendo-se afirmar que, uma vez fixado

288. *Apud* Fernando Crespo Queiroz Neves. A influência das súmulas do STF e do STJ na admissibilidade dos recursos extraordinário e especial. Teresa Arruda Alvim Wambier (coord.), *Aspectos polêmicos e atuais do recurso especial e do recurso extraordinário*, São Paulo: RT, 1997, p. 238-239. (Nota: a redação do dispositivo regimental citado está conforme a ER 21/2007.)

289. *Apud* Fernando Crespo Queiroz Neves. Art. e coletânea cits., p. 224.

o entendimento pretoriano num desses verbetes, ele passa, virtualmente, a ser o paradigma para a solução dos casos aí subsumidos.[290]

Significativa, ao propósito, a súmula TST n. 333, na redação dada pela Res. n. 155/2009: "Não ensejam recurso de revista decisões superadas por iterativa, notória e atual jurisprudência do Tribunal Superior do Trabalho".

A evolução legislativa sinaliza no sentido de que as súmulas persuasivas, ou seja, não revestidas, expressamente, de obrigatoriedade, vão, gradativamente, alcançando o seu *ponto ótimo*. Este patamar é galgado quando as súmulas persuasivas conseguem incutir, em modo suasório, mas incisivamente, no espírito do julgador, a consciência de que a aplicação do enunciado sumulado é, antes de tudo, uma questão de sensibilidade jurídica e de responsabilidade social, pois contribui para uma resposta isonômica ao jurisdicionado, ao tempo em que agiliza os trâmites e alivia a carga judiciária.

Não há qualquer *capitis diminutio* nesse proceder, nem causa mossa à livre convicção do magistrado; a persuasão racional continua a ser formada a partir do exame dos elementos probatórios constantes dos autos, e a tarefa de subsunção dos fatos ao Direito Positivo fica preservada, agora tendo como parâmetro o enunciado sumulado, valendo ter presente que o *ambiente jurídico* não se restringe ao contingente normativo, estando o julgador autorizado a lançar mão dos demais subsídios que, justamente, operam para completar e aperfeiçoar o ordenamento. Dentre esses elementos (doutrina, costume, princípios gerais, equidade, analogia, regras da experiência comum), avulta em nossos dias o *dado jurisprudencial*, como expressão do "direito vivo"; e, *a fortiori*, quando se trate de jurisprudência assentada e extratificada em súmula. Como diz Roberto Luís Luchi Demo: "Pode-se afirmar que, além de humildade, a edição de súmula também demonstra grandeza intelectual, acatando-se-a, com ressalva do entendimento pessoal em contrário, até porque súmula é como crase: não é feita para humilhar ninguém".[291]

Fenômeno semelhante se passa com as próprias leis: a cultura nacional consente, como é sabido, a curiosa distinção entre as assim chamadas, sugestivamente, *leis que pegam* e *leis que não pegam*, com isso se querendo referir à

290. No ponto, sintetiza Patrícia Guimarães Notaroberto Barbosa: "Houve, assim, sucessivas transformações de nomenclatura dos resumos da jurisprudência do TST, passando de prejulgados, com força obrigatória, para Súmulas e depois Enunciados, os dois últimos sem esse efeito" (O efeito vinculativo das súmulas no Direito do Trabalho cit., p. 335). (Nota: a Res. TST n. 129/2005 alterou a denominação dos verbetes da jurisprudência assentada na Corte, de "Enunciado" para "Súmula" – *DJU* 20.04.2005.)

291. O resgate da súmula pelo Supremo Tribunal Federal, *Revista Jurídica* n. 314, dez. 2003, p. 48.

diversa eficácia social das normas legais. De fato, algumas leis trazem comandos que se distanciam dos valores e do sentimento médio da população, e por isso acabam desprestigiadas pelos destinatários, que logo engendram meios e artimanhas para se furtarem à sua incidência. Um, dentre tantos exemplos, é o art. 252, I, do Código de Trânsito Brasileiro (Lei Federal 9.503, de 23.09.1997), prevendo multa para o motorista que dirige com o braço apoiado à janela. Preceitos desse gênero podem se revelar efetivos alhures, em países com outros costumes e outra cultura, mas entre nós tendem a perder impositividade, sugerindo um excesso legislativo ou um intervencionismo estatal exagerado; esse fenômeno está à base das chamadas *leis que não pegam* !

No tocante às súmulas vinculantes do STF, cabe ressaltar que sua real efetividade *não depende só delas*, mas, de um lado, do seu correto manejo pelos operadores do Direito e, de outro lado, do zelo pela higidez técnico-jurídica do ordenamento positivo, porque a súmula não é a norma, nem a substitui, mas, no caso da súmula vinculante, simboliza a interpretação, pelo STF, da norma de extração constitucional, potencializada pela nota da obrigatoriedade. Sendo, pois, a súmula vinculante um *posterius* em relação à norma, compreende-se que a baixa qualidade desta última – redacional ou de conteúdo – acabará por contaminar, em alguma medida, o verbete vinculativo adjacente a essa norma. Daí estas afirmações do Min. Sidnei Agostinho Beneti, do STJ: "A segurança jurídica pressupõe sistema normativo estável, que produza normas duráveis, para serem trabalhadas, em seguida, pelo Judiciário, sem que se alterem significativamente durante o andamento dos processos até a instância final; não há estabilidade jurídica sem estabilidade normativa, principalmente constitucional".[292]

De modo algo semelhante, verifica-se que a real *eficácia* das súmulas depende de que elas venham *naturalmente* prestigiadas e aplicadas pelos operadores do Direito, não bastando a singela declaração de sua obrigatoriedade ou força vinculativa, valendo observar, nesse passo, o que se passa com as súmulas do TST: formalmente, elas não se revestem de força obrigatória; mas, na prática, funcionam como se o tivessem, e isso *é o que interessa*. A equação contrapõe, portanto, forma e essência, devendo prevalecer esta última, por modo que o entendimento sumulado projete sua *eficácia natural*, do fato mesmo de nele se conter o extrato da exegese predominante, sobretudo em se tratando de Tribunais superiores.

No ponto, manifesta-se Teresa Arruda Alvim Wambier, reportando-se a Massimo Giannini: "As súmulas, então, são, a um só tempo, resoluções e

292. Doutrina de precedentes e organização judiciária, *RDA*, set.-dez. 2007, p. 329.

elementos não a determinar, mas a influir, pesadamente, em outras resoluções: decisões judiciais, atitudes de profissionais do Direito e até mesmo, como vimos, novas leis (quando, por exemplo, tinham a função de regular matéria não especificamente prevista em lei – uma espécie de *feed back*). Trata-se de elemento cuja função primordial, de acordo com essa perspectiva, é a de manter equilíbrio, assegurando, assim, acima de tudo, o valor 'segurança', num certo sentido".[293]

E, conforme observou José Guilherme Villela, a utilização de súmula "não diminui juiz nenhum, isso libera o juiz para estudar questões ainda não estudadas. Em vez de o juiz continuar examinando questões sobre as quais o Supremo já se debruçou, vai estudar o que ainda não foi estudado".[294] A seu turno, Nilton Bussi argumenta com o que se passa no sistema *common law*, onde, na verdade, o que serve como precedente para os casos futuros é o núcleo, o *principium*, a *ratio decidendi* do julgado paradigma: "A importância primacial dos princípios dá ao juiz limites funcionais próprios para sua atuação e o modo pelo qual adapta esses princípios frente ao caso concreto lhe permitem sempre uma fidelidade ao passado e uma continuada evolução da jurisprudência, o que faz com que a ciência do Direito permaneça moderna e atual. Se adotarmos, com toda a sua intensidade, a doutrina do *stare decisis* a partir das súmulas do STF, como pretende a Emenda Constitucional, veremos que o gravíssimo problema do excesso de julgados que chegam ao Supremo encontrará, enfim, a tão sonhada solução".[295]

Não resiste à análise o recorrente argumento de que as súmulas acabam por desestimular as atividades intelectiva e de pesquisa do intérprete e do julgador; o fato delas representarem o extrato da jurisprudência dominante, com as consequências processuais e de direito material daí defluentes, não induz a que, por isso, fique prejudicado o labor exegético, o qual segue necessário e relevante, seja para bem se alcançar a extensão e compreensão do enunciado, seja para aferir sua atualidade, seja para verificar sua subsunção ao caso concreto. Isso mesmo vem afirmado no § 1º do art. 489 do vigente CPC ao considerar *não fundamentada* (e, pois, nula: CF, art. 93, IX) a decisão judicial "que: (...) V- se limitar a invocar precedente ou enunciado de súmula,

293. A função das súmulas do Supremo Tribunal Federal, em face da teoria geral do direito, *RePro*, n. 40, p. 232-233, out.-dez. 1995.

294. Entrevista ao jornal *Voz do Advogado*, Brasília, abr. 1995, p. 5, mencionada por Fernando da Costa Tourinho Neto, op. cit., *Revista de Informação Legislativa*, p. 187.

295. Emenda constitucional para o Poder Judiciário, *Genesis, Revista Brasileira de Direito Processual*, n. 4, p. 93, jan.-abr. 1997.

sem identificar seus fundamentos determinantes nem demonstrar que o caso sob julgamento se ajusta àqueles fundamentos".

Um exemplo do ora afirmado é dado pela questão da usura ou anatocismo (capitalização de juros), vedada pelo Dec. 22.626/33 e objeto de duas súmulas do STF: uma, mais antiga (Súmula 121), *proíbe* "a capitalização de juros, ainda que expressamente convencionada" e outra, posterior (n. 596), assim dispõe: "As disposições do Dec. 22.626/33 não se aplicam às taxas de juros e aos outros encargos cobrados nas operações realizadas por instituições públicas ou privadas, que integram o Sistema Financeiro Nacional". Segundo relata Carlos Raymundo Cardoso, "os agentes financeiros, contudo, sempre argumentam que a vedação legal e sumular não se aplica aos contratos de abertura de crédito (e assemelhados) celebrados com instituições financeiras, segundo o disposto na Súmula 596 do mesmo STF que, *ipso facto*, teria revogado a dita Súmula 121". A questão, prossegue o articulista, acabou dirimida pelo STJ no bojo do REsp 1.285, relator o Min. Sálvio de Figueiredo Teixeira, dizendo a ementa: "Direito privado. Juros. Anatocismo. Vedação incidente também sobre instituições financeiras. Exegese do Enunciado 121, em face do n. 596, ambos da súmula do STF. Precedentes da Excelsa Corte. A capitalização de juros (juros de juros) é vedada pelo nosso direito, mesmo quando expressamente convencionada, não tendo sido a regra do art. 4.º do Dec. 22.626/33 revogada pela Lei 4.595/64. O anatocismo, repudiado pelo Verbete 121 da súmula do STF, não guarda relação com o Enunciado 596 da mesma súmula (*Súmulas do STF*, Wilson Bussada, 1. ed., Jurídica Brasileira, 1994, vol. I, p. 405)".[296]

O caso ora referido mostra que mesmo a coexistência de *duas súmulas* do STF sobre uma dada matéria não impediu nem prejudicou o labor interpretativo, senão antes estimulou o debate, permitindo, a um tempo, dirimir a controvérsia e esclarecer o aparente conflito entre os enunciados sumulados; e isso, no âmbito do *outro* Tribunal da Federação! Outro exemplo tem por base a Súmula 44 do STJ: "A definição, em ato regulamentar, de grau mínimo de disacusia, não exclui, por si só, a concessão do benefício previdenciário". Todavia, sabe-se que o grau da incapacitação laborativa é detectado em perícia médica, ao depois apreciada pelo juiz (*peritus peritorum*). No ponto, informava Euclides de Oliveira que as demandas em infortunística eram de competência do 2.º Tribunal de Alçada de São Paulo e o entendimento nesse

296. Anatocismo: ainda hoje, uma prática discutida, *Revista Amaerj Notícias*, n. 41, nov.-dez. 1998. A seu turno, Roberto Rosas entende que a Súm. do STF 596 "não afasta a aplicação da Súm. 121 (RE 100.336, rel. Min. Néri da Silveira, *DJU* 24.05.1985)". *Direito sumular*, 11. ed., São Paulo, Malheiros, 2002, p. 300.

Tribunal era no sentido de que "essa perda não pode ser mínima, tem de ocasionar redução da capacidade de trabalho".[297] Aí se vê a súmula operando como relevante e prestigiado parâmetro, mas sem dispensar nem empobrecer a precípua atividade interpretativa, voltada à persuasão racional do julgador. Daí a importância da pesquisa acerca dos acórdãos reportados a uma dada súmula, com vistas a melhor compreender a extensão-compreensão do enunciado, até porque, como diz o § 2º do art. 926 do CPC: "Ao editar enunciados de súmula, os tribunais devem *ater-se às circunstâncias fáticas dos precedentes que motivaram sua criação*".

Sem embargo, cabe registrar a existência de respeitáveis entendimentos sustentando que, sendo o Brasil um país de regime jurídico filiado à *civil law*, não haveria espaço para a utilização do *precedente judiciário* como critério ou parâmetro de decisão judicial. Assim, anota José Wilson Ferreira Sobrinho: "No plano infraconstitucional a CLT, art. 896, *caput*, oferece exemplo do *stare decisis*. De fato, não caberá recurso de revista quando a decisão recorrida estiver em consonância com Enunciado da Súmula de jurisprudência uniforme do TST. Repare-se: se a decisão objeto do recurso de revista se encontrar forrada por súmula do TST, as portas recursais estarão fechadas. Impede-se o reexame da matéria tendo por justificativa uma súmula. Isto é notável porque a Constituição permite a defesa de um direito com os recursos a ele inerentes e uma normação inferior diz que a cadeia recursal não terá seu curso normal por obra e graça de uma súmula".[298]

No ponto, Lênio Luiz Streck obtempera que, ao editar súmula, o TST "*assume foros de legislador e intérprete final (juiz) de seu próprio produto, uma vez que, em um primeiro momento, a Corte Maior Trabalhista legisla, concebendo a correta interpretação de uma norma do sistema; logo em seguida, quando algum tribunal de hierarquia inferior elabora interpretação diferente acerca dessa mesma norma, o mesmo TST impede, de plano, a discussão sobre essa divergência jurisprudencial, mediante a aplicação da combinação do conteúdo da alínea* a *e do § 5.º do art. 896. Cria-se, assim, uma autêntica aporia*".[299] Em linha consonante, Carlos André Lahmeyer Duval e Rita de Cássia Vergette

297. Entrevista ao Jornal *Tribuna do Direito*, 1998, sob o título "Juiz esclarece procedimento judicial".

298. O *stare decisis* brasileiro, *Repertório IOB de Jurisprudência*, n. 5, p. 89, 1996.

299. *Súmulas*... cit., 1998, p. 151. (itálicos no original). Nota: o citado art. 896 da CLT passou por várias alterações, inclusive o acréscimo do § 1º-A, pela Lei 13.015/2014, a qual igualmente deu nova redação aos parágrafos; a seu turno, a Lei 13.467/2017 promoveu outras alterações, dentre elas a revogação do § 5º, citado no texto colacionado.

Correia entendem que "se se confere às decisões força de lei, pois a súmula nada mais é do que o resumo de uma série de decisões no mesmo sentido, propicia-se aos órgãos do Poder Judiciário, mais do que a possibilidade do exercício de atividade legislativa anômala, o anômalo exercício de atividade legislativa. Por via de consequência, rompe-se a tradição do nosso Direito e aproxima-se do sistema do *case law system*, na medida em que as decisões passam a ter força de lei, e o juiz fica obrigado a decidir do mesmo modo".[300]

Aspecto deveras intrigante diz com o que se deva entender por *jurisprudência dominante*. Priscila Kei Sato examinou os critérios do STF para aquela configuração, encontrando, a par daquele que reclama a existência "de mais de um acórdão que reflita aquele entendimento, ou unicidade de decisão", também o que exige pronunciamento do próprio Pleno.[301] A seu turno, Luiz Rodrigues Wambier refere acórdão da 2.ª Turma do STJ, relator o Min. Franciulli Netto, neste teor: "A expressão 'jurisprudência dominante do respectivo Tribunal' somente pode servir de base para negar seguimento a recurso quando o entendimento adotado estiver de acordo com a jurisprudência do Superior Tribunal de Justiça e do Supremo Tribunal Federal, sob pena de negar às partes o direito constitucional de acesso às vias ordinárias" (REsp 193.189-CE, j. 20.06.2000, *Informativo de Jurisprudência do STJ*, n. 62, 19 a 23.06.2000). Luiz Wambier sustenta que para essa conceituação não se pode afastar de "critérios numéricos, objetivamente aferíveis pelas partes", donde propor que "o entendimento da Corte Especial do Superior Tribunal de Justiça, a respeito da interpretação do direito federal, poderia considerar-se dominante se houvesse a reiteração de decisões majoritárias daquela Corte, no mesmo sentido, na proporção de 70% por 30%, durante o período de cinco anos (ou três anos, ou dois anos, por exemplo, contados retroativamente)".[302]

Parece-nos que o conceito do que seja "jurisprudência dominante" (ou predominante) não pode ficar relegado ao limbo dos *conceitos vagos ou indeterminados*, visto tratar-se de parâmetro indicado em lei processual para operar nos juízos de admissibilidade e por vezes até de mérito nos recursos. Pode contribuir para dar concreção a esse tema o disposto no Ato Regimental AGU n. 1/2008 (*DOU* 03.07.2008), cujo art. 2.º dispõe: "As Súmulas da AGU

300. Inviabilidade das súmulas vinculantes, *Revista da Faculdade de Direito Cândido Mendes*, n. 1, p. 11, ano I (nova série).

301. Jurisprudência (pre)dominante. *Aspectos polêmicos e atuais dos recursos*, coords. Eduardo Pellegrini de Arruda Alvim, Nelson Nery Jr. e Teresa Arruda Alvim Wambier, São Paulo, RT, 2000, p. 583.

302. Uma proposta em torno do conceito de jurisprudência dominante, *RePro* n. 100, out.-dez. 2000, p. 85.

representam a consolidação da jurisprudência iterativa dos Tribunais e têm caráter obrigatório para os órgãos jurídicos enumerados nos arts. 2.º e 17 da Lei Complementar n. 73, de 10 de fevereiro de 1993. Parágrafo único. Entende-se por jurisprudência iterativa dos tribunais, para os efeitos deste Ato Regimental, as decisões judiciais do Tribunal Pleno ou de ambas as turmas do Supremo Tribunal Federal, dos Órgãos Especiais ou das Seções Especializadas dos Tribunais Superiores, ou de ambas as Turmas que as compõem, em suas respectivas áreas de competência, que consagram entendimento repetitivo, unânime ou majoritário, dos seus membros, acerca da interpretação da Constituição ou de lei federal em matérias de interesse da União, suas autarquias e fundações".

A *virtude do meio termo*, na relação entre norma legal e direito sumular, terá que ser alcançada pelo *bom senso* do magistrado, de quem se espera uma postura inspirada pela *lógica do razoável*, em prol de uma *política judiciária de resultados*; para tanto, deve a súmula – independentemente do qualificativo *obrigatório* – ser aplicada aos casos nela subsumidos, com isso assegurando o devido tratamento isonômico aos jurisdicionados e contribuindo para agilizar os trâmites e aliviar a sobrecarga do Judiciário: Com efeito, a discrepância jurisprudencial revela-se particularmente temível nestas ocorrências: (*i*) demandas *de massa*, envolvendo interesses metaindividuais, nas quais não é tolerável a atomização de um conflito eminentemente coletivo, que pode e deve ser tratado *molecularmente* (*v.g.*, pendências envolvendo os *poupadores* e os bancos; ou ainda, os consumidores e o fornecedor / prestador acerca de produto ou serviço largamente difundido); (*ii*) questões de servidores públicos, controvérsias previdenciárias e tributárias já exaustivamente debatidas e decididas nos Tribunais Superiores (*v.g.*, cumulação de proventos com vencimentos; *teto salarial*; cobrança do IPTU por alíquotas progressivas); (*iii*) demandas seriais, nas quais a matéria seja exclusiva ou predominantemente jurídica (*v.g.*, critério para atualização dos proventos de aposentados ou para mensalidades escolares); [303] (*iv*) lides cujo objeto se expande por toda uma região ou mesmo por todo o território nacional (*v.g.*, questões ligadas ao meio ambiente, como a utilização do mercúrio para decantação do ouro nos garimpos); (*v*) enfim, demais conflitos de largo espectro, nos quais convenha ou mesmo se imponha uma resposta judiciária *unívoca e equânime*.[304]

---

303. V., ao propósito, o nosso *Incidente de resolução de demandas repetitivas – a luta contra a dispersão jurisprudencial excessiva*, São Paulo: Thomson Reuters-Revista dos Tribunais, 2016, especialmente p. 143 e s.

304. Por isso, veio dispor o § 1.º do art. 103-A da CF, inserido pela EC 45/2004: "A súmula terá por objetivo a validade, a interpretação e a eficácia de normas determinadas, acerca das quais haja *controvérsia atual* entre órgãos judiciários ou entre esses e a administração

Não colhe o recorrente argumento de que as súmulas cristalizam o Direito e empecem sua evolução; ao contrário, o direito sumular sempre pode – e até deve – ser revisto, quando venham alterados ou superados os dados e insumos que antes induziram a emissão do enunciado, tal como se passa ante o advento de direito novo, ou quando sobrevenha supressão de competência do Tribunal na matéria, ou ante a formação de corrente pretoriana mais convincente. A aprovação, a revisão ou o cancelamento das súmulas vinculantes do STF ficam à iniciativa dos colegitimados à ADIn (CF, art. 103, *caput*, c/c § 2.º do art. 103-A), tendo a Lei 11.417/2006 acrescido a esse rol os Tribunais Superiores, os Tribunais de Justiça dos Estados e Distrito Federal, os TRF's, os TRT's, os TRE's e os Tribunais Militares (inciso XI ao art. 3.º), a par de autorizar os Municípios a também fazê-lo, "incidentalmente ao curso de processo em que seja parte" (§ 1.º do art. 3.º); na matéria, completa o art. 10 da Lei 11.417/2006, se "obedecerá, subsidiariamente, ao disposto no Regimento Interno do Supremo Tribunal Federal". Assim é que o STF baixou a Res. 388, de 05.12.2008: "Disciplina o processamento de proposta de edição, revisão e cancelamento de súmulas e dá providências correlatas".

É sempre importante reafirmar que o ordenamento jurídico nacional *já recepcionou*, expressamente, o direito sumular, e o alçou ao patamar de padrão decisório de eficácia panprocessual, como fica evidente à leitura de vários dispositivos do CPC: arts. 332, I e IV; 489, § 1º, V e VI; 496, § 4º, I; 927, IV; 932, IV, *a* e V, *a*; 955, parágrafo único, I; 966, §§ 5º e 6º, estes acrescidos pela Lei 13.256/2016; 988, III, inciso com redação da Lei 13.256/2016. Comentando o pré-citado art. 932, Nery & Nery afirmam que tal dispositivo "autoriza o relator, enquanto juiz preparador do recurso, a julgá-lo pelo mérito, em decisão singular, monocrática, sujeita a *agravo interno* para o órgão colegiado (CPC 1021). O dispositivo comentado se aplica ao relator, de qualquer tribunal e de qualquer recurso".[305]

De resto, o art. 38 da Lei 8.038/90 (dita Lei dos Recursos) já preconizava a força expansiva do direito sumular; ao propósito, o Min. Marco Aurélio, do STF, foi ainda além e, ao votar na ADIn 594/DF (*RTJ* 151/26-27), aduziu: "O art. 38 da Lei 8.038/90 confere, a meu ver, não a quase normatividade mencionada pelo relator, mas uma verdadeira normatividade aos verbetes das súmulas do STF e, especificamente, do STJ. Esse artigo contém a utilização do verbo 'negar' de forma, até mesmo, a revelar que, no caso, defrontando-se

pública, que acarrete *grave insegurança jurídica* e *relevante multiplicação de processos* sobre questão idêntica".

305. Comentários ao *Código de Processo Civil*... 2015, cit., nota nº 17 ao art. 932, p. 1.852, 1.853.

o relator do recurso, no STJ, com razões de recurso que contrariem verbete da Súmula, deve ele – é imposição decorrente do art. 38 – negar seguimento ao pedido formulado, que é de trânsito do próprio recurso".[306]

O vigente CPC estipula que os tribunais *devem* uniformizar sua jurisprudência e *devem* emitir súmulas quando a jurisprudência se torne dominante (art. 926, *caput* e § 1º). A rigor, não seriam necessárias tal previsões, porque tais tarefas constituem *atribuições precípuas* de todo Tribunal, seja no interesse da harmonização de seus critérios de julgamento, seja para o atendimento isonômico aos jurisdicionados. O esperado é que essa uniformização, extratificada em súmulas – ainda que sem a nota formal da obrigatoriedade – venha prestigiada pelas instâncias precedentes, até porque o Tribunal emissor da súmula detém *competência de derrogação*, donde decorre a inutilidade dos posicionamentos em sentido contrário. Numa palavra, a súmula deve ser perfilhada, por isso que nela se espelha a jurisprudência dominante na matéria, independentemente do qualificativo *vinculante* que lhe venha agregado expressamente. Ou, como dizia J. J. Calmon de Passos, "o problema da força vinculante das decisões dos tribunais superiores, *mesmo sem texto expresso*, até desnecessário, ainda quando conveniente, decorre da lógica do sistema e só pode existir nessa perspectiva"[307] (grifamos).

Em que pese toda a polêmica suscitada pela constitucionalização do efeito vinculante das súmulas do STF, ao menos dois pontos parecem razoavelmente assentados: de um lado, essa técnica contribui para aliviar a sobrecarga do trabalho forense, sobretudo nos Tribunais Superiores, assoberbados com milhares de demandas repetitivas e recursos interpostos em sentido contrário a entendimentos assentados ou mesmo já sumulados; de outro lado, contribui também para abreviar a duração do processo, ensejando mesmo julgamentos antecipados ou antecipação dos efeitos pretendidos, tudo sob a égide do tratamento isonômico devido às partes e da tutela judicial da *evidência*, como se vai reconhecendo às decisões respaldadas no direito sumular.[308]

De outra parte, parece inegável que hoje se vivencia uma experiência altamente deficitária na distribuição da justiça, em termos de custo-benefício

---

306. *Apud* Fernando Crespo Queiroz Neves, A influência... cit., *in Aspectos polêmicos e atuais dos recursos*, coords. Teresa Arruda Alvim Wambier et al., p. 236. Nota: o art. 1.072 do vigente CPC revogou dispositivos da Lei 8.038/90, dentre eles o citado art. 38.

307. Op. cit., *Revista Genesis*, n. 6, p. 637-638, set.-dez. 1997.

308. Assim, no vigente CPC: art. 332, I e IV (liminar improcedência do pedido); 311, II e § único (tutela da evidência).

para o jurisdicionado e para o próprio Estado, tudo a reclamar o implemento urgente de medidas realmente eficazes, vale dizer, idôneas e não paliativas. A propósito, o incisivo depoimento de Ada Pellegrini Grinover: "A crise da Justiça está na ordem do dia: dissemina-se e serpenteia pelo corpo social, como insatisfação dos consumidores de Justiça, assumindo as vestes do descrédito nas instituições; atinge os operadores do direito e os próprios magistrados, como que impotentes perante a complexidade dos problemas que afligem o exercício da função jurisdicional; desdobra-se em greves e protestos de seus servidores; ricocheteia, enfim, pelas páginas da imprensa e ressoa pelos canais de comunicação de massa, assumindo dimensões alarmantes e estimulando a litigiosidade latente. A Justiça é inacessível, cara, complicada, lenta, inadequada. A Justiça é denegação de Justiça. A Justiça é injusta. Não existe Justiça".[309]

Com a consagração legislativa do direito sumular, o Direito Positivo brasileiro passa, presentemente, por uma sorte de *reorganização*, que deverá culminar na fixação de novos espaços e fronteiras que acomodem a fonte formal *principal* – a lei – e a jurisprudência, notadamente aquela dominante ou extratificada em súmula. É dizer, o império da "legalidade estrita", que antes já vinha sofrendo os temperamentos das chamadas fontes secundárias ou formas subsidiárias de expressão do Direito (*equidade* – CPC, parágrafo único do art. 140; parágrafo único do art. 723; ; Lei 9.099/95, art. 6.º; *regras de experiência comum* – CPC, art. 375), a par dos chamados *equivalentes jurisdicionais* (*arbitragem* – Lei 9.307/96; mediação, conciliação e outras modalidades auto e heterocompositivas), agora passa por uma sorte de *reengenharia*, na qual caberá reconhecer significativo e crescente espaço para a *jurisprudência*, dominante ou sumulada.

Sintetizando, com o advento da EC 45/2004, o STF passa a contar, na verdade, com duas modalidades ou tipos de enunciados sumulados: (*i*) os *vinculativos*, aqueles como tal emitidos ou que assim forem "confirmados" (na terminologia do art. 8.º da EC 45/2004) por dois terços de seus componentes (8 Ministros), "após reiteradas decisões sobre matéria constitucional" (art. 103-A, *caput*); (*ii*) os *simples* ou *persuasivos*, identificados por exclusão, a saber, os *demais* enunciados, portanto não vinculantes, com a importante diferença prática apontada por Gustavo Santana Nogueira: "As súmulas que não forem confirmadas continuarão servindo como diretriz para um determinado julgamento, continuarão apenas tendo o efeito prático de orientar

309. A crise do Poder Judiciário. *Revista da Procuradoria Geral do Estado (SP)*, n. 34, dez. 1990, p. 11-12.

o órgão julgador a adotar aquele posicionamento já previsto em súmula, não cabendo, no entanto, a reclamação para anular a decisão judicial, muito menos o ato administrativo".[310] Com efeito, o art. 988 do CPC confere *reclamação* para fim de "(...) III – garantir a observância de enunciado de *súmula vinculante* (...)", inciso com redação da Lei 13.256/2016.

3.6 CONTROLE DE CONSTITUCIONALIDADE DE LEI OU ATO DE PODER PÚBLICO

3.6.1 De ordem geral sobre controle de constitucionalidade

As normas jurídicas, tanto quanto as normas morais, são indicativas de modos de conduta (o grande campo deôntico do *dever ser*), mas distinguem-se, porém, nisso que a norma jurídica é provida de coercibilidade, ou seja, de um *plus* consistente na outorga, ao beneficiário, do *poder de exigir* o comando assecuratório de certa posição de vantagem ali prevista. Por exemplo, o art. 186 do CCi, em sua primeira parte, descreve a conduta do agente desidioso, imprudente ou omisso e expõe o nexo causal com o dano infligido a terceiro (responsabilidade extracontratual ou aquiliana); na segunda parte, confere ao prejudicado o direito de exigir o ressarcimento devido, ou seja, lhe atribui o direito a que corresponde a obrigação do agente culpado em arcar com o custo dessa reparação: "jus et obligatio correlata sunt".

Trasladando esse contexto normativo para o âmbito judicial, compreende-se o porquê de somente as decisões *condenatórias* ou *prestacionais* ensejarem execução (*rectius*: cumprimento do julgado) : é que somente nessa hipótese a satisfação do credor pode ser obtida por *ato do obrigado* (prestações positivas ou negativas), já que, nos demais comandos judiciais, ou bem não há o que *executar* (ações meramente declaratórias), ou bem a execução se opera pela alteração *automatica* do *statu quo ante* (ações (des) constitutivas), ou, ainda, a própria natureza do comando é refratária à resistência, cumprindo-se mediante ordem judicial (ações mandamentais).

Sendo, pois, o Direito uma ciência *nomotética*, ou seja, estruturada e formalizada através de normas de cunho atributivo, por aí se explica que

---

310. Das súmulas vinculantes: uma primeira análise. *Reforma do Judiciário...* cit., 2005, p. 281. Confira-se esta decisão do STF: "Súmulas vinculantes. Natureza constitucional específica (art. 103-A, § 3.º da CF), que as distingue das demais súmulas da Corte (art. 8.º da EC n. 45/2004). Súmulas ns. 634 e 635 do STF. Natureza simplesmente processual, não constitucional. Ausência de vinculação ou subordinação por parte do Superior Tribunal de Justiça" (Recl. 3.979 no AgRg, rel. Min. Gilmar Mendes, *DJ* 02.06.2006).

um certo texto deva haurir coercibilidade (= poder de exigir) a partir da sua conformidade ao dispositivo hierarquicamente superior, ao qual se reporta. Esse desenho permite a visualização do Direito Positivo como uma estrutura em forma piramidal, que tem à sua base as ordens jurídicas menores, de âmbito restrito e específico (regulamentos, portarias, resoluções, ordens internas), passando pelo patamar intermediário das normações de caráter mais expandido (decretos, regulamentos), até o ponto mais elevado, onde se encontram as normas legais propriamente ditas (= produto final do Parlamento), as quais se caracterizam, de um lado, por *inovarem* a ordem jurídica preexistente e, por outro, por ensejarem a *constituição* de posições jurídicas individuais, reveladas em situações de *vantagem* (direitos, poderes) ou, então, de *sujeição* (deveres, obrigações), isso tanto nas relações entre os particulares, como nas destes com o Poder Público.

Consequentemente, no plano jurídico, um dado enunciado normativo - uma *lei* ou um *ato de autoridade* - não se legitima de per si (não é autopoiético ou autorreferente), mas, ao contrário, haure sua exigibilidade se e na medida em que se ponha em harmonia com a normação de regência, que lhe está superposta. Assim, por exemplo, o ato do reitor de universidade que dispõe sobre criação de novos cursos deve, em plano próximo, ajustar-se ao regimento da entidade e, mediatamente, deve guardar sintonia com as diretrizes estabelecidas na lei de regência. De forma análoga, um decreto regulamentador acerca de certo aspecto do tráfego urbano deve estar em consonância com as disposições baixadas pelos órgãos competentes (Detran, Contran) e aquelas, por sua vez, devem se harmonizar com o que disponha o Código de Trânsito Brasileiro (Lei 9.503/97); este, a seu turno, deve guardar sintonia com as regras e princípios constantes do texto constitucional, assim de ordem formal como material.

Para atender e disciplinar tais interações normativas, a Constituição Federal indica e conceitua os *tipos* de normas legais (art. 59) e estabelece as chamadas *competências legislativas*, distinguindo-as, outrossim, em *exclusivas*, *comuns*, *concorrentes* e, ainda, *residuais* (arts. 21, 22 a 30). *Mutatis mutandis*, análogo sistema se observa nas Constituições estaduais e nas Leis Orgânicas Municipais.

Esse desenho guarda simetria com o modelo jurídico-político pactuado na Constituição Federal: O Brasil é uma "República Federativa" (art. 1.º), configuração alçada à condição de cláusula pétrea (art. 60, § 4.º, I), sendo que essa *federação*, por sua vez, pressupõe uma convivência harmoniosa entre os entes políticos, donde a necessária *delimitação das competências*, com o que se evitam as extrapolações, as sobreposições, as ingerências indevidas e as invasões nas searas de atuação de cada qual; ou, no caso do Judiciário, os perigos do *excesso de ativismo*, avançando em searas de *reserva legal*.

Assim como a validade jurídica de um *ato administrativo* pressupõe o atendimento aos clássicos quesitos de *forma, motivação, legitimidade, competência* e *finalidade*, fundando-se, por vezes, em critério de conveniência e oportunidade, também as leis, antes de entrarem em vigor, passam por um complexo procedimento, que objetiva descartar desde logo os projetos inviáveis, máxime os atentatórios às cláusulas pétreas, a par de assegurar a higidez técnico-formal dos projetos meritórios, que se preordenam à discussão em Plenário. Primeiro, indaga-se acerca da própria competência do órgão ou ente político que pretende dar origem à propositura (com vistas a prevenir o chamado *vício de iniciativa*), passando na sequência por etapas diversas, tais as análises das assessorias especializadas (havendo, em certos casos, a exigência de audiência pública); o trâmite pelas comissões parlamentares, com destaque para a de Constituição Justiça e Cidadania; os debates em Plenário; as sucessivas redações, emendas e eventuais projetos substitutivos, até chegar às fases ulteriores de *votação, aprovação, sanção, promulgação, publicação* e consequente *início de vigência* (este último quesito, cf. o art. 1.º da *Lei de Introdução às normas do Direito Brasileiro* – Lei 12.376/2010, que redenominou a antiga Lei de Introdução ao Código Civil – 1942).

O processo legislativo compreende, na linguagem do Direito Administrativo, um conjunto de *atos complexos* (com a gradativa passagem por fases ou etapas) e de *atos compostos*, cujo aperfeiçoamento pressupõe o concurso de mais de um órgão ou agente público e às vezes até de mais de uma vontade política.

Nesse contexto, é razoável inferir que, ao longo de todo esse procedimento, o projeto de lei venha detidamente examinado e debatido, tanto em seus aspectos formais como em seu conteúdo, o que já deveria bastar para afastar ou tornar *remoto* o risco de vir ao lume um texto legal tisnado de inconstitucionalidade, sobretudo considerando a possibilidade do *veto*, pela Chefia do Executivo (CF, art. 66 e §§). Por aí se compreende que a norma legal, tanto que entrada em vigor, beneficia de uma *presunção de constitucionalidade*, ou seja, subentende-se que ela esteja em conformidade com os dispositivos e princípios da Carta Magna, ficando, assim, recepcionada pelo Direito Positivo, na classe que, tecnicamente, lhe cabe. Por outras palavras, uma vez posta em vigor, a lei torna-se impositiva por definição, ficando então superadas as perquirições valorativas, as quais tiveram sua oportunidade nos debates parlamentares.

É por conta disso que a ação direta de constitucionalidade (CF, art. 102, § 2.º), trazida pela EC 3/93, teve questionada sua *constitucionalidade* (!), ao argumento de que as leis... *se presumem constitucionais*, o que tornaria supérfluo tal tipo de controle direto, e, consequentemente, esvaziaria o interesse de agir na ADCon (*necessidade mais utilidade* da prestação jurisdicional).[311] Porém, o STF entendeu que tal ação "sobrevive em nosso sistema porque a EC 3/93, que a instituiu, é constitucional" (ADC 01-01-DF, rel. Min. Moreira Alves, Pleno, j. 27.10.93, maioria, *RTJ* 157/371).[312] Caso expressivo de "norma constitucional formalmente inconstitucional", se encontra curiosamente, no próprio dispositivo instituidor da súmula vinculante (CF, art. 103-A), porque a PEC, originalmente, não mencionava o qualificativo *constitucional*, que, depois, fora aposto à expressão "após reiteradas decisões sobre a matéria", quando da passagem pelo Senado, de sorte, que, a rigor, deveria o projeto ter retornado à Câmara Federal, por exigência do modelo bicameral. No ponto, afirma Marcos Vinicius da Costa Fernandes: "Já o Senado, em revisão, alterou o texto para nele incluir o adjetivo '*constitucional*', qualificando a matéria e restringindo o campo de atividade sumular do Supremo Tribunal Federal. Com isso, afirma-se que a expressão '*constitucional*', que limita a edição de súmulas vinculantes, está eivada de inconstitucionalidade formal. Caso isso venha a ser confirmado futuramente em eventual ADIN proposta perante aquele tribunal, poderá o Supremo Tribunal Federal editar súmulas sobre

---

311. Aduzem Nery & Nery: "Como no sistema brasileiro a lei goza de presunção de constitucionalidade, não há interesse processual em ajuizar-se a ADC. O autor não tem necessidade de dirigir-se ao Poder Judiciário com o objetivo de obter declaração da constitucionalidade de lei. Não há incerteza jurídica a ser dirimida" (*Código de Processo Civil comentado e legislação processual extravagante*, 2004, nota 14 ao art. 102 da CF). Em outra sede, reafirmam os autores sobre a ADCon: "Criada pela EC 3/93, funciona como *avocatória branca*. O STF, ao julgá-la procedente, na verdade profere decisão *normativa* para os demais órgãos do Poder Judiciário. A LADIN (L.9.868/99) regulou o processo e julgamento da ADC e da ADIn. Não encontramos precedente, no direito estrangeiro, de instituto que se assemelhe à ADC, justamente porque ela é desnecessária, dispensável em sistema jurídico que, como o nosso, possui controle concentrado de constitucionalidade e atribui à lei presunção *iuris tantum* de constitucionalidade" (*Constituição Federal comentada*..., 3. ed., 2012, cit., nota 35 ao art. 102, p. 595).

312. *Aliter*, cf. Nery & Nery: "A decisão do STF, no julgamento da ADC, quando definitiva e de mérito, fará coisa julgada *erga omnes*, a todos obrigando (os órgãos do Poder Judiciário e da Administração Pública em todos os níveis), com natureza de *avocatória branca* e efeito de verdadeira decisão normativa. Este parágrafo, introduzido pela EC 3/93, e com redação alterada pela EC 45/04 é inconstitucional por ferir os dispositivos da CF 5.º XXXV e 60 § 4.º IV (cláusula pétrea), porque cerceia o direito constitucional de ação" (Constituição Federal comentada..., 3 ed., 2012, cit., nota nº 66 ao art. 102, p. 600).

quaisquer matérias (desde que, é claro, preencham os demais requisitos exigidos para a respectiva edição)".[313]

Estando o Direito Positivo organizado, pois, numa estrutura de tipo piramidal, compreende-se que as normas e os atos governamentais extraiam sua coercibilidade a partir de uma presumida conformidade com a normação que lhe é imediata e hierarquicamente superior, e assim até chegar à própria Constituição (Federal ou Estadual, conforme o caso). Ou seja, a legitimidade e a coercibilidade de uma norma legal ou de um ato administrativo não se extraem deles mesmos, *ex propria auctoritate*, numa lógica *autopoiética*,[314] onde a causa se confundiria com o efeito e vice-versa; ao contrário, num Estado de direito, essas normações obrigam *se e na medida* em que se acomodam ao contexto jurídico a que estão reportadas e que lhes confere legitimidade. Esse desenho opera para dar *estabilidade* ao ordenamento positivo, a par de preservar as garantias individuais e coartar as possíveis arbitrariedades dos agentes públicos e políticos, à semelhança do papel preventivo-controlador desempenhado pelos requisitos gerais de validade do ato administrativo, antes mencionados.

A Constituição Federal, malgrado postada à cumeeira do edifício normativo, igualmente necessita (ou pressupõe a existência) de um "ponto de referibilidade", um parâmetro a partir do qual seus dispositivos ganham coercibilidade, tanto nas relações interpessoais, como nas que contrapõem os cidadãos em face do Estado, operando, ainda, como um paradigma para se aferir a regularidade formal da legislação infraconstitucional. Como se sabe, Kelsen concebeu a ordem normativa encimada por uma *norma fundamental hipotética*, representada pelo princípio *pacta sunt servanda*, que, numa versão analítica e adaptada, equivaleria a este enunciado principiológico: se uma coletividade politicamente organizada, num determinado momento histórico, estabeleceu um pacto fundamental, deve zelar pelo estrito cumprimento do que ali ficou firmado, tarefa cometida assim ao Estado como aos cidadãos (isolada ou coletivamente), cabendo à legislação infraconstitucional adequar-se às diretrizes estabelecidas naquele pacto, assim viabilizando a convivência social e conferindo certeza e segurança às relações jurídicas.

O corolário disso é que a norma legal que se coloca em dissonância com o texto constitucional, *na letra ou no espírito*, em verdade perde sua legitimidade e sua condição precípua de sustentação, tornando-se uma contradição

313. Súmula vinculante, Carlos Alberto Carmona (coord.), *Reflexões sobre a reforma do Código de Processo Civil*, São Paulo, Atlas, 2007, p. 278, 279.

314. Segundo Niklas Luhmann, *autopoiético* significa o que *se faz a si mesmo*. A posição dos tribunais no sistema jurídico, *Revista Ajuris*, n. 49, p. 149, jul. 1990, cf. nota do tradutor.

em si mesma. Nesse caso, restaria palpável a prospecção das *consequências* do contraste judicial, isto é, saber se a norma declarada inconstitucional deve ser considerada "nula" (Buzaid), "inexistente" (Francisco Campos), ou, ainda, se caberia distinguir, conforme a inconstitucionalidade venha declarada para o caso concreto, em via incidental, ou então *erga omnes*, na via direta (José Afonso da Silva).[315]

Por outro lado, em face da genérica *presunção de constitucionalidade* que beneficia a lei posta em vigor, não se exige do intérprete ou do aplicador da norma a demonstração, a cada passo, que ela é *constitucional*, e é por isso que a exigência da "prova do Direito" restringe-se, no caso de normação local, estrangeira e consuetudinária, à comprovação do *teor* e *vigência* (CPC, art. 376), e não da demonstração de sua... constitucionalidade. Aliás, justamente por isso, já se questionou, como antes referido, o fundamento ou a utilidade da ação direta de constitucionalidade (CF, art. 102, § 2.º: EC 3/93, depois com redação da EC 45/2004), pela dificuldade em se visualizar um interesse de agir dirigido à atestação judicial de uma qualidade que já é *ínsita* ou *pressuposta* nas normas legais, a saber, sua conformidade à Constituição. Demais disso, não há negar que as ações diretas de inconstitucionalidade (CF, art. 102, I, *a*), quando denegadas, já implicam, *contrario sensu*, num reconhecimento de que a norma ou os atos sindicados estão *conformes* à Constituição, sendo, pois, claro exemplo de *actio duplex*.

É de interesse, neste passo, colacionar o voto do Min. José Carlos Moreira Alves, na antes referida ADCon 01-93/DF: "Por fim, é também inteiramente improcedente a alegação de que essa ação converteria o Poder Judiciário em legislador, tornando-o como que órgão consultivo dos Poderes Executivo e Legislativo. Essa alegação não atenta para a circunstância de que, visando a ação declaratória de constitucionalidade à preservação da presunção de constitucionalidade do ato normativo, é ínsito a essa ação, para caracterizar-se o interesse objetivo de agir por parte dos legitimados para propô-la, que preexista controvérsia que ponha em risco essa presunção e, portanto, controvérsia judicial no exercício do controle difuso de constitucionalidade, por ser esta que caracteriza inequivocamente esse risco" (*RTJ* 157/387)".

Depois, o ordenamento positivo viria acolher aquele quesito de procedibilidade, dispondo o art. 14 da lei regulamentadora da ADCon – n. 9.868/99 – que a petição inicial indicará (...) "III – A existência de *controvérsia judicial*

315. Cf. José Afonso da Silva, *Curso de direito constitucional positivo*, 19. ed., São Paulo: Malheiros, 2001, p. 52-56.

relevante sobre a aplicação da disposição objeto da ação declaratória". (Numa *ponte* com a súmula vinculante, observe-se que ela deve incidir sobre norma determinada, de extração constitucional, a cujo respeito haja "controvérsia atual entre órgãos judiciários ou entre esses e a administração pública que acarrete grave insegurança jurídica e relevante multiplicação de processos sobre questão idêntica" (CF, § 1.º do art. 103-A: EC 45/2.004).

Sem embargo da antes referida *presunção de constitucionalidade* das leis, ainda assim o sistema jurídico nacional contempla um complexo sistema de controle da compatibilidade constitucional de leis e atos do Poder Público. Sob o critério do órgão judicial competente, temos os regimes: **1**) *concentrado*, *direto*, *abstrato* ou *principal*, prevendo um Tribunal específico para dirimir a querela constitucional instaurada, nas ações diretas (*v.g.*, o *STF*: CF, art. 102, I, *a;* o *TJSP*: Constituição do Estado de São Paulo, art. 74, VI), conducente a uma declaração específica a respeito da querela constitucional, positiva ou negativa, com eficácia *erga omnes* e efeito vinculante; e **2**) *difuso*, *indireto*, *concreto* ou *incidental*, que se operacionaliza na competência genérica, reconhecida a qualquer órgão judicial, singular ou colegiado, de, num caso pendente, conhecer a questão prejudicial de inconstitucionalidade de certa lei ou ato de Poder Público, deduzida *incidenter tantum*, autorizando, em caso de acolhimento da arguição, o descarte, *in concreto*, da lei ou ato guerreados. O controle incidental, quando ocorra em Tribunal, deve ter lugar no órgão especial ou plenário (CF, art. 97: reserva de Plenário), após ouvido o Ministério Público e as partes, sobrestando-se então o julgamento do recurso ou da causa de competência originária onde a querela tenha sido suscitada, com destaque para o § único do art. 949 do CPC: "Os órgãos fracionários dos tribunais não submeterão ao plenário, ou ao órgão especial, a arguição de inconstitucionalidade quando já houver pronunciamento destes ou do plenário do Supremo Tribunal Federal sobre a questão". No ponto, ainda, a súmula vinculante 10: "Viola cláusula de reserva de plenário (Constituição Federal, artigo 97) a decisão de órgão fracionário de Tribunal que, embora não declare expressamente a inconstitucionalidade de lei ou ato normativo do poder público, afasta sua incidência, no todo ou em parte".

(Numa *ponte* com a súmula vinculante, observe-se que o *Município* está legitimado a propor a edição, revisão ou cancelamento desses assentos, mas apenas "incidentalmente ao curso de processo em que seja parte": § 1.º do art. 3.º da Lei 11.417/2006). O exercício dessa atribuição, todavia, nem sempre será oportuno ou viável, podendo-se figurar uma apelação na qual o Município, em tese, tencionaria arguir incidentalmente a inconstitucionalidade da lei originária de precedente da Administração, que previra o aumento da alíquota do IPTU pelo critério da *progressividade*. Todavia, não haverá interesse em tal arguição, por se tratar de matéria já sumulada pelo STF (n. 668); ou, quando menos, caberá primeiramente aferir se a *quaestio iuris* a ser agitada está ou não inteiramente abrangida pela citada súmula. Com isso, ganha-se tempo e previne-se o indesejável dissenso pretoriano numa matéria que só comporta avaliação unitária: ou a lei/ato normativo *são* constitucionais ou *não o são*.

À época do CPC/73 chegou-se a questionar a própria *constitucionalidade* do parágrafo único do art. 481 daquele Código, acrescido pela Lei 9.756/98 (correspondente ao parágrafo único do art. 949 do vigente CPC), então dizendo Donaldo Armelin: "Impondo o texto constitucional do art. 97 da Carta Magna a atuação dos plenários ou órgãos especiais dos Tribunais para a decisão da arguição de inconstitucionalidade, essa inovação, ao dispensar em cada caso a atuação do Tribunal ou de seu órgão especial, sempre que a respeito da inconstitucionalidade questionada existir precedente desse mesmo Tribunal ou do plenário do Excelso Pretório, poderá gerar controvérsias quanto à sua constitucionalidade".[316] Todavia, vale registrar o esclarecimento trazido por Gilmar Ferreira Mendes, acerca desse relevante ponto: "O Supremo Tribunal Federal tem entendido que, fixada a orientação do Pleno ou do órgão especial, nos termos do art. 97 da Constituição, em um caso qualquer, poderá o órgão fracionário decidir como de direito, devendo guardar observância daquela decisão. Em outros termos, um novo procedimento na forma do art. 97 da Constituição somente seria necessário no caso de uma mudança de orientação por parte do próprio Tribunal".[317]

No controle difuso, a questão constitucional se oferece como uma *prejudicial de mérito*, assim integrando a fundamentação ou a causa de pedir, numa ampliação do *thema decidendum*, ao passo que no controle concentrado aquela questão constitui o próprio pedido da ADIn ou da ADCon. Daí o entendimento de que, no primeiro caso, a supressão de vigência da norma admitida como inconstitucional depende do concurso ulterior de um órgão

316. Apontamentos sobre as alterações ao Código de Processo Civil e à Lei 8.038/90, impostas pela Lei 9.756/98.In *Aspectos polêmicos e atuais dos recursos cíveis, de acordo com a Lei 9.756/98*, coord. Teresa Arruda Alvim Wambier e Nelson Nery Jr., São Paulo, RT, 1999, p. 197.

317. Direitos fundamentais e controle de constitucionalidade: estudos de direito constitucional, *Instituto Brasileiro de Direito Constitucional*, São Paulo: Celso Bastos, 1998, p. 360 e 361. (No trecho citado o autor remete, em nota de rodapé, ao RE 190.728, Rel. Min. Ilmar Galvão, *DJ* 30.05.1997.)

legislativo (CF, art. 52, X), enquanto, no segundo, a declaração judicial, pronunciada *principaliter*, já opera de per si, com a publicação do acórdão.[318]

O sistema *difuso* foi o vigorante entre nós, desde a Constituição Republicana de 1891, até a EC 16/65, que criou a ação direta *interventiva* (CF de 1946, art. 101, I, *k*), valendo observar que, no entretempo, a CF de 1934 de certo modo viria a abrir caminho para a introdução do controle direto, ao versar sobre a declaração de inconstitucionalidade de "qualquer dispositivo de lei ou acto governamental" (art. 96 c/c art. 91, IV).

De todo modo, foi a partir da CF de 1988 que o controle concentrado ganhou vulto e intensidade, consentindo um rol de *ações diretas*: **1**) ADIn (federal: 102, I, *a*, e local: CF, art. 125, § 2.º); **2**) ADCon (CF, art. 102, § 2.º, cf. EC 3/93); **3**) *Ação de inconstitucionalidade por omissão* (CF, art. 103, § 2.º); **4**) *Arguição de descumprimento de preceito fundamental* (CF, art. 102, § 1.º, regulamentada pela Lei 9.882, de 03.12.1999;[319] **5**) ADIn *interventiva* (federal: CF, art. 34, VII, e local: CF, art. 35, IV).

Importante, nesse passo, o esclarecimento prestado por Gilmar Ferreira Mendes: "Em acórdão de 22 de agosto de 1997, houve por bem o Tribunal [STF] ressaltar, uma vez mais, que a reserva de plenário da declaração de inconstitucionalidade de lei ou ato normativo funda-se na presunção de constitucionalidade que os protege, somada a razões de segurança jurídica". Assim sendo, prossegue, "a decisão plenária do Supremo Tribunal declaratória de inconstitucionalidade de norma, posto que incidente, sendo pressuposto necessário e suficiente a que o Senado lhe confira efeitos *erga omnes*, elide a presunção de sua constitucionalidade; a partir daí, podem os órgãos parciais dos outros tribunais acolhê-la para fundar a decisão de casos concretos ulteriores, prescindindo de submeter a questão de constitucionalidade ao seu próprio plenário. Esse entendimento marca uma evolução no sistema de controle de constitucionalidade brasileiro, que passa a equiparar, ainda que

---

318. Cf. Nery & Nery: "O controle abstrato da constitucionalidade da lei ou ato normativo federal ou estadual, contestado em face da CF, é feito por meio da *Adin* ajuizada perante o STF pelos legitimados da CF 103. A declaração de inconstitucionalidade da lei proclamada pelo STF em *Adin* faz coisa julgada *erga omnes*, retirando a eficácia da lei em todo o território nacional. Por esta razão, não há necessidade de remeter-se o acórdão proferido em *Adin* ao Senado Federal (RISTF 178; *RTJ* 97/1371); só se remete o acórdão do STF que declarou inconstitucional a lei incidentalmente, em caso concreto (CF 52, X)" *(Constituição Federal comentada..., 3 ed., 2012, cit., nota nº 18 ao art. 102, p. 592).*

319. O anteprojeto dessa lei derivou dos trabalhos de Comissão criada no Ministério da Justiça, presidida por Celso Bastos e integrada por Oscar Dias Corrêa, Arnoldo Wald, Gilmar Ferreira Mendes, Fernando Passos e Ives Gandra da Silva Martins.

de forma tímida, os efeitos das decisões proferidas nos processos de controle abstrato e concreto. A decisão do Supremo Tribunal Federal, tal como colocada, antecipa o efeito vinculante de seus julgados em matéria de controle de constitucionalidade, permitindo que o órgão fracionário se desvincule do dever de observância da decisão do Pleno ou do Órgão Especial do Tribunal a que se encontra vinculado. Decide-se autonomamente com fundamento na declaração de inconstitucionalidade (ou de constitucionalidade) do Supremo Tribunal Federal proferida *incidenter tantum*".[320]

O interesse do controle de constitucionalidade para efeito de uniformização da jurisprudência reside nisso que a constitucionalidade das leis e atos vem a ser aferida numa perspectiva *vertical*, isto é, a partir do parâmetro normativo hierarquicamente prevalecente, avaliação essa que só pode conduzir a uma resposta *unitária*, porque ou bem o texto indigitado *é* constitucional ou *não o é*; *tertium non datur*. Sobrevindo qualquer das duas alternativas possíveis, daí deriva um *efeito reflexo* sobre as situações conflituosas que têm origem na querela constitucional em questão, e então, de duas uma: *i*) as ações que se encontram pendentes podem ser dirimidas com base na tese fixada no controle de constitucionalidade; ou *ii*) os conflitos gerados pela situação de incerteza sobre a matéria constitucional, mas ainda não convertidos em ações judiciais, tendem a se resolver, suasoriamente, entre os próprios contraditores, à vista do *acertamento* daquela questão prejudicial.

Por exemplo, se o STF entende que é inconstitucional o desconto previdenciário nos proventos dos aposentados, as ações por estes ajuizadas, tendo essa questão como causa de pedir, deverão ser julgadas procedentes, à vista da tese fixada para aquela questão prejudicial, pela mais alta instância judiciária do país; assim, o trâmite dessas ações se encerrará precocemente, até porque o seu prosseguimento significaria dispêndio inútil de tempo e dinheiro, pela boa razão de que juízes e tribunais estão jungidos aos padrões decisórios listados no art. 927 do CPC, dentre eles "I – as decisões do Supremo Tribunal Federal em controle concentrado de constitucionalidade". Se o entendimento do STF fosse em sentido contrário, isto é, recusando a afirmada inconstitucionalidade, tais ações por certo seriam rejeitadas, e, por outro lado, outras tantas deixariam de ser ajuizadas, ante o natural *desestímulo* provocado pela sinalização contrária, constante daquele *precedente judiciário*. Em qualquer das duas hipóteses, é importante notar que fica alcançada

320. *Direitos fundamentais...* cit., p. 363 e 364 (no trecho citado pelo autor, a remissão jurisprudencial é ao RE 191.898, Rel. Min. Sepúlveda Pertence, *DJ* 22.08.1997, p. 38.781).

a desejada *isonomia* na resposta judiciária: favorável ou desfavorável, mas, em qualquer caso, direcionada a *todos os sujeitos concernentes,* no caso a coletividade dos *aposentados.*

Esse efeito reflexo (ou *expansivo*, ou *panprocessual*) do contencioso objetivo de constitucionalidade fala de perto ao tema da divergência jurisprudencial e das técnicas para seu controle (prevenção/correção), e isso não apenas nos casos em que o julgado tenha expressa *força vinculante* (CF, art. 102, § 2.º; RISTF, art. 101; CPC, § 3º do art. 947), senão, também, sempre que a querela constitucional venha em qualquer sorte resolvida definitivamente; isso, pela curial razão de que uma coisa não pode, ao mesmo tempo, *ser e não ser*: uma lei ou ato normativo de Poder Público não pode "ser constitucional" em face de certos sujeitos e "não ser constitucional" em face de outros, contemporaneamente.

Mesmo no plano do controle *incidental* da constitucionalidade (sistema difuso), embora os limites subjetivos da coisa julgada se prendam às partes (CPC, art. 506), não há como negar que a *eficácia natural* desse julgado (ou seu efeito *expansivo*) projetam *externalidades,* porque nessa parte se configura um *contencioso objetivo de constitucionalidade,* que é um incidente no qual sobrepaira o interesse maior da sociedade em saber se a lei ou o ato normativo do Poder Público foram ou não editados em conformidade com o texto constitucional, até porque é daí que lhes advém a *legitimidade* e a *coercitividade, inclusive das demais normações deles derivadas.* Vindo essa querela dirimida pelo STF, encarregado da "guarda da Constituição" (CF, art. 102, *caput*), parece inegável que a declaração – *pró ou contra* – acabará se projetando *extra-autos,* ao longo do território nacional, até porque a igualdade de todos perante a lei (CF, art. 5.º, *caput*) deve, dialeticamente, comportar o seu contrário, ou seja, a igualdade de todos perante a *não lei*, ou seja, aquela fulminada, *ab ovo*, pela declaração de inconstitucionalidade.

Esse *efeito expansivo* que, gradualmente, se foi agregando (e se foi reconhecendo) às decisões de mérito do STF no controle difuso ou incidental (geralmente no bojo de recursos extraordinários) acabou por projetar, senão um nivelamento, ao menos uma sensível aproximação entre esse regime e o do controle direto ou concentrado. Explica o Min. Gilmar Mendes: "De qualquer sorte, a natureza idêntica do controle de constitucionalidade, quanto às suas finalidades e aos procedimentos comuns dominantes para os modelos difuso e concentrado, não mais parece legitimar a distinção quanto aos efeitos das decisões proferidas no controle direto e no controle incidental. Somente essa nova compreensão parece apta a explicar o fato de o Tribunal ter passado a reconhecer efeitos gerais à decisão proferida em sede de controle incidental, independentemente da intervenção do Senado. O mesmo há de se dizer das várias decisões legislativas que reconhecem *efeito transcendente* às decisões do STF tomadas em sede de controle difuso". (...) "É possível, sem qualquer exagero, falar-se aqui de uma autêntica *mutação constitucional* em razão da completa reformulação do sistema jurídico e, por conseguinte, da nova compreensão que se conferiu à regra do art. 52, X, da Constituição de 1988".[321]

Por exemplo, se, incidentemente, resulta acolhida por um Tribunal (CF, art. 97; CPC, art. 948) a questão prejudicial de que certo dispositivo de lei tributária é inconstitucional, indaga-se: seria juridicamente legítimo e logicamente sustentável que tal dispositivo remanescesse inconstitucional apenas na relação direta entre um dado contribuinte e o Fisco no *caso concreto*, e não assim em face dos demais contribuintes jungidos ao fato gerador desse mesmo tributo, que são partes em outras ações pendentes sobre o assunto?

Com maior razão, essa *expansão* da eficácia do julgado se exacerba no âmbito do controle *concentrado*, observando Leonardo Greco que a ação direta de inconstitucionalidade, "segundo a doutrina mais assente, como meio de controle abstrato da constitucionalidade das leis, se julgada procedente já tem eficácia geral e efeito vinculante, pois implica inclusive em retirada da norma viciada do ordenamento jurídico em vigor".[322] Nesse sentido, o Min. Carlos Velloso, do STF, após ressaltar que a vinculação já existe, *expressis verbis*, na ADCon (CF, art. 102, § 2.º), obtemperou: "De minha parte, sempre sustentei que, não obstante inexistir norma expressa, também as decisões proferidas nas ações diretas de inconstitucionalidade são vinculantes".[323] No ponto, o pensamento de Cândido Rangel Dinamarco: "A declaração de inconstitucionalidade feita pela Corte Suprema brasileira, quando feita *principaliter*, é dotada de automática eficácia *erga omnes* e produz efeito vinculante em face dos demais Poderes do Estado. Quando feita *incidenter tantum*, será comunicada ao Senado Federal, a quem nesse caso compete suspender a eficácia da lei ou ato normativo declarado inconstitucional".[324]

Na medida em que se opera a *vinculação geral*, projeta-se, corolariamente, uma *uniformização panprocessual* na interpretação do texto sindicado, donde a grande contribuição que o sistema de controle de constitucionalida-

321. A reclamação constitucional no Supremo Tribunal Federal. *Fórum Administrativo – Direito Público*, n. 100, jun. 2009, p. 109.

322. A revisão constitucional e o processo civil, *RePro* n. 67, 1992, p. 112.

323. O Judiciário e o efeito vinculante, artigo publicado na *Folha de S. Paulo*, de 04.08.1997, seção Tendências/debates.

324. A função das Cortes Supremas na América Latina, *Revista Forense*, n. 342, p. 8, separata.

de pode oferecer para a prevenção, senão já para a correção da divergência jurisprudencial excessiva. Nesse sentido, William Santos Ferreira: "*controle concentrado de constitucionalidade* – que por ser um controle abstrato, uma vez julgada a ação pelo STF, haverá uma uniformização dos posicionamentos, em razão do que foi decidido (art. 103 da CF)".[325]

Na verdade, a eficácia *panprocessual* das decisões do STF no controle – mesmo incidental ou difuso – de constitucionalidade já está recepcionada no CPC, nos moldes do § 12º do art. 525, dizendo que se torna "*inexigível* a obrigação reconhecida em título executivo judicial fundado em lei ou ato normativo declarados inconstitucionais pelo Supremo Tribunal Federal, ou fundado em aplicação ou interpretação da lei ou do ato normativo tido pelo Supremo Tribunal Federal como incompatível com a Constituição Federal, em controle de constitucionalidade *concentrado ou difuso*". Esse dispositivo corresponde, com alguma alteração de redação, ao art. 475-L do CPC/73, redação da Lei 11.232/2.005, e, à época, Pedro Lenza considerara que ele não tratava "de 'relativização' imoderada ou da hipótese de 'desconstituição pelo princípio da proporcionalidade', mas de uma nova técnica (embargos rescisórios) a afrontar a regra constitucional da ação rescisória. Nesse sentido, inconstitucional". O autor colacionava o voto do Min. Celso de Mello, relator do RE 594.350/RS, do qual ora se destaca este excerto: "A decisão do Supremo Tribunal Federal que haja declarado inconstitucional determinado diploma legislativo em que se apoie o título judicial, ainda que impregnada de eficácia '*ex tunc*', como sucede com os julgamentos proferidos em sede de fiscalização concentrada (RTJ 87/758 – RTJ 164/506-509 – RTJ 201/765), detém-se ante a autoridade da coisa julgada, que traduz, nesse contexto, limite insuperável à força retroativa resultante dos pronunciamentos que emanam, 'in abstracto', da Suprema Corte. Doutrina. Precedentes" (j. 25.05.2010, *DJe* de 10.06.2010, *Informativo STF* 591, esclarecendo o autor que a matéria pende de apreciação pelo plenário da Corte).[326] Bem por isso, a eximente da inexigibilidade do título exequendo pode ser arguida nos embargos à execução (CPC, art. 917, I), ou, segundo por vezes se sustenta, até mesmo anteriormente, na chamada *exceção de pré-executividade*.

325. Súmula vinculante – Solução concentrada... cit., in Teresa Arruda Alvim Wambier *et al.* (coords.), *Reforma do Judiciário*... cit., 2005, p. 802.

326. *Direito Constitucional esquematizado*, 17. ed., São Paulo, Saraiva, 2013, p. 374-375. (Nota: o sítio do STF, consultado em 04.01.2018, informa que foi negado provimento ao citado recurso extraordinário).

Sem embargo, Nery & Nery, escrevendo à luz do CPC vigente, entendem que o disposto no citado § 12º do art. 525, ao afirmar a inexequibilidade do texto tido como inconstitucional pelo STF assim no controle concentrado como no *difuso*, "só faz sentido se interpretado conforme a Constituição, vale dizer, se considerar-se a incidência da CF 52 X: julgado o RE afirmando a inconstitucionalidade – controle difuso –, e, remetido o acórdão ao Senado Federal, a Câmara Alta expediu resolução suspendendo a execução da lei ou do ato normativo em todo o território nacional".[327]

3.6.2 Como instrumento para a uniformização da jurisprudência

Através do sistema geral de controle de constitucionalidade se atingem, a um tempo, dois objetivos: um, *precípuo e procurado*, que é o da preservação da autoridade, inteireza positiva e uniformidade exegética dos textos constitucionais (federal e locais), no contraste com leis e atos do Poder Público; outro, *indireto ou reflexo*, que é o de propiciar a desejável uniformização da jurisprudência. Esse segundo objetivo pode ser alcançado tanto pela eficácia *erga omnes* do julgado, nas ações diretas (controle concentrado) quanto pela projeção *ultra partes* da eficácia natural do julgado nas arguições incidentais (controle difuso), e isso, num caso e noutro, pela curial *natureza unitária* do pronunciamento judicial na querela constitucional, que apenas oportuniza resposta judiciária unitária – positiva ou negativa – pela boa razão de que a norma e o ato sindicados ato ou *são ou não são* constitucionais, sem outra alternativa possível. Em qualquer hipótese, a eficácia da declaração abrangerá a todos os brasileiros (caso de lei ou ato federal) ou parte deles (caso de lei ou ato local).

Esse contexto é particularmente visível no modelo *concentrado*, como se dá na Áustria, conforme explica Mauro Cappelletti: "Com efeito, o sistema austríaco tem, além do caráter *constitutivo*, também caráter *geral*, ou seja, dá origem a uma anulação que, não obstante com eficácia não retroativa, mas *ex nunc* ou *pro futuro*, opera, porém, *erga omnes*, pelo que se fala, precisamente, de uma *Allgemeinwirkung* (*eficácia geral*). A lei, em outras palavras, uma vez sobrevindo o pronunciamento de inconstitucionalidade, torna-se ineficaz para todos, do mesmo modo como se tivesse sido ab-rogada por uma lei posterior; e entram, de novo, em vigor – salvo se em sentido contrário dispuser a Corte Constitucional – aquelas disposições legislativas que preexistiam à lei inconstitucional (art. 140, secção 4, da Constituição austríaca)".[328]

---

327. *Constituição Federal comentada...*, 3 ed., 2012, cit., nota nº 49, p. 1.306.

328. *O controle judicial de constitucionalidade das leis no direito comparado*, trad. Aroldo Plínio Gonçalves, rev. José Carlos Barbosa Moreira, Porto Alegre, Sérgio Antonio Fabris, 1984, p. 118.

Esse efeito – indireto ou reflexo, mas inevitável – de uniformização da jurisprudência verifica-se de maneira acentuada nas ações diretas (ADIn, ADCon, ADPF), dada a eficácia *erga omnes* da decisão, mas algo semelhante se passa também no âmbito do controle difuso ou incidental, operado perante o STF, porque aí não há como *conter* a eficácia do pronunciamento judicial apenas entre as partes, seja em virtude da proeminência do órgão julgador (o STF é o "guarda da Constituição" – CF, art. 102, *caput*), seja pela garantia constitucional da isonomia de todos perante a lei (CF, art. 5.º, *caput*), a qual deve abranger não apenas a *norma legislada*, senão que também a *norma judicada*. De fato, aquela garantia não seria de todo efetiva se o sistema jurídico nacional comportasse a virtualidade de que uma norma, dada por inconstitucional pelo STF (embora *incidenter tantum*, num caso concreto), continuasse, porém, em vigor para as demais pessoas físicas e jurídicas, em pontos diversos do território nacional.

Nesse sentido, William Santos Ferreira, após observar que "pronunciamentos diferentes, para casos idênticos, mantidos por um tempo considerável são um desastre em termos de política judiciária", traz à colação o *Chief Justice* Benjamin N. Cardozo: 'Se um grupo de casos envolve o mesmo ponto, as partes esperam a mesma decisão. Seria uma grande injustiça decidir casos alternados tomando como base princípios opostos. Se um caso foi decidido contra mim ontem, quando eu era o réu, esperarei o mesmo julgamento hoje, se for autor. Decidir de modo diferente levantaria um sentimento de injustiça e de ressentimento em meu íntimo; seria uma infração material e moral de meus direitos'".[329]

Ser ou não ser constitucional é, pois, uma antinomia que, contraposta a uma norma legal ou ato normativo do Poder Público, não comporta reduções, gradações ou fracionamentos; por isso, quando tal aferição é feita pelo STF, tendo por objeto lei ou ato *federal*, o resultado há de ser qualitativamente uno em todo o território nacional: ou bem a norma (ou ato) é constitucional e continua em vigor (para todos), ou não o é, e neste caso sua vigência se encerra, restando apenas aferir as repercussões jurídicas e práticas dessa declaração (*v.g.*, se os efeitos se darão *ex tunc* ou *ex nunc*; qual deve ser o procedimento para o retorno dos atos e fatos ao *statu quo ante*; se há necessidade do concurso de órgão legislativo para a supressão do texto objetivado; ainda, como fica a situação jurídica dos que antes se beneficiaram da lei ou do ato viciados; se haverá *modulação temporal* da decisão). A propósito, Alfredo Buzaid era incisivo ao afirmar

329. Súmula vinculante – Solução concentrada... cit., *Reforma do Judiciário...* cit., 2005, p. 802-803.

que "toda lei adversa à Constituição é *absolutamente nula, não simplesmente anulável*. A eiva de inconstitucionalidade a atinge no berço, fere-a *ab initio*. Ela não chegou a viver. Nasceu morta. Não teve, pois, nenhum único momento de validade".[330] Aí, pois, uma aplicação da clássica parêmia do constitucionalismo norte-americano: "The inconstitucional statute is not law at all".[331]

Sem embargo, nossa normação processual sobre as decisões do STF no controle de constitucionalidade consente algum temperamento acerca do *elemento declaratório*, e, bem assim, consente, sob certas condições, a antes referida *modulação temporal* do efeito vinculativo, conforme disposto no art. 27 da Lei 9.868/99: "Ao declarar a inconstitucionalidade de lei ou ato normativo, e tendo em vista razões de segurança jurídica ou de excepcional interesse social, poderá o Supremo Tribunal Federal, por maioria de 2/3 (dois terços) de seus membros, restringir os efeitos daquela declaração ou decidir que ela só tenha eficácia a partir de seu trânsito em julgado ou de outro momento que venha a ser fixado". Semelhante disposição existe para o processo de arguição de descumprimento de preceito fundamental (CF, art. 102, § 1.º), conforme art. 11 da Lei 9.882/99. Assim, também, no caso da *súmula vinculante*, o art. 4.º da Lei 11.417/2006 declara que ela "tem eficácia imediata, mas o Supremo Tribunal Federal, por decisão de 2/3 (dois terços) dos seus membros, poderá restringir os efeitos vinculantes ou decidir que só tenha eficácia a partir de outro momento, tendo em vista razões de segurança jurídica ou de excepcional interesse público".

No sistema norte-americano de controle de constitucionalidade, geralmente apontado como paradigma do sistema *difuso*, o juiz deixa de aplicar no caso concreto a norma que entende inconstitucional, por um raciocínio bastante singelo, seguido desde o famoso caso *Marbury versus Madison*, pelo qual se considera que, ocorrendo o conflito entre norma constitucional e outra de menor hierarquia, o critério aplicável deve ser o *lex superior derogat legi inferiori*. Assim se dá, esclarece Mauro Cappelletti, porque "uma das regras mais óbvias da interpretação das leis é aquela segundo a qual, quando duas disposições legislativas estejam em contraste entre si, o juiz deve aplicar a prevalente".[332]

Hoje, todavia, ante a crescente complexidade das relações sociais e negociais, a par da *nomogênese difusa* e da exacerbação da litigiosidade, nem

---

330. *Da ação direta de declaração de inconstitucionalidade no direito brasileiro*, São Paulo, Saraiva, 1958, p. 128-129.

331. V. Márcia Regina Lusa Cadore, *Súmula vinculante*... cit., p. 113.

332. *O controle judicial de constitucionalidade das leis*... cit., p. 75.

sempre essa imbricação entre os textos legais é fácil de ser resolvida com a só aplicação das regras de vigência da lei no tempo: por exemplo, as prestações de serviço e os conflitos consumeristas em sentido largo encontram-se espraiados em três leis federais: o Código de Defesa do Consumidor (Lei 8.078/90), o Código Civil (Lei 10.406/2002) e até a CLT, já que a competência da Justiça do Trabalho não mais exige a relação de emprego, mas, desde a EC 45/2004, basta a *relação de trabalho* (CF, art. 114, I). Por isso, hoje se está propondo o chamado *diálogo das fontes*, em substituição à tradicional técnica da priorização de um texto, com exclusão do(s) outro(s).[333]

No Brasil, ocorrendo num caso concreto a ampliação incidental do *thema decidendum*, pela arguição de uma querela constitucional afinal decidida em seu mérito pelo STF, não se vê como tal declaração possa ficar circunscrita apenas aos sujeitos que participaram do contraditório, já que, antes de revestirem a condição de *partes*, integram, como pessoas físicas ou jurídicas, a própria sociedade civil brasileira, regida *como um todo* pelo texto constitucional, no qual sobrepaira o princípio da legalidade e o seu corolário: a igualdade de todos, na lei e perante ela. Sob esse prisma, o suscitante do incidente acaba operando como *vetor* para o pronunciamento judicial acerca da querela constitucional, assim posta *incidenter tantum*. Aí fica visível que o controle judicial da constitucionalidade não é vocacionado a ser um *processo de partes*, dada a preponderância do interesse público no desfecho da causa, levando à configuração de um *contencioso objetivo*, o que vem explicar a vedação ao ingresso de assistentes no feito (art. 18 da Lei 9.868/99; RISTF, art. 169, § 2.º).

Corolariamente, ocorre uma certa mitigação no contraditório, como explicou o Min. Sepúlveda Pertence, do STF, ao votar no incidente de inconstitucionalidade na ADCon 01-01-93/DF, já mencionada: "desde que haja a possibilidade desse mínimo de contraditório, é constitucional a disposição constante da emenda constitucional que instituiu a ação declaratória de constitucionalidade" (*RTJ* 157/402).

A expansão *ultra partes* da declaração judicial sobre a querela constitucional ficou evidenciada com a repercussão advinda da decisão do STF no RE 163.204-6-SP, interposto em certo mandado de segurança no qual eram partes um servidor público e a Fazenda do Estado de São Paulo (jurisdição singular pois), tendo o STF julgado pela inviabilidade da cumulação de proventos de aposentadoria com vencimento do serviço ativo. Publicada a decisão no *DJU*, verificou-se que, com a divulgação do julgado pela mídia

333. Por tudo, na matéria, v. Cláudia Lima Marques, *Contratos no Código de Defesa do Consumidor – O novo regime das relações contratuais*, 5. ed., São Paulo, RT, 2006, p. 663 e s.

e o debate do assunto entre os operadores do Direito, o entendimento do STF veio a ser recepcionado e aplicado em muitas instâncias, judiciárias e até mesmo administrativas, a ponto de alguns editais de concurso público passarem a prever cláusula vedando a inscrição de candidatos já aposentados.

Sobre essa matéria, Affonso Aragão Peixoto Fortuna esclarece que aquele *precedente judiciário* do STF "levou Sua Excelência, o Presidente da República, a baixar o Dec. 2.027, de 11.10.1996, determinando que o servidor aposentado por órgão ou entidade pública, de qualquer esfera de Governo, só possa tomar posse em cargo efetivo na Administração Pública Federal se fizer opção pela remuneração deste cargo".[334] Como se vê, essa iniciativa acabou por uniformizar a matéria, *preventivamente*, na esfera administrativa, cortando pela raiz a virtualidade de orientações discrepantes, que acarretariam tratamento desigual entre os interessados, e afluxo de numerosas ações judiciais, como sói acontecer em casos dessa natureza. Esse, de resto, o objetivo do constituinte revisor, ao determinar a extensão da súmula vinculante à "administração pública direta e indireta, nas esferas federal, estadual e municipal" (CF, art. 103-A: EC 45/2004).

Uma explicação para os diferentes efeitos processuais no controle concentrado (ação direta) e no incidental (via de exceção) reside em que, na primeira hipótese, a *coisa julgada* opera *inter partes*, mas a *eficácia natural* da decisão se expande *erga omnes*, com a publicação do resultado no órgão oficial, dada a inviabilidade lógica da declaração de inconstitucionalidade da lei ou ato ficar restrita *apenas* aos sujeitos da lide, até porque o autor da ação direta não defende interesse próprio, como se intui do rol dos colegitimados ativos – art. 103 da CF (legitimação extraordinária ou autorização especial para condução do processo objetivo).[335] Ao passo que, no controle difuso, a querela constitucional surge incidentemente, atuando junto à *causa de pedir*, como prejudicial do mérito, de modo que o conhecimento judicial dessa premissa resulta numa *ampliação do thema decidendum*.

---

334. Acumulação de proventos com vencimentos. Interpretações divergentes. Julgado do STF. Alternativas da Administração. Artigo publicado em Advocacia Pública, *Boletim do Instituto Brasileiro de Advocacia Pública*, n. 5, p. 28, maio de 1997.

335. Dizem Nery & Nery: "Trata-se de legitimação autônoma para a condução do processo (*selbständige ProzeBführungsbefugnis*) e não de substituição processual, porque não há nenhum interesse individual derivado de direito subjetivo em jogo. É disjuntiva e concorrente, de sorte que qualquer um dos colegitimados pode, sozinho, ajuizar *Adin*. Podem unir-se, mais de um deles, em litisconsórcio facultativo para promover a ação" (Constituição Federal comentada..., 3 ed., 2012, cit., nota nº 2 ao art. 103, p. 656.).

Nesse sentido, o vigente CPC, tratando dos limites objetivos da coisa julgada, dispõe no art. 503: "A decisão que julgar total ou parcialmente o mérito tem *força de lei* nos limites da *questão principal* expressamente decidida"; todavia, a teor do § 1º, a coisa julgada pode, igualmente, abranger a "resolução de *questão prejudicial*, decidida expressa e incidentemente no processo", se presentes os pressupostos indicados nos incisos desse parágrafo. Supondo-se que a questão prejudicial se constitua na alegação de que o texto legal invocado pela contra-parte padece de inconstitucionalidade, deverá ser observado o rito previsto nos arts. 948-950 e §§, salientando-se que a *declaração* a respeito reclama a *reserva de plenário* (CF, art. 97), ressalvada a hipótese prevista no parágrafo único do art. 949 do CPC. Ao propósito, o PL 5.139/2.009, à época preordenado a regular a nova ação civil pública, previa no § 2º do art. 2º: "A análise da constitucionalidade ou inconstitucionalidade de lei ou ato normativo poderá ser objeto de *questão prejudicial*, pela via do controle difuso". Em tal caso, impõe-se o concurso ulterior do Senado Federal para supressão da vigência da norma assim glosada (CF, art. 52, X).

Sem embargo, registre-se que *jurisprudência evolutiva* do STF, na esteira da tendência à *objetivação do recurso extraordinário*, se está encaminhando no sentido de que a ulterior intervenção do Senado não (mais) remanesce como exigência essencial, servindo antes para ampliar a publicidade ou dar notoriedade à retirada de vigência do texto sindicado, assim pavimentando o caminho para uma aproximação ou um nivelamento entre os regimes difuso e concentrado, no que tange aos efeitos. Nesse sentido, Pedro Lenza, embora ressalve que "no controle difuso, não havendo suspensão da lei pelo Senado Federal, a lei continua válida e eficaz, só se tornando nula no caso concreto, em razão de sua não aplicação", alerta para "uma nova tendência em razão daquilo que vem sendo chamado de *transcendência dos motivos determinantes da sentença* em controle difuso (perspectiva nova e ainda incerta no STF), ou de *abstrativização do controle difuso* ou de *objetivação do controle difuso*".[336]

Sobre o controle difuso, preleciona Vicente Greco Filho: "A declaração incidental se dá no curso de um processo como prejudicial do julgamento da lide. Em primeiro grau não há sequer declaração formal pelo juiz, o qual apenas afasta ou deixa de aplicar a lei que considera inconstitucional. Nos tribunais desdobra-se o procedimento do recurso ou processo de competên-

336. *Direito constitucional esquematizado*, 17. ed., 2013, cit., p. 300, 294, nessa ordem (O autor remete às decisões no RE 197.917-SP, Pleno, j. 06.06.2002, rel. Min. Maurício Corrêa, *DJ* 07.05.2004, p. 8, e no HC 82.959/SP, 23.02.2006, rel. Min. Marco Aurélio, *Informativo STF* n. 418.)

cia originária, mas a declaração vale apenas entre as partes. Se o processo, por meio de recurso extraordinário, chegar ao Supremo, e este também declarar a lei inconstitucional, haverá a comunicação ao Senado Federal para que suspenda a vigência da lei. Só nesse momento, publicada a resolução do Senado, é que é retirada a vigência da norma. Enquanto isso a declaração vale apenas para o caso concreto (CF, art. 52, X)".[337] A seu turno, afirmam Nery & Nery: "Só a decisão do STF em ADIn (controle concentrado, abstrato) faz coisa julgada *erga omnes*, tem eficácia vinculante e retira da lei declarada inconstitucional toda a sua eficácia em todo o território nacional. Portanto, o Senado Federal não está obrigado a suspender a execução da lei declarada, no caso concreto, inconstitucional pelo STF, podendo exercer o controle político daquela decisão judicial".[338]

Por exemplo, se a controvérsia gira em torno do *teto* salarial dos servidores públicos (art. 37, XI, da CF, redação da EC 19/98), quanto a saber se esse parâmetro é único (subsídio dos ministros do STF) ou, ao contrário, se a normação infraconstitucional pode estabelecer *subtetos*, é possível que, sobrevindo arguição incidental dessa querela constitucional, a demanda chegue ao STF via recursal (CF, art. 102, III, *c*), e aí, reconhecida a inconstitucionalidade da normação ordinária, poderá dar-se, na sequência, sua supressão do ordenamento positivo (CF, art. 52, X).[339] Em casos que tais se alcança, como *efeito indireto ou reflexo*, a desejável uniformização da jurisprudência, a par de se prevenir o ajuizamento de inúmeras ações individuais. É a adequada utilização da jurisdição coletiva, para impedir a *pulverização*, em inumeráveis pleitos individuais, de um conflito que empolga interesses eminentemente plurissubjetivos e que, *por isso mesmo*, deve conduzir a uma resposta judiciária *unitária*.

O STF é o "guarda da Constituição" (CF, art. 102), cabendo-lhe, pois, zelar pela inteireza positiva e pela uniformidade de interpretação do texto constitucional, em todo o território nacional; demais disso, considerando-se que o Brasil é uma República Federativa, não se compreenderia que, prolatada uma decisão de mérito do STF em matéria constitucional, a questão ainda remanescesse controvertida, com isso se alongando no tempo a situação litigiosa, ensejando entendimentos discrepantes, e acarretando situações de injustiça. Bem por isso o

---

337. *Direito processual civil brasileiro,* 17. ed., São Paulo: RT, 2006, vol. 2, p. 397-398.

338. *Constituição Federal comentada,...* 3. ed., 2012, cit., nota 17 ao art. 102, p. 591.

339. Sem embargo de que, como antes assinalado, esteja ganhando corpo a tese da *objetivação do recurso extraordinário*, a permitir que, mesmo no bojo do controle difuso ou incidental, o reconhecimento da inconstitucionalidade *inter partes* projete efeitos pan-processuais, antes e independentemente da intervenção do Senado.

saudoso Min. Sálvio de Figueiredo Teixeira, do STJ, após considerar "a repetição de ações e recursos em temas já assentes, inclusive nos Tribunais Superiores, como também o descaso da Administração com a orientação reiterada dos tribunais, a aumentar abusivamente o volume do serviço forense", obtemperava: "Ademais não se pode igualmente desconsiderar, dado o desprestígio que isso acarreta para a ordem jurídica, que, mesmo quando declarada, pela Suprema Corte, centenas ou milhares de vezes, a inconstitucionalidade de uma lei, na via indireta, essa lei pode vir a ser aplicada nas instâncias inferiores, e gerar efeitos jurídicos se a decisão transitar em julgado".[340]

Nesse sentido, Fernando Facury Scaff e Antonio G. Moreira Maués observam que a "ampliação da proteção dos direitos fundamentais contra a lei acarreta problemas para a igualdade e a segurança jurídicas, pois o reconhecimento da competência difusa para declaração de inconstitucionalidade pode fazer com que um mesmo texto normativo seja reputado válido por alguns tribunais e nulo por outros. Como é sabido, no sistema norte-americano o instituto do *stare decisis* impõe limites a essa variação, enquanto a sua ausência nos países de direito romanista sempre foi considerada um risco para o bom funcionamento do controle difuso. Com o incremento da produção legislativa e a ampliação do acesso à justiça, que acompanharam a consolidação do Estado Social, a probabilidade de decisões judiciais divergentes foi exponenciada, tornando necessária a criação de mecanismos que possibilitassem a harmonização da jurisprudência constitucional".[341]

Figure-se a *liminar* concedida pelo STF na ADCon interposta pelo Presidente da República e Presidentes da Câmara Federal e do Senado, para que fosse declarada a constitucionalidade do art. 1.º da Lei 9.494/97 (ADCon 4-6/DF, *DJU* 13.02.1998, seção n. 1, Rel. Min. Sidney Sanches), texto cuja exegese permitiria a exclusão da tutela antecipada em ações propostas por servidores públicos. Abstraindo-se o mérito (acerto/desacerto) daquela decisão liminar, é inegável que ela ensejaria um tratamento judiciário *isonômico*, porque não seria justo ou aceitável que um grupo de servidores de uma dada classe funcional obtivesse a tutela antecipada, e não assim outro grupo dessa mesma classe, simplesmente pelo fato da distribuição dos feitos a diferentes Juízos de Fazenda Pública, numa mesma comarca (Justiça Estadual) ou seção judiciária (Justiça Federal).

340. As tendências... cit., *Informativo Jurídico da Biblioteca Ministro Oscar Saraiva*, vol. 10, n. 2, jul.-dez. 1998, p. 151.

341. A trajetória brasileira em busca do efeito vinculante no controle de constitucionalidade. *Reforma do Judiciário...*, cit., 2005, p. 226-227.

Outro exemplo da aptidão do controle judicial da constitucionalidade de leis e atos para a desejável *isonomia judiciária* deu-se com relação à cobrança do IPTU na capital paulista, onde liminares foram concedidas nas Varas de Fazenda Pública para excluir do imposto a parte concernente à limpeza pública e conservação de calçadas. Aí fica evidente a natureza *unitária* da obrigação tributária, na relação Fisco-contribuinte: ou bem aquela parte controvertida da exigência fiscal deve integrar o imposto ou não o deve; o que não é aceitável é a *discrepância* da resposta judicial, implicando em *tratamento diferenciado* entre sujeitos passivos de uma mesma obrigação tributária, referenciada a *um mesmo fato gerador*.

Exemplo eloquente foi o da polêmica causada pela Lei paulistana n. 14.223, de 26.09.2006 (dita *da cidade limpa*), que determinou a supressão da chamada mídia exterior (*outdoors*, placas, faixas), em vigor desde janeiro de 2007, sob cominação de pesada multa aos infratores: a questão fora profusamente judicializada, tanto em ações individuais, como através de mandados de segurança coletivos interpostos em prol de aderentes de associações e sindicatos, representantes de comerciantes, agências de publicidade etc. É evidente, nessa multiplicidade de feitos com objetivo comum – inibir a eficácia prática da citada lei – o risco de decisões discrepantes, com alguns segmentos sendo poupados da retirada da publicidade, e outros não, o que poderia ser evitado com o ajuizamento de uma ADIn local, que examinaria – na via direta – a questão da constitucionalidade da citada legislação paulistana, daí resultando uma resposta judiciária unitária e isonômica, *pro ou contra*.

Aliás, no caso ora focado, também uma ADPF (CF, art. 102, § 1.º) seria pensável, já que tal arguição é cabível "quando for relevante o fundamento da controvérsia constitucional sobre lei ou ato normativo federal, estadual ou *municipal*, incluídos os anteriores à Constituição" (Lei 9.882/99, art. 1.º, parágrafo único, I). A arguição por descumprimento de preceito fundamental revela notável aptidão para *prevenir* (ou, se já instalado, *superar*) o dissídio jurisprudencial que de ordinário se instala sempre que um megaconflito é judicializado sob diferentes instrumentos processuais individuais e coletivos, perante órgãos judiciários diversos, gerando, dentre outros males, a temível *guerra de liminares* que assombra os jurisdicionados, acirra a contenciosidade social e desprestigia o Judiciário. Ao propósito, explica o Min. Gilmar Ferreira Mendes: "Em primeiro lugar, porque permite a antecipação de decisões sobre controvérsias constitucionais relevantes, evitando que elas venham a ter um desfecho definitivo após longos anos, quando muitas situações já se consolidaram ao arrepio da 'interpretação autêntica' do Supremo Tribunal Federal. Em segundo lugar, porque poderá ser utilizado para – de forma definitiva e com eficácia geral – solver controvérsia relevante sobre a legitimidade do direito ordinário pré-constitucional em face da nova Constituição que, até o momento, somente poderia ser veiculada mediante a utilização do recurso extraordinário. Em terceiro, porque as decisões proferidas pelo Supremo Tribunal Federal nesses processos, haja vista a eficácia *erga omnes* e o efeito vinculante, fornecerão a diretriz segura para o juízo sobre a legitimidade ou a ilegitimidade de atos de teor idêntico, editados pelas diversas entidades municipais. A solução oferecida pela nova lei é superior a uma outra alternativa oferecida, que consistiria no reconhecimento da competência dos Tribunais de Justiça para apreciar, em ação direta de inconstitucionalidade, a legitimidade de leis ou atos normativos municipais em face da Constituição Federal. Além de ensejar múltiplas e várias interpretações, essa solução acabaria por agravar a crise do Supremo Tribunal Federal, com a multiplicação de recursos extraordinários interpostos contra as decisões proferidas pelas diferentes Cortes estaduais".[342]

Considerando-se, abstratamente, a utilização da ADIn e da ADCon nos casos propícios à formação de conflitos de massa (matéria previdenciária, tributária, ou de servidores públicos), parece útil enunciar algumas *externalidades positivas* que os julgados de mérito nessas ações projetam, em prol da uniformização da resposta judiciária e do tratamento isonômico aos jurisdicionados: ***a)*** os sujeitos concernentes (aposentados, contribuintes, servidores, poupadores, mutuários), inclusive aqueles que porventura não estão cientes do trâmite da ação judicial, são todavia alcançados pela *eficácia expansiva* da decisão proferida, em face da natureza *unitária* da matéria (indivisibilidade do objeto litigioso do processo); ***b)*** se a decisão der pela inconstitucionalidade da lei ou do ato normativo do Poder Público (*v.g.*, estabelecendo que o imposto é inconstitucional), os contribuintes que o tiverem pago poderão valer-se daquela decisão como *causa de pedir* em ação de repetição do indébito, a qual, inclusive, poderá, a depender da espécie, comportar julgamento antecipado do mérito (CPC, art. 355, I); ***c)*** os demais entes políticos da Federação passarão a pautar suas condutas internas pelo entendimento do STF expresso em ADIn, ADCon ou ADPF (*v.g.*, o lembrado Decreto Federal 2.346/97, alterado pelo Decreto 3.001/99,autorizando que não sejam constituídos créditos tributários fundados em lei, tratado ou ato normativo federal, declarados inconstitucionais pelo STF), numa clara evidência da *eficácia expansiva* do decidido nessas ações (v. § 3.º do art. 10 da Lei 9.882/99 e parágrafo único do art. 28 da Lei 9.868/99).

342. Arguição de descumprimento de preceito fundamental (I) (§ 1.º do art. 102 da Constituição Federal), *Revista Jurídica Virtual*, n. 7, dez. 1999.

Ainda em outro exemplo, figure-se o chamado *bloqueio* dos cruzados, ocorrido no Governo Collor, que poderia – e deveria – ter sido obstado liminarmente, mediante um expedito posicionamento do STF numa ADIn (dada a *evidente* inconstitucionalidade daquela arbitrária medida): com a desejável presteza nessa intervenção, ter-se-ia evitado a *atomização* do conflito coletivo em inumeráveis mandados de segurança individuais e outras tantas cautelares inominadas, episódio que tantos percalços, dissabores e insegurança trouxe para os jurisdicionados, a par do brutal assoreamento do serviço judiciário. O episódio é relatado por Fernando Facury Scaff e Antonio G. Moreira Maués, podendo ser destacados estes pontos: (*i*) o confisco alcançou a cifra de 12 trilhões de cruzados novos (cerca de 52 bilhões de dólares norte-americanos); (*ii*) o PDT ingressou com ADIn (n. 223) contra a Med. Prov. 173/90, a qual proibia a concessão de cautelares e liminares contra o Plano Collor (inicialmente lançado pela Med. Prov. 168/90), mas o STF, vencido o relator, Min. Paulo Brossard, negou a tutela cautelar; em contrapartida, deu abertura para que "em cada caso concreto, mediante o controle difuso de constitucionalidade, fossem apreciados os requisitos de *fumus boni juris* e *periculum in mora* que justificassem a concessão"; (*iii*) o PSB entrou com ADIn (n. 534) contra a Lei 8.024/90, determinativa do bloqueio dos cruzados, mas o STF negou a tutela cautelar; (*iv*) relatam os autores que "até março de 1991, passados mais de 12 meses de editada a Lei 8.024/90, portanto, antes de o Partido Socialista Brasileiro propor a ADIn, já haviam sido liberados, por decisão das várias instâncias judiciais, por meio de controle difuso, mais de 62 bilhões de cruzados, em todo o País".[343] Situação de total *aporia*, portanto, *apesar* da judicialização da controvérsia.

No episódio em causa, teria bastado a liminar numa das ADIns – que hoje configuraria uma antecipação do principal efeito da tutela pretendida – ou então uma ação coletiva, em nome dos interesses individuais homogêneos dos milhões de lesados (Lei 8.078/90, art. 81, parágrafo único, III, c/c arts. 95 e 103, III).

Assim, é louvável que o CNJ, no afã de implementar um *planejamento e gestão estratégica* para o Judiciário (Res. n. 70, de 18.03.2009), tenha incluído no Anexo I, sob a rubrica *Atuação Institucional*, item *Linhas de Atuação*, a sinalização para a "solução coletiva de demandas". Esse é o modo técnico e adequado para *prevenir* a pulverização das "macrolides sazonais", na terminologia de Sidnei Beneti. O encaminhamento dos megaconflitos à jurisdição

343. Idem, p. 228-231, *passim*.

coletiva[344] é alternativa mais eficiente do que permitir (ou tolerar) a atomização da controvérsia em multifárias demandas individuais que, depois, gerarão recursos múltiplos e repetitivos, provocando custo agregado, qual seja o manejo através do julgamento *por amostragem* (CPC, arts. 1.036 e §§ – 1.041 e §§).

Não há negar que as ações no controle direto de constitucionalidade promovem um efeito *preventivo-geral*, dissuadindo o ajuizamento de ações e a interposição de recursos onde a pretensão se funde em lei ou ato normativo reconhecidos como infringentes da Carta Magna. Aliás, presentes tais circunstâncias, até mesmo as execuções podem ser trancadas *ab initio* (mesmo por *exceção de pré-executividade* como antes lembrado – CPC, § 12º do art. 525). Nesse contexto, o título judicial condenatório perde a *exigibilidade*, e com isso se inviabiliza a execução, já que esta deve fundar-se em "título de obrigação certa, líquida e *exigível*" – CPC, art. 783.

Verdade que esse efeito dissuasório deveria operar também, em menor escala, no controle incidental, pelo curial motivo de que, em face da isonomia de todos perante o ordenamento positivo (CF, art. 5.º, *caput*), seria logicamente insustentável que uma determinada norma legal ou ato normativo do Poder Público fossem considerados inconstitucionais apenas em face dos contraditores na ação onde a querela veio examinada, mas não assim em relação às demais pessoas físicas e jurídicas, embora postadas em idêntica situação fático-jurídica, como se algo pudesse *ser e não ser*, num mesmo espaço-tempo.

No ponto, o Min. Marco Aurélio, do STF, relatando o HC 72183-4-SP, observou: "A unidade de fatos e a do direito sugerem solução idêntica para as controvérsias. Tanto quanto possível, há de prevalecer a mesma solução, buscando-se, com isso, o prestígio, a respeitabilidade do Judiciário, mediante a melhor compreensão dos jurisdicionados. A óptica mais se impõe quando, em jogo tema constitucional, constata-se a existência de pronunciamento do Pleno do Guardião maior da Carta Política da República – o STF (...)." (*Informativo STF* 54, de 27.12.1996). Em outra oportunidade, votando no julgamento da ADIn 594/DF, j. 19.02.1992, o mesmo Min. Marco Aurélio aduzia, em modo consonante: "(...) a súmula surgiu no cenário jurídico em face da conveniência, até mesmo, de preservar-se a unidade do Direito e de imprimir-se uma certa Política Judiciária, evitando-se que, tanto quanto possível, diante de uma mesma norma, haja uma variação maior de julga-

---

344. Sobre o que se deva entender por *jurisdição coletiva*, v. infra, item 3.7, e, de modo mais desenvolvido, o nosso *Jurisdição coletiva e coisa julgada – Teoria geral das ações coletivas*, 3. ed., São Paulo: RT, 2012, especialmente cap. III.

dos, com a quebra da unidade do próprio Direito" (*RTJ* 151/28, Rel. Min. Carlos Velloso).

É dizer: a resposta judiciária – afirmativa ou negativa – sobre querela constitucional apresenta natureza *qualitativamente unitária*, não comportando redução, fracionamento ou gradação, o que, aliás, é uma característica das decisões judiciais de natureza *declaratória* (*v.g.*, ou bem o contrato é de *leasing*, ou não é; ou bem o documento é falso ou é verdadeiro; ou bem existe relação de parentesco, ou não). Esse fenômeno é também visível nas decisões de natureza *desconstitutiva*, mormente nas ações de estado: na ação de divórcio, a *autoridade* da coisa julgada prende as partes, mas é claro que a *eficácia natural* ou o *efeito expansivo* da decisão a respeito dessa alteração do estado civil acaba se projetando *erga omnes*, já que terceiros não a podem, validamente, desconhecer ou lhe recusar efeitos, tais os que se projetam em face dos filhos, nem é possível restringir tal eficácia por fatores geográficos ou territoriais (uma sentença de divórcio, prolatada no Rio Grande do Sul, necessariamente projetará efeitos ao largo e ao longo do território nacional, por intuitivas razões).

De modo análogo, quando o STF ("guarda da Constituição" - CF, art. 102, *caput*) afirma a inconstitucionalidade de lei ou de um ato normativo do Poder Público, mesmo no controle incidental ou difuso, é o texto em si, em sua *objetividade ontológica*, que resta fulminado, perdendo assim sua carga impositiva, não só em face das partes no processo, mas também – por imperativo lógico – em face das demais pessoas físicas e jurídicas do país, que até então se encontravam sob o pálio da norma ou do ato indigitados. Um dado texto legal, quando surge no ordenamento positivo, coloca-se impositivamente em face de todos – em modo geral, abstrato e impessoal – beneficiando de uma presunção de constitucionalidade; pois quando essa presunção vem a ser judicialmente ilidida, então dá-se o inverso, mas com análoga *intensidade ou carga eficacial*, de sorte que a declaração negativa também se expandirá em modo geral, abstrato e impessoal, ou seja: com o mesmo elastério com que a norma fora, originalmente, recepcionada no ordenamento positivo.

Essa é a exegese que ressuma da jurisprudência do STF, como dá notícia Saulo de Castro Abreu Filho: "Ao manifestar-se a respeito dos efeitos da declaração de inconstitucionalidade no controle por via de ação, o Pretório Excelso declarou que: "a) a decisão do STF faz coisa julgada formal e material, vinculando os agentes estatais aplicadores da lei ou do ato normativo; b) a eficácia da decisão do STF é genérica e obrigatória; c) a decisão do STF retroage em seus efeitos até o nascimento da norma impugnada. Desse modo, percebe-se que o STF não só admite a natureza de ação, mas prevê a qualidade da coisa julgada em suas decisões".[345]

Assim se compreendem – e são louváveis – iniciativas como a do antes lembrado Decreto Federal 2.346/97, no qual o Presidente da República disciplinou, tanto para a instância administrativa, como para a atuação judicial da União, os efeitos decorrentes das decisões do STF no controle de constitucionalidade de lei, tratado ou ato normativo. Podem ser destacados estes dispositivos: *Art. 1.º* "As decisões do Supremo Tribunal Federal que fixem, de forma inequívoca e definitiva, interpretação do texto constitucional deverão ser uniformemente observadas pela Administração Pública Federal direta e indireta (...)". *Art. 2.º* "Firmada jurisprudência pelos Tribunais Superiores, a Advocacia-Geral da União expedirá súmula a respeito da matéria (...)". *Art. 3.º* "À vista das súmulas de que trata o artigo anterior, o Advogado-Geral da União poderá dispensar a propositura de ações ou a interposição de recursos judiciais". *Art 4.º* "Ficam o Secretário da Receita Federal e o Procurador-Geral da Fazenda Nacional, relativamente aos créditos tributários, autorizados a determinar, no âmbito de suas competências e com base em decisão definitiva do Supremo Tribunal Federal que declare a inconstitucionalidade de lei, tratado ou ato normativo, que: I – não sejam constituídos ou que sejam retificados ou cancelados; II – não sejam efetivadas inscrições de débitos em dívida ativa da União; III – sejam revistos os valores já inscritos, para retificação ou cancelamento da respectiva inscrição; IV – sejam formuladas desistências de ações de execução fiscal". Parágrafo único. "Na hipótese de crédito tributário, quando houver impugnação ou recurso ainda não definitivamente julgado contra a sua constituição, devem os órgãos julgadores, singulares ou coletivos, da Administração Fazendária, afastar a aplicação da lei, tratado ou ato normativo federal, declarado inconstitucional pelo Supremo Tribunal Federal".

De interesse, outrossim, observar que essa *eficácia expansiva, panprocessual*, das decisões do STF no controle de constitucionalidade passa, também, ao plano das *cautelares*, a teor do art. 1.º-A daquele Dec. 2.347/97, inserido pelo Dec. 3.001/99: "Concedida cautelar em ação direta de inconstitucionalidade contra lei ou ato normativo federal, ficará também suspensa a aplicação dos atos normativos regulamentadores da disposição questionada". Parágrafo único. "Na hipótese do *caput*, relativamente a matéria tributária, aplica-se o disposto no art. 151, inciso IV, da Lei 5.172, de 25.10.1966 [Código Tributário Nacional], às normas regulamentares e complementares".

---

345. A suspensão da execução de lei ou ato normativo pelo Senado Federal e a coisa julgada material no controle concentrado da constitucionalidade, *RePro* n. 74, p. 13.

Algum tempo depois, a Lei 9.868/99 viria regulamentar o procedimento na ADIn e ADCon, dispondo, para a primeira, no § 1.º do art. 11: "A medida cautelar, dotada de eficácia contra todos, será concedida com efeito *ex nunc*, salvo se o Tribunal entender que deva conceder-lhe eficácia retroativa". Já para a ADCon, a decisão cautelar do STF consiste "na determinação de que os juízes e os Tribunais suspendam o julgamento dos processos que envolvam a aplicação da lei ou do ato normativo objeto da ação até seu julgamento definitivo" (art. 21). Uniformização, portanto, também na dimensão do *justo temor de dano*, que caracteriza a tutela cautelar, lembrando-se que o acesso à Justiça abrange os históricos de direitos *ameaçados* e não só de direitos já lesados (CF, art. 5.º, XXXV).

Desnecessário enfatizar a importância que o binômio *efeito vinculante-eficácia erga omnes*, próprio do controle de constitucionalidade realizado pelo STF, representa: *i*) torna dispensável o ajuizamento de inumeráveis ações individuais onde a querela constitucional, de outro modo, viria suscitada incidentalmente; *ii*) elimina a interposição de múltiplos recursos fazendários, de resto fadados ao insucesso, por sustentarem posições contrárias ao posicionamento do STF; *iii*) alivia a sobrecarga do serviço judiciário nos Tribunais Superiores, assoberbados pela pletora de recursos repetitivos; *iv*) outorga tratamento judicial isonômico aos jurisdicionados, mormente os enquadrados em segmentos numerosos, como os contribuintes, os aposentados, os mutuários, os servidores públicos, os participantes de planos governamentais.

Se as decisões da mais alta Corte, no controle de constitucionalidade, bastam (ou deveriam bastar) para motivar o Poder Executivo a adotar as medidas de caráter administrativo que se afigurem adequadas, como na espécie antes relatada, não se vê por qual motivo aquelas decisões poderiam vir a ser desconhecidas ou mesmo desrespeitadas nas instâncias *judiciárias*. Essa questão não é nova, nem no direito pátrio, nem no estrangeiro. Dentre nós, Lúcio Bittencourt já afirmava: "Muito embora se discuta se os juízes e tribunais estão, no comum dos casos, obrigados a obedecer à jurisprudência dos órgãos judicantes superiores, essa dúvida não cabe quanto às decisões que declaram a inconstitucionalidade, pois o entendimento pacífico é no sentido de considerá-las plenamente obrigatórias".[346]

A seu turno, Mauro Cappelletti já se deteve no exame das relevantes consequências político-jurídicas que exsurgem da inserção, nos sistemas do

346. *O controle jurisdicional da constitucionalidade das leis*, Rio de Janeiro, Forense, 1949, p. 143.

civil law, como o nosso, do *método americano* de controle de constitucionalidade, ou seja, o difuso ou incidental. O autor salienta o risco de "o mesmo órgão judiciário que ontem não tinha aplicado uma determinada lei, ao contrário, a aplique hoje, tendo mudado de opinião sobre o problema de sua legitimidade constitucional. Poderiam, certamente, formar-se verdadeiros 'contrastes de tendências' entre órgãos judiciários de tipo diverso – que se manifestam, por exemplo, em perigosos contrastes entre os órgãos da justiça ordinária e os da justiça administrativa – ou entre órgãos judiciários de diverso grau (...)". Prossegue, concluindo: A consequência, extremamente perigosa, de tudo isto poderia ser uma grave situação de conflito entre órgãos e de incerteza do direito, situação perniciosa quer para os indivíduos como para a coletividade e o Estado.[347]

Dentre nós, Fernando da Costa Tourinho Neto retomou o tema, indagando, às tantas de seu estudo: "Por que, declarando o Supremo a inconstitucionalidade de uma lei, em controle difuso, a eficácia dessa decisão não pode ser *erga omnes*? Não se pode entender a razão de já tendo o Supremo declarado, em recurso extraordinário, a inconstitucionalidade de uma lei, a aplicação em casos posteriores dessa decisão tenha de passar pelo Plenário dos tribunais inferiores. Os órgãos fracionários não vão declarar a inconstitucionalidade da lei, essa declaração já foi proferida pelo Supremo. Vão eles apenas declarar o que foi decidido pela Corte Suprema. Não há, pois, transgressão ao art. 97 da CF. Não se pode também conceber porque essa decisão não possa ser obrigatória para todos os juízes e para a Administração".[348] Não por outro motivo, o parágrafo único do art. 949 do CPC vigente (assim como o fazia o parágrafo único do art. 481 do CPC/73) dispensa os órgãos fracionários dos Tribunais de submeterem ao Pleno ou Órgão Especial as arguições incidentais de inconstitucionalidade (*reserva de plenário*: CF, art. 97), "quando já houver pronunciamento destes ou do plenário do Supremo Tribunal Federal sobre a questão". (V. também, sobre o tema, a súmula vinculante nº 10)

Nesse sentido, compreende-se o enunciado do art. 101 do RISTF, onde se estabelece uma sorte de *vinculação para efeitos internos*: "A declaração de constitucionalidade ou inconstitucionalidade de lei ou ato normativo, pronunciada por maioria qualificada, aplica-se aos novos feitos submetidos às Turmas ou ao Plenário (...)". De fato, não faria sentido que na própria Corte encarregada da *ultima ratio* sobre a Constituição Federal se registrasse dis-

347. *O controle judicial de constitucionalidade das leis...* cit., p. 77.

348. Efeito vinculante..., *Revista de Informação Legislativa*, n. 128, p. 187-188, out.-dez. 1995.

senso acerca da constitucionalidade de certa lei ou ato; a se entender de outro modo, ficaria infringido o *non bis in idem*, na medida em que então se poderia *rejulgar* a mesma querela constitucional antes dirimida, situação paradoxal que dispensa maior digressão. E, pelo mesmo raciocínio, compreende-se que o art. 187 do RISTF preveja que a interpretação fixada pela Corte em face de leis e atos normativos, "terá *força vinculante* para todos os efeitos".

Mutatis mutandis, análogo fenômeno se passa no controle de constitucionalidade feito pelos demais Tribunais (CF, arts. 93, IX, 97 e 125, § 2.º), embora a irradiação dos efeitos do julgado seja naturalmente menor, tendo em vista a natureza regional ou local da norma ou ato sindicados.

Essa diversa amplitude dos efeitos do controle judicial da constitucionalidade, conforme o espectro objetivo e subjetivo da lei ou ato considerado, em certa medida se harmoniza com o critério determinativo de competência previsto no CDC (Lei 8.078/90) para as ações coletivas, onde se toma por base a irradiação maior ou menor do dano ao interesse metaindividual, a saber, se *local*, *regional* ou *nacional* (art. 93), valendo lembrar que as normas constantes do Título III do CDC (a parte processual desse Código) aplicam-se, no cabível, à ação civil pública (cf. art. 117 do CDC, que inseriu o art. 21 à Lei 7.347/85). É o reconhecimento legislativo de que no plano da jurisdição coletiva o dado prevalecente é o da *projeção espacial* do dano temido ou causado ao interesse metaindividual, elemento que, por sua vez, determinará a amplitude da eficácia do julgado.

Assim, uma lei federal, *inconstitucional*, opera como um vetor de dano em *caráter nacional*, fazendo exsurgir um *interesse difuso à sua supressão* (CDC, art. 81, parágrafo único, I, c/c art. 93, II). Dada a natureza objetiva e unitária do contencioso de constitucionalidade, compreende-se que a eficácia da declaração aí emitida tenha que se projetar em modo vinculativo, para os demais órgãos judiciais (perspectiva vertical), e *erga omnes*, em face de todos os jurisdicionados brasileiros (perspectiva horizontal), a fim de guardar *proporcionalidade e simetria* com a extensão do interesse metaindividual de que se trata. Daí a importância do controle judicial sobre a constitucionalidade das leis e atos normativos do Poder Público, tanto para a prevenção das chamadas demandas múltiplas, decorrentes da *atomização* dos conflitos coletivos, como para o tratamento isonômico aos jurisdicionados, em decorrência da uniformização jurisprudencial. Assim, Fernando Facury Scaff e Antonio G. Moreira Maués reconhecem no efeito vinculativo das decisões do STF "um mecanismo de prevenção da divergência sobre a interpretação constitucional, e não como um mecanismo de correção. Ele visa que os juízes se adaptem às orientações jurisprudenciais do STF e decidam de modo conforme a ela, evitando que as questões de inconstitucionalidade sejam levadas à Corte Suprema, o que dificulta a possibilidade de uma nova análise da questão por ela".[349]

É interessante observar que, mesmo dentre os operadores do Direito que faziam reservas à súmula vinculativa, se admitia que tal força obrigatória deveria restringir-se às decisões do STF *em matéria constitucional*, justamente em virtude daquelas características de unitariedade e uniformidade imanentes ao controle judicial nesse campo. No ponto, Hermenegildo Fernandes Gonçalves, após advertir que aquela vinculação "afeta o próprio exercício da atividade jurisdicional, pois implica controle do conteúdo das decisões jurídicas e, portanto, é profundamente perigosa", obtemperava: "De nosso acordo, o efeito vinculante deveria restringir-se às decisões da Suprema Corte em matéria constitucional. Aliás, a só transformação do STF em exclusiva Corte Constitucional já eliminaria grande parte das dificuldades".[350] De fato, tanto o art. 103-A da CF, inserido pela EC 45/2004, como o art. 2.º da Lei 11.417/2006 vieram dispor que as súmulas do STF só podem tornar-se *vinculantes* quando extraídas de "reiteradas decisões sobre *matéria constitucional*" (CF, art. 103-A: EC 45/2004; art. 2.º da Lei 11.417/2006).

(Essa expressão – *matéria constitucional* –, no âmbito da súmula vinculante do STF, há de ser tomada no sentido que empreste maior amplitude e profundidade ao seu conteúdo, por modo a compreender, tanto as querelas envolvendo a literalidade dos dispositivos da Carta Magna, como também aquelas que a contrapõem a outras normações, valendo sempre lembrar que "os direitos e garantias expressos nesta Constituição não excluem outros decorrentes do regime e dos princípios por ela adotados, ou dos tratados internacionais em que a República Federativa do Brasil seja parte" (§ 2.º do art. 5.º). Inclusão, portanto, dos *penumbral rights*, dos *poderes implícitos* e de outras situações de transcendente relevo, de extração constitucional ou a tal equiparadas, desde que idôneas a acarretar "grave insegurança jurídica e relevante multiplicação de processos sobre questão idêntica" (CF, § 1.º do art. 103-A: EC 45/2004). No ponto, Márcia Regina Lusa Cadore: "As normas determinadas podem ser de direito material ou processual e, ainda, quanto à origem, editadas pela União, pelos Estados-membros e pelos Municípios. Obviamente a discussão feita em juízo deve contrapor tais disposições às normas constitucionais. A rigor, portanto, quaisquer normas que suscitem

---

349. A trajetória brasileira..., *Reforma do Judiciário...* cit., 2005, p. 241.

350. A súmula e seu efeito vinculante, *Revista da Escola Superior da Magistratura*, n. 1, p. 152, jan.-abr. 1996.

controvérsia relativa à interpretação, validade ou eficácia poderão ser objeto de deliberação vinculante, desde que configurada querela constitucional".[351]

Note-se que até mesmo o questionamento sobre *validade da lei local em face da lei federal* pode configurar uma *querela constitucional*, na medida em que a Carta Magna é que discrimina as competências legislativas de cada qual dos entes políticos; nem por outro motivo, a EC 45/2004 inseriu tal hipótese no âmbito do cabimento do recurso extraordinário ao STF: alínea *d* do art. 102, III.

Acerca do efeito vinculante na ADIn, manifesta-se Luiz Flávio Gomes: "O efeito vinculante, isso sim, é (deveria ser) indiscutível, na ação direta de inconstitucionalidade (tal como acontece em relação a algumas decisões de várias Cortes Constitucionais europeias, particularmente na Alemanha). Reconhecida a inconstitucionalidade de uma lei, é evidente que ela deve ser imediatamente desconsiderada por todos (eficácia *erga omnes*) e de forma peremptória (vinculante)". Adiante, prossegue: "A falta de efeito vinculante, sobretudo para os poderes públicos, na hipótese de inconstitucionalidade, vem causando sérios transtornos, demandas repetidas, multiplicação de recursos idênticos etc. Mesmo quando reconhecida a inconstitucionalidade de um imposto, por exemplo, continua o poder público a cobrá-lo. É o que está ocorrendo, neste momento, por exemplo, com o IPTU progressivo, que está sendo cobrado pela Prefeitura de São Paulo, embora seja, como salientou com o costumeiro acerto o Min. Celso de Mello, 'inaceitável, intolerável e inconsequente'. Isso gera, indiscutivelmente, um aluvião de ações e recursos. Efeito vinculante, sim, em suma, nas ações diretas de inconstitucionalidade. Com isso, ficaria bloqueado o acesso ao Judiciário com base na lei inconstitucional (por falta de possibilidade jurídica do pedido)".[352]

Não resta dúvida, pois, que o controle judicial de constitucionalidade das leis e atos normativos do Poder Público, na medida em que propicia uma resposta judiciária definitiva e unitária, em modo vinculativo e *erga omnes*, revela-se um eficiente antídoto à proliferação de ações e recursos repetitivos, mostrando-se, outrossim, útil no controle *preventivo* da divergência jurisprudencial, na medida em que permite a outorga de um tratamento judicial *isonômico* a todos os jurisdicionados. Considere-se a hipótese de que, após o STF ter declarado inconstitucional certo texto legal (portanto, com eficácia *erga omnes* e efeito vinculante: CF, art. 102, § 2.º, redação da EC 45/2004), venha ajuizada ação cuja pretensão esteja fundada naquele

351. *Súmula vinculante...* cit., p. 138.

352. Súmulas vinculantes e independência judicial cit., *RT* n. 739, p. 31.

texto: por certo, ela será julgada improcedente, a teor do art. 927 do CPC: "Os juízes tribunais *observarão*: I – as decisões do Supremo Tribunal Federal em controle concentrado de constitucionalidade".

3.7 A JURISDIÇÃO COLETIVA

3.7.1 De ordem geral

O termo "jurisdição" muita vez aparece empregado em sentido muito amplo, significando a atribuição a certas instâncias do poder de dirimir assuntos ou conflitos de diversa natureza, através de um órgão singular ou, mais comumente, de composição colegiada. Assim se fala (impropriamente) em *jurisdição* das Juntas e Registros de Comércio, o mesmo ocorrendo com a *jurisdição* das Juntas de Recursos em matéria de trânsito ou de previdência social; ainda, fala-se na *jurisdição* dos Conselhos de Contribuintes e dos Tribunais de Impostos e Taxas; dos Tribunais de Contas; dos Tribunais Desportivos, ou mesmo, em flagrante atecnia, a *jurisdição* de certo Distrito Policial; ou ainda, como estampado em placas nas rodovias paulistas: "trecho sob jurisdição do DERSA...". Em casos que tais, é evidente que a palavra "jurisdição" vem empregada em sentido excessivamente largo, impróprio, correspondendo a todo e qualquer exercício, por agente ou órgão do setor público, ou privado, de certa parcela do *poder de decidir*, por atribuição originária ou mediante delegação.

Em outras circunstâncias a atecnia não se revela tão notória, podendo até explicar-se em certa medida, como por exemplo, quando se alude à *jurisdição* do Tribunal de Arbitragem (já que, pelo art. 18 da Lei 9.307/96 "o árbitro é *juiz de fato e de direito*"); ou ainda, no caso do *CADE* – Conselho Administrativo de Defesa Econômica, autarquia do Ministério da Justiça, já que o art. 4.º da Lei 12.529/2011 define tal órgão colegiado em termos de uma "entidade judicante, com *jurisdição* em todo o território nacional" (art. 4.º da Lei 12.529/2011).

A rigor, o significado técnico-jurídico da palavra "jurisdição" não pode ter um tal elastério, até porque, sendo o Direito uma ciência de natureza nomotética e axiológica, isto é, que valora fatos e condutas, formulando normas de cunho regulatório ou coercitivo, os termos jurídicos devem ser precisos em seu conteúdo e claros em seu enunciado, porque de outro modo só fomentariam a obscuridade e a incerteza. Desse modo, impende fixar os elementos essenciais que caracterizam a "jurisdição" propriamente dita, parecendo-nos que um deles é de natureza *formal* e o outro, *material*: o primeiro responde ao critério funcional, e indica o órgão que está investido de judicatura; o segundo é identificado em razão da matéria, e diz com a natureza ou com a essência da decisão prolatada.

(**A**) Sob o aspecto formal, só detêm o poder jurisdicional (literalmente, *jurisdicere* = dizer o Direito) os órgãos singulares e colegiados que expressamente integram o Poder Judiciário, a saber aqueles indicados, em *numerus clausus*, no art. 92 e incisos da CF (tirante o caso especial do CNJ, cf. inciso II-A, inserido pela EC 45/2.044, que, a rigor, não é órgão *jurisdicional*, como se colhe de suas atribuições – CF, art. 103-B, § 4º e incisos). Nesse rol descabe interpretação extensivo-analógica, não podendo, por exemplo, ser incluída a *justiça de paz* (CF, art. 98, II: seus membros não são juízes de direito), ou mesmo o *juízo arbitral* (Lei 9.307/96, art. 13: o árbitro é "qualquer pessoa capaz e que tenha a confiança das partes", tratando-se, pois, de modalidade privada de heterocomposição de litígios),[353] nem tampouco a justiça desportiva (CF, art. 217 e § 1º). (**B**) Sob o aspecto da natureza ou da essência, a jurisdição se caracteriza, de um lado, por ser *incontrastável* fora do âmbito do próprio Poder Judiciário, a chamada *reserva de sentença* (*v.g.*, ação rescisória, homologação de sentença estrangeira) e, por outro, pela nota da *definitividade*, ou seja, a decisão de mérito, uma vez irrecorrida, torna-se imutável, qualidade essa que num primeiro momento se introjeta no próprio processo (as preclusões lógica, temporal e consumativa; a coisa julgada formal, de perfil endoprocessual), e num segundo momento, caso tenha sido decidido o mérito, potencializa-se com o binômio *indiscutibilidade-imutabilidade* a que se agregam as notas da eficácia panprocessual e da vinculação *erga omnes*, constituindo a *coisa julgada material* (CF, art. 5º, XXXVI; CPC, art. 502).

Aprofundando esse sentido técnico-jurídico de "jurisdição", impende ter presente que, em regra, a titularidade das posições jurídicas debatidas no processo concerne aos próprios litigantes (legitimação dita, por isso mesmo, *ordinária*), podendo, mais raramente, vir deferida a outros sujeitos (as figuras processuais da representação e da substituição processual), verificando-se, em qualquer caso, que as consequências materiais da decisão não vão além dos sujeitos que, direta ou reflexamente, concernem ao objeto litigioso do processo. Por exemplo, quer o autor defenda, em nome próprio, o seu imóvel

353. Em senso diverso, sustentando a natureza *jurisdicional* da arbitragem, com bons argumentos, v. Carlos Alberto Carmona, *Arbitragem e Processo – um comentário à Lei nº 9.307/96*, São Paulo: Atlas, 2.009, p. 26, 27. Nota: a arbitragem ganhou relevante impulso com as alterações advindas com a Lei 13.129/2015, que inclusive veio autorizar a administração pública a valer-se desse meio heterocompositivo para "dirimir conflitos

(legitimação ordinária), quer se trate do Ministério Público, intervindo em ação que envolva litígio coletivo pela posse de terra rural ou urbana (CPC, arts. 178, III; 565 e § 2º: legitimação extraordinária, cf. CPC, art. 18 e parágrafo único), ou ainda esteja o autor suprindo a carência de capacitação processual do titular do imóvel (representação), fato é que os *efeitos práticos* da decisão acabam restritos ao *ambiente jurídico* desses legítimos contraditores, e nesse sentido se compreende que a sentença produza "coisa julgada às partes entre as quais é dada" (CPC, art. 506), não tendo o vigente CPC, no art. 506, repetido a fórmula antes prevista no art. 472 do CPC/73, que vedava a extensão da coisa julgada para beneficiar terceiros, porque, realmente, pode dar-se que a coisa julgada formada *inter alios* possa, em razão de fatores diversos, vir a *beneficiar* terceiros, em alguma medida, dado o entrelaçamento das relações pessoais e negociais ao interno da coletividade.

É no contexto ora exposto que opera a *jurisdição singular*, plano judicial em que os efeitos práticos do julgado (declaratórios, constitutivos, condenatórios, mandamentais, executivos *lato sensu*) projetam-se, exclusivamente, sobre os legítimos contraditores, isto é, os sujeitos admitidos ao contraditório, como *partes*, originárias ou ulteriores, valendo lembrar que na contemporânea nomenclatura se reconhece à palavra *parte* um sentido apenas *processual*. Assim se compreende que no plano da jurisdição singular, voltada a dirimir os conflitos intersubjetivos de tipo clássico (Tício *versus* Caio), os *limites subjetivos do julgado* só possam, mesmo, concernir aos que integraram o contraditório (= ciência bilateral dos atos do processo, acompanhada pela possibilidade de impugnação – CF, art. 5.º, LV), vale dizer, aos sujeitos que tiveram o seu *day in Court*, na conhecida expressão do processo norte-americano.

Assim, os *terceiros* – sujeitos estranhos à lide – não podem, por definição, ser juridicamente *prejudicados* pela coisa julgada material formada *inter alios*, embora, eventualmente, possam sentir a emanação de certos efeitos reflexos derivados da *eficácia natural* do julgado. Assim se dá porque, na complexa trama do tecido social, as pessoas, os bens, os fatos, os direitos, interagem continuamente, como vasos comunicantes; e, sendo a sentença de mérito um *ato jurídico de origem estatal*, é natural que tal julgado produza efeitos de diversa natureza: alguns deles serão *típicos, previsíveis e desejados*, como o são aqueles perseguidos por cada uma das partes num processo (embora ao final uma delas venha a restar sucumbente), enquanto outros efeitos se

relativos a direitos patrimoniais disponíveis" (§ 1º do art. 1º da Lei 9.307/96, acrescido pela Lei 13.129/2015).

mostrarão *atípicos, imprevisíveis ou mesmo indesejados,* mas de todo modo *inevitáveis,* como se dá com certos efeitos *secundários* das sentenças condenatórias (CPC, art. 495 e §§) ou ainda com a projeção extra-autos desses efeitos, legitimando o manejo de instrumentos como o recurso de terceiro prejudicado e os embargos de terceiro.

Numa posição intermédia entre parte e terceiro – ou, segundo alguns, numa posição singular e diferenciada, irredutível a uma ou outra daquelas figuras – situa-se o *amicus curiae,* que, paulatinamente, vai ganhando espaço no direito brasileiro: Lei 6.385/76, art. 31; Lei 8.884/94, art. 89; Lei 9.469/97, parágrafo único do art. 5.º; Lei 9.868/99, § 2.º do art. 7.º; CPC, arts. 138 e §§; 1.038, I).[354] Ao *amicus curiae* se refere o § 2.º do art. 3.º da Lei 11.417/2006: "No procedimento de edição, revisão ou cancelamento de enunciado da súmula vinculante, o relator poderá admitir, por decisão irrecorrível, a manifestação de terceiros na questão, nos termos do Regimento Interno do Supremo Tribunal Federal" (Figure-se, no processo de controle direto de constitucionalidade, a participação de biólogo de reconhecida capacidade, numa ADIn cujo objeto seja uma lei concernente à comercialização de produtos transgênicos).

O que ora se vai expondo deriva de uma *adaptação,* à coisa julgada, da teoria de Ihering sobre os *efeitos reflexos* dos atos jurídicos. Conforme esclarecia o saudoso Moacyr Amaral Santos, a partir daquela teoria "os juristas alemães construíram a *teoria dos efeitos reflexos da coisa julgada,* conforme a qual a coisa julgada produz efeitos diretos entre as partes, por elas queridos e previstos, mas também efeitos indiretos ou reflexos em relação a terceiros, não queridos nem previstos pelas partes, mas inevitáveis. De tal modo, a coisa julgada opera entre as partes, mas também, por efeitos reflexos, em relação a todos". Na sequência, a doutrina italiana passou a trabalhar sobre aquela proposta, chegando Giuseppe Chiovenda a explicitar dois pontos importantes, assim resumidos por Amaral Santos: 1) "afirmar que a sentença, e, pois, a coisa julgada, vale em relação a terceiros *não quer dizer que possa prejudicar terceiros.* Apenas quer dizer que terceiros não podem desconhecê-la, não que por ela possam ser prejudicados"; 2) "dizer que a coisa julgada não pode prejudicar terceiros apenas significa

---

354. Por tudo, na matéria, v. Cássio Scarpinella Bueno, *Amicus curiae no processo civil brasileiro – um terceiro enigmático,* São Paulo, Saraiva, 2006. (O livro deriva de tese de livre-docência aprovada na PUC – São Paulo, Banca presidida pelo Prof. Nelson Nery Júnior, a qual tivemos a honra de integrar, juntamente com os Profs. Antonio Carlos Marcato, Sérgio Seiji Shimura e Teresa Arruda Alvim Wambier.)

que estes não podem sofrer *prejuízo jurídico*, bem podendo, entretanto, sofrer *prejuízo de fato*".[355]

Assim é que a coisa julgada material formada numa sentença que decidiu ação reivindicatória de certo imóvel tem, logicamente, os seus limites subjetivos restritos às partes do processo, mas, como demonstrou Liebman,[356] a *eficácia natural* desse julgado vai mais além, de sorte que, por exemplo, o proprietário lindeiro, embora estranho ao processo, não mais poderá, a partir da imutabilidade-indiscutibilidade do julgado, *desconhecer* que o vero proprietário passa a ser a parte que venceu a demanda; e, por outro lado, no Registro Imobiliário se praticarão os atos notariais competentes (Lei 6.015/73, art. 167, alterado sequencialmente, inclusive pela Lei 13.465/2017). Essas emanações ou esses *efeitos reflexos* derivam, portanto, da *eficácia natural* do julgado (enquanto ato jurídico aperfeiçoado), não imbricando, portanto, com os limites subjetivos da coisa julgada material, que continuam restritos às *partes* do processo.

Em consequência desse contexto próprio da jurisdição singular, pelo qual cada caso (em cúmulo subjetivo ou não) é julgado *de per si*, existe a virtualidade de ocorrer uma contradição *lógica* entre os julgados, isto é, uma incompatibilidade *formal* entre julgados promanados de casos análogos. Por exemplo, pode dar-se que duas ações de despejo, entre as mesmas partes, objetivando a retomada de dois imóveis contíguos, por idêntico fundamento, levem a resultados diversos, em virtude das contingências probatórias e demais vicissitudes processuais ocorridas em cada um dos processos. Figure-se que em uma das ações veio acolhida a exceção da insinceridade do pedido de retomada do imóvel, ao passo que no outro feito tal alegação não veio declinada, ou veio a ser repelida, ficando toda essa matéria sob eficácia preclusiva da coisa julgada, que recobre o *deduzido e o deduzível* (CPC, art. 508).

A preocupação maior do processo civil, em verdade, é com *outro tipo* de contradição, aquela que pode ocorrer no plano *prático* entre os julgados, o que se dá quando dois comandos mostram-se incompossíveis ou quando os efeitos de um são contrariados ou *esvaziados* pelo outro. Aliás, a virtualidade desse risco é o que justifica a existência de certos institutos e técnicas processuais tendentes a prevenir tal antinomia, como se dá com a reunião de processos por prevenção, continência e conexão; a cumulação

---

355. *Primeiras linhas de direito processual civil*, vol. 3, 24. ed., atualizada por Maria Beatriz Amaral Santos Köhnen, São Paulo: Saraiva, 2010, p. 75-76.

356. *Eficácia e autoridade da sentença*, 2. ed., trad. Buzaid/Benvindo Aires e notas de Ada P. Grinover, Rio de Janeiro: Forense, 1981, p. 121 *et seq.*

de pedidos; a ação declaratória incidental; a extinção de um dos feitos por litispendência ou ofensa à coisa julgada; ou mesmo, a suspensão do processo em virtude de uma prejudicialidade externa; o sobrestamento da ação individual em face da ação coletiva, quando ambas decorram de análogo fundamento (CDC, arts. 103, III e § 2.º, e 104); o vigente CPC acresceu a esse rol um relevante ítem, nos moldes do § 1º do art. 55: "Serão reunidos para julgamento conjunto os processos que possam gerar risco de prolação de decisões conflitantes ou contraditórias caso decididos separadamente, *mesmo sem conexão entre eles*".

A contradição que se restringe ao plano *lógico*, embora indesejável, vem a ser uma eventualidade de algum modo *administrada* no processo civil, assim vista como uma contingência virtual, decorrente da interação de um conjunto de fatores: *i*) a complexa organização judiciária brasileira, distribuída em dois planos – a Justiça federal, comum e especial, organizada em seções, reunidas em regiões; e a Justiça estadual, organizada em comarcas, reunidas em entrâncias; *ii*) a própria extensão territorial, a caracterizar o Brasil como um país-continente; *iii*) a coexistência de *Justiças* diversas, levando à chamada *competência por jurisdição*; *iv*) a interpenetração de normas de natureza e origem diversas (as *processuais*, de competência da União - CF, art. 22, I; as de *organização judiciária*, de competência concorrente - CF, arts. 24, XI, 110, 125, § 1.º); *v*) a existência de dois *Tribunais da Federação* (STF e STJ); *vi*) o controle de constitucionalidade, realizável por dois sistemas, sendo um incidental, concreto, difuso ou por via de exceção (CPC, art. 948; CF, art. 97) e outro, direto, abstrato, concentrado ou principal (CF, art. 102, I, *a* e § 2.º; art. 125, § 2.º; Leis 9.868/99 e 9.882/99).

Por exemplo, configura uma contradição *lógica* o fato de que dois processos, cada qual ajuizado por servidor de uma mesma carreira, envolvendo idêntica controvérsia com o mesmo Poder Público, acabem por receber decisões de mérito qualitativamente diferentes, por terem sido decididas em Juízos diversos, embora de uma mesma comarca ou seção judiciária. Ou ainda, como se pôde observar na experiência do *rodízio* no tráfego de veículos na Capital paulista, alguns jurisdicionados obtiveram liminar para circular livremente, ao passo que a maioria não obteve tal resposta judiciária, embora todos se enquadrem na mesma rubrica de "proprietários de veículos automotores" e tenham acorrido às Varas da Fazenda Pública de uma mesma comarca. Em casos que tais, o risco de discrepância judiciária é sempre virtual, no plano da jurisdição singular, mormente quando não se revelam cabíveis (ou não venham aplicadas) as técnicas voltadas à prevenção ou à correção da contradição lógica, antes referidas.

É de se ressaltar que a perplexidade e a injustiça acarretadas por decisões judiciais discrepantes, prolatadas em situações eminentemente coletivas, como as antes figuradas, podem ser evitadas, caso haja súmula vinculante sobre a matéria, o que propiciaria, ademais, uma uniformização da jurisprudência já em primeiro grau de jurisdição. E, com isso, a própria Administração Pública procuraria eliminar as normas e procedimentos contrários aos enunciados vinculativos, assim evitando a formação de controvérsias com os administrados e consequente ajuizamento de demandas. Nem por outro motivo, aliás, a súmula vinculante do STF aplica-se à "administração pública direta e indireta, nas esferas federal, estadual e municipal" (CF, art. 103-A: EC 45/2004; Lei 11.417/2006, art. 2.º).

No plano da jurisdição singular, tirante as hipóteses de reunião de processos (conexão/continência), ou de cúmulo subjetivo (ressalvado o previsto no § 1º do art. 113 do CPC), de ordinário cada lide é julgada de per si por um magistrado, que por sua vez forma livremente sua convicção, como destinatário da prova. Bem por isso, a eventual contradição *lógica* entre julgados, como nos exemplos antes lembrados, embora seja criticável sob o prisma do *justo*, da equidade ou da isonomia, não configura, todavia, vício ou falha sob a óptica rigorosamente processual, e bem por isso tais *injustiças* não tipificam, tecnicamente, irregularidade, anulabilidade ou nulidade cominada, correndo à conta de um *custo a pagar*, quando não se empregam as técnicas para reunião de ações conexas, ou quando se tolera a *atomização* de demandas que deveriam ser tratadas *molecularmente*, no plano da jurisdição coletiva.

Como esclarece Ada Pellegrini Grinover, escrevendo ainda antes da EC 45/2004: "Não temos no Brasil o precedente obrigatório jurisprudencial, de modo que entre nós é perfeitamente possível que haja diversas coisas julgadas entre partes distintas, relativamente à mesma questão jurídica, relativamente aos mesmos fatos que sejam controvertidos. É possível que uma causa seja decidida de determinada maneira, e outra, perfeitamente idêntica – salvo quanto às partes – seja decidida de outra maneira. Porque a coisa julgada não tem como função, ou finalidade, a lógica das decisões jurídicas. Não tem como finalidade evitar as contradições lógicas, e sim, evitar as contradições práticas: a cada pessoa, uma sentença imutável para obedecer".[357]

357. A coisa julgada perante a Constituição, a Lei da Ação Civil Pública, o Estatuto da Criança e do Adolescente e o Código de Defesa do Consumidor. *O processo em evolução*, São Paulo: Forense Universitária, 1996, p. 147.

De todo modo, no plano da jurisdição singular, eventual situação de injustiça gerada pela contradição lógica, fica restrita aos processos postos em confronto e às partes a eles concernentes, sem falar na virtualidade de reversão do quadro na via recursal. Já a contradição no plano prático é muito mais grave e a ciência processual a repugna, prescrevendo institutos e técnicas para evitar o *bis in idem*, como as exceções peremptórias (litispendência, perempção e coisa julgada); o ajuizamento de ação rescisória quando o julgado de mérito se tenha respaldado em prova falsa (CPC, art. 966, VI); o oferecimento de embargos à execução por motivo de já estar extinta a obrigação ou porque o título exequendo se funda em lei declarada inconstitucional pelo STF (CPC, § 12º do art. 525); o traslado, para a esfera civil, de certos capítulos da decisão penal (CPP, arts. 63 a 67 e 92 a 94; CPC, art. 515, VI); o sobrestamento da ação individual, enquanto pendente a coletiva (CDC, § 3.º do art. 103, c/c art. 104, dispositivos aplicáveis à ação civil pública – art. 21 da Lei 7.347/85).

Conquanto no plano da jurisdição singular a técnica processual busque contornar os riscos da contradição entre os julgados, fato é que os instrumentos utilizáveis para esse fim não garantem totalmente que aquele objetivo seja alcançado. Para tanto, é de grande utilidade o concurso das súmulas vinculantes do STF, porque elas irradiam um *efeito preventivo geral*, coartando as possíveis controvérsias já em seu nascedouro, e, quanto às demandas já pendentes, uniformizam a resposta judiciária, ainda em primeiro grau, como se dá com a tutela da evidência (CPC, art. 311, II, parte final). Assim nos aproximaríamos do ideal da *ordem jurídica justa*, até porque, de outro modo, a se prosseguir com a *jurisprudência lotérica*, e no caso de virem a falhar os instrumentos voltados à prevenção/correção da contradição entre os julgados, restará aos jurisdicionados conviver com o risco da prolação de decisões discrepantes – ou até mesmo contraditórias – entre casos iguais.

Um exemplo marcante da insustentabilidade das respostas judiciárias discrepantes, proferidas em casos semelhantes, é figurado por Gustavo Santana Nogueira, a partir da súmula STF 632, dizendo ser constitucional o prazo de 120 dias para a impetração da segurança: "Imaginemos duas pessoas que resolvem impetrar mandado de segurança ao mesmo tempo, porém ambas fora do prazo decadencial estabelecido no art. 18 da Lei 1.533/51 [Lei 12.016/2.009, art. 23]. O mérito de cada ação pode até ser diferente, mas há uma similitude fática que deve ser analisada de modo uniforme: ambos impetraram o *mandamus fora do prazo*. Se um juiz de direito resolve aplicar a súmula, será indeferida a inicial; porém, se outro juiz entende que o prazo é incompatível com a Constituição, e não aplicar a súmula, irá receber a inicial. Não importa a solução sobre o pedido formulado pelos impetrantes, importa é que um mandado de segurança foi aceito e outro não". Em nota de rodapé, completa o autor: "Imaginemos os dois impetrantes, leigos, se encontrando na rua e contando um ao outro sua experiência no Judiciário. Ficarão no mínimo perplexos com o resultado, o que afeta a já afetada credibilidade do Judiciário".[358] Note-se que, no exemplo figurado, caso o STF viesse a *confirmar* aquela súmula como vinculante (EC 45/2004, art. 8.º), a parte prejudicada poderia interpor *reclamação* ao STF que, provendo-a, *cassaria* a decisão e determinaria que outra fosse proferida (CF, § 3.º do art. 103-A: EC 45/2004; § 2.º do art. 7.º da Lei 11.417/2006; CPC, art. 992).

Mas é no plano da jurisdição *coletiva* que o problema da divergência jurisprudencial se agrava, e isso pela intercorrência de vários fatores: ***i***) sob o prisma do objeto do processo, o interesse material veiculado não se restringe exclusivamente às partes, vindo o interesse tratado em sua *dimensão coletiva*, substancialmente indivisível, como ocorre numa ação civil pública objetivando proibição de publicidade abusiva ou enganosa acerca de certo produto ou serviço; ***ii***) sob o prisma subjetivo, os indivíduos concernentes aparecem indeterminados, *absoluta* ou *relativamente*, encontrando-se, no primeiro caso, esparsos pela sociedade civil como um todo (ex.: o interesse dos habitantes de São Paulo à despoluição do rio Tietê) e, no segundo caso, aparecendo coalizados em certos segmentos sociais (ex.: interesse do grupo dos mutuários de certo programa governamental para aquisição da casa própria).

A outro giro, figurem-se duas ações civis públicas, uma objetivando a vedação de certa publicidade atentatória à dignidade dos afrodescendentes (Lei 12.288/2010 - *Estatuto da Igualdade Racial* - parágrafo único, I e IV do art. 1.º) e outra, objetivando a interdição de certo procedimento de inseminação artificial, lesivo ao patrimônio genético de certa espécie da fauna nativa (Lei 11.105/2005, art. 6.º, II): nos dois casos, a resposta judiciária há de ser qualitativamente *uniforme*, acolhendo ou rejeitando o pedido, por causa da própria *unitariedade* das ocorrências, dos indivíduos e dos valores envolvidos. Assim é que, no primeiro caso, os sujeitos concernentes estão aglutinados no segmento dos cidadãos brasileiros de uma determinada raça (= situação permanente e invariável); no segundo caso, o patrimônio genético é determinado pelo DNA (= estrutura biológica atemporal e constante). Em se tolerando a concomitância de outra ação de tipo coletivo sobre qualquer

358. Das súmulas vinculantes: uma primeira análise, *Reforma do Judiciário*... cit., 2005, p. 274 e nota de rodapé 18.

daqueles objetos, é fácil perceber a consequência deletéria que advirá de uma possível divergência jurisprudencial, levando a uma contradição não apenas lógica, mas sobretudo de ordem *prática*, porque nos exemplos dados seriam incompossíveis dois comandos judiciais de natureza discrepante, um *admitindo* e outro, *negando* as pretensões quanto às afirmadas afrontas à população afrodescendente (Lei 12.288/2010, inciso IV do parágrafo único do art. 1º) e ao patrimônio genético. A se entender de outro modo, ter-se-ia que admitir – até contra as evidências do mundo fenomenológico – que uma coisa pode *ser* e *não ser*, num mesmo espaço-tempo.

O recorrente contra-argumento de que a concomitância entre ações coletivas seria tolerável à míngua da *tríplice identidade* entre os elementos das ações comparadas – partes, pedido, causa de pedir – (*v.g.*, numa ação coletiva o autor é o MP e na outra é uma associação) não é justificativa suficiente para se admitir o trâmite concomitante de demandas voltadas à consecução de um mesmo objeto. Em primeiro lugar, é na *dimensão coletiva* que o interesse metaindividual está sendo tratado, de sorte que o elemento "objeto litigioso do processo" (= causa de pedir mais pedido: princípio da *substanciação*) *sobreleva* sobre tudo o mais, na lide judicializada; em segundo lugar, o autor da ação não reclama posição jurídica própria, senão que se coloca como um *adequado portador*, um condutor credenciado do interesse metaindividual veiculado na ação (um *ideological plaintiff*; um *ente esponenziale*, na terminologia dos processos norte-americano e italiano). Bem por isso, aliás, o PL n. 5.139/2009, que à época se preordenava a regular a nova ação civil pública, previa: "Na análise da identidade da causa de pedir e do objeto, será *preponderantemente* considerado o *bem jurídico* a ser protegido".

Numa palavra, nas ações de finalidade coletiva, o objeto litigioso deve receber tratamento processual *molecularizado*, na expressão de Kazuo Watanabe, de modo que a resposta judiciária dada à "demanda molécula" (que vem a ser a *primeira* ação coletiva ajuizada sobre o tema, na qual se subsumem as virtuais *demandas-átomo*) já *preencha* toda a compreensão e extensão do interesse metaindividual, assim otimizando a eficácia da resposta jurisdicional, tornada aplicável a todos os sujeitos concernentes a esse interesse.

Ao propósito, já escrevemos em monografia específica sobre esse tema: "A coisa julgada, nas ações coletivas, torna imutável e indiscutível a decisão de mérito sobre o conflito metaindividual, recobrindo-o em sua inteira extensão e compreensão, devendo-se entender que a pretensão fica estabilizada *em sua dimensão coletiva*, porque foi nessa projeção que a ação veio proposta. Assim, compreende-se que a eficácia da coisa julgada, no plano coletivo, não pode limitar-se às partes do processo (como na jurisdição singular – CPC, art. 472 [CPC vigente, art. 506]), até porque o polo ativo atua em legitimação extraordinária, através de um representante adequado ou de um agente autorizado à condução do processo. De outra parte, não poderia a pendência da ação coletiva impedir ou obstaculizar o ajuizamento de ações individuais "em paralelo", até porque não coincidiriam os elementos (os *tria eadem*: partes, pedido e causa). Daí o porquê de nosso *microssistema processual coletivo* disponibilizar um *modus vivendi* entre os planos processuais coletivo e individual, mormente pela técnica do transporte *in utilibus* do fundamento do julgado coletivo em prol das demandas individuais".[359]

Comentando esse relevante aspecto, à luz dos dispositivos do CDC que tratam dos limites subjetivos – *erga omnes* ou *ultra partes* – da coisa julgada, aduz Kazuo Watanabe que, a se tolerar a repetição de ação de natureza coletiva, se "comprometeria, sem qualquer razão plausível, o objetivo colimado pelo legislador, que foi o de tratar molecularmente os conflitos de interesses coletivos, em contraposição à técnica tradicional da solução atomizada, para com isso conferir peso político maior às demandas coletivas, solucionar mais adequadamente os conflitos coletivos, evitar decisões conflitantes e aliviar a sobrecarga do Poder Judiciário, atulhado de demandas fragmentárias. Em nosso sentir, assim, todas as demandas 'coletivas' propostas nos vários Estados em favor dos aposentados constituem *repetição* da primeira demanda coletiva proposta para o mesmo fim, sendo inquestionável a configuração da *litispendência*".[360]

Bem por isso, no vigente CPC, apesar de ter sido vetada a *conversão da ação individual em coletiva* (art. 333), é dado ao juiz, ao se deparar com afluxo importante de demandas seriais, oficiar aos co-legitimados do art. 5º da Lei 7.347/85 e 82 da Lei 8.078/90, para que examinem a possibilidade e a conveniência de propositura da ação coletiva adequada à espécie: art. 139, X.

O ora exposto avulta em importância, quando se leva em conta que a linha evolutiva do processo civil sinaliza no sentido da *massificação* das demandas, ou seja, aponta tendência para o trato processual em modo coletivo, inclusive pelos intrigantes desafios despertados pelas ações de tipo coletivo, que vêm catalisando a atenção dos doutrinadores e dos operadores do Direito. Assim se compreende que nos debates sobre a súmula

359. *Jurisdição coletiva e coisa julgada – teoria geral das ações coletivas*, 3. ed., São Paulo: RT, 2012, conclusão n. 11, p. 599.

360. Demandas coletivas e problemas emergentes da *praxis* forense, *RePro* n. 67, p. 19.

vinculante apareça recorrente o argumento de que esse instituto seria especialmente idôneo para coartar o fenômeno das *demandas múltiplas*, caracterizado pelo afluxo ao Judiciário de milhares de ações idênticas, como sói acontecer em matéria tributária, previdenciária, consumerista ou de funcionalismo público.

A par disso, o vigente CPC disponibiliza o *incidente de resolução de demandas repetitivas* para a hipótese de se constatar "efetiva repetição de processos que contenham controvérsia sobre a mesma questão unicamente de direito", ao "risco de ofensa à isonomia e à segurança jurídica" (art. 976 e incisos), o que opera como importante instrumento de prevenção da divergência jurisprudencial em tais casos, na medida em que a *tese jurídica* ali firmada pelo tribunal aplica-se em modo panprocessual, inclusive em face de casos futuros (art. 985 e incisos).[361]

A quantidade assombrosa de processos repetidos e de demandas múltiplas em andamento na Jus tiça é fenômeno percebido há tempos, bem antes do advento da EC 45/2004. Assim, alertava Saulo Ramos: "(...) gritam os números absurdos dos processos repetidos, sobretudo no STF, onde, desde a promulgação da Carta, em 1988, até março deste ano [1995], foram publicados 22.763 acórdãos, dos quais 15.551 são repetições de outros, totalizando 68,32% dos julgamentos da Alta Corte de hipóteses idênticas".[362] Um artigo do jornalista Ariosto Teixeira, intitulado *Carga Pesada*, publicado no jornal *O Estado de S.Paulo*, edição de 03.07.2001, p. A-6, dava notícia de que, no mês de junho de 2001, "os 11 Ministros do Supremo julgaram 9.085 ações, o que aponta para um total no ano de mais de 100 mil processos, um recorde histórico". Na sequência, registrando a sobrecarga representada pelos *processos repetidos*, aduzia o jornalista: "Sobre eles o STF já decidiu milhares de vezes e mesmo assim seus membros são obrigados a carimbar e subscrever burocraticamente as decisões em novos processos. O volume anormal de processos submetidos ao STF mostra a importância de atribuir-se algum efeito vinculante às decisões do tribunal".

A situação contemporânea da sobrecarga do STF não parece menos preocupante, pese o advento da *repercussão geral da questão constitucional* no juízo de admissibilidade do RE (CF, art. 102, § 3.º: EC 45/2004; CPC, art. 1.035 e § 1º), da qual se esperava uma expressiva *performance* no obje-

361. Ao propósito, v. o nosso Incidente de resolução de demandas repetitivas..., 2016, cit., especialmente p. 268 e s.

362. Questões do efeito vinculante, *Cadernos de Direito Constitucional e Ciência Política*, n. 16, p. 33, São Paulo, RT, jul.-set. 1996.

tivo de conter o afluxo excessivo desses recursos excepcionais. A avaliação de especialistas, feita poucos anos após a EC 45/2.004, não trouxe dados alentadores a respeito: "(...) apenas aproximadamente metade dos recursos com preliminar de repercussão geral deve ter sido julgada desde o segundo semestre de 2007 (39.461 processos). A outra metade dos casos (39.250 processos) ainda dependeria de julgamento. Ou seja, o STF, apesar de muito beneficiado com a repercussão geral, ainda encontra dificuldades para lidar com o volume de casos. Apenas metade dos processos relacionados à repercussão geral foram julgados de 2007 até 2010".[363] É razoável esperar-se que esse quadro venha a se alterar, na medida em que, uma vez *negada* pelo STF a repercussão geral, "serão considerados *automaticamente inadmitidos* os recursos extraordinários cujo processamento tenha sido sobrestado" (CPC, parágrafo único do art. 1.039).

Para coartar essa verdadeira deformação da *praxis* judiciária brasileira no tocante aos Tribunais da Federação, impõem-se: (*i*) a inserção de *filtros e elementos de contenção*, tais as súmulas dos Tribunais, mormente dos Superiores, em especial a súmula vinculante do STF, valendo salientar a valorização do direito sumular no plexo de atribuições do relator, no juízo de admissibilidade dos recursos (CPC, art. 932, IV, *a* e V, *a*) a par da antes referida exigência da repercussão geral da questão constitucional na admissão do recurso extraordinário; (*ii*) o julgamento de RE's e REsp's *em bloco ou por amostragem, em ordem à emissão de uma decisão-quadro, hábil a parametrizar a resolução dos demais recursos sobrestados nos tribunais de origem* (CPC, arts. 927, III; 1.040 e incisos);[364] (*iii*) a condução dos megaconflitos ao plano da jurisdição coletiva, na medida em que a decisão de mérito aí proferida, uma vez transitada em julgado, projeta efeitos *erga omnes*, ou ao menos *ultra partes*, pela própria natureza indivisível do interesse objetivado e pela indeterminação (absoluta ou relativa) dos sujeitos concernentes.

363. Cf. Joaquim Falcão, Pablo de Camargo Cerdeira e Diego Werneck Arguelhes, *I Relatório Supremo em Números – o múltiplo Supremo*, apoio Fundação Getúliio Vargas: Direito – Rio, abril/2011, p. 61 do documento. Disponível em: <www.supremoemnumeros.com.br>. Acesso em: 31.07.2013.

364. Essas técnicas já começam a surtir efeito de algum tempo a esta parte, ao que se colhe da matéria intitulada "'Filtro' diminui em 42% carga de trabalho no STF (jornal *O Estado de São Paulo*, de 02.07.2009, cad. A-14), repercutindo declarações do Min. Gilmar Mendes do STF, a respeito. De acordo com a matéria, "o volume de decisões também apresentou queda de 60 mil processos julgados em 2008 para 53 mil neste ano, incluindo as decisões das turmas, de plenário e de julgamento realizado por apenas um ministro". (Recomenda-se, outrossim, consulta ao documento apresentado pelo CNJ em junho de 2009, denominado *Justiça em números*: <www.cnj.jus.br>. E-mail: <estatística@cnj.jus.br>).

Repercutindo o quesito da "repercussão geral da questão constitucional" (CF, art. 102, § 3.º: EC 45/2004), o jornal *O Estado de São Paulo*, de 13.07.2009, analisa que tal filtro (*sic*) "foi aplicado pela primeira vez em 2007, depois de ter sido regulamentado pelo Supremo. Nestes dois anos, ele provocou uma redução de mais de 63% no volume de trabalho da Corte. No primeiro semestre de 2009, os 11 ministros do STF receberam 23.378 processos para julgar. No mesmo período, no ano passado, foram 40.082 processos. Graças ao filtro da 'repercussão geral', que barra o julgamento de recursos sem maior relevância e que interessam somente às partes litigantes, o Supremo passou a ter uma atuação mais seletiva, o que permitiu aos seus ministros dedicar mais atenção a casos polêmicos, como o das pesquisas com utilização de células-tronco embrionárias, o da demarcação da reserva indígena Raposa-Serra do Sol, o da extinção da Lei de Imprensa e o da proibição da importação de pneus usados".[365]

Figure-se que uma dada norma tributária sobre a qual controvertem órgãos judiciais de todo o país vem a ser declarada inconstitucional pelo STF: sua consequente supressão do ordenamento positivo já elimina *na origem* qualquer exigência fiscal a respeito, assim abortando as previsíveis controvérsias e o ajuizamento de multifárias ações judiciais. O exemplo evidencia o relevante papel que a jurisdição coletiva, especialmente o controle da constitucionalidade da lei e atos do Poder Público, pode desempenhar em prol de uma Justiça isonômica, aliviando, outrossim, a sobrecarga do serviço judiciário.

Parece, portanto, inegável que o incremento da jurisdição coletiva apresenta várias vantagens: ***i***) permite o tratamento processual *unitário* da matéria controvertida, o que constitui a técnica adequada nas demandas que envolvem interesses metaindividuais, pela própria natureza indivisível destes; ***ii***) previne a pulverização dos conflitos *de massa* em múltiplas ações individuais, as quais tumultuam o ambiente judiciário, retardam a prestação jurisdicional, e, ao cabo, levam ao descrédito do Judiciário aos olhos da população; ***iii***) evita a ocorrência de decisões qualitativamente discrepantes sobre um mesmo assunto, fenômeno incompatível com a garantia constitucional da isonomia, a qual deve se estender à norma *judicada*, e não apenas restringir-se à norma *legislada*; ***iv***) oferece um parâmetro judicial apriorístico e seguro para o equacionamento ou mesmo a prevenção de conflitos plurissubjetivos, como aqueles que contrapõem contribuintes e Fisco; aposentados e Previdência Social; *poupadores* e sistema bancário; servidores públicos e Estado;

365. Caderno A-3, editorial intitulado "Os frutos da reforma da Justiça".

consumidores e fornecedores; ***v***) viabiliza a uniformização da jurisprudência, permitindo uma resposta judiciária homogênea, cuja eficácia se expande ao longo da extensão e compreensão do interesse metaindividual considerado, estabelecendo, assim, um confiável *parâmetro judiciário* para as demandas assemelhadas; ***vi***) contribui para acelerar o trâmite das demandas individuais cuja causa de pedir coincida com a da ação coletiva julgada procedente, tendo em vista que a coisa julgada formada nesta última se traslada – *in utilibus*, portanto – para o âmbito da ação individual (Lei 8.078/90, art. 103, § 3.º).

A *meio-caminho* entre a jurisdição coletiva e a singular, situa-se o antes referido *incidente de resolução de demandas repetitivas (CPC, art. 976-987).* Daniel de Andrade Lévy avalia que "deve se enxergar nesse tipo de incidente menos um instituto jurídico de resolução de controvérsias, e mais um instrumento processual de administração de múltiplas controvérsias".

3.7.2 Como instrumento para a uniformização da jurisprudência

A experiência jurídica propicia interessante fenômeno, pelo qual a prática de um determinado ato gera mais de um efeito: o *principal*, previsto e querido; e, além dele, um outro, *secundário*, não previsto, possivelmente nem querido, mas inevitável, surgido como uma emanação do primeiro. Por exemplo, a finalidade precípua dos embargos de declaração é a *integração* do julgado, tisnado de omissão, contradição ou obscuridade (CPC, art. 1.022, incisos e parágrafo único); mas, atingida essa finalidade, por vezes ocorre que, paralelamente, restam alcançados outros efeitos, tais sejam o *prequestionamento* da matéria que, oportunamente, ensejará a interposição de recurso de tipo excepcional (CPC, art. 1.025), ou, ainda, poderá resultar a *infringência* do julgado, se, em decorrência do acolhimento dos embargos, a decisão recorrida tiver que ser alterada (por exemplo, o ponto omisso, que vem a ser suprido, era uma preliminar de prescrição; reconhecida esta, altera-se a sentença antes prolatada), hipótese em que os embargos se dizem *modificativos.*[366]

Algo semelhante se passa com a sentença de mérito passada em julgado: a imutabilidade de seus efeitos é, naturalmente, restrita às *partes* do processo (= limites subjetivos da coisa julgada material), pela boa razão de terem participado do contraditório (CF, art. 5.º, LV; CPC, art. 506); todavia, como a sentença é um ato jurídico, produto de uma atividade estatal, alguns outros efeitos acabam se projetando ao exterior, como emanação de uma certa *eficácia natural.* Por outro lado, como na vida em sociedade as

366. Cf. Nery & Nery. *Código...* cit., 2006, nota 9.ª ao art. 535 do CPC.

relações pessoais estão interligadas, a imutabilidade da decisão de mérito aparece potencializada, no que se convencionou chamar *auctoritas rei iudicatae*. Essa *autoridade* opera em tal sorte que, se é verdade que os terceiros estranhos à lide não podem ser *prejudicados* pela coisa julgada passada *inter alios*, não é menos verdade que: (*i*) esses terceiros não podem, validamente, *desconhecê-la* ou *lhe recusar validade*; (*ii*) o prejuízo a que ficam infensos tais terceiros é o de natureza *jurídica*, e não o meramente de fato, ou econômico; (*iii*) terceiros podem, eventualmente, vir a *se beneficiar*, em alguma medida, da coisa julgada formada *inter alios*; justamente por isso, o art. 506 do CPC, ao tratar dos limites subjetivos da coisa julgada, não reproduziu integralmente os dizeres do art. 472 do CPC/73, ficando excluída a expressão "não beneficiando (...) terceiros".

Essas implicações entre as partes e os terceiros, no que tange à coisa julgada, foram amplamente estudadas na doutrina italiana, máxime por Chiovenda e Betti. Na sequência, Liebman trouxe a esses ensinamentos o aporte de sua conhecida distinção entre *autoridade da coisa julgada* e *eficácia natural da sentença*, perseverando na necessária distinção conceitual entre os *terceiros*, conforme seu grau maior ou menor de proximidade com o objeto litigioso do processo e, ainda, de acordo com a situação fática ou a titulação jurídica que ostentam. Todo esse contexto conduz, em resumo, à necessária distinção entre os terceiros: a) *indiferentes;* b) *praticamente interessados ou interessados de fato;* c) *juridicamente interessados*, rubrica esta que ainda comportaria duas subclasses, conforme o título jurídico do terceiro seja (*i*) de mesmo nível, ou (*ii*) de nível inferior ou dependente do interesse em lide.[367]

É valioso relembrar que esse discrímen entre os *terceiros* está à base das diferentes figuras de intervenção processual, bastando observar, por exemplo, que o opoente (CPC, art. 682) intenta afastar as pretensões de ambas as partes, justamente porque seu título jurídico é de mesmo nível daqueles das partes originárias, mas com eles incompossível. Na síntese oferecida por Antonio Gidi, inspirando-se no magistério de Liebman: "O que efetivamente ocorre é que todos – assim os terceiros como as partes – são atingidos pelos efeitos da sentença como ato de império do Estado (eficácia natural da sentença). Mas como ninguém além das partes é afetado pela imutabilidade em sua própria esfera jurídica (autoridade da coisa julgada), qualquer um poderia, em tese, rediscutir a questão e obter uma decisão diversa. Entretanto,

367. Para uma visão de conjunto sobre o tema, v. Enrico Tullio Liebman, *Eficácia e autoridade da sentença* cit., p. 79 *et seq.*

somente o terceiro juridicamente prejudicado teria interesse jurídico para impugná-la em juízo".[368]

A polaridade entre a coisa julgada formada na jurisdição coletiva, de um lado, e as posições jurídicas dos terceiros, de outro lado, veio enfrentada pelo legislador na parte processual do CDC (Lei 8.078/90, arts. 103, 104), disciplina essa que se estende ao processo da ação civil pública, por força do art. 117 do CDC, que para tal acrescentou um artigo - 21.º - à Lei 7.347/85, certo ainda que o art. 19 desta última autoriza a aplicação subsidiária do CPC. Além disso, o art. 83 do CDC autoriza a utilização de qualquer outra ação cabível, enquanto que o *caput* do art. 1.º da Lei 7.347/85 invoca, subsidiariamente, a ação popular (CF, art. 5.º, LXXIII; Lei 4.717/65). Fechando esse circuito de textos intercomplementares, voltados à tutela judicial de interesses metaindividuais, o inciso IV do art. 1.º da Lei 7.347/85 (acrescido pelo art. 110 do CDC) abre o objeto da ação civil pública para *qualquer outro* interesse difuso ou coletivo (cf. art. 129, III, da CF). É o que, numa palavra, se vem chamando *microssistema processual coletivo*.[369]

A jurisdição singular pressupõe, por um lado, que o interesse de agir há de ser real, *pessoal* e atual (aí, porventura, um resquício da vetusta regra do direito francês - *nul ne plaide par procureur, hormis le roi*), e, de outro lado, o objeto litigioso do processo há de se restringir, exclusivamente, à *parte* da controvérsia que foi trazida a juízo (a *lide* - CPC, arts. 2.º, 490); daí se entender que a coisa julgada se restringe aos contraditores (CPC, art. 506) e que seu alcance não desborda o objeto da lide (CPC, arts. 502, 492). Diversamente desse contexto, a coisa julgada *coletiva* funda-se no trinômio: (*i*) *relevância social* do interesse; (*ii*) *intensidade de sua irradiação* subjetiva; (*iii*) *adequada ou idônea representação do* portador judicial. É *na exata dimensão desse tríplice parâmetro* que o julgado irá projetar os efeitos que lhe são imanentes: *ultra partes* ou *erga omnes*, a depender da espécie.

Daí se compreende que a propagação dos efeitos do julgado coletivo opera em diversa irradiação, conforme a extensão / compreensão do *tipo* de interesse versado na ação, e de sua inserção numa dada *faixa* do universo coletivo, por exemplo: consumidores, meio ambiente, patrimônio público natural e cultural, ordem econômica, ordem urbanística, erário público, mercado financeiro, probidade administrativa, criança e adolescente, deficientes físicos, comunidades indígenas, patrimônio genético, idosos, *torcedores* de agremiações desportivas,

368. *Coisa julgada e litispendência em ações coletivas*, São Paulo: Saraiva, 1995, p. 12.

369. Para uma visão global desse microssistema, v. o *nosso Manual do Consumidor em Juízo*. 5. ed., São Paulo: Saraiva, 2013, p. 31.

raças e etnias e "outros interesses, difusos e coletivos" (CF, art. 129, III, parte final, c/c Lei 7.347/85, art. 1º, IV). Assim é que a aplicação daquele *trinômio* antes referido, num caso concreto, permite identificar a *espécie* de interesse metaindividual de que se trata: difuso, coletivo em sentido estrito, ou individual homogêneo (CDC, art. 81, parágrafo único, I, II e III, respectivamente).

No afã de estabelecer uma *convivência* entre a coisa julgada formada na ação coletiva e as pretensões sustentadas nas concomitantes ações individuais, o legislador conectou as técnicas da coisa julgada *secundum eventum litis* e da extensão *in utilibus* dos efeitos do julgado, por modo que o aproveitamento (= extensão) do julgado coletivo só possa ocorrer para *beneficiar* os autores das demandas individuais, não vindo, assim, a *prejudicá-los*. Atentou-se aí para a diretriz, que remonta às fontes romanas, no sentido de que a coisa julgada não pode *ferir* interesses de quem, estranho à lide, não participou do contraditório: *aliis non praeiudicare*.[370]

Por exemplo, transitada em julgado decisão em ação civil pública na qual se reconheceu provada a *causa de pedir*, no sentido de que certo medicamento é nocivo ao ser humano, ficando vedada sua fabricação (= interesse difuso à proteção da saúde), os consumidores lesados individualmente pelo uso desse fármaco podem habilitar-se na fase de execução do julgado coletivo, entendendo-se, por uma sorte de ampliação *ex lege* do *thema decidendum*, que no comando judicial coletivo já fica implicitamente reconhecido o dever (*an debeatur*) de ressarcimento dos prejuízos aos particulares (CDC, § 3.º do art. 103 e art. 104, c/c art. 117).

Nesse contexto, vem à berlinda a técnica do *julgamento implícito* das questões que se entendem pressupostas na parte dispositiva do julgado, a teor do que dispunha o CPC anterior (1939), no parágrafo único do art. 287: "Considerar-se-ão decididas todas as questões que constituam premissa necessária da conclusão"; diversamente dispõe o vigente CPC, restringindo a sentença de mérito aos "pedidos formulados pelas partes" (art. 490), com o eventual acréscimo da questão prejudicial de mérito, a teor do parágrafo único, inciso e § 2º do art. 503. Assim é que, condenada a indústria fumígera, em ação coletiva, a descontinuar o fabrico de cigarros, porque acolhida a causa de pedir de que o tabagismo é prejudicial à saúde, daí deflui o direito de os ex-fumantes acometidos de doença respiratória pleitearem o ressarcimento

370. Para uma visão ampla desse contexto, v. o nosso estudo A concomitância de ações coletivas, entre si e em face das ações individuais. *Revista Jurídica* (Procuradoria Geral do Município de São Paulo), n. 5, dez. 2000; *Genesis Revista de Direito Processual Civil*, n. 18, out./dez. 2000; *Revista da Procuradoria Geral do Estado de São Paulo*, n. 54, dez. 2000; *RT* n. 782, dez. 2000. Em modo mais abrangente, v. o nosso *Jurisdição coletiva e coisa julgada...* 3. ed., cit., cap. XVI.

devido, valendo-se da similitude da causa de pedir, para tal se habilitando na fase de cumprimento do julgado (CDC, arts. 103, § 3.º e 97).

A propósito, Ada Pellegrini Grinover figura "uma ação indenizatória ao meio ambiente, ao bem indivisivelmente considerado, que leve a uma sentença condenatória à reconstituição do meio ambiente. Apesar de o objeto da demanda não ter nada a ver com as pretensões individuais, transporta-se essa coisa julgada favorável para que cada qual, lesado individualmente, já possa ingressar com o processo de liquidação para apurar a existência do seu dano pessoal e do nexo etiológico e quantificar o seu prejuízo". Adiante, esclarece: "Vejo o fenômeno como uma ampliação do objeto do processo. O pedido, para que haja indenização ao meio ambiente, por exemplo, é ampliado pela sentença, na medida em que está implícito outro pedido que é também reconhecido pela sentença. Ao mesmo tempo, a sentença estabelece o dever de indenizar a título indivisível, quanto ao meio ambiente lesado, e a título divisível, quanto às vítimas do mesmo evento danoso que repercutiu em seu patrimônio ou em suas vidas".[371]

Esse engenhoso sistema parte do pressuposto de que, se é verdade que a coisa julgada não pode *prejudicar* terceiros (CPC, art. 506), daí não se extrai, porém, que porventura não possa... *beneficiá-los*. Em que pesem as críticas já endereçadas a esse sistema (por exemplo, que ele ensejaria um tratamento processual *desigual* entre as partes),[372] era preciso, esclarece Ada Pellegrini Grinover, "fazer uma opção entre duas alternativas possíveis: de um lado, a coisa julgada *erga omnes*, estendendo sua eficácia, independentemente do resultado do processo, a quem não integrou a relação processual e só foi artificialmente 'representado' pelo portador em juízo dos interesses coletivos. Do outro lado, um certo desequilíbrio das partes, apenas em termos de chances, temperado ao máximo pelo fato de que, em cada liquidação para a apuração dos danos pessoais, o contraditório se restabeleceria por inteiro, discutindo-se amplamente a pretensão indenizatória de cada um".[373]

De todo modo, *de lege lata*, não há como negar que a técnica processual aplicada pelo legislador às demandas coletivas – (*i*) legitimação ativa em

371. A coisa julgada..., *O processo em evolução*, São Paulo, Forense Universitária, 1996, p. 149-150.

372. Para uma visão crítica do sistema de coisa julgada *secundum eventum litis*, v. José Ignácio Botelho de Mesquita, A coisa julgada no Código do Consumidor, *in* José Rogério Cruz e Tucci (coord.), *Processo civil – Evolução – Vinte anos de vigência*, São Paulo: Saraiva, 1995, p. 141 e s.

373. O novo processo do consumidor, *in O processo em evolução*, São Paulo: Forense Universitária, 1996, p. 134.

modo *concorrente – disjuntivo* a certos *adequados portadores* do interesse metaindividual (Lei 7.347/85, art. 5.º; CDC, art. 82); (*ii*) coisa julgada *erga omnes*, porém *secundum eventum litis*, e trasladável *in utilibus* às demandas individuais (CDC, § 3.º do art. 103, c/c art. 104) – muito contribui para a desejável *uniformização da resposta judiciária* no campo das macrolides, na medida em que possibilita a resolução da controvérsia de massa em sua *dimensão coletiva*, vale dizer, em modo *qualitativamente unitário* em face de toda a extensão e compreensão do conflito, segundo a *faixa* do universo coletivo de que se trate: interesse difuso, coletivo em sentido estrito ou individual homogêneo (CDC, art. 81, § único e incisos).

Nesse sentido, afirmam José Miguel Garcia Medina, Luiz Rodrigues Wambier e Teresa Arruda Alvim Wambier: "Criações legislativas como as ações coletivas têm grande potencial para fazer com que pessoas que estejam em situação idêntica recebam tratamento idêntico do Judiciário, que deverá disciplinar da mesma forma a situação de todos".[374]

Figure-se que, em face do acolhimento de ação civil pública, a fabricação e venda de certo anticoncepcional, de duvidosa eficácia, fica proibida em todo o território nacional. Desse comando judicial, uma vez transitado em julgado, defluirão estas consequências: ***a)*** fica tutelado, de forma homogênea, o interesse difuso à proteção da saúde de todas as mulheres férteis, usuárias efetivas ou potenciais daquele fármaco; ***b)*** previne-se a pulverização do conflito entre os integrantes desse contingente social e a indústria farmacêutica, dado que, de outro modo, a lide redundaria no ajuizamento de múltiplas e repetitivas ações individuais, engendrando risco de decisões discrepantes ou até contraditórias; ***c)*** garante-se a desejável *isonomia da resposta judiciária*, necessária quando a situação de fato e a questão jurídica formam uma *unidade*, estando a situação conflituosa dispersa entre muitos indivíduos; ***d)*** preserva-se o prestígio social do Judiciário, do qual a sociedade espera uma resposta *de qualidade*: justa, jurídica, econômica, tempestiva, razoavelmente previsível e idônea a assegurar a efetiva fruição do direito, valor ou bem da vida reconhecidos no julgado; ***e)*** alivia-se a sobrecarga do serviço judiciário, fenômeno recorrente toda vez que um megaconflito vem fragmentado em multifárias demandas individuais.

Figure-se ainda a hipótese de um desastre aéreo do qual resultem duzentos óbitos: manejada a ocorrência no plano da jurisdição singular, teríamos, por hipótese, 20 ações com dez espólios litisconsorciados ativamente, cada grupo com seu advogado (descartado o alvitre de uma única ação com duzentos au-

374. A súmula vinculante, vista como meio legítimo para diminuir a sobrecarga de trabalho dos tribunais brasileiros, *Revista do Advogado* (AASP) n. 92, jul. 2007, p. 8.

tores – CPC, § 1º do art. 113: vedação do litisconsórcio multitudinário), ficando palpável o risco de decisões qualitativamente diferentes, por vários fatores: distribuição de cada ação a uma Vara; vicissitudes e singularidades na instrução probatória de cada processo; diversa capacitação profissional dos advogados constituídos; diversa concepção de cada juiz acerca da responsabilidade civil nesse tipo de episódio etc. De outro modo, se conduzida a lide enquanto *conflito coletivo*, na modalidade *interesses individuais homogêneos* (assim entendidos os "decorrentes de origem comum" – Lei 8.078/90, art. 81, parágrafo único, III), o caso se resolveria numa única sentença de condenação genérica (art. 95 dessa lei), com sensível redução na massa probatória e na duração do processo, além de se preservar o tratamento isonômico devido às partes.

De fato, o uso da via processual coletiva no trato dos conflitos de massa (que de outro modo degeneram em demandas múltiplas) propicia a desejável *uniformidade* na resposta judiciária aos pedidos ressarcitórios dos indivíduos lesados, porque a resolução do *thema decidendum* no plano da jurisdição coletiva (= acolhimento da causa de pedir e reconhecimento *ope legis* do dever de indenizar) facilita enormemente a tarefa dos lesados individuais, que tanto podem habilitar-se na fase executória da ação coletiva que fora ajuizada para a tutela de interesses individuais homogêneos (CDC, § 3.º do art. 103) como podem se beneficiar da extensão da coisa julgada coletiva (*rectius*: da premissa posta como causa de pedir na ação coletiva) para o âmbito de suas ações que tinham ficado sobrestadas (CDC, art. 104).

Em fim de contas, a utilização adequada da jurisdição coletiva apresenta um *saldo favorável*: o Estado se desonera, em modo racional e eficaz, do poder-dever de distribuir justiça; o jurisdicionado recebe uma resposta judiciária isonômica e em tempo razoável;[375] o trinômio *Ação-Processo-Jurisdição* tem preservada sua higidez, contribuindo para a recuperação da *credibilidade social* na resolução dos conflitos pela via judicial.

Figure-se que ainda fosse de atualidade o deplorável episódio (1990) do *bloqueio* dos cruzados, quando milhões de pessoas, lesadas por essa inconstitucional e temerária medida governamental, buscaram livrar seus ativos financeiros através do ajuizamento de mandados de segurança e de ações cautelares.[376] Embora ao final dessa *epopeia judiciária* a grande maioria dos jurisdicionados tenha alcançado a finalidade prática pretendida, o custo final revelou-se aterrador para o Poder Judiciário, absolutamente naufra-

375. V. art. 5.º, LXXVIII, da CF (EC 45/2004), assegurando a todos o direito à *razoável duração do processo* e, bem assim, os meios que garantam a celeridade de sua tramitação.

376. Cf. o nosso Sobre a utilização da ação civil pública da Lei 7.347/85, para fins de desbloqueio coletivo de ativos financeiros, *RT* n. 672, p. 260.

gado numa avalanche de processos, tornando aguda a moléstia que já era crônica na Justiça Federal, qual seja a morosidade da prestação jurisdicional, pela notória sobrecarga dos serviços, aliada à notória carência, à época, de recursos materiais e humanos.

O episódio em questão veio lembrado por Kazuo Watanabe, afirmando que no caso caberia "a desconstituição do *ato geral de bloqueio* de cruzados, postulando provimento jurisdicional que beneficie de modo uniforme todas as pessoas que se encontrem na mesma situação". Adiante, o autor esclarecia que seria impensável o "desbloqueio (provimento desconstitutivo) em benefício apenas dos moradores de um só Estado, pois isso significaria dividir interesses transindividuais e indivisíveis, que devem ser tutelados molecularmente".[377]

Ainda sobre esse episódio, relembre-se que o afluxo desenfreado dos pleitos individuais desencadeou uma grave situação de instabilidade e de insegurança entre os jurisdicionados, na medida em que as respostas judiciárias revelavam-se imprevisíveis: alguns juízes concediam liminares nos mandados de segurança e as mantinham na sentença; outros concediam-nas, mas depois as cassavam; outros mandavam processar a segurança sem a liminar; outros somente admitiam cautelares inominadas, por entenderem ausente o direito líquido e certo; alguns entendiam que as cautelares eram satisfativas; outros achavam necessário o ajuizamento tempestivo da ação principal etc. Todo esse quadro teria sido evitado se o conflito – na sua correta dimensão superindividual – fosse encaminhado para o âmbito da jurisdição coletiva, onde a coisa julgada projeta eficácia *erga omnes*, como na ação popular (art. 18 da Lei 4.717/65), na ação civil pública (art. 16 da Lei 7.347/85), nas ações consumeristas (Lei 8.078/90, art. 103, III), na ADIn / ADCon (§ 2.º do art. 102 da CF, redação da EC 45/2004).

No exemplo em questão, a decisão coletiva projetaria efeitos *ao largo e ao longo do território brasileiro* (critério que, depois, viria a ser recepcionado como *dano de âmbito nacional* – CDC, art. 93), disponibilizando a *todos os lesados*, igualmente, o acesso aos ativos financeiros, porque teria sido *nessa dimensão* que o interesse viera tutelado judicialmente. Para mais, dado que se tratava de matéria apenas de direito, provavelmente a ação teria sido julgada antecipadamente em seu mérito (CPC/73, art. 330, I; CPC vigente, art. 355, I). Sob a técnica atual, se houvesse súmula vinculante do STF sobre o tema ou decisão-quadro firmada no rito dos recursos excepcionais repetitivos, seria mesmo possível a concessão de *tutela da evidência* (CPC, art. 311, II).

377. Demandas coletivas..., *RePro* n. 67, cit., p. 20.

De outra parte, a comunidade jurídica precisa estar alerta para que a nefasta *atomização* dos conflitos coletivos, em multifárias demandas individuais, não venha porventura a ser *substituída* por um mal ainda maior, a saber, a *concomitância de ações de natureza coletiva*, porque aí então se instala de vez o caos judiciário, porque nesse plano coletivo a resposta judiciária resolve a demanda ao longo de toda extensão e compreensão do interesse metaindividual objetivado, não subsistindo, assim, *espaço* processual ou justificativa lógica para uma *segunda* ação de natureza coletiva, sobre o mesmo objeto. O fato de porventura serem diversos os autores das ações confrontadas não altera o quadro, porque aí se trata de uma legitimação anômala, extraordinária, ou, se se quiser, de uma especial autorização legal para a condução do processo. Desse modo, no confronto entre os *elementos* de duas ou mais ações de tipo coletivo, incidentes sobre matéria afim, hão que ser priorizados o *pedido, com seus fundamentos, e a causa de pedir* (*princípio da substanciação* – CPC, art. 319, III, IV) constantes da ação primeiro ajuizada, porque é sobre esse *objeto litigioso* que recairá o comando jurisdicional, tutelador do interesse metaindividual lesado ou ameaçado.

O antes referido PL 5.139/2.009, à época voltado a regular a novação ação civil pública, buscava prevenir possíveis imbricações negativas entre a ação coletiva e as individuais, acerca de um dado *thema decidendum*, preconizando no § 1º do art. 37: "Não serão admitidas novas demandas individuais relacionadas com interesses ou direitos individuais homogêneos, quando em ação coletiva houver julgamento de improcedência em matéria exclusivamente de direito, sendo extintos os processos individuais anteriormente ajuizados". Na avaliação de Camilo Zufelato, tal solução parecia "adequada, na medida em que vincula o *an debeatur* quanto à improcedência, o que torna desnecessária a discussão em relação ao *quantum debeatur*".[378]

Ainda, o citado PL n. 5.139/2009 previa a interessante figura da *conexão probatória*, como elemento determinativo da *prevenção do Juízo*, em havendo mais de uma ação coletiva com "a mesma causa de pedir ou o mesmo objeto, ainda que diferentes os legitimados coletivos" (art. 5.º, II).

É dizer: ajuizada a lide coletiva por um dos colegitimados ativos, ter-se-ia por exercido, numa sorte de *preclusão consumativa*, o direito de ação fundado num certo interesse metaindividual (já que se trata de tutela judicial *molecularizada*, na terminologia de Kazuo Watanabe), restando aos sujeitos concernentes, bem como aos demais colegitimados ativos, *aguardar* a resposta judiciária; até porque, a eventual propositura de outras ações co-

378. Coisa julgada coletiva, São Paulo: Saraiva, 2011, p. 446.

letivas com análogo objeto somente viria tumultuar o ambiente judiciário, tornando até mesmo discutível o vero interesse de agir, entendido como a *necessidade* e a *utilidade* na propositura de uma ação.

Relembre-se o episódio da venda da empresa estatal *Vale do Rio Doce*, onde, como informado na decisão do conflito de competência (CC 19.686/DF – Proc. 97.0026159-0), registrou-se o ajuizamento de mais de 20 ações populares, ao longo do território nacional. Não se justifica uma tal proliferação de demandas coletivas, fenômeno tão (ou mais) perverso quanto o da pulverização do conflito coletivo em múltiplas demandas individuais. Conforme assinalou o relator daquele incidente processual, Min. Demócrito Reinaldo, do STJ, "o juízo da ação popular é universal (como, *ad exemplum*, o da falência, o do inventário): a propositura da primeira ação previne a jurisdição do juízo para todas as subsequentemente intentadas contra as mesmas partes e sob a égide de iguais fundamentos. *In casu*, em se tratando de demandas populares propostas em juízos diversos (mas com a mesma competência territorial), a prevenção se determina pela citação válida (CPC [1.973], art. 219)".[379]

Igual raciocínio se aplicaria no caso da *transposição das águas do Rio São Francisco*, onde, inobstante tratar-se de um tema unitário – proteção de um corpo d'água interestadual – vieram ajuizadas algumas ações civis públicas na Justiça Federal de Estados diversos, as quais, sem embargo da meritória iniciativa em defesa do meio ambiente, engendraram o risco de decisões qualitativamente diferentes, dando azo a contradições lógicas e até mesmo práticas, tendo em vista a eficácia *erga omnes* da coisa julgada nessas ações (art. 16 da Lei 7.347/85). Tivemos oportunidade de estudar monograficamente o tema,[380] e, em outra sede, demos notícia de que, numa dessas ações em que fora concedida liminar (proc. 2005.38.00.002238-0, 12.ª Vara Federal de Belo Horizonte), a União Federal impetrara *reclamação* ao STF (CF, art. 102, I, *f* e *l*), ao argumento de que a interrupção do empreendimento num Estado engendrava possível *conflito federativo* em face dos demais igualmente banhados pelo rio, tendo o STF cassado a liminar, reconhecendo usurpada sua competência, por se cuidar de questão envolvendo política governamental, transcendente ao interesse de um só Estado. Na oportu-

379. Cf. transcrito no jornal *O Estado de S. Paulo*, de 06.05.1997, sob o título "Juiz vê conexão entre ações contra leilão da Vale".

380. Transposição das águas do rio São Francisco: uma abordagem jurídica da controvérsia. *Revista de Direito Ambiental*, São Paulo, v. 10, n. 37, p. 28-79, jan.-mar. 2005. Também publicado nas obras coletivas: Édis Milaré (coord.), *A ação civil pública – Após vinte anos – Efetividade e desafios*, São Paulo: RT, 2005, p. 519-557; Carlos Alberto de Salles (coord.), *As grandes transformações do processo civil brasileiro – Estudos em homenagem ao Professor Kazuo Watanabe*, São Paulo: Quartier Latin, 2009, p.197-261.

nidade, criticamos a solução imprimida ao caso, invocando, dentre outros argumentos, o princípio do *juiz natural*: "No caso enfocado (*rio que é bem da União por ser interestadual; dano de caráter regional; demanda dirigida em face de entes públicos federais*), o foro *naturalmente* competente vem a ser o de *primeiro grau*, seção judiciária da Justiça Federal na Capital dos Estados (Lei 7.347/85, art. 2.º, c/c Lei 8.078/90, arts. 93, II e art. 117), podendo o *thema decidendum* ser, oportunamente, alçado às instâncias superiores pela *via normal*, isto é, a recursal".[381]

De observar-se, outrossim, que não se afigura tecnicamente correto *restringir* ou *confinar* a eficácia expansiva da coisa julgada *erga omnes*, na jurisdição coletiva, conforme melhor pareça ao alvitre do legislador, como deflui da redação dada ao art. 16 da Lei 7.347/85, pela MedProv 1.570/97, depois convertida na Lei 9.494/97. Tal modificação determinou o *condicionamento* da eficácia *erga omnes* do julgado na ação civil pública aos "limites da competência territorial do órgão prolator". Todavia, parece-nos que aí se incorreu num grave equívoco, com a devida vênia, por mais de uma razão: (***i***) *território* é critério determinativo de *competência*, sendo que esta última vem configurada no art. 2.º daquela lei, complementado pelo art. 93 do CDC, a saber: *local do dano* ocorrido ou temido, conforme a irradiação de seus efeitos; (***ii***) o art. 16 da Lei 7.347/85 é vocacionado a outro tema – *limites subjetivos da coisa julgada* – matéria que, até por sua colocação *topológica*, na parte final daquele texto legal – pressupõe a superação da questão da competência (quesito aferido *initio litis*); (***iii***) a coisa julgada, diversamente do que se passa com os *efeitos do julgado* – condenatórios, declaratórios, constitutivos, mandamentais – não tem caráter substantivo, e sim adjetivo (= *qualidade* que se agrega àqueles efeitos, tornando-os imutáveis e oponíveis *erga omnes*), donde decorre que a coisa julgada deve guardar *nexo lógico e natural* com a *dimensão* do direito ou do interesse a que se conecta; (***iv***) uma vez *competente* um Juízo ou um Tribunal, o comando do julgado há de produzir os efeitos que lhe são próprios até onde, *naturalmente*, se estenda o objeto litigioso (valor, coisa, interesse, situação); (***v***) uma vez já alcançadas as fases decisória ou executória do processo (próprias à incidência da coisa julgada), não faz sentido que venha *retomado* o tema da competência, que está distante, por sua natureza premonitória, da questão dos limites subjetivos da coisa julgada.[382]

---

381. Reflexos do licenciamento na competência da ação civil pública, *in* Antonio Herman Benjamin (org.), *Paisagem, Natureza e Direito*, p. 380, anais do 9.º Congresso Internacional de Direito Ambiental, São Paulo, 31.05-03.06.2005, copatrocínio MP de São Paulo e Instituto "O Direito por um Planeta Verde".

382. V. o nosso *Ação civil pública* cit., cap. 12.

Ada Pellegrini Grinover, exemplificando com o rumoroso caso dos 147% aos aposentados e pensionistas da Previdência Social, aduzia que o problema "não é de competência: o juiz federal, competente para processar e julgar a causa, emite um provimento (cautelar ou definitivo) que tem eficácia *erga omnes*, abrangendo todos os aposentados e pensionistas do Brasil. Ou a demanda é coletiva, ou não o é; ou a coisa julgada é *erga omnes*, ou não o é. E se o pedido for efetivamente coletivo, haverá uma clara relação de litispendência entre as várias ações ajuizadas nos diversos Estados da Federação". Na sequência, prosseguia a autora: "O Tribunal Regional Federal da 3.ª Região manteve a liminar do Juízo da 17.ª Vara de São Paulo, em tema de cessação da cobrança de tarifas bancárias, autorizadas pelo Banco Central, em contas de poupança inativas ou não recadastradas, com eficácia para o território nacional" (Agravo 96.03.064677-6, 3.ª Turma, rel. Annamaria Pimentel, v.u., 30.10.1996). Em nota de rodapé, rematava a autora: "O relatório destaca que os efeitos de um decisão ou sentença não se confundem com a fatia de competência do juízo que a proferiu".[383]

Figure-se uma ação civil pública ajuizada pelo MP ou associação ambientalista (Lei 7.347/85, arts. 1.º e 5.º), em face de incêndio de enormes proporções, que devasta boa parte da Floresta Amazônica, atingindo mais duramente a cobertura vegetal do Estado de Roraima. Considere-se que os pedidos formulados são os de fixação das responsabilidades e de condenação à reparação do meio ambiente degradado. A extensão do objeto litigioso do processo compreende, pois, a *parte do ecossistema amazônico* atingido pelo desastre ecológico, descabendo, como é intuitivo, fazer restrições de caráter geográfico (salvo, por razão de soberania nacional, quanto à porção da mata que se projeta sobre os países vizinhos). Sendo o dano, pois, de caráter *regional*, vem a ação a ser ajuizada na capital do Estado de Roraima (Lei 7.347/85, art. 2.º, c/c arts. 93 e 117 do CDC). Uma vez assim fixada a *competência* no caso figurado, devem seguir-se estas consequências: 1) firma-se a *prevenção*, em face da conexão com outra eventual ação coletiva de igual objeto, se já antes não se configurar litispendência; 2) a liminar que venha concedida, tanto quanto a decisão final de mérito, haverá de projetar seus efeitos até onde se estenda o interesse metaindividual tutelado, ou seja, até onde se estabeleça o nexo entre a *causa* (o incêndio florestal) e o *efeito* (a degradação do ecossistema agredido), descabendo, aí, restringir a eficácia do comando judicial ao território do Estado em cuja Capital se ajuizou a ação, até porque, como afirmado no antes

383. *Código Brasileiro de Defesa do Consumidor, comentado pelos autores do anteprojeto*, 8. ed., Rio de Janeiro, Forense Universitária, 2005, p. 916, 918 e rodapé n. 26.

referido acórdão do TRF da 4.ª Região, "uma decisão uniforme deve repercutir sobre uma mesma biodiversidade" (*JSTJ* 43/520).

No ponto, assinala Antonio Gidi: "Uma vez respeitada a competência estabelecida pelo art. 93 do CDC – assim como devem ser respeitadas as normas de competência para a ação de divórcio –, a coisa julgada da ação coletiva poderá atingir toda a comunidade ou coletividade ou vítimas lesadas pelo ato ilícito do fornecedor. Assim, se através de uma ação coletiva uma publicidade for considerada enganosa (violação de um direito difuso) por um juiz de direito de Florianópolis, este deve condenar a empresa a retirá-la do ar em todo o território nacional".[384]

Após proceder a análise da nova redação dada ao art. 16 da Lei 7.347/85 pela Lei 9.494/97 (restrição da eficácia *erga omnes* do julgado aos limites da competência territorial do órgão prolator da decisão), indaga José Marcelo Menezes Vigliar: "se o interesse é essencialmente indivisível e o da modalidade difuso: como limitar os efeitos da coisa julgada a determinado território? Ainda: quando o dano for de proporção tal (como, por exemplo, o chamado *dano regional*, ou seja, aquele que atinge mais de uma comarca ou até mais de um Estado-membro) que vá além dos limites de uma determinada comarca (foro, já que é a isso que a medida deve estar se referindo), como se aplicaria o preceito ?".[385]

Sendo de natureza *unitária* o fato sindicado nos autos da ação coletiva, a resposta judiciária não pode ser múltipla, replicada em várias instâncias, como ocorreria se, com relação à antes referida agressão ao ecossistema amazônico, causado *por um mesmo fato*, se permitisse a concorrência de ações coletivas diversas, em vários foros, com riscos e ônus de diversa natureza: prolação de decisões conflitantes, superposição de perícias, protraimento desnecessário da pendência judicial, desprestígio da função jurisdicional. Tudo refluindo em grave prejuízo para o meio ambiente degradado, cuja recuperação pressupõe a oportuna adoção de medidas eficazes, numa estratégia que envolva não apenas os responsáveis por ação ou omissão, mas também o próprio Estado e a comunidade (CF, art. 225), numa programação planejada e harmônica.

A matéria já foi, há algum tempo, objeto de análise por Ada Pellegrini Grinover: "Argumentando com a competência dos tribunais, aderente ao território correspondente à jurisdição exercida por cada órgão, os tribunais têm recusado, com poucas exceções, eficácia geral às liminares concedidas em demandas coletivas, obrigando os autores a ajuizarem demandas idênticas nos diversos Estados da federação, seja perante a justiça federal, seja perante

384. *Coisa julgada e litispendência em ações coletivas* cit., p. 89.

385. *Ação civil pública*, 2. ed., São Paulo, Atlas, 1998, p. 106.

a justiça estadual. A questão está mal posta, não interferindo com as regras constitucionais e legais da competência, mas limitando-se exclusivamente à extensão dos efeitos das liminares e das sentenças. Cada juiz e cada tribunal exerce a jurisdição no âmbito da sua competência, processando e julgando a causa nos limites da mesma. Mas a decisão, proferida pelo juiz competente, estende seus efeitos *erga omnes*, nos termos do art. 103 do CDC (aplicável à LACP), colhendo todos os membros da coletividade que se encontrem na mesma situação, onde quer que eles se encontrem. A coisa julgada *erga omnes* não se compatibiliza com limitações de qualquer natureza; nem se podem intentar – e julgar – demandas verdadeiramente coletivas que excluam parcelas consideráveis da população".[386]

Um relevante incremento para a tutela processual coletiva – e a corolária prevenção da atomização dos megaconflitos – adveio com a regulamentação do mandado de segurança *coletivo*, no bojo da Lei 12.016/2009, instrumento adequado à proteção dos direitos coletivos e dos individuais homogêneos, esclarecendo o art. 22 que "a sentença fará coisa julgada limitadamente aos membros do grupo ou categoria substituídos pelo impetrante".[387]

O ponto ora focado pode ser assim esquematizado: (***i***) sendo competente o órgão judicial, a expansão da coisa julgada vem a ser determinada pela *natureza* e *dimensão* do interesse metaindividual, isto é, por sua cabal compreensão e extensão; (***ii***) os sujeitos concernentes ao comando judicial, no caso os agentes políticos, são os que, pelos cargos públicos que exercem, detêm legitimidade e titulação em face da matéria *sub judice*; (***iii***); fica ocupado o *espaço processual* concernente ao assunto, pelo ajuizamento da (primeira) ação de natureza coletiva, cujo julgado terá eficácia *erga omnes*, de sorte a não se justificar o ajuizamento de outra demanda coletiva, até mesmo por falta de interesse processual (= necessidade / utilidade da ação); (***iv***) com isso, o Judiciário poderá dar resposta *qualitativamente unitária* a um tema que é eminentemente coletivo, fornecendo, ademais, um paradigma jurisprudencial para a resolução das situações individuais dali defluentes; (***v***) assim se evita a pulverização da controvérsia em numerosas ações individuais e, consequentemente, se previne o risco de decisões discrepantes ou até mesmo

---

386. Acesso à justiça e o Código de Defesa do Consumidor. *O processo em evolução*, Rio de Janeiro, Forense Universitária, 1996, p. 122.

387. Cássio Scarpinella Bueno sustenta que "é caso de entender o mandado de segurança coletivo como medida jurisdicional apta à tutela dos chamados direitos *difusos*, a despeito do silêncio da nova lei" (*A nova lei do mandado de segurança*, São Paulo: Saraiva, 2009, p. 134).

contraditórias, alcançando-se, para mais, a desejável isonomia jurisdicional (igualdade de todos perante a lei *judicada*).[388]

De resto, essa projeção uniforme da eficácia da coisa julgada é uma característica própria das decisões que incidem sobre situações ou matérias substancialmente *unitárias*: o divórcio decretado no Rio Grande do Sul projeta efeitos no restante do território nacional, pela curial razão de que a configuração do estado civil é infensa a restrições de caráter geográfico ; o contrato rescindido em São Paulo perde sua eficácia jurídica também no restante do território brasileiro, não podendo *convalescer* em outro Estado da Federação (os contratantes poderão, é certo, firmar *outro* contrato, o que em nada contradiz o antes aludido). E assim também se passa com a interdição judicial de publicidade enganosa sobre um medicamento comercializado em todo o país, desde que ordenada pelo juízo competente (CDC, art. 93, c/c art. 117; Lei 7.347/85, art. 2.º), ainda que por hipótese a decisão tenha transitado em julgado em primeiro grau: ela há de ser eficaz ao longo do território nacional, porque é *nessa extensão* que veio pedida a tutela ao interesse *difuso* (= sujeitos indeterminados e objeto indivisível) dos usuários efetivos ou potenciais daquele produto, descabendo, pois, "regionalizar" o valor *saúde humana*, como se fosse possível fracioná-lo em *saúdes* "baiana", "mineira" ou "paulista".

A se entender de outro modo, se estaria confundindo o elemento *território*, que é critério determinativo de *competência*, com os *limites subjetivos* da coisa julgada, os quais respondem a indagação *de outra ordem*, a saber, quais os *sujeitos* que ficam sob a irradiação dos efeitos *erga omnes* do comando judicial. Tal equivaleria, como diz Francisco Antonio de Oliveira, a "buscar alento no impossível pretender separar a poluição, os desmandos dos planos de saúde esparramados por todo o Brasil, os consumidores de determinado produto cancerígeno em blocos distintos, como se a poluição, *v.g.*, pudesse ser separada e embalada em sacos plásticos e, posteriormente, medida ou contada para efeitos de ações indenizatórias individuais".[389]

Ao propósito, explicam Nery & Nery: "A coisa julgada *erga omnes* ou *ultra partes* (v. CDC, art. 103) faz com que a sentença atinja a esfera jurídica de todos aqueles que estiverem, de alguma forma, envolvidos na matéria objeto da ACP.

---

388. Essa isonomia pode derivar do julgamento, pelo STF, de uma ADIn, valendo mencionar que o inciso XI do art. 37 da CF, sede do teto salarial dos servidores públicos, foi objeto de ação desse tipo : "O STF, em liminar concedida em 28.02.2007, na ADIn n. 3.854-1, exclui a submissão dos membros da magistratura estadual ao subteto de remuneração, de que trata este inciso" (Cf. *Novo Código de Processo Civil*, 45 ed., São Paulo: Saraiva, 2016, nota ao art. 37, XI da CF).

389. Da ação civil pública: instrumento de cidadania – Inconstitucionalidade da Lei 9.494, de 10.09.1997, *Revista Jurídica*, n. 20, p. 326-327, Instituição Toledo de Ensino, Bauru (SP).

Por exemplo, a condenação de empresa de convênio médico, em obrigação de retirar de seus contratos cláusula considerada abusiva (CDC, art. 51), atinge a empresa como um todo, bem como todos os seus associados, estejam onde estiverem dentro do território nacional. Não é relevante indagar-se qual a justiça que proferiu a sentença, se Federal ou Estadual, para que se dê o efeito extensivo da coisa julgada. A questão não é de *jurisdição* nem de *competência*, mas de limites subjetivos da coisa julgada, dentro da especificidade do resultado de ação coletiva, que não pode ter a mesma solução dada pelo processo civil ortodoxo às lides intersubjetivas. Também não há necessidade de a sentença coletiva ser 'homologada' ou 'ratificada' por Tribunal Federal Superior, para que se tenha o efeito extensivo da coisa julgada (v. Galeno Lacerda, RMPRGS 19/28)".[390]

Tome-se como exemplo uma compra e venda praticada por milhões de pessoas no país, qual seja a aquisição de um veículo, onde se evidencia a possibilidade de tutela *concomitante* a dois interesses metaindividuais: (***i***) um, *difuso* (o dos consumidores em sua dimensão coletiva, a que seja respeitado o sistema protetivo contratual, garantido no CDC – lei de ordem pública: art. 1.º da Lei 8.078/90 – que abrange os atuais e os futuros e virtuais compradores), e, (***ii***) outro, *individual homogêneo*, a saber o dos adquirentes de veículo por arrendamento mercantil, pretendendo que as parcelas mensais não sejam afetadas pela imprevista desvalorização do real em face da moeda norte-americana. Hipótese bastante sugestiva vem figurada por Ricardo de Barros Leonel: "Se o poder público municipal e uma associação propõem ações coletivas contra a propaganda enganosa, com base nos mesmo fatos e fundamentos jurídicos, formulando pedidos iguais, deverá ser reconhecida a litispendência ou coisa julgada. É que, embora não haja identidade física ou institucional entre os autores, haverá identidade de condição jurídica. Esta peculiaridade se evidencia por ser a legitimação concorrente e disjuntiva, permitindo a atuação contemporânea e independente por parte de cada dos legitimados".[391]

Essa *uniformidade-unitariedade* da resposta judiciária é válida para todas as ações de natureza coletiva, pela boa razão de que nesse campo o interesse metaindividual é considerado e judicado *em sua dimensão coletiva*, conforme a *classe* que lhe concerne ou segundo a *faixa* do universo coletivo por ele ocupada (interesses difusos, coletivos em sentido estrito, individuais homogêneos). O ora afirmado é também (e até precipuamente) verdadeiro para os sistemas jurídicos do *common law*, berço das *class actions*, como se colhe de notícia publicada no jornal *O Estado de São Paulo*, de 26.09.2006,

---

390. *Código de Processo Civil...* cit., 11. ed., 2010, nota 11 ao art. 16 da Lei 7.347/85, p. 1474.
391. *Manual do processo coletivo*, 2. ed., São Paulo: RT, 2011, p. 269.

p. 22, acerca de um rumoroso processo coletivo nos Estados Unidos (Estado de New York), envolvendo, de um lado o contingente das pessoas que foram ou são fumantes e, de outro lado, as indústrias do setor. "Em um golpe para a indústria do tabaco, um juiz federal americano concedeu *status* de ação coletiva a um processo que pode beneficiar *dezenas de milhões de fumantes de cigarros light*. A decisão abre caminho para um pedido de indenização de cerca de *US$200 bilhões* contra os fabricantes. O juiz distrital Jack Weinstein tomou a decisão em um processo de 2004, que alega que as empresas Philip Morris, R. J. Reynolds, Lorillard e outras reagiram às questões de saúde pública suscitadas pelo hábito de fumar com uma campanha de mentiras. O 'coletivo' representado na ação inclui qualquer um que tenha comprado cigarro com a palavra *light* no rótulo desde que esse tipo de produto chegou ao mercado, nos anos 70 – cerca de *60 milhões de pessoas*, estimam os advogados (...)".

A eficácia expandida da decisão nas ações coletivas se aplica, também ao *mandado de segurança coletivo*, como explica José Rogério Cruz e Tucci: "Com efeito, sendo concedida a segurança, dada a identidade das relações jurídicas dos interessados (*true class action*), o comando da sentença concernente à invalidade do ato atacado valerá para todos os associados ou filiados da entidade impetrante".[392] Com efeito, a Lei 12.016/2009, que regulamenta o mandado se segurança, dispõe, no tocante à modalidade *coletiva*, que "a sentença fará coisa julgada limitadamente aos membros do grupo ou categoria substituídos pelo impetrante" (art. 22, *caput*).

Ainda que liminares e decisões de primeiro grau em ações coletivas possam, respectivamente, vir a ser cassadas, suspensas ou "reformadas" no Tribunal, tais virtualidades não comprometem o fato de que a jurisdição coletiva é a seara idônea para outorgar resposta *uniforme e unitária* aos megaconflitos, que, de outra maneira, degenerariam em multifárias ações individuais, acarretando sobrecarga aos órgãos judiciais, risco de decisões discrepantes e retardamento da prestação jurisdicional.

Por igual motivo, quando o interesse colimado for *difuso* (por exemplo, o interesse de todos os brasileiros a que as leis e atos normativos sejam conformes ao texto constitucional), a resposta judiciária a ser prolatada numa ADIn ou numa ADCon haverá também de ser uniforme e unitária, por modo que a declaração judicial sobre a querela constitucional – no sentido afirmativo ou negativo – passa a se estender a todos os sujeitos concernentes (no caso de texto federal, a todos os brasileiros) e isso, ao largo e ao longo do território nacional, para guardar simetria com a extensão e a compreensão do interesse objetivado. A

392. *Class actions e mandado de segurança coletivo*, São Paulo: Saraiva, 1990, p. 48.

norma legal, quando entrou em vigor, projetou eficácia em modo geral, abstrato e impessoal; logo, há de ser *em igual espectro* que ela se retirará do ordenamento positivo, conforme resulte do contraste judicial sobre sua constitucionalidade.

No ponto, aduz Luiz Flávio Gomes: "o efeito vinculante, isso sim, é (deveria ser) indiscutível, na ação direta de inconstitucionalidade (tal como acontece em relação a algumas decisões de várias Cortes Constitucionais europeias, particularmente na Alemanha). Reconhecida a inconstitucionalidade de uma lei, é evidente que ela deve ser imediatamente desconsiderada por todos (eficácia *erga omnes*) e de forma peremptória (vinculante). Uma lei declarada inconstitucional, embora permanecendo *on the books*, é, na realidade, uma *dead law* (lei morta). De nenhum ato mais se necessita, muito menos de intervenção do Senado, para retirar-lhe a eficácia. A falta de efeito vinculante, sobretudo para os poderes públicos, na hipótese de inconstitucionalidade, vem causando sérios transtornos, demandas repetidas, multiplicação de recursos idênticos etc."[393]

Aliás, essa *eficácia expansiva* ou esses *efeitos reflexos* da declaração judicial de inconstitucionalidade estão reconhecidos pela própria União Federal, dado que a Lei 9.430, de 27.12.1996, em seu art. 77 autoriza o Executivo "a disciplinar as hipóteses em que a administração tributária federal, relativamente aos créditos tributários baseados em dispositivo declarado inconstitucional por decisão definitiva do STF, possa: I – abster-se de constituí-los; II – retificar o seu valor ou declará-los extintos, de ofício, quando houverem sido constituídos anteriormente, ainda que inscritos em dívida ativa; III – formular desistência de ações de execução fiscal já ajuizadas, bem como deixar de interpor recursos de decisões judiciais".[394] Em análogo senso, dispõe o art. 4º da Lei 9.469/97: "Não havendo súmula da Advocacia-Geral da União (art. 4º, XII da Lei Complementar n. 73, de 1.993), o Advogado-Geral da União poderá dispensar a propositura de ações ou a interposição de recursos judiciais quando a controvérsia jurídica estiver sendo iterativamente decidida pelo Supremo Tribunal Federal ou pelos Tribunais superiores". Eis aí um reconhecimento *oficial* de que a jurisprudência dominante, pacífica ou sumulada das Cortes superiores, inclusive a que resulta na emissão de decisões-quadro, no rito dos recursos excepcionais repetitivos, pode operar como um parâmetro de *atuação uniforme* para as autoridades administrativas, assim prevenindo a *atomização* das macro-lides, que de outro modo se instalaria.

Outro campo em que a jurisdição coletiva pode em muito contribuir para uma resposta judiciária uniforme, idônea a aplicar-se a toda a extensão

393. Súmulas vinculantes... cit., *RT* n. 739, p. 31.

394. Lei regulamentada pelo Decreto 2.346/97, tendo este sido alterado pelo Decreto 3.001/99.

de um conflito de interesses metaindividuais, verifica-se no âmbito trabalhista, valendo lembrar que o *meio ambiente do trabalho* está constitucionalizado (art. 200, VIII).[395] A ação civil pública vem sendo utilizada para a tutela de relevantes valores sociais nesse campo, como nos exemplos trazidos por Ives Gandra da Silva Martins Filho: "a) locação de mão-de-obra fora das hipóteses legais de serviço temporário (Lei 6.019/74) e de vigilância (Lei 7.102/83); b) exigência de atestados de esterilização; c) assinatura em branco de pedidos de demissão; d) não recolhimento dos depósitos para o FGTS; e) adoção de medidas discriminatórias contra os autores de reclamações trabalhistas; f) utilização de trabalho escravo".[396] (Naturalmente, hoje, tais previsões precisarão ser conferidas à luz das extensas alterações que a Lei 13.467/2017 promoveu na CLT).

Outrossim, segundo relata Ana Lúcia Riani de Luna, "hoje já é pacífico na jurisprudência da mais alta Corte Trabalhista de que a Justiça do Trabalho é competente para dirimir controvérsias de ação civil pública consubstanciado no art. 114 da CF, art. 83, *caput*, da LC 75/93, atribuindo ao Ministério Público do Trabalho a atuação junto aos Órgãos da Justiça do Trabalho, regra já agasalhada pela própria CLT desde 1946".[397] Eis aí, pois, uma senda promissora, pela qual se pode alcançar, via ação civil pública trabalhista, a desejável uniformidade jurisprudencial num campo tão conflitivo como os das relações entre capital e trabalho, assim prevenindo a *atomização* do conflito em inumeráveis reclamações trabalhistas.[398] Tanto mais agora, com a nova redação dada pela EC 45/2004 ao *caput* do citado art. 114 da CF, passando à competência da Justiça trabalhista "as ações oriundas da *relação de trabalho*", expressão esta mais abrangente do que *relação de emprego* (que pressupõe subordinação hierárquica, assiduidade, horário, remuneração pré-estabelecida, enfim, tudo que deflui da clássica "carteira assinada").

Enfim, os vários remédios processuais manejáveis no âmbito da jurisdição coletiva são idôneos para a outorga de uma resposta judiciária de boa

---

395. Para uma visão conceitual da matéria, v. José Afonso da Silva, *Direito ambiental constitucional,* 5. ed., São Paulo, Malheiros, 2004, p. 23-24.

396. A ação civil pública trabalhista, *Revista LTr* n. 56, p. 811, vol. 7, jul. 1992.

397. Termo de compromisso do ajustamento de conduta perante o Ministério Público do Trabalho. Hipóteses de exigibilidade. *Jornal do III Congresso Nacional dos Procuradores do Trabalho,* abr. 1998, Brasília, p. 25.

398. Sobre o tema, cf. o nosso Ação civil pública trabalhista: análise de alguns pontos controvertidos, *Revista do MP do Trabalho,* n. 12, set. 1996, p. 47 *et seq.; LTr,* n. 9, p. 1180, set. 1996; *Revista Synthesis* n. 24, p. 60 *et seq.*, 1997 (TRT da 2.ª Região); *RT* n. 632, p. 11. Ao propósito, o PL n. 5.139/2009, que se preordenava a regular a nova ação civil pública, previa no art. 68: "Os dispositivos desta Lei aplicam-se no âmbito das relações de trabalho, ressalvadas as peculiaridades e os princípios informadores do processo trabalhista".

qualidade, a saber: *justa* (o tratamento isonômico aos jurisdicionados atenua as tensões ao interno da coletividade, na medida em que previne o risco de decisões discrepantes para casos iguais); *jurídica* (a consistente fundamentação das decisões (CF, art. 93, IX; CPC, art. 489, § 1º e incisos); *econômica* (o desejável equilíbrio na relação custo-benefício, o que inclui a expressão financeira envolvida, no cotejo com o que resultará, no plano prático, da resposta judiciária); *tempestiva* (a duração do processo não deve ser um desestímulo ao acesso à justiça, nem deve laborar contra a parte a quem assiste o bom direito – CF, art. 5.º, LXXVIII; CPC, art. 139, II); *razoavelmente previsível* (o processo não deve surpreender as partes, sujeitando-as ao aleatório da chamada *loteria judiciária, donde o CPC prever o direito à não-surpresa – art. 10 – a par de indicar os padrões decisórios a serem observados por juízes e tribunais – art. 927 e incisos); idônea a assegurar a efetiva fruição do direito, valor ou bem da vida reconhecidos no julgado (para tanto, o CPC autoriza o juiz a "determinar todas as medidas indutivas, coercitivas, mandamentais ou sub-rogatórias necessárias para assegurar o cumprimento de ordem judicial, inclusive nas ações que tenham por objeto prestação pecuniária" – art. 139, IV*. Para a consecução desses objetivos, mas, sobretudo, como *fator de controle* da injustificada e desmesurada divergência jurisprudencial, muito pode contribuir o adequado manejo da jurisdição coletiva, em suas várias possibilidades.

Um instrumento importante, para essa finalidade, é a ação *preventiva, de caráter mandamental*, prevista no art. 102 do CDC, pela qual os colegitimados pelo art. 82 desse Código podem pleitear que o Poder Público seja *compelido* (*sic*) "a proibir, em todo o território nacional, a produção, divulgação, distribuição ou venda, ou a determinar alteração na composição, estrutura, fórmula ou acondicionamento de produto, cujo uso ou consumo regular se revele *nocivo ou perigoso à saúde pública e à incolumidade pessoal*". É intuitiva a idoneidade desse instrumento, por exemplo, para prevenir a atomização do conflito em múltiplas e repetitivas ações individuais de ressarcimento de danos à saúde dos usuários de certos medicamentos, observando Kazuo Watanabe: "O magistrado deverá fixar um prazo razoável, segundo a peculiaridade de cada caso, para o exato cumprimento da ordem pela autoridade competente. Seu descumprimento fará, antes de mais nada, configurar o crime de desobediência, previsto no art. 330 do Código Penal".[399]

399. *Código Brasileiro de Defesa do Consumidor* (obra coletiva), 8. ed., Rio de Janeiro-São Paulo, Forense, 2005, p. 901.

BIBLIOGRAFIA

ABDALA, Vantuil. Pressupostos intrínsecos de conhecimento do recurso de revista. *Revista do Ministério Público do Trabalho*, vol. XII, set. 1996.

ABREU E SILVA, Roberto. Segurança, independência jurídica do magistrado e súmulas vinculantes dos Tribunais Superiores. *Revista Ciências Sociais*, vol. 3, n. 2, Rio de Janeiro, Universidade Gama Filho, jun. 1997.

ABREU FILHO, Saulo de Castro. A suspensão da execução de lei ou ato normativo pelo Senado Federal e a coisa julgada material no controle concentrado da constitucionalidade, *RePro*, n. 74.

AGUIAR SILVA, João Carlos Pestana de. Jurisprudência – Fonte do direito? (E como se formará sob o império da Lei Orgânica da Magistratura?). *Revista Forense*, vol. 270.

______. A súmula vinculativa. *Boletim Legislativo Adcoas*, n. 10, p. 288, abr. 1997.

ALBUQUERQUE ROCHA, José de. *O procedimento da uniformização da jurisprudência*. São Paulo: RT, 1977.

ALBUQUERQUE PARENTE, Eduardo de. *Jurisprudência – Da divergência à uniformização*. São Paulo: Atlas, 2006. (*Coleção Atlas de Processo Civil*, org. Carlos Alberto Carmona.)

ALCOFORADO, Luis Carlos. Súmula vinculante. *RT*, n. 783, jan. 2001.

AMARAL OLIVEIRA, Alessandro; MIRANDA JÚNIOR, Joaquim José. Ponderações sobre a súmula vinculante n. 11 do Supremo Tribunal Federal. *Revista do Ministério Público de Minas Gerais – MP-MG Jurídico*, n. 14, out.-dez. 2008.

AMARAL SANTOS, Moacyr. *Primeiras linhas de Direito Processual Civil*, vol. 3, 24. ed., (atualização por Maria Beatriz Amaral Santos Köhnen), São Paulo: Saraiva, 2010.

ANCHIETA DA SILVA, José. *A súmula de efeito vinculante amplo no direito brasileiro*. Belo Horizonte: Del Rey, 1998.

ANDREUCCI, Ana Cláudia Pompeu Torezan. Súmula vinculante: será este o caminho? *RT* n. 787, maio 2001.

ALMEIDA DINIZ, Antonio Carlos de. Um estudo sobre a recepção do efeito vinculante pelo direito brasileiro. *Revista Direito, Estado e Sociedade*, vol. 9, n. 18, Rio de Janeiro, PUC-RJ, jan.-jun. 2001.

ALMEIDA SANTOS, Francisco Cláudio de. Recurso especial – Visão geral. In: TEIXEIRA, Sálvio de Figueiredo (coord.). *Recursos no Superior Tribunal de Justiça*. São Paulo: Saraiva, 1991.

ALVES DA SILVA, Carla Mendonça Dias. Efeitos vinculantes das decisões dos Tribunais Superiores: uma realidade. *RePro*, n. 115, maio-jun. 2004.

ANDRADE, Fábio Martins de. Comentários sobre a regulamentação da súmula com efeito vinculante (EC 45/2004 e Lei 11.417, de 19.12.2006). *Revista de Informação Legislativa* (Senado Federal) n. 174, abr.-jun. 2007.

ANDRADE LEVY, Daniel de. O incidente de resolução de demandas repetitivas no anteprojeto do novo Código de Processo Civil. *RePro* n. 196, jun./2011.

ANDRIGHI, Fátima Nancy. Primeiras reflexões sobre o pedido de uniformização de interpretação no âmbito dos Juizados Especiais Cíveis e Criminais. In: FUX, Luiz; NERY JR., Nelson; WAMBIER, Teresa Arruda Alvim (coords.). *Processo e Constituição*: estudos em homenagem ao Professor José Carlos Barbosa Moreira. São Paulo: RT, 2006.

ANDRIOLI, Virgílio. Maxime consolidate della Corte di Cassazione. *Rivista di Diritto Processuale*, vol. III, parte I, 1948.

ANTUNES ROCHA, Carmen Lúcia. A reforma do Poder Judiciário. *Revista Cidadania e Justiça*, da Associação dos Magistrados Brasileiros, n. 4, 1.º sem., 1998.

______. Sobre a súmula vinculante. *Boletim de Direito Administrativo*, n. 9, set. 2000.

ARAUJO CINTRA, Antonio Carlos. O princípio da igualdade processual. *Revista da Procuradoria Geral do Estado*, n. 19, São Paulo, 1981-1982.

ARGUELHES WERNECK, Diego; FALCÃO, Joaquim; CAMARGO CERDEIRA, Pablo. *I Relatório Supremo em Números – o múltiplo Supremo*. Fundação Getúlio Vargas – Direito Rio, abril/2.011. Disponível em <www.supremoemnumeros.com.br> Acesso em: 31.07.2013.

ARMELIN, Donaldo. Apontamentos sobre as alterações ao Código de Processo Civil e à Lei 8.038/90, impostas pela Lei 9.756/98. In: NERY JR., Nelson; WAMBIER, Teresa Arruda Alvim (coords.). *Aspectos polêmicos e atuais dos recursos cíveis, de acordo com a Lei 9.756/98*. São Paulo: RT, 1999.

______. Flexibilização da coisa julgada. In: RIBEIRO COSTA, H. R. Batista; REZENDE RIBEIRO, J. H. Halfeld; DINAMARCO, Pedro da Silva (coords.). *Linhas mestras do processo civil*. São Paulo: Atlas, 2004.

______. Uma visão da crise atual do Poder Judiciário. *RePro* n. 137, jul. 2006.

ASCENÇÃO, José Oliveira. *O direito* – Introdução e teoria geral. Coimbra: Almedina, 1991.

ASSIS, Araken de. O direito comparado e a eficiência do sistema judiciário. *Revista do Advogado* (AASP) n. 43, jun. 1994.

AZEVEDO, Álvaro Villaça. Os assentos no direito processual civil. *Revista Justitia* (MP - São Paulo), v. 74, 1971.

BANDEIRA DE MELLO, Celso Antonio. *Eficácia das normas constitucionais*. Tese à IX Conferência Nacional da OAB, Florianópolis, 1982.

BARBOSA, Daniel Favaretto. "Reforma do Judiciário", celeridade do processo e as "súmulas vinculantes": considerações para uma análise crítica da Emenda Constitucional 45/2004. *Revista Forense*, vol. 381, set.-out. 2005.

BARBOSA, Paulo Kim. Súmulas do TST. Seção "Atualize-se", revista da *AMATRA* - Associação dos Magistrados da Justiça do Trabalho, maio-abr. 2006.

BARBOSA, Patrícia Guimarães Notaroberto. O efeito vinculativo das súmulas no direito do trabalho. *Revista LTr - Suplemento Trabalhista*, n. 79, 1998.

BARBOSA MOREIRA, José Carlos. A ação popular do direito brasileiro como instrumento de tutela jurisdicional dos chamados interesses difusos. *Temas de direito processual.* 2. ed. São Paulo: Saraiva, 1988 (1.ª série).

______. Ações coletivas na Constituição Federal de 1988, *RePro*, n. 61.

______. Algumas inovações da Lei 9.756 em matéria de recursos civis. *In*: NERY JR., Nelson; WAMBIER, Teresa Arruda Alvim (coords.). *Aspectos polêmicos e atuais dos recursos cíveis, de acordo com a Lei 9.756/98*. São Paulo: RT, 1999.

______. *Comentários ao Código de Processo Civil*, 16 ed., vol. V, Rio de Janeiro: Forense, 2012.

______. Notas sobre alguns aspectos do processo (civil e penal) nos países anglo-saxônicos. *Temas de direito processual.* São Paulo: Saraiva, 2001 (7.ª série).

______. Uma novidade: o Código de Processo Civil inglês. *Genesis - RDPC*, n. 13, jul.-set. 1999.

______. A redação da Emenda Constitucional 45 (Reforma da Justiça). *Revista Forense*, vol. 378, mar.-abr. 2005.

______. Reflexos da Emenda Constitucional 45, de 2004, no processo civil. *Revista da EMERJ* - Escola da Magistratura do Estado do Rio de Janeiro, vol. 8, n. 32, 2005.

______. Súmula da jurisprudência predominante do STF. *Revista Fórum*, da AMAERJ - Associação dos Magistrados do Estado do Rio de Janeiro, n. 16, jul.-ago.2005.

______. Súmula, jurisprudência, precedente: uma escalada e seus riscos. *Revista Dialética de Direito Processual*, n. 27, jun. 2005.

______. Súmula vinculante e duração dos processos. *Informativo INCIJUR*, n. 62, set. 2004.

______. A Suprema Corte norte-americana: um modelo para o mundo? *Informativo INCIJUR*, n. 52, Florianópolis, nov. 2003.

______. A Emenda Constitucional n. 45 e o processo. *Revista Forense*, vol. 383, jan.-fev. 2006.

BARROS, Marco Antonio de. Anotações sobre o efeito vinculante, *RT*, n. 735.

BARROS MONTEIRO, Washington de. *Curso de direito civil*. São Paulo: Saraiva, 1967. vol. I.

______. Da jurisprudência. *Revista Forense*, n. 202.

BARROSO, Luís Roberto. *O direito constitucional e a efetividade de suas normas*. 3. ed. Rio de Janeiro: Renovar, 1996.

______. A proteção coletiva dos direitos no Brasil e alguns aspectos da *class action* norte-americana. *Revista Forense*, vol. 381, set.-out. 2005.

______. Judicialização, ativismo judicial e legitimidade democrática. *Atualidades jurídicas – Revista eletrônica do Conselho Federal da OAB*, n. 4, jan./fev.2009

BARTOLETTO, Luís Carlos. Analogia, jurisprudência e princípios gerais do direito. *Revista de Direito Civil*, n. 72, abr.-jun. 1995.

BASTOS, Celso Ribeiro. O Judiciário como força democrática. *O Estado de São Paulo*, 29 nov. 1996.

BENETI, Sidnei Agostinho. Doutrina de precedentes e organização judiciária. In: FUX, Luiz; NERY JR., Nelson; WAMBIER, Teresa Arruda Alvim (coords.). *Processo e Constituição. Estudos em homenagem ao Prof. José Carlos Barbosa Moreira*. São Paulo: RT, 2006.

______. O processo na Suprema Corte dos Estados Unidos, *RT*, n. 695.

______. A reforma do Judiciário vai melhorar os processos judiciais? *Revista do Advogado* (AASP) n. 56, set. 1999.

______. Reformas de descongestionamento de Tribunais. Texto inédito, 2008.

______. Doutrina de precedentes e organização judiciária. *Revista de Direito Administrativo*, set.-dez. 2007.

BERMUDES, Sérgio. *A reforma do Poder Judiciário pela Emenda Constitucional n. 45*. Rio de Janeiro: Forense, 2005.

BETTI, Emilio. *Interpretazione della legge e degli atti giuridici*. Milão: Giuffrè, 1949.

BEVILAQUA, Clóvis. *Teoria geral do direito civil*. 7. ed. Atual. Achiles Bevilaqua e Isaías Bevilaqua. Rio de Janeiro-São Paulo: Francisco Alves, 1955.

BEZERRA LIMA, Diomar. Súmula vinculante: uma necessidade. *Revista Forense*, vol. 352, out.-dez. 2000.

BITTENCOURT, Lúcio. A interpretação como parte integrante do processo legislativo, *Revista Forense* XCIV, n. 478, 1943.

______. *O controle jurisdicional da constitucionalidade das leis*. Rio de Janeiro: Forense, 1949.

BOTALLO, Eduardo Domingos. A natureza normativa das súmulas do STF, segundo as concepções de direito e de norma de Kelsen, Ross, Hart e Miguel Reale. *Revista de Direito Público*, n. 29.

______. Súmula vinculante e República. *Revista do Advogado*, n. 81, abr. 2005.

BOTTO MUSCARI, Marco Antonio. *Súmula vinculante*. São Paulo: Juarez de Oliveira, 1999.

______. Reflexões sobre a súmula vinculante e o estudo do direito. *Revista da Escola Paulista da Magistratura*, vol. 2, n. 2, jul.-dez. 2001.

BOULOS, Christianne. A força vinculante da jurisprudência e o papel do juiz no direito brasileiro. *Revista dos Anais do I Congresso de Iniciação Científica*, vol. I, USP/FAPESP, dez. 1996.

BUSSI, Nilton. Emenda Constitucional para o Poder Judiciário. *Genesis – Revista Brasileira de Direito Processual*, n. 4, jan.-abr. 1997.

BUZAID, Alfredo. *Da ação direta de declaração de inconstitucionalidade no direito brasileiro*. São Paulo: Saraiva, 1958.

______. Da uniformização da jurisprudência, *Boletim da Faculdade de Direito de Coimbra*, vol. LVIII, Coimbra, 1982.

______. Uniformização da jurisprudência, *Revista Ajuris*, n. 34, Porto Alegre, 1985.

CABRAL, Bernardo. A reforma do Judiciário. *Revista Cidadania e Justiça*, Associação dos Magistrados Brasileiros, n. 10, 1.º sem. 2001.

CADORE, Márcia Regina Lusa. *Súmula vinculante e uniformização de jurisprudência*. São Paulo: Atlas, 2007.

CALAMANDREI, Piero. La cassazione civile. *Opere Giuridiche*, Nápoles, 1976. vols. II e VII.

CALMON DE PASSOS, J. J. A crise do Poder Judiciário e as reformas instrumentais: avanços e retrocessos. *Revista Diálogo Jurídico*, vol. I, n. 4, jul. 2001.

______. Súmula vinculante. *Genesis – RDPC*, n. 6, set.-dez. 1997.

CAMARGO CERDEIRA, Pablo; FALCÃO, Joaquim; WERNECK ARGUELHES, Diego. *I Relatório Supremo em Números- o múltiplo Supremo*. Fundação Getúlio Vargas – Direito Rio, abril/20011. Disponível em <www.supremoemnumeros.com.br>. Disponível em: 31.07.2013.

CAMBI, Eduardo. Jurisprudência lotérica. *RT*, n. 786, abr. 2001.

______. Neoconstitucionalismo e neoprocessualismo. In: FUX, Luiz; NERY JR., Nelson; WAMBIER, Teresa Arruda Alvim (coords.). *Processo e Constituição*. Estudos em homenagem ao Prof. José Carlos Barbosa Moreira. São Paulo: RT, 2006.

______. e Aline Regina das Neves. Repercussão Geral e PEC 209/2.012. *RePro* n. 220, jun./2.013.

CAPPELLETTI, Mauro. O acesso à justiça e a função do jurista em nossa época. *RePro*, n. 61.

______. *O controle judicial de constitucionalidade das leis no direito comparado*. Trad. Aroldo Plínio Gonçalves; rev. José Carlos Barbosa Moreira. Porto Alegre: Sérgio Antonio Fabris, 1984.

______. Formazioni sociali e di gruppo davanti alla giustizia civile. *Rivista di Diritto Civile*, n. 3 (separata).

CARDOSO, Carlos Raymundo. Anatocismo: ainda hoje, uma prática discutida. *Revista Amaerj Notícias*, n. 41, nov.-dez. 1998.

CARDOSO, Oscar Valente. Súmulas vinculantes e desvinculação da jurisprudência. *Revista Dialética de Direito Processual*, n. 77, ago. 2009.

CARMONA, Carlos Alberto. *Arbitragem e processo* – Um comentário à Lei 9.307/96. 3. ed. São Paulo: Atlas, 2009.

CARNEIRO, Athos Gusmão. O papel da jurisprudência no Brasil. A "súmula" e os precedentes jurisprudenciais. Relatório ao Congresso de Roma. *Informativo INCIJUR*, n. 59, Florianópolis, jun. 2004.

CARNEIRO, Jairo. Substitutivo à proposta de Emenda Constitucional 96/1992 (Reforma do Judiciário – Texto oferecido em 17.06.1996).

CARNELUTTI, Francesco. *Estudios de derecho procesal*. Trad. Santiago Sentis Melendo. 1952, vol. I.

______. *Sistema del diritto processuale civile*. Padova: Cedam, 1938. vol. II.

______. *Teoria geral do direito*. Trad. A. Rodrigues Queiró e Artur A. de Castro. São Paulo: Saraiva, 1942.

CARREIRA ALVIM, José Eduardo. Alternativas para uma maior eficácia da prestação jurisdicional – Doutrina I. *In*: TUBENCHLAK, James (coord.). Rio de Janeiro: Instituto de Estudos Jurídicos, 1995.

CARVALHO, Ivan Lira de. Decisões vinculantes. *RT*, n. 745.

CARVALHO, Marcia Dometila Lima de. Súmulas inconstitucionais. *Boletim dos Procuradores da República*, n. 32, dez. 2000.

CASTANHEIRA NEVES, A. Fontes do direito. *Boletim da Faculdade de Direito da Universidade de Coimbra*, n. LVIII, Coimbra, 1982 (Estudos em homenagem aos Professores Drs. M. Paulo Merêa e G. Braga da Cruz).

______. *O instituto dos assentos e a função jurídica dos supremos tribunais*. Coimbra: Coimbra, 1983.

CASTRO NUNES, José. *Teoria e prática do Poder Judiciário*. Rio de Janeiro: Forense, 1943.

COSTA FERNANDES, Marcus Vinícius da. Súmula vinculante. *In* CARMONA, Carlos Alberto (coord.), São Paulo: Atlas, 2.007.CHIOVENDA, Giuseppe. *Instituições de direito processual civil*. 2. ed. Trad. J. Guimarães Menegale. São Paulo: Saraiva, 1965. vol. I.

COBRA, Zulaiê. *Reforma do Judiciário*. Parecer (1999), como relatora do PEC 96-A/1992. <www.camara.gov.br/intranet/comissao/index/esp/PEC09692-prel.htm>.

COELHO, Fábio Ulhoa. *Comentários à lei de locação de imóveis urbanos* (arts. 51 a 57 e 71 a 75). Obra coletiva. São Paulo: Saraiva, 1992.

COELHO NUNES, Dierle José. Súmula impeditiva de recursos (art. 518, § 1.º, CPC). Julgamento liminar de ações repetitivas (art. 285-A, CPC) e contraditório como garantia de influência – Aspectos normativos e pragmáticos. *Repertório de Jurisprudência IOB*, n. 14, vol. III, 2.ª quinzena, jul. 2006.

COLESANTI, Vittorio. Verb. Giurisprudenza. *Novissimo Digesto Italiano*, vol. VIII, Unione Tipogr., Editr. Torinese.

COMPARATO, Fábio Konder. Juízes independentes ou funcionários subordinados? *Revista Cidadania e Justiça*, Associação dos Magistrados Brasileiros, n. 4, 1.º sem. 1998.

______. Novas funções judiciais no Estado moderno. *Revista Ajuris*, n. 37, jul. 1991.

______. Sobre a idéia de precedentes judiciais vinculantes. *Boletim da Associação dos Juízes para a Democracia*, São Paulo, 1997.

______. Poder Judiciário: como torná-lo mais ágil e dinâmico? *Revista Cidadania e Justiça*, n. 4, Associação dos Magistrados Brasileiros, 1.º sem. 1998.

CONCI, Luiz Guilherme Arcaro; LAMY, Marcelo. Reflexões sobre as súmulas vinculantes. *In*: LENZA, Pedro; LORA ALARCÓN, Pietro de Jesús; RAMOS TAVARES, André (coord.). *Reforma do Judiciário analisada e comentada*. São Paulo: Método, 2005.

COSSIO, Carlos. *El derecho en el derecho judicial*. 3. ed. Buenos Aires: Abeledo-Perrot, 1967.

COSTA MAIA, Izabelle Albuquerque. Violação à súmula vinculante e cabimento de ação rescisória. In: FUX, Luiz; NERY JR., Nelson; WAMBIER, Teresa Arruda Alvim (coord.). *Processo e Constituição*. Estudos em homenagem ao Prof. José Carlos Barbosa Moreira. São Paulo: RT, 2006.

CRETELLA JÚNIOR, José. *Direito romano*. São Paulo: RT, 1963.

CROSS, Rupert. *Precedent in English law*. 3. ed. Oxford: Clarendon Press, 1977.

CRUZ E TUCCI, José Rogério. Class actions *e mandado de segurança coletivo*. São Paulo: Saraiva, 1990.

______. *Precedente judicial como fonte do direito*. São Paulo: RT, 2004.

CUKIERKORN, Maria Cristina Barongeno. Uma nota sobre a adoção da súmula vinculante. *Jornal da Ajufesp*, Associação dos Juízes Federais da 3.ª Região, n. 4, São Paulo, fev.-mar. 1998.

CUNHA, Luciana Gross. Segurança jurídica: performance das instituições e desenvolvimento. *Poder Judiciário e desenvolvimento do mercado de valores mobiliários brasileiro*. São Paulo: Saraiva, 2007.

CUNHA, Maria Inês M. S. Alves da. Uniformização da jurisprudência trabalhista. *Revista Trabalho & Doutrina*, n. 22, set. 1999.

CUNHA, Sérgio Sérvulo da. Aplicação da súmula vinculante. *Revista Trimestral de Direito Público* n. 46, 2004.

______. Nota breve sobre o efeito vinculante. *Revista de Informação Legislativa*, n. 129, Brasília, jan.-mar. 1996.

CUNHA LIMA, Ronaldo. Harmonizar a jurisprudência. *Revista da Procuradoria Geral do INSS*, jan. 1998.

DALLARI, Dalmo. Independência vinculada. *Jornal da Ajufe*, Associação dos Juízes Federais de São Paulo e Mato Grosso do Sul, nov. 1997.

______. *O poder dos juízes*. São Paulo: Saraiva, 1996.

DANTAS, Bruno. Comentários aos arts. 929-946 do CPC. In Cassio Scarpinella Bueno (coord.), *Comentários ao Código de Processo Civil*, v. 4, São Paulo: Saraiva, 2.017.

DAVID, René. *Les grands systèmes de droit contemporains*. Atual. Cammile Jauffret-Spinozi. 8. ed. Paris: Dalloz, 1982.

DELGADO, José Augusto. A súmula vinculante e a administração pública. *Boletim de Direito Administrativo*, n. 6, São Paulo, NDJ, jun. 1998.

DIDIER JÚNIOR, Fredie. Transformações do recurso extraordinário. In: NERY JÚNIOR, Nelson; WAMBIER, Teresa Arruda Alvim (coords.). *Aspectos polêmicos e atuais dos recursos cíveis e assuntos afins*. São Paulo: RT, 2006. vol. 10.

DINAMARCO, Cândido Rangel. A função das Cortes Supremas na América Latina. *Revista Forense*, n. 343 (separata).

______. A função das Cortes Supremas na América Latina. *Revista Forense*, n. 342 (separata).

______. *Fundamentos do processo civil moderno*. 3. ed. São Paulo: Malheiros, 2000. 2 vols.

______. *A instrumentalidade do processo*. 6. ed. São Paulo: Malheiros, 1998.

______. *A reforma do Código de Processo Civil*. São Paulo: Malheiros, 1995.

______. O relator, a jurisprudência e os recursos. In: NERY JR., Nelson; WAMBIER, Teresa Arruda Alvim (coords.). *Aspectos polêmicos e atuais dos recursos cíveis, de acordo com a Lei 9.756/98*. São Paulo: RT, 1999.

______. Súmulas vinculantes. *Revista Forense*, vol. 347, jul.-set. 1999. (Estudo também constante da obra *Fundamentos do processo civil moderno*. 3. ed. São Paulo: Malheiros, 2000. t. II.)

______. *Instituições de Direito Processual Civil*, vol. I, 6. ed., São Paulo: Malheiros, 2.009.

DINAMARCO, Júlia Raquel de Queiroz. *Súmula vinculante*. Tese (doutorado). Orientador: Prof. José Rogério Cruz e Tucci. São Paulo, Faculdade de Direito da Universidade de São Paulo, 2002.

DINIZ, Maria Helena. *Compêndio de introdução à ciência do direito*. 5. ed. São Paulo: Saraiva, 1993.

EHRLICH, Stanislaw. *Le pouvoir et les groupes de pression*. Paris: Sorbonne and Mouton, 1971.

EVANGELISTA, Marcelo Jeferson. Incidente de uniformização de jurisprudência, segundo a Lei 9.756/98, nos Tribunais Regionais do Trabalho não divididos em Turmas ou Seções. *Revista LTr*, vol. 63, n. 9, set. 1999.

FACURY SCAFF, Fernando; MOREIRA MAUÉS, Antonio G. A trajetória brasileira em busca do efeito vinculante no controle de constitucionalidade. *In*: WAMBIER, Teresa Arruda Alvim *et. al.* (coord.). *Reforma do Judiciário*. São Paulo: RT, 2006.

FALCÃO, Joaquim; CAMARGO CERDEIRA, Pablo; WERNECK ARGUELHES, Diego. I Relatório Supremo em Números. O múltiplo Supremo. Fundação Getúlio Vargas – Direito Rio, abril/2011. Disponível em www.supremoemnumeros.com.br

FARIA, José Eduardo. O Judiciário e seus dilemas. *Revista do Advogado* (AASP), n. 56, set. 1999.

FERRAZ JUNIOR, Tércio Sampaio. *A ciência do direito*. São Paulo: Atlas, 1978.

______. O Judiciário frente à divisão dos Poderes: um princípio em decadência? *Revista USP* n. 21, mar.-maio 1994.

FERREIRA FILHO, Manoel Gonçalves. O sistema constitucional brasileiro e as recentes inovações no controle de constitucionalidade (Lei 9.868, de 10 de novembro, e Lei 9.882, de 3 de dezembro de 1999). *RDA*, n. 220, abr.-jun. 2000.

FERREIRA MENDES, Gilmar. A ação declaratória de constitucionalidade: a inovação da Emenda Constitucional 3, de 1993. *In*: SILVA MARTINS, Ives Gandra; FERREIRA MENDES, Gilmar (coord.). *Ação declaratória de constitucionalidade*. São Paulo: Saraiva, 1996.

______. *Direitos fundamentais e controle de constitucionalidade*: estudos de direito constitucional. São Paulo: Celso Bastos – Instituto Brasileiro de Direito Constitucional, 1998.

______. Argüição de descumprimento de preceito fundamental (I) (§ 1.º do art. 102 da Constituição Federal). *Revista Jurídica Virtual*, n. 7, dez. 1999.

______. O efeito vinculante das decisões do Supremo Tribunal Federal nos processos de controle abstrato de normas. *Jus Navigandi*, n. 43, Teresina, ano 4, jul. 2000, disponível em: <http://jus2.uol.com.br/doutrina/texto.asp?id=108>. Acesso em 15.06.2009.

______. A reclamação constitucional perante o Supremo Tribunal Federal. *Fórum Administrativo – Direito Público*, n. 100, jun. 2009.

______; MEYER PFLUG, Samantha. Passado e futuro da súmula vinculante: considerações à luz da Emenda Constitucional 45/2004. In: TAMM RENAULT, Sérgio Rabello; BOTTINI, Pierpaolo (coords.). *Reforma do Judiciário*. São Paulo: Saraiva, 2005.

FERREIRA SOBRINHO, José Wilson. O *stare decisis* brasileiro. *Repertório IOB de Jurisprudência*, n. 5, mar. 1996.

FERRO, Marcelo Roberto. A jurisprudência como forma de expressão do direito. *Revista de Direito Civil, Imobiliário, Agrário e Empresarial*, n. 51, jan.-mar. 1990.

FIGUEIREDO, Fernanda. Súmula vinculante n. 5 do STF e Súmula n. 343 do STJ – Contraditórias ou complementares? *Repertório de Jurisprudência IOB*, 2.ª quinzena de setembro – 2008, n. 18, vol. I.

FIGUEIREDO, Marcelo. Ação declaratória de constitucionalidade. Inovação infeliz e inconstitucional. In: SILVA MARTINS, Ives Gandra; FERREIRA MENDES, Gilmar (coords.). *Ação declaratória de constitucionalidade*. São Paulo: Saraiva, 1994.

FLEURY FILHO, Luiz Antonio. Parecer sobre súmula vinculante (Relatório apresentado à Comissão Especial da Câmara dos Deputados, concernente ao PEC 96-A, de 1992, sobre a Reforma do Judiciário).

______. Voto em separado (02.08.2006) e substitutivo ao Projeto de Lei 6.636/2006, da Câmara dos Deputados, que regulamenta o art. 103-A da CF. <www.camara.gov.br>.

FLORES, Thompson. A avocação de causas pelo STF: a avocatória. *Revista de Informação Legislativa*, n. 89, 1986.

FRANCIULLI NETO, Domingos. Acumulação de proventos e vencimentos. *RT*, n. 734.

FRANCO MONTORO, André. Fontes do direito em suas modalidades fundamentais. *Revista de Informação Legislativa,* Senado Federal, n. 38, jan.-mar. 1972.

GALGANO, Francesco. L'efficacia vincolante del precedente di Cassazione. *Revista Contratto e Impresa*, n. 3, 1999.

GALLO, Antonio Felipe A. A lei como fonte principal do direito inglês nos dias de hoje. *RT*, n. 643.

GARCIA, Dínio de Santis. Efeito vinculante dos julgados da Corte Suprema dos Tribunais Superiores. *RT*, n. 734.

GÉNY, François. *Méthode d'interprétation et sources en droit privé positif.* 2. ed. Paris: Librairie Générale de Droit et de Jurisprudence, 1919. vol. II.

______. *Science et technique en droit privé positif.* Paris, 1922-1924.

GIDI, Antonio. *Coisa julgada e litispendência em ações coletivas*. São Paulo: Saraiva, 1995.

______. Notas esparsas sobre o processo civil nos Estados Unidos. A propósito de um recente livro. *Genesis – Revista de Direito Processual Civil*, jan.-mar. 2000. (Recensão da obra *American civil procedure*, de Geoffrey C. Hazard Jr. e Michele Taruffo, Yale University Press, New Haven e Londres, 1993.)

GIGLIO, Wagner. *Direito processual do trabalho*. 6. ed. São Paulo: LTr, 1986.

GODINHO, Robson Renault. O Ministério Público e a defesa dos direitos individuais indisponíveis. *Revista MP Jurídico* (Minas Gerais), abr.-jun. 2008.

GOELLNER GORON, Lívio. A jurisprudência como fonte do direito: a experiência anglo-americana. *Revista de Direito Constitucional e Internacional*, n. 47, abr.-jun. 2004.

GOMES, Luiz Flávio. Eficácia e extensão das súmulas vinculantes. *Repertório de Jurisprudência IOB*, n. 17, 1.ª quinzena, set. 2005.

______. Súmulas vinculantes e independência judicial. *RT*, n. 739.

______. Súmulas vinculantes e independência judicial. *Revista Justitia*, do Ministério Público paulista, n. 59 (177), jan.-mar. 1997. (Estudo extraído da obra do autor, *A dimensão da magistratura no estado constitucional democrático de direito*. São Paulo: RT, 1997.)

GOMES CANOTILHO, J. J. *Direito constitucional*. Coimbra: Almedina, 1991.

GOMES JÚNIOR, Luiz Manoel. Anotações sobre a nova fase da reforma processual do CPC – Âmbito recursal. In: NERY JUNIOR, Nelson; WAMBIER, Teresa Arruda Alvim (coords.). *Aspectos polêmicos e atuais dos recursos cíveis e de outras formas de impugnação às decisões judiciais*. São Paulo: RT, 2000.

GOMES TOSTES, Natacha Nascimento. Uniformização de jurisprudência. *RePro*, n. 104, out.-dez. 2001.

GONÇALVES, Hermenegildo Fernandes. A súmula e seu efeito vinculante. *Revista da Escola Superior da Magistratura do Distrito Federal*, n. 1, jan.-abr. 1996.

GONÇALVES JÚNIOR, Mário. A súmula vinculante e a blindagem da jurisprudência. *Doutrina ADCOAS*, n. 9, maio 2005.

GOUVEIA, Alessandro Samartin. Súmula vinculante: um limite e um convite à vontade de Poder. *Revista Brasileira de Direito Público* n. 20, jan.-mar. 2008.

GRAU, Eros Roberto. Sobre a produção legislativa e sobre a produção normativa do direito oficial: o chamado "efeito vinculante". *Revista Trimestral de Direito Público*, n. 16, 1996.

GRECO, Leonardo. A revisão constitucional e o processo civil. *RePro*, n. 67.

GRECO FILHO, Vicente. *Direito processual civil brasileiro*. 17. ed. São Paulo: Saraiva, 2006. vol. II.

______. Questões sobre a Lei 9.756, de 17 de dezembro de 1998. In: NERY JR., Nelson; WAMBIER, Teresa Arruda Alvim (coords.). *Aspectos polêmicos e atuais dos recursos cíveis de acordo com a Lei 9.756/98*. São Paulo: RT, 1999.

______. *Tutela constitucional das liberdades*. São Paulo: Saraiva, 1989.

GRINOVER, Ada Pellegrini. Acesso à justiça e o Código de Defesa do Consumidor. *O processo em evolução*. Rio de Janeiro: Forense Universitária, 1996.

______. *Código Brasileiro de Defesa do Consumidor*. 8. ed. Rio de Janeiro: Forense Universitária, 2005.

______. A coisa julgada perante a Constituição, a Lei da Ação Civil Pública, o Estatuto da Criança e do Adolescente e o Código de Defesa do Consumidor. *O processo em evolução*. Rio de Janeiro: Forense Universitária, 1996.

______. A crise do Poder Judiciário. *Revista da Procuradoria Geral do Estado de São Paulo*, n. 34, dez. 1990.

______. Defesa, contraditório e *par conditio* na ótica do processo de estrutura cooperatória. *Novas tendências do direito processual*. São Paulo: Forense, 1990.

______ *et al.* (org.). *Direito processual coletivo e o anteprojeto do Código Brasileiro de Processos Coletivos*. São Paulo: RT, 2007.

______. O novo processo do consumidor. *O processo em evolução*. Rio de Janeiro: Forense, 1996.

______. *Os princípios constitucionais e o Código de Processo Civil*. São Paulo, Bushatsky, 1975.

______. *O processo* – Estudos e pareceres. 2. ed. São Paulo: DPJ, 2009.

______; CINTRA, Antonio Carlos Araújo; DINAMARCO, Cândido Rangel. *Teoria geral do processo*. 19. ed. São Paulo: Malheiros, 2003.

GUERRA FILHO, Willis Santiago. Princípio do contraditório e eficácia ultra-subjetiva da sentença. *Revista Genesis*, n. 3, Curitiba, set.-dez. 1996.

GUSMÃO, Paulo Dourado de. *Introdução à ciência do direito*. 2. ed. Rio de Janeiro: Forense, 1960.

HAGE SOBRINHO, Jorge. A realização da Constituição, a eficácia das normas constitucionais e o mandado de injunção. *Revista da Fundação Escola Superior do Ministério Público do Distrito Federal e Territórios*, n. 9, jan.-mar. 1997.HECK, Luís Afonso. As fontes do direito. *RT*, n. 677.

HESPANHA, António M. B. *Justiça e litigiosidade:* história e perspectiva. Porto: Fundação Calouse Gulbekian, 1993.

JANSEN, Rodrigo. A súmula vinculante como norma jurídica. *Revista Forense*, vol. 380, jul.-ago. 2005.

JÁUREGUI, Carlos. *Generalidades y peculiaridades del sistema legal inglés*. Buenos Aires: Depalma, 1990.

JOLOWICZ, John Anthony. La jurisprudence en droit anglais: aperçu sur la règle du précédent. *Archives de philosophie du Droit*. Paris: Sirey, 1985. t. 30.

KELSEN, Hans. *Teoria pura do direito*. 3. ed. Trad. João Baptista Machado. Coimbra: Armênio Amado, 1974. Idem, ibidem, São Paulo: Martins Fontes, 2012.

KIRALFY, A. K. R. *The English legal system*. 5. ed. London: Sweet and Maxwell, 1973.

KOERNER, Andrei. As súmulas de efeito vinculante e as futuras crises institucionais do Judiciário brasileiro. *Revista Juízes para a Democracia*, vol. 19, São Paulo.

KRONEMBERG HARTMANN, Rodolfo. A súmula vinculante e a Lei n. 11.417/2006. *Revista da Escola da Magistratura do Estado do Rio de Janeiro*, n. 39, 2007.

LACERDA, Galeno. Ação civil pública. *Revista do Ministério Público do Rio Grande do Sul*, n. 19, 1986.

______. *Comentários ao Código de Processo Civil*. Rio de Janeiro: Forense, 1984. vol. VIII, t. I.

LAHMEYER DUVAL, Carlos André; VERGETTE CORREIA, Rita de Cássia. Inviabilidade das súmulas vinculantes – Críticas ao novo art. 557 do Código de Processo Civil. *Revista da Faculdade de Direito Cândido Mendes*, n. 1. Rio de Janeiro, ano I, nova série.

LAMY, Marcelo; CONCI, Luiz Guilherme Arcaro. Reflexões sobre as súmulas vinculantes. In: LENZA, Pedro; LORA ALARCÓN, Pietro de Jesús; RAMOS TAVARES, André (coords.). *Reforma do Judiciário analisada e comentada*. São Paulo: Método, 2005.

LAMY, Eduardo de Avelar. Súmula vinculante: um desafio. *RePro*, n. 120, fev. 2005.

LAZZARINI, Alexandre Alves. A indução generalizadora na formação da jurisprudência. *RePro*, n. 83.

LENZA, Pedro. *Direito constitucional esquematizado*. 13. ed. São Paulo: Atlas, 2009.

______. Súmula vinculante – Necessidade e constitucionalidade. *Carta Forense*, São Paulo, n. 13, maio 2004.

LEONEL, Ricardo de Barros. *Reclamação constitucional*. São Paulo: RT, 2012.

______. *Manual do processo coletivo*, 2. ed. São Paulo: RT, 2011.

LIEBMAN, Enrico Tullio. *Eficácia e autoridade da sentença*. 2. ed. Trad. Benvindo Aires e Alfredo Buzaid, notas Ada Pellegrini Grinover. Rio de Janeiro: Forense, 1981.

______. A força criativa da jurisprudência e os limites impostos pelo texto da lei. *RePro*, n. 43.

______. Limites objetivos da coisa julgada. *Estudos sobre o processo civil brasileiro*. Notas Ada Pellegrini Grinover. São Paulo: Bushatsky, 1976.

LIMONGI FRANÇA, Rubens. *O direito, a lei e a jurisprudência*. São Paulo: RT, 1974.

______. Verbete "Jurisprudência". *In*: SANTOS, Carvalho; DIAS, Aguiar. *Jurisprudência. Repertório enciclopédico do direito brasileiro*, vol. XXX, Rio de Janeiro, Borsói.

LINS E SILVA, Evandro. A questão do efeito vinculante. *Revista Brasileira de Ciências Criminais*, n. 13, jan.-mar. 1996.

LOBO, Arthur Mendes. Breves comentários sobre a regulamentação da Súmula vinculante. *Revista IOB de direito Civil e Processual Civil* n. 45, jan.-fev. 2007.

LUCHI DEMO, Roberto Luís. O resgate da súmula pelo Supremo Tribunal Federal. *Revista Jurídica*, n. 314, dez. 2003.

LUHMANN, Niklas. A posição dos tribunais no sistema jurídico. *Revista Ajuris*, n. 49, jul. 1990.

MACHADO, Fábio Cardoso. Da uniformização jurídico-decisória por vinculação às súmulas de jurisprudência: objeções de ordem metodológica, sócio-cultural e político-jurídica. *RePro*, n. 124, jun. 2005.

MACIEL, Cláudio Baldino. *Súmula administrativa da Advocacia-Geral da União*: por que o Poder Executivo não a utiliza? <www.amb.com.br> 21 jun. 2004.

MACIEL JUNIOR, Vicente de Paula. O efeito vinculativo das súmulas e enunciados. *Revista da Faculdade de Direito da Universidade Federal de Minas Gerais*, vol. 34, 1994.

MALLET, Estevão. Apontamentos sobre a competência da justiça do trabalho após a Emenda Constitucional 45. In: LENZA, Pedro; LORA ALARCÓN, Pietro de Jesús; RAMOS TAVARES, André (coordsx.). *Reforma do Judiciário analisada e comentada*. São Paulo: Método, 2005.

______. A jurisprudência sempre deve ser aplicada retroativamente? *Revista do Advogado*, AASP, n. 86 (homenagem a Otávio Bueno Magano), São Paulo, jul. 2006; *Revista LTr*, vol. 70, n. 3, mar. 2006.

MANCUSO, Rodolfo de Camargo. *Ação civil pública*. 12. ed. São Paulo: RT, 2011.

______. Ação civil pública trabalhista: análise de alguns pontos controvertidos. *Revista do Ministério Público do Trabalho*, n. 12, set. 1996; *Revista LTr*, n. 19, set. 1996; *Revista Synthesis*, TRT da 2.ª Região, n. 24, 1997; *RT*, n. 732.

______. *Ação Popular.* 8. ed. São Paulo: RT, 2015

______. A concomitância de ações coletivas, entre si, e em face das ações individuais. *Genesis – RDPC*, n. 18, out.-dez. 2000; *RT*, vol. 782, dez. 2000; *Revista da Procuradoria Geral do Estado de São Paulo*, n. 54, dez. 2000; *Revista Jurídica*, Procuradoria-Geral do Município de São Paulo, n. 5, dez. 2000.

______. A concomitância entre ações de natureza coletiva. In: GRINOVER, Ada Pellegrini et al. (coords.). *Direito processual coletivo e o anteprojeto de Código Brasileiro de Processos Coletivos*. São Paulo: RT, 2007.

______. A concorrência de ações coletivas sobre um mesmo *thema decidendum*. In: MARTINS, Ives Gandra; REZEK, Francisco (coords.). *Constituição Federal – Avanços, contribuições e modificações no processo democrático brasileiro*. São Paulo: Centro de Extensão Universitária – RT, 2008.

______. Contribuição esperada do Ministério Público e da Defensoria Pública na prevenção da atomização judicial dos mega-conflitos. *RePro* n. 164, out. 2008, p. 152-169.

______. *Incidente de uniformização de jurisprudência*. São Paulo: Saraiva, 1989.

______. *Interesses Difusos – conceito e legitimação para agir*. 8. ed. São Paulo: RT, 2013.

______. *Jurisdição coletiva e coisa julgada – Teoria geral das ações coletivas*. 3. ed. São Paulo: RT, 2012.

______. A jurisprudência, dominante ou sumulada, e sua eficácia contemporânea. *In*: NERY JR., Nelson; WAMBIER, Teresa Arruda Alvim (coord.). *Aspectos polêmicos e atuais dos recursos cíveis de acordo com a Lei 9.756/98*. São Paulo: RT, 1999.

______. *Manual do consumidor em juízo*. 5. ed. São Paulo: Saraiva, 2013.

______. A realidade judiciária brasileira e os Tribunais da Federação – STF e STJ: inevitabilidade de elementos de contenção dos recursos a eles dirigidos. *Processo e Constituição*: estudos em homenagem ao Professor José Carlos Barbosa Moreira. São Paulo: RT, 2006.

______. *A resolução dos conflitos e a função judicial no contemporâneo Estado de Direito*. São Paulo: RT, 2010.

______. *Recurso extraordinário e Recurso especial*. 14. ed. São Paulo: RT, 2018.

______. Reflexos do licenciamento na competência da ação civil pública. In: BENJAMIN, Antonio Herman (org.). *Paisagem, natureza e Direito* – Anais do 9.º Congresso Internacional de Direito Ambiental, realizado em São Paulo (31.05-03.06.2005), copatrocinado pelo MP-SP e pelo Instituto O Direito por um Planeta Verde.

______. Sobre a utilização da ação civil pública da Lei 7.347/85 para fins de desbloqueio de ativos financeiros. *RT*, n. 672.

______. Súmula vinculante e a EC 45/2004. *In*: WAMBIER, Teresa Arruda Alvim *et. al.* (coord.). *Reforma do Judiciário*. São Paulo: RT, 2005.

______. Transposição das águas do Rio São Francisco: uma abordagem jurídica da controvérsia. *Revista de Direito Ambiental*, v. 10, n. 37, jan.-mar. 2005. *In*: MILARÉ, Edis (coord.). *A ação civil pública após 20 anos:* efetividade e desafios. São Paulo: RT, 2005; SALLES, Carlos Alberto de (coord.). *As grandes transformações do processo civil brasileiro* – Homenagem ao Professor Kazuo Watanabe. São Paulo: Quartier Latin, 2009.

______. Tutela antecipada: uma interpretação do art. 273 do CPC, na redação conferida pela Lei Federal 8.952, de 13.12.1994. In: TEIXEIRA, Sálvio de Figueiredo (coord.). *A reforma do CPC*. São Paulo: Saraiva, 1996.

______. Da virtual superação da Súmula 512 do Supremo Tribunal Federal. *RT* n. 569, p. 13.

______. *Acesso à Justiça – condicionantes legítimas e ilegítimas*. 2. ed. São Paulo: RT, 2015.

______. O direito à tutela jurisdicional: o novo enfoque do art. 5.º, XXXV, da Constituição Federal. *RT* 926, dez. 2012.

______. *Sistema brasileiro de precedentes*, 2ª ed., São Paulo: Thomson Reuters- REvista dos Tribunais, 2016.

______. O Direito brasileiro segue filiado (estritamente) à família *civil Law* ? In *O novo Código de Processo Civil – questões controvertidas*, São Paulo: Gen-Atlas, 2015.

______. Comentários aos arts. 1.029 – 1.041 do CPC. In Código de Processo Civil, coord. Cassio Scarpinella Bueno (coord.), *Comentários ao Código de processo Civil*, v. 4, São Paulo: Saraiva, 2.017 (arts. 1.029 a 1.041: recursos extraordinário e especial, p. 488-603).

MARINELLI, Vicenzo. Interrelazioni problematici del precedente giudiziale. *Diritto e Società*, n. 2, 1989.

MARINONI, Luiz Guilherme. *Novas linhas do processo civil*. São Paulo: RT, 1993.

______. *Tutela antecipatória, julgamento antecipado e execução imediata da sentença*. São Paulo: RT, 1997.

______. Ações repetitivas e julgamento liminar. *Revista Juridica* n. 354, abr. 2007.

______. *Código de Processo Civil comentado artigo por artigo*, 2.ed., São Paulo: RT, 2010.

MARQUES, Claudia Lima. *Contratos no Código de Defesa do Consumidor* – O novo regime das relações contratuais. 5. ed. São Paulo: RT, 2006.

MARQUES DE LIMA, Francisco Gerson. A jurisprudência como fonte do direito. *Revista Nomos,* vol. 11-12, n. 1-2, Fortaleza, jan.-dez. 1992/1993.

MARTINS COSTA, Judith. Usos e abusos da função punitiva ("*punitive damages*" e o Direito brasileiro). *Revista da AJURIS* – Associação dos Juízes do Rio Grande do Sul, n. 100, dez./2005.

MARTINS FILHO, Ives Gandra da Silva. A ação civil pública trabalhista. *Revista LTR* n. 56, vol. 7, jul. 1992.

______. Recurso extraordinário no processo trabalhista, 1.º Ciclo de Estudos de Direito do Trabalho. *Instituto Brasileiro de Ciência Bancária*, 1995.

______. Recurso de revista: pressupostos de admissibilidade. *Revista do Ministério Público do Trabalho,* vol. 12, set. 1996.

MATTOS E SILVA, Bruno. Juizados Especiais Federais: notas sobre o projeto de lei. *Jus Navigandi.* <www.jus.com.br/doutrina/jef2.html> 04 abr. 2007.

MAURINO RAMOS, Antonio. Atenta contra a efetividade do processo do trabalho o acesso recursal de natureza extraordinária? *Jornal do III Congresso Nacional dos Procuradores do Trabalho*, 02 a 05 abr. 1999.

MAXIMILIANO, Carlos. *Hermenêutica e aplicação do direito*. 6. ed. Rio de Janeiro: Freitas Bastos, 1957; Forense, 1993.

MAZZILLI, Hugo Nigro. *A defesa dos interesses difusos em Juízo*. 22. ed. São Paulo: Saraiva, 2009.

MEDINA, José Miguel Garcia. Variações recentes sobre os recursos extraordinário e especial. Breves considerações. In: FUX, Luiz; NERY JUNIOR, Nelson; WAMBIER, Teresa Arruda Alvim (coords.). *Processo e Constituição* – Estudos em homenagem ao Professor José Carlos Barbosa Moreira. São Paulo: RT, 2006.

______. *Código de Processo Civil comentado*, São Paulo: RT, 2011.

______; WAMBIER, Luiz Rodrigues; WAMBIER, Teresa Arruda Alvim. Repercussão geral e súmula vinculante. Relevantes novidades trazidas pela EC 45/2004. In: WAMBIER, Teresa Arruda Alvim et. al. (coords.). *Reforma do Judiciário*. São Paulo: RT, 2005.

______; WAMBIER, Luiz Rodrigues; WAMBIER, Teresa Arruda Alvim. A súmula vinculante, vista como meio legítimo para diminuir a sobrecarga de trabalho dos tribunais brasileiros. *Revista do Advogado* n. 92, jul. 2007.

MEDINA, Paulo Roberto Gouvêa. A uniformização da jurisprudência no contexto da reforma do Código de Processo Civil. *Reforma do Código de Processo Civil*. TEIXEIRA, Sálvio de Figueiredo (coord.). São Paulo: Saraiva, 1996.

MELO FILHO, Álvaro. Súmulas vinculantes: os dois lados da questão. *RePro,* n. 87, jul.-set. 1997.

MELLO FILHO, José Celso de. *Constituição Federal anotada*. 2. ed. São Paulo: Saraiva, 1986.

______. Algumas reflexões sobre a questão judiciária. *Revista do Advogado* (AASP) n. 75, abr. 2004.

MENDONÇA LIMA, Alcides. *Introdução aos recursos cíveis*. 2. ed. São Paulo: RT, 1976.

MENEZES VIGLIAR, José Marcelo. *Ação civil pública*. 3. ed. São Paulo: Atlas, 1999.

______. A reforma do Judiciário e as súmulas de efeitos vinculantes. In: LENZA, Pedro; LORA ALARCÓN, Pietro de Jesús; RAMOS TAVARES, André (coords.). *Reforma do Judiciário analisada e comentada*. São Paulo: Método, 2005.

MESQUITA, José Ignácio Botelho de. A coisa julgada no Código de Defesa do Consumidor. In: TUCCI, José Rogério Cruz (coord.). *Processo civil - Evolução - 20 anos de vigência*. São Paulo: Saraiva, 1995.

______. Da uniformização da jurisprudência (uma contribuição para seu estudo). *RT*, n. 613.

______. Uniformização de jurisprudência. *Revista Lex*, n. 226 (Jurisprudência do STF), out. 1997.

MIRANDA JÚNIOR, Joaquim José; AMARAL OLIVEIRA, Alessandro. Ponderações sobre a súmula vinculante n. 11 do Supremo Tribunal Federal. *Revista do Ministério Público de Minas Gerais - MP-MG Jurídico*, n. 14, out.-dez. 2008.

MONIZ DE ARAGÃO, E. D. As tendências do processo civil contemporâneo. *Revista Forense*, n. 346, abr.-jun. 1999.

MONTESQUIEU, Charles de Secondat, Baron de. *O espírito das leis:* as formas de governo, a federação, a divisão dos poderes, presidencialismo versus parlamentarismo. 6. ed. Introd. e trad. Pedro Vieira Mota. São Paulo: Saraiva, 1999.

MONTESANO, Luigi. Aspetti problematici del *potere giudiziario* e della giurisprudenza *teorica* e *pratica* nell'Italia d'oggi. *Rivista Trimestrale di Diritto e Procedura Civile*, n. 3, set. 1991.

MORATO, Leonardo Lins. *Reclamação e sua aplicação para o respeito da súmula vinculante*. São Paulo: RT, 2007.

______. A reclamação e sua finalidade para impor o respeito à súmula vinculante. In: WAMBIER, Teresa Arruda Alvim (coord.). *Reforma do Judiciário*. São Paulo: RT, 2006.

MORBIDELLI, Janice Helena Ferreri. O efeito vinculante nas decisões em ação direta de inconstitucionalidade e ação declaratória de constitucionalidade. *RePro*, n. 129, nov. 2005.

MOREIRA DE OLIVEIRA, Marco Aurélio C. As súmulas e o efeito vinculante. *Revista Ajuris*, da Associação dos Juízes do Rio Grande do Sul, n. 71, nov. 1997.

MOREIRA LIMA, Leonardo. D. *Stare decisis* e súmula vinculante: um estudo comparado. *Revista Direito, Estado e Sociedade*, n. 14, Departatmento de Direito, PUC-RJ, jan.-jul. 1999.

MOREIRA MAUÉS, Antonio G. A trajetória brasileira em busca do efeito vinculante no controle de constitucionalidade. In: WAMBIER, Teresa Arruda Alvim (coord.). *Reforma do Judiciário*. São Paulo: RT, 2006.

MOREIRA NETO, Diogo de Figueiredo. Reformas e Poder Judiciário. *Revista Cidadania e Justiça*, Associação dos Magistrados Brasileiros, n. 6, 1.º sem. 1999.

MOTA DE SOUZA, Carlos Aurélio. Direito judicial, jurisprudencial e sumular. *RePro*, n. 80, out.-dez. 1995.

MOURA ROCHA, José de. A importância da súmula, *Revista Forense*, n. 25, 1977.

MOUTA ARAÚJO, José Henrique. Reflexões que envolvem a nova hipótese de reclamação junto ao STF advinda da EC 45. *Repertório de Jurisprudência IOB*, n. 8, vol. III, 2.ª quinzena, abr. 2005.

NALINI, José Renato. Crepúsculo inconseqüente. *O Estado de São Paulo,* 17 ago. 1998.

______. Os três eixos da reforma do Judiciário. *Revista do Advogado* (AASP), n. 75, abr. 2004.

______. Do Poder Judiciário. In: GANDRA MARTINS, Ives; REZEK, Francisco (coords.). *Constituição Federal* – Avanços, contribuições e inovações no processo democrático brasileiro. São Paulo: Centro de Extensão Universitária – RT, 2008.

NAZARENO COSTA, Sílvio. A inconstitucionalidade material da súmula vinculante. *Revista de Informação Legislativa*, jul.-set. 2002.

NEGRÃO, Theotonio. *Código Civil e legislação civil em vigor.* 15. ed. São Paulo: Saraiva, 1996.

______. *Código de Processo Civil comentado e legislação extravagante.* Atual. José Roberto Ferreira Gouvêa. 38. ed. São Paulo: Saraiva, 2006; 37. ed., 2005; 32. ed., 2001.

NERY JR., Nelson. *Princípios fundamentais* – Teoria geral dos recursos. 5. ed. São Paulo: RT, 2000.

______. *Teoria geral dos recursos.* 7. ed. São Paulo: Thomson Reuters – Revista dos Tribunais, 2.014.

______; ANDRADE NERY, Rosa Maria de. *Código Civil anotado e legislação extravagante.* 2. ed. São Paulo: RT, 2003.

______; ______. *Código de Processo Civil comentado e legislação processual civil extravagante em vigor.* 5. ed. São Paulo: RT, 2001.;8. ed., 2004; 9. ed., 2006; 10. ed., 2007; 11. ed., 2010.

______. *Constituição Federal comentada e legislação constitucional*, 3. ed. São Paulo: RT, 2012.

______. ANDRADE NERY, Rosa maria. *Comentários ao Código de Processo Civil – novo CPC – Lei 13.105/2.015*, São Paulo: Thomson Reuters – Revista dos Tribunais, 2.015.

NERY, Rosa Maria B. B. de Andrade. Competência relativa de foro e a ordem pública: o art. 51 do CDC e o verbete n. 33 da súmula do STJ. *RT*, n. 693, jul. 1993.

NEVES, Aline Regina das; CAMBI, Eduardo. Repercussão Geral e PEC 209/2.012. *RePro* n. 220, jun./2.013.

NEW YORK, Antonio Ernane Cacique de. Súmula vinculante. *Revista LTr*, vol. 60, n. 10, out. 1996.

NILSSON, Jurandyr. *Uniformização de jurisprudência e prejulgados nos Tribunais paulistas*. São Paulo: Lex, 1985.

NOBRE JÚNIOR, Edílson Pereira. O direito processual brasileiro e o efeito vinculante das decisões dos tribunais superiores. *RT*, n. 785, mar. 2001; *RePro* 105, jan.-mar. 2002.

NOGUEIRA, Alberto. Segurança jurídica, liberdade e súmula vinculante. *Revista Ciências Sociais*, vol. 3, n. 2, Universidade Gama Filho, Rio de Janeiro, dez. 1997.

NOGUEIRA, Rubem. Desempenho normativo da jurisprudência do STF, *RT*, n. 448.

NOGUEIRA, Gustavo Santana. Das súmulas vinculantes: uma primeira análise. In: WAMBIER, Teresa Arruda Alvim (coord.). *Reforma do Judiciário*. São Paulo: RT, 2006.

NORTHFLEET, Ellen Gracie. Ainda sobre o efeito vinculante. *Cadernos de Direito Tributário e Finanças Públicas*, n. 16, jul.-set. 1996.

______. Efeito vinculante. *Informativo Brasília Express*, jun. 1996; *Cadernos de Direito Tributário e Finanças Públicas*, n. 16, jul.-set. 1996.

NUNES FERREIRA, Aloysio. Exposição de Motivos (31.05.1999) ao Projeto Substitutivo 96-A, de Emenda à Constituição Federal – Reforma do Judiciário (autoria Dep. Hélio Bicudo).

NUNES LEAL, Victor. Atualidade do Supremo Tribunal Federal, *Revista Forense*, n. 208.

______. Passado e futuro da súmula do Supremo Tribunal Federal. *Revista Ajuris*, n. 25, Porto Alegre, 1982; *Revista de Direito Administrativo*, n. 145.

______. A súmula do Supremo Tribunal Federal e o *restatement of the law* dos norte-americanos, *Revista Ltr*, n. 30.

OLIVEIRA, Euclides de. Entrevista sob o título: juiz esclarece procedimento judicial. *Tribuna do Direito*, São Paulo, 1998.

OLIVEIRA, Francisco Antonio de. Da ação civil pública: instrumento de cidadania – Inconstitucionalidade da Lei 9.494, de 10.09.1997. *Revista Jurídica*, n. 20, Instituição Toledo de Ensino, São Paulo.

OLIVEIRA, Lourival Gonçalves. *Comentários às súmulas do Superior Tribunal de Justiça*. São Paulo: Saraiva, 1993. 3 vols.

OLIVEIRA JUNIOR, Waldemar Mariz. Tutela jurisdicional dos interesses coletivos. In: GRINOVER, Pellegrini Ada (coord.). *A tutela dos interesses difusos*. São Paulo: Max Limonad, 1984.

PALU, Oswaldo Luiz. O controle *coletivo* de constitucionalidade no Direito Brasileiro – Uma evolução democrática e simplificadora. *RT*, n. 765, jun. 1999.

PARÁ FILHO, Tomás. A chamada uniformização da jurisprudência. *RePro*, n. 1/71.

PAVAN, Cláudia Fonseca Morato. A concentração do controle jurisdicional de constitucionalidade: súmula vinculante 10. In: GANDRA MARTINS, Ives; REZEK, Francisco (coords.). *Constituição Federal* – Avanços, contribuições e modificações no processo democrático brasileiro. São Paulo: Centro de Extensão Universitária – RT, 2008.

PARGENDLER, Mariana Souza e MARTINS COSTA, Judith. Usos e abusos da função punitiva ("*punitive damages*" e o direito brasileiro). *Revista da AJURIS* – Associação dos Juízes do Rio Grande do Sul, n. 100,d ez./2005.

PEIXOTO FORTUNA, Affonso Aragão. Servidor. Acumulação de proventos com vencimentos. Interpretações divergentes. Julgado do STF. Alternativas da Administração. *Revista Advocacia Pública,* Boletim do Instituto Brasileiro de Administração Pública, n. 5, maio 1997.

PEREIRA DE CASTRO, Carlos Alberto. A modernização da Justiça e as súmulas vinculantes. *Revista da Previdência Social,* n. 280, mar. 2004.

PFLUG, Samantha Meyer; MENDES, Gilmar Ferreira. Passado e futuro da súmula vinculante: considerações à luz da Emenda Constitucional 45/2004. In: TAMM RENAULT, Sérgio Rabello; BOTTINI, Pierpaolo. *Reforma do Judiciário*. São Paulo: Saraiva, 2005.

PIMENTA BUENO, José Antonio. *Direito público brasileiro e análise da Constituição do Império*. Rio de Janeiro: Ed. Ministério da Justiça e Negócios Interiores, 1958.

PINHEIRO GOUVEA, Marcos Antonio Maselli de. O princípio da razoabilidade na jurisprudência contemporânea das Cortes norte-americanas. In: BARROSO, Luís Roberto. *Revista de Direito* – Associação dos Procuradores do novo Estado do Rio de Janeiro: Lumen Juris, 2000.

PINTO MARTINS, Sérgio. *Comentários à CLT*. 2. ed. São Paulo: Atlas, 1999.

________*Direito Processual do Trabalho*, 29 ª ed., São Paulo: Atlas, 2009.

PIVA RODRIGUES, Walter. Súmula vinculante em matéria processual. *Revista do Tribunal Regional do Trabalho* – 15.ª Região, n. 16, mar. 2002.

PONTES DE MIRANDA, Francisco Cavalcanti. *Comentários ao Código de Processo Civil*. Rio de Janeiro: Forense, 1974. t. V e VI.

______. *Fontes e evolução do direito civil brasileiro*. Rio de Janeiro: Pimenta de Melo, 1928.

POTTES DE MELLO, Aymoré Roque. A aplicação do efeito vinculante/súmula vinculante no sistema de controles da constitucionalidade brasileiro: as PECs ns. 500/97 (PEC n. 54/96 – SF) e 517/97. *Revista Ajuris*, n. 72, mar. 1998.

PRUDENTE, Antônio Souza. Súmula vinculante e a tutela do controle difuso de constitucionalidade. *Revista Trimestral de Direito Público* n. 39, 2002.

QUEIROZ NEVES, Fernando Crespo. A influência das súmulas do STF e do STJ na admissibilidade dos recursos extraordinário e especial. In: WAMBIER, Teresa Arruda Alvim (coord.). *Aspectos polêmicos e atuais do recurso especial e do recurso extraordinário*. São Paulo: RT, 1997.

RADAMÉS DE SÁ, Djanira Maria. *Duplo grau de jurisdição* – Conteúdo e alcance constitucional. São Paulo: Saraiva, 1999.

______. *Súmula vinculante. Análise crítica de sua adoção*. Belo Horizonte: Del Rey, 1997.

RAMOS, Elival da Silva. *Ativismo judicial – parâmetros dogmáticos*. São Paulo: Saraiva, 2010.

RAMOS, Saulo. Questões do efeito vinculante. *Cadernos de Direito Constitucional e Ciência Política*, n. 16, jul.-set. 1996.

______. Efeito vinculante de decisões de Tribunais Superiores. *Revista Brasileira de Ciências Políticas*, n. 13, jan.-mar. 1996.

RAMOS TAVARES, André. *Reforma do Judiciário no Brasil pós-88* – (Des)estruturando a Justiça. São Paulo: Saraiva, 2005.

RÁO, Vicente. *O direito e a vida dos direitos*. São Paulo: Max Limonad, 1952.

RE, Edward. *Stare decisis*. Trad. Ellen Gracie Northfleet. *Revista Jurídica Síntese*, n. 198, 1994.

REALE, Miguel. *Filosofia do direito*. 5. ed. São Paulo: Saraiva, 1969. vol. 2.

______. *Fontes e modelos do direito para um novo paradigma hermenêutico*. São Paulo: Saraiva, 1994.

______. O modelo jurisdicional e o STJ. *STJ 10 anos* – Obra comemorativa *1989-1999*. Brasília: STJ, 1999.

REALE JÚNIOR, Miguel. Valores fundamentais da reforma do Judiciário. *Revista do Advogado* (AASP) n. 75, abr. 2004.

REDENTI, Enrico. I nostri tesmotici ovvero le *massime consolidate* della Corte Suprema. *Rivista Trimestrale di Diritto e Procedura Civile*, ano III, 1949.

REIS, José Alberto dos. *Breve estudo sobre a reforma do processo civil e comercial*. 2. ed. Coimbra: Coimbra, 1929.

______. *Código de Processo Civil anotado*. Coimbra: Coimbra, 1953. vol. VI.

RIANI DE LUNA, Ana Lúcia. Termo de compromisso do ajustamento de conduta perante o MP do Trabalho. Hipóteses de exigibilidade. *Jornal do III Congresso Nacional dos Procuradores do Trabalho*, Brasília, abr. 1998.

RIVERO, Jean. *Libertés publiques*. 3. ed. Paris: Presses Universitaires de France, 1981. vol. 1.

RODRIGUES PEREIRA, Lafayette. *Direito das Cousas* (Prefácio). 2. ed. Rio de Janeiro: Jacinto Ribeiro dos Santos – Livreiro Editor, s.d.

RODRIGUES DEL PRÁ, Carlos Gustavo. Súmula vinculante: legitimação pelo procedimento e participação do *amicus curiae*. *In*: BARBOSA MOREIRA, José Carlos; FUX, Luiz; NERY JR., Nelson; WAMBIER, Teresa Arruda Alvim (coords.). *Processo e constituição. Estudos em homenagem ao Professor José Carlos Barbosa Moreira*. São Paulo: RT, 2006.

ROSA DE FARIAS, Pedro Aurélio. A súmula vinculante e a litigiosidade de má-fé. *Revista da Escola Superior da Magistratura*, n. 2, maio-ago. 1996.

ROSAS, Roberto. *Direito sumular*. 11. ed. São Paulo: Malheiros, 2002.

______. Aspectos da jurisprudência como fonte do direito. *Arquivos do Ministério da Justiça*, n. 111, set. 1996.

______. Direito sumular. *Revista Jurídica Lemi*, n. 148, São Paulo, mar. 1980.

______. Dos assentos e do prejulgado à súmula do Supremo Tribunal Federal, *RT*, n. 404.

RUA, Cueto. La ley en el mundo contemporaneo. *Anuário de Filosofia Jurídica y Social*, n. 6. Buenos Aires: Abeledo-Perrot, 1986.

SALLES, Carlos Alberto de (org.). *Rumo a um Código Brasileiro de Processos Coletivos*: documentos básicos para análise e discussão. São Paulo: RT, 2004.

SAMPAIO, Nelson de Souza. O Supremo Tribunal Federal e a nova fisionomia do Poder Judiciário. *Revista de Direito Público*, n. 75.

SANCHES, Sydney. *Uniformização de jurisprudência*. São Paulo: RT, 1975.

SANTANDER, Nelson Luís; SORMANI, Alexandre. *Súmula vinculante* - Um estudo à luz da Emenda Constitucional 45, de 08.12.2004. 2. ed. Curitiba: Juruá, 2008.

SANTOS, Moacyr Amaral. *Comentários ao Código de Processo Civil.* 3. ed. Rio de Janeiro: Forense, 1982. vol. IV.

______. *Primeiras linhas de direito processual civil.* 4. ed. São Paulo: Saraiva, 1969. vol. 3; 16. ed., 1997.

SANTOS COSTA, João Ricardo dos. "Súmulas vinculantes" - Atentado contra o Estado democrático de direito. *Revista da AJURIS* - Associação de Juízes do Rio Grande do Sul, n. 86, jun. 2002.

SANTOS FERREIRA, William dos. Súmula vinculante - Solução concentrada: vantagens, riscos e a necessidade de um contraditório de natureza coletiva (*amicus curiae*). In: WAMBIER, Teresa Arruda Alvim et. al. (coord.). *Reforma do Judiciário.* São Paulo: RT, 2005.

SARLET, Ingo Wolfgang. Efeito vinculante e deforma do Judiciário. *Revista da Academia Brasieira de Direito Constitucional*, n. 2, 2002.

SATO, Priscila Kei. Jurisprudência (pre)dominante. In: ARRUDA ALVIM, Eduardo; NERY JUNIOR, Nelson; WAMBIER, Teresa Arruda Alvim (coords.). *Aspectos polêmicos e atuais dos recursos.* São Paulo: RT, 2000.

SCARPINELLA BUENO, Cássio. Amicus curiae *no Processo Civil Brasileiro - Um terceiro enigmático.* São Paulo: Saraiva, 2006.

______. *Curso sistematizado de direito processual civil.* São Paulo: Saraiva, 2.ed, 2010. vol. 5.

______. *A nova lei do mandado de segurança.* São Paulo: Saraiva, 2009.

SEABRA FAGUNDES, Miguel de. O princípio constitucional da igualdade perante a lei e o Poder Legislativo, *RT*, n. 235.

SHIMURA, Sérgio Seiji. Súmula vinculante. In: WAMBIER, Teresa Arruda Alvim et. al. (coord.). *Reforma do Judiciário*. São Paulo: RT, 2005.

SIFUENTES, Mônica Jacqueline. A extinção da súmula vinculante no direito português. <mhtml:file://U:_ transporte\Informativo Juridico.mht>.

______. *Súmula vinculante* - Um estudo sobre o poder normativo dos Tribunais. São Paulo: Saraiva, 2005.

SILVA, José Afonso da. *Aplicabilidade das normas constitucionais.* 2. ed. São Paulo: RT, 1982.

______. *Curso de direito constitucional positivo.* 19. ed. São Paulo: Malheiros, 2001.

______. *Direito ambiental constitucional.* 5. ed. São Paulo: Malheiros, 2004.

SILVA, Luís Renato Ferreira da. A regra do precedente no direito inglês. *Revista de Direito Civil, Agrário e Empresarial*, n. 75, jan.-mar. 1996.

SILVA MARTINS, Ives Gandra da. A ação civil pública trabalhista. *Revista LTr*, n. 56, n. 7, jul. 1992.

______. Ação declaratória de constitucionalidade. In: FERREIRA MENDES, Gilmar Ferreira; SILVA MARTINS, Ives Gandra da (coords.). *Ação declaratória de constitucionalidade.* São Paulo, Saraiva, 1996.

______. IPTU e progressividade. *O Estado de São Paulo,* 27 nov. 1996.

______. Violação de preceito fundamental, *O Estado de São Paulo*, 06 jan. 1998.

______. Recurso de revista: pressupostos de admissibilidade. *Revista do Ministério Público do Trabalho*, n. XII, set. 1996.

______. Recurso extraordinário no processo trabalhista. *1.º Ciclo de estudos de direito do trabalho.* Escola Nacional da Magistratura. Salvador, 1995. (Publicação do Instituto Brasileiro de Ciência Bancária.)

______; FERREIRA MENDES, Gilmar (coord.). *Ação declaratória de constitucionalidade.* São Paulo, Saraiva, 1996.

SILVEIRA BUENO FILHO, Edgard. Os precedentes no direito brasileiro. *Revista da Procuradoria Geral do Estado de São Paulo*, vol. 43, jun. 1995.

SLAIB FILHO, Nagib. *Ação declaratória de constitucionalidade.* 2. ed. Rio de Janeiro: Forense, 1995.

SOARES, Guido Fernando Silva. Common Law. *Introdução ao direito dos EUA*. São Paulo: RT, 1999.

SORMANI, Alexandre; SANTANDER, Nelson Luís. *Súmula vinculante* – Um estudo à luz da Emenda Constitucional 45, de 08.12.2004. 2. ed. Curitiba: Juruá, 2004.

SOUZA JUNIOR, Renê Bernardes de. O projeto de emenda constitucional para a criação das súmulas vinculantes e a prova legal. *Revista da Faculdade de Direito do Alto Paranaíba*, Araxá-MG, n. 4, 2000.

STRECK, Lênio Luiz. *Súmulas no direito brasileiro* – Eficácia, poder e função. 2. ed. Porto Alegre: Livraria do Advogado, 1998.

TARUFFO, Michele. Observações sobre os modelos processuais de *civil law* e de *common law*. *RePro* n. 110, abr.-jun. 2003.

TEIXEIRA, Sálvio de Figueiredo. *Recursos no STJ*. São Paulo: Saraiva, 1991 (coord.).

______. A reforma processual na perspectiva de uma nova justiça. *Reforma do Código de Processo Civil*. São Paulo: Saraiva, 1996.

______. As tendências brasileiras rumo à jurisprudência vinculante. *Informativo Jurídico da Biblioteca Min. Oscar Saraiva*, vol. 10, n. 2, jul.-dez. 1998.

______. A súmula e sua evolução no Brasil. *Revista Trimestral de Jurisprudência dos Estados*, vol. 179, nov.-dez. 2000.

TEIXEIRA, Patrícia Gomes. A uniformização da jurisprudência como forma de realização de valores constitucionais. In: FUX, Luiz; NERY JUNIOR, Nelson; WAMBIER, Teresa Arruda Alvim (coords.). *Processo e Constituição*: estudos em homenagem ao Professor José Carlos Barbosa Moreira, São Paulo: RT, 2006.

TENORIO, Oscar. A formação judicial do direito. *Revista Forense*, n. 211.

TERRÉ, François. *Introduction générale au droit*. Paris: Dalloz, 1991.

TESHEINER, José Maria Rosa. Reforma do Judiciário. <www.tex.pro.br>. Acesso em 15.06.2009.

______. Uniformização de jurisprudência. *Ajuris*, Associação dos Juízes do Rio Grande do Sul, n. 50, nov. 1990.

THEODORO JÚNIOR, Humberto. Alguns reflexos da Emenda Constitucional 45, de 08.12.2004, sobre o processo civil. *Revista da Faculdade de Direito da Universidade Federal de Minas Gerais*, n. 47, jul.-dez. 2005.

______. Repercussão geral no recurso extraordinário (Lei 11.418) e súmula vinculante do Supremo Tribunal Federal (Lei 11.417). *Revista IOB de Direito Civil e Processual Civil* n. 48, jul.-ago. 2007.

TINOCO, Jorge Ulises Carmona. La jurisprudencia obligatoria de los tribunales del poder judicial de la Federación. *Boletín Mexicano de Derecho Comparado, Universidad Nacional Autónoma de México*, n. 83, mai.-ago. 1995.

TOMELIN, Georghio Alessandro. Argüição de descumprimento de preceito fundamental: instrumento para uma remodelada "interpretação autêntica" dos direitos fundamentais. In: GRAU, Eros Roberto; CUNHA, Sérgio Sérvulo da (coords.). *Estudos de direito constitucional em homenagem a José Afonso da Silva*. São Paulo: Malheiros, 2003.

TOURINHO NETO, Fernando da Costa. Efeito vinculante das decisões do STF: uma solução para o Judiciário. *Revista de Informação Legislativa*, n. 128, Brasília, out.-dez. 1995.

TUBELIS, Vicente Paulo. Divergência jurisprudencial e participação. *In*: GRINOVER, Ada Pellegrini; DINAMARCO, Cândido Rangel; WATANABE, Kazuo (coord.). *Participação e processo*. São Paulo: RT, 1988.

TUCCI, Rogério Lauria. *Curso de direito processual civil.* São Paulo: Saraiva, 1989. vol. 3.

______. José Rogério Cruz e. Eficácia do precedente judicial na historia do direito brasileiro. *Revista da Associação dos Advogados de São Paulo,* (AASP) n. 78, set./2004.

______. *Precedente judicial como fonte do direito.* São Paulo: RT, 2004.

VALLE, Vanice Lírio. Impasses sistêmicos da versão brasileira de precedentes vinculantes. *Revista Forense,* vol. 384, mar.-abr. 2006.

VASCONCELLOS, Arnaldo. Sobre a jurisprudência. *Revista da Faculdade de Direito da Universidade Federal do Ceará,* vol. XXIX/2, jul.-dez. 1988.

VASCONCELLOS, Rita de Cássia Corrêa de; WAMBIER, Luiz Rodrigues. Sobre a repercussão geral e os recursos especiais repetitivos, e seus reflexos nos processos coletivos. *RT* n. 882, abr. 2009.

VELLOSO, Carlos Mário da Silva. Comentários sobre a regulamentação da súmula com efeito vinculante. *Revista de Informação Legislativa* (Senado Federal) n. 174, abr.-jun. 2007.

______. O Judiciário e o efeito vinculante. *Folha de São Paulo,* 04 ago. 1997.

______. Poder Judiciário: como torná-lo mais ágil e dinâmico? *Revista Cidadania e Justiça* da Associação dos Magistrados Brasileiros, n. 4, 1.º sem. 1998; *Revista de Informação Legislativa,* Brasília: Senado Federal, n. 138, abr.-jun. 1998.

______. Poder Judiciário: controle externo e súmula vinculante. *Revista do Advogado* (AASP) n. 75, abr. 2004.

VERGETTE CORREIA, Rita de Cássia; LAHMEYER DUVAL, Carlos André. Inviabilidade das súmulas vinculantes. Críticas ao novo art. 557 do Código de Processo Civil. *Revista da Faculdade de Direito Cândido Mendes,* Rio de Janeiro, ano I, n. 1.

VIEIRA, Oscar Vilhena. *Supremo Tribunal Federal* – Jurisprudência política. São Paulo: RT, 1994.

VIGORITI, Vincenzo. *Interessi collettivi e processo.* Milão: Giuffrè, 1979.

VINCENT, Jean e GUINCHARD, Serge. *Procédure Civile.* 20. ed. Paris: Dalloz, 1981.

WALD, Arnoldo. A estabilidade do Direito e o custo Brasil. *Revista do Instituto dos Advogados de São Paulo,* n. 4, jul.-dez. 1999.

WAMBIER, Luiz Rodrigues. Uma proposta em torno do conceito de jurisprudência dominante. *RePro,* n. 100, out.-dez. 2000.

______; GARCIA MEDINA, José Miguel; WAMBIER, Teresa Arruda Alvim. Repercussão geral e súmula vinculante – Relevantes novidades trazidas pela EC 45/2004. *In:*

WAMBIER, Teresa Arruda Alvim (coord.). *Reforma do Judiciário*. São Paulo: RT, 2005.

______; GARCIA MEDINA, José Miguel; WAMBIER, Teresa Arruda Alvim. A súmula vinculante, vista como meio legítimo para diminuir a sobrecarga de trabalho dos tribunais brasileiros. *Revista do Advogado* (AASP) n. 92, jul. 2007.

______; VASCONCELLOS, Rita de Cássia Corrêa de. Sobre a repercussão geral e os recursos especiais repetitivos, e seus reflexos nos processos coletivos. *RT* n. 882, abr. 2009.

WAMBIER, Teresa Arruda Alvim. Sobre a Súmula 343. *RePro* n. 86.

______. A função das súmulas do STF em face da teoria geral do direito. *RePro* n. 40.

______. Súmula vinculante: desastre ou solução? *RePro* n. 98.

______ ; WAMBIER, Luiz Rodrigues; GARCIA MEDINA, José Miguel. Repercussão geral e súmula vinculante – Relevantes novidades trazidas pela EC 45/2004. In: WAMBIER, Teresa Arruda Alvim et. al. *Reforma do Judiciário*. São Paulo: RT, 2005.

______; WAMBIER, Luiz Rodrigues; GARCIA MEDINA, José Miguel. A súmula vinculante, vista como meio legítimo para diminuir a sobrecarga de trabalho dos tribunais brasileiros. *Revista do Advogado* (AASP) n. 92, jul. 2007.

______; LINS CONCEIÇÃO, Maria Lúcia; FERRES DA SILVA RIBEIRO, Leonardo; LICASTRO TORRES DE MELLO, Rogério: *Primeiros Comentários Ao Novo Código De Processo Civil – artigo por artigo*, São Paulo: Thomson Reuters – Revista dos Tribunais, 2015.

WATANABE, Kazuo. Demandas coletivas e problemas emergentes da *praxis* forense. *RePro*, n. 67.

______. *Código Brasileiro de Defesa do Consumidor*, comentário ao art. 102 do CDC. 8. ed. Rio de Janeiro – São Paulo: Forense Universitária, 2005 (obra coletiva).

YOSHIKAWA, Eduardo Henrique de Oliveira. Uniformização de jurisprudência. *Revista Dialética de Direito Processual* nº 108, mar. / 2012.

ZAFFARONI, Eugenio Raúl. *Poder Judiciário* – Crises, acertos e desacertos. Trad. Juarez Tavares. São Paulo: RT, 1995.

ZANETI JÚNIOR, Hermes. *Processo constitucional:* o modelo constitucional do Processo Civil brasileiro. Rio de Janeiro: Lumen Juris, 2007.

ZUFELATO, Camilo. Comentários ao arts. 947 – 960 do CPC. In *Comentários ao Código de Processo Civil*, coord. Cassio Scarpinella Bueno, v. 4, São Paulo: Saraiva. 2.017.

___________.*Coisa julgada coletiva*. São Paulo: Saraiva, 2.011.

APÊNDICE

CONSTITUIÇÃO FEDERAL (EC 45/2004)

Art. 103-A. O Supremo Tribunal Federal poderá, de ofício ou por provocação, mediante decisão de dois terços dos seus membros, após reiteradas decisões sobre matéria constitucional, aprovar súmula que, a partir de sua publicação na imprensa oficial, terá efeito vinculante em relação aos demais órgãos do Poder Judiciário e à administração pública direta e indireta, nas esferas federal, estadual e municipal, bem como proceder à sua revisão ou cancelamento, na forma estabelecida em lei.

§ 1º A súmula terá por objetivo a validade, a interpretação e a eficácia de normas determinadas, acerca das quais haja controvérsia atual entre órgãos judiciários ou entre esses e a administração pública que acarrete grave insegurança jurídica e relevante multiplicação de processos sobre questão idêntica.

§ 2º Sem prejuízo do que vier a ser estabelecido em lei, a aprovação, revisão ou cancelamento de súmula poderá ser provocada por aqueles que podem propor a ação direta de inconstitucionalidade.

§ 3º Do ato administrativo ou decisão judicial que contrariar a súmula aplicável ou que indevidamente a aplicar, caberá reclamação ao Supremo Tribunal Federal que, julgando-a procedente, anulará o ato administrativo ou cassará a decisão judicial reclamada, e determinará que outra seja proferida com ou sem a aplicação da súmula, conforme o caso.

LEI 11.417, DE 19 DE DEZEMBRO DE 2006

Regulamenta o art. 103-A da Constituição Federal e altera a Lei 9.784, de 29 de janeiro de 1999, disciplinando a edição, a revisão e o cancelamento de enunciado de súmula vinculante pelo Supremo Tribunal Federal, e dá outras providências.

O Presidente da República:

Faço saber que o Congresso Nacional decreta e eu sanciono a seguinte Lei:

Art. 1º Esta Lei disciplina a edição, a revisão e o cancelamento de enunciado de súmula vinculante pelo Supremo Tribunal Federal e dá outras providências.

Art. 2º O Supremo Tribunal Federal poderá, de ofício ou por provocação, após reiteradas decisões sobre matéria constitucional, editar enunciado de súmula que, a partir de sua publicação na imprensa oficial, terá efeito vinculante em relação aos demais órgãos do Poder Judiciário e à administração pública direta e indireta, nas esferas federal, estadual e municipal, bem como proceder à sua revisão ou cancelamento, na forma prevista nesta Lei.

§ 1º O enunciado da súmula terá por objeto a validade, a interpretação e a eficácia de normas determinadas, acerca das quais haja, entre órgãos judiciários ou entre esses e a administração pública, controvérsia atual que acarrete grave insegurança jurídica e relevante multiplicação de processos sobre idêntica questão.

§ 2º O Procurador-Geral da República, nas propostas que não houver formulado, manifestar-se-á previamente à edição, revisão ou cancelamento de enunciado de súmula vinculante.

§ 3º A edição, a revisão e o cancelamento de enunciado de súmula com efeito vinculante dependerão de decisão tomada por 2/3 (dois terços) dos membros do Supremo Tribunal Federal, em sessão plenária.

§ 4º No prazo de 10 (dez) dias após a sessão em que editar, rever ou cancelar enunciado de súmula com efeito vinculante, o Supremo Tribunal Federal fará publicar, em seção especial do *Diário da Justiça* e do *Diário Oficial da União*, o enunciado respectivo.

Art. 3º São legitimados a propor a edição, a revisão ou o cancelamento de enunciado de súmula vinculante:

I – o Presidente da República;

II – a Mesa do Senado Federal;

III – a Mesa da Câmara dos Deputados;

IV – o Procurador-Geral da República;

V – o Conselho Federal da Ordem dos Advogados do Brasil;

VI – o Defensor Público-Geral da União;

VII – partido político com representação no Congresso Nacional;

VIII – confederação sindical ou entidade de classe de âmbito nacional;

IX – a Mesa de Assembléia Legislativa ou da Câmara Legislativa do Distrito Federal;

X – o Governador de Estado ou do Distrito Federal;

XI – os Tribunais Superiores, os Tribunais de Justiça de Estados ou do Distrito Federal e Territórios, os Tribunais Regionais Federais, os Tribunais

Regionais do Trabalho, os Tribunais Regionais Eleitorais e os Tribunais Militares.

§ 1º O Município poderá propor, incidentalmente ao curso de processo em que seja parte, a edição, a revisão ou o cancelamento de enunciado de súmula vinculante, o que não autoriza a suspensão do processo.

§ 2º No procedimento de edição, revisão ou cancelamento de enunciado da súmula vinculante, o relator poderá admitir, por decisão irrecorrível, a manifestação de terceiros na questão, nos termos do Regimento Interno do Supremo Tribunal Federal.

Art. 4º A súmula com efeito vinculante tem eficácia imediata, mas o Supremo Tribunal Federal, por decisão de 2/3 (dois terços) dos seus membros, poderá restringir os efeitos vinculantes ou decidir que só tenha eficácia a partir de outro momento, tendo em vista razões de segurança jurídica ou de excepcional interesse público.

Art. 5º Revogada ou modificada a lei em que se fundou a edição de enunciado de súmula vinculante, o Supremo Tribunal Federal, de ofício ou por provocação, procederá à sua revisão ou cancelamento, conforme o caso.

Art. 6º A proposta de edição, revisão ou cancelamento de enunciado de súmula vinculante não autoriza a suspensão dos processos em que se discuta a mesma questão.

Art. 7º Da decisão judicial ou do ato administrativo que contrariar enunciado de súmula vinculante, negar-lhe vigência ou aplicá-lo indevidamente caberá reclamação ao Supremo Tribunal Federal, sem prejuízo dos recursos ou outros meios admissíveis de impugnação.

§ 1º Contra omissão ou ato da administração pública, o uso da reclamação só será admitido após esgotamento das vias administrativas.

§ 2º Ao julgar procedente a reclamação, o Supremo Tribunal Federal anulará o ato administrativo ou cassará a decisão judicial impugnada, determinando que outra seja proferida com ou sem aplicação da súmula, conforme o caso.

Art. 8º O art. 56 da Lei 9.784, de 29 de janeiro de 1999, passa a vigorar acrescido do seguinte § 3º:

"Art. 56. [...]

"[...]

"§ 3º Se o recorrente alegar que a decisão administrativa contraria enunciado da súmula vinculante, caberá à autoridade prolatora da decisão impugnada, se não a reconsiderar, explicitar, antes de encaminhar o recurso à autoridade superior, as razões da aplicabilidade ou inaplicabilidade da súmula, conforme o caso."

Art. 9º A Lei 9.784, de 29 de janeiro de 1999, passa a vigorar acrescida dos seguintes arts. 64-A e 64-B:

"Art. 64-A. Se o recorrente alegar violação de enunciado da súmula vinculante, o órgão competente para decidir o recurso explicitará as razões da aplicabilidade ou inaplicabilidade da súmula, conforme o caso."

"Art. 64-B. Acolhida pelo Supremo Tribunal Federal a reclamação fundada em violação de enunciado da súmula vinculante, dar-se-á ciência à autoridade prolatora e ao órgão competente para o julgamento do recurso, que deverão adequar as futuras decisões administrativas em casos semelhantes, sob pena de responsabilização pessoal nas esferas cível, administrativa e penal."

Art. 10. O procedimento de edição, revisão ou cancelamento de enunciado de súmula com efeito vinculante obedecerá, subsidiariamente, ao disposto no Regimento Interno do Supremo Tribunal Federal.

Art. 11. Esta Lei entra em vigor 3 (três) meses após a sua publicação.

Brasília, 19 de dezembro de 2006; 185º da Independência e 118º da República.

LUIZ INÁCIO LULA DA SILVA

(*DOU* 20.12.2006)

RESOLUÇÃO 388, DE 05 DE DEZEMBRO DE 2008, DO SUPREMO TRIBUNAL FEDERAL – STF

Disciplina o processamento de proposta de edição, revisão e cancelamento de súmulas e dá providências correlatas.

O Presidente do Supremo Tribunal Federal, no uso da competência prevista no art. 363, I, do Regimento Interno, considerando a necessidade de disciplinar o processamento das propostas de súmulas, resolve:

Art. 1º Recebendo proposta de edição, revisão ou cancelamento de súmula, vinculante ou não, a Secretaria Judiciária a registrará e autuará, publicando edital no sítio do Tribunal e no *Diário da Justiça Eletrônico*, para ciência e manifestação de interessados no prazo de 5 (cinco) dias, encaminhando a seguir os autos à Comissão de Jurisprudência, para apreciação dos integrantes, no prazo sucessivo de 5 (cinco) dias, quanto à adequação formal da proposta.

Art. 2º Devolvidos os autos com a manifestação da Comissão de Jurisprudência, a Secretaria Judiciária encaminhará cópias desta manifestação e da proposta de edição, revisão ou cancelamento de súmula aos demais Ministros e ao Procurador-Geral da República, e fará os autos conclusos ao Ministro Presidente, que submeterá a proposta à deliberação do Tribunal Pleno, mediante inclusão em pauta.

Art. 3º A manifestação de eventuais interessados e do Procurador-Geral da República dar-se-á em sessão plenária, quando for o caso.

Art. 4º A proposta de edição, revisão ou cancelamento de súmula tramitará sob a forma eletrônica e as informações correspondentes ficarão disponíveis aos interessados no sítio do STF.

Art. 5º Esta Resolução entra em vigor na data de sua publicação.

MINISTRO GILMAR MENDES

(divulgado em 09.12.2008, *DJE* 10.12.2008)

EMENDA REGIMENTAL STF 46, DE 06 DE JULHO DE 2011 (DJE 07.07.2011)

Acresce o inciso XXVIII ao art. 55 e os artigos 354-A a 354-G ao Regimento Interno do Supremo Tribunal Federal e dá outras providências.

Art. 1º. O Regimento Interno passa a vigorar acrescido dos seguintes dispositivos:

"Art. 55 [...]

XXVIII – Proposta de Súmula Vinculante.

Título XIII. DA SÚMULA VINCULANTE.

Art. 354-A. Recebendo proposta de edição, revisão ou cancelamento de súmula vinculante, a Secretaria Judiciária a autuará e registrará ao Presidente, para apreciação, no prazo de cinco dias, quanto à adequação formal da proposta.

Art. 354-B. Verificado o atendimento dos requisitos formais, a Secretaria Judiciária publicará edital no sítio do Tribunal e no *Diário da Justiça Eletrônico*, para ciência e manifestação de interessados no prazo de cinco dias, encaminhando a seguir os autos ao Procurador Geral da República.

Art. 354-C. Devolvidos os autos com a manifestação do Procurador-Geral da República, o Presidente submeterá as manifestações e a proposta de edição, revisão ou cancelamento de súmula aos Ministros da Comissão de Jurisprudência, em meio eletrônico, para que se manifestem no prazo comum de quinze dias; decorrido o prazo, a proposta, com ou sem manifestação, será submetida, também por meio eletrônico, aos demais Ministros, pelo mesmo prazo comum.

Art. 354-Decorrido o prazo do art. 354-C, o Presidente submeterá a proposta à deliberação do Tribunal Pleno, mediante inclusão em pauta.

Art. 354-E. A proposta de edição, revisão ou cancelamento de súmula vinculante poderá versar sobre questão com repercussão geral reconhecida, caso em que poderá ser apresentada por qualquer Ministro logo após o julgamento de mérito do processo, para deliberação imediata do Tribunal Pleno, na mesma sessão.

Art. 354-F. O teor da proposta de súmula aprovada, que deve constar do acórdão, conterá cópia dos debates que lhe deram origem, integrando-o, e constarão das publicações dos julgamentos no *Diário da Justiça Eletrônico*.

Art. 354-G. A proposta de edição, revisão ou cancelamento de súmula tramitará sob a forma eletrônica, e as informações correspondentes ficarão disponíveis aos interessados no sítio do STF.

SÚMULAS VINCULANTES DO STF (ATÉ JULHO/2018)

1. Ofende a garantia constitucional do ato jurídico perfeito a decisão que, sem ponderar as circunstâncias do caso concreto, desconsidera a validez e a eficácia de acordo constante de termo de adesão instituído pela Lei Complementar 110/2001.

DJ 06.06.2007, p. 1

CF, art. 5.º, XXXVI; Lei Complementar 110/2001

Precedentes: RE 418.918; RE 427.801 – AgRg-ED; RE 431.363 – AgRg

2. É inconstitucional a lei ou ato normativo estadual ou distrital que disponha sobre sistemas de consórcios e sorteios, inclusive bingos e loterias.

DJ 06.06.2007, p. 1

CF, art. 22, XX

Precedentes: ADI's 2.847, 3.147, 2.996, 2.690, 3.183, 3.277

3. Nos processos perante o Tribunal de Contas da União asseguram-se o contraditório e a ampla defesa quando da decisão puder resultar anulação ou revogação de ato administrativo que beneficie o interessado, excetuada a apreciação da legalidade do ato de concessão inicial de aposentadoria, reforma e pensão.

DOU 06.06.2007, p. 1

CF, art. 5.º, LIV e LV; art. 71, III; Lei 9.784/99, art. 2.º

Precedentes: MS's 24.268; 24.728; 24.754; 24.742

4. Salvo nos casos previstos na Constituição, o salário mínimo não pode ser usado como indexador de base de cálculo de vantagem de servidor público ou de empregado, nem ser substituído por decisão judicial.

DOU 09.05.2008, p. 1

CF, art. 7.º, IV e XXIII; art. 39, §§ 1.º e 3.º; art. 42, § 1.º; art. 142, § 3.º, X

Precedentes: RE's 236.396, 208.684, 217.700, 221.234, 338.760, 439.035, 565.714

5. A falta de defesa técnica por advogado no processo administrativo disciplinar não ofende a Constituição.[1]

DOU 16.05.2008, p. 1

CF, art. 5.º, LV

Precedentes: RE 434.059, AI 207.197 – AgRg; RE 244.027 – AgRg; MS 24.961

6. Não viola a Constituição o estabelecimento de remuneração inferior ao salário mínimo para as praças prestadoras de serviço militar inicial.

DOU 16.05.2008, p. 1

CF,art. 1.º, III; art. 5.º, caput; art. 7.º, IV; art. 142, § 3.º, VIII (red. EC 18/98); art. 143, caput, §§ 1.º e 2.º; Med. Prov. 2.215/2001, art. 18, § 2.º.

Precedentes:RE's 570.177, 551.453, 551.608, 558.279,557.717, 557.606, 556.233, 556.235, 555.897, 551.713, 551.778, 557.542

7. A norma do § 3º do artigo 192 da Constituição, revogada pela Emenda Constitucional n. 40/2003, que limitava a taxa de juros reais a 12% ao ano, tinha sua aplicação condicionada à edição de lei complementar.[2]

DO 20.06.2008, p. 1

1. V., em senso contrário, súmula STJ n. 343.. V. também Fernanda Figueiredo, Súmula vinculante n. 5 do STF x Súmula n. 343 do STJ – Contraditórias ou complementares? Repertório de Jurisprudência IOB, n. 18, 2.ª quinzena de setembro, 2008, vol. I, p. 745.
2. V. súmula STF n. 648, de idêntica redação. Trata-se, pois, de uma súmula que, na origem, era simples ou persuasiva, mas que, depois, foi confirmada como vinculante: EC 45/2004, art. 8.º.

CF, art. 192, § 3.º (redação anterior à EC 40/2003). CC, art. 591.

Precedentes: RE 582.650-QO; ADI 4; RE's 157.897, 184.837, 186.594, 237.472, 237.952; AI 187.925 – AgRg

8. São inconstitucionais o parágrafo único do artigo 5º do Decreto-lei 1.569/1977 e os artigos 45 e 46 da Lei 8.212/1991, que tratam de prescrição e decadência de crédito tributário.[3]

DO 20.06.2008, p. 1

CF, art. 146, III; Dec.-lei 1.569/1977, art. 5.º, § único; Lei 8.212/1991, arts. 45 e 46. CTN, art. 173, 174.

Precedentes: RE's 560.626, 556.664, 559.882, 559.943, 106.217, 138.284

9. O disposto no artigo 127 da Lei 7.210/1984 (Lei de Execução Penal) foi recebido pela ordem constitucional vigente, e não se lhe aplica o limite temporal previsto no caput do artigo 58.[4]

DO 20.06.2008, p. 1, republicação no DO de 27.06.2008, p. 1

CF, art. 5.º, XXXVI e XLVI.

Precedentes: RE 452.994, HC 91.084, AI 570.188 – AGRg-ED; HC 92.791, HC 90.107, AI 580.259 – AgRg

10. Viola a cláusula de reserva de plenário (CF, artigo 97) a decisão de órgão fracionário de Tribunal que, embora não declare expressamente a inconstitucionalidade de lei ou ato normativo do poder público, afasta sua incidência, no todo ou em parte.[5]

DO 27.06.2008, p. 1

CF, art. 97

---

3. O art. 4.º da Lei 11.417/2006 dispõe que o STF, "por decisão de 2/3 (dois terços) dos seus membros, poderá restringir os efeitos vinculantes ou decidir que só tenha eficácia a partir de outro momento, tendo em vista razões de segurança jurídica ou de excepcional interesse público". Ao propósito, Oscar Valente Cardoso observa que a súmula vinculante n. 8 "teve seus efeitos modulados, ressalvando o STF que os contribuintes não terão direito à restituição dos créditos pagos que passaram a ser considerados prescritos, a não ser que o ajuizamento de seus requerimentos administrativos ou de suas ações judiciais ocorresse até a data do julgamento dos Recursos Extraordinários ns. 556.664, 559.882, 559.943 e 560.626, em 11 de junho de 2008" (Súmulas vinculantes e desvinculação da jurisprudência, Revista Dialética de Direito Processual, n. 77, ago. 2009, p. 76, 77.)
4. Pedro Lenza entende que "a SV n. 9/STF, tendo em vista a modificação do art. 127 da LEP (Lei n. 7.210/84) pela Lei n. 12.433/2011, precisa passar, necessariamente, por um processo de revisão ou cancelamento, já que não mais se adéqua ao conteúdo da nova regra" (Direito Constitucional esquematizado, 17 ed., São Paulo, Saraiva, 2013, p. 875).
5. V. CPC, § único do art. 949.

Precedentes: RE's 482.090, 240.096, 544.246, 319.181, AI 472.897 – AgRg

11. Só é lícito o uso de algemas em casos de resistência e de fundado receio de fuga ou de perigo à integridade física própria ou alheia, por parte do preso ou de terceiros, justificada a excepcionalidade por escrito, sob pena de responsabilidade disciplinar, civil e penal do agente ou da autoridade e de nulidade da prisão ou do ato processual a que se refere, sem prejuízo da responsabilidade civil do Estado.[6]

DO 22.08.2008, p. 1

CF, art. 1.º, III; art. 5.º, III, X e XLIX; CP, art. 350; CPP, art. 284; CPP Militar, art. 234, § 1.º; Lei 4.898/1965, art. 4º, a

Precedentes: RHC 56.465, HC 71.195, HC 89.429, HC 91.952

12. A cobrança de taxa de matrícula nas universidades públicas viola o disposto no art. 206, IV, da Constituição Federal.

DO 22.08.2008, p. 1

CF, art. 206, IV

Precedentes: RE's 500.171, 542.422, 536.744, 536.754, 526.512, 543.163, 510.378, 542.594, 510.735, 511.222, 542.646

13. A nomeação de cônjuge, companheiro ou parente em linha reta, colateral ou por afinidade, até o terceiro grau, inclusive, da autoridade nomeante ou de servidor da mesma pessoa jurídica investido em cargo de direção, chefia ou assessoramento, para o exercício de cargo em comissão ou de confiança ou, ainda, de função gratificada na administração pública direta e indireta em qualquer dos Poderes da União, dos Estados, do Distrito Federal e dos Municípios, compreendido o ajuste mediante designações recíprocas, viola a Constituição Federal.

DO 29.08.2008, p. 1

---

6. Observam Alessandro Amaral Oliveira e Joaquim José Miranda Jr.: "Conforme o sítio do Supremo, a SV 11 conta com quatro precedentes. É portanto uma das SVs com menor número de decisões reiteradas. A SV seguinte, a de n. 12, bem como a SV 6, observa-se, contam com nada menos que 12 precedentes informados no sítio." (...) "há inconstitucionalidade: o ato não atende o art. 103-A da CR, não há atualidade, não há reiteração de decisões, não há controvérsia, não havia insegurança, nem multiplicação de processos; e o trecho 'sob pena[...]' ou é despiciendo ou exorbita o poder conferido ao Supremo, haja vista o art. 5.º, II da CR" [Ponderações sobre a súmula vinculante n. 11 do Supremo Tribunal Federal, Revista do Ministério Público de Minas Gerais (MP-MG Jurídico), n. 14, out.-dez. 2008, p. 58, 61].

CF, art. 37, caput. V. Decreto federal 7.203/2010, sobre a vedação do nepotismo na administração pública federal.

Precedentes: ADi 1.521 MC, MS 23.780, ADCon 12 – MC, ADCon 12, julgada procedente em 2.008; RE 579.951

14. É direito do defensor, no interesse do representado, ter acesso amplo aos elementos de prova que, já documentados em procedimento investigatório realizado por órgão com competência de polícia judiciária, digam respeito ao exercício do direito de defesa.

DO 09.02.2009, p. 1

CF, art. 1.º, III; art. 5.º, LXIII, LIV e LV; CPP, arts. 9.º e 10; Lei 8.906/1994, art. 6.º, § único e art. 7.º, XIII e XIV

Precedentes: HC's 88.520, 90.232, 88.190, 92.331, 87.827, 82.354, 91.684

15. O cálculo de gratificações e outras vantagens do servidor público não incide sobre o abono utilizado para se atingir o salário mínimo.

DO 01.07.2009, p. 1

CF, art. 7.º, IV

Precedentes: RE's 439.360 – AgRg, 518.760 – AgRg, 548.983 – AgRg, 512.845 – AgRg, 490.879 – AgRg, 474.381 – AgRg, 436.368 – AgRg, 572.921 – RG –QO

16. Os artigos 7º, IV, e 39, § 3º (redação da EC 19/1998), da Constituição, referem-se ao total da remuneração percebida pelo servidor público.

DO de 01.07.2009, p. 1

CF, art. 7.º, IV; art. 39, § 2.º (redação anterior à EC 19/1998) e art. 39, § 3.º (redação da EC 19/1998); EC 19/98

Precedentes: RE's 199.098, 197.072, 265.129, AI 492.967 – AgRg, AI 601.522 – AgRg, RE 582.019 – RG-QO

17. Durante o período previsto no § 1º do artigo 100 da Constituição, não incidem juros de mora sobre os precatórios que nele sejam pagos.

DJe 10.11.2009; DOU 10.11.2009, p. 1.

CF, art. 100, § 1.º e § 5º (EC 62/2009).

Precedentes: RE's 591.085 – RG-QO, RE 305.186, 372.190 – AgR, 393.737 – AgR, 589.345, 571.222 – AgR, 583.871

18. A dissolução da sociedade ou do vínculo conjugal, no curso do mandato, não afasta a inelegibilidade prevista no § 7º do artigo 14 da Constituição Federal.

DJe 10.11.2009, p. 1; DOU 10.11.2009, p. 1.

CF, art. 14, § 1.º (redação dada pela EC 16/1997) e § 7.º; EC 16/1997.

Precedentes: RE's 568.596, 433.460, 446.999

19. A taxa cobrada exclusivamente em razão dos serviços públicos de coleta, remoção e tratamento ou destinação de lixo ou resíduos provenientes de imóveis, não viola o artigo 145, II, da Constituição Federal.

CF, art. 145, II.

Precedentes: RE's 576.321 - RG-QO, 256.588 - ED-EDv, AI 476.945 - AgR, AI 460.195 - AgR, RE 440.992 - AgR, AI 481.619 - AgR, AI 684607 - AgR, RE 273.074 - AgR, RE 532.940 - AgR, RE 411.251 - AgR, RE 481.713 - AgR, RE 473.816 - AgR, AI 457.972 - AgR, RE 393.331 - AgR, AI 459.051 - AgR, RE 362.578 - AgR, RE 206.777

20. A Gratificação de Desempenho de Atividade Técnico-Administrativa - GDATA, instituída pela Lei 10.404/2002, deve ser deferida aos inativos nos valores correspondentes a 37,5 (trinta e sete vírgula cinco) pontos no período de fevereiro a maio de 2002 e, nos termos do artigo 5º, parágrafo único, da Lei 10.404/2002, no período de junho de 2002 até a conclusão dos efeitos do último ciclo de avaliação a que se refere o artigo 1º da Medida Provisória 198/2004, a partir da qual passa a ser de 60 (sessenta) pontos.

DJe 10.11.2009, p. 1.

CF, art. 40, § 8.º (redação dada pela EC 41/2003).

Precedentes: RE's 476.279, 476.390, 597.154 - RG-QO

21. É inconstitucional a exigência de depósito ou arrolamento prévios de dinheiro ou bens para admissibilidade de recurso administrativo.

DJe 10.11.2009, p. 1; DOU 10.11.2009, p. 1.

CF, art. 5.º, XXXIV, a, e LV.

Precedentes: RE's 388.359, 389.383, 390.513, AI 398.933 - AgR, AI 408.914 - AgR, ADI 1.976, AI 698.626 - RG-QO, 370.927 - AgR, AI 431.017 - AgR, 504.288 - AgR, AC 1.887 - MC, AI 351.042 - AgR-ED, AI 649.432, RE 563.844, AI 687.411

22. A Justiça do Trabalho é competente para processar e julgar as ações de indenização por danos morais e patrimoniais decorrentes de acidente de trabalho propostas por empregado contra empregador, inclusive aquelas que ainda não possuíam sentença de mérito em primeiro grau quando da promulgação da Emenda Constitucional n. 45/2004.

DJe 11.12.2009, p. 1; DOU 11.12.2009, p. 1.

CF, art. 7.º, XXVIII; art. 109, I; art. 114 e incisos.

Precedentes: CC 7.204, AI 529.763 – AgR-ED, AI 540.190 – AgR, AC 822 – MC

23. A Justiça do Trabalho é competente para processar e julgar ação possessória ajuizada em decorrência do exercício do direito de greve pelos trabalhadores da iniciativa privada.

DJe 11.12.2009, p. 1; DOU 11.12.2009, p. 1.

CF, art. 114, II.

Precedentes: RE 579.648, CJ 6.959, RE 238.737, AI 611.670, AI 598.457, RE 555.075, RE 576.803

24. Não se tipifica crime material contra a ordem tributária, previsto no art. 1º, incisos I a IV, da Lei 8.137/1990, antes do lançamento definitivo do tributo.

DJe 11.12.2009, p. 1; DOU 11.12.2009, p. 1.

CF, art. 5.º, LV; art. 129, I; CP, art. 14, I; art. 111, I; CTN, art. 142, caput; Lei 8.137/90, art. 1.º, I, II, III e IV; Lei 9.430/96, art. 83; Lei 10.684/2003, art. 9.º, § 2.º.

Precedentes: HC 81.611, HC 85.185, HC 86.120, HC 83.353, HC 85.463, HC 85.428

25. É ilícita a prisão civil de depositário infiel, qualquer que seja a modalidade do depósito.[7]

DOU 23.12.2009.

CF, art. 5º, LXVII e § 2º.

Art. 7º, § 7º do Pacto de São José da Costa Rica. V. Súmulas STJ 304, 305 e 419.

26. Para efeito de progressão de regime no cumprimento de pena por crime hediondo, ou equiparado, o juízo da execução observará a inconstitucionalidade do art. 2º da Lei 8.072, de 25 de julho de 1990, sem prejuízo de avaliar se o condenado preenche, ou não, os requisitos objetivos e subjetivos do benefício, podendo determinar, para tal fim, de modo fundamentado, a realização de exame criminológico.[8]

DOU 23.12.2009.

---

7. V. Lei 8.866/94, art. 4º e § 1º..
8. V. CF, art. 5º, XLVI e XLVII. CP, arts. 33, § 3º e 59.. Lei 8.072/90 – Lei dos crimes hediondos. Súmulas STJ 439, 471.

27. Compete à Justiça estadual julgar causas entre consumidor e concessionária de serviço público de telefonia, quando a ANATEL não seja litisconsorte passiva necessária, assistente, nem opoente.[9]

DOU 23.12.2009.

28. É inconstitucional a exigência de depósito prévio como requisito de admissibilidade de ação judicial na qual se pretenda discutir a exigibilidade de crédito tributário.

DOU 17.02.2010.

CF, art. 5º, XXXV.

Súmula STJ 112.

29. É constitucional a adoção, no cálculo do valor da taxa, de um ou mais elementos da base de cálculo própria de determinado imposto, desde que não haja integral identidade entre uma base e outra.

DOU 17.02.2010.

CF, art. 145, § 2º.

30. É inconstitucional lei estadual que, a título de incentivo fiscal, retém parcela do ICMS pertencente aos Municípios.[10]

31. É inconstitucional a incidência do imposto sobre Serviços de Qualquer Natureza – ISS sobre operações de locação de bens móveis.

DOU 17.02.2010.

CF, art. 156, III.

32. O ICMS não incide sobre alienação de salvados de sinistro pelas seguradoras.

DOU 24.02.2011.

CF, art. 153, V

33. Aplicam-se ao servidor público, no que couber, as regras do regime geral da previdência social sobre aposentadoria especial de que trata o art. 40, § 4º, inciso III, da Constituição Federal, até a edição de lei complementar específica.

DOU 24.04.2.014.

Lei 8213/1.991, arts. 57, 58.

---

9. V. CF, art. 109, I.
10. Segundo o Vademecum Saraiva, 14ª ed., 2.017, essa súmula segue com sua publicação suspensa pelo STF.

34. A gratificação de Desempenho de Atividade de Seguridade Social do Trabalho – GDASST, instituída pela Lei n. 10.483/2002, deve ser estendida aos inativos no valor correspondente a 60 (sessenta) pontos, desde o advento da Medida Provisória n. 198/2004, convertida na Lei n. 10.971/2004, quando tais inativos façam jus à paridade constitucional (EC n. 20/1998, 41/2003 e 47/2005).[11]

DOU 24.10.2014.

35. A homologação da transação penal prevista no art. 76 da Lei 9.099/1995 não faz coisa julgada material e, descumpridas suas cláusulas, retoma-se a situação anterior, possibilitando-se ao Ministério Público a continuidade da persecução penal mediante oferecimento de denúncia ou requisição de inquérito policial.

DOU 24.10.2.014.

CF, art. 5º, XXXVI e LIV e art. 98, I.

36. Compete à Justiça Federal comum processar e julgar civil denunciado pelos crimes de falsificação e de uso de documento falso quando se tratar de falsificação de Caderneta de Inscrição e Registro (CIR) ou de Carteira de Habilitação de Amador (CHA), ainda que expedidas pela Marinha do Brasil.[12]

DOU 24.10.2.014.

CF, art. 21, XXII. Art. 109, IV e 144, § 1º, III.

37. Não cabe ao Poder Judiciário, que não tem função legislativa, aumentar vencimentos de servidores públicos sob fundamento de isonomia.[13]

DOU 24.10.2.014.

38. É competente o Município para fixar o horário de funcionamento de estabelecimento comercial.[14]

DOU 20.03.2.015.

CF, art. 30, I

39. Compete privativamente à União legislar sobre vencimentos dos membros das polícias civil e militar e do corpo de bombeiros militar do Distrito Federal. [15]

DOU 20.03.2.015

11 . V. CF, art. 40, § 8º.

12 . V. CP, art. 296 e s.

13 . V. súmula STF 339.

14 V. CF, art. 30, I; v. súmula STF 645.

15 V. CF, art. 21, XIV; v. súmula STF 647.

40. A contribuição confederativa de que trata o art. 8º, IV, da Constituição Federal, só é exigível dos filiados ao sindicato respectivo.[16]

DOU 20.03.2.015

41. O serviço de iluminação pública não pode ser remunerado mediante taxa.[17]

DOU 20.03.2.015

42. É inconstitucional a vinculação do reajuste de vencimentos de servidores estaduais ou municipais a índices federais de correção monetária.[18]

DOU 20.03.2015

43. É inconstitucional toda modalidade de provimento que propicie ao servidor investir-se, sem prévia aprovação em concurso público destinado ao seu provimento, em cargo que não integra a carreira na qual anteriormente investido.[19]

DOU 17.04.2.015

44. Só por lei se pode sujeitar a exame psicotécnico a habilitação de candidato a cargo público.[20]

DOU 17.04.2.015

445. A competência constitucional do Tribunal do Júri prevalece sobre o foro por prerrogativa de função estabelecido exclusivamente pela constituição estadual.[21]

DOU 17.04.2.015

46. A definição dos crimes de responsabilidade e o estabelecimento das respectivas normas de processo e julgamento são da competência legislativa privativa da União.[22]

DOU 17.04.2.015

47. Os honorários advocatícios incluídos na condenação ou destacados do montante principal devido ao credor consubstanciam verba de natureza alimentar cuja satisfação ocorrerá com a expedição de precatório ou re-

16 V. súmula STF 666.

17 V. CF, art. 145, II; v. súmula STF 670..

18 V. CF, arts. 30, I e 37, XIII; v. súmula STF 681.

19 V. CF, art. 37, II.

20 V. CF, art. 5º, II e 37, I.

21 V. CF, arts. 5º, XXXVIII, d e 125, § 1º.

22 V. CF, arts. 22, I e 85, § único.

quisição de pequeno valor, observada ordem especial restrita aos créditos dessa natureza.[23]

DOU 02.06.2.015

48. Na entrada de mercadoria importada do exterior é legítima a cobrança do ICMS por ocasião do desembaraço aduaneiro.[24]

DOU 02.06.2.015

49. Ofende o princípio da livre concorrência lei municipal que impede a instalação de estabelecimentos comerciais de mesmo ramo em determinada área.[25]

DOU 23.06.2.015

50. Norma legal que altera o prazo de recolhimento de obrigação tributária não se sujeita ao princípio da anterioridade.[26]

DOU 23.06.2.015

51. O reajuste de 28, 86%, concedido aos servidores militares pelas Leis n. 8.622/1993 e 8.627/1993, estende-se aos servidores civis do poder executivo, observadas as eventuais compensações decorrentes dos reajustes diferenciados concedidos pelos mesmos diplomas legais.[27]

DOU 23.06.2.015

52. Ainda quando alugado a terceiros, permanecerá imune ao IPTU o imóvel pertencente a qualquer das entidades referidas pelo art. 150, VI, *c*, da Constituição Federal, desde que o valor dos aluguéis seja aplicado nas atividades para as quais tais entidades foram constituídas.[28]

DOU 23.06.2.015

53. A competência da Justiça do Trabalho prevista no art. 114, VIII, da Constituição Federal alcança a execução de ofício das contribuições previdenciárias relativas ao objeto da condenação constante das sentenças que proferir e acordos por ela homologados.[29]

DOU 23.06.2.015

---

23 V. CF, art. 100, § 1º e EOAB, arts. 22, § 4º e 23.

24 V. CF, art. 155, § 2º, IX, a.

25 V. CF, arts. 170, IV, V e § único, e 173, § 4º.

26 V. CF, art. 195, § 6º.

27 V. CF, art. 37, X.

28 V. CF, art. 150, VI, c.

29 V. CF, 114, VIII. V. Lei 13.467/2.017, que alterou extensamente a CLT, especialmente arts. 611-A e 611-B, por ela inseridos.

54. A medida provisória não apreciada pelo Congresso Nacional podia, até a Emenda Constitucional n. 32/2001, ser reeditada dentro do seu prazo de eficácia de trinta dias, mantido os efeitos de lei desde a primeira edição.[30]

DOU 28.03.2.016

55. O direito ao auxílio-alimentação não se estende aos servidores inativos. [31]

DOU 28.03.2.016

56. A falta de estabelecimento penal adequado não autoriza a manutenção do condenado em regime prisional mais gravoso, devendo-se observar, nessa hipótese, os parâmetros fixados no RE 641.320/RS.[32]

DOU 08.08.2.016

DISPOSITIVOS DO CPC ALUSIVOS AO DIREITO SUMULAR

Art. 311. A tutela da evidência será concedida, independentemente de demonstração de perigo de dano ou de risco ao resultado útil do processo, quando:

(...)

II- as alegações de fato puderem ser comprovadas apenas documentalmente e houver tese firmada em julgamento de casos repetitivos ou em ***súmula vinculante***".

Art. 332. Nas causas que dispensem a fase instrutória, o juiz, independentemente da citação do réu, julgará liminarmente improcedente o pedido que contrariar:

(...)

I – enunciado de ***súmula*** do Supremo Tribunal Federal ou do Superior Tribunal de Justiça;

(...)

IV – enunciado de ***súmula*** de tribunal de justiça sobre direito local.

§ 1º do art. 489. Não se considera fundamentada [33] qualquer decisão judicial, seja ela interlocutória, sentença ou acórdão que:

(...)

30 V. CF, art. 62, parágrafos, incisos e alíneas.

31 V. CF, art. 40, IV.

32 V. CF, art. 1º, III e art. 5º, XLVI.

33 E, portanto, é nula: CF, art. 93, IX.

V – se limitar a invocar precedente ou enunciado de ***súmula***, sem identificar seus fundamentos determinantes nem demonstrar que o caso sob julgamento se ajusta àqueles fundamentos;

VI – deixar de seguir enunciado de ***súmula***, jurisprudência ou precedente invocado pela parte, sem demonstrar a existência de distinção no caso em julgamento ou a superação do entendimento.

§ 4º do art. 496. Também não se aplica o disposto neste artigo [remessa necessária ao tribunal] quando a sentença estiver fundada em:

I – ***súmula*** de tribunal superior.

Art. 927. Os juízes e tribunais observarão:

II – os enunciados de ***súmula vinculante***;

IV – os enunciados das ***súmulas*** do Supremo Tribunal Federal em matéria constitucional e do Superior Tribunal de Justiça em matéria infraconstitucional.

Art. 932. Incumbe ao relator:

(...)

IV – negar provimento a recurso que for contrário a:

a) ***súmula*** do Supremo Tribunal Federal, do Superior Tribunal de Justiça ou do próprio tribunal;

(...)

V – depois de facultada a apresentação de contrarrazões, dar provimento ao recurso se a decisão recorrida for contrária a:

a) ***súmula*** do Supremo Tribunal Federal, do Superior Tribunal de Justiça ou do próprio tribunal.

§ único do art. 955. O relator poderá julgar de plano o conflito de competência quando sua decisão se fundar em:

I – ***súmula*** do Supremo Tribunal Federal, do Superior Tribunal de Justiça ou do próprio tribunal.

§ 5º do art. 966. Cabe ação rescisória, com fundamento no inciso V do *caput* deste artigo, contra decisão baseada em enunciado de ***súmula*** ou acórdão proferido em julgamento de casos repetitivos que não tenha considerado a existência de distinção entre a questão discutida no processo e o padrão decisório que lhe deu fundamento. [34]

---

34 Parágrafo acrescido (juntamente com o 6º) pela Lei 13.256/2.016.

Art. 988. Caberá reclamação da parte interessada ou do Ministério Público para:

(...)

III – garantir a observância de enunciado de ***súmula vinculante*** e de decisão do Supremo Tribunal Federal em controle concentrado de constitucionalidade.

§ 3º do art. 1.035. Haverá repercussão geral sempre que o recurso impugnar acórdão que:

I – contrarie ***súmula*** ou jurisprudência dominante do Supremo Tribunal Federal.

OBRAS DO AUTOR

Acesso à justiça – condicionantes legítimas e ilegítimas, 2. ed, . São Paulo: Thomson Reuters- Revista dos Tribunais. 2.015.

Ação civil pública – Em defesa do meio ambiente, do patrimônio cultural e dos consumidores (Lei 7.347/1985 e legislação complementar). 14. ed. rev. e atual. São Paulo: Thomson Reuters-Revista dos Tribunais. 2.016.

Ação popular – Proteção do erário, do patrimônio público, da moralidade administrativa e do meio ambiente. 8. ed. rev., atual. e ampl. São Paulo: Thomson Reuters- Revista dos Tribunais, 2.015.

A resolução dos conflitos e a função judicial no contemporâneo Estado de Direito, 2.ed.. São Paulo: Thomson Reuters-Revista dos Tribunais, 2.014.

Incidente de resolução de demandas repetitivas – a luta contra a dispersão jurisprudencial excessiva. São Paulo: RT, 2016.

Interesses difusos – Conceito e legitimação para agir. 8. ed. rev. e atual. São Paulo: Thomson Reuters- Revista dos Tribunais, 2.013.

Jurisdição coletiva e coisa julgada – Teoria geral das ações coletivas. 3. ed. São Paulo: Ed. RT, 2012.

Leasing. 3. ed. rev., atual. e ampl. São Paulo: Ed. RT, 2002.

Recurso extraordinário e Recurso especial. 14. ed. São Paulo: Thomson Reuters-Revista dos Tribunais, 2018.

Teoria Geral do Processo. São Paulo: Gen-Forense, 2018.

Manual do consumidor em juízo. 5. ed. rev. e atual. São Paulo: Saraiva, 2013.

Sistema brasileiro de precedentes – natureza–eficácia-operacionalidade. 2.ed., São Paulo: Thomson Reuters-Revista dos Tribunais, 2.015.

Advocacia do setor público – estudos temáticos de Direito. São Paulo: Saraiva, 2.013.

Incidente de resolução de demandas repetitivas – a luta contra a dispersão jurisprudencial excessiva. São Paulo: Thomson Reuters-Revista dos Tribunais, 2.016.

EDITORA *Jus*PODIVM

www.editorajuspodivm.com.br

Pré-impressão, impressão e acabamento

GRÁFICA SANTUÁRIO

grafica@editorasantuario.com.br
www.graficasantuario.com.br
Aparecida-SP